MACROECONOMICS
宏观经济学

[美]达龙·阿西莫格鲁　　[美]戴维·莱布森　　[美]约翰·A.李斯特　著
（Daron Acemoglu）　　　（David Laibson）　　　（John A. List）

崔传刚　译　余昌华　审校

第三版
Third Edition

中信出版集团 | 北京

图书在版编目（CIP）数据

宏观经济学：第三版 /（美）达龙·阿西莫格鲁，
（美）戴维·莱布森，（美）约翰·A. 李斯特著；崔传刚
译. -- 北京：中信出版社，2024.10. -- ISBN 978-7
-5217-6751-3（2024.10 重印）
Ⅰ．F015
中国国家版本馆 CIP 数据核字第 20245KG847 号

Authorized translation from the English language edition, entitled
Macroeconomics, 3rd Edition by Daron Acemoglu, David Laibson, John A. List.
published by Pearson Education, Inc.,
Copyright © 2022 by Pearson Education, Inc.
All rights reserved. No part of this book may be reproduced or transmitted in any form or by any
means, electronic or mechanical, including
photocopying, recording or by any information storage retrieval system,
without permission from Pearson Education, Inc.
CHINESE SIMPLIFIED language edition published by CITIC PRESS CORPORATION,
Copyright © 2024 by CITIC PRESS CORPORATION.

本书中文简体字版由 Pearson Education Limited（培生教育出版集团）授权中信出版集团在中华人民共和国境内（不包括香港、澳门特别行政区及台湾地区）独家出版发行。
未经出版者书面许可，不得以任何方式抄袭、复制或节录本书中的任何部分。
本书封底贴有 Pearson Education Limited（培生教育出版集团）激光防伪标签，无标签者不得销售。

宏观经济学（第三版）

著者：　　　［美］达龙·阿西莫格鲁　［美］戴维·莱布森　［美］约翰·A. 李斯特
译者：　　　崔传刚
出版发行：中信出版集团股份有限公司
　　　　　（北京市朝阳区东三环北路 27 号嘉铭中心　邮编　100020）
承印者：　　北京通州皇家印刷厂

开本：787mm×1092mm　1/16　　印张：33　　字数：708 千字
版次：2024 年 10 月第 1 版　　　　印次：2024 年 10 月第 2 次印刷
京权图字：01-2024-4245　　　　　　书号：ISBN 978-7-5217-6751-3
　　　　　　　　　　　　　　　　　　定价：139.00 元

版权所有·侵权必究
如有印刷、装订问题，本公司负责调换。
服务热线：400-600-8099
投稿邮箱：author@citicpub.com

谨以此书献给我们深爱的安妮卡、阿拉斯、阿尔达、伊莱、格蕾塔、梅森、马克斯和诺亚，感谢他们所给予的不辍激励。

目录

前言 / VII

1 经济学导论 _ 001

第 1 章　经济学原理与实践 / 003

1.1　经济学的范畴 / 004
1.2　经济学三大原理 / 009
1.3　经济学第一原理：优化 / 009
1.4　经济学第二原理：均衡 / 016
1.5　经济学第三原理：实证 / 019
1.6　经济学对你有用吗？ / 020

第 2 章　经济科学：运用数据和模型理解世界 / 025

2.1　科学方法 / 026
2.2　因果关系和相关关系 / 032
2.3　经济问题和答案 / 039
附录 2A　绘制和解释图表 / 044

第 3 章　优化：竭力做到最好 / 053

3.1　优化：试图找出最佳可行选项 / 054
3.2　优化应用：租到最理想的房子 / 055
3.3　运用边际分析实现优化 / 060

第 4 章　需求、供给与均衡 / 073

4.1　市场 / 074
4.2　买方如何行事？/ 076
4.3　卖方如何行事？/ 086
4.4　供需均衡 / 092
4.5　如果政府试图控制油价，会产生什么后果？/ 098

2　宏观经济学导论 _ 107

第 5 章　国家财富：定义和测算宏观经济总量 / 109

5.1　宏观经济问题 / 110
5.2　国民收入账户：生产 = 支出 = 收入 / 112
5.3　哪些项目未被纳入 GDP 测算？/ 124
5.4　实际与名义 / 131

第 6 章　总收入 / 146

6.1　全球不平等 / 147
6.2　生产率和总生产函数 / 155
6.3　技术的作用和决定因素 / 159
附录 6A　总生产函数的数学运算 / 172

3 长期增长和发展 _ 175

第 7 章 经济增长 / 177

7.1 经济增长的力量 / 178
7.2 一国的经济如何实现增长？/ 189
7.3 增长和技术的历史 / 199
7.4 增长、不平等和贫困 / 201
附录 7A 索洛增长模型 / 210

第 8 章 为什么很多地区仍旧不发达？/ 220

8.1 繁荣的直接原因和根本原因 / 221
8.2 外国援助能否消除全球贫困？/ 241

4 宏观经济均衡 _ 249

第 9 章 就业和失业 / 251

9.1 测算就业和失业 / 252
9.2 劳动市场的均衡 / 255
9.3 为什么存在失业 / 264
9.4 工资刚性和结构性失业 / 265
9.5 周期性失业和自然失业率 / 274

第 10 章　信贷市场 / 283

10.1　何为信贷市场？ / 284
10.2　银行和金融中介机构：连接供需 / 294
10.3　银行的职能 / 298

第 11 章　货币体系 / 313

11.1　货币 / 314
11.2　货币、价格和 GDP / 318
11.3　通货膨胀 / 320
11.4　美联储 / 326
11.5　银行准备金和货币体系运行的渠道 / 329

5 短期波动和宏观政策 _ 349

第 12 章　短期波动 / 351

12.1　经济波动和商业周期 / 352
12.2　宏观经济均衡和经济波动 / 359
12.3　经济扩张模型 / 372

第 13 章　逆周期宏观经济政策 / 386

13.1　逆周期政策在经济波动中的作用 / 387
13.2　逆周期货币政策 / 388
13.3　逆周期财政政策 / 401

6 全球经济下的宏观经济学 _ 421

第 14 章　宏观经济学和国际贸易 / 423

14.1　为何贸易，如何贸易？ / 424
14.2　经常账户和金融账户 / 436
14.3　国际贸易、技术转移和经济增长 / 442

第 15 章　开放经济的宏观经济学 / 452

15.1　汇率 / 452
15.2　外汇市场 / 456
15.3　实际汇率与出口 / 464
15.4　开放经济体的 GDP/ 469

致谢 / 479

注释 / 488

术语表 / 498

前言

第三版的新内容

在新版《宏观经济学》中，除了更新现有数据和实证专栏，我们还在每章末尾增加了"循证经济学习题"。这些习题为读者提供了分析和解释现实世界经济问题的有意义练习。此次修订，我们更新了上一版中的数据和图表，并针对近年来的全球经济衰退、新冠大流行和2020年美国大选对行文进行了更新。我们还进行了一些更为细节性的修订，并增添了各种不同类别的新资料。接下来我们会就此做详细介绍。

- 在第1章中，我们增加了关于如何从实证和规范角度审视新冠疫情对经济影响的新内容。我们还讨论了新冠疫情期间健康与经济产出之间的权衡。新增加的"循证经济学习题"关注的是社交媒体、高等教育及看电影的机会成本。
- 在第4章中，我们讲述了一个2020年居家令如何影响汽油需求的故事。新增加的"用数据说话"专栏介绍了原油价格何以暂时跌至每桶0美元以下。
- 在第5章中，我们探讨了与新冠疫情导致的经济衰退相关的宏观经济指标，并新增了关于国民收入核算恒等式的"循证经济学习题"。
- 第6章新增了关于效率及人均GDP（国内生产总值）跨国差异决定因素的"循证经济学习题"。
- 第7章新增了关于GDP增长和人力资本投资、实物资本投资及技术投资的"循证经济学习题"。
- 第8章新增了一个关于经济发展是否与气候有关的"循证经济学习题"。
- 在第9章中，我们新增了关于新冠大流行期间薪资和就业的"循证经济学习题"。新增加的"用数据说话"专栏介绍了劳动力市场中的种族歧视。更新后的"选择与结果"专栏之"卢德分子[①]和机器人"探讨了人工智能对就业市场的未来影响。新增加的"循证经济学习题"对工资下降刚性和劳动市场收缩进行了评估。

- 在第 10 章中,我们研究了新冠疫情导致的经济衰退期间储蓄率和银行倒闭情况,并新增了关于银行倒闭的"循证经济学习题"。
- 在第 11 章中,我们探讨了美联储对新冠疫情导致的经济衰退的反应。在讨论货币政策时,我们把重点放在了准备金率上,这是现在美联储用以确定联邦基金利率的关键机制。新增的"用数据说话"关注了对通胀预期的研究。"循证经济学习题"对货币数量理论进行了考察。
- 在第 12 章中,我们更新和扩展了关于经济衰退原因的讨论。新增的"循证经济学"部分对 2020 年经济衰退和新冠大流行对全球经济的影响做了追踪。新增的"循证经济学习题"则聚焦于 2007—2009 年和 2020 年的经济衰退以及奥肯定律的应用。
- 在第 13 章中,我们新增了针对 2007—2009 年和 2020 年经济衰退期间政府支出乘数的讨论。我们研究了如何通过改变对准备金的需求来改变联邦基金利率,并分析了美联储资产负债表和联邦基金利率的近期变化。第 13 章还包括了如下新内容:
  (1) 我们讨论了量化宽松政策、美联储作为最后贷款人的角色,以及处于零利率下限时的货币政策。
  (2) 基于我们在本章中关于《关怀法案》以及财政政策对政府赤字影响的探讨,新增的"循证经济学习题"对《关怀法案》的支出乘数做了考察。
- 第 14 章更新了关于贸易政策和政治的"选择与结果"专栏,纳入了美国贸易政策的最新变化以及英国脱欧的最新进展。"循证经济学习题"对经济增长、不同经济部门以及童工问题进行了研究。
- 第 15 章使用 2020 年的数据,对外汇市场及其与实体经济的关系进行了考察。我们更新了关于管理汇率制的"循证经济学习题",探讨了乔治·索罗斯的对冲基金如何通过押注英镑、泰铢和美元贬值而赚取可观利润。

破解学习和教学上的难题

许多学习经济学入门课程的学生都很难理解机会成本、权衡、稀缺性、需求和供给等关键概念与其生活和职业的相关性,并因此降低了为课堂做准备以及积极参与课堂学

[①] 卢德分子最初指 200 年前在英国砸烂纺织机的纺织工人,后来指那些不理解现代技术带来的好处的人。——编者注

习的意愿。这本教科书则向他们展示了如何创造性地运用经济思维来改善他们的工作、选择和日常生活。我们编写这本教科书的主要目的之一就是要告诉大家，经济学基础知识不仅引人入胜，对于个人而言也具有丰富的应用价值。

我们热爱经济学。我们惊叹于经济系统的运作方式。当我们购买一部智能手机时，会想到它背后复杂的供应链：成千上万的人参与了这种令人敬畏的科技产品的生产，而使用的零件则来自全球各地。

市场能够在无人掌控的情况下完成一项世界性的工作，这一现象带给我们的震撼绝不亚于意识或生命本身的存在。我们认为，市场体系的创立（以及通过解决外部性问题等方式维持其正常运行的监管）是人类最伟大的成就之一。

我们写作本书的目的，既在于强调经济思想的简洁，也在于彰显其在解释、预测和改进世界方面的非凡力量。我们要求学生掌握经济分析的基本原理。秉承这一目标，我们确立了"优化、均衡和实证"这三个关键经济学思想，它们构成了理解人类行为的经济学方法的核心。

当代技术变革日新月异，经济学也因此比以往任何时候都更加贴近学生的生活，更加为其所掌握。他们每天所使用的各种科技无不证明强大的经济力量在起作用：为避开峰时定价，优步用户会关注道路交通的实时拥堵情况，爱彼迎用户则通过比较同一城市不同地铁站附近的房源来探究位置、便利性和价格之间的关系。

作为教育工作者，将各种经济学概念转化为学生能够理解的语言、可视化表现形式及实证案例正是我们的职责所在。相比10年前，今日各类市场的互动性要高出许多，而这种情况也证明，与我们的经济生活息息相关的并非只有那些具备完全信息的竞争市场。如今我们的学生会经常性地参与拍卖活动，通过优步等有组织的平台购买商品和服务；在进行在线交易时，他们必须与普遍存在的信息不对称作斗争，同时还要尽力避开这些新型交易所固有的一系列令人困惑的错误和陷阱。

面对这个瞬息万变的世界，学生们不仅要理解机会成本、供给和需求等大众耳熟能详的经济学概念，还必须理解博弈论、拍卖、社会经济不平等和行为错误等现代经济学概念。这些概念在大多数经济学原理教科书中所占的篇幅都微乎其微，却是我们这本教材的重中之重。今天，经济分析已经扩展了它的概念和经验边界，并因此变得更加相关、更为有用。

这个崭新的世界也为经济学教学带来了诸多机遇，但前提是我们要调整我们的经济学原理教科书，将现代和基于实证的经济学思想纳入其中。这一直是我们的初衷，在《宏观经济学》（第三版）中我们仍将矢志不渝地以此为目标。

在一个各种经验主义观点相互竞争、各种政治派别的新闻来源都被谴责为"虚假"的年代，我们的学生需要具备系统质疑和评估其所阅读内容的能力。这就是为什么在"循证经济学"部分以及各章末尾的作业中，我们既会探讨学术研究的作用，也会检讨其局限性。希望我们的教科书能助力培养新一代的缜密思考者、明智决策者、积极的公民，甚至一些未来的经济学家！

我们的观点：三个统一性主题

优化

第一个关键原理是人们会试图找出最佳可用选项，即进行**优化**。我们并不认为人们总是能够成功实现优化，但确实相信人们会试图进行优化，而且通常会取得不错的效果。鉴于大多数决策者会试图做出能够获得最大净收益的选择，优化是预测人类行为的一项有用工具。优化还是一项有用的规定性工具。通过教会人们如何进行优化，我们可以改进他们的决策，提升他们的生活质量。到本课程结束时，每个学生都应该是一名熟练的优化决策者——无须使用复杂的数学运算，只需运用经济直觉。

均衡

第二个关键原理是对第一个原理的延伸：经济系统在**均衡**状态下运行，在此状态下，人人同时在尝试优化。我们要求学生注意到，并不是只有他们在尝试将其福利最大化。当每个人都感觉到自己无法通过选择另一种行动方案来增进利益时，经济系统就处于均衡状态。均衡原理强调了各经济行为主体之间的联系。例如，苹果零售店之所以会储备大量的苹果手机，是因为有大量的消费者会前来购买。反之，大量消费者之所以会前往苹果零售店，是因为这些零售店已经做好了销售足量苹果手机的准备。在均衡状态下，消费者和生产者同时在进行优化，他们的行为是相互交织的。

实证

我们的前两个原理——优化和均衡，都是概念层面的。第三个原理是方法论层面的，这就是**实证**。经济学家使用数据来检验经济学理论、理解世界并与政策制定者对话。因此，尽管本书的实证分析都极为简洁，但数据在其中扮演了主要角色。在我们看来，强调理论与真实数据相匹配，是本书与其他经济学教科书的最大不同之处。我们会向学生展示经济学家如何使用数据来回答具体问题，而这也使得本书的各章节都言之有物、引人入胜、妙趣横生。当代的学生会强烈关注理论背后的证据，我们的教科书则提供这种证据。

例如，我们会在每一章的开篇提出一个实证问题，然后用数据来回答这个问题。其中有一章开篇的问题是：

为什么你比你的曾曾祖父母富裕得多？

在这一章的稍后部分，我们论证了技术在解释美国经济增长方面所起的核心作用，以及为什么我们会比几代以前的亲人富裕得多。

依据我们的经验，初涉经济学课程的学生经常会有这样一种印象：经济学不过是一系列缺乏实证依据的理论论断。借助数据，我们解释了经济学家如何评估和改进科学见解这一问题。数据也使概念变得更容易被记忆。数据能够将对话从抽象的原理转移到具体的事实，因此对证据的使用有助于学生建立对经济学的直觉。本书的每一章都会阐明经济学家如何使用数据来回答那些能直接引起学生兴趣的问题，都会展现实证在推动经济科学发展方面的关键作用。

专栏

所有专栏都会展示直观性的实证问题。

- 在"循证经济学"专栏中，我们会展示经济学家如何使用数据来回答我们在每章开篇提出的问题。"循证经济学"专栏使用来自现场实验或实验室实验的实际数据以及自然产生的数据，以强化在这一章中所讨论的部分主要概念。这种理论与数据的结合，能够让学生对经济学在其周围世界中所发挥的作用有实质性的理解。

  每章所探讨的问题并不仅仅是枯燥的知识性观点，而是学生走出教室就会遇到的鲜活问题。例如：脸书是免费的吗？上大学值吗？地理位置注定了热带和亚热带地区的贫困？是什么导致了2007—2009年的经济衰退？类似耐克这样的企业是否损害了越南劳动者的利益？

循证经济学

2020年经济衰退的成因

- 2020年的经济衰退是由新冠疫情引发的，后者降低了经济交换的生产率。由于存在感染风险，家庭对人际接触型商品和服务的需求降低，同时许多行业也无法安全地提供商品和服务并从中盈利。美国首次有记录的感染发生在2020年1月15日，但当时其对公众健康威胁的严重性并未在美国得到广泛认可。例如，2月24日，唐纳德·特朗普总统在推特上写道："冠状病毒在美国已经得到很好的控制。我们与所有人和所有相关国家保持着联系。美国疾病控制与预防中心和世界卫生组织一直在努力工作且应对有方。在我看来，股票市场已开始有起色！"美国的第一例死亡病例出现在两天后，即2月26日，至4月下旬，美国每天有2 000多人死于新冠感染。

- "用数据说话"是另一个以真实数据为基础来分析经济问题的专栏。我们所探讨的问题包括预期寿命和创新、在一个相互联通世界中的生活，以及个别国家的汇率政策等。

用数据说话

技术突破压低了石油的均衡价格

- 事实上，2011—2019年间真的出现了如图4.14所示的供给曲线右移的情况，这部分是因为水压致裂法在石油开采中的广泛使用。前文提到，水压致裂法的原理是利用高压流体使地下岩层产生裂隙。为了进一步说明这项技术，我们来看一个具体的例子。2016年夏天，英国石油公司在得克萨斯州钻探了一口1.5英里深的水压致裂井。在6个不同的深度上，该公司将垂直钻头旋转90度，然后分别在每个深度上钻出3个1英里长的水平管道。这个地下水平钻孔系统总共生成了超过18英里的水平管道，它们被用来压裂富含能源的岩层和采集渗透出来的石油和天然气。
- 2011—2019年，水压致裂法使美国的石油产量翻了一番还多（从每年21亿桶增加到45亿桶）。水压致裂法的兴盛促使全球石油供给曲线右移。在推动全球油价从2011年的每桶100美元降至今天的每桶约50美元方面，这一曲线的右移起到了重要作用。

- 为了与"优化"主题保持一致，在"选择与结果"专栏中，我们会要求学生做出真实的经济决策，或者评估过去真实决策所产生的结果。然后我们会告诉大家经济学家可能会就相关问题如何进行决策。我们所探究的"选择"会涉及多种问题和概念，例如指数增长的力量、外国援助和腐败，以及解决"大而不倒"的银行问题的政策等。

选择与结果

指数增长的力量

- 你有两个选择。你可以选择以每月1 000美元为起薪，然后每月加薪6%，也可以选择月薪2 000美元，但之后不再有

加薪。你更倾向于哪个选项？

- 答案显然因人而异。你如果急需用钱，可能会被每月 2 000 美元的薪资吸引。但在你急着接受这份月薪 2 000 美元的工作之前，先想想 6% 的月增长率意味着什么。如果每月增长 6%，仅 1 年之后你的月薪就会超过 2 000 美元。4 年后，你的月薪约为 16 400 美元。所以，如果你想在这个岗位上待一年以上，从较低的初始薪资开始可能是个更好的主意。

- 指数增长让第一个选项充满吸引力，至少对那些打算长期工作的人来说如此。每月 6% 的增长不同于在起薪的基础上增长 6%（如果是这样，则意味着你的薪资每月增长了 60 美元）。相反，这是一种复合式增长，也就是说，每个月的薪资都会在上个月的基础上增长 6%。因此，工作 1 个月后你的薪资会是 1 060 美元。2 个月后，你的薪资会变成 1 123.60 美元（1 060 美元 ×1.06）。3 个月后，你的薪资会变成 1 191.02 美元（1 123.60 美元 ×1.06），以此类推。我们接下来将看到，指数增长在国家经济增长中所起的作用和它在这个例子中的作用完全一样。

- 关于指数增长的力量，我们还有一个来自古印度的更生动示例。根据传说，一位古印度人发明了象棋，当国王问他打算要什么作为发明的奖赏时，这位发明者便充分利用了指数增长的力量。他请求国王在棋盘的第一格放 1 粒麦子，第二格放 2 粒，第三格放 4 粒，第四格放 8 粒，然后以此类推，直到将棋盘上的 64 个格子全部放满为止，届时棋盘上所有的麦子就是他要的奖赏。国王听了这个请求，觉得这根本是小事一桩，但当财政官员计算出最终数字时，他们震惊地把结果报告给了国王。他们发现棋盘上小麦的总量超过了 18 000 000 000 000 000 000 粒，远超整个王国的小麦产量。事实上，时至今日，这一数量仍足够让你在 6 个月内每天向世界上的每个人分发一吨小麦。这是一个值得记住的好故事，除了提醒你关注指数增长的力量，也可以作为一项指引，帮你在面对具有不同增长前景的选项时做出选择。

宏观经济学：灵活学习表

关注核心方法	强调长期增长	强调国际视角
第1章：经济学原理与实践	第1章：经济学原理与实践	第1章：经济学原理与实践
第2章：经济科学：运用数据和模型理解世界（可选）	第2章：经济科学：运用数据和模型理解世界（可选）	第2章：经济科学：运用数据和模型理解世界（可选）
第2章附录：绘制和解释图表	第2章附录：绘制和解释图表	第2章附录：绘制和解释图表
第3章：优化：竭力做到最好（可选）	第3章：优化：竭力做到最好（可选）	第3章：优化：竭力做到最好（可选）
第4章：需求、供给与均衡	第4章：需求、供给与均衡	第4章：需求、供给与均衡
第5章：国家财富：定义和测算宏观经济总量	第5章：国家财富：定义和测算宏观经济总量	第5章：国家财富：定义和测算宏观经济总量
第6章：总收入	第6章：总收入	第6章：总收入
第7章：经济增长	第7章：经济增长	第7章：经济增长
第8章：为什么很多地区仍旧不发达？（可选）	第8章：为什么很多地区仍旧不发达？	第8章：为什么很多地区仍旧不发达？（可选）
第9章：就业和失业	第9章：就业和失业	第9章：就业和失业
第10章：信贷市场	第10章：信贷市场	第10章：信贷市场
第11章：货币体系	第11章：货币体系	第11章：货币体系
第12章：短期波动	第12章：短期波动	第12章：短期波动
第13章：逆周期宏观经济政策	第13章：逆周期宏观经济政策	第13章：逆周期宏观经济政策
第14章：宏观经济学和国际贸易（可选）	第14章：宏观经济学和国际贸易（可选）	第14章：宏观经济学和国际贸易
第15章：开放经济的宏观经济学（可选）	第15章：开放经济的宏观经济学（可选）	第15章：开放经济的宏观经济学

1

经济学导论

第1章 经济学原理与实践

脸书是免费的吗？

脸书不向你收取费用，所以你可能会说："脸书是免费的。"

但我们可以从另一个角度思考这个问题：在使用脸书时，你放弃了自己的什么东西？别着急继续往下读，请先想一下上述问题。

脸书虽然不向你收费，但它获取了你的数据，占用了你的时间。现在我们先集中谈一谈你的时间问题（当然，你的数据也非常宝贵！）。当你把时间花在脸书上时，你也就放弃了另外一种利用时间的方式。你原本可以用这段时间踢足球、刷YouTube、小憩、学习、在Spotify（一家在线流媒体音乐播放平台）上听音乐，或者从事其他你觉得能够为你带来某种价值的活动，例如赚钱。对一名普通的大学生来说，如果能够把花在社交媒体上的时间用于工作，赚到的钱足以支付一辆跑车一年的租金。

把花在脸书、Instagram（照片墙）、TikTok（字节跳动旗下短视频平台）以及其他数以百计社交媒体应用上的时间用于打零工，只是利用时间的一个选择。你觉得用于社交媒体的时间的最佳替代用途是什么？这其实就是在以经济学角度思考脸书的成本问题，在本章稍后的"循证经济学"专栏中，我们会进一步对此问题进行探讨。

在本章中，我们将向你介绍如何从经济学角度来思考世界。经济学家研究的是人们做出的所有选择，包括选择职业这样的重大决策和登录脸书或任何其他社交媒体平台这样的日常决策。为了理解这些选择，经济学家会关注它们所涉及的成本和收益，包括被挤占活动的隐性成本。

本章概览

1.1	1.2	1.3	EBE	1.4	1.5	1.6
经济学的范畴	经济学三大原理	经济学第一原理：优化	脸书是免费的吗？	经济学第二原理：均衡	经济学第三原理：实证	经济学对你有用吗？

> **重要概念**
> - 经济学研究的是人的选择。
> - 经济学第一原理是人会试图优化：他们试图找出最佳可用选项。
> - 经济学第二原理是经济系统趋向均衡，在均衡状态下，没人认为能通过改变自身行为而受益。
> - 经济学第三原理是实证，即利用数据进行分析。经济学家利用数据检验理论，以确定世界上各种事情发生的原因。

人们是如何做出这些选择的？人们应该怎样做出这些选择？经济学家的答案偶尔会让你感到惊讶，但会帮助你做出提升幸福感的选择。

1.1 经济学的范畴

经济学涵盖的不只是钱。经济学家研究人类的所有行为，从一个人决定租车，到决定不系安全带，再到新手司机在急转弯时选择车速，这些都是选择，都是经济学家一视同仁的研究对象。==选择，而非金钱，才是经济学家所有研究事物的统一特征。==

事实上，经济学家认为几乎所有的人类行为都是选择的结果。例如，想象一位父亲告诉他十几岁的女儿，她必须负责清洗家里的汽车。他的女儿有多种选择：她可以洗车；她也可以讨价还价，然后去做一项更简单的家务活；她还可以拒绝洗车并承担相应后果；她甚至可以搬出去住（虽然这反应有些过激，但仍然是一个选项）。按照经济学家的思维逻辑，你所做的一切都是你所做选择的结果。

经济主体和经济资源

说经济学只关乎选择，是为了以一种简单的方法来概括研究主题。为了给出一个更为准确的定义，我们首先要引入两个重要的概念：经济主体和资源配置。

经济主体是指做出选择的个人或群体。为了说明这一概念的广阔范畴，我们先列举一些以个人为经济主体的实例以及他们做出的某项选择。例如：一名消费者要选择买哪一款手机；一位家长要选择是否以及如何对子女的优秀表现予以奖励；一名学生要选择上课还是逃课；一位公民要选择是否去投票，以及去的话，把票投给哪位候选人；一名工人要选择尽职尽责还是偷懒摸鱼；一名罪犯要选择出售病毒还是阿片类药物（或两者都不选，又或两者都选）；一位商业领袖要选择在世界上哪个地方开设新工厂；一位参议员要选择投票赞成还是反对最高法院的提名者。当然，你也是一个经济主体，因为你每天都要做出大量的选择。

不是所有的经济主体都是个人。经济主体也可以是一个群体，比如一个政府、一支军队、一家公司、一所大学、一个政治团体、一家工会、一支运动队，甚至是一个街头帮派（见图1.1）。有时经济学家会简化分析，将这些群体视为一个单一决策者，而对群体中不同个体对群体决策的贡献忽略不计。

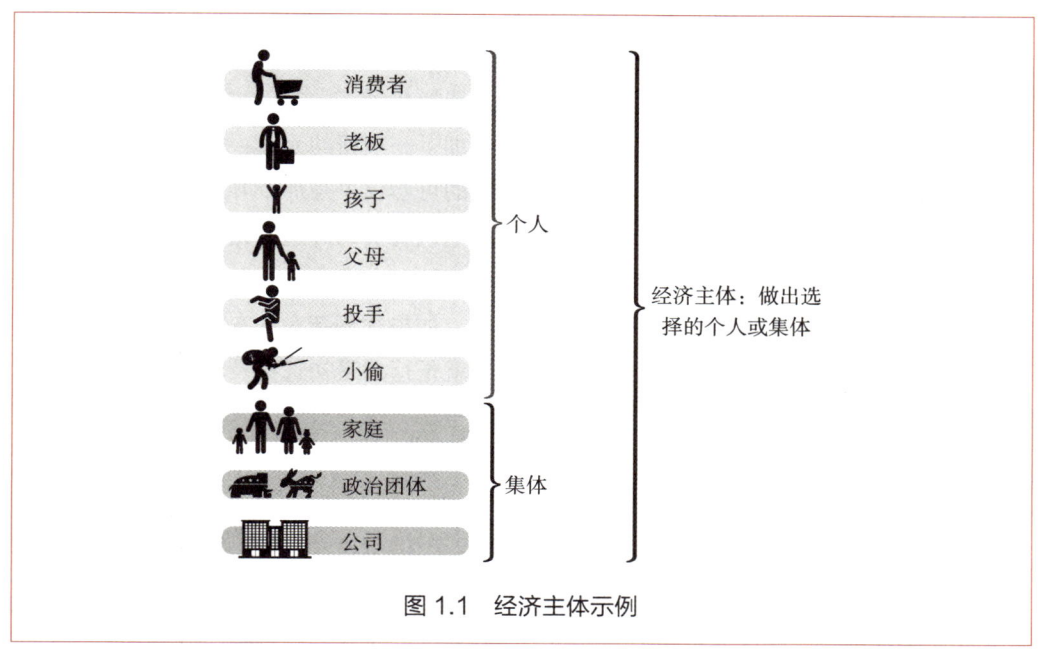

图1.1 经济主体示例

第二个需要理解的重要概念是，经济学研究稀缺资源的分配。**稀缺资源**是指人们想要且想要数量超过了其可获得数量的东西（假定资源可免费获得）。黄金婚戒、指压按摩、意大利手袋、百老汇演出、苹果手机、三层巧克力软糖冰激凌和景观房都是稀缺资源。但并不一定只有奢侈品才会稀缺——日常用品也会稀缺，比如卫生纸、地铁座位和干净的饮用水。稀缺之所以存在，是因为人们在一个资源有限的世界里有着无限的欲望。世界上没有足够的资源让每个人（免费）得到他们想要的一切。

以汽车为例，如果汽车能以零元价格获得，那它肯定会出现短缺。那么，社会如何决定哪些人能获得有限供应的汽车？社会一般会如何分配经济中的所有稀缺资源？

在现代经济中，像你这样的消费者在资源分配过程中扮演着重要的角色。你每天拥有24小时可供分配——这是你每天的时间预算。你可以选择将这24小时中的多少时间用于上脸书，可以选择用多少时间来做其他活动，比如学习或者工作。如果你有一份工作，你可以选择如何花掉自己辛苦挣来的工资。这些不同类型的选择决定了稀缺资源在现代经济中的分配方式：分配给那些有支付能力和支付意愿的消费者。

经济学家无意将自己的个人喜好强加给你。举个例子，你需要决定是开车、骑自行车、步行、叫网约车、打出租车还是乘坐公共交通工具上下班。我们感兴趣的是告诉你如何运用经济学思维方式，这样你就能够比较各种备选方案的成本和收益，做出最适合自己的选择。

经济学的定义

我们现在已经为更准确地定义经济学做好了准备。**经济学**研究的是经济主体如何选择分配稀缺资源以及这些选择会如何影响社会。

我们之前提到的例子都强调了人们的选择，选择在经济学的正式定义中扮演了重要的角色。但是，经济学的定义也为我们的讨论增加了一项新的元素：个人经济主体的选择对社会的影响。例如，一辆新车的出售，影响的可不仅仅是那个开车离开经销商停车场的人。这笔交易会产生销售税，政府会利用这笔税收资助高速公路和医院等项目。这辆新车的购置也会增加道路的拥堵——高峰时段拥挤的车流中又多了一辆车。你家门前路上可能又多了一辆与你抢最后一个停车位的车。如果这辆新车的车主驾驶鲁莽，这辆车也可能给其他司机带来危险。经济学家研究的就是这些最初选择及其对世界上其他人的多重影响。

实证经济学与规范经济学

我们现在已对经济学的含义有了基本的了解：经济学研究的是人的选择。但为什么要研究这些选择？部分原因是经济学家对此充满好奇心，但这只是其中一个很小的因素。理解人们的选择是非常有实际用处的，有两个关键原因：

（1）经济学分析能够描述人们的实际行为（实证经济学）。

（2）经济学分析能够就人们（包括社会）应该做什么提供建议（规范经济学）。

以上两项应用，第一项是描述性的，第二项则是建议性的。

经济学研究的是选择。

实证经济学旨在描述人们的实际行为

对经济主体实际行为的描述就是对世界的客观陈述，换言之，它们是可以用数据来确认或者检验的陈述。例如，从 2020 年 3 月到 4 月，美国劳动力中失业人口的比例从 4.4% 上升到 14.7%，这是有记录以来的最大增幅。[1] 在这一个月中，新冠疫情导致的封锁使得众多企业关门歇业，还有很多公司进行了裁员。描述已发生的事情或者预测将要发生的事情，这被称为**实证经济学**或实证经济分析。

例如，有人预测可再生能源的发电能力将在 2019 年至 2024 年之间增加 50%（尤其是太阳能、风能、水电和生物能源）。[2] 这一预测可以与未来的数据进行比较，以检验其准确性。因为随着时间的流逝，预测最终会变得可检验，所以它也是实证经济学的一部分。

规范经济学旨在为人们的行为提供建议

另一种经济学分析叫作**规范经济学**，旨在为个人和社会的选择提供建议。规范经济学研究的是人们应该做什么。规范经济学几乎总是依赖于主观判断，这意味着规范分析至少部分依赖于个人的感受、喜好或观点。既然如此，我们应该依据谁的主观判断？经济学家认为，这应该取决于被建议对象的主观偏好。

举个例子，假如一位经济学家要帮助一名劳动者确定他在投资中应该承担多大的风险。这位经济学家可能会去了解劳动者对投资风险的偏好。假设这位劳动者说，如果将退休金投资于时常大幅下跌（且不可预测）的股市——例如，道琼斯工业平均指数在 2020 年 2 月和 3 月新冠疫情开始时下跌了 38%，他晚上就会睡不好觉。经济学家会解释称：避免风险也是有代价的——无风险投资的长期平均回报率会低于股市投资，股票的年均回报率比无风险投资要高出 6 个百分点。如果这名劳动者在知晓这些区别后仍然选择无风险投资，那么经济学家会帮助劳动者找到这种无风险投资。此时，经济学家扮演了工程师的角色，帮助这名劳动者找到了适合其风险水平的投资组合。

这里的关键点在于这名劳动者想要什么。对大多数经济学家而言，这名劳动者选择任何等级的风险水平都是合理的，只要他理解这一风险对其平均回报率的影响——较低的风险意味着较低的平均回报率。当经济学分析被用来帮助个人经济主体做出能够实现个人最大利益的选择时，这类规范经济学就被称为规定经济学（prescriptive economics）。

有时，规范分析会变得十分复杂，因为它可能涉及很多经济主体。我们接下来就转向更为复杂的规范分析。

规范分析与公共政策

规范分析也为整个社会提供建议。例如，经济学家经常被要求评估公共政策，如税收或法规。当公共政策创造出赢家和输家时，公民往往会对政府计划的可取性持反对观点。一个人眼中的候鸟保护区对另一个人而言则是蚊虫滋生的沼泽。通过环境法规保护湿地有利于观鸟者，但对想要开发那片土地的土地所有者而言则是不利的。

当一项政府政策创造出赢家和输家时，经济学家需要基于道德判断进行规范分析。对于会使一个群体受损而使另一个群体受益的政策，经济学家在进行评估时必须进行道德判断。

当经济学家思考政府政策时，道德判断通常是无法避

关于这片沼泽的未来，不同经济主体在观点上存在分歧。土地所有者想要建造住宅，环保人士想保留湿地以保护濒危的美洲鹤。应该怎么做？

免的，因为很少有政策能够使每个人都受益。决定输家所承担的成本相对于赢家所得到的收益是否值得，这在一定程度上就是道德判断。制定环境法规，防止房地产开发商为建造新房而排干沼泽地的水，这样做是否符合道德？如果这些环境法规保护了其他人重视的候鸟呢？是否存在可能的妥协——例如，政府可否考虑从房地产开发商手中收购土地？这些事关社会应该做什么的公共政策问题都是规范经济问题。

微观经济学和宏观经济学

要理解经济学的范畴，你还需要知道另一种分类。经济学可以分为两个广泛的研究领域，许多经济学家在这两个领域都有所涉猎。

微观经济学研究的是个人、家庭、企业和政府如何做出选择，以及这些选择如何影响定价、资源配置和其他经济主体的福利水平。一般来说，当我们想要了解整体经济的某一特定部分，比如燃煤发电市场时，就需要微观经济学家的帮助。

例如，一些微观经济学家会研究燃煤发电厂所产生的污染情况。微观经济学家可能会根据其对电力总体需求和能源行业技术发展前景的预测（包括太阳能和风能对燃煤发电厂的替代），来推测未来十年的燃煤污染水平。推测未来的燃煤污染水平就属于实证经济分析。

一些微观经济学家会对燃煤污染情况进行规范分析。例如，由于全球变暖主要是由煤、石油和其他化石燃料导致的碳排放引起的，微观经济学家便设计出新的政府政策，以减少此类燃料的使用。例如，"碳税"的设立就是为了降低碳排放。在碳税政策下，碳排放相对较高的能源生产企业（如燃煤发电厂）要比碳排放较低的能源生产企业（如风力发电厂）缴纳更多的每单位能源生产税。一些微观经济学家的工作就是设计碳税等干预性政策，并确定这些干预性政策会如何影响家庭和企业对能源的选择。

宏观经济学是对经济整体的研究。宏观经济学家研究各种整体经济现象，比如一国经济总产出的增长率、总体价格的增长百分比（通货膨胀率），以及有就业意愿但未能找到工作的人占全国劳动人口的比例（失业率）。宏观经济学家负责设计能够提升整体或"总体"经济表现的政府政策。

例如，宏观经济学家会试图找到能够刺激经济并使其脱离持续负增长（即经济衰退）的最佳政策。在应对2020年新冠疫情危机所导致的经济收缩过程中，宏观经济学家发挥了积极作用。如何管理成长良好的经济也是宏观经济学家的关注点。例如，在2018年，美国失业率达到了低于4%的历史低水平，（经通胀调整的）年经济增长率也强劲地超过了3%，在这一背景下，美联储提高利率以抵御通胀上升的潜在威胁，宏观经济学家则就这一做法是否审慎进行了辩论。

1.2　经济学三大原理

现在你已经对经济学是什么有所认知。但你可能还想知道它与其他社会科学，比如人类学、历史学、政治学、心理学和社会学等有什么区别。所有社会科学都研究人类行为，那么经济学有何与众不同之处？

经济学家强调三个关键概念。

（1）**优化**：我们已经解释过，经济学研究的是人的选择。研究所有人类的选择，这乍看上去似乎是一个不可能实现的巨大且多样的主题。从表面上看，你今晚登录脸书的决定，似乎与一位企业高管决定在中国投资5亿美元建一家笔记本电脑工厂的决定没有多少共同之处。尽管如此，经济学家仍提炼出了一些强有力的概念，可适用于经济主体所做的各种不同选择。其中的一个观点是，所有选择都是通过优化这一概念联系在一起的。所谓优化，即试图找出最佳可行选项。经济学家并不认为人总能成功找出最佳可行选项。相反，经济学家认为人会试图找出最佳可行选项。人并不总能取得成功，因为我们并非完美的、无所不知的决策者。经济学家就人如何成功找出最佳可行选项问题进行了大量讨论，我们会在第3章中继续就此展开探讨。

优化是经济学第一原理。经济学家认为，人所做出的选择，小到是否接受看电影邀约，大到和谁结婚，都可以用优化，即试图找出最佳可行选项来解释。==决策依靠的不是能够预知未来的水晶球。==人会基于既有的有限信息、知识、经验和训练，尽其所能做出最佳选择。

（2）**均衡**：经济学第二原理认为，经济系统趋向均衡，在均衡状态下，考虑到其他人的选择，没有经济主体认为能通过改变自身行为而使其个人受益。当所有主体都认为他们不能通过选择另一种行动方式来做得更好时，经济体系就处于平衡状态。换句话说，均衡是一种每个人都同时在进行优化的状态。

（3）**实证**：经济学第三原理强调的是实证主义，即循证分析。换言之，就是用数据来进行分析。经济学家利用数据来发展理论，检验理论，评估不同政府政策的效果，并确定世界上各种事情发生的原因。

1.3　经济学第一原理：优化

现在让我们更深入地思考第一个原理。经济学是关于选择的研究，经济学家则提出了一个关于如何做出选择的重要理论。经济学家认为，人会进行优化，这意味着经济主体会基于既有的（有限）信息、知识、经验和训练，试图找出最佳可行选项。可行选项指的是经济主体可用并且负担得起的选择。如果你钱包里有10美元，但没有任何信用卡、借记卡可用，那么5美元的人造肉汉堡就是一个可行的晚餐选项，而价值50美元的龙虾就不是一个可行的选项。

可行的概念不仅取决于经济主体的财务预算，还受制于多种不同的约束条件。例如，想要一天工作超过24个小时是不可行的，你也不可能同时出现在伦敦和北京的会场。

人们做任何决定都只能取决于做选择时可用的信息。举个例子，假设你选择开车从圣迭戈前往洛杉矶，途中你的车被一名酒驾司机撞了，你很不走运，但这不代表你没有实现优化。优化意味着你要权衡你现阶段所掌握的信息，而不是说你能完美地预测未来。当人基于可用信息找出了最佳可行选项时，经济学家就会说这个决策者是理性的，或者说，他们表现出了理性。理性行动不要求你能够预测未来，只需要经济主体对已知的成本、收益以及风险做出逻辑评估。

然而，如果你明知道自己的朋友喝醉了，还是决定让他开车带你从圣迭戈前往洛杉矶，那么此时你就没有做出最优可行选择。和之前的情形一样，判断一项决策是否理性，看的不是结果，而是你最初决策的质量。即使你和喝醉的司机朋友最终安全到达目的地，你选择让他开车这件事也仍是一项糟糕的选择。所幸的是，尽管你做了一个错误的决定，但你运气还不错。

在本书中，我们会将大量篇幅用于对优化的分析。我们会解释如何找出最佳可行选项，我们也会讨论支持"经济主体通常会找出最佳可行选项（或近似选项）"这一理论的部分证据。我们还会讨论一些人始终无法找到最佳可行选项的重要案例。==当经济主体犯下可预测的错误时，规范（和规定）经济分析能帮助他们意识到自己的错误并在未来做出更佳选择。==

最后需要注意的是，具体优化事项会因人而异，因群体而异。很多公司试图实现利润最大化，但是大部分个人不会试图使自己的个人收入最大化。如果我们的目标是收入最大化，那么我们每周的工作时间将远超40小时，我们还会主动延迟退休。多数家庭都会尽力使其整体福利水平最大化，而所谓整体福利水平，既包含了收入、休闲、健康，也包括社交网络、人际关系和人生使命感等很多其他因素。与此同时，多数政府都在优化其复杂的政策目标组合。对大多数经济主体来说，优化（和经济学）关乎的绝不仅仅是金钱。

新冠疫情危机就是一个展现优化复杂性的好例子。如果政府只追求总体经济产出最大化，那么在整个疫情期间，企业和员工就会持续工作，完全不会顾及健康方面的后果。相反，在危机期间，几乎所有国家都采取了包括封锁和居家在内的积极公共卫生措施，而这导致各国的总体经济急剧萎缩。因此，针对新冠疫情危机的应对政策包含了在健康和经济产出之间的权衡。几乎所有国家都认为，经济产出的急剧下降是部分减少疫情所导致的疾病和死亡（发病率和死亡率）的代价。你可以将其视为第一次近似人为让经济休克的经济衰退。

权衡和预算约束

所有的优化问题都涉及权衡。当必须牺牲部分利益以获得其他利益时，**权衡**就会产生。重新思考一下脸书的案例。如果你把 1 小时时间用于刷脸书，那么就无法将这 1 小时用于做其他事情。例如，在绝大多数时候，你不能在从事兼职工作的同时编辑自己的脸书个人资料。（当然，有些学生认为他们可以一边听课一边浏览朋友发的帖子。但根据本书作者的亲身经验，这么做的结果是我们不会从那堂课上学到多少东西。）

经济学家使用预算约束来描述权衡。**预算约束**是指一个人在不超出预算的前提下能选择去做（或购买）的事情（或事物）组合。

下面举一个实例。为了简化分析，假设你在每小时的空闲时间内只能从事以下两项活动中的一项：上社交媒体网站或做兼职。假设你一天有 5 个小时空闲时间（除去睡觉、吃饭、洗澡、上课、做习题、复习考试等必需活动之后）。把这 5 个小时作为你的空闲时间预算，那么你的预算约束是：

5 小时 = 上社交媒体时间 + 做兼职时间

这一等式也被称作预算约束，它意味着你将面临一项权衡。如果你在社交媒体上多耗费 1 小时，那么你做兼职的时间就会少 1 小时（除非你在从事有偿工作的时候偷偷使用脸书——如果是这样，记得不要把你的老板加入好友列表）。同样，如果你做兼职的时间多 1 小时，那你的上网时间就会少 1 小时。一项活动的增加意味着另一项活动的减少。我们从表 1.1 中可以看出这一点，在这张表里，我们列出了这 5 小时空闲时间可能的分配方式。

表 1.1　5 小时空闲时间的可能分配方式（仅列出整数情况）

预算	上社交媒体时间	做兼职时间
5 小时	0 小时	5 小时
5 小时	1 小时	4 小时
5 小时	2 小时	3 小时
5 小时	3 小时	2 小时
5 小时	4 小时	1 小时
5 小时	5 小时	0 小时

注：假设 5 小时的空闲时间只能用于上社交媒体或做兼职，表中每行代表一种不同的时间分配方式。为简化分析，表中仅列出整数情况。

预算约束是非常有用的经济学工具，因为它使权衡得以被量化。经济学家在谈论人们的选择时，总会考虑到预算约束。识别可行选项和权衡是非常重要的——预算约束为我们提供了这方面的信息。

机会成本

现在我们准备介绍优化工具箱中的另一关键工具：机会成本。我们以社交媒体为例说明这一概念。我们花在社交媒体上的时间是我们本可以用于其他活动的时间。上文的示例中只列举了社交媒体和兼职工作这两项可互相替代的活动。但在现实生活中，因为你使用社交媒体而可能遭到挤占的活动则有千千万万，比如踢足球、慢跑、做白日梦、上瑜伽课、冥想、睡觉、和朋友一起吃饭或者做习题等等。当你把时间花在社交媒体上时，也不知不觉地牺牲了从事其他替代性活动的时间。

把你因为使用社交媒体而放弃的活动列一个表。思考哪一项活动是额外使用 1 小时社交媒体的最佳替代，然后将其置顶。别急着往下读，先把这一项替代活动写下来。和朋友一起喝咖啡？复习备考？出去慢跑？哪一项是额外使用 1 小时社交媒体的最佳替代？

每当进行时间分配时，我们便面临着权衡。当我们做某件事的时候，就得放弃做其他事情。加入篮球队意味着放弃曲棍球比赛。在考试周，在睡觉上多花 1 小时就意味着学习或者和朋友聚会减压的时间少了 1 小时。你不能在写一篇学期论文的同时更新自己的脸书。拖延并不能让你摆脱这一颠扑不破的逻辑。例如，如果你只是推迟了写论文的时间，那么当交论文的最后期限临近时，你还是得放弃某些其他活动。（也许会牺牲为经济学期末考试备考复习的时间？）

评估权衡可能是一件难事，因为会有很多供考虑的选项。经济学家往往聚焦于最佳替代活动。我们将这种最佳替代活动称为**机会成本**。这是优化者在分配其时间时实际放弃的东西。回想一下你额外使用 1 小时社交媒体的最佳替代活动，那就是你使用 1 小时社交媒体的机会成本。

为了说明这个概念，我们再举一个例子。假设你全家打算利用假期时间出去旅行。你的选择包括去加勒比海坐游轮、去迈阿密或者去洛杉矶（假设这些选项的花销和用时相同）。如果你的第一选择是去加勒比海坐游轮，第二选择是去迈阿密，那么你去坐游轮的机会成本就是去迈阿密。去坐游轮挤掉了迈阿密之旅，所以迈阿密之旅是你为了乘坐游轮而放弃的选项。

机会成本概念适用于所有的权衡，而不仅仅是你一天 24 小时的时间预算。假设一个木工有一块很好的枫木，可以用来做一个雕塑、一个碗或者一个相框（假设它们需要的木料数量和耗时相同）。如果这个木工的第一选择是将其做成雕塑，第二选择是将其做成木碗，那么木碗就是制作这个雕塑的机会成本。

赋予机会成本货币价值

经济学家有时会试图赋予机会成本货币价值。要估算你 1 小时时间的货币价值，一种方法是分析你做兼职或者延长现有兼职的工作时间所带来的结果。

如果你能找到一份适合你日程安排的工作，那么你在社交媒体上耗费 1 小时的机会成本至少等于你工作 1 小时的收益。其原因是：兼职工作是你列出来的一堆用以打发时间的替代选项之一，如果兼职工作位于你列表的最上方，那么它就是最佳替代活动，也就是你将时间用于社交媒体的机会成本。但如果兼职工作不是你的首选，因此不是最佳替代，这时结果又会如何？如果真如此，那么最佳替代就是比兼职工作还要好的选择，所以此时最佳替代的价值比兼职工作更高。总之，你的机会成本要么等于这份兼职工作的价值，要么高于这份兼职工作的价值。

为了将这些观点变得可量化，我们有必要注意如下数据：2020 年，美国 16~24 岁劳动者的工资中位数是每小时 14.70 美元——该数据来自美国劳工统计局。[3] 除了工资，一份工作还包含许多其他特性，包括各种不合意的工作任务（如要对粗鲁无礼的顾客笑脸相迎）、在职培训、和友好的或者不友好的同事相处、完善履历等等。

如果我们忽略这些除工资以外的特性，那么工作 1 小时的价值只是工资（税后）。然而，如果正面的和负面的非工资特性不能互相抵消，这个计算将会变得困难许多。简便起见，在接下来的分析中，我们将只关注税后工资——年轻劳动者的时薪约为 13 美元，但你们应牢记工作带来的所有非工资影响。

成本-收益分析

让我们运用机会成本来解决一个优化问题。具体而言，我们想要比较一组可行替代选项，并选出其中最好的一个。我们将这个过程称为成本-收益分析。**成本-收益分析**是一种计算，将收益和成本以一个共同计量单位（比如美元）表示，通过收益相加并减去成本来确定最佳选项。成本-收益分析用于识别具有最大净收益的替代选项。**净收益**等于选择一个替代选项的总收益减去选择这一替代选项的总成本。

为了理解这些概念的实际应用，我们假设你和朋友想要从波士顿去位于佛罗里达州的迈阿密海滩度假。假设唯一的问题是你们不确定应该开车去还是坐飞机去。你的朋友认为你们应该开车去，因为租车费和油费均摊下来"每人只需要 200 美元"。他说"这比 300 美元一张的机票要划算得多"，并试图据此把行程定下来。

要使用成本-收益分析方法来分析这个问题，你需要列出开车和坐飞机这一替代方案的所有收益和成本。在这里，我们将计算出开车相较于坐飞机的相对收益和相对成本。我们需要将这些收益和成本以相同的计量单位表示。

从收益的角度来说，开车可以节省 100 美元——开车需要花费 200 美元，而机票价格为 300 美元，两者之差恰好为 100 美元。我们有时称这些成本为现金支出成本。但是，现金支出成本不是唯一需要考虑的事情。开车还会多花费 40 小时的时间——开车往返需 50 小时，而乘飞机往返只需 10 小时，两者之差正好为 40 小时。额外花费的 40 小时也是开车的成本，尽管它不是直接的现金支出成本。

我们现在准备决定是开车去还是坐飞机去佛罗里达。我们需要将所有的收益和成本用同一个单位表示，在我们的例子中这个单位是美元。上文提到，开车去将会额外花费40小时的旅行时间。为了完成分析，我们必须将这些时间成本转化为美元。为此，我们将要用到每小时13美元的时间机会成本。开车相较于坐飞机的净收益等于开车的收益（节省了100美元的现金支出）减去开车的成本（额外40小时的时间）：

（节省的100美元现金支出成本）−（额外的40小时旅行时间）×（13美元/小时）
=100美元−520美元
=−420美元

因此，开车的净收益是绝对的负值。基于本例中的数字，一个追求优化的经济主体会选择坐飞机。

关于去迈阿密旅行的分析是一个简单的成本-收益分析例子，成本-收益分析是一个很好用的工具，可以把各种东西都分解为一个简单的数字：以货币计价的净收益。本书将会指导你进行这样的计算。无论你做何种选择，成本-收益分析都能为你提供帮助。

对经济学家来说，成本-收益分析就是优化的一个示例。当你找出具有最大净收益的选项时，就是在进行优化。成本-收益分析非常有助于规范经济学分析，能够让经济学家确定个人或者社会应该做什么。成本-收益分析也启发了许多有价值的实证经济学观点。在很多情况下，成本-收益分析都对实际消费者的选择做出了准确的预测。

在本书中，你将看到数以百计的优化示例。此外，我们还会用整整一章来介绍优化（第3章），以便你能够更全面地了解这一经济学基本原理。

循证经济学

脸书是免费的吗？

- 我们现在回到本章开始时提出的问题。现在你知道使用脸书有机会成本——你在这上面所花费时间的最佳替代使用。我们现在来估算这个成本。为此，我们需要一些数据。在本书中，每当看到"循证经济学"部分，你就知道我们是在使用数据分析经济学问题。

- 据估算，2019年美国成年人每天花在社交媒体平台上的平均时长为56分钟，这

些社交媒体平台包括脸书、TikTok、照片墙、Snapchat（色拉布，一款照片应用分享）、推特、Pinterest（拼趣）、Tumblr（汤博乐，全球最大的轻博客网站）和领英等网站。[4] 为了简化计算，我们把这一时长扩展为每日1小时。即便我们选择一个相对保守的时间机会成本，即每小时13美元，也使得每个美国人每年的时间机会成本达到4 745美元：

$$（1小时/天）×（365天/年）×（13美元/小时）= 4 745美元$$

- 2019年美国有2.54亿成年人（18岁及以上），因此美国成年人每年使用社交媒体的机会成本至少为：

$$（4 745美元/成人）×（2.54亿成年人）≈ 1.2万亿美元$$

- 我们还可以用另外一种方式来思考这一计算。如果美国成年人把他们花在社交媒体上的时间用于平均时薪13美元的工作，那么2019年美国的经济产出会增加1.2万亿美元。这一数字比奥地利和瑞典两个国家的年度总产出加起来还要高。

- 至此，我们进行了一场纯粹的实证经济分析，描述了社交媒体的使用频率及这种使用背后所隐含的权衡。然而，这些分析都没有回答如下问题：脸书和其他社交媒体的用户是否在进行优化？我们已经看到，花费在像脸书这类网站上的时间具有其他有价值的用途（见表1.2）。但是，脸书用户也获得了大量的收益，而这或许证明他们的时间分配自有其合理性。例如，社交网站帮我们随时了解家人和朋友的最新动态，促进了友谊和其他社会关系的形成，而且脸书和类似的网站都非常具有娱乐性。实际上，我们或许应该把更多时间花在脸书上！

- 因为不能简单地量化这些收益，所以我们把判断的任务留给你。经济学家不会告诉你应该做什么，但是会帮助你认清做决定时需要面临的权衡。经济学家会对前面提到的规定性问题进行如下总结：

　　假设机会成本为每小时13美元，每天使用社交媒体1小时，那么每年的机会成本是4 745美元。你从脸书中获得的收益超过这一机会成本了吗？如果你每年从中获得的收益少于4 745美元，那么你应该减少对脸书的使用。

- 经济学家不会将自己的喜好强加于他人。在经济学家看来，能通过频繁使用脸书获得高收益的人应该继续这样做。但是我们确实希望经济主体能意识到这背后隐含的权衡问题。经济学家志在帮助人们充分利用金钱和闲暇时间等稀缺资源。在很多情况下，人们已经为自己的资源找到了最佳用途，但有时候经济学思维能帮助人们做出更好的选择。换句话说，经济学思维能帮助你更好地进行优化。

表 1.2　4 745 美元能够买到什么？

	单位成本（美元）	数量	总成本（美元）
星巴克的卡布奇诺	4	52 杯	208
苹果手机	740	1 部	740
纽约到巴黎的往返机票	1 200	1 张	1 200
巴黎的酒店	275	5 晚	1 375
纽约到美属维京群岛的往返机票	300	1 张	300
美属维京群岛的酒店	180	5 晚	900
苹果手机应用程序	2	11 个	22
总计			4 745

注：每个人都会选择以自己独特的方式花掉这 4 745 美元。本表展示了一个可行的商品和服务组合。注意，本表只包括商品或服务的货币成本。一个完整的经济分析应该还包括消费这些商品或服务所需的时间机会成本。

问题	答案	数据	注意事项
脸书是免费的吗？	不是。2019 年，美国使用脸书等社交媒体的时间机会成本超过 1.2 万亿美元。	由 www.eMarketer.com 估算的脸书使用量统计数据。来自美国劳工部的工资数据。	我们只针对美国社交媒体用户进行了计算。将这些计算扩展至全球数十亿社交媒体用户是一件非常有价值的事。例如，仅脸书在全球就拥有超过 17 亿用户。

1.4　经济学第二原理：均衡

在多数经济情形下，你并非唯一试图进行优化的人。其他人的行为也会影响你的决定。经济学家认为世界是由大量经济主体构成的，它们相互作用，相互影响彼此在优化上的努力。我们在上文曾提到，均衡是一种特殊状态，在这种状态下每个人都在试图优化，所以没有人认为能够通过改变自己的行为增进个人的利益。

这一定义包含了一个关键但也很微妙的要点。我们说的是在均衡状态下，没有人认为他们能从改变自己的行为中受益。在均衡状态下，所有经济主体都会基于他们拥有的所有信息，包括他们对他人行为的认知，试图做出最优可行选择。

为了直观地理解均衡概念，想想你所在地区超市的常规付款通道的排队长度（不包括快速付款通道）。如果一个队的等候时间比其他队短，优化者就会选择那个队。如果一个队的等候时间比其他队长，优化者就会避开那个队。所以短的队会吸引购物者，而长的队会劝退购物者。但队伍的长度并非唯一影响因素。你会根据自己所看到的一切，包括每个人购物车里东西的数量，来估计哪一队会更快，从而决定排哪一队。有时候，你可能会等得更久，因为可能会发生一些意想不到的事情，例如一位顾客花了5分钟才找到合适的零钱，或者某位顾客的购物车底部堆满了待结账的小物件。但经济学家仍会说"在均衡状态下"，所有的结账队伍等待时间大致相同。当预期所有队伍的等待时间相同时，没有购物者会想要更换队伍，换句话说，没有人会认为他们能通过更换队伍而获利。

均衡状态　　　　　　　　非均衡状态

在均衡状态下，每个人都在同时进行优化，所以没有人会通过改变自己的行为受益。

再举一个例子。假设汽油的市场价是每加仑①2美元且汽油市场处于均衡状态。以下3个条件需要得到满足：

（1）汽油卖家（即能源公司）生产的汽油数量等于买家购买的汽油数量。

（2）能源公司只会在石油开采和汽油生产的成本低于市场价格（每加仑2美元）的时候进行油井作业。

（3）汽油买家只会为对应的价值超过2美元的活动消费1加仑汽油，比如开车去参加最好朋友的婚礼。买家不会为对应的价值低于2美元的活动消费1加仑汽油。

---

① 1美制加仑≈3.785升。——编者注

在均衡状态下，基于汽油的市场价格，汽油的买卖双方都在进行优化。没有人能通过改变自己的行为而受益。（我们会在第4章中进一步讨论这一均衡分析的示例。）

注意，我们已经开始思考众多经济主体之间互相影响的情况。他们也许是国际象棋比赛中的两名选手，也许是亿贝（eBay）拍卖市场上的30名参与者，也许是在纽约证券交易所买卖股票的数亿投资者，也许是为使用拖拉机、卡车、摩托车和汽车而购买汽油的数十亿家庭。在所有这些情况中，我们认为所有人都在持续且同时进行优化——例如国际象棋比赛中选手走的每一步棋和纽约证券交易所进行的每一笔交易。这些选择结合到一起便产生了均衡——经济学家认为，这种均衡分析能很好地描述多人互动时的实际情况。

搭便车问题

让我们用均衡概念来分析一个你可能感兴趣的经济学问题：室友。假设一套合租房中住着5名室友。每名室友都可以贡献自己的一些时间，用以帮助提升所有室友的总体福利水平，比如扔掉空的比萨盒和饮料罐。每名室友也都可以只把时间花在对自己有利的事情上，比如在TikTok上看视频或者在Spotify上听音乐。

假设其中一名室友因为讨厌脏乱而开始花时间打扫厨房。尽管其他室友很欣赏这一行为，但他们并没有加入其中的积极性。如果这名室友花费30分钟洗碗，其他室友不用动手指就都能获益。如果所有人都加入进来做一些清洁工作，那么所有人都会受益。但是，这5名室友中的每个人都有把这件事情留给其他人的动机。结果是，室友较多的合租房，其环境往往都是一团糟。基于均衡理论做出的预测是：当人们处于一个大的合租环境时，环境会比单独居住时更乱。

指望由其他室友承担清洁工作这一例子，就是经济学家所说的搭便车。大多数人都想把脏活扔给其他人做。我们都想成为自己不用做任何贡献却仍能从别人的付出中获益的搭便车者。

有时搭便车的行为能侥幸获得成功。当搭便车的人只有少数而贡献者较多时，搭便车的行为可能会被忽略。例如，有一小部分人想方设法不付钱就乘坐公共交通工具。跳闸机逃票的人总归是少数，因此并不会危害地铁系统。但是如果所有人都逃票，地铁可能很快就要关门大吉。事实上，逃票问题在纽约市发生得越来越频繁。监管纽约公共交通系统的政府机构在2018年12月发布报告称，估计该市每天有20.8万地铁乘客逃票，35万公共汽车乘客逃票。[5]你可以看到很多纽约人逃票被

一个纽约地铁系统中的搭便车者。是你在为他支付乘地铁的费用吗？

抓现行的视频。[6]

在地铁里，保安巡视能使搭便车问题得到遏制。在合租环境中，社会压力会使搭便车的行为得到遏制。搭便车之所以是个问题，是因为我们很难当场抓到这些搭便车的人。在地铁站里跳闸机逃票不是什么难事。在没人看到的时候，我们很容易会把面包渣留在沙发上而不做清理。

人的私人利益有时候与公共利益并不一致。均衡分析有助于我们预测这些交互经济主体的行为，并理解为什么会出现搭便车。人们有时只顾追求自己的私人利益，不会自愿为公共利益做出贡献。不幸的是，无私行为，比如战争中的英雄行为只是例外，自私行为更为常见。当人们互动时，每个人都可能做对自己最有利的事情，而不会以实现整个社会的福利优化为目标行事。

均衡分析能帮助我们设计出减少甚至杜绝搭便车的特殊机制，比如财务合同。举个例子，如果每名室友都同意每周支付5美元来雇清洁工，结果会怎样？相比监督人们是否遵守了"自觉保持个人卫生"的规定，强制要求每人每周支付5美元是一件更容易的事，毕竟比萨渣上可没有写名字。所以，均衡分析解释了为什么个人往往不会为社会利益服务，以及如何设计激励机制去解决这些问题。

1.5 经济学第三原理：实证

经济学家使用数据来检验自己的想法。我们把这些循证分析称为实证分析或者实证。经济学家使用数据来确定有关人类行为的理论（例如优化和均衡）是否和人类的实际行为相符。当然，我们也想知道我们的理论能否解释世界上正在发生的事情。如果不能，那么我们需要从头研究并得出更好的理论。这正是经济科学以及一般科学的进步方式。

经济学家也有兴趣了解世界上各种事情发生的原因。我们可以用一个简单的例子来说明什么是因果关系，什么不是因果关系。炎热的天气和拥挤的海滩往往出现在一年中的同一时间。在这个例子中，什么是原因，什么是结果？当然是高温使人们想要去游泳，而不是人们去游泳导致天气升温。

但是在某些情况下，因果关系却很难厘清。一个人是因为本来就比较聪明所以才能上大学，还是因为上了大学所以才变得比较聪明？这两者或许互为因果，又或许有其他因素在发挥作用，例如，对阅读的热爱也许会使一个人变得聪明，并且使他考上大学。

在本书第2章中，我们将详细讨论实证这一话题，尤其是因果关系。有时因果关系很容易判断，但有时辨别原因和结果需要费一番心思。

1.6 经济学对你有用吗？

你应该学习这门课程吗？成本-收益分析能帮助你思考这个问题。

首先我们假设你已经选择了上大学。因此，我们能假设学费、住宿费和伙食费是沉没成本（无论你是否学习经济学课程都不会对该成本产生影响）。那除去这些成本，学习这门课程还有其他成本吗？对作为学生的你来说，这门课程的主要机会成本是你因为要学习这门课程而不得不放弃的另一门课程。什么课程是你不得不放弃的呢？欧洲历史？生物化学？俄罗斯诗歌？如果这门课程需要占用两学期时间，那么你就需要考虑放弃另外两门课程。

现在，我们考虑学习经济学课程的收益。学习经济学课程的收益体现为几种不同的形式，但最大的收益是使你能够把经济学思维应用于日常生活。无论你是在做如何与其他4名室友保持合租公寓干净整洁的决策，还是在做如何利用你的空闲时间的决策，经济学思维都能帮你提高决策质量。这些收益会贯穿你一生中所有需要做重要决定的时刻，比如应当将退休金用于何种投资以及如何挑选住房。

大部分决定都以成本和收益逻辑为依据。因此，你可以通过实证经济分析预测他人的行为。经济学能够阐释和厘清人类的行为。

当你需要给其他人建议或需要自己做决定时，我们希望你也能运用经济学原理。这属于规范经济学。==学习如何做出好的选择，这是你能通过学习经济学获得的最大收益。==这也是为什么我们这本书始终围绕决策这一概念展开。通过经济学视角来观察整个世界，会让你这一生都拥有巨大的优势。

我们也认为经济学充满乐趣。探究人的动机是一件非常有意思的事，特别是在这一过程中我们能收获许多出乎意料的见解。

为了获得这些收益，你需要把本书中的思想和身边的经济活动联系起来。为了建立此类联系，请牢记以下几项建议：

（1）权衡和成本-收益分析等经济学工具适用于任何经济决策，所以你要学习如何在日常决策中运用它们。这能帮助你熟练掌握这些工具并意识到它们的局限性。

（2）即使你没有在做决定，当周边的人正在使用资源或交换资源时，你也可以通过仔细观察学习到许多经济学常识。下一次去超市、去二手车行或参加足球比赛时，你要像经济学家一样思考。例如，为什么足球运动员在点球时随机选择射门方向是一种均衡？为什么守门员在面对点球时随机选择扑救方向也是一种均衡？（提示：如果点球的球员已被预知只会向一个方向射门，结果会怎样？）

（3）领会经济学思想的最简单方法是密切关注世界上正在发生的事情。上网阅读《纽约时报》《华尔街日报》《金融时报》，它们都有非常出彩的经济学报道。一些新闻杂志也会做这类报道。甚至还有一本名为《经济学人》的杂志，是政要们的必读刊物。当然，你不需要通过阅读《经济学人》来学习经济学。包括《人物》《体育画报》《时尚》在内的所有杂志，它们几乎每页都有对受经济因素驱动事件的描述。识别和理解这些因素会是一个挑战。但随着时间的推移，你会很容易认识并解释每一个头条背后的经济学故事。

你一旦意识到自己在持续做经济决策，就会明白学习这门课程只是第一步。你会发现最重要的应用发生在课堂外和期末考试后。经济学工具会提升你在各种情况下的表现，让你成为一名更好的商人、更好的消费者和更好的公民。要持续观察并且记住每一个选择背后都有经济学在起作用。

总结

- 经济学研究的是经济主体如何选择分配稀缺资源，以及这些选择会给社会带来何种影响。经济学包括两种分析方法：实证经济分析（人们实际上做了什么）和规范经济分析（人们应该做什么）。在经济学中有两大关键主题：微观经济学（个体决策和个体市场）和宏观经济学（整体经济）。
- 经济学基于三大关键原理：优化、均衡和实证。
- 基于可获得的信息找出最佳可行选项，这被称为优化。为了优化，一个经济主体需要考虑多项问题，包括权衡、预算约束、机会成本和成本-收益分析。
- 均衡是一种状态，在这种状态下，基于对他人选择的认知，没人认为能通过改变自己的行为而使个人获益。在均衡状态下，每个人都在同时进行优化。
- 经济学家用数据来检验自己的想法。我们把这些基于证据的分析称为实证分析或者实证。经济学家使用数据来确定有关人类行为的理论（例如优化和均衡）是否和人类实际行为相符。经济学家还使用数据来确定这个世界上各种事情的发生原因。

关键术语

经济主体	微观经济学	预算约束
稀缺资源	宏观经济学	机会成本
稀缺性	优化	成本-收益分析
经济学	均衡	净收益
实证经济学	实证	
规范经济学	权衡	

问题

1. 为什么我们要为自己消费的大部分商品付费？
2. 许多人认为经济学研究主要聚焦货币市场和金融市场。阅读本章后，你会如何定义经济学？
3. 考察下面的表述，判断它们是规范性的还是实证性的，并阐释理由。

    a. 2020年3月至4月，美国工业生产（一个针对工厂、矿业和公用事业产出的测算指标）下降了11.2%，这是自1个多世纪前有记录以来的最大月度降幅。

    b. 为降低引发全球变暖的碳排放，美国政府应该将碳税提高到每吨二氧化碳10美元。

4. 微观经济学与宏观经济学有何不同？苹果手机在中国的销售属于微观经济学还是宏观经济学的研究范畴？中国经济总产出的增长率呢？
5. 预算约束表示的是什么？预算约束如何能解释消费者面临的权衡？
6. 本章介绍了机会成本的概念。

    a. 机会成本是什么意思？

    b. 高中毕业后用1年时间做背包客游历欧洲，这一行为的机会成本是什么？这么做是不理性的吗？

7. 许多环境法规的成本都能转化为以美元计算，比如旨在减少煤炭工厂空气污染的"尾气处理装置"的成本。环境法规的收益常常直观地体现为挽救了多少生命（减少死亡率）或者降低了某种疾病的发生率（减少发病率），这给环境法规的成本-收益分析带来了何种影响？有句老话说："你不能给一个人的生命定价。"你是否认同这种观点？请给出原因。
8. 假设玉米的市场价格是每蒲式耳[①]3.20美元，那么玉米市场要想在这个价格上达到均衡，需要满足哪三个条件？
9. 经济学家常常考虑搭便车的问题。

    a. 搭便车是什么意思？举例说明。

    b. 解释为什么在徒步旅行线路上乱丢垃圾是一个典型的搭便车行为。

10. 用一个简单的日常生活事例来解释因果关系概念。
11. 请确定下面例子中的原因和结果。

    a. 世界范围内桃子的价格上涨和加利福尼亚州遭遇干旱。

    b. 可可的价格大幅上涨和可可作物遭受虫害。

    c. 中彩票和买游艇。

循证经济学习题

1. 估算去电影院看一场电影的机会成本（以美元来表示机会成本）。提示：要同时考虑现金支付成本（电影票的价格）和间接成本（你的时间的价值）。
2. 估算一个学生上一年大学的机会成本（以美元来表示机会成本）。假设该学生的学费为T美元，食宿费用为R美元。估算在一个典型学年中该学生在学习上所花费时间的价值，也就是上大学的间接成本。
3. 估算你每年在社交媒体上所花费的时间。然后用美元估算这一时间的机会成本。

[①] 1蒲式耳在英国相当于36.368 8升，在美国相当于35.238升。该单位用于干散固体物质体积的测量。——编者注

习题

1. 你已经购买了周五晚上的音乐会门票（不能退票也不可转售），而一个朋友邀请你在同一天参加她的生日聚会。尽管你很喜欢这个朋友，但你因为非常想去音乐会（而且这个乐队不会再来这座城市演出），于是礼貌地拒绝了她的邀请。

   a. 你得知朋友将会在她的生日聚会上提供免费且不限量的牛排，而牛排正是你最喜欢的食物。这会不会影响你去听音乐会的决定？请使用"机会成本"来解释。

   b. 假设你发现（你已购买的）不能退的音乐会门票价格是 10 美元，而你之前误认为是 100 美元。了解到这个信息会不会影响你去音乐会的决定？

2. 你正在考虑买房子，并且找到了一套喜欢的房子，价格是 20 万美元。你了解到银行将会给你提供 16 万美元的按揭贷款，因此你需要支付 4 万美元的首付，而这会花光你全部的储蓄。通过计算，你发现，按揭还款额、房产税、保险、维护费和水电费加在一起，你每月需支付 950 美元。那么，这 950 美元是你拥有这套房子的成本吗？在计算拥有这套房子的成本时，你遗漏了哪些重要的因素？

3. 上大学的最大成本之一是无法从事全职工作并获得收入这一机会成本。另外，在经济衰退期间，人们经常发现很难找到一份全职工作。基于这两项事实，在经济衰退期间，想上大学的人是会增加还是会减少？

4. 你正在控制自己的体重，决定要在周六晚上的聚会中消费总计热量为 800 卡路里的比萨和芝士汉堡。一块比萨的热量为 200 卡路里，一个芝士汉堡的热量为 400 卡路里。

   a. 创建一张表格，列出在 800 卡路里的"预算"内，你能消费的比萨和芝士汉堡数量的不同组合。简单起见，只考虑整数情况（例如，不用考虑半份的情况）。

   b. 按照这些假设，一个芝士汉堡的机会成本是什么？

5. 你在超市准备结账时看到了两支结账的队伍：队伍 A 中有 3 个人，队伍 B 中有 5 个人。

   a. 假设人们只是随机选择队伍。你认为这种情况是均衡的吗？为什么是？为什么不是？

   b. 假设这 8 个购物者都通过优化选择了他们的队伍。如何解释队伍 B 比队伍 A 多两个人这一情况？

   c. 假设最后一个排队的人选择了队伍 B，而且他也是一个优化者。这是否意味着你应该排到他的后面？

6. 假设你的朋友做了以下的每一个陈述。他可能只是性情阴郁，也可能是个经济学家！简要地解释一下他是如何得出每一个结论的，并尝试运用优化和均衡概念。

   a. "移到那个更短的排队队伍是没有用的。"

   b. "不要在交通堵塞时试图改变车道。"

   c. "不要积极地交易股票，因为我们不可能预测明天的价格是上涨还是下跌。"

   这些陈述中哪些涉及优化，哪些涉及均衡？请解释。

7. 2014 年，加利福尼亚州已连续第三年遭遇严重干旱。在水供给不断减少的情况下，布朗州长发出呼吁，希望大家自发减少 20% 的用水量。这个目标后来并没有实现。2015 年初，布朗州长发布行政命令，要求当地供水机构将供水量减少 25%，但是没有详细说明实施机制。该行政命令中也没有提及征税和罚款措施。州政府官员希望他们能够在不诉诸罚款手段的情况下达到目的。[7]

   a. 从个人房主的角度看，在干旱时期用水的成本和收益是什么？你认为 2014 年自发削减用水令没有起作用的原因是什么？

b. 使用本章的概念，解释你如何能使个人房主在干旱时减少用水量？

c. 最终，很多社区开始在用水上设置罚款制度。然而，虽然许多中等收入家庭大幅减少了用水量，但富裕家庭的用水量下降幅度相对较小。[8] 你如何从经济的角度解释这一现象？

8. 在经济学期末考试的前一晚，你必须决定将多少时间用于学习。对于这个问题，假设你关心的只是你最终的考试分数。该考试总分为20分。（下面表格中的"总收益"一列表示你会因为知识增加而多获得的分数。"总成本"一列则表示你会因为缺乏睡眠导致粗心错误而失去的分数。"边际"列表示你每多学1小时所产生的影响。这些边际数字是相邻两行数字的差。）

学习小时数	总收益	边际收益	总成本	边际成本
0	0	—	0	—
1	10	10	0	0
2	16	6	3	3
3	20	4	8	5
4	20	0	15	7

a. 如果你用最优的方式学习，将会在考试中得到多少分？（提示：取总收益列，然后减去总成本列，以计算出你将在测试中得到的分数。学习多少小时能使这个分数最大化？）

b. 如果花1小时学习的边际收益超过那1小时学习的边际成本，你是否应该花这1小时学习？解释你的理由。

c. 如果花1小时学习的边际收益小于那1小时学习的边际成本，你是否应该花这1小时学习？解释你的理由。

d. 利用本题b和c部分的见解（再次）找出能使你在考试中取得最高分数的学习时数。

第 2 章　经济科学：运用数据和模型理解世界

上大学值吗？

你很有可能正在上大学，或者正在考虑上大学。如你所知，在美国上大学是一笔很大的投资。在 2019—2020 学年，社区大学的学费（不包括食宿费）平均为 3 730 美元，州内公立大学的学费平均为 10 440 美元，州外公立大学的学费平均为 26 820 美元，非营利私立大学的学费平均为 36 880 美元。[1] 这还不是上大学的唯一成本。如前所述，你的时间每小时至少价值 13 美元——这些时间的价值，每年至少为上大学增加 20 000 美元的机会成本。

你本可以用这些时间去环游世界或者工作赚钱，为什么会选择坐在教室里？如同很多其他投资一样，你会想知道大学教育将会给你带来什么样的回报。"教育回报"是什么？你应该如何对其进行测算？在本章的循证经济学专栏中，我们将关注那些关于大学教育和义务教育法律对工资影响的最新研究。本章你将了解到，可以运用数据和模型来回答这类问题。数据和模型是经济学家用来理解世界的关键工具。

重要概念

- 模型是对现实的简化描述。
- 经济学家使用数据来评估模型的准确性，并以此来理解世界的运转方式。
- 相关关系并不意味着因果关系。
- 实验能够帮助经济学家评估原因和结果。
- 经济学研究专注于那些对社会十分重要且可以用模型和数据解答的问题。

本章概览

2.1	EBE	2.2	EBE	2.3
科学方法	一个拥有大学学历的劳动者比一个拥有高中学历的劳动者多挣多少钱？	因果关系和相关关系	教育能带来什么回报？	经济问题和答案

2.1 科学方法

在第 1 章中，我们解释了优化和均衡的概念，即经济学的前两个原理。现在我们来解释经济学家如何将这两个原理付诸实践，以及你如何也能做到这一点。

经济学是一门科学。和其他科学家一样，经济学家用科学原理解释数据。例如，天文学家感兴趣的可能是几个世纪以来所观测到的火星在夜空中位置变化的数据。用于解释该数据的科学原理，则是行星在引力作用下围绕着另一个质量大得多的天体（比如太阳系中的太阳）的曲线运行轨迹。你一旦有了关于火星轨道的精确模型，就既可以解释火星位置的历史观测结果，也可以准确预测火星的未来位置。如果你想让自动驾驶交通工具在火星着陆，并有一天在火星上建立人类定居点，就需要准确预测火星的未来位置。天文学家可以准确地告诉我们火星在未来数百万年的位置。

经济学家也在试图解释过去并预测未来。人们所做的选择就是我们所使用的数据。经济学家用优化和均衡这两个核心科学原理来解释这类数据。收集数据并利用这些数据来理解世界被称为实证，这是经济学的第三个关键原理。

实证，即用数据来分析世界，是所有科学分析的核心。科学方法是一个持续的过程，经济学家和其他社会科学家及自然科学家旨在通过这一过程达到如下目的：
（1）建立关于世界运转方式的模型；
（2）通过数据检验来评估这些模型。

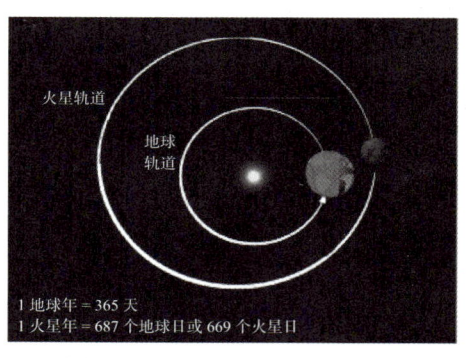

通过运用数据检验模型，经济学家得以将好的模型和坏的模型区分开来。所谓好的模型，是指其能做出和数据大致相符的预测。当一个模型与数据严重不符时，经济学家会尝试修正这个模型或者完全重建模型。开发模型，然后检验模型，通过对这两个步骤的循环往复，经济学家就能够找到可以更好地解释过去甚至可以预测未来的模型。

比如，我们想知道上大学将如何提高学生随后在劳动力市场上的收入。再比如，我们想知道提高来福车司机的工资会如何影响这家共享出行公司的市场份额和盈利能力。我们还想知道提高汽油税会如何影响汽油的购买并最终如何影响温室气体的排放。你将看到实证分析会使我们能够回答如上这些问题以及与家庭、企业、政府和社会更普遍相关的无数其他问题。

考虑到世界的复杂性，我们并不指望科学方法能够产生一个完美的模型——我们永

天文学家利用火星在天空中位置的历史数据来预测它未来的位置，从而促进太空旅行和其他形式的科学探究。经济学家则利用人的历史选择数据来预测其未来选择，从而使家庭、企业和政府能够预测和规划未来。

1 地球年 = 365 天
1 火星年 = 687 个地球日或 669 个火星日

远都不能精确地预测未来。但不管怎么说，经济学家确实希望能找出有助于理解我们已有观测数据并能够部分预测未来的模型。在本节中，我们将解释什么是模型，以及如何使用数据来检验模型。

模型和数据

在古希腊哲学家有重大发现之前，每个人都认为地球是平的。现在我们知道，地球更像一个沙滩球而不是飞盘。然而时至今日，我们仍然在大量使用平面模型。在利用谷歌地图进行导航时，你使用的就是一张平面地图。

平面地图和地球仪都是关于地球表面的模型。**模型**是对现实的简化描述。经济学家有时会把模型称为理论。这些术语在使用时通常可互换。

因为模型是经过简化的，所以它们并不是对现实的完美重现。显而易见，平面地图并不是完全精确的地球表面模型，即并没有反映出地球表面的曲率。如果你从纽约飞往东京，这个曲率就会对你有影响。但是如果你只是在纽约市内通行，就无须担心地球是一个球形的问题。

科学家和通勤者都会使用最适合的模型分析手头的问题。即使一个模型或地图所基于的是明显错误的假设，比如地球是平的，它依然可以帮助我们做出优质的预测，为未来制订合理的计划。相比于成为这个世界的完美复制品，一个模型更重要的是简单和有用。

图 2.1 纽约地铁线路图

注：这是纽约市地铁系统的一个模型。它被高度简化了——例如，它把纽约市视为一个完美的平面，而且扭曲了城市的形状。但对通勤者和游客来说，它仍然非常有用。

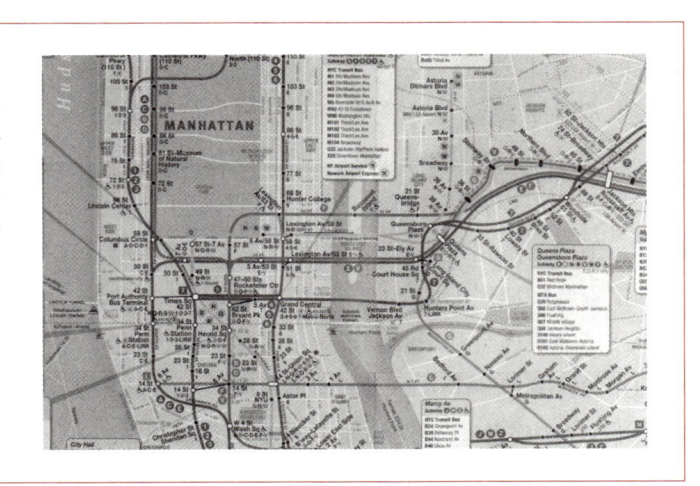

科学模型被用于进行可以用实证证据检验的预测。所谓**实证证据**，是指通过观察和测算得到的事实。我们也把实证证据称为**数据**。如第 1 章所述，经济学家常常形容自己是实证主义者，或者说自己践行的是实证主义，因为我们使用实证证据。实证主义者使用数据来回答关于世界的问题并且验证模型。例如，我们可以通过实际乘坐地铁和验证地图的准确性来检验纽约市地铁线路图模型。

在进行实证分析时，经济学家将一个模型所做出的预测称为**假说**。每当这些假说与现有数据相矛盾时，经济学家就会从头再来，尝试提出一个更好的模型，产生新的假说。

在新冠疫情危机期间，伦敦帝国理工学院的科学家开发的一个流行病学模型对公共卫生政策产生了重大影响。利用从经验证据中获得的一些疫情特征（比如被感染者的预估死亡率为 0.9%），这些科学家创建了一个病毒传播模型。根据该模型的预测，如果不采取措施抑制疫情，英国将有 51 万人死亡，美国将有 220 万人死亡。[2] 该模型还预测，保持社交距离等公共卫生政策能大幅降低死亡人数。因此，采用这些政策将减缓病毒的传播，并防止医疗系统因患者过多而陷入瘫痪。

该模型的关键预测和科学家们的主要假说是社交距离将大大减少新冠病毒的传播。作为一种预测工具，帝国理工学院的模型发挥了重要作用，促使政府采取了更加严格的保持社交距离干预措施，如居家避疫政策等，而这也确实显著减缓了病毒的传播，也减少了死亡人数。[3]

一个经济模型

让我们举一个经济模型的例子。我们将从研究一个非常简单的模型入手。但即使是比这个例子复杂得多的经济模型，也同样是对现实的简化描述。

所有的模型都始于假设。思考如下关于教育回报的假设：每多接受 1 年的教育，你未来的工资就会增加 10%。让我们基于这个假设生成一个将人的受教育程度和工资联系起来的模型。

工资增加 10%，相当于在原有工资基础上乘以（1+0.10），即工资为原有工资的 1.10 倍。因此，有关教育回报的这一假设意味着，一个人多接受 1 年教育所赚得的收入是他在未接受这 1 年教育的情况下所赚得收入的 1.10 倍。例如，如果一个人接受了 13 年的教育，他的工资是每小时 15 美元，那么我们预测，在接受了第 14 年的教育后，他每小时的工资会增加到 1.10 × 15 美元，也就是 16.5 美元。

经济学家还会利用假设推导出其他结论。例如，有关教育回报的假设意味着，多接受两年教育将使一个人的工资增加两次 10%——每多接受 1 年教育，工资水平就会在原有水平上增加 10%，而这会使工资总共增加 21%：

$$1.10 \times 1.10 = 1.21$$

同样，多接受 4 年教育会使一个人的工资水平 4 次增加 10%，这意味着工资水平总共约增加 46%：

$$1.10 \times 1.10 \times 1.10 \times 1.10 = (1.10)^4 \approx 1.46$$

这意味着，与高中毕业后就不再上学相比，一个人大学毕业后的收入将增加46%。换言之，该模型提出的一个预测或假说是大学毕业生将比高中毕业生多赚46%。

原则上，我们可以将这个分析应用于任意年限的教育。因此，我们建立了一个将人们的受教育程度和他们的收入联系起来的一般模型。我们推导出的模型被称为教育回报模型。它描述了人们接受更多教育的经济收益，也就是教育投资的回报。绝大多数经济模型远比这个模型复杂。在一些经济模型中，我们需要做大量的数学分析才能推导出关于这些假设的结果。但不管怎么说，这个简单的模型是我们展开讨论的一个很好的起点。它表明了所有模型都具备的两个重要特性。

首先，经济学家知道模型只是一种近似，因此他们明白模型不可能完全正确。从字面上看，根据这一模型，任何一个人多接受1年教育，其将来的工资都将会正好增加10%，但是这个精确的预测肯定是错误的。例如，与大学的倒数第二年相比，大学最后一年会给你带来更多的收入增长。因为在最后一年你会获得正式的文凭，而这份文凭是你简历中的重中之重。同样地，你在大学中主修的专业也会对你毕业后的收入产生重要影响。例如，那些主修经济学的人往往比大多数主修其他专业的人收入更高。我们上面的简单模型就忽略了很多这样的细微之处。正如一幅平面地铁线路图只是对一个城市特征的近似模拟，教育回报模型也只是对受教育年限与工资之间关系的近似估计。该模型忽略了很多特殊的因素，只是简化地预测了受教育程度和工资之间的关系。

其次，模型所做出的预测可以用数据来检验。在这个例子中，检验预测的数据就是人们的受教育年限和收入水平。我们现在准备用一些数据来评估上述教育回报模型的预测结果。

循证经济学

一个拥有大学学历的劳动者比一个拥有高中学历的劳动者多挣多少钱？

- 要检验该模型，我们需要先有数据。我们可以从"当前人口调查"中获得所需数据，这是一项来自美国政府的数据。这项调查匿名搜集了普通人口的收入、受教育程度和很多其他特征信息，任何人都可以使用这些数据。这种面向大众开放的数据被称为"公用数据"。
- 图2.2总结了我们检验该模型所需的平均年收入数据。该图显示，在美国，年龄介于25~34岁、

拥有高中文凭（且不再接受教育）的全职劳动者，2018 年的年收入中位数为 35 620 美元。该图还显示，年龄在 25~34 岁、拥有大学学历（且不再接受教育）的全职劳动者，2018 年的年收入中位数为 55 660 美元。

- 如果我们把这两组中位数相除，即最高学历为大学者的收入除以最高学历为高中者的收入，得出的比率为 1.56，这也表示他们的收入差距为 56%。

$$\frac{\text{接受 16 年教育的 25~34 岁美国劳动者的年收入中位数}}{\text{接受 12 年教育的 25~34 岁美国劳动者的年收入中位数}} = \frac{55\,660 \text{ 美元}}{35\,620 \text{ 美元}} \approx 1.56$$

- 根据上文中的教育回报模型，每多接受 1 年教育会使工资增长 10%，那么多接受 4 年教育应该使工资增长至原来的 1.10^4，即 1.46 倍。我们可以看到，该模型与数据并不十分吻合，但差距也不大。受教育年限从 12 年提高到 16 年，收入增长了 56%，高于模型预测的 46%。

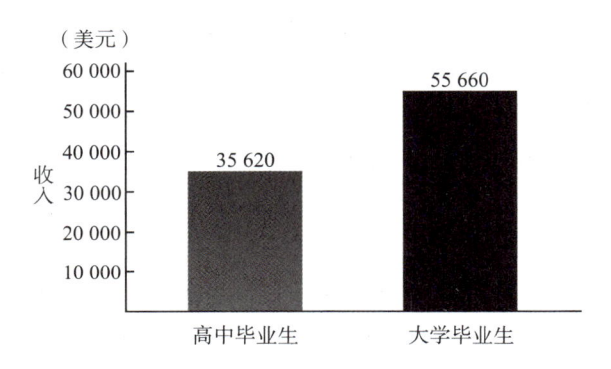

图 2.2　根据教育程度区分的美国全职劳动者年收入中位数（2018 年数据）

注：那些最高学历为高中的人，年收入中位数是 35 620 美元，而那些最高学历为大学的人，年收入中位数是 55 660 美元。
资料来源："当前人口调查"统计的 2018 年收入。

问题	答案	数据	注意事项
一个拥有大学学历的劳动者比一个拥有高中学历的劳动者多挣多少钱？	大学毕业生的年收入中位数比高中毕业生的年收入中位数高出 56%。	2018 年工资数据来源于美国"当前人口调查"针对 25~34 岁全职劳动者所开展的调查。[4] 图 2.2 对每个受教育群体的年收入中位数进行了对比。	这些数值是根据对大量个体进行统计后得到的中位数。每个个体的实际情况可能会有所差别。

宏观经济学

均值和中位数

你可能想知道如何使用"当前人口调查"中的数据计算出上述工资水平。我们使用了**中位数**这一概念。所谓中位数,就是一组数字的"中间"值。具体来说,中位数的计算方法是将数字从小到大排序,然后在列表的中间找到该值。

我们可以用一个简单的例子说明中位数的计算方式。比如,现有权先生、利特尔顿女士、洛克先生、雷耶女士和谢泼德女士共5人,他们每个人的时薪都不相同。

权:26美元/小时

利特尔顿:24美元/小时

洛克:8美元/小时

雷耶:35美元/小时

谢泼德:57美元/小时

我们说过,中位数的计算方法是将数字从最小到最大排序,然后在列表的中间找到该值。对上面的时薪数据进行排序,我们得到了这个排列顺序:8美元,24美元,26美元,35美元,57美元。我们可以看到,中间的数值,即**中位数**,是26美元。(当列表中数字的个数为偶数时,中位数就是两个中间数值的平均值。所以8美元、24美元、26美元和35美元这4个数字的中位数是24美元和26美元的平均值:25美元。)

科学家们有时也会研究均值或平均数。**均值**(**或平均数**)是用所有数值的总和除以数值的个数所得出的结果。在统计学家和其他科学家这里,均值和平均数这两个术语可以互换。

针对上面的例子,如果我们将这5个人的工资加在一起,再除以5,就可以计算出他们的工资均值是每小时30美元。

$$\frac{26美元+24美元+8美元+35美元+57美元}{5}=30美元$$

总结一下,中位数是一组有序数字的中间数值,均值则是一组数字的平均值。当一组数字有一个或者多个极端数值时,其中位数和均值会相差很大。例如,假设谢泼德的工资特别高——她也许是一位公司律师,平均每小时工资为257美元(而不是原来的每小时57美元)。那么,这些人的工资均值将上升为每小时70美元,但是工资中位数并没有改变,仍然是每小时26美元。因此,均值会受到离群值(所谓离群值,是指与列表中其他数字差异较大的极端数值)的影响,而中位数不受离群值影响。

我们使用这份只有5个人的小样本分析解释了中位数和均值的概念。但是在经济学中,数据分析要想令人信服,则有赖于对大规模样本的使用。例如,一篇典型的经济学研究论文所使用的通常都是成千上万人规模的数据。当我们在图 2.2 中指出更高的受教育程度和更高收入水平相关联时，所依赖的并非只是少数的观察值（每条数据都被称为一个"观察值"）。相反，我们使用了从美国人口中随机选择并经人口普查局调查的 1.5 万名全职劳动者的数据。使用大量的观察值能加强实证论证的说服力，因为大量的观察样本更有可能体现我们所抽取样本的那个基础群体。

为了向大家展示如何提出令人信服的实证论证，本书使用了大量来自庞大群体的真实数据。基于大量观察值的可信实证论证是科学方法的重要组成部分。

实例论证

教育并不决定命运。有些受过很多教育的人挣钱很少，也有些受过很少教育的人挣钱很多。这个世界上很多知名企业的创始人都没有大学毕业：比尔·盖茨从哈佛辍学创办微软，拉里·埃里森在创建甲骨文之前从两所不同的大学辍学，马克·扎克伯格则从哈佛辍学创办了脸书。[5]

考虑到这些例子，人们可能很容易得出这样的结论：从大学辍学是一条通向成功的伟大道路。然而，用几则逸事或者一些小样本就试图断定统计意义上的关系是错误的。

如果你随机挑选两个 30 岁的人来研究，那么一个只有高中学历的人比一个拥有大学学历的人收入更高的概率为 1/3。这个事实指出了一点：尽管获得大学学历通常有助于你提高收入，但决定你收入的绝不仅仅是教育。

当你只看一小部分数据时，会很容易得出错误的结论。下次再有报纸专栏作家试图用这些实例来左右你的观点时，请记住这个提醒。如果这个专栏作家用从成千上万人的实际经历中得出的数据来支持自己的说法，那么他的工作确实做得很到位，他的结论可能值得相信。但如果他仅仅以几则逸事来证明自己的观点，那么你要对其结论保持怀疑态度。如果你怀疑这些事例都是经过精心挑选的，只为证明专栏作家自己的观点，那么就更要持质疑态度了。这样的论证不可当真。

这条规则有一个例外。当你在反驳一个笼统的陈述时，举例论证就是一种适当的方法。例如，如果有人断言每个 NBA（美国男子职业篮球联赛）的球员都必须身材高大，那么仅仅一个反例就足以证明这种说法是错误的。例如，你可以举蒂尼·博格斯的例子，他的身高只有 5 英尺 3 英寸（约 1.6 米），体重 133 磅（约 60.3 千克），却在 NBA 打了 15 个赛季的控球后卫。

2.2 因果关系和相关关系

不幸的是，即使是基于大型数据集的分析也可能具有误导性。以我们之前提到的教育回报模型为例。基于有关工资和受教育年限的大数据集，我们已经看到，平均而言人们每多接受 1 年教育，工资大概会增加 10%。这是不是意味着只要你在学校多待 1 年，就一定会让你未来的工资增加 10%？不一定。让我们通过一个例子来思考为什么情况并非总是如此。

红色广告的故事

假设有一家百货商场聘请你担任顾问。你提出了一条关于广告活动的假说：在广告活动中使用红色能更好地吸引人们的眼球。为了验证你的假说，你从过往的广告活动中搜集证据，包括这些广告活动的主色调以及活动期间商场的销售额变化。

结果，你的实证研究证实了自己的假说！在使用了大量红色图片的广告活动期间，商场的销售额上升了 25%；在使用了大量蓝色图片的广告活动期间，商场销售额只上升了 5%。你跑到 CEO 那里报告这一非凡结果。你真是一个天才！

不幸的是，CEO 当场解雇了你。他注意到了什么被你遗漏的东西？

红色主题的广告活动大部分集中在圣诞季，而蓝色主题的广告活动则分布于一年中的其余任意时间。正如这位 CEO 所说："并不是在广告活动中使用红色使我们的收入增加，而是圣诞季使我们的收入增加。是因为圣诞季，我们才在广告活动中更多地使用红色。即使我们在圣诞季推出蓝色主题的广告活动，我们的收入仍会上升约 25%。"

这是一个真实的故事，当然出于保护这位朋友的目的，我们修改了故事的细节，并且隐去了这家商场的名字。在本章附录中，我们还会讲一个相关的故事，那个故事中的 CEO 并不像这个故事中的 CEO 这样敏锐。

因果关系与相关关系

如同上述案例中错误的广告分析一样，人们经常会把相关关系误以为是因果关系。当一件事直接影响另一件事时，就会产生**因果关系**。你可以把因果关系看成从原因到结果的路径：打开炉灶一段时间就会使水壶里的水沸腾。

科学家把变化的因素或特征称为**变量**，比如烧水壶里水的温度。科学家称，当一个变量（例如在炉灶上天然气的燃烧量）引发另一个变量（例如烧水壶里水的温度）改变时，就会产生因果关系。

相关关系意味着两个变量趋向于同时改变——当一个变量改变时，另一个变量也会改变。它们之间存在某种关系。这种关系可能是因果关系，即使不存在因果关系，也可能存在相关关系。例如，上音乐课的学生在 SAT（美国高中毕业生学术能力水平考试）测验中的得分高于不上音乐课的学生。于是，一些音乐教育家很开心地由此得出因果关系的结论：学生多上音乐课能够提升 SAT 成绩。

但是，请不要着急给你的弟弟妹妹买乐器。这个因果关系缺少足够证据，而且上音乐课和 SAT 成绩的相关关系还有很多其他可能的解释。

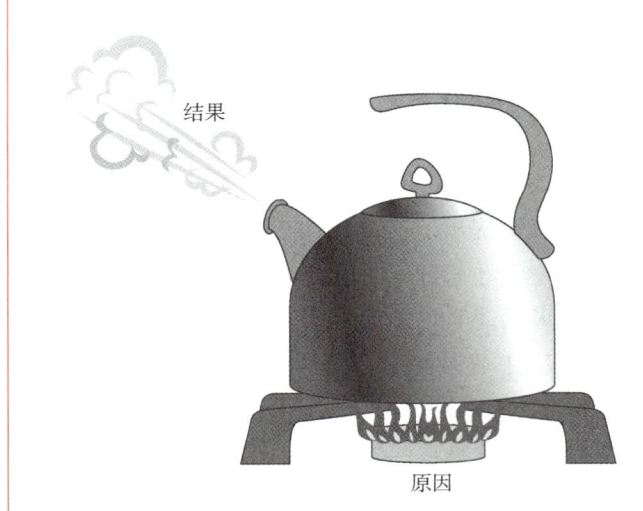

从原因到结果。炉灶上的火焰烧热了水壶里的水，导致水沸腾和蒸发。但蒸发的水不会导致火焰在炉灶上燃烧。

慢跑能使人们变得更健康吗？良好的健康状况会使人们去慢跑吗？事实上，这两种因果关系同时成立。

例如，学音乐的学生往往家境富裕，他们的父母可以通过聘请家教来提升孩子的SAT成绩。在这种情况下，因果路径是从财富到SAT家教再到更高的SAT分数。上音乐课并不能让你在SAT考试中获得高分。是家长有钱才让孩子去上音乐课，同样也是因为家长有钱，他们的孩子才在SAT考试中取得高分（通过家教这个渠道）。

若两个变量相关，则意味着可能存在因果关系，因此需要进一步探究——但这往往只是分析的开始。有趣的是，当研究者试图寻找音乐课和高认知能力之间的因果关系时，他们总是以失败告终。[6] 因此，如果一个年轻的小号手弄断了手指并因此退出音乐课，并不必然导致其未来的SAT成绩下滑。总而言之，尽管上音乐课和SAT成绩具有相关性，但上音乐课似乎并不会促使SAT成绩提升。

你能想到其他把相关关系和因果关系混淆的情况吗？加入高中运动队是否会让你的人生更加成功（例如，在30岁时有更高的收入）？在15岁时吸烟是否会让你以后更有可能对非法毒品上瘾？这些是因果关系吗？还是只是相关关系？

相关关系可分为三类：正相关关系、负相关关系和零相关。**正相关关系**意味着两个变量倾向于朝着相同的方向变动。例如，调查表明，收入相对较高的人比收入相对较低的人更有可能已婚。在这种情况下，我们可以说收入和婚姻状况这两个变量呈正相关关系。**负相关关系**意味着两个变量倾向于朝着相反的方向变动。例如，受教育程度高的人失业的可能性相对较低。在这种情况下，我们说受教育程度和失业这两个变量呈负相关关系。当两个变量没有关联时，我们称其为**零相关**。你的朋友数量和你住在街道的哪一边没有关系。

相关关系不意味着因果关系的情况

我们不应贸然认定两个变量之间的相关关系必然意味着某种特定的因果关系，这主要出于以下两个原因：

（1）遗漏变量；

（2）反向因果关系。

遗漏变量是指那些研究中被忽略，但如果将其纳入便能够解释两个变量为何相关的因素。前面提到，红色广告元素的数量和商场的销售额增长率正相关。但是，红色广告元素并不必然带来商场的销售额增长。是圣诞季的来临促使商场使用更多红色广告元素，同时使其月度销售额不断增长。因此，圣诞季是一个遗漏变量，它解释了为什么红色广告元素往往和销售额增长出现在同一时间（见图2.3）。

图2.3 遗漏变量的一个例子

注：商场中红色广告元素的数量与销售额增长呈正相关。也就是说，当广告以红色为主题时，商场销售额的按月环比增速往往更快。但并不是红色广告元素的使用带来商场收入的增长，而是圣诞季的来临促使商场使用了更多红色广告元素，同时使商场的销售额上升。圣诞季是一个遗漏变量，它解释了红色广告元素与销售额按月环比增长之间的正相关关系。

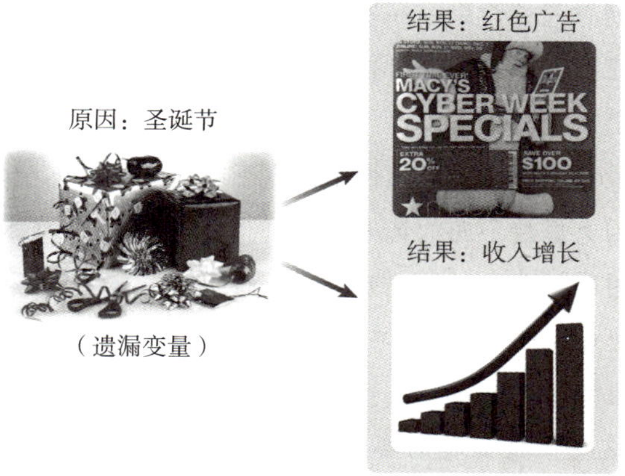

原因：圣诞节（遗漏变量）

结果：红色广告

结果：收入增长

是否也存在一个遗漏变量，可以解释为什么受教育程度和收入存在正相关？一个可能的因素是个人努力工作的意愿。或许那些特别努力的人在大学课堂上的表现就比其他学生更好？也许经常熬夜写学期论文得以让勤奋的学生在课业上取得好成绩，而这也使得他们愿意继续留校学习。同样的因素也使得这些人的收入比其他人更高，因为他们往往工作到很晚，或者经常周末加班。是这种狂热的努力使你收入更高（同时让你从大学毕业而没有辍学），还是说接受高等教育这件事本身使你收入更高？什么是因？什么是果？我们将在本章稍后解开这个谜团。

反向因果关系是困扰我们区分相关关系和因果关系的另一个问题。当我们混淆原因和结果的方向时，就会产生反向因果关系。例如，考虑到相对富裕的人往往也相对健康，一些社会科学家便得出结论：拥有更多财富会给人们带来更好的健康状况，因为有钱人可以负担得起好的医疗服务。但是，这两者也可能存在反向因果关系：更好的健康状况也许能给人们带来更多的财富。例如，和不太健康的人相比，健康的人可以更努力工作，可以延迟退休，并且医疗支出更少。事实证明这两种因果关系都存在：更多的财富能够带来更好的健康状况，更好的健康状况也能够带来更多的财富。

在我们的教育回报分析中，是否也有反向因果关系在起作用？也就是说，30岁时更高的工资能否让你在20多岁时接受更多的教育？我们可以从逻辑上排除这种可能性。除非你拥有时光机，否则你30岁时的工资不可能让你在20多岁时接受更多的教育。所以，在教育回报的例子中，反向因果关系不太可能存在。但是，在很多其他分析中，如在财富和健康之间的关系上，反向因果关系是一个关键的考虑因素。

选择与结果

先花后付？

- 两位经济学家——安德鲁·弗朗西斯-谭和雨果·米亚隆基于美国的调查数据计算了婚礼支出和离婚率之间的实证关系。[7] 他们发现，在结婚典礼或者订婚戒指上花费更多的夫妻，有更高的离婚率（在其他因素保持不变的情况下）。例如，在他们的样本中，婚礼花费超过2万美元的新婚女性，其每年离婚的可能性是婚礼花费在5 000美元到1万美元之间的女性的3.5倍。

- 这是一个有趣的实证证据。这种相关关系是否证明保持长久婚姻的关键是举行一个小型婚礼，甚或是干脆来一场私奔？在婚礼上支出较多真的会导致夫妻离婚吗？或者是有什么遗漏变量在其中发挥作用？什么遗漏变量会促使人们举办一场豪华的婚礼，也会导致他们最终离婚？虚荣心？自尊心？物质主义？

昂贵的婚礼会导致离婚？还是有什么其他因素在起作用？

- 或者昂贵的婚礼可能会给新婚夫妇带来经济压力，而这些压力可能会导致离婚。所以，可能存在一条从婚礼支出到离婚率的因果路径。

- 事实上，这篇论文的作者没有声称自己证明了昂贵的婚礼会导致离婚。他们明白，相关关系并不意味着必然有因果关系。考虑到这种复杂的例子，我们能否确定什么是相关关系，什么是真正的因果关系？经济学家已经为识别因果关系开发了一整套丰富的工具，我们会在之后讨论其中的一些工具。

实验经济学和自然实验

确定因果关系的一种方法是进行实验。实验是一种调查变量之间因果关系的受控方法。虽然你可能不会在报纸上读到太多关于经济实验的报道，但关于医学实验的头条新闻却很常见。例如，美国食品药品监督管理局（FDA）要求在新疫苗获批供公众使用之前，制药公司必须通过精心设计的实验来证明这些疫苗的有效性。在我们撰写本书时，数十种新冠疫苗正在经历这一严格的测试过程。

为了进行实验，研究人员通常需要找到目标人群，之后将其分为实验组（测试组）和对照组。实验组会被暴露于某种新奇体验之下，例如给他们注射一种有效性和安全性尚待评估的新型疫苗。相比之下，对照组没有得到任何不同寻常的对待。对照组可能接受安慰剂疫苗注射，比如注射没有任何已知益处的生理盐水。实验参与人员会被随机分配到实验组或者对照组。**随机化**是指以随机方式而非人为选择的方式将受试者分配到实验组或对照组。实验组和对照组被对待的方式在其他方面完全相同，只在某一特定维度故意存在差别。实验的最终目的是确定这一差别所产生的影响。

如果想要知道一种备受期待的新疫苗是否有助于避免受试者感染新冠病毒，我们可以找1 000名受试者，随机将其中500人归入实验组，这些人将接受新疫苗注射。另外500人则归入对照组，接受安慰剂疫苗（生理盐水）注射。然后对所有受试者进行随访，监测他们的新冠病毒感染率。这项实验的目的是检验如下因果关系假说：注射真正的疫苗比注射生理盐水更能预防新冠病毒感染。

现在，考虑一项经济学实验。假设我们想知道大学学历能够产生什么影响。我们可以找到1 000名负担不起大学费用但又想上大学的高中生（如果免费的话），随机选择其中500人归入实验组，为他们支付所有上大学的费用。其他500名学生则被归入对照组。然后我们会跟踪所有1 000名学生，包括那500名因为负担不起学费而未能上大学的学生。我们将对他们成年之后的生活进行定期调查，并观察受过大学教育群体和没受过大学教育群体的工资水平。这项实验将检验大学教育会促使工资上涨这一假说。

实验成本有时会非常昂贵。例如，我们刚刚所描述的大学入学实验将耗资数千万美元，因为研究人员需要为500名学生支付上大学的费用。

另一个问题是，实验不能立即为一些重要的问题提供答案。例如，要想知道受更多教育对整个职业生涯工资水平的影响，需要耗费数十年的时间。

还有一个问题是实验有时候运行不佳。例如，如果医学研究人员没有真正随机分配病人接受治疗，那么这个实验可能根本没有教给我们任何东西。再例如，如果去前沿研究型医院的患者恰好是那些获得新疫苗的患者，那么我们就无法确定因果关系；我们无法了解患者的病情好转到底是因为疫苗还是因为这些重点医疗中心的其他什么东西。在一个精心设计的实验中，谁接受新疫苗注射和谁不接受注射，完全是随机决定的。

如果研究设计得很糟糕，经济学家便对其结论持怀疑态度。糟糕的研究方法会导致无效的研究结论，这就是我们经常说的"废料进，废品出"。

如果我们没有预算或时间来进行实验，或者没有能力进行真正的随机化实验，我们还能用什么方法来确定因果关系？一种方法是研究由自然实验产生的历史数据。**自然实验**是一种实证研究，在这种研究中，一些不受实验者控制的过程会以随机或近乎随机的方式将受试者分配到对照组和实验组。

在很多情况下，自然实验是我们唯一能从中得出结论的实验方法。例如，将军们不会随机选择村庄投掷炸弹——如果这样做了，他们会被送上军事法庭。但有时，随机因素会导致一些村庄遭到轰炸，而其他村庄则得以幸免。梅丽莎·戴尔是一位经济学家，她曾荣获享有盛誉的贝茨·克拉克奖。为了确定越南战争期间不同轰炸政策的影响，她对一次这样的自然实验进行了探究。[8] 大多数自然实验在伦理方面远没有那么复杂。稍后，我们将讨论一项自然实验——在这个例子中，义务教育法的改变使得一些孩子多获得了一年的教育。

经济学家发现并利用自然实验来回答许多重大问题。这种方法有助于为我们手头的问题提供更明确的答案：你从教育中得到了什么？

循证经济学

教育能带来什么回报？

- 1个世纪之前，义务教育法的执行远没有现在这么严格，青少年高中未毕业便可以辍学。菲利普·奥雷普卢斯研究了义务教育法的变化所引发的一项自然实验。[9] 在1947年之前，英国允许孩子在年满14岁时便可辍学。但在1947年，英国将允许辍学的年龄提高了1岁，即必须年满15岁方可辍学。在1947年前，多数英国孩子都会在14岁辍学。但在1947年之后，几乎再没有人这么做。
- 在这项自然实验中，这些在1946年年满14岁的孩子就变成了在1948年年满14岁孩子的"对照组"（后者被强制要求多上1年学）。奥雷普卢斯将1946年年满14岁孩子的终生劳动力市场收入同1948年年满14岁孩子的终生劳动力市场收入进行了对比。①利用这一自然实验，奥雷普卢斯估算出多上1年学的回报大约为10%。换句话说，他的分析表明，多上1年学的因果效应是可以让你在劳动生涯的每一年都多挣10%。
- 自然实验是实证经济学中一个非常有用的数据来源。在很多问题中，它们帮助我们把相关关系和因果关系区分开来。在教育回报这个问题上，自然实验的结果证

---

① 分别在1946年和1948年年满14岁的人，可能面临不同的历史背景，从而决定了其将来面临不同的收入，这是一个遗漏变量。——审校注

明受教育年限和高收入之间的相关性并不仅仅是因为存在某些遗漏变量，也体现了教育的因果影响。由此可见，教育回报模型得到了强有力的数据支持。每多接受 1 年教育会使你未来的收入提升 10%，这个结论有没有让你想多上几年学？

问题	答案	数据	注意事项
教育能带来什么回报？	平均而言，孩子多上 1 年学，其之后的工资就会增加 10%。	英国综合住户调查。将英国那些被允许在 14 岁辍学的孩子和那些由于义务教育法改变而被强制多接受 1 年学校教育的孩子进行比较。	除义务教育法的改变以外，还应注意其他可以解释为什么那些依法多上 1 年学的孩子后来能在工作中赚到更多钱的因素（这是一个遗漏变量的例子）。

2.3 经济问题和答案

经济学家喜欢把自己的研究看作一个提出问题和解答问题的过程。我们已经看到了一些这样的问题。例如，在本章中，我们的问题是"教育能带来什么回报？"；在第 1 章中，我们则问道："脸书是免费的吗？"

好的问题有许多不同的形式，但最令人兴奋的经济问题有两个共同的特点。

1. **好的经济问题针对的是对个人经济主体和 / 或我们的社会很重要的话题**。经济学家倾向于认为经济学研究有益于改进社会福利。我们试图进行对人类行为或经济活动具有普遍影响的研究。例如，理解教育回报极其重要，因为个人为获得教育投入了大量的资源。美国每年在教育上的支出为 1.5 万亿美元加上学生的时间成本。理解所有这些投资能带来多少回报，是一件非常有意义的事。如果教育的回报非常高，社会则可能鼓励进行更多的教育投资。如果教育的回报很低，我们就应该同那些正在决定是否要继续读书的学生分享这一重要事实。了解教育的回报，也有助于个人和政府决定他们该将多少稀缺资源用于教育投资。

2. **好的经济问题都可以找到答案**。在其他一些学科中，提出一个好问题就足够了。例如，哲学家认为一些最重要的问题没有答案。相比之下，经济学家感兴趣的，主要是那些通过付出足够努力、进行仔细推理和依靠实证证据能够回答的问题。

下面所列举的是我们在本套书中讨论的一些经济问题。在浏览这些问题时，你会发现这些问题的答案对你以及整个社会都有着十分有趣（偶尔甚至有些好笑）的启示。在本套书中，我们将探究这些问题的答案。我们相信，这将是一段富有启发性和令人振奋的旅程。

问题

- 脸书是免费的吗？
- 一个拥有大学学历的劳动者比一个拥有高中学历的劳动者多挣多少钱？教育能带来什么回报？
- 地理位置如何影响租房成本？
- 如果汽油近乎免费，你会购买多少？
- 吸烟者会为了每月 100 美元的奖励而戒烟吗？
- 乙醇补贴将如何影响乙醇生产者？
- 一个只有利己者构成的市场能否使社会整体福利最大化？优步这类公司是否在利用"看不见的手"？
- 自由贸易会让你失去工作吗？政府可以采取哪些方法来减少俄克拉何马州的地震发生次数？
- 英国女王如何才能缩短前往温布利球场的交通时间？
- 政府的最优规模是多大？
- 劳动市场是否存在歧视？
- 垄断对社会有没有好处？
- 换位思考有价值吗？
- 要构建一个竞争市场，我们需要多少企业？
- 人们是否更偏好于即时满足？
- 为什么新车一经售出就会大幅贬值？为什么私人医疗保险这么贵？
- 在亿贝的拍卖中你应该如何出价？谁来决定家庭如何支出？
- 人们在意公平吗？
- 美国每年经济产出的总市场价值是多少？
- 为什么平均而言美国人比印度人富裕得多？
- 为什么你比你的曾曾祖父母富裕得多？
- 地理位置注定了热带和亚热带地区的贫困？
- 雇主歇业会对当地的就业和失业造成何种影响？
- 银行倒闭的频率有多高？
- 是什么导致了 1922—1923 年的德国恶性通货膨胀？
- 是什么导致了 2007—2009 年的经济衰退？
- 政府支出对 GDP 的刺激作用有多大？
- 耐克等公司是否损害了越南劳动者的利益？
- 乔治·索罗斯是如何赚到 10 亿美元的？
- 投资者会追求历史回报吗？
- 人类生命的价值是什么？
- 政府和政界人士是否会遵循其公民和选民的意愿？

总结

- 科学方法是一个持续的过程，经济学家和其他科学家通过这一过程达到如下目的：
  （1）建立关于世界运转方式的模型；
  （2）通过数据检验来评估这些模型。
- 实证证据是通过观察和测量所获得的事实。实证证据也被称为数据。
- 经济学家试图揭示变量之间的因果关系。
- 确定因果关系的一种方法是进行实验。经济学家正在积极地开展实验室实验和实地实验。经济学家还通过研究由自然实验产生的历史数据来确定因果关系。

关键术语

科学方法	因果关系	遗漏变量
模型	变量	反向因果关系
实证证据（数据）	相关关系	实验
假说	正相关关系	随机化
中位数	负相关关系	自然实验
均值（平均数）	零相关	

问题

1. 经济学家使用科学方法，这究竟是什么意思？经济学家如何区分有效模型和无效模型？
2. 实证是什么意思？
3. 经济模型的两个重要特性是什么？模型通常是对现实的简化描述，这是否意味着模型不符合实际？
4. 假设在炎热的夏天，有 5 000 个人买了冰激凌。如果平均每个人购买了 2 个冰激凌，那么这一天一共卖出了多少个冰激凌？
5. 样本大小会如何影响实证论证的有效性？在什么情况下，单个例子就足以证明你的观点？
6. 请解释为什么相关关系并不一定意味着因果关系。因果关系一定意味着正相关关系吗？请解释你的答案。
7. 请分别列举出一对变量之间存在正相关关系、负相关关系、零相关的例子。
8. 随机化是什么意思？随机化会如何影响实验结果？
9. 本章探讨了自然实验和随机化实验。自然实验与随机化实验有什么不同？
10. 假设你必须找出安全带规则对交通事故死亡率的影响，你会选择做随机化实验还是利用自然实验？请解释。

循证经济学习题

1. 让我们回到拥有大学学历的劳动者比拥有高中学历的劳动者多挣多少钱这个问题。在本章第一个循证经济学模块中,我们提供了关于美国劳动者收入的数据。数据显示,在设定的年龄段中,拥有大学学历的全职劳动者的收入中位数比拥有高中学历的全职劳动者的收入中位数高出56%。我们能否仅依靠这些数据便推断出上大学会让人有更高的工资?从下面的4个答案中选择一个。

   a. 不一定。受过大学教育的劳动者收入更高,这可能是由于先前存在的某些因素使这些劳动者上了大学,同时也使这些劳动者赚得更多。这被称为反向因果关系。

   b. 不一定。受过大学教育的劳动者收入更高,可能是由于先前存在的某些因素使这些劳动者上了大学,同时也使这些劳动者赚得更多。这是一个遗漏变量问题。

   c. 是的。受过大学教育与收入呈正相关关系。

   d. 是的。受过大学教育与收入呈正相关关系,即使同和我们相同年龄的劳动者比较也是如此。

2. 在本章的第二个循证经济学模块中我们提到,菲利普·奥雷普卢斯使用一个关于义务教育法的自然实验推断出,多接受1年教育的回报是收入增长10%。在本问题中,我们假设奥雷普卢斯的这一发现是正确的,并且适用于所有情况下的所有人群。(这些都是出于说明目的而做出的强假定。)

   a. 对比两名劳动者,其中一名受过12年的教育,另一名受过18年的教育。假设这两名劳动者在其他方面完全相同。按百分比计算,第二名劳动者的收入会高出多少?

   b. 假设第一名劳动者每年挣5万美元。第二名劳动者一年能挣多少钱?

习题

1. 你的统计学教授说只有7名学生参加了期中考试。她列出了全部7个分数:40、46、40、36、45、42和10。这些分数的中位数是多少?平均数是多少?请解释为什么其中一个数字比另一个数字小。

2. 虽然均值和中位数密切相关,但两者之间的差异有时也值得关注。

   a. 假设A国有5个家庭。他们的收入分别是10 000美元、20 000美元、30 000美元、40 000美元和50 000美元。A国家庭收入的中位数是多少?均值是多少?

   b. B国也有5个家庭,其收入分别是10 000美元、20 000美元、30 000美元、40 000美元和150 000美元。B国家庭收入的中位数是多少?均值是多少?

   c. 哪个国家的收入更加不平等,A国还是B国?

   d. 假设你认为美国的收入不平等已日趋严重。基于你对本问题的回答,你认为美国家庭收入的均值和中位数之比是会上升还是会下降?请解释。

3. 假设你无意中看到一项研究,这项研究发现阅读和人的预期寿命之间存在相关关系:读书越多的人预期寿命越长。请找出至少一种可行的方法,证明这两者之间即便没有直接因果联系,也至少存在相关关系。

4. 某医学杂志上的一篇文章称,在所有因新冠住院的患者中,那些使用呼吸机(一种帮助人们呼吸的设备）的患者比那些仅接受额外输氧的患者更有可能死亡。这是否表明呼吸机实际上是有害的？请用相关关系和因果关系的概念做出解释。

5. 正如本章正文中所解释的，我们有时候很难厘清因果关系的方向。

   a. 你认为警察数量增加会降低犯罪率吗，为什么？你认为高犯罪率会导致警察数量增加吗，为什么？

   b. 2012年，《新英格兰医学期刊》上发表的一项研究表明，一个国家的巧克力消费量与该国的诺贝尔奖获得者数量存在很强的相关关系。你是否认为那些希望鼓励国民赢得诺贝尔奖的国家应该增加对巧克力的消费？

   c. 《应用生理学》杂志近期刊登的一篇文章称，在同龄的老人中，跑步者比不跑步者拥有更健康的肌肉。虽然那些作为对照的不跑步者仍然能够生活自理，但他们的肌肉比跑步者更轻，肌肉力量也更弱。大众媒体便以此为据称锻炼能使人更健康。这是解释本例中因果关系的唯一方法吗？

6. 本章表明，总体而言，一个人受教育程度越高，工资就越高。经济学家就这一关系提出了两种解释。人力资本论者称，高中和大学教育让人获得了有价值的技能，雇主愿意支付更高的工资来吸引拥有这些技能的人。信号传递论者则称，大学毕业生赚得更多是因为大学毕业证对雇主来说是一个信号，说明求职者勤奋、聪明、坚毅。你如何利用那些分别受过2年、3年和4年大学教育的人的数据来解释这一争论？

7. 你决定进行一项实验。你邀请了50位朋友参加聚会。你随机挑选其中25位朋友，告诉他们聚会上将会有免费食物，结果他们大部分人都在聚会上现身。你没有告知另外25位朋友会有免费食物，结果他们没有一人露面。根据这一实验结果，你得出结论：免费食物是人们参加聚会的原因。一位朋友指出："注意，相关关系并不意味着因果关系。"你会如何回应？

8. 俄勒冈州于2008年扩大了该州医疗补助计划的覆盖范围。大约9万人申请了医疗补助，但该州的资金只够多覆盖（从这9万名申请人中随机选择）3万人。你如何利用俄勒冈州的经验来估算扩大医疗补助计划覆盖范围对健康状况的影响？

9. 一个简单的经济模型预测，车票价格的下降意味着会有更多的人乘坐公交车。然而，你会注意到，有些人即使在票价下降后仍然不会乘坐公共汽车。

   a. 这是否说明该模型是不正确的？

   b. 你会如何检验这个模型？

附录 2A　绘制和解释图表

当你开始学习经济学时，很重要的一点是要很好地掌握如何理解数据，以及如何以可视化的形式清晰地呈现数据。图表无处不在，在电视、网络、报纸和杂志、经济学教科书上都可以看到。为什么图表如此受欢迎？

精心设计的图表是对大量信息的总结。俗话说得好，"一图胜千言"。本书包含了许多图表，你会发现，图表是对经济学概念语言描述的一种有益补充。

事实上，可视化在经济分析的每个阶段都非常有用。正如你将在本书中看到的，简单的图表能够揭示模型中变量之间的关系。图表能够让研究人员识别数据中重要的潜在属性，比如时间趋势，从而使复杂的数据库更加直观。为了说明数据可视化如何助力经济分析，我们将向你介绍本书作者之一约翰·A.李斯特的一项研究，并在此过程中介绍数据可视化。

一项关于激励的研究

如果我们付给你50美元，你会不会更努力地学习经济学，让自己这门课的成绩得A？如果我们把奖励提高到500美元呢？你的第一反应可能会是："啊，当然……为什么不呢？这笔钱可以买到一部新的苹果手机，或者买一张妮琪·米娜演唱会的票。"

但是，正如我们在第1章中学到的，发奋学习是有机会成本的，例如，它可能会占用你听演唱会的时间，或者占用你在最喜欢的咖啡厅和朋友聊天的时间。你必须将这些机会成本与在这门课上得A的收益进行比较。你也许会说，反正这是个假设性问题，没必要更深入地思考自己的可能的行为。

但如果这个问题是真实存在的呢？

在过去的几年里，真的有数千名学生得到了这样的金钱奖励。萨利·萨多夫、史蒂文·莱维特和约翰·A.李斯特在位于芝加哥郊区的两所高中进行了一项实验。在这场持续了数年的实验中，他们使用激励措施试图改变学生的行为。这样的实验让我们能够思考两个变量之间的关系——具体到这个例子，就是看经济奖励的增加会如何影响学生的考试成绩。这也自然会导致对原因和结果的讨论，正如我们在本章学到的，我们会检验变量间简单的相关关系，并确定是否存在因果关系。相关关系和因果关系都是能够帮助我们理解周围世界的强有力概念，并且正如我们将看到的，数据可视化是进行这项分析的重要工具。

实验设计

芝加哥海茨有两所高级中学,这两所学校都存在高辍学率问题,经常有超过 50% 的九年级学生在获得高中文凭之前就辍学。这个问题并非芝加哥海茨所独有,许多城市学区也存在着类似的问题。

经济学家能帮上忙吗?为了降低辍学率,同时提高在校学生的成绩,经济学家设计出了不同的激励措施。本例中的激励措施便是为那些学习成绩提高的学生提供金钱奖励。[10]

让我们先看看这个旨在降低辍学率的实验。所有学生被随机分为如下三组:

对学生进行激励的实验组:学生每个月只要达到实验者设定的特定学业标准(具体内容见下文),就会在该月获得 50 美元奖励。

对家长进行激励的实验组:学生每个月只要达到实验者设定的特定学业标准,他们的家长就会在该月获得 50 美元奖励。

对照组:学生或者家长都不会得到和学习成绩挂钩的金钱奖励。

学生要达到设定的月度标准,需要做到如下 3 点:

(1)当月没有任何一门课成绩为 D 或者 F;
(2)当月无故旷课不超过一次;
(3)当月没有被停学。

描述变量

在了解这些学生实际上获得了多少奖金之前,让我们先仔细地考察一下我们可能感兴趣的变量。顾名思义,变量是一个可能会变化的因素,也就是说,它可以在不同的情况下取不同的值。在本部分,我们将向你展示如何使用饼状图、柱状图、时间序列图来描述变量。

饼状图

饼状图非常容易理解。**饼状图**是将一个圆分为大小不同的扇形,每个扇形的面积体现着自身与剩余其他部分的相对重要性,这些部分加起来便是整个饼状图。饼状图显示了某个经济变量可被分成若干组成部分,每个部分占总变量的一定比例,这些部分各自所占比例加起来等于 100%。

例如,在上述实验中,我们要求学生从下面各项中选择一个(且唯一的)类别:非裔美国人、非拉丁裔白人、拉丁裔美国人、其他。从图 2A.1 中我们得知,参与实验的九年级学生中有 59% 是非裔美国人。因此,我们将饼状图中 59% 的区域标记出来,并以其代表非裔美国人占所有实验参与者的比例。我们看到有 15% 的学生认为自己是非拉丁裔白人，在图中我们将其用相应图例表示。我们继续对参与者进行划分，直到整个圆被 100% 填满。这个圆所描述的就是实验参与者自我认同的种族和民族身份构成。

图 2A.1　芝加哥海茨实验参与者的种族和民族划分

注：饼状图以一种直观方式展现了芝加哥海茨地区所有参与实验的高中生的四个不同类别。各种族的学生所占比例加起来是 100%。同样，代表各种族学生的扇形加起来就是一个完整的圆。

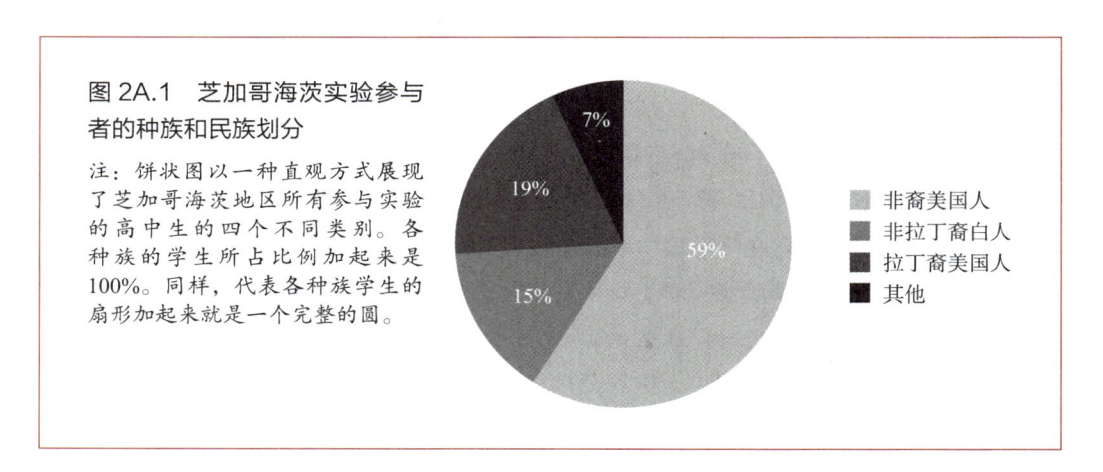

- 非裔美国人 59%
- 非拉丁裔白人 15%
- 拉丁裔美国人 19%
- 其他 7%

柱状图

另一种可以用于总结和显示变量的图表是柱状图。顾名思义，**柱状图**使用不同高度或长度的柱子来表示不同组别的特性。柱状图便于将单个变量在不同组别之间进行比较。要想制作柱状图，你只需绘制一些并排的矩形，并使每个矩形的高度（在水平柱状图中则为长度）与其所描述的变量值保持一致。

例如，图 2A.2 展示了各组学生的总体成功率。在该图中，横轴或者 x 轴为**自变量**，即由实验者选择的变量（比如本研究中学生被随机分配的实验组和对照组）。纵轴或 y 轴为**因变量**，即可能受实验影响的变量。在图 2A.2 中，因变量是达到学业标准的学生占比。请注意，图中数值 1 代表占比为 100%，0.3 代表占比为 30%。

图 2A.2　各组达到学业标准的学生占比

注：柱状图便于对各组之间的数字进行对比。在本例中，我们可以通过比较每条柱子的高度来比较各组学生在达到学业标准方面的表现。例如，对家长进行激励的实验组的柱子比对照组的柱子高，这意味着对家长进行激励的实验组的学生达到学业标准的比例高于对照组。

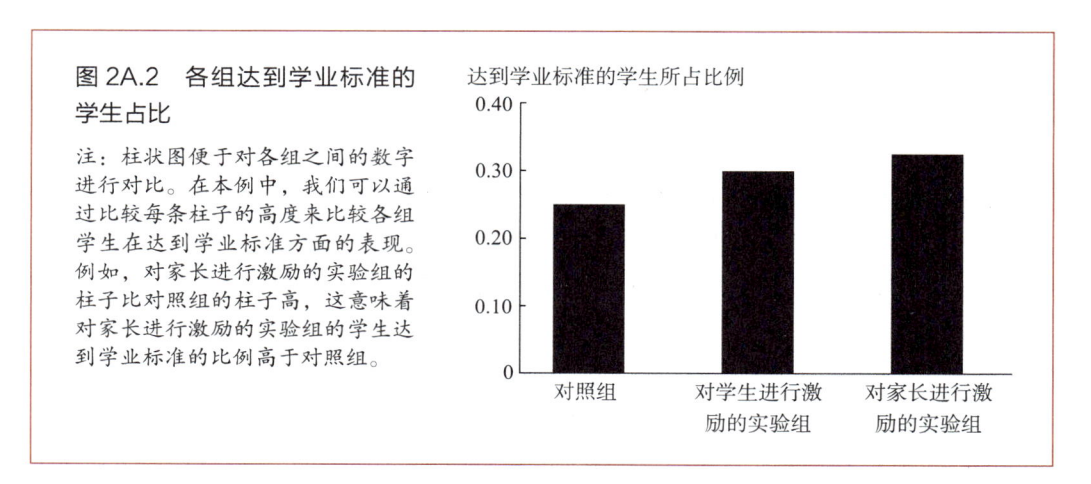

达到学业标准的学生所占比例

组别	比例
对照组	0.25
对学生进行激励的实验组	0.30
对家长进行激励的实验组	0.325

我们在图 2A.2 中发现了一些有趣的实验结果。例如，我们可以看到，对照组的学

生（即没有获得激励的学生）中有 25.1% 的人达到了学业标准。相较而言，对家长进行激励的实验组的学生中有 32.5% 的人达到了学业标准。后者达到标准的学生数量大幅增加，这证明激励起了作用。

时间序列图

通过饼状图和柱状图，我们可以总结出如何将一个变量分为不同的组，但是如果我们想了解一个变量会如何随着时间推移而发生变化，又该怎么办？例如，达到学业标准的学生占比在整个学年是如何变化的？用时间序列图便可解决这个问题。**时间序列图**展示的是在不同时间点的数据。

以图 2A.3 为例，它显示了在对照组和对家长进行激励的实验组中，每月达到学业标准的学生所占的比例。请记住，尽管有多个月份和组别，我们仍然只衡量一个单一的变量——在这个例子中为达到学业标准的学生占比。图 2A.3 清楚地表明，对家长进行激励的实验组中达到学业标准的学生数量高于对照组。但请注意，这两个组之间的差异每月都在变化。如果没有一个时间序列，我们就不能了解这些月度差异，也无法了解激励措施的有效性会在整个学年里发生何种变化。在你阅读本书时，请记住，我们讨论的变量可能随时间发生变化，而时间序列图在跟踪这些变化方面是极其有用的。

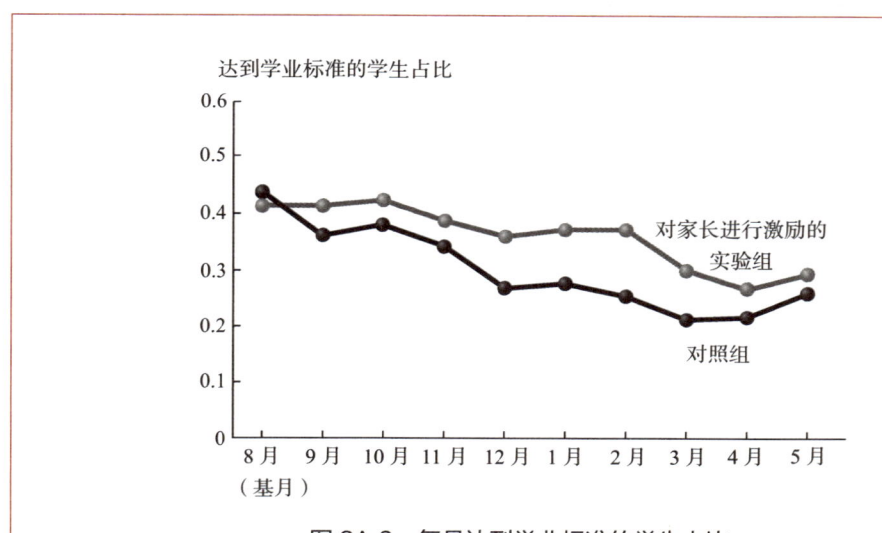

图 2A.3　每月达到学业标准的学生占比

注：时间序列图提取了柱状图中的一些信息，并展示了在实验期内其每月是如何变化的。将图中的点连在一起则能更清楚地展示每月的变化趋势。此外，通过使用不同线条，我们能在同一图中展示两个组（对照组和对家长进行激励的实验组）的数据，从而可以像前面的柱状图一样对两个组进行比较。

原因和结果

我们已经在本章中讨论了因果关系和相关关系。经济学家对前者更感兴趣。因果关系以一种积极的方式将两个变量联系起来——如果 b 是由于 a 而发生的，则 a 就是 b 的原因。

例如，我们从上述实验研究中得出结论：对学生的表现予以金钱奖励能够提高他们的学习成绩。如果实验操作不当，例如，学生没有被随机分为对照组和实验组，情况就不一定如此。例如，假设实验者把所有过去成绩不佳的学生都放进了对照组，那么，对照组相比实验组表现较差可能是因为其本身的学生构成，而不是因为缺乏金钱激励。从这样的实验中得出的学生学业成绩和金钱奖励之间的任何关系都可能被解释为相关关系，因为在实验开始时所有其他条件就都不相同——对照组中的差生比例高于其他组。

幸运的是，芝加哥海茨的实验是依照本章之前讨论过的随机化原则来开展的。实验者将学生随机分到各组，所以每个组中的学生具有同样的代表性，换句话说，各组学生的平均智商等属性是相似的。因此，实验期间各组的学业表现差异都是由不同的实验条件，比如受到的金钱激励程度不同导致的。

这意味着我们可以得出结论：对学生进行激励的实验组和对照组在学业表现上存在差异的原因是前者得到了 50 美元的激励，而后者没有得到进步激励。

相关关系不一定意味着因果关系

相关关系经常被误认为是因果关系。相关关系确实意味着可能存在因果关系（这也是我们需要进一步深入探究的原因），但并不一定如此。例如，不久前，一名高级营销主管向我们展示了图 2A.4（出于保密原因，图中数字已做更改）。他试图证明所在公司的零售广告有效地增加了销售额："图中显示了广告和销售额之间有着明显的正相关关系。当我们投放 1 000 条广告时，销售额大约是 3 500 万美元。而当我们只投放 100 条广告时，销售额只有 2 000 万美元。这证明更多广告会带来更高的销售额。"

在讨论图 2A.4 能否证明两者之间存在因果关系之前，让我们先思考一下图 2A.4 的基本特征。在该图中我们看到：

1. 横轴（或 x 轴）标绘出的变量 x，在此图中代表广告数量；
2. 纵轴（或 y 轴）标绘出的变量 y，在此图中代表以万美元为单位的销售额；
3. x 轴与 y 轴的交点为原点，销售额和广告数量在原点都为 0。

在图 2A.4 中，广告数量是自变量，销售额是因变量。当两个变量的值向同一方向同时增加时，它们呈正相关关系；当一个变量的值随着另一个变量值的增加而减少，即两者变化方向相反时，它们呈负相关关系。

图 2A.4　广告与销售额

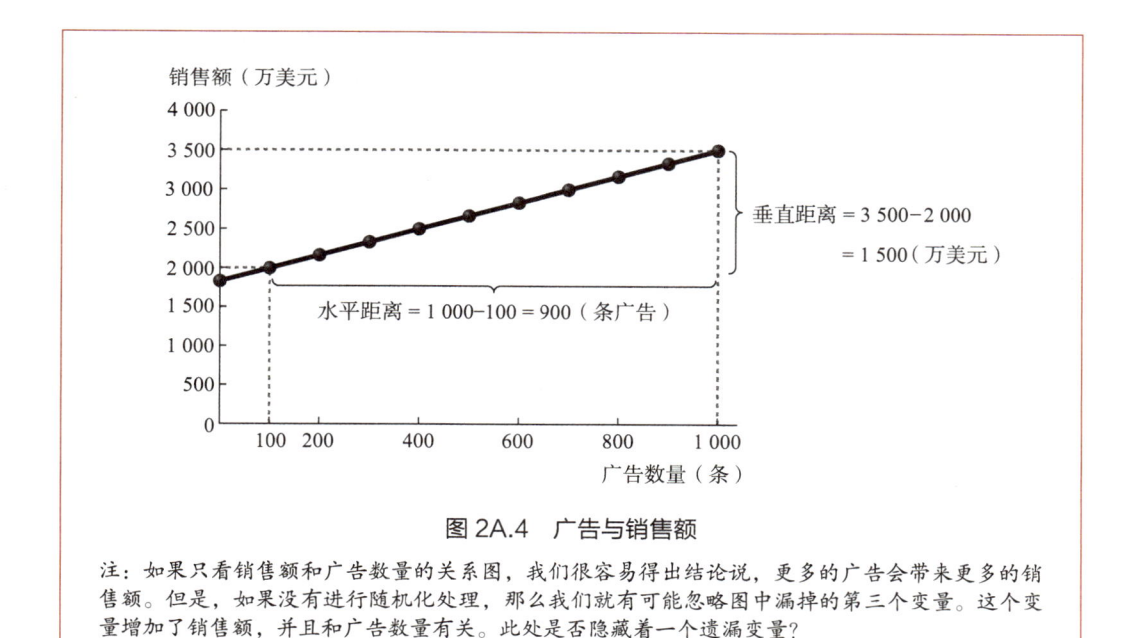

注：如果只看销售额和广告数量的关系图，我们很容易得出结论说，更多的广告会带来更多的销售额。但是，如果没有进行随机化处理，那么我们就有可能忽略图中漏掉的第三个变量。这个变量增加了销售额，并且和广告数量有关。此处是否隐藏着一个遗漏变量？

所以，在图 2A.4 中，我们看到两个变量之间存在正相关关系。那这种正相关关系的程度如何？我们用斜率来表示。**斜率**等于 y 轴所示变量的数值变化除以 x 轴所示变量的数值变化：

$$斜率 = \frac{y \text{轴数值的变化}}{x \text{轴数值的变化}} = \frac{垂直距离}{水平距离}$$

在这个例子中，随着广告数量从 100 条增加到 1 000 条，销售额从 2 000 万美元增加到 3 500 万美元。因此，垂直距离，即销售额（y 轴）的变化是 1 500 万美元；水平距离，即广告数量（x 轴）的变化是 900 条。因为两者都在上升（往相同方向移动），所以斜率为正：

$$斜率 = \frac{35\,000\,000\text{ 美元} - 20\,000\,000\text{ 美元}}{1\,000\text{ 条广告} - 100\text{ 条广告}} = \frac{15\,000\,000\text{ 美元}}{900\text{ 条广告}} = 16\,667\text{ 美元}/\text{每条广告}$$

因此，图 2A.4 表明，每多做 1 条广告，销售额就会增加约 16 667 美元。但是，这是否意味着在现实生活中零售商只要增加 1 条广告投放，销售额就必然增加 16 667 美元？

遗憾的是，并非如此。尽管我们很容易把销售额随广告数量的增加而增长理解为这两个变量存在因果关系，但不能确定二者一定是因果关系。在这个例子中，这位营销主管忘记了为什么他的公司会在一开始时就大幅增加广告投放数量——广告的投放数量可不是在实验中随机决定的。事实证明，该公司这么做是因为遇上了假日，而在假日中，企业的销售额无论如何都会很高。

所以，经过进一步的深入研究（此处我们省略了研究细节），我们发现这些数据实际反映的是零售商在购物旺季（感恩节前后和 12 月）投放了更多的广告，而这个时间段销售额本来就会因购物旺季的到来而上升。与本章前面所提到的百货商场红色广告的例子类似，销售的季节性变化因素充分解释了广告和销售之间的相关关系，同时也排除了存在因果关系的可能性。

这个例子说明，当你在一幅图中连点成线时，需要格外小心。我们不能仅因为两个变量同时移动（存在相关关系）就认为它们必然存在因果关系。可能只是其他变量导致了它们同时变化——在这个例子中，这个变量是购物旺季。

为了能更清楚地理解这一点，我们再看一张关于美国冰激凌月度产量和每月溺水人数关系的图。我们使用 2011 年中各月的数据绘制了图 2A.5。在图 2A.5 中我们看到，在冰激凌产量相对较高的月份，溺水事件频发，在冰激凌产量相对较低的月份，溺水事件也要少得多。这是否意味着你不应该在吃冰激凌后游泳？

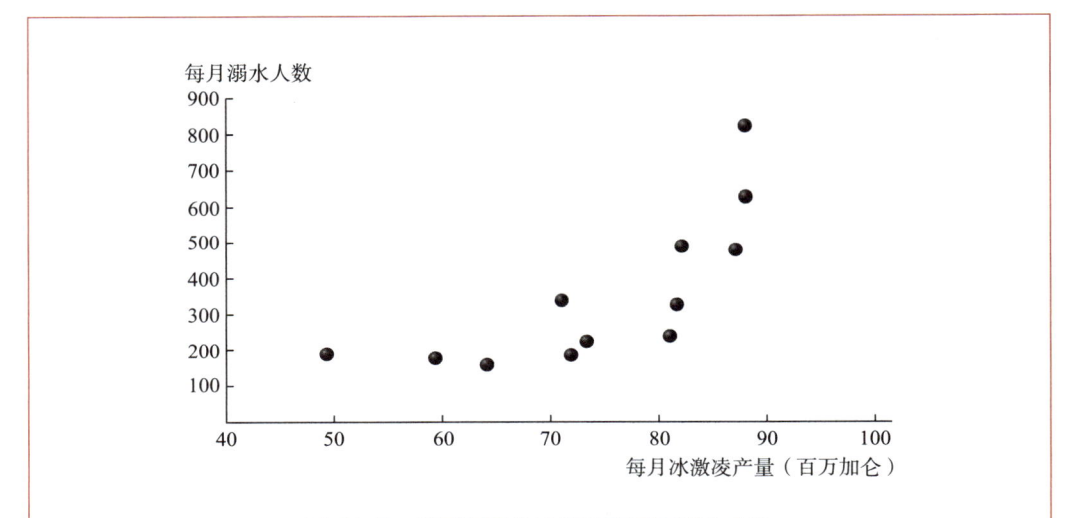

图 2A.5　美国每月的冰激凌产量和溺水人数

注：本图描绘了美国月度冰激凌产量与溺水人数的关系。这 12 个点分别代表着 2011 年的 12 个月。这两个变量存在因果关系吗？还是说某个遗漏变量导致了这两个变量的联动？提示：图中右上角的点是 7 月的数据，左下角的点是 12 月的数据！
资料来源：美国疾病控制与预防中心；布赖恩·W. 古尔德，威斯康星大学乳品营销与风险管理项目（2011）。

确实，被这样一幅图劝服的家长可能会相信这是因果关系，并且坚决禁止他们的孩子在游泳池或湖泊附近吃冰激凌！但让我们这些冰激凌爱好者感到庆幸的是，这背后其实还隐藏了一个遗漏变量。在夏天，当天气炎热时，人们会吃更多的冰激凌，也会更经常去游泳。更经常去游泳则会引发更多的溺水事故。尽管人们在夏天会吃更多的冰激凌，但吃冰激凌本身并不会导致溺水。

正如在零售商广告的例子中购物旺季是一个遗漏变量，这个例子中的遗漏变量是高温天气。是高温天气让我们更经常去游泳，吃更多的冰激凌。而更经常去游泳导致了更多的溺水事故（正如我们所预料的那样）。尽管如图 2A.5 所示，吃冰激凌与溺水存在正相关关系，但吃冰激凌并不会导致溺水。

我们希望本附录既能帮你理解如何构建数据图表，也能让你明白如何去解读这些对数据的可视化展示。我们学到的很重要的一点就是，不能仅因为两个变量存在相关关系（且在图表中同时变动），就认为它们存在因果关系。因果关系是社会科学中的黄金标准。如果不理解两个变量间的因果关系，我们就无法可靠地预测当政府通过干预手段改变其中的一个变量时，世界将会发生何种变化。实验有助于揭示因果关系，例如我们通过芝加哥海茨的实验认识到，激励措施能够影响学生的表现。

附录关键术语

饼状图　　　　　　　　自变量　　　　　　　　时间序列图
柱状图　　　　　　　　因变量　　　　　　　　斜率

附录习题

A1. 你会如何用图表表现以下内容？
  a. 美国的收入不平等在过去 10 年中日趋加剧。
  b. 某国制造部门的所有劳动者都属于如下三类中的一类（且每名劳动者仅属于其中一类）：31.5% 的人高中辍学，63.5% 的人拥有正规高中文凭，其余人拥有职业培训证书。
  c. 2012 年，亚拉巴马州的家庭收入中位数为 43 464 美元，康涅狄格州的家庭收入中位数为 64 247 美元。

A2. 下表中数据显示了巴西 2004—2012 年的咖啡产量。

年份	产量（吨）
2004	2 465 710
2005	2 140 169
2006	2 573 368

（续表）

年份	产量（吨）
2007	2 249 011
2008	2 796 927
2009	2 440 056
2010	2 907 265
2011	2 700 440
2012	3 037 534

  a. 利用这些数据绘制一张时间序列图。
  b. 2009—2011 年，巴西的咖啡产量均值是多少？
  c. 按百分比计算，2012 年的咖啡产量比 2009—2011 年的产量均值增长了多少？

A3. 假设下表显示了美国女童子军（Girl Scouts，美国最大的女孩团体组织）所得收入和其销售的饼干盒数之间的关系。

饼干盒数	收入（美元）
50	200

（续表）

饼干盒数	收入（美元）
150	600
250	1 000
350	1 400
450	1 800
550	2 200

a. 利用散点图来表示这些数据。

b. 这两个变量存在正相关关系还是负相关关系？请解释。

c. 你在散点图中得到的直线的斜率是多少？这一斜率与美国女童子军销售的每盒饼干的价格之间存在何种关系？

第 3 章 优化：竭力做到最好

地理位置如何影响租房成本？

假设你刚刚在市中心附近找到了一份工作，现在你需要决定住在哪里。如果你住在市中心附近，通勤往返只需要 15 分钟。如果你住在郊区，往返则需要 60 分钟。在公寓面积同等的条件下，哪里的居住成本相对更低？你该如何选择住处？面对这样的权衡时，你应该如何做出最优决策？

在本章中，我们将深入讨论优化这一概念。所谓优化，即试图找出最佳可行选项。你将学习如何使用成本-收益分析来进行优化。我们还会将这些知识应用到如何租房这一例子中。我们将在本章反复讨论这个例子，并在循证经济学专栏中对其进行实证检验。

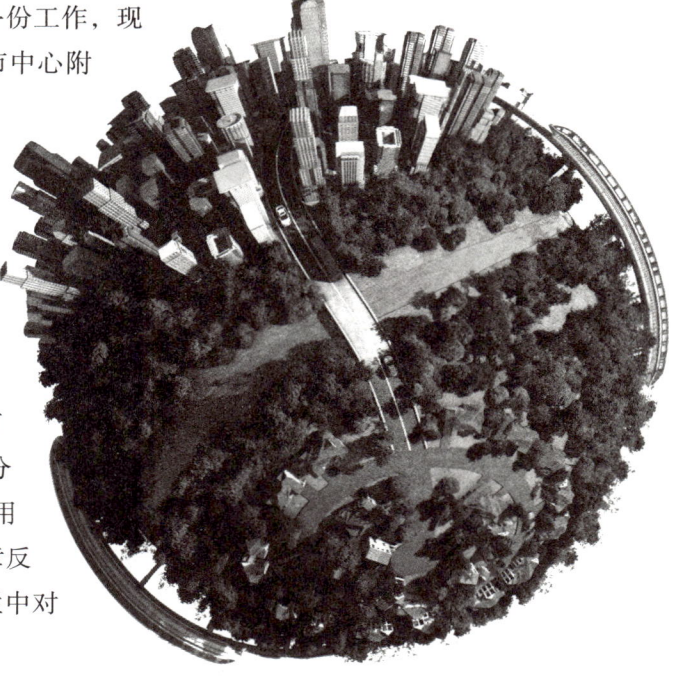

重要概念

- 当一个经济主体试图找出最佳可行选项时，他就是在进行优化。
- 基于总价值进行优化，先计算出每一个可行选项的总价值，然后从中找出总价值最高的选项。
- 基于边际分析进行优化，先计算出变换可行选项所产生的总价值变动，然后通过对比边际变化，从中选出总价值最高的选项。
- 基于总价值的优化和基于边际分析的优化会给出相同的答案。

本章概览

3.1	3.2	3.3	EBE
优化：试图找出最佳可行选项	优化应用：租到最理想的房子	运用边际分析实现优化	地理位置如何影响租房成本？

3.1 优化：试图找出最佳可行选项

在第 1 章中，我们将经济学描述为对选择的研究。经济学家通常假设人在做选择时会试图基于已有信息找出最佳可行选项。换言之，人会追求优化。前文已经提到，优化是经济学的首要原理。

<mark>经济学家运用优化来预测个人、家庭、企业和政府所做的大多数选择。</mark>对经济学家而言，诸多看似无关的决策，如大学生决定去哪里度假、上班族打算租什么样的房子，以及苹果公司如何给手机定价，都和优化原理密切相关。经济学家认为，人们在面对任何选择时都会寻求优化。但经济学家并不假定人们总能成功实现优化，稍后我们会继续讨论这个问题。

当然，优化并非易事，而且往往非常复杂。我们从租房这件事上便可以看出它的复杂性。大城市中往往有数以百万计的公寓出租，每套公寓在卧室数量、地理位置、景观视野和社区配套设施等方面都不尽相同，这些都是租房者需要考虑的因素。

因此，要想做出最优决策，你需要进行多方面的权衡。如果一套公寓的租金更低，而另一套公寓距离工作地点更近，你会如何对两者进行比较？你又如何确定哪一套公寓更适合你？在这一章中，你将了解如何使用优化原理来评估这些权衡。我们将向你介绍经济学家所使用的最为重要的优化工具。

我们可以从很多角度讨论租房问题，但请记住，租房问题只是我们用来解释一般优化概念的一个例证。我们可以使用优化原理来分析经济主体面临的任何决策。这些决策有的可能是无关紧要的小事（比如锻炼时该慢跑多远的距离），有的则可能是有深远影响的大事（比如你应该接受多少年的教育）。

我们可以通过很多不同的方法实现优化。在本章中，我们将向你介绍两种优化方法。这两种优化方法策略不同，但会得出相同的结论。第一种方法是简单计算出每一个可行选项的总价值，然后选择总价值最高的选项。第二种方法是进行边际分析，我们会在本章稍后解释。边际分析会重点关注各可行选项之间的差异，然后通过分析这些差异来找出最优选项。由于这两种优化方法得到的结论相同，因此你可以从具体问题出发，自主选择更为适用的优化方法。

选择与结果

人们真的找出最佳可行选项了吗？

- 我们已经强调过人会试图找出最佳可行选项，但不能确定这些尝试的成功频率和程度。经济主体是否总能成功找出最佳可行选项？答案当然是否定的！既然如此，为什么经济学家还要如此关注最佳可行选项，也就是他们所说的**最优选择**或**最优**？

- 经济学家认为，即使真实世界中的人不能总保持正确，最优选择仍然是对大多数经济行为的一种有用近似。经济学家感兴趣的是最优选择会在何种情况下成为人类行为的良好近似。同样，识别出人类会在哪些情况下系统性地犯错也是经济学家的兴趣所在。

- 经济学中甚至还有一个专门研究人在不同情况下表现如何的分支。**行为经济学**解释了为什么人们在一些情况下可以找出（或接近找出）最优，在另外的情况下却无法找出最优（即使是在他们试图做出正确选择的情况下）。通过综合有关人类决策的经济学和心理学理论，行为经济学家对这一系列行为进行了理论研究。

- 一些特殊情况下的行为无法实现最优。例如，当人们存在拖延甚至上瘾等自控问题时，最优选择并不能很好地描述行为。

- 在面对一项新任务时，人们往往也无法成功实现优化。例如，人们首次玩扑克牌时通常都表现不佳，即便想好好表现，也仍会犯各种低级错误。我们从未见过有人故意在牌桌上输钱，但都见过有人因不擅长玩牌（或喝多了）而输钱。由于缺乏经验的经济主体往往会犯错误，所以在人们拥有了丰富经验后，最优能更好地描述行为。

- 例如，随着投资者经验的增长，他们犯的错误往往会越来越少。约翰·坎贝尔、塔伦·拉马多拉伊和本杰明·拉尼什2014年的论文关注到了这种表现提升模式。在研究了印度1 160万投资者的匿名数据之后，他们发现，有经验的投资者（那些开设股票交易账户时间相对较长的投资者）的年收益率远高于那些缺乏经验的投资者。[1] 这三位作者以甲壳虫乐队的名曲《渐入佳境》命名了这篇论文。

- 人并非生来就知道如何针对不同情况做出最优选择，所以学习如何做出更好的选择对我们所有人都有用处。经济学家会指导大家做出最优选择——这种建议属于规定经济分析。

- 我们希望你能通过以下两种方式应用最优选择概念：第一，描述那些有知识、有经验且头脑清醒的决策者的行为；第二，识别和改进次优选择，尤其是你自己的选择！

3.2 优化应用：租到最理想的房子

让我们更深入地探索优化理论。为了阐明其中的思想，我们回到开篇提到的你正打算租房子的例子。

假设你已经把选择范围缩小到了4套公寓（你的候选清单）。图3.1概括介绍了这个候选清单，并指出了每一套公寓的两大关键信息——每月的租金和每月的通勤时间。图

3.1 假定离上班地点越远的公寓，租金越便宜；当租金降低时，通勤时间就会增加。这就产生了一个权衡。本章稍后会解释为什么经济力量会预测租金和与工作地点的距离之间存在这样的反向关系。我们还将展示证实这一预测的实证证据。

你可能还想知道图 3.1 中没有包含的关于这些公寓的其他信息。这些公寓之间还有哪些区别？例

一个完整的优化分析应当考察公寓附近的学校或公园等基础设施的情况，因为这些设施改变了公寓的净收益。

如，步行去附近的自助洗衣房需要多长时间？附近是否有公园？我们也没提到除时间以外的通勤成本，如乘坐公共交通的直接货币成本或者自驾要负担的油费和通行费等。这些也都应该是我们需要比较的。

这些当然都是现实中的重要因素，但我们将暂时忽略这些因素。忽略这些因素的目的是让计算更简便，如此一来，一些基本的经济概念就会变得更容易理解。你会在本章后面的习题部分发现，一旦理解了基本概念，你就能很轻松地往里面添加更多细节。现在，我们先假设这 4 套公寓（分别以"很近""近""远""很远"表示）除了图 3.1 中所列出的差别，其余都完全一致。

另外也请注意，我们在这个例子中只关注成本——通勤时间成本和租金成本。我们假设这些公寓在面积和周边环境等方面都不存在差别。这样一来，成本-收益分析就变得更为简单。在正常的成本-收益分析中，决策者寻找的是净收益（即收益减去成本）最高的选项。当所有选项的收益相同时，成本-收益分析就简化为寻找拥有最低成本的选项。这也是我们接下来要做的事。

图 3.1 包含了我们需要的信息，但是这些信息本身不能让我们找出最理想的公寓。首先，我们需要把租金成本和通勤成本加总，以计算出每一套公寓的总成本。总成本包括直接的租金成本和间接的通勤时间成本。

为了加总这两项成本，我们首先需要确定一个统一的记账单位。我们以美元/月为单位来表示房租，再把通勤时间这个间接成本转换成相同的计量单位。

我们使用第 1 章介绍过的机会成本概念来解决这个问题。我们先假设某人通勤时间的机会成本是 10 美元/小时，这是当你花更多时间通勤时被挤占的其他活动的每小时价值。用货币衡量通勤时间的价值，并不意味着这些时间如果没有花在通勤上，就会被用于工作。这额外的时间无论被你用来做什么，比如小憩、社交、看视频、更悠闲地洗个澡或者工作，都会为你带来价值。

图 3.1 你的候选清单上的公寓，仅在通勤时间和租金上存在差别，其他条件一致

注：很多城市都有一个中央商务区，该区域常常被称为市中心，有大量企业雇主集中于此。在大部分城市中，在其他条件一致的情况下，市中心附近的公寓租金要比远离市中心的公寓租金更高。为什么会这样？

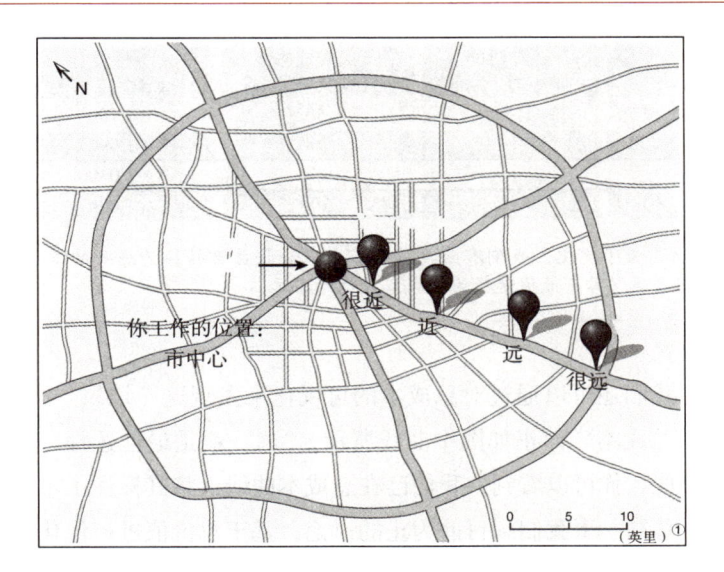

公寓	通勤时间（小时/月）	租金（美元/月）
很近	5	1 180
近	10	1 090
远	15	1 030
很远	20	1 000

如果每个月通勤需要花费 20 小时，每小时的机会成本为 10 美元，那么通勤时间的货币成本为：

$$（20 小时/月）\times（10 美元/小时）= 200 美元/月$$

上述等式左边第一项是每个月的通勤时间，单位为小时/月。等式左边第二项是时间的机会成本，单位为美元/小时。两项相乘，"小时"单位被抵消，剩下的就是用美元/月表示的最终时间成本。

现在我们准备修改表 3.1。以刚才每月通勤时间为 20 小时的计算为例，我们可以计算出任意通勤时间的成本。表 3.1 显示了全部 4 套公寓以美元/月为单位的通勤成本。

表 3.1 给出了我们优化问题的答案。对一个时间机会成本为 10 美元/小时的消费者来说，最好的公寓是"远"。这套公寓的总成本最低，含直接租金成本和间接通勤时间成本在内，共计 1 180 美元。

---

① 1 英里≈1.6 千米。——编者注

表 3.1 用统一单位表示的通勤成本和租金成本，假设时间机会成本是 10 美元 / 小时

公寓	通勤时间 （小时 / 月）	通勤成本 （美元 / 月）	租金 （美元 / 月）	总成本：租金 + 通勤 （美元 / 月）
很近	5	50	1 180	1 230
近	10	100	1 090	1 190
远	15	150	1 030	1 180
很远	20	200	1 000	1 200

注：为了优化，我们有必要将所有成本和收益都转换为统一的单位。在这个例子中，统一单位是美元 / 月。最优选择为总成本最低的"远"。

我们还可以通过对总成本的可视化来发现这一结果。图 3.2 展示了全部 4 套公寓各自的总成本，而正如图中曲线所示，"远"就是最佳选择。经济学家将最佳可行选项称为最优，你可以看到，我们已在总成本曲线上将其标注了出来。

总结一下我们到目前为止的讨论，基于总价值进行优化共分为三步：

（1）将所有成本和收益转换为相同单位，比如美元 / 月。

（2）计算每个选项的总净收益。

（3）找出净收益最高的选项。

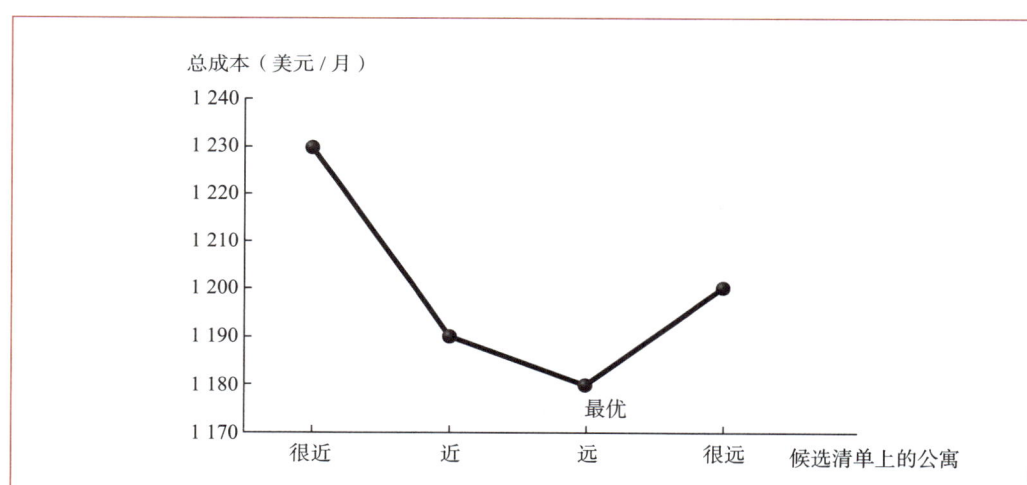

图 3.2 包含租金成本和通勤成本的总成本，假设时间机会成本是 10 美元 / 小时

注：如果消费者进行优化选择，他会选择"远"。这套公寓的总成本最低，即直接租金成本和间接通勤成本之和最小（如表 3.1 所示）。通勤成本通过计算消费者的时间机会成本求得，在本例中，时间的机会成本为 10 美元 / 小时。

前后对比

如果租房者要做出最优选择，那么时间机会成本的变化将会影响其选择。本例中，我们一直把时间的机会成本假设为 10 美元 / 小时。现在重新假设时间的机会成本为 15

美元/小时。为什么时间的机会成本会上升？举个例子，如果小时工的时薪上涨，那么他们时间的机会成本就会随之增加。

时间的机会成本增加会对预测的行为产生什么影响？在我们开始一步步讲解之前，你可以先凭直觉想一下。时间价值的改变会如何影响对居住地点的最优决策？高时间价值的上班族应该住得离工作地点更近还是更远？

要回答这个问题，我们同样需要把间接成本（通勤时间）转换为与直接租金成本相同的单位，也就是美元/月。我们将时间的机会成本改为15美元/小时，然后对表3.1进行相应修订。表3.2以美元/月为单位列出了4套公寓的通勤成本。

表3.2为我们新的优化问题提供了答案。时间的机会成本为15美元/小时，通勤者的最优公寓从"远"变为"近"。"近"的总成本最低，含直接租金成本和间接通勤成本在内共计1 240美元。

表3.2 用统一单位表示的通勤成本和租金成本，假设时间机会成本是15美元/小时

公寓	通勤时间 （小时/月）	通勤成本 （美元/月）	租金 （美元/月）	总成本：租金＋通勤 （美元/月）
很近	5	75	1 180	1 255
近	10	150	1 090	1 240
远	15	225	1 030	1 255
很远	20	300	1 000	1 300

注：为了优化，我们有必要将所有成本和收益都转换为相同单位。在这个例子中，相同单位是美元/月。最优选择为总成本最低的"近"。

图3.3绘制出了在时间机会成本为15美元/小时的情况下每套公寓的总成本。该图显示出，"近"是最佳选择，即最优。

如果时间的机会成本从10美元/小时增加到15美元/小时，则对通勤者来说，选择一套能够减少通勤时间的公寓更为合算。所以最优选择从相对便宜但通勤时间较长的"远"公寓，变为了相对昂贵但通勤时间较短的"近"公寓。

图3.4将图3.2和图3.3中两条不同的成本曲线展示在一幅图中。黑色线代表时间机会成本为10美元/小时的通勤者的总成本曲线。灰色线代表时间机会成本为15美元/小时的通勤者的总成本曲线。图3.4展现出两个关键特征：

（1）10美元/小时的成本曲线位于15美元/小时的成本曲线下方。对所有公寓来说，在时间机会成本为10美元/小时的情况下，每套公寓都有更低的通勤成本，因此，由直接租金成本和间接通勤成本构成的公寓总成本也都相应更低。

（2）时间机会成本为10美元/小时的曲线最低值在"远"，而时间机会成本为15美元/小时的曲线最低值在"近"。换句话说，当时间机会成本从10美元/小时增加到15美元/小时，最优公寓从"远"变成了"近"。

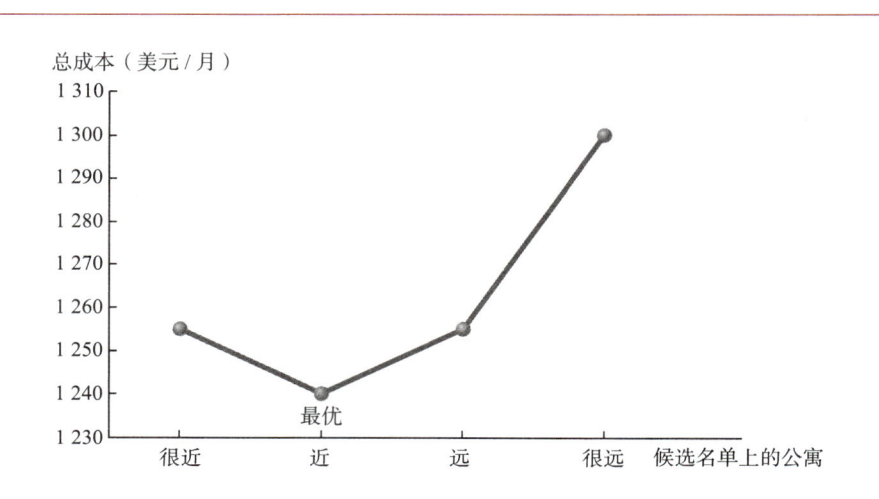

图 3.3　包含租金成本和通勤时间成本的总成本，假设时间机会成本是 15 美元 / 小时

注：在机会成本为 15 美元 / 小时的情况下，最优选择是"近"。这套公寓的总成本最低，即直接租金成本和间接通勤时间成本之和最小。

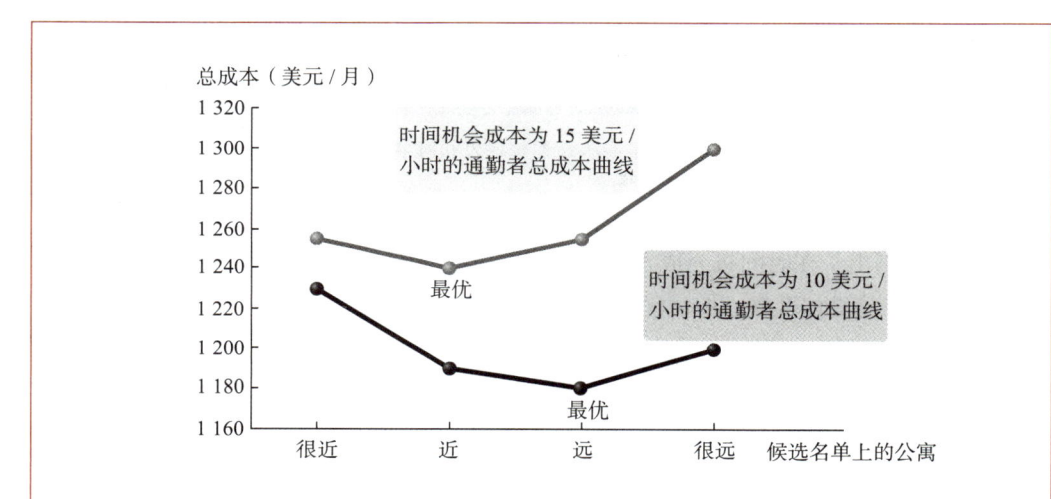

图 3.4　时间机会成本分别为 10 美元 / 小时和 15 美元 / 小时的总成本曲线

注：当机会成本从 10 美元 / 小时上升到 15 美元 / 小时，最佳公寓更靠近市中心。有更高时间机会成本的员工应该选择通勤时间更短的公寓。

3.3　运用边际分析实现优化

在此之前，我们一直在通过计算每套公寓的总价值来研究租房问题。现在我们将讨论另一种优化方法：运用边际分析实现优化。利用边际分析的优化通常比利用总价值的优化更容易执行，因为前者只关注不同选项之间的差异。

所谓运用边际分析实现优化，是指通过思考选项变换所带来的成本和收益变化来解决优化问题。例如，假设我们去迈阿密的同一家酒店度假时有两个选择：四日游或者五日游。假定你正在这两个选项之间做抉择。如果你基于总价值进行优化，就需要先计算出四日游的总净收益，然后将其与五日游的总净收益进行比较。或者你也可以只考虑这两个选项之间的差异。换句话说，你可以只考虑多出来的那一天的成本和收益。如果假期第五天的收益超过了成本，那么优化者就会选择五日游。在这两个选项间进行抉择时，优化者不必担心前四天，因为这四天是两个选项共有的部分。优化者可以把焦点放在把这两个假期区分开来的那个要素上：第五天。

经济学家使用"边际"来指代选项之间的某一差异。通常，这项差异可能是多出来的一个"步骤"或多出来的一个"单位"。假期的第五天就是四日游和五日游之间的差异，或者说边际。

研究一个可行选项与另一个可行选项之间差异的成本-收益计算被称为**边际分析**。边际分析比较的是某件事情多做一步的结果，即成本和收益的变化。回想之前租公寓的例子，边际分析可以用于研究进一步远离市中心所带来的成本和收益变化。

==边际分析永远不会改变"何为最优"这一问题的最终答案，但会帮你厘清思考优化的方式。==边际分析促使我们聚焦于所对比选项的差异。边际分析提供了另一种找到最优选择的方法。边际分析是经济学中最重要的概念之一，它不仅能加深我们对优化概念的理解，也可以用来进行优化。

边际成本

让我们回到选择最优公寓的问题。回到这个问题的目的是保持前文分析的连续性，但请注意，我们所谈到的这些方法其实可以用于几乎所有的优化问题。

之前研究选择租住哪一套公寓时，我们并没有使用边际分析，而是通过计算和比较4套公寓的总成本（包括直接成本和间接成本）解决了这个问题。现在我们将使用边际分析来解决同一个公寓选择问题。最优选择不会改变（我们接下来将证实这一点），但是你思考问题的方式将会发生变化。

我们再次假设时间的机会成本为10美元/小时。现在我们不再单独考察每套公寓，而是改为以比较的方式进行思考。具体而言，就是关注当我们从一套公寓"搬"到另一套距离市中心更远的公寓时，租住成本会发生什么变化。每两套公寓之间的成本差异是多少。

表3.3可以帮助你思考这些变化。"通勤成本"这一列显示的是每套公寓在时间机会成本为10美元/小时的情况下每月的通勤成本。"边际通勤成本"这一列显示的是从一套公寓搬到离市中心更远的另一套公寓时，每个月额外的通勤时间成本。例如，从公寓

"近"搬到"远"会产生50美元/月的额外通勤成本。换句话说,"边际通勤成本"这一列显示的是候选清单上相邻位置的两套公寓的通勤成本之差。具体到这个例子中,边际通勤成本都是相同的,也就是说,每次往离市中心更远的相邻位置搬,通勤成本都会出现相同数量的增加。这并非普遍的实际情况,只是我们为讨论方便而做的设定。一般来讲,**边际成本**是从一个可行选项转移到另一个可行选项所产生的额外成本。

表3.3 成本与边际成本,假设时间机会成本为10美元/小时

公寓	通勤成本 (美元/月)	边际通勤成本 (美元/月)	租金 (美元/月)	边际租金 (美元/月)	总成本 (美元/月)	边际总成本 (美元/月)
很近	50	—	1 180	—	1 230	—
近	100	50	1 090	−90	1 190	−40
远	150	50	1 030	−60	1 180	−10
很远	200	50	1 000	−30	1 200	20

注:我们可以通过研究搬离市中心的边际成本来解决这个问题。应该在什么时候停止向远离市中心的方向搬离?

现在让我们转向"租金"这一列,此列显示的是每套公寓每月的租金。"边际租金"这一列显示了从一套公寓搬到离市中心更远的另一套公寓所带来的每月租金的变化。例如,从公寓"很近"搬到公寓"近"可以让你每个月省下租金90美元,所以这里的边际租金是一个负数,为−90美元。同样地,如果从公寓"近"搬到公寓"远",那么你每个月可以省下租金60美元,所以边际租金为−60美元。

最后,我们还想知道总成本的边际值。我们可以用两种方法计算总成本的边际值。第一种方法,我们可以将边际通勤成本和边际租金相加得出边际总成本。例如,通过查看第一组边际成本数字,我们得到:

$$50\text{美元} + (-90\text{美元}) = -40\text{美元}$$

换句话说,从公寓"很近"搬到公寓"近",每月会增加50美元的通勤成本,同时租金的变化为−90美元,两者综合起来所产生的变化为−40美元。

另一种方法是直接计算总成本。我们通过"总成本"这一列便可实现这一计算。例如,公寓"很近"每月的通勤成本为50美元,租金成本是1 180美元,所以它的总成本是1 230美元。公寓"近"每月的通勤成本是100美元,租金成本是1 090美元,所以总成本是1 190美元。当从公寓"很近"搬到公寓"近"时,每月的总成本从1 230美元变化为1 190美元,也就是降低了40美元。

这两种方法都证明,当从公寓"很近"搬到公寓"近"时,边际总成本是−40美元。

边际通勤成本＋边际租金＝50美元＋（–90美元）＝–40美元
公寓"近"的总成本–公寓"很近"的总成本＝1 190美元–1 230美元＝–40美元

我们在两种情况下都得出"-40美元/月"这一数字并非偶然。两者之所以完全一致，是因为边际总成本的计算与我们如何分解成本无关。我们可以将各类边际成本相加来计算边际总成本，也可以将一套公寓的总成本减去另一套公寓的总成本来计算边际总成本。因为答案总是相同的，所以你可以任意选择一种你觉得更容易的方法。

表3.3中的最后一列"边际总成本"包含了我们寻求优化所需的所有信息。让我们从这一列的顶部开始，思考每一次搬往离市中心更远的公寓会如何影响上班族。第一次搬家，从公寓"很近"搬到公寓"近"，边际成本是-40美元/月，因此成本是下降的。这次搬家是值得的。

第二次搬家，从公寓"近"搬到公寓"远"，边际成本是-10美元/月，因此成本也是下降的。这次搬家也是值得的。

第三次搬家，从公寓"远"搬到公寓"很远"，边际成本是20美元/月。由于这一次成本是上升的，所以这次搬家不值得。

总结一下，前两次搬家都是物有所值，而最后一次则不是。公寓"很远"不可能是最优选择，因为上班族从公寓"远"搬到公寓"很远"后境况变差了。"很近"也不可能是最优选择，因为从公寓"很近"搬到公寓"近"，上班族的境况变好了。最后，公寓"近"也不可能是最优选择，因为从公寓"近"搬到公寓"远"，上班族的境况变好了。

我们由此可以得出结论：公寓"远"为最优，也就是最佳可行选项。从公寓"近"搬到公寓"远"，上班族的境况变好了。但是，从公寓"远"搬到公寓"很远"，上班族的境况变差了。公寓"远"是唯——套满足以下特质的公寓：搬到该公寓会使上班族的境况变好，搬离该公寓则会使上班族的境况变差。换句话说，公寓"远"具有一个优点：它是一个比其他相邻选项都更好的选项。

优化者的目标是让自己的境况尽可能地变好——但在最优的情况下，他们无法变得更好。在这个例子中，在其他因素保持不变的情况下，比所有其他可行选项都更好的公寓就是总成本最小的公寓。这是一个边际优化原理的例子。**边际优化原理**指明了一个最优可行选项所具有的特质：移至该选项会使你的境况变好，而偏离该选项会使你的境况变差。

我们可以借助图表来形象地表达这些概念。图3.5绘制了每套公寓的总成本曲线以及每次从一套公寓搬到离市中心更远公寓的边际成本曲线。例如，从公寓"很近"搬到公寓"近"会使每月的总成本降低40美元。图中虚线的垂直部分显示出，公寓"近"每月的总成本和公寓"很近"每月的总成本存在-40美元的差异。

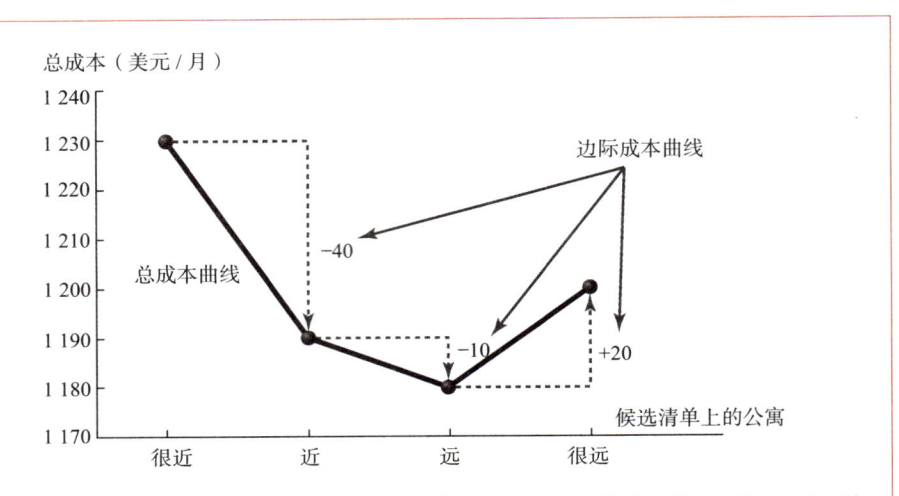

图 3.5　每套公寓的总成本和换公寓间的边际成本（假设时间的机会成本为 10 美元 / 小时）

注：成本最低的选择是"远"。我们可以通过观察总成本曲线或者边际成本曲线发现这一点。当边际成本为负数时，总成本下降。当边际成本为正数时，总成本上升。公寓"远"是唯一一套比其他所有选项都要好的公寓。当搬到公寓"远"时，边际成本为负数；当搬离公寓"远"时，边际成本为正数。因此，公寓"远"是唯一一套满足边际优化原理的公寓。

当总成本曲线的形状是图 3.5 所示的 U 形时，利用边际分析的优化总是会选出唯一的最优选项。当总成本下降时，边际成本将为负值，边际分析建议我们应该搬到离市中心更远的地方，从而降低总成本。在总成本降到最低点后，边际成本将转正，这意味着租客不应该继续往远离市中心的地方搬。

当总成本曲线的形状不是 U 形时，计算会变得更复杂。但即使出现这种情况，边际分析最终确定的最优选择也会与通过最小总成本所确定的选项一致。

由于边际分析总是会选出与总净收益最大化相同的最优选项，所以你可以根据所分析的特定问题选择一种更容易的方法。然而，理解为什么经济学家在实践中大多使用边际分析也具有重要意义。边际分析十分简便，因为你可以忽略其他一切，只需关注这些选项的不同特定属性。边际分析会提醒你排除那些与你的决策无关的信息。

综上所述，边际分析有三个步骤：

（1）把所有的成本和收益转换为相同的单位，例如美元 / 月。

（2）计算变换选项所产生的边际结果。

（3）应用边际优化原理，选择具有如下特质的最佳选项：移至该选项会使你的境况变好，而偏离该选项会使你的境况变差。

边际分析，也就是上述三个步骤，可用于解决任何优化问题。边际分析最常应用于各可行选项具有清晰次序的情况。例如，你今晚应该睡多少小时？6 小时、7 小时、8 小时，还是 9 小时？更长时间的睡眠能让你得到更多的休息，但睡眠是有机会成本的——你如果想要更多的睡眠，就要牺牲一些其他的活动，例如早餐或者早上 9 点的经济学课。从 6 小时到 7 小时、8 小时或者 9 小时的睡眠变动生成了一组可以应用边际分析的清晰步骤。例如，从睡 6 小时变动到睡 7 小时会有净收益吗？从睡 7 小时变动到睡 8 小时会有净收益吗？从睡 8 小时变动到睡 9 小时会有净收益吗？你会找到一个最优的睡眠小时数，变动到最优睡眠小时数会使你的境况改善，而偏离最优睡眠小时数会使你的境况变差。

以下例子也可以使用边际分析来计算最优值：你明天应该学习多少小时？这个夏天你应该把多少周时间用于打工？你下次健身时应该慢跑多久？

循证经济学

地理位置如何影响租房成本？

- 在本章中，我们假设在公寓其他特征一致的前提下，市中心附近的公寓租金更高。你可能会想，事实是否真的如此？
- 人们通常认为市中心的公寓脏乱差，而乡村的房子则非常漂亮。但是，如果我们想要单独分析地理位置对住房成本的影响，就需要让公寓的状况（如公寓的大小）保持固定，而仅改变其地理位置。
- 经济学家贝丝·威尔逊和詹姆斯·弗鲁建立了一个数据库，搜集了俄勒冈州波特兰市众多出租公寓的信息。[2] 他们利用统计方法对离市中心较近的公寓和离市中心较远的相似的公寓有效地进行了比较。他们的分析揭示出距离和租金之间有着强烈的负相关关系，图 3.6 描述了这一关系。
- 图 3.6 所统计的公寓都为一卧一卫户型，公寓内配备洗衣房、非露天停车场、有线电视和空调，但没有壁炉、健身房和游泳池。除了与市中心的距离不同，这些公寓的其他特征都相同。该分析对这些公寓的租金进行了比较。
- 图 3.6 证实，公寓与市中心的距离会影响租金。公寓离市中心越近，租金越高。例如，在距市中心 6 英里处，具有上述特征的公寓的租金为 1 000 美元左右。在距市中心 1 英里处，"相同"公寓的租金是 1 500 美元。

图 3.6 俄勒冈州波特兰市的公寓租金取决于其和市中心的距离

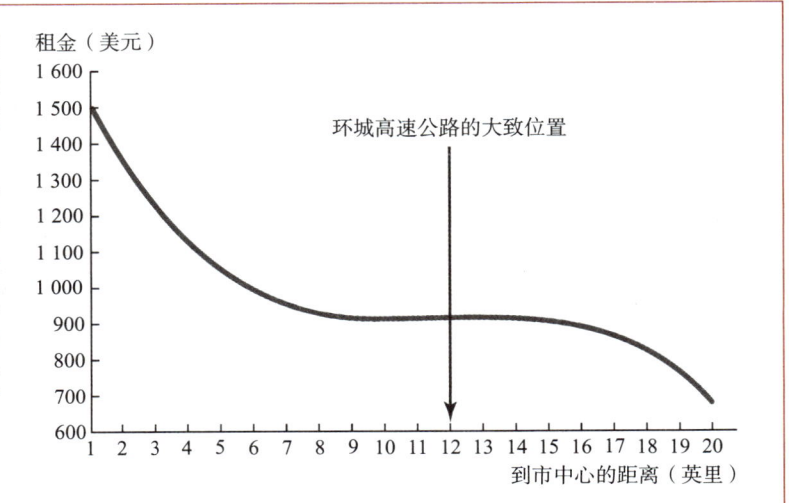

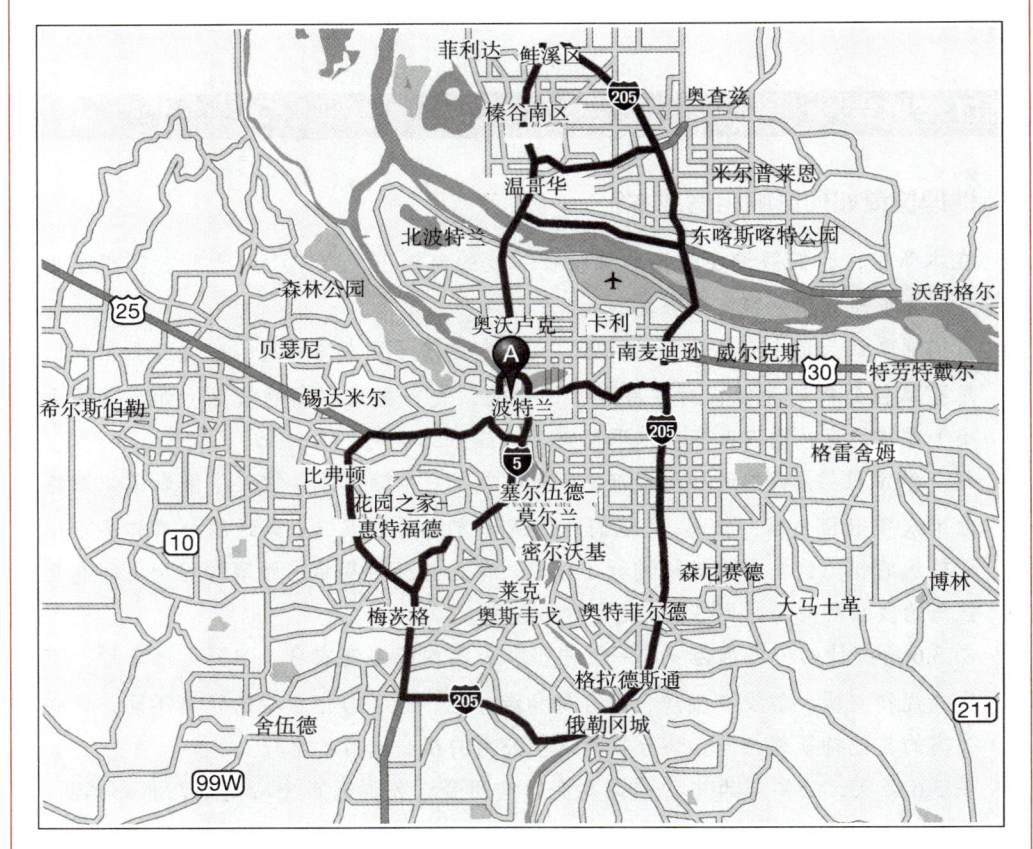

注：本图的描述对象是除了到市中心的距离不同，其他条件都相同的公寓。图中的箭头所指的是环城高速公路的大致位置，波特兰大部分城区都位于此环路之内。

俄勒冈州波特兰市的环城高速公路

注：像多数大城市一样，波特兰有一条环城高速公路，距市中心大约12英里。

- 图3.6还显示出，在距市中心12英里附近，图中的曲线明显变得平缓。你能猜到这个地区房租不再变化的原因吗？考虑时间机会成本与波特兰市高速公路系统的结构后，你就可以得出答案。像大部分城市一样，在距波特兰市中心大约 12 英里处，有一条可缩短出行时间的环形高速公路（"环路"）。住在环路几英里范围内的人具有离高速公路近的优势。因为环路的存在，距市中心 9~14 英里区域的居住者的通勤时间差别不大。

胡德山位于波特兰市的东边，面对该山的公寓居民可以欣赏到它的美景。但不是每个人都能欣赏到这样的景观，一些低层公寓，还有一些西向的公寓并不具备这么好的视野。东向的高层公寓租金要比没有这绝美视野的类似公寓高 20%。对经济学家来说，这种价格差异正是一种测算稀缺资源（比如看得见风景的房间）的货币价值的好方法。

稀缺、价格和激励

- 我们现在回到前面提到的一个重要问题。为什么离市中心越远的地方租金越低？这与本章的主题"优化"有什么关系？
- 我们通过分析发现，如果市中心的租金与偏远社区相同，寻求优化的通勤者会很乐意住在市中心。但不是每个人都能住在市中心，也不是每个人都能短途通勤，市中心的公寓也不够住。这就是经济稀缺性的一个实例。稀缺是我们在第 1 章最早学到的概念之一。
- 是租房市场决定了谁可以拥有更短的通勤时间。市场允许寻求优化的房东和寻求优化的租客自由协商公寓租金。在市场中，公寓的租金是由市场力量而不是由从政者或监管者决定的。时间机会成本最高的租客会抬高通勤时间最短的公寓的租金。
- 随着市中心公寓价格的上升，只有具有最高时间机会成本的上班族才会愿意租住此类公寓。
- 大多数上班族会选择搬到更远的地方，接受通勤时间更长的结果。这是一种权衡，即用更长的通勤时间来交换更低的租金。
- 市场价格的作用是把市中心的公寓分配给那些愿意为其支付最多租金的租客。这种分配机制意味着，那些地理位置最好的公寓主要是由高收入的上班族以及其他具有高时间机会成本的人租住。
- 一些市场的批评者抱怨市场不公平：为什么收入最高的工作者还要得到那些位置最好的公寓？市场的捍卫者则回应说，人们通过付费方式来获取优质公寓的使用权，拥有最好位置的公寓自然要付最高的租金，而市场分配机制保证那些愿意为最好的公寓支付最高价格的人得到它们。
- 理解市场分配过程如何运作是本书第 4 章和其他很多章节的主题。在讨论这些问题时，我们希望你们思考一下社会到底应该如何决定稀缺资源（比如市中心的公寓）的价格。是否应该有一个允许房东和租客通过自由协商来决定公寓租金的系统？如果该系统只允许收入最高者承租最便利的公寓，那么结果会怎样？这是否不公平？租金管制法等政府政策会如何影响这个市场？你能想出更好的方法来解决我们社会中日益严重的经济不平等问题吗？

问题	答案	数据	注意事项
地理位置如何影响租房成本？	在大部分城市（尽管并非所有城市），与市中心距离越远，公寓租金会越低（在质量相同的条件下）。例如，在俄勒冈州波特兰市，当你从市中心搬到城外6英里的其他地方的同等公寓时，租金会下降33%。	俄勒冈州波特兰市的公寓租金。	虽然该分析使用特殊统计方法对和市中心距离不同的相似公寓进行了比较，但在这一过程中，有可能一些重要的公寓特征并未保持完全固定，这会使计算产生偏差。

注：在几乎所有城市中，每平方英尺① 房屋售价通常会随着与市中心的距离的变化而发生变化。右图显示的是波士顿城市地铁不同站点周边的每平方英尺房屋售价（数据来自 Estately 地产，2016年）。拥有最高每平方英尺房屋售价的车站是"公园街"，它位于城市的中心位置。但在这条线路最北面的"灰西鲱"和最南面的"布伦特里"这两个市郊地铁站附近，房价则普遍出现下降。

RL
灰西鲱 519美元/平方英尺
戴维斯 533美元/平方英尺
波特 607美元/平方英尺
哈佛 798美元/平方英尺
中央广场 663美元/平方英尺
肯德尔/麻省理工学院 768美元/平方英尺
公园街 962美元/平方英尺
查尔斯/马塞诸塞医院 897美元/平方英尺
波士顿市中心
市中心十字 946美元/平方英尺
波士顿南站 905美元/平方英尺
百老汇 773美元/平方英尺
安德鲁 532美元/平方英尺
肯尼迪博馆/马萨诸塞大学 392美元/平方英尺
北昆西 310美元/平方英尺
沃尔斯顿 317美元/平方英尺
昆西中心 285美元/平方英尺
昆西亚当斯 259美元/平方英尺
布伦特里 226美元/平方英尺
RL

---

① 1英尺=30.48厘米。——编者注

最后还有一些例子表明，在新冠等病毒大流行期间，企业和公共卫生官员也会自然而然地选择使用边际分析。一家制药公司应该雇用多少科学家来研究正在开发的特定疫苗？一种有希望的疫苗在获得美国食品药品监督管理局批准之前应该达到多少周的良好疗效？购物者在商店排队时应当保持多少英尺的距离？在此类情况（以及许多其他情况）中，尝试优化者会很自然地去评估多做一步（或少做一步）的净收益变化。

总结

- 经济学家认为优化（即试图找出最佳可行选项）描述了经济主体做出的绝大多数选择。然而人并不总能成功做出最优选择。大量的经济学研究都试图回答以下问题：人在什么时候能成功找出最佳可行选项（最优）？人又在什么时候无法实现这一目标？
- 使用优化概念来描述和预测行为是实证经济分析的一个范例。
- 优化概念也为改进尚未实现最优的决策提供了一种很好的方法。使用优化来改进决策是规定经济分析的一个范例。
- 利用总价值的优化有3个步骤：(1) 将所有的成本和收益转换为统一的单位，如美元/月；(2) 计算每个选项的总净收益；(3) 找出净收益最高的选项。
- 边际分析用于评估人们变换选项所产生的净收益变化。边际分析计算的是一件事情多做一步（或少做一步）的结果。
- 边际成本是从一个选项移动到下一个选项所产生的额外成本。
- 利用边际分析的优化有3个步骤：(1) 将所有的成本和收益转换为统一的单位，如美元/月；(2) 计算变换选项所产生的边际结果；(3) 应用边际优化原理，选择具有如下特质的最佳选项：移至该选项会使你的境况变好，而偏离该选项会使你的境况变差。
- 利用总价值的优化和利用边际分析的优化会得到相同的答案。这两种方法是同一枚硬币的两面。

关键术语

最优选择　　　　　　　行为经济学　　　　　　　边际成本
最优　　　　　　　　　边际分析　　　　　　　　边际优化原理

问题

1. 优化是什么意思？比较利用总价值的优化和利用边际分析的优化的异同。
2. 优化原理是否意味着现实世界的人总能找出最佳可行选项？
3. 有些人选择居住在市中心附近；另一些人选择远离市中心，每天花更长的时间通勤。选择居住在通勤时间较长的地点是否意味着没有实现优化？
4. 为什么一个人的时间机会成本改变意味着其最优的公寓地点选择也会改变？
5. 假设你已掌握了学区分界线东西两侧相似住宅的销售信息。你如何利用这些数据来评估家长对子女所在学校质量的重视程度？
6. 有一句谚语："任何值得做的事情都值得做好。"你认为经济学家会认同这句谚语吗？
7. 为什么边际分析有助于识别出优化问题的关键所在？
8. 请解释公寓市场会如何分配市中心附近供给稀缺的公寓。
9. 优化分析是实证经济分析还是规范经济分析，抑或两者都是？请解释。

循证经济学习题

1. 你是一个租客，正在俄勒冈州波特兰市寻找公寓。你的租房预算为950美元/月，所以你在找环城高速公路周边的公寓。你找到了两套公寓，其中一套位于波特兰市的东边（东公寓），另一套位于波特兰市的西边（西公寓）。这两套公寓的出租价格都是950美元/月，而且到你位于市中心的工作地所需的时间也一样。除了以下差别，这两套公寓在其他方面都完全一样。
    a. 在东公寓能看到胡德山的壮丽景观，在西公寓则不能。你对该景观的估值为25美元/月。你应该租哪套公寓？
    b. 仔细考察后，你发现西公寓到机场的时间要比东公寓少近30分钟。出于工作原因，你每月需要乘坐两次飞机（这需要你每月开4次车，以实现从家到机场的往返），你对自己时间的估值是每小时20美元。基于这些新信息，你应该租哪套公寓？
    c. 就在租下这套公寓之前，你发现自己的工作职责发生了改变，每月只需乘坐一次飞机。基于这一新信息，你应该租哪套公寓？
    d. 你的工资也上涨了，这使你的时间价值增加到每小时23美元。基于这一新信息，你应该租哪套公寓？

习题

1. 无线通信技术的发展正在降低远距离通勤的非财务成本，例如，人们可以在乘坐地铁时就把工作干完，开车的人也有更多的娱乐选择。这会如何影响人们在市中心附近租住的意愿？请使用时间机会成本概念解释你的推理。
2. 居家办公技术的进步，使得部分上班族无须再像以前那样频繁出入办公室，例如，各种

Zoom会议让员工可以待在家中而不用前往办公室。这会如何影响人们在市中心附近租住的意愿？请使用时间机会成本概念解释你的推理。

3. 你被当地一家餐厅聘为顾问。该餐厅正在考虑是应该在晚上9点关门，还是应该增加1小时的营业时间（晚上10点关门）。考虑到工资和水电费，每增加1小时营业时间的额外成本（边际成本）是200美元。

   a. 如果最后1小时营业的额外收入（边际收入）为250美元，你会建议怎么做？基于你的建议，餐厅利润会有多大变化？

   b. 如果额外收入只有100美元呢？

   c. 你需要了解关于边际收益的哪些信息，才能得出晚上9点是最理想的关门时间这一结论？

4. 判断以下说法是更好地描述了利用总价值的优化还是利用边际分析的优化。

   a. 约翰正在选择看哪部电影。（所有电影的票价相同，并在同一时间/地点播放。）他认为新的《蝙蝠侠》电影胜过新的《蜘蛛侠》电影，而这两部电影都胜过新的《超人》电影。

   b. 尼基决定进行慢跑3英里的锻炼，理由是3英里慢跑比2英里慢跑或4英里慢跑要好。

   c. 在一次庭院旧货出售中，里根计算出他愿意支付200美元购买的大号床售价100美元（产生的净收益为100美元），他愿意支付220美元购买的特大号床售价300美元（产生的净收益为-80美元）。

5. 这学期你选修了两门课程：生物课和化学课。两门课都即将进行随堂测验。下表显示了你在每门课上学习不同的时间相应会得到的成绩。（本题假设每小时学习时间不能再细分。）例如，下表显示，如果你在化学课上花费1小时而在生物课上花费2小时，那么你的化学课成绩为77分，生物课成绩为74分。

学习小时数	化学课成绩	生物课成绩
0	70	60
1	77	68
2	82	74
3	85	78

你的目标是将两个测验的平均成绩最大化。请运用基于边际分析的优化来做决定：如果你总共只有1小时来准备两个测验（换言之，你会在一门课上花1小时，在另一门课上花0小时），那么你会如何分配这1小时的学习时间？现在重复这一分析，但这次假设你一共有2小时来准备这两个测验。你会如何在这两门课上分配这2小时的学习时间？最后，再次重复这一分析，但假设你一共有3小时来准备这两个测验。你又会如何在这两门课上分配这3小时的学习时间？

6. 你经营着一家白天营业的咖啡店。你正在考虑在晚上继续营业。下表显示的是晚上每增加1小时营业时间所带来的总收益（即收入）。

每晚营业小时数	总收益（美元）	边际收益
0	0	—
1	100	
2	150	
3	180	
4	200	
5	210	
6	200	

   a. 计算并填写边际收益（从一行到下一行的差值）。

   b. 如果你的目标是总收益最大化，那么你的门店应该营业多久？当你超过这个数额时，边际收益是多少？

   c. 假设额外营业每小时的成本为25美元。

在这种情况下，你的商店晚上应该营业多久？

7. 斯科特喜欢观看棒球比赛，特别是辛辛那提红人队的主场比赛。在所有其他条件都相同的情况下，他喜欢坐在靠近棒球场地的位置。他也喜欢早点儿到体育馆观看击球训练。为了能看到训练，他愿意为每分钟击球训练支付1美元。他把车停在离体育馆越近的地方，他能看到的击球训练就越多（停车场同时开放）。运用以下信息，找出斯科特最优的座位类型和停车地点。

座位类型	价格（美元）	对斯科特而言的观赛价值（美元）
一等座	235	200
二等座	95	130
三等座	85	125
四等座	79	120
五等座	69	100

停车地点	比赛之夜的停车费（美元）	观看击球训练的时间（分钟）	抵达时间的收益（美元）
威斯汀停车场	5	0	0
喷泉广场南停车场	10	10	10
河西停车场	17	35	35
河东停车场	25	50	50
体育馆地下停车场	45	60	60

8. 假设不同的减污水平给社会带来的总收益和总成本如下：

（1）污染减少量（单位）	（2）总收益（美元）	（3）总成本（美元）	（4）总净收益（美元）	（5）边际收益（美元）	（6）边际成本（美元）
0	0	0			
1	20	9			
2	38	20			
3	54	33			
4	68	48			
5	80	65			
6	90	84			

a. 填写第4列。

b. 运用第4列的总净收益证明，如果美国环境保护署（EPA）想将总净收益最大化，那么它应该要求减少3单位的污染。

c. 填写第5列和第6列，从污染减少量由0单位变为1单位开始。

d. 证明：根据边际优化原理，美国环境保护署也应该要求减少3单位的污染。

9. 假设你们公司的边际收益由方程式 $MR=24-Q$ 给出，这意味着第3个单位的产出会带来21〔即（24-3）〕美元的额外收入。假设你们公司的边际成本由方程式 $MC=4+Q$ 给出，因此，第3个单位会使成本增加7〔即（4+3）〕美元。

a. 如果你们现在正在生产两个单位的产品，那么增加产量生产第3个单位产品是不是个好主意？请说明理由。

b. 找到使边际成本等于边际收益（$MC=MR$）的 Q 值（将此作为对未来章节的预习）。请解释为什么这个值可以使利润最大化。

第 4 章 需求、供给与均衡

如果汽油价格下降，人们会多买多少汽油？

2019 年，美国的汽油零售价格在 2.50 美元 / 加仑左右波动。这时你会购买多少汽油？如果价格降低，比如降为 1 美元 / 加仑，你又会购买多少汽油？汽油价格需要降到多低才会吸引你经常去自驾旅行？如果价格降为 0.04 美元 / 加仑，几近免费呢？你觉得不可思议，但这正是在政府巨额补贴下，委内瑞拉 2013 年的汽油售价。

在本章中，我们将以能源市场和汽油市场为例，探讨买方和卖方如何应对商品和服务价格的变化。我们将在本章的循证经济学专栏中考察委内瑞拉的汽油市场。汽油价格会如何影响汽油购买者（如家庭）和汽油销售商（如埃克森美孚公司）的决策？当汽油价格不受政府政策约束时，买卖双方的决策将如何共同决定油价？

（图中文字：无铅；自助加油）

重要概念

- 在完全竞争市场上：（1）所有的卖方都销售相同的商品或服务；（2）任何单个买方或单个卖方都不足以仅凭自身力量影响该商品或服务的市场价格。
- 需求曲线描绘了市场价格和买方需求量之间的关系。
- 供给曲线描绘了市场价格和卖方供给量之间的关系。
- 竞争均衡价格使得需求量等于供给量。
- 当价格无法自由波动时，市场不能使需求量等于供给量。

本章概览

4.1	4.2	EBE	4.3	4.4	4.5
市场	买方如何行事？	如果汽油价格下降，人们会多买多少汽油？	卖方如何行事？	供需均衡	如果政府试图控制油价，会产生什么后果？

4.1 市场

每年全球有超过 10 亿名司机把车开进加油站。这些司机几乎从来没有遇到过加油站的油"售罄"的情况。在大多数情况下，司机们只需要不到 10 分钟就可以把油箱加满并重新开车上路。

这个系统的效率令人惊叹。没有人告知那些经营加油站的企业有多少司机来加油，也没有人告知司机去哪里加油。票务销售商不会预售"加油"票。但是不知为何，每个想要加油的司机几乎总能加到足够的油。司机加到了他们想要购买的汽油，经营加油站的企业则赚到了足够的钱，用来支付员工薪酬以及股东股息。

本章主要介绍汽油市场以及其他类似的市场如何运行。**市场**是指一群从事商品和服务交易的经济主体以及进行交易的规则和协议。农业和工业产品，比如小麦、大豆、铁和煤等，都在市场上进行交易。市场可以有具体的物理位置（如荷兰阿尔斯梅尔鲜花拍卖市场），也可以没有，例如，汽油市场分散于各个建有加油站的街角。同样，Monster.com（一个求职网站）可以在任何有电脑和网络的地方运营。对经济学家来说，像 OkCupid、Match、ChristianMingle、Tinder、Hinge、Grindr、Coffee Meets Bagel 这些交友网站 / 应用程序也都是市场。

我们的讨论聚焦于所有交易都由市场力量灵活定价（区别于政府定价），买卖双方自愿进行的市场。本章将解释市场如何使用价格来分配商品和服务。==作为一种选择手段，价格鼓励能够以相对低成本生产商品的卖方与赋予商品相对高价值的买方进行交易。==

我们将通过研究能源市场来说明这一切，尤其会以汽油市场为研究重点（汽油提炼自原油）。你将了解到，汽油的定价基于一种潜在假设，即加油站准备出售的汽油的数量与司机想要购买的汽油的数量相等。

竞争市场

假设一个城市有数百个加油站，每个加油站都有一个独立所有者。如果你所在街区的加油站每加仑汽油的价格比其他加油站高出 1 美元，那么这个加油站将会失去大部分生意。同样，如果你坚持要以每加仑汽油比标价少 1 美元的价格付款，那么你将无法为汽车加油，因为加油站服务员通常不和你讨价还价。无论你开的是凯迪拉克还是起亚，都要为 1 加仑普通无铅汽油支付相同的价格。

哭穷和讨价还价都不会让你加到更便宜的汽油，不信的话，你可以在下次需要加油的时候尝试一下。但在试着这么做之前，你一定要确保油箱里的油足够让你开到下一个加油站。

如果所有的卖方和买方都面临一个相同的价格，那么这个价格就是**市场价格**。在完

这间位于荷兰阿尔斯梅尔的仓库占地面积超过 100 个足球场，每天举办数千场花卉批发（批量）拍卖会。

全竞争市场上，卖方全部销售相同的商品或服务，任何单个买方或单个卖方都不足以仅凭自身力量影响该商品或服务的市场价格，这就意味着所有买方和卖方都是**价格接受者**。换句话说，他们都接受了这个市场价格，并且无法通过讨价还价得到一个更好的价格。

完全竞争市场几乎不存在。但是，经济学家仍然试图了解这样的市场。乍一听这很疯狂。为什么经济学家要研究一个世界上几乎不存在的东西？答案是，虽然完全竞争市场几乎不存在，但很多市场非常接近完全竞争市场。很多加油站都有邻近的竞争者（通常就在马路对面），这些竞争者阻止了加油站收费高于市场价格。有一些加油站没有邻近竞争者（例如乡村公路上一座孤零零的加油站），但这是特例。如果卖方几乎销售相同的商品，并且大部分市场参与主体面临着大量竞争，那么完全竞争模型会成为实际市场运行方式的一个有用近似。

相比之下，在一些市场中，大型市场参与主体能够单独控制市场价格，比如软件市场中的微软公司。我们将会在后面的章节中分析此类市场（尤其是第 12 章和第 14 章）。

本章的目标是了解完全竞争市场（即商品

当两个加油站位于同一个十字路口时，它们的定价往往非常接近，有时完全相同。

相同且市场参与主体无法单独影响市场价格的市场）的属性。在此过程中，我们将提出三个问题：

（1）买方如何行事？

（2）卖方如何行事？

（3）买方和卖方的行为如何共同决定市场价格和商品交易量？

在接下来的三节内容中，我们将分别讨论这几个基本问题。

4.2 买方如何行事？

我们从研究买方的行为入手。假设这些买方是价格接受者：他们要么接受市场价格，要么放弃市场价格，不会为了降低价格而讨价还价。现在研究商品的价格与买方愿意购买的商品数量之间的关系。在给定价格下，买方愿意购买的商品或服务的数量被称为**需求量**。

为了说明需求量的概念，我们不妨想一想自己的购买行为。当汽油价格上升时，你会减少汽油消费吗？例如，如果汽油价格上升，那么住在校外的学生也许会放弃开车，转而骑自行车上学，他也许会与人拼车，或者改乘公共交通工具。如果汽油价格升得足够高，那么他甚至可能会把自己的"油老虎"卖掉。

让我们将这些变化进行量化。以克洛伊为例，她是一个典型的消费者，会因为汽油价格上升而减少汽油购买量。克洛伊也许不能立即调整她的汽油使用量，但是从长远来看，如果汽油价格上升，她就会通过改乘公共交通工具等方式来减少汽油的使用量。克洛伊的汽油购买量和汽油价格间的直接关系参见图 4.1 右上角的阴影框。框中的表格展现了不同价格下的需求量，这就是我们所说的**需求表**。克洛伊的汽油需求表显示，在其他条件不变时，克洛伊的汽油购买量会随着油价的变化而变化。"**在其他条件不变时**"（holding all else equal）意味着除价格以外的其他因素，例如收入、租金和高速通行费等，都保持不变。这个需求表显示出，当汽油价格下跌时，克洛伊会增加汽油购买量。

需求曲线

我们经常想要将需求表绘制成图。这就需要用到需求曲线。**需求曲线**描绘了价格和需求量间的关系（同样是在其他条件不变时）。在图 4.1 中，每个圆点对应着需求表中的一组数据。例如，最左边的圆点代表价格为 6 美元 / 加仑时，汽油需求量为 50 加仑 / 年。类似地，最右边的圆点代表价格为 1 美元 / 加仑时，汽油需求量为 300 加仑 / 年。注意，x 轴代表需求量，y 轴代表价格。经济学家惯常使用 x 轴表示需求量，y 轴表示价格。如图 4.1 所示，经济学家经常"将这些圆点连接起来"，这意味着价格和需求量并不必须总为整数。

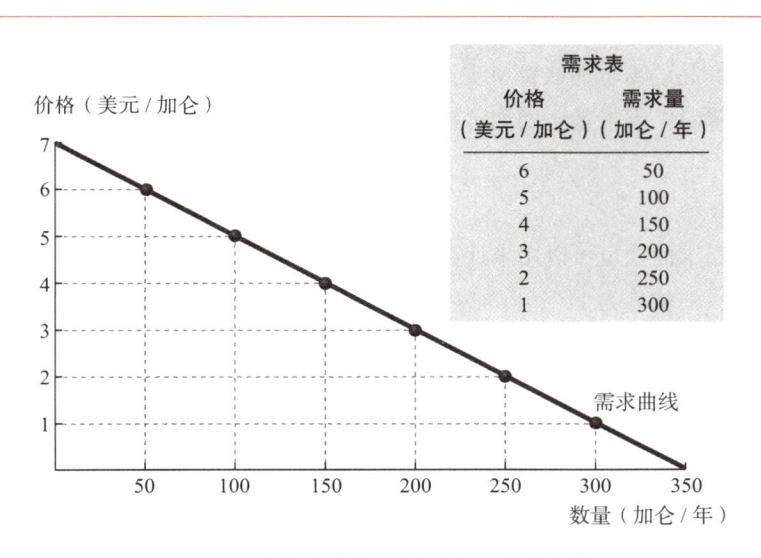

需求表	
价格 （美元/加仑）	需求量 （加仑/年）
6	50
5	100
4	150
3	200
2	250
1	300

图 4.1 克洛伊的汽油需求表和需求曲线

注：汽油价格越低，克洛伊会选择购买越多的汽油。换句话说，当汽油价格降低时，她的需求量会增加。因此，需求曲线是向下倾斜的——高价格（纵轴或 y 轴）会导致低需求量（横轴或 x 轴）；低价格（y 轴）则导致高需求量（x 轴）。

需求曲线存在一个关键特性：汽油价格和需求量呈**负相关关系**，也就是说，当其中一个上升时，另一个则下降，反之亦然。在克洛伊的例子中，汽油价格为 6 美元/加仑时，对应的需求量是 50 加仑/年；汽油价格为 1 美元/加仑时，对应的需求量大幅上升

通用汽车的悍马（H2）重达 3 吨多，消耗每加仑汽油可行驶约 10 英里，是世界上燃油效率最低的几款个人汽车之一。2005—2008 年，汽油价格上升了 30%，悍马销量下跌了 50%。在那段时间，其他品牌的汽车销量都没有这样的急剧下降。悍马需求量的急速下跌导致通用汽车公司在 2010 年停产了这一品牌。2014 年，汽油价格暴跌（从每加仑 3.50 美元跌至 2.00 美元），此后一直保持在低位。当汽油价格下降时，（二手）悍马的需求量出现了上升！[1]

第 4 章 需求、供给与均衡

为 300 加仑 / 年。汽油价格和需求量会向相反方向移动。

几乎所有商品的需求曲线都呈现这种基本的负相关关系，经济学家将其称为**需求定律**：当价格下降时，需求量会增加（在其他条件不变时）。

支付意愿

克洛伊的需求曲线也可以用来计算她愿意（和能够）为额外 1 加仑汽油支付的金额。额外的 1 加仑汽油被称为 1 "边际加仑"。在任何给定数量下，她的需求曲线的高度就是她愿意为该边际单位商品支付的金额。换句话说，她的需求曲线的高度就是她赋予那额外 1 加仑汽油的货币价值。

例如，克洛伊愿意为她的第 150 加仑汽油支付 4 美元。换句话说，当已经有 149 加仑汽油可供当年使用时，克洛伊对额外 1 加仑汽油的支付意愿是 4 美元。**支付意愿**是买方愿意为额外 1 单位商品支付的最高金额。

相比之下，如果克洛伊已经有 199 加仑汽油可供当年使用，那么她只愿意为额外的 1 加仑汽油支付 3 美元。克洛伊对额外 1 加仑汽油的支付意愿与她已经拥有的汽油数量（图 4.1 中 x 轴上的数量）呈负相关关系。她拥有的汽油数量越多，愿意为额外 1 加仑汽油支付的金额就越少。这种负相关关系适用于大多数商品和服务。你拥有某物（例如比萨）的数量越多，你从另一单位同样商品中所获得的收益就越少。

这就是一个关于**边际收益递减**的例子：随着你对某种商品消费数量的增加，你对额外 1 单位该商品的支付意愿下降。记住这个概念的一个简单方法是想想甜甜圈。早上吃的第一个甜甜圈对你来说很有价值，所以你愿意花很多钱买它；第四个相同的甜甜圈对你来说价值就要低很多，所以你的支付意愿会下降。一般来说，你吃的甜甜圈越多，你愿意为额外 1 个甜甜圈支付的钱就越少。

从个体需求曲线到总需求曲线

到目前为止，我们讨论的都是克洛伊这样的单个消费者。但我们所讨论的这些理论，其实广泛适用于包括个人消费者和企业在内的所有汽油购买者。

以全球能源市场为例。克洛伊的需求曲线告诉我们，当汽油价格下跌时她会购买更多的汽油。其他汽油消费者也会在汽油价格下跌时增加汽油消费。

尽管几乎所有的个体需求曲线都向下倾斜，但这也是它们唯一的共同点。例如，在印度，一名普通劳动者的年收入大约是 2 000 美元。无论汽油价格是多少，这名印度劳动者的汽油消费量都不可能和一名典型的美国劳动者（收入约为前者的 25 倍）相提并论。

这给我们带来了挑战。我们如何解释世界范围内数十亿消费者对汽油的需求？他们的个体需求曲线都会服从需求定律，但此外再无相似之处。为了研究世界范围内的能源市场行为，经济学家需要研究全世界的石油需求曲线，即所有个体需求曲线的总和。经济学家把这个累加过程称为个体需求曲线的**加总**。

先看如何将只有两个买方的需求累加。我们会先教你使用需求表来加总，之后再说明如何利用需求曲线来加总。请记住，这两种关于需求的不同思考方式是等效的。两者相互匹配相互强化。

图 4.2 包含 2 个个体需求表和 1 个总需求表。要想计算某一特定价格下的总需求量，只需把苏和卡洛斯在此价格下的需求量相加。例如，当汽油价格为 4 美元/加仑时，苏每年的需求量是 200 加仑。在同一个价格下，卡洛斯每年的需求量是 400 加仑。所以当汽油价格为 4 美元/加仑时，加总后的需求量是每年 600 加仑（200 加仑 + 400 加仑）。

从概念上讲，加总需求量就是在固定价格下把每一个买方的需求量相加。重要的是要记住，相加在一起的是数量而不是价格。为了帮你记住这一点，我们来看一个例子。假设面包店的甜甜圈的价格为每个 1 美元。此时两个饥肠辘辘的学生走进面包店，他们两人都要买 1 个甜甜圈（按 1 美元的标价）。因此这两个学生的总需求量是 2 个单价为 1 美元的甜甜圈，而不是 1 个单价为 2 美元的甜甜圈。请记住这 2 个甜甜圈的故事，以免你在做总需求表时出现混淆。

图 4.2 中也包含了我们绘制的需求曲线。当一条需求曲线为直线时，价格和需求量之间的关系被称为是线性的。经济学家经常用直线来表示需求曲线，因为它们很容易解释，也很容易以方程来表示。但真实世界的需求曲线往往不是完美的直线，因此线性模型主要用作示例。

图 4.2 中的需求曲线同样可以用加总需求表的方式来进行加总。我们要看的仍然是某一价格下的需求量。以价格为 4 美元/加仑为例，苏的需求曲线表明其每年的需求量是 200 加仑，卡洛斯的需求曲线表明其每年的需求量是 400 加仑。所以当价格为 4 美元/加仑时，每年的总需求量是两个人的需求量之和：200 加仑 + 400 加仑 = 600 加仑。

构建市场需求曲线

图 4.2 展示了在只有两个买方的情况下，我们该如何加总需求曲线。我们想要研究市场中所有买方的需求。经济学家将此称为市场需求曲线。**市场需求曲线**是所有潜在买方的个体需求曲线之和。市场需求曲线描绘了在其他条件不变时，总需求量和市场价格之间的关系。

苏的需求表		卡洛斯的需求表		总需求表	
价格（美元/加仑）	需求量（加仑/年）	价格（美元/加仑）	需求量（加仑/年）	价格（美元/加仑）	需求量（加仑/年）
5	100	5	200	5	300
4	200	4	400	4	600
3	300	3	600	3	900
2	400	2	800	2	1 200
1	500	1	1 000	1	1 500

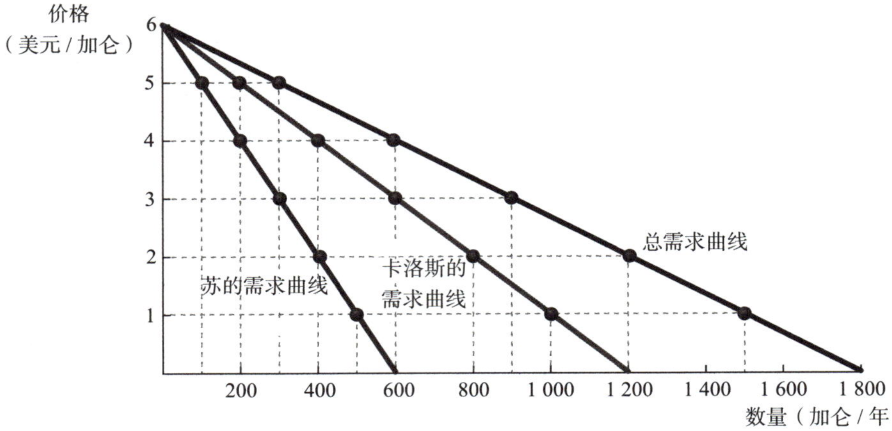

图 4.2 需求表与需求曲线的加总

注：将个人需求表每个价格下的需求量相加得到加总的需求表。同样，将个人需求曲线上每个价格对应的需求量相加就能得到加总的需求曲线。

每年有数十亿经济主体购买汽油。如果我们把某一具体市场价格下的汽油需求量相加，就能计算出该价格下汽油市场的总需求量。但是经济学家很少研究汽油市场的需求。研究能源市场的经济学家发现，汽油市场与所有其他石油加工产品的市场有着密切联系。航空燃油、柴油和汽油都是从石油中提炼得来的。于是，当经济学家研究汽油市场时，他们把所有这些加总为总的石油市场。图 4.3 中展示的是以亿桶计的世界石油需求曲线的粗略近似。"桶"是石油市场常用的计量单位，每桶石油为 42 加仑。

最后要注意的是，图 4.3 的需求曲线不是一条直线，与之前提到的线性需求曲线有些许不同。这提醒我们，需求曲线的关键特性是价格和需求量之间呈负相关。不是直线的需求曲线也同样可以呈现这种负相关关系。

自 2015 年以来，每桶石油的市场价格一直在 50 美元左右波动（2020 年春季除外，当时正值全球新冠疫情大流行的高峰期，我们将在稍后就此进行讨论）。图 4.3 中还包含一条水平虚线，这条虚线对应的是每桶 50 美元的石油市场价格。这条水平价格线与需求曲线的交点用圆点标出。在这个交点处，买方的支付意愿（需求曲线的高度）等于石油的市场价格。当买方的支付意愿高于石油的市场售价时，买方会持续购买石油。当购买数量少于每年350亿桶时，支付意愿（需求曲线的垂直高度）高于每桶50美元的市场价格，因此买方会通过购买更多石油来获利。买方会持续购买石油，直到达到每年350亿桶的需求量。在那一个点上，买方的支付意愿与市场价格相同，继续购买更多的石油不再有收益。

图 4.3　石油市场需求曲线

注：在每桶50美元的市场价格下，全球的石油年需求量在350亿桶左右波动。这条需求曲线描绘了石油价格与需求量之间的关系。

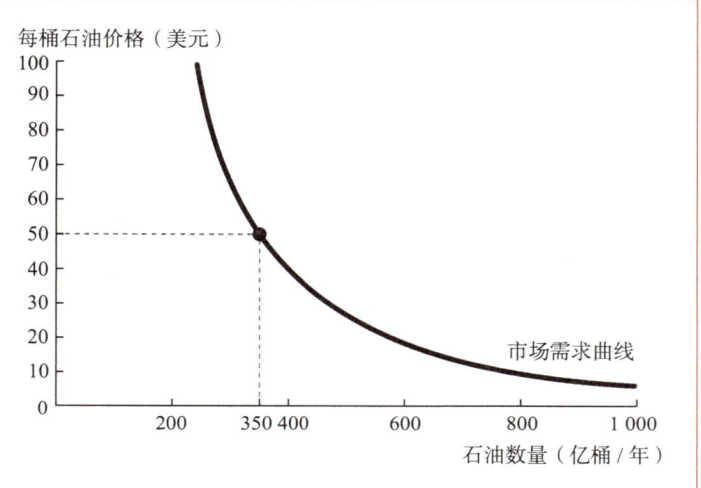

需求曲线的移动

当引入需求曲线时，我们解释称，它描述了在其他条件不变时，价格和需求量之间的关系。现在让我们更深入地探讨一下那些一直都保持相同的"其他因素"。

当下列5个主要因素发生变化时，需求曲线会发生移动：

- 喜好和偏好；
- 收入和财富；
- 相关商品的可用性和价格；
- 买方的数量和规模；
- 买方对未来的信心。

喜好和偏好的变化

喜好和偏好的变化就是我们个人喜欢、欣赏或看重的东西的改变。例如，随着越来越多的消费者认为气候变化是一个重要的全球问题，且应当通过减少对化石燃料（如汽油）的使用来加以应对，石油产品的需求已经出现下降（在价格保持不变的情况下）。在现实中，这在一定程度上表现为对混合动力汽车和电动汽车的需求激增，这些汽车可减少温室气体的排放。对石油产品购买意愿下降导致石油需求曲线向左移动。我们称这种现象为需求曲线的"左移"，因为在给定的石油价格下需求下降对应着曲线沿着 x 轴向左移动。图 4.4 给出了一个需求曲线左移的例子。

2020 年，全球新冠疫情大流行使得大多数国家鼓励其民众留在家中，石油需求曲线也在这一年出现了一次极为剧烈的左移。在 2020 年的初春时节，封锁和居家令造成大多数发达经济体近乎停摆，而这导致石油需求曲线短暂地向左移动了大约 50%。[2]

喜好变化自然也可以使需求曲线移动。它对应着给定市场价格下的需求变动。例如，如果你开始和相隔几个城镇的人约会，你的交通需求就会相对增加。在这种情况下，你的个体需求曲线就会右移。图 4.4 也描绘了需求曲线的右移。

这些例子说明了两个关键概念：

（1）只有当给定价格下的需求改变时，需求曲线才会发生移动。需求曲线的左移和右移参见图 4.4（a）。

（2）如果一件商品自身的价格改变，且它的需求曲线没有移动，那么它自身的价格变化就会导致需求量沿需求曲线变动。参见图 4.4（b）。

熟练掌握这些术语非常重要，因为它们会经常出现。请利用图 4.4 来强化你对"需求曲线的移动"和"沿着需求曲线的变动"之间区别的认识。如果在给定价格下需求发生了变动，需求曲线就会移动，记住这一点会对你很有帮助。

下面我们将继续讨论喜好和偏好之外导致需求曲线移动的其他因素。

（a）需求曲线的左移和右移　　（b）沿着需求曲线的变动

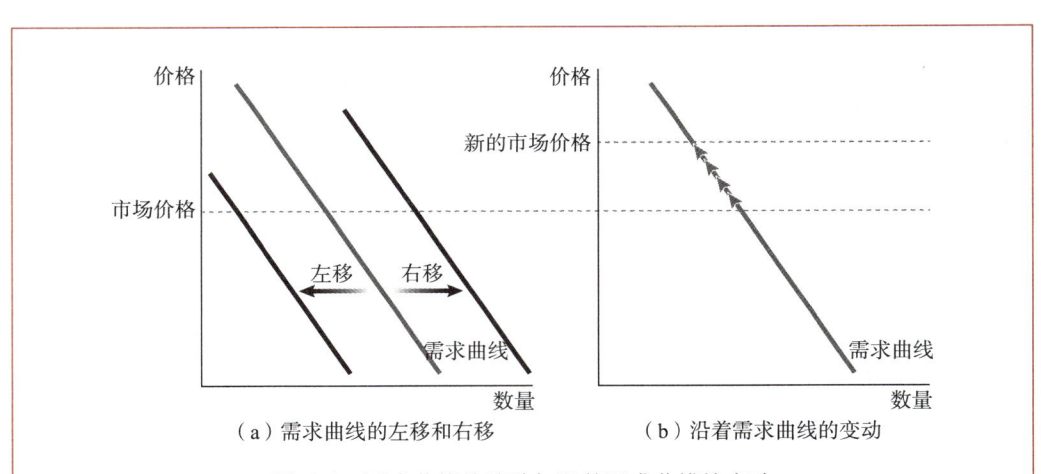

图 4.4　需求曲线的移动与沿着需求曲线的变动

注：除了价格，许多其他因素也会影响商品的需求。如果在给定价格下，这些因素的变化导致需求减少，需求曲线将左移［见图（a）］。如果在给定价格下，这些因素的变化导致需求增加，需求曲线将右移［见图（a）］。相比之下，如果只有商品自身价格发生变化，那么需求曲线不会移动，而是需求量沿着需求曲线变动［见图（b）］。

收入和财富的变化

收入和财富的变化会影响你购买商品和服务的能力。假设你最近找到了第一份全职工作，从一个精打细算的学生变成了年薪 4 万美元的上班族。你也许会购买一辆汽车，因此需要加油。你也可能开始选择更为昂贵的度假方式，例如坐飞机去夏威夷，而不是坐公交车去哈肯萨克市拜访朋友。现在你对燃料（直接和间接）的支付意愿更高了，这意味着在燃料价格固定的前提下，你的需求曲线出现了右移。对于一种**正常品**，收入的增长会使需求曲线右移（在商品价格固定的情况下），导致消费者购买更多此类商品。遵循同样的逻辑，对于一种正常品，收入的下降会使需求曲线左移（在商品价格固定的情况下），导致消费者减少购买此类商品。

对于一种劣等品，收入的增长会使需求曲线左移。劣等品只是一个术语，并无想要羞辱世棒午餐肉爱好者之意。

出于对比，我们可以考虑一下世棒午餐肉这一类的罐装预制肉食品。在发达国家，随着人们的收入增长，他们可能会减少对罐装食品的消费，转而购买更多的新鲜食品。如果收入增长使一种商品的需求曲线左移（在商品价格固定的情况下），那么这种商品就被称为**劣等品**。这一名称看似带有侮辱性，但实际上它只是一个描述收入增长和需求曲线左移之间关系的专业术语。

相关商品的可用性和价格的变化

即使石油价格没有发生改变，相关商品的可用性和价格的变化也会影响石油产品的需求量，因此石油的需求曲线也会移动。例如，如果一个城市的公共交通价格上升，人们很可能会增加开车出行的次数。这个过程会使石油需求曲线右移。当一种商品的价格上升使得另一种商品的需求曲线右移时，这两种商品被称为**替代品**。因为公共交通价格的上升减少了人们使用公共交通的次数，增加了人们使用汽车的次数，促使石油需求曲线右移，所以公共交通和石油是替代品。

相比之下，还有一些相关的商品和服务之间的关系和上述例子相反。例如，假设一个距离你居住地 200 英里的滑雪场降低了票价。价格下降会使一些人增加去滑雪场的次数，因此会增加交通需求并且使石油需求曲线右移。当一种商品的价格下降使得另一种商品的需求曲线右移时，这两种商品被称为**互补品**。

买方的数量和规模的变化

当买方的数量增加时，需求曲线右移。当买方的数量减少时，需求曲线左移。买方购买行为的规模也很重要。例如，如果一个小镇的镇长将所有的公交车从汽油动力转换成电池动力，这对全球汽油需求的影响将远不及世界最大城市之一东京市的市长做出相同转变。

买方对未来信心的变化

买方对未来信心的变化也会影响需求曲线。假设在经济全面放缓的头几个月一些人开始失业。你即使还没有失业，也可能很担忧。你也许会在不久的将来丢掉工作，预见到这种可能性也许会促使你现在就储备一份应急基金。为此，你也许现在就会通过拼车或者取消周末前往本地滑雪场的计划来削减花销。这种"勒紧裤腰带"的行为往往会减少汽油的使用量并且使石油需求曲线左移。

小结：需求曲线的移动与沿着需求曲线的变动

当下列因素发生变化时，需求曲线会发生移动：
（1）喜好和偏好；
（2）收入和财富；
（3）相关商品的可用性和价格；
（4）买方的数量和规模；
（5）买方对未来的信心。
沿着需求曲线变动的唯一原因：
商品自身价格的变动。

循证经济学

如果汽油价格下降，人们会多买多少汽油？

- 我们已经解释了汽油需求量会随着汽油价格的上升而下降，现在我们准备研究支持这一观点的实证证据。
- 巴西和委内瑞拉是邻国，2013年两国人均收入水平相似。两国都是石油生产大国，在2013年，每个国家石油日均产量约为300万桶。但这两个国家有着迥然不同的能源政策。像大多数国家一样，巴西对汽油销售征收重税。相反，委内瑞拉则给予汽油销售大量补贴。为了对比两国的政策，我们比较了两国在2013年汽油的价格（以美元为单位），其中巴西的汽油价格为每加仑5.58

（图中文字：无铅；自助加油）

美元，而委内瑞拉的汽油价格仅为每加仑 0.04 美元。委内瑞拉政府提供的高额补贴使汽油几乎免费。委内瑞拉是一个主要的石油生产国，即使汽油价格只有每加仑 0.04 美元，政府仍然有足够的汽油来满足消费者的需求。

- 根据需求定律，在其他条件不变时，更低的价格会导致更高的需求量。事实上，在 2013 年，委内瑞拉的人均汽油消耗量几乎是巴西的 5 倍。
- 图 4.5 的 y 轴显示了 2013 年的汽油价格（包含税收和补贴），x 轴显示了 2013 年的人均汽油需求量。正如图中所示，价格和需求量呈负相关关系。为了让你了解（同一时间段有着相似人均收入的）另一个拉丁美洲国家的情况，我们把墨西哥也加入了这一图中。墨西哥政府对汽油消费提供了少量补贴，所以它的情况正好介于巴西和委内瑞拉之间。需求定律预测价格与需求量之间呈负相关关系，我们的数据则恰好证明了这一预测。
- 委内瑞拉极端的汽油补贴政策让委内瑞拉政府损失了一笔巨额的弃置收入（一种机会成本）：若是把在国内销售的这些石油用于出口，其收益要高出许多。起初，政府的应对策略是对石油进行定量配给。但最终，当局意识到补贴本身才是真正的问题所在并取消了补贴。
- 但是，这个故事并没有结束。很多石油生产国，例如科威特和卡塔尔等，也在大规模补贴本国的汽油消费。正如你所料，跟其他富裕国家相比，这些国家都有极高的人均能源使用量。[3]

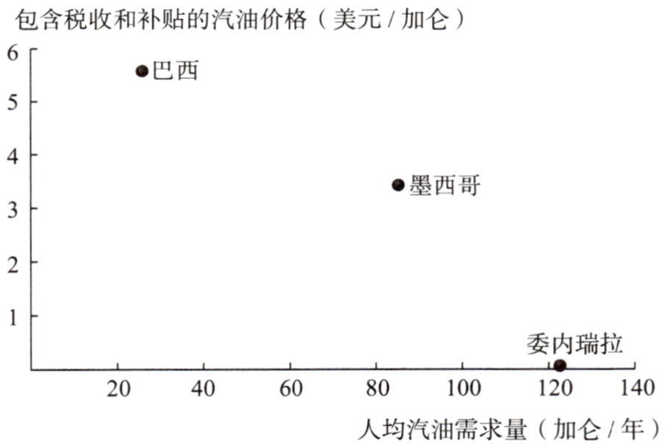

图 4.5 巴西、墨西哥和委内瑞拉的人均汽油需求量和汽油价格（2013 年）

注：在汽油市场上，价格和需求量呈负相关关系。
资料来源：需求量数据来自经济合作与发展组织。包含税收和补贴的汽油价格来自 AIRINC。

问题	答案	数据	注意事项
如果汽油价格下降，人们会多买多少汽油？	在2013年，委内瑞拉的人均汽油消耗量是巴西的5倍。两国的油价分别为每加仑0.04美元、每加仑5.58美元。	我们比较了人均收入水平相似，但汽油价格差别巨大的几个拉丁美洲国家的汽油需求量。税收和补贴的差异导致了汽油价格的差异。	尽管这些国家在2013年的人均收入水平相似，但也存在一些未纳入本分析的其他差异。

4.3 卖方如何行事？

你现在已经理解了买方的行为。为了对市场有更完整的理解，我们也需要研究卖方的行为。买方和卖方在市场中的互动决定了市场价格。

我们要分析商品的价格和卖方愿意出售或供给的商品数量之间的关系。在给定价格下，卖方愿意供给的商品或服务的数量被称为**供给量**。

为了对供给量的概念有一个直观的认识，可以想一想类似于埃克森美孚这样的公司。由于石油价格上涨，埃克森美孚公司供给石油的意愿会增加。石油的探测和开采成本相对较高，有些油田位于水深为2英里的深海区，而且这些石油储藏在海底以下8英里处。钻探这样的油井需要两个橄榄球场那么长的特制船只，并且需要配备数百名工人及机器人潜艇。因为费用高昂，所以只有当石油价格高于60美元/桶时，石油公司才会钻探这样的油井。

从北极圈的海上钻井平台开采石油的成本更高。如果一小座冰山就能使"泰坦尼克号"沉没，那么在每年有数以万计的大冰山经过的区域设立和维护固定钻井平台更是一项艰巨的挑战。北极圈的海上钻井平台只会在石油价格高于70美元/桶时开采石油。2014年，石油价格达到了100美元/桶，很多北极油田都得到了开发。对埃克森美孚等石油公司来说，石油价格越高，盈利的钻井平台就越多。很多观察者谈论石油市场并提出石油将用尽的观点。事实上，对像埃克森美孚这样的公司而言，只是便

只有当石油价格超过70美元/桶时，北极圈海上钻井平台的石油开采活动才会盈利。与其形成极端对比的是，在沙特阿拉伯的沙漠中开采石油的成本还不到15美元/桶。

宜的石油快要用尽了。地表以下的石油储量远远超过我们的需求量。问题在于大部分石油的开采和运输都非常昂贵。此外，大多数科学家预测，石油的大量使用将导致大气中温室气体含量上升，从而引发气候变化，这就为不开采埋藏在地表下的大量石油提供了另外一个理由。

供给曲线

当石油价格上升，埃克森美孚公司做出的反应是在更具挑战性的位置开发新油田。同样地，当石油价格下跌，埃克森美孚公司做出的反应是缩小开发项目的规模并且停止石油钻井平台的生产。图 4.6 中的供给表总结了埃克森美孚公司的石油生产量和价格之间的关系。**供给表**是一个表格，展现的是在其他条件不变时，不同价格下的供给量。该供给表显示出，当石油价格上升时，埃克森美孚公司增加了石油供给量。图 4.6 同时绘制了埃克森美孚公司的供给曲线。**供给曲线**描绘的是不同价格下的供给量。换句话说，供给曲线是对供给表的图形化呈现。

图 4.6 中的供给曲线有一个关键特性：石油价格与供给量存在正相关关系。当两个变量往相同方向移动时，即当一个变量上升另一个也会上升时，我们就说这两个变量存在**正相关**关系。我们可以很容易地从图 4.6 中发现这个特性，因为这条曲线是向上倾斜的。在几乎所有情况下，供给量都与价格呈正相关关系（在其他条件不变时），这就是经济学家所说的**供给定律**。

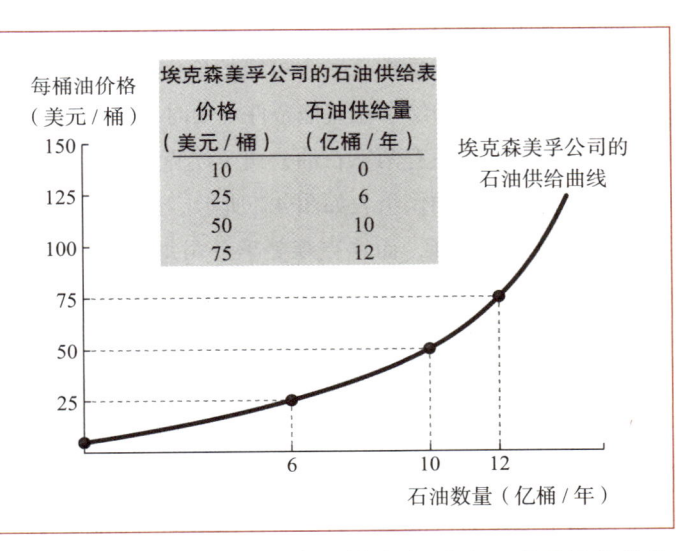

图 4.6 埃克森美孚公司的石油供给表和供给曲线

注：当石油价格（y 轴）上升时，石油供给量（x 轴）增加，所以价格和供给量呈正相关关系。同样地，我们可以说供给曲线是向上倾斜的。在此图中，供给曲线是弯曲的，它反映了如下事实：埃克森美孚公司的石油储备是有限的，而且随着供给量提升，扩大生产的难度也会越来越高。

埃克森美孚公司的石油供给表

价格 （美元/桶）	石油供给量 （亿桶/年）
10	0
25	6
50	10
75	12

当石油价格超过 10 美元/桶时，埃克森美孚公司会开始生产石油。当石油价格为 25 美元/桶时，对应的供给量是 6 亿桶/年。当石油价格上升为 50 美元/桶时，对应的供给量为 10 亿桶/年。当石油价格为 75 美元/桶时，供给量上升到 12 亿桶/年。

接受意愿

如果埃克森美孚公司寻求优化，那么只要石油的售价不低于该公司生产石油的边际成本，公司就应该愿意供给额外的一桶石油。我们在"优化：竭力做到最好"一章（第3章）中讲到，边际成本是生产额外一单位商品所产生的额外成本。只要石油的售价不低于其每桶边际成本，生产者就应该愿意多供给额外的一桶石油。

对一个寻求优化的公司来说，供给曲线的高度就是公司的边际成本。例如，埃克森美孚公司的供给曲线表明，如果石油价格为50美元/桶，那么其每年的供给量为10亿桶。我们可以反过来说，埃克森美孚公司愿意接受以50美元的价格来生产其第10亿桶石油。这就是供给曲线告诉我们的信息。经济学家把这称为埃克森美孚公司的接受意愿。**接受意愿**是指卖方愿意出售额外一单位商品所需要的最低价格。在某一特定供给量下，接受意愿等于供给曲线的高度。对一个寻求优化的公司来说，接受意愿等同于边际生产成本。埃克森美孚公司之所以愿意接受以50美元的价格出售额外的一桶石油，是因为50美元是埃克森美孚公司在一年中生产第10亿桶石油的边际成本。如果埃克森美孚公司接受以低于50美元的价格供给其第10亿桶石油，该公司就会在这一生产单位上亏损。

从个体供给曲线到市场供给曲线

当研究买方时，我们将他们的个体需求曲线加总，得到市场需求曲线。我们将这一方法同样应用于卖方。累加供应量和累加需求量的方式相同。我们将某一特定价格下的供应量累加起来，然后在每一个可能的价格上重复这个过程，并以此绘制出市场供给曲线。**市场供给曲线**描绘了在其他条件不变时，总供给量和市场价格之间的关系。

让我们从假设只有两家石油公司（埃克森美孚公司和雪佛龙公司）开始进行加总分析。假设它们的石油供给表如图4.7所示。当价格为50美元/桶时，雪佛龙公司每年的石油供给量为7亿桶，而埃克森美孚公司每年的石油供给量为10亿桶。所以当价格为50美元/桶时，石油总供给量为17亿桶（7亿桶+10亿桶）。我们对每个价格重复上述计算，最终得到图4.7中的总供给曲线。

当然，市场中并非只有埃克森美孚公司和雪佛龙公司，而是包含成千上万的石油生产者。正如市场需求曲线是所有潜在买方的个体需求曲线之和，市场供给曲线是所有潜在卖方的个体供给曲线之和。

将成千上万的石油生产者的个体供给曲线加总，我们得到了如图4.8所示的市场供给曲线。图4.8中还包含一条表示价格在50美元/桶的虚线，这条虚线代表2016年全球石油市场的近似价格。在这个价格下，石油的总供给量为每年350亿桶。

雪佛龙公司的石油供给表		埃克森美孚公司的石油供给表		石油总供给表	
价格 （美元/桶）	石油供给量 （亿桶/年）	价格 （美元/桶）	石油供给量 （亿桶/年）	价格 （美元/桶）	石油供给量 （亿桶/年）
10	0	10	0	10	0
25	4	25	6	25	10
50	7	50	10	50	17
75	9	75	12	75	21

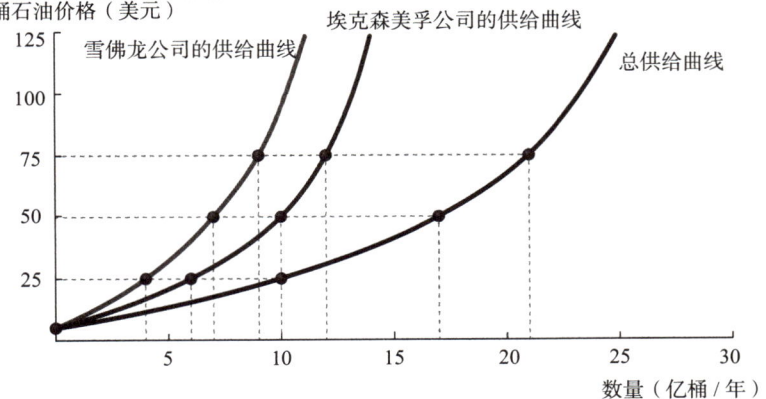

图 4.7 供给表的加总和供给曲线的加总

注：为了计算在某一特定价格下的总供给量，我们把该价格下每个供给者的供给量进行累加。通过对每个价格重复这一运算得出总供给曲线。

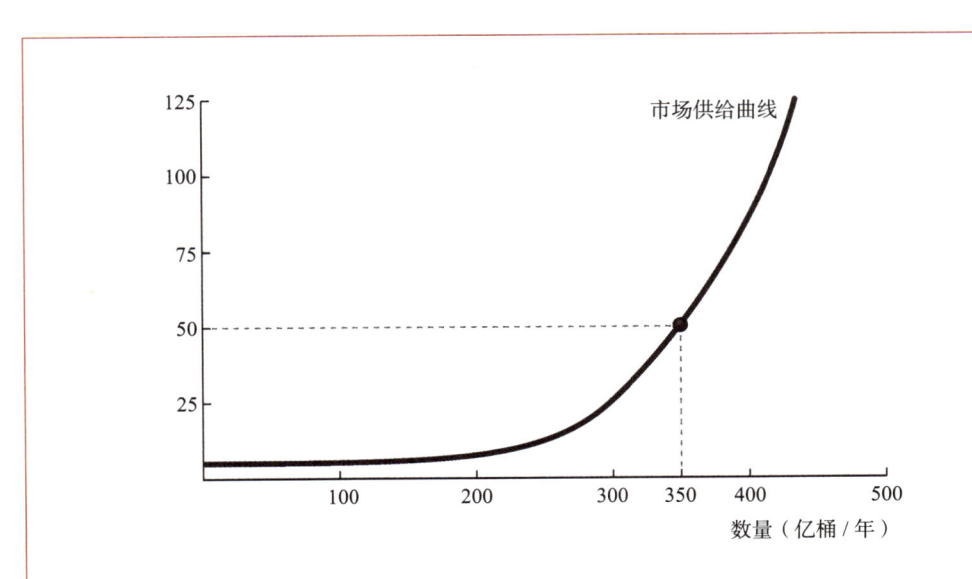

图 4.8 石油的市场供给曲线

注：与个体供给曲线相同，市场供给曲线也是向上倾斜的。

供给曲线的移动

前面提到，供给曲线描绘了在其他条件不变时供给量和价格之间的关系。当构建供给曲线时，我们会保持四类主要变量固定。当这些变量发生变化时，供给曲线就会发生移动。

- 用于生产该商品的投入品价格；
- 用于生产该商品的技术；
- 卖方的数量和规模；
- 卖方对未来的信心。

用于生产该商品的投入品价格的变化

投入品价格的变化会使供给曲线发生移动。**投入品**是用于生产该商品或服务的另一种商品或服务。例如，钢被用来建造石油钻井平台，制造石油钻探设备，修建输油管道和建造油罐。因此，钢是石油生产的一项关键投入品。钢价的上升意味着一些生产石油的机会将不再有利可图，因此寻求优化的石油生产者将选择减少石油供给（在石油价格固定的情况下）。由此可见，钢价的上升会使石油供给曲线左移。换句话说，在石油价格保持固定的前提下，石油的供给量会下降。反之，钢价下跌会使石油供给曲线右移。图 4.9（a）绘制了供给曲线的左移和右移。

这个例子说明了两个重要的概念。

- 只有当给定价格下的供给量改变时，供给曲线才会发生移动。关于供给曲线的左移和右移，参见图 4.9（a）。
- 如果一件商品自身的价格改变，且它的供给曲线没有移动，那么它自身价格的改变就会导致沿着供给曲线的变动。关于沿着供给曲线的变动，参见图 4.9（b）。

用于生产该商品的技术的变化

技术的变化也会带来供给曲线的移动。在过去的 20 年中，水压致裂法彻底改变了能源工业。这项技术利用高压流体使钻井周围的地下岩层产生裂隙，石油和天然气从岩石裂缝中渗出，然后再经钻井被提取出来。水压致裂法促使石油和天然气供给曲线右移。

卖方数量和规模的变化

卖方数量的改变同样会使供给曲线移动。例如，2011 年利比亚反政府武装推翻了控制该国长达 42 年的前领导人卡扎菲。卡扎菲的效忠者为维护其政权抗争了 6 个月。在此期间，利比亚实质上停止了石油生产。在战争之前，利比亚每年生产大约 5.5 亿桶石油。这是利比亚的生产规模。在利比亚内战期间，全球的石油供给曲线因每年 5.5 亿桶的减产而发生左移。

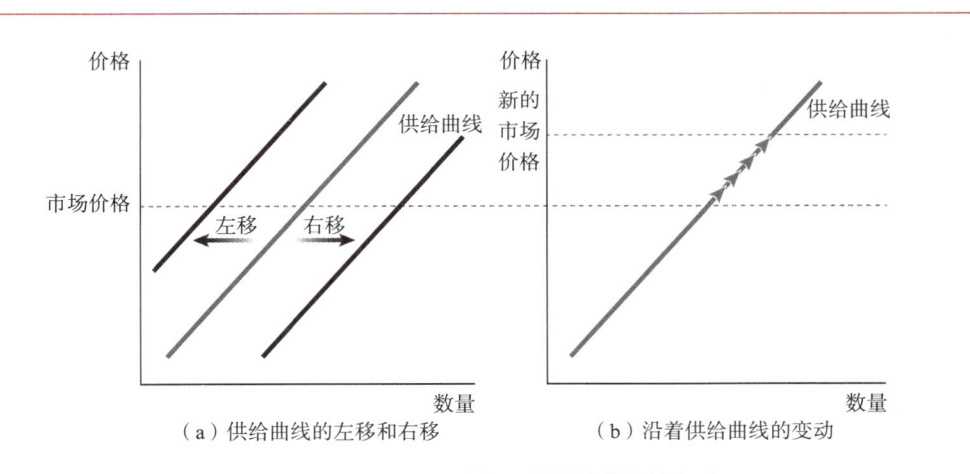

图4.9 供给曲线的移动与沿着供给曲线的变动

注：除了价格，很多其他因素也会影响商品的供给量。如果在给定价格下，这些因素的改变使供给量下降，那么供给曲线将左移，如图4.9（a）。如果在给定价格下，这些因素的改变导致供给量上升，那么供给曲线将右移，如图4.9（a）。相比之下，如果只有商品自身价格发生变化，那么供给曲线不会移动，而是供给量沿着供给曲线变动，如图4.9（b）。

卖方对未来信心的变化

最后，卖方对未来信心的变化也会使供给曲线移动。以天然气市场为例，每到冬天，家庭取暖会导致天然气的使用量飙升，天然气价格也因此陡然上升。由于这种对价格飙升的预期，天然气生产者会在夏季囤积大量的天然气（此时价格相对较低）。换句话说，天然气生产者会把它们夏季生产的大部分天然气用来建立库存，而不是将其全部出售给大众消费者。这意味着天然气供应商的供给曲线在夏季会左移。这是一个优化策略。通过降低夏季市场中的（低价）供给量且增加冬季市场中的（高价）供给量，天然气供应商获得了更高的全年平均价格。这一策略概括而言就是：天然气生产者会根据对未来天然气价格变化的预期来调整全年供给。

一座燃烧的炼油厂，图片拍摄于2011年利比亚反政府武装推翻卡扎菲的内战期间。在战争期间，利比亚几乎停止了全部的石油生产活动，这引发了全球石油供给曲线的左移。

> **小结：供给曲线的移动与沿着供给曲线的变动**
>
> 当下列因素发生变化时，供给曲线会发生移动：
> （1）用于生产该商品的投入品价格；
> （2）用于生产该商品的技术；
> （3）卖方的数量和规模；
> （4）卖方对未来的信心。
> 沿着供给曲线变动的唯一原因：
> 商品自身价格的变动。

4.4 供需均衡

到目前为止，我们已经分别解释了买方和卖方的行为。但我们还没有解释如何将市场中的这两方结合在一起。买方和卖方如何相互作用？什么决定了他们交易的市场价格？什么决定了买方购买和卖方销售的商品数量？我们将使用市场需求曲线和市场供给曲线来回答这些问题。我们将继续研究一个完全竞争的市场，并将其称作"竞争市场"。**竞争市场趋向于供给量和需求量相等时的价格。** 为了将供给量等于需求量的意义可视化，我们需要将需求曲线和供给曲线绘制于同一幅图中，如图 4.10 所示。

图 4.10　石油的需求曲线和供给曲线

注：在竞争市场中，市场价格是需求曲线和供给曲线的交点。

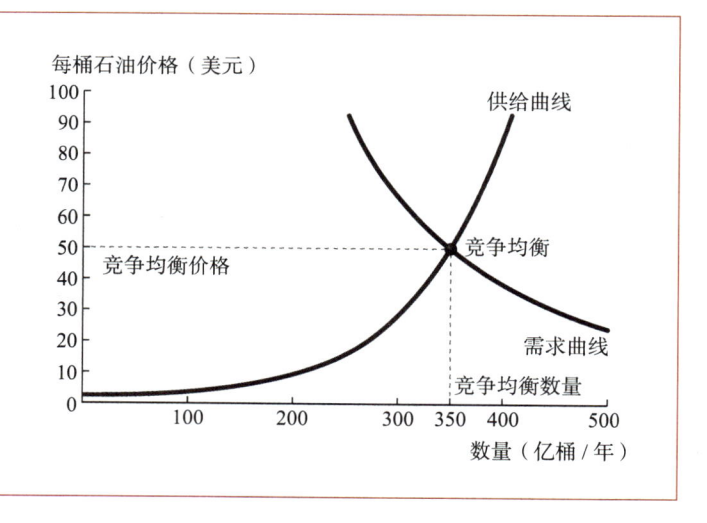

在图 4.10 中，石油市场的需求曲线和供给曲线相交于一点，该点的价格为 50 美元/桶，数量为 350 亿桶。因为需求曲线向下倾斜，供给曲线向上倾斜，所以这两个曲线只会有一个交点。经济学家称这个交点为**竞争均衡**。交点处的价格被称为**竞争均衡价格**，即供给量和需求量相等时的价格。它有时也被称为市场出清价格，因为在这个价格下，

市场上供给的每一个单位都有一个相应的买方。交点处的数量被称为**竞争均衡数量**，是与竞争均衡价格相对应的数量。

在竞争均衡价格下，需求量等于供给量。在其他任何价格下，需求量不等于供给量。为了理解这一点，我们可以在任意其他价格上画出一条水平直线。只有在竞争均衡价格的水平直线上，供给量和需求量才会相等。

图 4.11 说明了市场价格高于竞争均衡价格，从而使市场不处于竞争均衡的情况。更高的价格使销售意愿上升而购买意愿下降，供给量因此升至竞争均衡水平之上，需求量则降至竞争均衡水平以下。当市场价格高于竞争均衡价格时，供给量会超过需求量，从而造成**超额供给**。例如，图 4.11 显示当石油的市场价格为 70 美元/桶时，石油的供给量为 380 亿桶/年，超过了 290 亿桶/年的石油需求量。

图 4.11　超额供给

注：当市场价格高于竞争均衡价格时，需求量小于供给量。这种情况被称为超额供给。在这个例子中，石油的超额供给为 90 亿桶/年（380 亿桶/年-290 亿桶/年）。

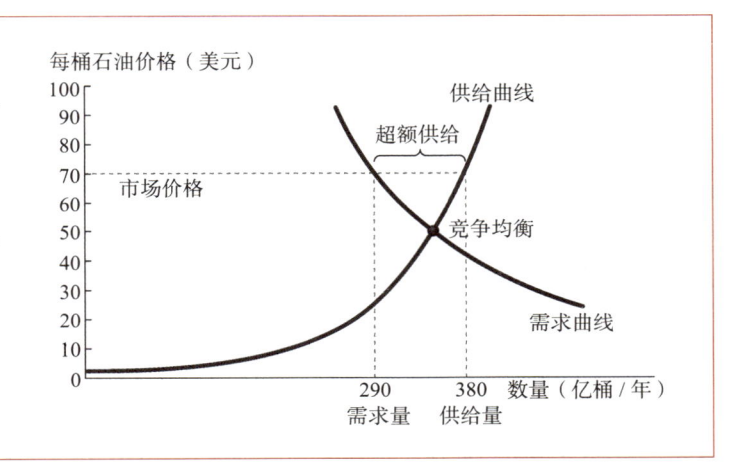

如果市场维持在卖方每年生产 380 亿桶石油，而买方只购买其中 290 亿桶的局面，那么每年就会有 90 亿桶石油卖不出去。全球范围内不断增加的石油库存会压低石油价格。因为现有的储油罐规模有限并且造价昂贵，卖方会为了尽快卖出不断增加的库存而开始相互压价。于是，石油价格会下跌。因此，图 4.11 中的情况通常不会持续很久。销售几近同质石油的卖家会通过降价来争夺客户。这种情况会一直持续到价格回落至竞争均衡价格。这一竞争过程在推动市场走向真正的竞争均衡中发挥着重要作用。

图 4.12 则是一种完全相反的情况。当市场价格低于竞争均衡价格时，需求量会超过供给量，从而造成**超额需求**。图 4.12 中，每年 440 亿桶的石油需求量，超过了每年 300 亿桶的石油供给量。买方想要 440 亿桶石油，但市场上只有 300 亿桶。

图 4.12 中的情况通常也不会持续很久。没有得到所需商品的买方将通过支付更高的价格来竞争数量有限的石油。这种竞争会一直持续到市场价格上升至竞争均衡价格，也就是 50 美元/桶。

第 4 章　需求、供给与均衡
093

图 4.12 超额需求

注：当市场价格低于竞争均衡价格时，需求量超过供给量。这种情况被称为超额需求。在这个例子中，石油的超额需求为140亿桶/年（440亿桶/年−300亿桶/年）。

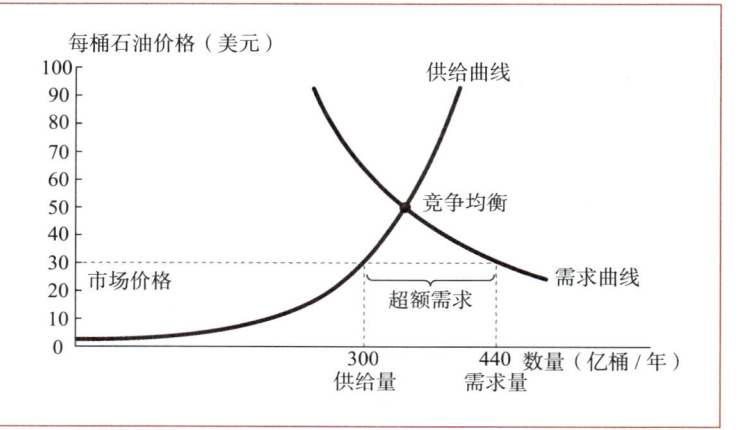

竞争均衡中的曲线移动

我们现在准备将此框架应用于实践。我们想知道，一次针对世界石油市场的冲击会如何影响石油的均衡数量和均衡价格。

假设一个主要的石油出口国像2011年的利比亚那样出现停产，结果会怎样？这会导致供给曲线出现如图4.13所示的左移。由于石油越来越稀缺，石油价格需要从原有的水平上涨，以使供给量等于需求量。均衡价格的上升与沿着需求曲线的变动有关（需求曲线没有移动）。需求曲线是向下倾斜的，因此价格上升会导致需求量下降。事实上，利比亚战争的全面爆发及其导致的利比亚油田的停产的确对应着世界石油价格的上升。

现在考虑一个相反的情况。如果科技上出现的重大突破使得供给曲线右移，结果会怎样？这会导致供给曲线出现如图4.14所示的右移。因为石油变得更充裕，石油的价格需要从原有的水平下降，以使供给量等于需求量。均衡价格的下降与沿着需求曲线的变动有关（需求曲线没有移动）。需求曲线向下倾斜，因此价格下降会导致需求量上升。

我们也可以预测需求曲线移动的影响。例如，如果对环境的担忧日益加剧，新的节能科技使消费者在任何给定价格下都降低对石油的消费，结果会怎样？消费者喜好和偏好的这一改变会促使石油需求曲线出现如图4.15所示的左移。因此，石油的价格需要从原有的水平下降，以使供给量等于需求量。均衡价格下降与沿着供给曲线的变动有关（供给曲线没有移动）。供给曲线是向上倾斜的，因此价格下降会导致供给量下降。全球新冠疫情大流行也有类似的影响，只不过在疫情之下，石油需求曲线左移的速度要快得多。2020年3月初，全球油价为每桶50美元，到4月中旬，油价已跌至每桶10美元。这是另一个关于需求曲线左移的例子（见图4.15）。

使用需求曲线和供给曲线来研究市场可以让经济学家解决很多谜题。例如，在图4.15中，石油的市场价格下降，人们购买的石油却减少了！这听上去很令人费解。难道价格的下降不应该促使石油购买量上升吗？你可以从图4.15中看到，石油价格的下降是

图 4.13　供给曲线的左移

注：供给曲线的左移提高了均衡价格，降低了均衡数量。原先的均衡位于图中的灰色圆点。新的均衡标记为黑色的圆点，它是原需求曲线和新供给曲线的交点。

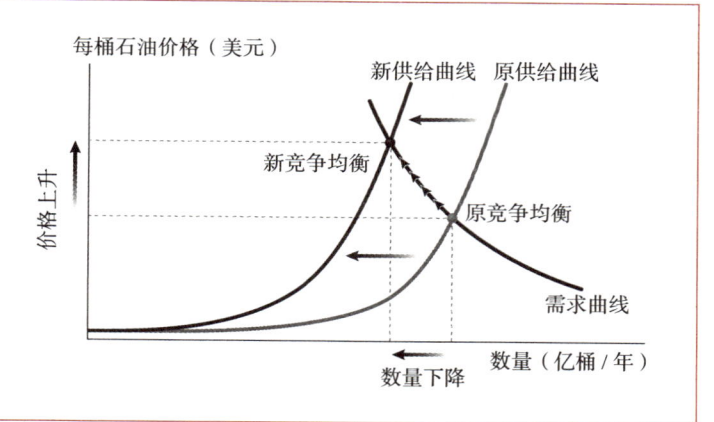

图 4.14　供给曲线的右移

注：供给曲线的右移降低了均衡价格，提高了均衡数量。原先的均衡位于图中的灰色圆点。新的均衡标记为黑色的圆点，它是原需求曲线和新供给曲线的交点。

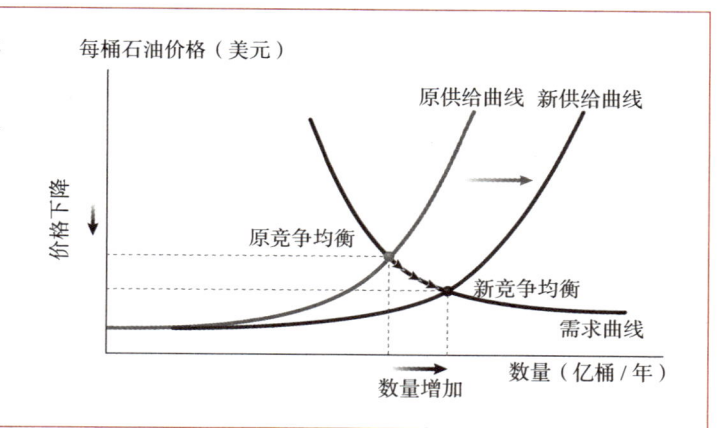

图 4.15　需求曲线的左移

注：需求曲线的左移降低了均衡价格和均衡数量。原先的均衡位于图中的灰色圆点。新的均衡标记为黑色的圆点，它是原供给曲线和新需求曲线的交点。

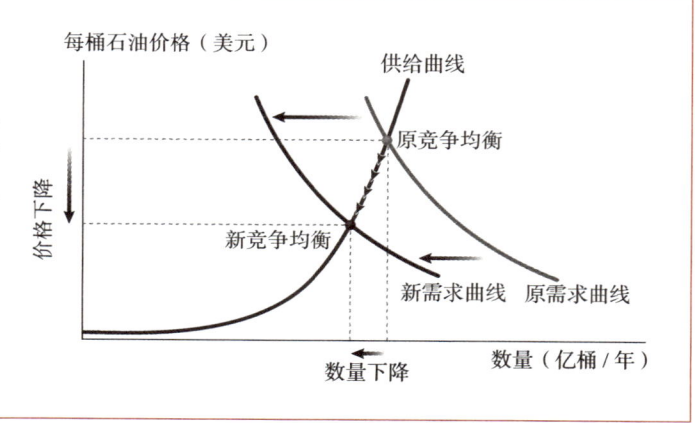

第 4 章　需求、供给与均衡

由市场需求曲线左移引起的。需求曲线左移导致价格下降，价格下降又导致供给量的下降。所以价格的下降和均衡数量的下降都是需求曲线左移的结果。

截至目前，我们研究的例子中每次都只有一条曲线（要么是需求曲线，要么是供给曲线）发生移动。但是生活并不总是这么简单。有时两条曲线会同时移动。例如，在水压致裂法的发展使石油的供给曲线右移的同时，环保意识的增强和节能技术的发展也在使石油的需求曲线左移。

我们想要知道在这种混合的情况下会发生什么。图4.16展示了供给曲线和需求曲线同时移动会引起的市场价格和交易量的变化。你可以想象得到，两条曲线的移动会有多种不同的组合。图4.16只展示了其中的一组变化。在本章最后的习题部分，我们还会对其他情况进行研究。

在图4.16的3幅图中，所有的需求曲线都出现了左移，所有供给曲线都出现了右移。这3幅图代表了3种不同的特殊情况。D_1代表原有的需求曲线，D_2代表新的需求曲线。同样地，我们用S_1表示原有的供给曲线，用S_2表示新的供给曲线。灰色圆点表示原有的竞争均衡，即原有需求曲线和原有供给曲线的交点。黑色圆点表示新的竞争均衡，即新需求曲线和新供给曲线的交点。原有的供给均衡价格为P_1，新的供给均衡价格为P_2。原有的供给均衡数量为Q_1，新的供给均衡数量为Q_2。

在这3幅图中，所有的均衡价格都出现了下降：P_2小于P_1。但是，均衡数量的变化则取决于需求曲线和供给曲线移动的相对幅度。在图4.16（a）中，需求曲线的左移占主导，均衡数量从Q_1下降至Q_2。在图4.16（b）中，均衡数量保持不变，即$Q_1=Q_2$。在图4.16（c）中，供给曲线的右移占主导，均衡数量从Q_1上升至Q_2。总而言之，当需求曲线左移而供给曲线右移时，竞争均衡价格总会下降，但是竞争均衡数量可能下降，可能上升，也可能保持不变。

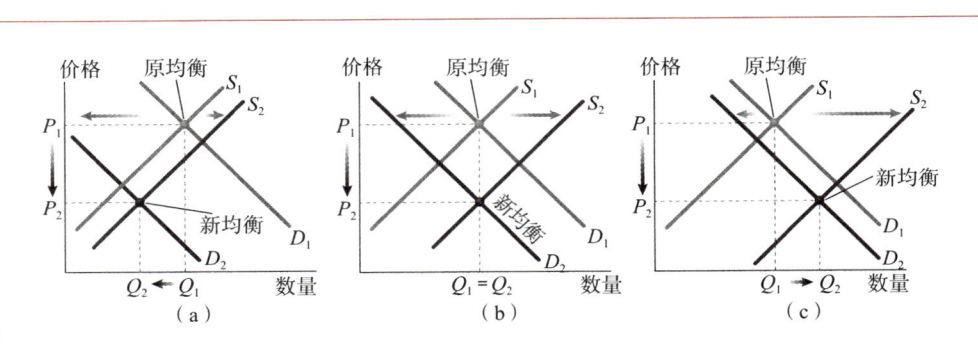

图4.16 需求曲线左移而供给曲线右移

注：需求曲线左移而供给曲线右移时，竞争均衡价格总是会下降（P_2总是小于P_1），但是竞争均衡数量可能下降 [如图（a），Q_2小于Q_1]，可能保持不变 [如图（b），Q_2等于Q_1]，也可能上升 [如图（c），Q_2大于Q_1]。

用数据说话

技术突破压低了石油的均衡价格

- 事实上，2011—2019年间真的出现了如图4.14所示的供给曲线右移的情况，这部分是因为水压致裂法在石油开采中的广泛使用。前文提到，水压致裂法的原理是利用高压流体使地下岩层产生裂隙。为了进一步说明这项技术，我们来看一个具体的例子。2016年夏天，英国石油公司在得克萨斯州钻探了一口1.5英里深的水压致裂井。在6个不同的深度上，该公司将垂直钻头旋转90度，然后分别在每个深度上钻出3个1英里长的水平管道。这个地下水平钻孔系统总共生成了超过18英里的水平管道，它们被用来压裂富含能源的岩层和采集渗透出来的石油和天然气。

- 2011—2019年，水压致裂法使美国的石油产量翻了一番还多（从每年21亿桶增加到45亿桶）。[4] 水压致裂法的兴盛促使全球石油供给曲线右移。在推动全球油价从2011年的每桶100美元降至今天的每桶约50美元方面，这一曲线的右移起到了重要作用。

用数据说话

那一天，石油变成了废品

- 2020年4月20日，石油市场出现了一种不同寻常的景象。当天，由于全球新冠疫情大流行，石油需求曲线急剧向左偏移。[5] 俄克拉何马州库欣的原油市场价格暂时跌至每桶0美元以下（库欣是美国输油管道的重要枢纽）。在交易日结束时，该价格收于−37.63美元/桶（你没看错，这是一个负值）。简言之，这个重点石油中心的储存设施已经完全装满，所以交易员们担心那些正通过管道源源不断输送来的石油已经无处可放（这些石油本用于制造航空燃油以及汽油等产品，但封锁和居家令使相关需求大幅减少）。

- 俄克拉何马州库欣的原油一时变成了废品，一种你必须付钱别人才会帮你收走的东西。油价下跌只持续了一天时间，但这显示出了2020年经济危机的严重程度。这也让我们了解到在零价格水平下，当需求数量低于供给数量时，市场是如何运作的。如果你必须付钱请人来移走你无法随意储存的东西，那么其市场价格就可能为负——例如废品的价格。

4.5 如果政府试图控制油价，会产生什么后果？

我们的分析已经得出结论：竞争市场最终会处于竞争均衡，即供给曲线和需求曲线的交点。但这只有在价格被允许对市场作用做出反应的情况下才会发生。

然而，一些市场的价格是由法律、规章或社会规范设定的。经济学家对所有的市场运行方式都充满兴趣，即使是那些不被允许实现竞争均衡的市场。我们通过分析缺乏价格弹性的市场来说明这些问题。

回顾图 4.12。当汽油的市场价格被人为设定在低于竞争均衡的价格水平时，汽油的需求量会超过供给量，因此，许多想以市场价格购买汽油的司机会无法买到汽油。

1973 年末，美国政府实质上对汽油设置了价格上限，导致出现超额需求。

在这种情况下，汽油的分配不是由那些有支付意愿的人决定的，而是由其他因素决定的。在 1973—1974 年的美国石油危机期间，美国政府实际上对汽油设置了价格上限，而这导致其需求量超过了供应量。这种价格上限也就是所谓的价格天花板。司机们很快发现，在限定的最高价格下，汽油存在超额需求，于是为了买到汽油，他们一早就要赶往加油站，而且开始排队的时间一天比一天早。

《纽约时报》的一名记者如此写道："排队似乎成了所有地方的常态。在新泽西州的蒙特克莱尔市，凯瑟琳·李夫人凌晨 4：20 就开着车去了加油站，结果只排在第二位。第一个排队的人凌晨 3：15 就到了。李夫人拿出带来的枕头，盖上两床被子，她要在这儿睡上 3 个小时，一直等到加油站开门再起来。"一些司机想出了绕过排队的聪明办法。"在马萨诸塞州贝德福德市，一个商人把自己的车开到赫兹租车公司，租下一辆加满油的车，然后用虹吸管把这辆车里的汽油抽到自己车里。他只需付给赫兹公司一天的租车费（当然，无须支付里程费），就可以开着自己加满油的车返回家中。"[6]

对那些知道存在超额需求的买方而言，排队是一种最优反应。因为需求量大于供给量，加油站的汽油经常会全部卖光。在这场危机最严重的时候，20%的加油站出现了无油可加的情况。提早去排队，甚至很早就去排队，是一种确保你能够加到油的最优办法。

有些人不喜欢排长队，尤其是当他们怀疑在轮到他们加油之前加油站就会没油的时候。"他们都疯了、发病了。他们会杀了你。他们在互相打斗。他们会朝你开枪。他们都病得不轻。"这一幕是否像最新丧尸电影中的情节？这其实是某加油站工作人员在1973—1974年石油危机期间对顾客的描述。另一个加油站的老板则如此描述："太混乱了！他们在街上互相打斗，一位顾客与另一位顾客拔刀相向。当时我们还没开始营业呢。"

经济史上充满了这样的故事：政府试图固定商品价格，而不是让市场产生均衡价格。价格控制的效果往往不佳，但政府总是记不住这样的教训。

以下"选择与结果"专题详述了另一个试图固定价格却遭遇失败的例子。在阅读这个故事时，你可以问问自己，故事里面的商品该如何以不同的方式进行分配。

（图中文字：今天没有汽油）

该照片摄于1974年。为什么设置汽油价格上限会导致这样的结果？

选择与结果

固定市场价格的意外后果

- 如果你所在的城镇宣布以每台50美元的价格出售1 000台苹果笔记本电脑，且先到先得，那么结果会怎样？居民会排好队耐心等待吗？
- 美国弗吉尼亚州亨利科县就发生了这样一次笔记本电脑销售事件。销售日当天，居民从半夜1:30开始排队。早上7:00商店开门时，有超过5 000人涌入销售现场，互相推搡着冲向电脑。老年人被拥挤的人潮踩踏，一辆婴儿车被压扁。最后大约70名警察赶来维持秩序。17人受伤，4人被送往医院。骚乱平息之后，有4 000人空手而归。许多成功买到电脑的人后来把电脑转手卖掉了。[7]
- 亨利科县的电脑销售导致了超额需求的情况。在该县设定的一台电脑50美元的固定价格下，5 000台的需求量超过了1 000台的供给量。图4.17说明了没有充足的笔记本电脑供应的事实。买到电脑的并不见得是那些愿意为这些电脑支付最多钱的人，而是能够并且愿意从人群中杀出一条路的人。即使我们假设这些笔记本电脑随后会被转售给其他出价更高的人，蜂拥抢购本身也导致了很多人受伤。

第4章 需求、供给与均衡

蜂拥抢购是一种糟糕的分配社会资源的方法。
- 经济学家常常被问及如何才能设计出运作良好的市场。显然，灵活的价格可以让这个市场运作得更好，它可以为亨利科县带来更多的收入。
- 或者，这个市场本来也可以组织成一场拍卖，由竞标者通过电话和邮件进行竞标。这样该县就可以将这1 000台笔记本电脑卖给1 000个出价最高的竞标者。
- 即便是随机抽奖也比蜂拥抢购要好（如果你成了被随机选中的"大赢家"，你仍然要支付50美元）。蜂拥抢购把笔记本电脑的资源分配给了最具身体攻击能力的人，同时导致了许多人受伤。随机抽奖可以将笔记本电脑分配给那些运气好（而且乐意支付50美元）的人。这些幸运儿随后可以将电脑卖给出价更高的人。

图4.17 亨利科县笔记本电脑的超额需求

注：当每台笔记本电脑的价格固定为50美元时，亨利科县出现了一种超额需求的局面。在这个价格下，需求量（5 000台）超过了供给量（1 000台）。要想使需求量等于供给量，就需要设定一个更高的价格，即竞争均衡价格。垂直的供给曲线则反映了这样一个事实：以50美元价格销售的笔记本电脑的供给量被固定为1 000台。

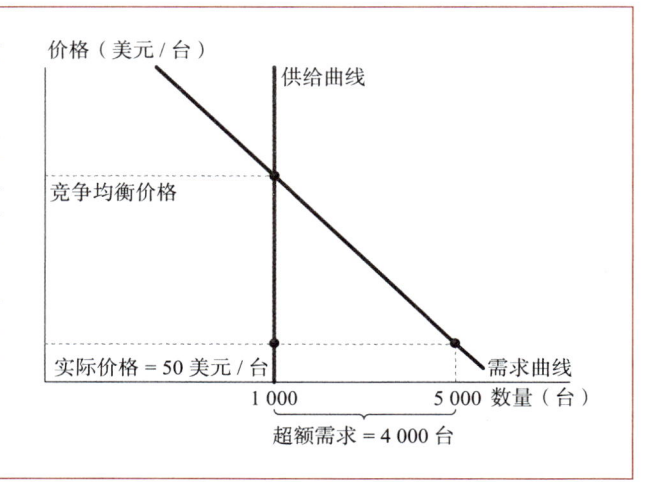

总结

- 市场是指一群从事商品和服务交易的经济主体以及进行交易的规则和协议。在一个完全竞争市场上：（1）所有的卖方都销售相同的商品或服务；（2）任何单个买方或单个卖方都不足以仅凭自身力量影响该商品或服务的市场价格。
- 需求量是指在给定价格下，买方愿意购买的商品或服务的数量。需求表以表格形式展现了不同价格下的需求量（在其他条件不变时）。需求曲线是对需求表的图形化呈现。需求定律认为，在几乎所有情况下，当价格下降时，需求量增加（在其他条件不变时）。
- 市场需求曲线是所有潜在买方的个体需求曲线的加总，即将每个价格下的需求量进行加总。它描绘了在其他条件不变时，总需求量和市场价格之间的关系。
- 只有当给定价格下的需求量改变时，需求曲线才会移动。如果一件商品自身的价

- 格改变，而它的需求曲线没有移动，那么它自身价格的变化就会导致沿着需求曲线的变动。
- 供给量是指在给定价格下，卖方愿意供给的商品或服务的数量。供给表以表格形式展现了不同价格下的供给量（在其他条件不变时）。供给曲线是对供给表的图形化呈现。供给定律认为，在几乎所有情况下，当价格上升时，供给量会增加（在其他条件不变时）。
- 市场供给曲线是所有潜在卖方的个体供给曲线的加总，即将每个价格下的供给量进行加总。它描绘出了在其他条件不变时总供给量和市场价格之间的关系。
- 只有当给定价格下的供给量改变时，供给曲线才会移动。如果一件商品自身的价格改变，而它的供给曲线没有移动，那么它自身价格的变化就会导致沿着供给曲线的变动。
- 竞争均衡是供给曲线与需求曲线的交点。在竞争均衡价格下，供给量等于需求量。竞争均衡数量是与竞争均衡价格相对应的数量。
- 当价格不能自由波动时，市场不能使需求量等于供给量。

关键术语

市场　　　　　　　　市场需求曲线　　　　　接受意愿
市场价格　　　　　　需求曲线的移动　　　　市场供给曲线
完全竞争市场　　　　沿着需求曲线的变动　　投入品
价格接受者　　　　　正常品　　　　　　　　供给曲线的移动
需求量　　　　　　　劣等品　　　　　　　　沿着供给曲线的变动
需求表　　　　　　　替代品　　　　　　　　竞争均衡
在其他条件不变时　　互补品　　　　　　　　竞争均衡价格
需求曲线　　　　　　供给量　　　　　　　　竞争均衡数量
需求定律　　　　　　供给表　　　　　　　　超额供给
支付意愿　　　　　　供给曲线　　　　　　　超额需求
边际收益递减　　　　正相关
加总　　　　　　　　供给定律

问题

1. "在其他条件不变时"指的是什么？当讨论"沿着需求曲线的变动"时，这一概念如何运用？当讨论"沿着供给曲线的变动"时，这一概念如何运用？

2. "边际收益递减"是什么意思？对于你非常喜欢的商品，你也可能经历边际收益递减吗？

边际收益递减这一普遍规则有例外吗？（提示：手电筒需要两节电池，考虑你使用手电筒时需要的电池数量。）请解释你的答案。

3. 如何从个体需求表推导出市场需求表？市场需求表与个体需求表有哪些区别？

4. 请解释以下因素将如何改变吉列剃须膏的需求曲线。

   a. 竞争品牌的剃须膏价格上升。

   b. 由于失业率增加，人均收入水平降低。

   c. 市场上推出据称比剃须膏更好的剃须啫喱和剃须泡沫。

5. 我们快要用尽"便宜的石油"了，这种说法是什么意思？这意味着未来石油的供给曲线会发生何种变化？这意味着未来的石油价格会发生何种变化？

6. 供给定律的含义是什么？一条典型的供给曲线具有什么关键特征？

7. 接受意愿和支付意愿的区别是什么？要使交易发生，接受意愿必须低于、高于还是等于支付意愿？

8. 解释以下因素将如何改变由啤酒花制成的啤酒的供给曲线。

   a. 新灌溉技术增加了啤酒花种植农场的啤酒花产量。

   b. 政府提高了最低工资，啤酒花农场工人的工资也因此提高。

9. 下列各项如何影响一个市场的均衡价格？

   a. 需求曲线左移。

   b. 供给曲线右移。

   c. 需求曲线大幅右移，同时供给曲线小幅右移。

   d. 供给曲线大幅左移，同时需求曲线小幅左移。

10. 为什么将价格固定为 50 美元/台不是分配二手笔记本电脑的最佳方式？请推荐几种能够有效分配这些笔记本电脑的方法。

循证经济学习题

我们在前面的循证经济学专栏中提到，政府可以分别通过对销售征税或提供补贴的方式来抬高或降低国内汽油价格。让我们运用需求定律来分析一下，不同的政府政策机制会如何影响你的汽油需求。所有价格数据均来自 2020 年彭博社的统计。[8]

a. 你从美国搬到了科威特。在美国，每加仑汽油的价格为 2.40 美元；在科威特，因为存在政府补贴，每加仑汽油的价格仅为 1.27 美元。你对汽油的需求量会上升还是下降？

b. 然后你从科威特搬到了荷兰。荷兰对汽油征收重税，所以每加仑汽油的价格为 6.46 美元。请对你在美国、科威特以及荷兰这三个国家的汽油需求量进行排序。基于已知信息，你需要做出什么假设，才能对在这三国的汽油需求量进行排序？

c. 当你从科威特搬到荷兰时，你的汽油消费量变化是会导致沿着需求曲线的变动还是需求曲线的移动？假设你生活中唯一发生变化的是汽油价格。

d. 假设你最近迷上了攀岩，这导致你需要进行长途公路旅行，你每年所消耗的汽油量也因此攀升（在汽油价格不变的情况下）。这是沿着需求曲线的变动还是需求曲线的移动？

习题

1. 假设下表显示了国家 1 在不同价格下对洗衣液的需求量和供给量。

价格（美元）	需求量（百万盎司）	供给量（百万盎司）
2	65	35
4	60	40
6	55	45
8	50	50
10	45	55
12	40	60
14	35	65

a. 使用表中的数据绘制洗衣液的市场需求曲线和供给曲线。

b. 市场的洗衣液均衡价格和均衡数量分别是多少？

c. 下面的两个表格分别给出了与国家 1 相邻的两个国家——国家 2 与国家 3 的洗衣液供给表和需求表。假设这 3 个国家决定组成一个经济联盟并且形成市场一体化。使用表中数据绘制新成立的经济联盟的洗衣液市场需求曲线和供给曲线。市场的均衡价格和均衡数量分别是多少？

国家 2：

价格（美元）	需求量（百万盎司）	供给量（百万盎司）
2	35	5
4	30	10
6	25	15
8	20	20
10	15	25
12	10	30
14	5	35

国家 3：

价格（美元）	需求量（百万盎司）	供给量（百万盎司）
2	40	10
4	35	15

（续表）

价格（美元）	需求量（百万盎司）	供给量（百万盎司）
6	30	20
8	25	25
10	20	30
12	15	35
14	10	40

2. 下表列出了对图书的需求量。

价格（美元）	书的需求量（本）
0	1 000
20	600
40	200
60	0

a. 以需求量为 x 轴，价格为 y 轴，在坐标系中准确标出表格中的每一个点。

b. 假设需求曲线在上述需求表中的每相邻两点之间都是线性的。基于这个假设，用直线连接各点。当每本书价格是 10 美元时，需求量是多少？

c. 假设需求定律在此成立，并且需求表所提供的信息是正确的。此外不再有其他的假设，特别是不再假设需求曲线在上述需求表中的每相邻两点之间都是线性的。当每本书价格是 25 美元时，你认为需求量会是多少？

3. 假设一个异常多雨的春天导致对雨伞的需求增加。与此同时，意外的洪水中断了供应链，减少了雨伞的供应。不管怎样，价格都会上涨。但是，数量是增加还是减少则取决于供给曲线和需求曲线每次移动的相对幅度。请通过三幅不同的供给曲线和需求曲线图来表现以下三种结果。

a. 数量增加。

b. 数量保持不变。

c. 数量减少。

4. 绘制住房市场的供给曲线和需求曲线图,并在图中标注出均衡价格和均衡数量。

   a. 经济繁荣导致对房屋的需求量增加。请在图中展示出需求曲线的移动。这种变动对市场的价格和数量有什么影响?

   b. 你和你的一个朋友都注意到,为了应对房屋需求量的增加,大量新房屋被建造出来。你的朋友说:"这表明供给曲线也在移动。"你回答说:"不,这实际上只是沿着供给曲线的变动。"请绘制图表,以帮助你的朋友理解你所说的意思。

   c. 事实证明,由于建筑业的一项不相关的技术突破降低了建造房屋的成本,供给曲线确实发生了移动。供给曲线会向哪个方向移动?请在图中对此进行展现。

   d. 相比于原本的均衡价格和均衡数量,以上需求曲线和供给曲线的移动对均衡价格和均衡数量有什么整体上的影响?解释是否可以利用所提供的信息预测均衡价格的变化。同样,解释是否可以预测均衡数量的变化。

5. 巴西是世界上最大的咖啡生产国。2013—2014年,巴西遭遇严重干旱,该国的咖啡作物受到破坏。在 2014 年的前 3 个月里,咖啡豆的价格上涨了 1 倍。

   a. 绘制供给-需求曲线图,进行讨论,并解释咖啡价格为何会上涨。

   b. 咖啡和茶叶是替代品还是互补品?请解释。

   c. 你认为这次干旱对茶叶的均衡价格和均衡数量有什么影响?请绘制茶叶市场的供给-需求曲线来解释你的观点。

6. 佛罗里达州严重的冰冻灾害损害了橙子的收成,并导致橙子价格上涨。橙汁的均衡价格会上升、下降、还是不变?橙汁的均衡数量会上升、下降、还是不变?绘制供给-需求曲线并解释你的观点。

7. 针对下面的每一种情况,绘制尽可能精确的需求曲线。

   a. 阑尾切除术是一些人必需的救命手术。无论手术的价格是多少,其每年的需求量都是 30 万例。

   b. 你摆了一个卖柠檬水的小摊。当每一杯的售价高于 5 美元时,绝对没有人会买你的柠檬水,但当售价低于 5 美元/杯时,你会发现你想卖多少柠檬水就能卖多少。

   c. 某一特定市场中只有一个买方。当价格超过 100 美元时,这个买方不会买任何商品。当价格低于 100 美元时,这个买方会需要 20 单位的商品。

8. 氦气比空气轻,因此可以用来给节庆气球充气。作为一种惰性气体,氦气也是许多超低温工业应用(例如医学成像技术)的必需材料。这种相对较新的工业应用会对氦气的需求产生何种影响?节庆气球的价格会因此发生什么变化?

9. 假设你的一个朋友提出如下看法:需求曲线的右移会导致价格上升,价格上升会导致供给曲线右移,这又将导致价格出现抵消性的下降,因此,人们不可能知道需求上升对价格会产生什么影响。你同意你朋友的观点吗?如果不同意,那你朋友的推理存在什么缺陷?

10. 为了减少对含糖汽水的消费,纽约决定将汽水的最低限价设为 2.5 美元/瓶。目前的均衡价格为 1.5 美元/瓶。请绘制汽水的供给曲线和需求曲线来说明这一政策的影响,并在图中清晰地标注出超额供给。

11. 龙虾在每年 8 月很多并且容易捕捉,而 11 月就会很稀少并且很难捕捉。另外,游客的到来也会使 8 月龙虾的需求比其他任何月份都要大。比较 8 月和 11 月龙虾的均衡价格和均衡数量。绘制供给-需求曲线,进行讨论,并解释你的答案。

12. 依据 2013 年美国糖业政策,政府提出以每磅 18.75 美分的平均价格从国内甘蔗加工厂收购原糖。按照这一计划，无论甘蔗工厂生产多少原糖，美国政府都会应收尽收。政府收购的原糖不会在本地市场销售，因为这样做会引起原糖价格下降。

a. 在这一政策下，你认为政府的原糖需求曲线是什么样的？

b. 这一政策会对本地的糖价格产生什么影响？绘制供给-需求曲线来解释你的观点。

13. 假设某市场的需求曲线方程为 $Q_D = 6-P$，其中 Q_D 为需求量，P 为价格。

a. 绘制需求曲线。

b. 列出每个整数价格的需求表，最高到 6 美元（0 美元、1 美元、2 美元……6 美元）。

c. 假设另一个买方出现，他"愿意支付任何金额"购买 1 单位的该商品。如果我们相信他，那么新的需求曲线会是什么样的？

14. 假设口罩的需求曲线为 $Q_D = 6-P$，口罩的供给曲线为 $Q_s = 2P$。

a. 设 $Q_D = Q_s$，利用代数求出均衡价格 P 和均衡数量 Q。

b. 将其绘制成图表。

c. 如果"需求翻倍"，结果会怎样？换句话说，对于任何价格，需求量都是之前的两倍。图表上的新需求会有什么变化？

d. 需求翻倍是抬高还是降低了口罩的价格？

15. 绘制均衡价格为负的市场的需求曲线和供给曲线。（提示：请回顾"用数据说话"中关于 2020 年 4 月 20 日俄克拉何马州库欣原油市场的讨论。）

2
宏观经济学导论

第5章 国家财富：定义和测算宏观经济总量

美国每年经济产出的总市场价值是多少？

从本章开始，我们会将重点转向总体经济。经济学家将经济中的全部活动称为总体经济活动。宏观经济学是对总体经济活动的研究。

在过去的一个世纪，宏观经济学领域发生了翻天覆地的变化。在第一次世界大战之前，没有一个国家拥有对总体经济活动进行测算的系统。当时的经济学家只能通过观察全局中的细小片段来猜度经济动向。他们研究钢铁产量或者铁路运输货运量，然后利用这些指标对总体经济活动做出推测。货运量猛增或许意味着总体经济也欣欣向荣，但没有人敢对此打包票。

今天，我们不再需要猜度经济的动向。现代经济体已建立了一套测算总体经济活动水平的复杂系统。有了精细的测算，我们就能够研究总体经济，制定能够提升经济表现的政策。在本章的循证经济学部分，我们将详细研究美国的经济总产出。在这一章中，我们将通过对一个基本问题的回答来开始对宏观经济学的学习：经济活动是如何加总的？我们如何计算总体经济产出的总市场价值？

本章概览

5.1	5.2	EBE	5.3	5.4
宏观经济问题	国民收入账户：生产＝支出＝收入	美国每年经济产出的总市场价值是多少？	哪些项目未被纳入GDP测算？	实际与名义

重要概念

- 宏观经济学是对总体经济活动的研究。
- 国民收入核算是计算 GDP 的一个框架，GDP 是对经济总产出的测算。
- GDP 可以用 3 种不同的方法进行测算，这 3 种方法会得出相同的经济总产出测算结果：生产 = 支出 = 收入。
- 无论是作为对经济活动的测算还是作为对经济福利的测算，GDP 都存在局限性。
- 经济学家使用价格指数来测算通货膨胀率，并以此区分名义 GDP（按变动价格计算）和实际 GDP（按固定价格计算）。

5.1 宏观经济问题

到目前为止，我们一直在学习微观经济学：个人、家庭、公司和政府如何做出选择，以及这些选择如何影响特定商品和服务的价格和分配。现在是时候转向宏观经济学了。回顾第 1 章，宏观经济学是对经济总量和整体经济现象的研究，比如一个国家的经济总产出的年增长率，或整体生活成本的年增长率。宏观经济学，简称宏观（macro），是我们要学习的新主题。

宏观经济分析解释过往的总体经济活动模式，并试图预测未来变化。例如，宏观经济学家非常关注各国之间的巨大收入差距，也非常关注各国会采取何种政策来持续提升其经济产出。

美国的**人均收入**（每个人的平均收入）是葡萄牙的两倍多，是中国的 4 倍，是津巴布韦的几乎 100 倍。这些比较已基于不同国家的生活成本做了调整。我们如何测算这些跨国差距？是什么导致了这些差距？它们会持续多久？我们会在第 6 章至第 8 章中讨论国家之间的巨大差距。

中国一直在快速追赶美国。在近 40 年的时间里，中国经济的增长速度达到了美国的 4 倍。中国的人均收入水平最终能否赶上美国？中国会超越美国吗？还是会发生什么别的事情？例如，在 1990 年前后，当日本的人均收入即将超越美国之际，日本经济却开始步入长期增长放缓状态。30 年之后，美国的人均收入仍高于日本。为什么经济增长会随着人均收入的增长而放缓？

如何改善津巴布韦等贫困国家的生活条件？2018 年，津巴布韦的人均年收入为 1 900 美元，这意味着该国的许多家庭都难以实现基本的住房、医疗保健和营养需求。找出让经济能够更快增长的办法，尤其是促进低收入国家的经济增长，是一个关乎人类福祉的极其重大的课题。在全世界，营养不良和缺乏医疗保健每年会导致数千万人死亡。

在理解如何实现长期的经济繁荣之前，我们需要了解不同的政府政策会如何促进或

津巴布韦拥有维多利亚瀑布等壮观的自然资源，但始终未能成功培育出健康的经济或强劲的旅游业。如今大多数前往维多利亚瀑布的游客不会进入津巴布韦，而是住在边境另一侧的赞比亚。赞比亚拥有蓬勃发展的旅游业。

破坏经济增长。腐败和混乱可能导致政策制定者走上错误的道路。哪些政策会削弱长期经济增长？我们如何防患于未然？

宏观经济学家也研究经济活动的逐年或"短期"波动。为什么经济增长有时会停滞，甚至暂时出现负增长？我们可以把持续至少两个季度的经济下滑称为**衰退**。

在经济衰退期间，失业率会上升。失业率是最为重要的宏观经济变量之一。如果一个人同时符合以下3个条件，那么他就是一名正式**失业者**：（1）现时没有工作；（2）在过去4周内一直积极寻找工作；（3）现时具备工作意愿和工作能力。**失业率**是失业人口占劳动力人口的比重。我们将在第9章详细介绍失业率波动问题。

让我们以美国2007—2009年的经济衰退为例来解释何为经济波动。当时美国经济萎缩了4.3%，失业率从2007年5月的5%上升到2009年10月的10%。与此同时，全世界经历了股市崩盘、房价暴跌、抵押贷款违约和银行倒闭等一系列金融危机。为什么会发生这些事件？政府本该采取哪些措施来降低危机的破坏性？是什么原因导致全球股市在一年内损失了一半以上的市值？为什么会有如此多的大银行突然资不抵债？

［图中文字（上）：失业者烦请绕行
图中文字（中）：我们已自顾不暇
图中文字（下）：本地商会］

在大萧条的高峰时期，25%的美国劳动力没有就业。一些城镇张贴标语劝求职者不要在该地区找工作。

新冠大流行引发了一场全球性经济危机，在本书写作时（2020年9月）仍在持续。美国经济在2020年第一季度和第二季度出现大幅收缩，从2019年第四季度至2020年第二季度，美国的经济产出下降了 10.2%。在短短两个月内，美国的失业率出现飙升，从 2020 年 2 月的 3.5% 上升到了 2020 年 4 月的 14.7%。美国股市在 2020 年 3 月下跌了约 30%，但到 2020 年 8 月便迅速恢复到了疫情前的水平。为什么这次衰退与上一次衰退不同？政策制定者是否对这场危机做了充分的反应？为何股市会崩盘，又为何如此迅速地反弹？新冠大流行对经济的影响会持续多久？

尽管 2007—2009 年和 2020 年的经济衰退都颇具灾难性，但尚不能与 1929—1933 年的大萧条相提并论。1929—1933 年，美国的生产下降了近 30%，失业率从 3% 上升到 25%。1932 年 7 月美国股市触底之时，股指已比 1929 年 9 月的市场最高点下跌了 87%。是否有政策能让我们在未来避免这样的灾难？还是我们只能做出事后反应？2007—2009 年的金融危机或 2020 年的经济衰退原本会演变成另一场大萧条？我们将在第 12 章和第 13 章讨论总体经济波动以及试图平滑这些波动的政策。

这些都是重要的问题。为了回答这些问题，我们需要一些特殊工具和新模型。我们必须做的第一件事是测算我们正在研究的对象：一个国家的总体经济。这看似是一项不可能完成的任务。我们如何测算数以百万计经济主体的总体活动？100 年前，没有人知道如何做到这一点。幸运的是，经济科学已经取得了进步。今天，我们使用一个被称为**国民收入账户**的框架来测算整个经济。在美国，这种国民收入账户体系的正式名称是**国民收入和产品账户**。一旦了解了这些账户的运行方式，我们就可以开始回答上面提出的有趣而重要的问题了。

5.2 国民收入账户：生产 = 支出 = 收入

为了测算总体经济活动，我们需要同时考虑数量和价格。假设现在有一个叫作福迪卡的虚拟国家。福迪卡是一个小国，只有一家叫作福特汽车公司（以下简称"福特"）的雇主，每年生产 500 万辆汽车。我们假设福迪卡有 20 万公民，他们全部是福特的雇工。我们将考察 3 种思考福迪卡经济的方法——生产法、支出法和收入法。

生产

作为经济学家，我们的任务是测算福迪卡这个国家每年产出的总市场价值。为了简化分析，我们假设福特只需要自己的机器和福迪卡公民的劳动就能制造汽车。我们先不考虑钢铁和塑料等其他投入。也就是说，我们暂时假设这些投入不存在。我们还假设福特所有的工厂和设备（也就是所有的资本）都位于福迪卡国内。

为了确定福迪卡每年产出的市场价值，我们用汽车产量乘每辆车的市场价格。例如，如果每辆福特汽车的市场价格是 3 万美元，那么福迪卡每年的总产出价值为：

$$500\text{万辆} \times 3\text{万美元}/\text{辆} = 1\,500\text{亿美元}$$

我们通过将（某一年）产量和相应市场价格相乘，测算出一个经济体在当年所生产商品的市场价值。因此，福迪卡每年生产商品的市场价值为 1 500 亿美元。

经济学家将这种对总体经济活动的测算称为**国内生产总值**（GDP）。我们把 GDP 定义为在一定时期内一国境内生产的最终产品和服务的市场价值。GDP 总是与一段特定的时间相关联，通常是一年或一个季度。例如，"2020 年 GDP"就是在 2020 年生产的最终产品和服务的市场价值，"2020 年一季度 GDP"就是在 2020 年第一季度生产的最终产品和服务的市场价值。在讨论总体经济活动时，第一季度始于 1 月（1—3 月），第二季度始于 4 月（4—6 月），第三季度始于 7 月（7—9 月），第四季度始于 10 月（10—12 月）。

现实中的福特汽车公司在全球拥有大约 20 万名员工。该公司每年生产 600 万辆汽车，年销售额达 1 500 亿美元（当经济处于非衰退期时）。

GDP 的定义中包括"最终"一词，这意味着我们关注的是一条生产链中最终产品的价值计算。用于构成最终产品的组件不会被单独计算，否则会导致重复计算问题。如果我们要计算一辆汽车的总价值，那么我们不需要单独计算汽车发动机的价值。发动机的价值已经隐含于最终产品，也就是一辆完整汽车的价值之中。

GDP 是对生产的测算，而不是对销售额的测算。因此，某产品即便没有被出售给消费者，也要被计入 GDP。例如，在 2020 年生产的一辆汽车没有在当年卖出，福特的（未售出）汽车库存便会增加。进入库存的生产也是 GDP 的组成部分。

支出

还有第二种思考福迪卡这一经济体总体经济活动水平的方法。使用这种方法得到的结果与前一种基于生产的方法完全相同。福迪卡国境内外的家庭和企业将会购买这个经济体生产的所有汽车。如果把这些汽车购买加总，我们会发现在福迪卡产出上的总支出正好也是 1 500 亿美元。

你可能会反问："如果有些商品卖不掉呢？"经济学家的回答是：这些未售出的商品归公司所有，因此将被计入公司库存。依照我们在这里所描述的核算体系，产品计入库存可被理解为它已经被公司"购买"。把家庭的汽车支出和企业用于积累汽车库存的（隐性）支出相加，总支出再次达到 1 500 亿美元。

收入

一开始我们聚焦于福迪卡唯一的企业——福特所生产产品和服务的市场价值，结果为1 500亿美元。之后我们聚焦于从福特购买的商品和服务的市场价值，结果同样是1 500亿美元。除此之外，我们也可以聚焦福特的员工和所有者赚取的收入。接下来让我们看一下这一另类思考路径，也就是思考总体经济活动水平的第三种方法。

我们已经计算出福特创造了1 500亿美元的收入。假设它将X亿美元用于支付员工工资，然后把剩下的收入（1 500亿美元-X亿美元）分配给公司的所有者。

这样，在福迪卡，员工收入和公司所有者收入的总和为：

$$X 亿美元 +（1\,500 亿美元 - X 亿美元）= 1\,500 亿美元$$

1 500亿美元，这和我们之前计算中所确定的总生产价值相同，也和用于福迪卡所生产产品和服务的总支出价值相同。

我们总是得出1 500亿美元这一数字并非巧合。根据我们建立国民收入账户体系的方式，收入中的每一美元要么属于员工，要么属于所有者。因此，收入总值必然等于员工和所有者所获得收入的总和。这种必然的相等可以通过一个恒等式来表达。当两个变量的定义方式使其在数学上等同时，这两个变量的关系就是一个**恒等式**。生产价值、支出价值和收入价值的相等乍一看可能并不明显，但这三个概念的定义使它们必然等同。

你现在就可以理解如下总核算恒等式了：

$$生产 = 支出 = 收入$$

这个恒等式是本章的关键概念，也是大多数宏观经济分析的基础。现在让我们更深入地研究国民收入账户体系。

循环流动

生产要素是针对生产过程的投入。生产要素有两种主要形式：资本和劳动。后面我们会更多地讨论资本，但是现在为了便于理解，我们简化分析，暂且把资本简单理解为实物资本，例如土地、工厂和机器等。

实物资本和劳动都为家庭所"拥有"（我们将大学和慈善基金会等一些类似机构也视为"家庭"）。由于企业为股东所有，而股东就是家庭，因此家庭直接或间接拥有经济中的实物资本。

要想理解国民收入账户的三个部分——生产、支出和收入——是如何相互关联的，我们就需要思考家庭和企业之间的联系。企业，如飞机制造商波音公司，需要的是实物资本和劳动，提供的是飞机等商品和服务。家庭则需要乘坐飞机出行等商品和服务，同时也是实物资本和劳动的提供者。

我们可以用图5.1所示的循环流向图来解释家庭和企业之间的联系。这张图突出了联系家庭和企业的四种经济流动，其中包括我们已在福迪卡案例中讨论的三种流动（生产＝支出＝收入）以及第四种流动，即生产要素的流动。

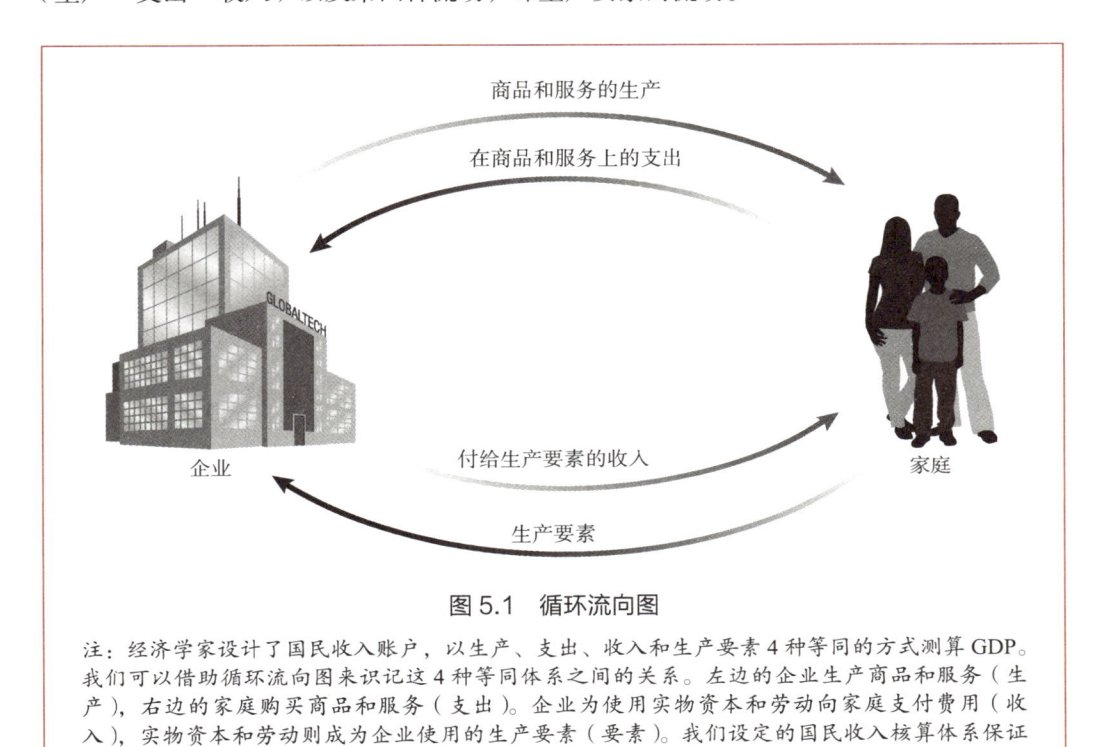

图 5.1 循环流向图

注：经济学家设计了国民收入账户，以生产、支出、收入和生产要素4种等同的方式测算GDP。我们可以借助循环流向图来识记这4种等同体系之间的关系。左边的企业生产商品和服务（生产），右边的家庭购买商品和服务（支出）。企业为使用实物资本和劳动向家庭支付费用（收入），实物资本和劳动则成为企业使用的生产要素（要素）。我们设定的国民收入核算体系保证了这4种流动的市场价值相等。

生产和支出。福特野马汽车由福特制造（生产），由福特的消费者购买（支出）。

第5章 国家财富：定义和测算宏观经济总量

图 5.1 诚然是对经济的简化，因为它忽略了诸如政府、市场、银行和外国等非常重要的主体。在接下来的章节中，我们会有很多关于这些关键遗漏的讨论。尽管有这些遗漏，循环流向图仍不失为理解现代经济的基本结构的一种有用方法。这个循环流向图呈现了企业和家庭这两大主要决策者，并展示了上面所列出的 4 种类型的流动。

生产代表企业生产的商品和服务。这些商品和服务最终会出售给家庭。因此，当讨论生产时，我们将箭头从企业部门指向家庭部门。例如，一辆福特野马汽车诞生于工厂的车间，最后则会停在某人的车库里。

支出代表对商品和服务的支付。这是家庭向企业的支付，所以我们在讨论支出时会把箭头从家庭部门指向企业部门。沿用我们此前的例子，一个家庭花了 3 万美元买了一辆福特野马汽车。注意，生产和支出都涉及商品和服务，因此这两种流动被组合在一起，它们共同代表商品和服务市场。

（图中文字：我们一定行）

生产要素和收入来源。这是二战期间为鼓舞工人士气而设计的一张著名工人形象海报。

收入代表企业向家庭的支付，这是企业因使用家庭的实物资本和劳动（也就是使用家庭的生产要素）而付给家庭的酬劳。这些支付包括工资、薪酬、利息和股息等。因此，当讨论收入时，我们把箭头从企业部门指向家庭部门。例如，每个福特员工每年获得的平均劳动报酬约为 7.5 万美元。

生产要素代表家庭所有且被企业用于生产过程的生产性资源。由于劳动和实物资本这两大生产要素都直接或间接地为家庭所有，所以在讨论生产要素时，我们把箭头从家庭部门指向企业部门。

这 4 种类型的交易或"流动"的显著之处在于，在我们所使用的框架中，它们的市场价值必须完全相同。这就是国民收入账户体系的作用。如果我们计算正确，支出的市场价值必然等于生产的市场价值。同样，支出的市场价值必然等于经济体中家庭收入的市场价值。最后，收入的市场价值必然等于接受这些收入支付的生产要素，即劳动和实物资本的市场价值。这些关系只是我们对国民收入账户体系的定义在数学层面产生的结果。

虽然这幅循环流向图包含了四组具有相同市场价值的流动，但在接下来的讨论中，我们将回到前面由三个部分构成的国民收入账户体系：生产 = 支出 = 收入。在实践中，这是政府统计人员实际测算的国民收入账户的三个部分。

国民收入账户：生产

现在让我们重新检视每一种计算国民收入的方法，并深入探讨：在福迪卡之外的一个存在众多企业的世界里，又会是什么情况？首先，让我们考虑基于生产的国民收入账户。以生产为基础的账户汇总了国内各企业在生产过程中所增加的市场价值。更正式的说法是，以生产为基础的账户会测算每家企业的**增加值**。用企业的销售收入减去该企业从其他企业所购买中间产品的费用，便得到一家企业的增加值。

以戴尔电脑的母公司戴尔科技为例。35 年前，戴尔几乎所有的电脑都是在美国本土的自家工厂里组装。如今，戴尔的大部分电脑都购自外国制造商，尤其是在亚洲的制造商。让我们来计算一下戴尔以 1 000 美元的价格将一台笔记本电脑直销给美国消费者时的增加值。在这种情况下，戴尔会向外国供应商支付 600 美元，于是戴尔的增加值就是两者的差额，即 1 000 美元 - 600 美元 = 400 美元。这 400 美元的增加值来自两个生产要素：戴尔的国内员工和戴尔的国内实物资本。因此，这 400 美元一部分是（支付给员工的）工资，一部分是（支付给资本所有者的）会计利润。

当戴尔把同样的电脑以 900 美元的价格出售给沃尔玛、百思买或史泰博等第三方零售商，之后它们再将其以 1 000 美元的价格出售给消费者时，事情就变得稍稍复杂一点。在这种情况下，第三方零售商向戴尔支付 900 美元购买一台电脑，而戴尔从外国制造商手中购买电脑的价格仍然是 600 美元。现在戴尔销售一台电脑的增加值是：900 美元 - 600 美元 = 300 美元。

图 5.2 展示了这两种交易。图（a）告诉我们，戴尔通过向消费者直销电脑，为戴尔的劳动力和资本创造了 400 美元的增加值。图（b）则显示，戴尔通过向第三方零售商（如百思买）出售产品，为其劳动力和资本创造了 300 美元的增加值。

图 5.2　戴尔的增加值

注：在图（a）中，一位美国消费者直接通过戴尔，以 1 000 美元的价格购买了一台戴尔笔记本电脑。由于这台电脑是戴尔以 600 美元的价格从外国制造商那里购得的，因此戴尔的增加值为 400 美元（1 000 美元 - 600 美元）。在图（b）中，一位美国消费者从百思买以 1 000 美元的价格购买了一台戴尔笔记本电脑。由于百思买为这台电脑向戴尔支付了 900 美元，而戴尔为此向一家外国制造商支付了 600 美元，因此戴尔的增加值仅为 300 美元（900 美元 - 600 美元）。

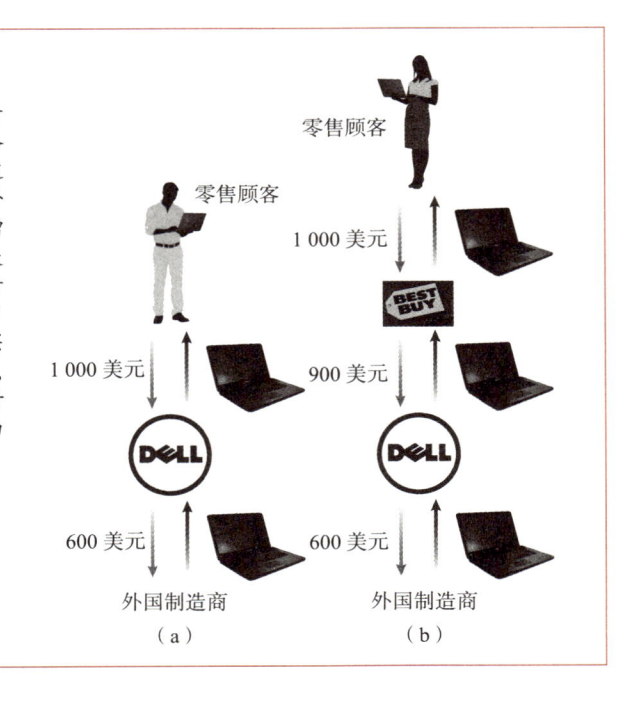

我们现在可能会问，在这些经济活动链中，还有什么可以被算作美国的 GDP（即使它没有被计入戴尔的增加值）？外国工厂生产的产品价值并不计入美国 GDP。在外国工厂里进行的笔记本电脑生产是外国 GDP 的一部分，因为工厂设立在外国。

基于生产的核算制度意味着，从国外进口某些商品然后再以进口价格将其出售给美国消费者的这种行为并不能增加价值。然而，以 600 美元的价格进口某种商品，然后以 1 000 美元的价格将其转售则是一种生产价值来源——确切地说，它带来了 400 美元的增加值。戴尔在进口成本之上的加价能力，基于其市场营销、企业声誉、客户便利性以及呼叫中心接入等捆绑服务的共同作用。

同样，百思买销售戴尔笔记本电脑的能力也是美国 GDP 增加值的另一个来源。百思买并没有通过工厂生产产品，但它以批发价格购买商品并以更高的零售价格销售这些商品的能力带来了增加值，进而也带来了它对 GDP 的贡献。百思买的增加值不是它从顾客那里获得的收入，而是它销售戴尔笔记本电脑所获得的收入与它为笔记本电脑向戴尔所支付金额的差值。因此，百思买销售戴尔笔记本电脑的增加值为：1 000 美元 – 900 美元 = 100 美元。这个增加值是 GDP 的另一个组成部分。

我们把美国所有企业创造的增加值累加起来，就得到美国的 GDP。

国民收入账户：支出

现在让我们转向第二种 GDP 测算方法，这也是一种在数学上等同的测算方法。以支出为基础的国民收入账户测算的是对国内生产的商品和服务的购买。这些购买可以分为五类。

（1）**消费**。这是国内家庭所购买消费品和所消费服务的市场价值。这些消费支出涵盖了从飞盘到足部按摩等方方面面。此类支出包括除住宅建设支出以外的所有消费支出（住宅建设支出属于下一类）。购买既存房屋或公寓的支出不会被纳入国民收入账户（但房租和自有住房的维持支出均算入 GDP），因为这些支出只是资产从一个家庭到另一个家庭的转移，而非当年或当季生产的某种物品。

（2）**投资**。这是由国内家庭和国内企业购买的新实物资本的市场价值，包括企业库存。从技术角度上来讲它应当被称为私人投资，但我们通常将其简称为投资。这些新的实物资本包括住宅、企业库存（例如雪佛兰经销店里待售的科迈罗汽车，或在沃尔玛超市里待售的玉米片）、商用建筑（例如办公楼和工厂）以及企业设备（例如计算机和货运卡车）。宏观经济学家所谈到的投资仅指购买新的实物资本，而不包括购买股票或债券等金融投资。这种用法上的差异导致了混淆，因为经济学家以外的人更为熟悉的是"投资"的日常金融含义（例如购买共同基金或向个人退休金账户存钱），而宏观经济学家所说的投资其实另有所指。在宏观经济学中，投资仅表示购买新实物资本，比如一艘新的超级油轮、一座新工厂或一栋新房子。

（3）**政府支出**。这是政府所购买商品和服务的市场价值。坦克、医院和桥梁都是政府开支的例子。出于国民收入账户测算的目的，政府支出不包括转移支付（例如面向退休人员的社会保障支付），也不包括政府债务的利息。我们之所以要排除这些，是因为它们表示的是面向经济中其他主体的支付，后者会使用这些支付购买商品和服务。为避免重复计算，这些面向其他主体的支付不被计为政府在商品和服务上的支出。

（4）**出口**。这是销售给国外家庭、企业和政府的所有国内生产的商品和服务的市场价值。我们用增加值来测算出口。如果一家美国农业公司向日本超市出口面粉，该出口的价值就是这家美国公司从日本超市获得的价格，而不是日本超市向日本家庭销售面粉的价格。

这四大类别互不重叠。换句话说，它们不涉及重复计算的问题。每笔购买都仅会出现在上述四类的一类之中。

（5）**进口**。这是销售给国内家庭、企业和政府的所有外国生产的商品和服务的市场价值。进口已被计入消费支出、投资支出和政府支出。因此，进口与前三个类别重叠。稍后我们会解释为什么需要对这种重叠做出说明。如果你还记得戴尔向美国消费者销售在外国工厂生产的笔记本电脑的例子，那么你实际上已经知道答案了。在计算戴尔的增加值时，我们减去了戴尔支付给外国制造商的费用。同样地，当计算美国的 GDP 时，我们要减去进口的增加值。

我们现在可以利用消费、投资、政府支出、出口和进口这五类项目来计算 GDP。设 Y 为国内生产的商品和服务的总市场价值（即 GDP）。C 表示消费：家庭对商品和服务的消费支出，包括对国内外生产的商品和服务的支出。变量 I 表示投资：私人主体（不含政府）在投资品上的支出，包括在国内外生产的投资品。我们用 G 表示政府支出：政府对商品和服务的购买，包括国内外生产的商品和服务。

如果美国是一个封闭的经济体，换句话说，如果美国不与任何其他国家进行贸易，那么它的 GDP 很简单，就是 $Y = C + I + G$。但美国和其他国家存在着真实贸易，因此这个公式并没有呈现完整的图景。我们需要考虑到，出口是美国 GDP 的一部分（但尚未被包含在 $C + I + G$ 中），而进口不属于美国 GDP 的组成部分（但被包含在了 $C + I + G$ 中）。出口产品是在美国国内生产并销往国外，因此需要将其作为美国生产支出的另一个类别。进口产品是在国外生产的，所以我们在计算美国生产支出时需要把它们排除在外。所以，现在我们要对这两方面进行调整。

设 X 代表出口：在国内生产并由国外经济主体购买的商品和服务的价值。设 M 为进口：在国外生产并由国内经济主体购买的商品和服务的价值。最后请注意，出口减去进口（$X-M$），就是贸易差额。当 X 大于 M 时，出口的价值大于进口的价值，因此该国家存在贸易顺差。当 X 小于 M 时，出口的价值小于进口的价值，因此该国存在贸易逆差。

我们现在可以计算用于国内生产的商品和服务的支出总价值。

$$Y = C + I + G + X - M \text{（国民收入核算恒等式）}$$

通过 GDP 方程可知，一国国内生产的市场价值等于：该国国内经济主体的总支出（$C+I+G$），加上外国主体用于该国所出口商品和服务上的支出（X），减去该国在进口商品和服务上的支出（M）。由于 C、I、G 三项包含了在外国生产的商品和服务上的支出 M，为了移除这一支出，我们需要减去进口。

将 GDP 分解为 $C+I+G+X-M$ 非常重要，我们将这个恒等式称为**国民收入核算恒等式**。我们将在宏观经济研究中多次用到这个恒等式。

循证经济学

美国每年经济产出的总市场价值是多少？

- 政府统计人员会仔细测算 GDP，即经济产出的总市场价值。在美国，这项任务归商务部的经济分析局负责。2019 年，美国经济分析局报告的美国 GDP 为 21.4 万亿美元。同年美国人口为 3.282 亿。因此美国当年的人均 GDP 约为 65 204 美元。注意，人均 GDP 等同于人均收入，我们在本章之初就做过介绍。

- 使用我们刚刚讨论过的国民收入核算恒等式来研究 GDP 的组成也非常有价值。表 5.1 提供了美国 2019 年的相关数据。我们可以从中观察到几个重要特点。首先，美国家庭消费在 GDP 中占有绝对比重。在 2019 年，美国消费占 GDP 的比重约为 68%。其次，政府支出和投资远逊于消费，两者都仅占 GDP 的近 18%。最后，出口占 GDP 的近 12%，进口占 GDP 的近 15%。请注意，表 5.1 中出现的进口份额带有一个负号，这是因为在计算 GDP 时我们要先将所有其他组成部分相加，然后再减去进口。你应该发现表 5.1 中 GDP 等于各项目的加总（有少许四舍五入引起的偏差）。

- 在过去的 80 年里，每类支出占 GDP 的比例（即该类支出在 GDP 中的所占份额）大致保持不变。图 5.3 显示了 1929—2019 年们各类支出在 GDP 中的所占份额。换句话说，该图显示了每一类支出占 GDP 的比例。这些份额之和减去进口份额必然等于 1。图 5.3 表明，消费始终约占经济活动的 2/3。

宏观经济学

表5.1 2019年美国GDP和各类支出所占份额（基于支出的核算）

GDP 及其组成	价值（万亿美元）	在 GDP 中所占份额
GDP	21.4	100.0%
+消费	14.6	68.0%
+投资	3.7	17.5%
+政府支出	3.8	17.5%
+出口	2.5	11.7%
−进口	−3.1	−14.6%

注：2019年美国GDP为21.4万亿美元。GDP的每个组成部分都表示为占GDP的百分比，或在GDP中所占的"份额"（组成/GDP）。四舍五入会使各组成部分的加总与总GDP略有偏差。
资料来源：美国经济分析局，国民收入和产品账户。

- 政府支出一直占经济活动的20%左右，只有两个时期例外。首先，在样本期之初，政府支出仅占GDP的10%。直到二战爆发，大政府才成为现代世界的常态。
- 其次，二战期间，政府支出暂时性地占据了GDP的较大比重。美国于1941年12月8日参加第二次世界大战，战争于1945年9月2日结束。在此期间，政府支出在GDP中的所占份额最高接近50%。考虑到战争几乎完全由政府主导，因此在大型战争期间，政府支出自然也会在一个国家的经济产出中占据更大的比重。与政府活动增加相对照的是，二战期间消费和（私人）投资在GDP中的所占份额都出现了下降。
- 图5.3中还有一个值得注意的特点：在过去80年里，出口和进口在GDP中所占份额的绝对值都一直在增长。运输技术的发展降低了世界各地的货物运输成本。信息技术的进步也使一个国家的居民更容易向其他国家的居民提供服务（例如印度的呼叫中心）。运输和电信成本的下降推动了贸易的持续增长，因为优化者在购买他们想要的商品和服务时，已经不再把视野局限于国境之内。出口的持续增长使得出口在GDP中的份额不断攀升。由于进口在GDP恒等式中显示为负数，因此进口上升使得进口在GDP中的份额进一步低于零。

图5.3 美国各类支出在GDP中所占份额（1929—2019）

注：除二战期间以外，各类支出在GDP中的份额一直相对稳定。
资料来源：美国经济分析局，国民收入和产品账户。

第5章 国家财富：定义和测算宏观经济总量

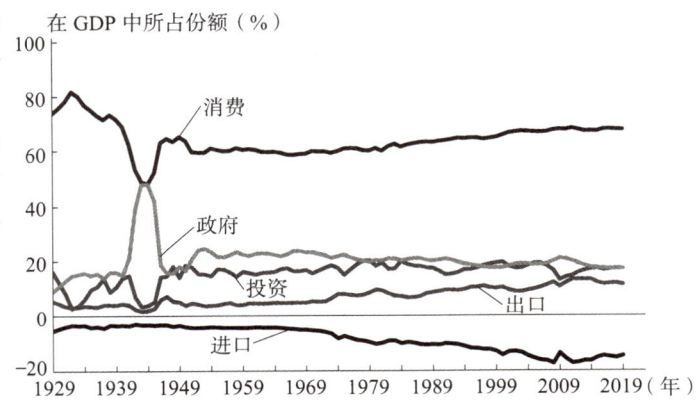

问题	答案	数据	注意事项
美国每年经济生产的总市场价值是多少?	2019年,美国经济分析局报告的美国GDP为21.4万亿美元,人均GDP为65 204美元。[1]	美国经济分析局编制的国民收入和产品账户。	国民收入账户忽略了许多类型的经济生产,本章后面将就这个问题展开讨论。

用数据说话

储蓄与投资

- 经济学家使用国民收入核算恒等式来研究储蓄和投资。要推导储蓄方程,我们先用等同于国民收入的GDP减去家庭和政府的消费,也就是减去消费支出和政府支出。然后我们发现:

$$储蓄 = Y - C - G$$
$$= (C + I + G + X - M) - C - G$$
$$= I + X - M$$

- 我们根据国民收入核算恒等式用 $C + I + G + X - M$ 替换了 Y,从而从第一个方程推导出第二个方程。我们推导中的最后一个方程可以用文字表示为:

$$储蓄 = 投资 + 出口 - 进口$$

- 大多数国家的进出口规模相对接近。在这种情况下,出口减去进口接近于零,于是我们的表达式可以进一步简化为:

$$储蓄 = 投资$$

- 这个简化的表达式只代表二者大致相等,因为当一个国家与其他国家进行贸易时,其出口和进口不会完全相等。但对于一个不与其他国家进行贸易的封闭经济体而言,这个方程是完全正确的。在一个封闭的经济体中,出口和进口都等于零。
- 现在让我们把最后一个方程两边同时除以GDP。你会发现,储蓄率(储蓄除以GDP)大致等于投资率(投资除以GDP)。

宏观经济学

储蓄/GDP = 投资/GDP

- 运用1929—2019年美国的数据，我们可以逐年比较储蓄率和投资率。图5.4是这两个比率的散点图。每个点代表着某单一年份的数据，其中储蓄率以x轴数据表示，投资率以y轴数据表示。如你所见，储蓄率和投资率趋于同步变动；数据点相对集中于45度线附近。
- 图5.4表明储蓄大致等于投资。在第6章，我们将基于这一事实展开对经济增长决定因素（包括实物资本的投资）的讨论。

图 5.4 储蓄率和投资率的关系（1929—2019）

注：每个点代表着某单一年份的数据；x轴表示该年的储蓄率，y轴表示该年的投资率。散点图表明储蓄率和投资率趋于按年同步变动。所有点都集中于45度线附近。散点图中的黑色圆圈表示的是最后一年，即2019的数据。
资料来源：美国经济分析局，国民收入和产品账户。

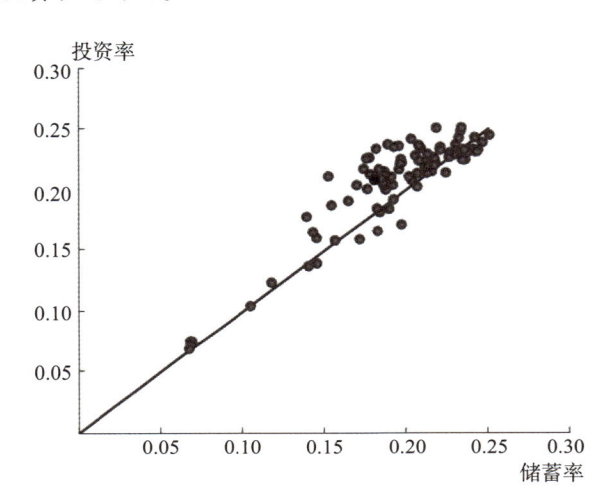

国民收入账户：收入

在前面各小节中，我们分别基于生产概念和支出概念对GDP进行了研究，其中前者主要涉及对增加值的讨论，后者则主要涉及对国民收入核算恒等式 $Y = C + I + G + X - M$ 的讨论。正如本章开头所解释的，我们也可以将GDP作为一种收入概念来进行研究。我们之前就提到过，基于收入的国民账户追踪的是经济中各个主体的收入。我们还提到总收入等于总产出和总支出。所以，如果2019年总支出为21.4万亿美元，那么2019年总产出和总收入也都分别为21.4万亿美元。

收入可以分为两大类。第一类是人们因工作而得到的收入。我们将其称为**劳动收入**。这一类别包括工资、薪酬、员工健康保险和养老金等常见项目。它还包括人们直接或间接获得的各种其他形式的劳动报酬，包括签约奖金和工作期间的免费停车位等。

第二类收入是指实物资本（例如房屋）或金融资本（例如股票和债券）所有者的变现收入（或收益）。我们将其称为**资本收入**。这一类收入的来源非常多样化，例如支付给股东的股息、支付给贷款人的利息、公司留存的收益、支付给房东的租金，以及住在自己房子里的收益！

这种劳动收入和资本收入的划分可能会助长一种直观的误解，即认为获得劳动收入的人与获得资本收入的人是不同的。然而，实际经济中的大多数人都是两者兼得。例如，一个有工作、房子和退休储蓄账户的 50 岁劳动者会从他的工作中获得劳动收入，从他的房子中获得资本收入（自有住房的隐性价值），从他的退休储蓄账户中获得资本收入（红利）。

同样要记住的重要一点是企业也为家庭所有。企业不能自己拥有自己。当一家企业获得收入时，其最终受益者是企业的所有者。多数大型企业都有股份在股票市场上交易。在这种情况下，企业由全球数以亿计的股东拥有。资本收入的受益者是这些股东。

自有住房是资本收入的一个重要来源。如果你拥有自己的住所，你就不需要支付房租（尽管你可能需要支付抵押贷款的利息）。经济学家认为不付房租是房主的一种资本收入。自有住房的隐性收入是指房主租住同样类型的房子所需花费的资金。

最后，收入中劳动收入和资本收入的各自占比也是一个值得关注的问题。在美国和其他发达经济体，近 2/3 的收入是劳动收入，另外 1/3 为资本收入。

5.3 哪些项目未被纳入 GDP 测算？

早上出门之前，许多人都会上网查看当前的天气状况。天气网站通常以单一温度和简单图片的形式提供关于天气的简要描述。

这样的天气报告遗漏了大量细节。湿度、雾霾、花粉浓度、风速以及数百种其他因素都会影响我们步行上班或奔向火车站的行程。尽管如此，通勤者还是对这份简要的天气报告心怀感激，因为它已经包含了他们想知道的大部分当地天气信息。

此图是对天气的一个简化却有用的概括，GDP 也是对经济的一个简化概括。

同样，GDP 和国民收入核算也是一个测量经济景气程度的有用体系。它并不完美，而且必然会遗漏很多细节。然而，GDP 仍能很好地告诉我们很多关于经济活动的水平、波动和长期趋势之类的必要信息。有了这个工具，我们就可以尝试对整体经济行为展开测算和预测。

然而，在此之前，讨论一下 GDP 遗漏了什么，从而让我们知道 GDP 能做什么和不能做什么，这也是一件很重要的事。GDP 固有的许多不寻常特性限制了其作为社会福利甚至总体经济活动衡量标准的价值。

经济学家对经济的预测总是大胆的。尽管不可能对整个经济的生产实现完全测算，但我们还是明知不可为而为之。集体逃避问题和苛求完美测算体系出现，都是不可行的。我们相信，一个不完美的测算标准总比直接举手投降要好得多。

实物资本折旧

我们首先注意到，GDP 忽略了实物资本折旧。实物资本折旧是指实物资本因报废或磨损而出现的价值缩减。大多数生产过程都会导致实物资本随着时间的推移而失去部分价值。驾驶牵引拖车会磨损刹车和轮胎。从地下开采石油会消耗剩余的石油储备。

如果我们想要了解经济生产的全部图景，那么可能需要考虑伴随生产出现的实物资本折旧，并从总生产价值中减去这部分折旧。

大多数政府都试图测算国民账户中的折旧，但它们在计算 GDP 时并不会减去折旧。折旧分析发现，折旧通常相当于 GDP 的 10%~20%。例如，美国国民账户估计的折旧规模非常大，如果将其全部减去，GDP 会减少 16% 左右。

2012 年，"歌诗达协和号"游轮在意大利海岸触礁。事故导致 32 人遇难，这艘造价 6 亿美元的船也被当作废铁卖掉。实物资本损失是资本折旧的一个例子。GDP 不考虑资本折旧。

这听起来像一个已经被解决的问题，但实际情况要复杂得多。第一，国民账户中的折旧估算无法被精确测算，它更像一种复杂的猜测（"大略估计"）。第二，折旧估算并未涵盖那些难以分析的类别，比如石油储备的折旧和不可持续地利用含水层进行灌溉。第三，考虑实物资本折旧还会引出许多相关问题。例如，我们健康状况的变化也没有被纳入 GDP 的计算。一些生产过程会损害劳动者的健康，例如，在矿井中从事繁重的工作，或者在生产过程中接触有毒化学物质。如果考虑实物资本的折旧，那么我们是否也应该计算健康和人力资本的折旧（我们将在第 6 章讨论人力资本这一概念）？

总而言之，试图测算折旧是一个复杂的概念问题，GDP 的标准测算方法没有考虑到任何类型的折旧。

家庭生产

当涉及经济学家所称的家庭生产时，GDP 也会出差错。所谓家庭生产，是指我们（通常）在家中进行的无偿工作。无偿工作未以任何方式被计入国民收入账户。如果你自己种花（且不从植物商店购买种子或铲子），你种出来的花就属于家庭生产，不会被计入 GDP。但如果你从当地花店购买在国内种植的花卉，那每一元钱都会包含在 GDP 中。

如果你是用自家农场里绵羊的羊毛给自己织了一顶帽子，那么一切都不会计入 GDP，但是如果你用同样的羊毛编织成帽子并卖给你的邻居，那么每一元钱都会计入 GDP。有时，这些核算规则会显得十分可笑。例如，如果你和你的园丁结婚了并不再付钱给对方，那么即便对方继续修剪同样的一片灌木，GDP 也会下降。

经济学家一致认为，将家庭生产排除在外是 GDP 核算的一大缺陷，但我们尚未找到一种测算家庭生产的方法。家庭生产没有相应的市场交易、市场价格或可测算的数量。一顿家常便饭的市场价值是多少？各家各户已经就这个哲学问题争论了很长时间。

如果我们讨论的只是一个自制肉卷，那么这一遗漏也没有什么大不了。但有很大一部分经济活动是在家庭中进行的，且生产者没有得到正式报酬。大多数家庭都是自己承担除尘、拖地、擦洗和抛光等家务劳动。人们还经常自己修剪草坪，自己扫树叶，自己给花坛除草。大多数家庭主要还是自己在家做饭吃。

最后，儿童保育也是一种非常重要的家庭生产，这一点可以通过如下的例子得到说明。假设有艾弗里和迈卡两个不同的家庭，他们各家都有小孩。如果艾弗里和迈卡都各自居家照顾自己的孩子，那么就没有市场交易，儿童保育也不会被计入 GDP。相比之下，如果艾弗里照顾迈卡的孩子且工资为每年 4 万美元，而迈卡照顾艾弗里的孩子且工资也是每年 4 万美元，那么每年 GDP 就会增加 8 万美元。请注意，不管儿童保育是否得到 GDP 测算，孩子们都得到了照顾。当每家父母都各自照顾自己的孩子时，儿童保育就不存在市场交易，因而会被 GDP 测算遗漏。当每家的父母都照顾对方的孩子时，儿童保育便产生了市场交易，GDP 因此增加了 8 万美元。

有两个原因让经济学家对这一现象异常担忧。首先，有很大一部分成年人从事的是无偿工作。我们从对时间使用的调查中得知，那些没有正式工作的人所做的远不止是在家里看《权力的游戏》的重播。其次，即使是有正式工作的人也会参与一些家庭生产活动。如果你白天出去上班，那么很可能下班回家后还要做一些清洁、做饭或照看孩子的工作。

让我们量化一下这方面的影响。在 2019 年总人口为 3.282 亿的美国，约有 1.5 亿（年龄在 16 岁及以上的）成年人拥有正式工作，另有 1 亿成年人没有正式工作。[2]

许多没有正式工作的成年人从事着大量的家庭生产，包括准备食物、维护房屋和照顾孩子等。假设处于工作年龄但没有正式（有偿）工作的成年人平均每人每年从事的家庭生产价值 2 万美元。这个

无偿的儿童保育未被纳入 GDP 测算。

数字是从事不同数量家庭生产的人所创造价值的平均值。有些人没有正式工作是因为要照顾刚出生的三胞胎，有些人则是因为退休而拥有大量休闲时间。

此外，假设在外面有正式工作的人每年也要参与价值为 1 万美元的家庭生产。毕竟，即使是有正式工作的人也要做饭、吸尘和洗衣服。事实上，他们中的许多人也会花大量精力照顾儿童。

把这些不同的家庭生产来源累加，我们计算出美国每年的家庭生产价值为 3.5 万亿美元：

$$1 亿人 \times 20\,000 美元/人 + 1.5 亿人 \times 10\,000 美元/人 = 3.5 万亿美元$$

在一个基于市场的产出为 21.4 万亿美元的经济体中，3.5 万亿美元意味着我们在 GDP 的计算中忽略了大约 16% 的额外经济生产。许多其他对家庭生产的估算值甚至更高。

地下经济

地下经济是 GDP 核算中的另一个漏洞。所谓地下经济，就是那些对政府统计人员隐瞒的交易。水管工要求以现金支付；只要你同意不打表（并以现金支付），出租车司机就会少收一点儿打车费——这些都属于地下经济。修理水管和开出租车都是完全合法的，但一些劳动者会为了逃避纳税而隐藏收入。在美国，这种避税的总值每年可达 5 000 亿美元。[3]

隐瞒合法职业的收入还可能出于许多其他原因。例如，如果一个外国公民在美国当保姆但没有工作签证，那么她可能更愿意以能够远离美国政府视线的方式接受报酬——换句话说，她只收现金。

地下经济还包括非法职业市场，高居榜首的便是毒品交易和卖淫（尽管截至 2020 年，美国已有 11 个州将持有少量大麻合法化）。据估计，仅非法毒品销售额就几乎相当于 GDP 的 1%。在美国经济中，这相当于所有农业生产的价值。

在拥有良好的执法体系的发达经济体中，如在瑞士、日本和美国，所有地下经济的交易总额约占 GDP 的 10%。在发展中国家，地下经济活动的占比通常要高出许多。例如，墨西哥的地下经济可能相当于实测 GDP 的一半。印度的地下经济估计相当于 GDP 的 1/4，该国正努力促使其地下经济走向公开化。例如，印度在 2016 年开始推行货币改革，试图借此迫使那些持有大量现金的人将这些（藏在自家保险柜里的）钱转移到正规的银行系统，以便于政府统计和征税。

一些国家（如爱尔兰、意大利和英国）近年开始将非法毒品交易和卖淫等地下经济活动纳入官方 GDP 计算。

外部性

当一项经济活动具有不影响该活动直接参与人的溢出成本时，就会出现负外部性。当一项经济活动具有不影响该活动直接参与人的溢出收益时，就会出现正外部性。外部性，包括负外部性和正外部性，通常都不被纳入GDP的计算。例如，一家燃煤发电厂在为成千上万家庭提供电力的同时，也在持续不断排放有毒的空气污染物。GDP会计入发电价值，但未能扣除污染所带来的社会成本。

GDP没有扣除污染所带来的社会成本。

有时，负外部性甚至会被视为经济产出的积极贡献者。例如，盗窃等犯罪活动会促使人们购买锁和其他安全设备。在某些情况下，业主会雇用保安来保护他们的财产。这些预防性活动都被视为对GDP的积极贡献。

国内生产总值与国民生产总值

我们之前已经解释过，GDP是某一特定时期一国境内所有生产的市场价值。所以，GDP既包括本国居民的产出，也包括访客的产出。例如，如果一个美国劳动者在新加坡工作了两个月，那么他这两个月的生产将被计入新加坡的GDP，而不会被计入美国的GDP。同样，如果像本田这样的日本汽车公司在美国的亚拉巴马州开设一家工厂，该工厂的增加值会被计入美国的GDP，而不是日本的GDP。即使该工厂完全由机器人操作，没有一名美国员工，结果也同样如此。这家工厂在美国境内运营，所以其增加值会被计入美国的GDP。

你的第一反应可能是怀疑这类的跨境活动是否真有那么多。事实上，这样的活动非常多。例如，在美国销售的"日本"汽车中，有大约70%是在加拿大、墨西哥和其他美洲国家的工厂生产的。

考虑到这样的现实，经济学家构建了一个叫作国民生产总值（GNP）的总体经济活动测算指标。GNP仅测算由某一特定国家居民所拥有生产要素的产出。美国的GNP统计的是通常居住在美国的劳动者的生产，即使该生产活动发生在此人暂时在国外工作的时候。例如，一位美国教授在新加坡国立大学教授暑期课程，那么新加坡国立大学支付给他的工资将被计入美国的GNP，而不计入新加坡的GNP。

同样，美国的GNP不会统计日本汽车制造商的机器所创造的增加值，即使这些机器在亚拉巴马州运行。相比之下，受聘于亚拉巴马州一家日本汽车厂的美国劳动者的增加值则会被计入美国的GNP。美国的GNP只计算为美国居民占有或拥有的生产要素的增加值，并不考虑这些生产要素在世界何处运行。

因此，GNP 是对国民生产的测算，其中"国民"一词指的是某一特定国家居民占有或拥有的资本和劳动等生产要素。要计算美国的 GNP，我们先要用美国的 GDP 加上美国生产要素在外国境内的生产，然后减去外国拥有的生产要素在美国境内的生产。

美国国民生产总值 = 美国国内生产总值 + 美国拥有的资本和劳动在外国境内的生产 − 外国拥有的资本和劳动在美国境内的生产

代入 2019 年的实际数字后，我们会发现美国的 GNP（21.7 万亿美元）高于美国的 GDP（21.4 万亿美元）。具体而言，在外国境内的美国资本和劳动的生产的市场价值（1.2 万亿美元）超过了在美国境内的外国资本和劳动的生产的市场价值（0.9 万亿美元）。2019 年，美国的 GNP 比 GDP 高出约 1%。[4]

一些国家的 GNP 和 GDP 存在着更为显著的差异。例如，科威特作为波斯湾一个富有的石油出口国，拥有庞大的外国资产投资组合，而外国居民在科威特境内拥有的资产相对较少。来自科威特国外资产的收入会被计入科威特的 GNP，但不被计入科威特的 GDP。因此，科威特的 GNP 要比 GDP 高出约 10%。然而，科威特的这种情况并不普遍。大多数国家的 GNP 和 GDP 几乎相同。

收入不平等加剧

人均 GDP 和 GDP 的最大问题之一是缺乏关于经济产出如何在各个家庭之间分配的详细信息。例如，美国和挪威的人均 GDP 水平非常接近，然而美国的收入不平等更为严重。以收入居前 1% 家庭的经济财富为例，美国最富有的 1% 的家庭，其收入占到了国民收入的 18.6%，剩下 99% 的家庭，其收入占国民收入的 81.4%。相比之下，挪威最富有 1% 家庭的收入占国民收入的 8.4%，而剩下的 99% 家庭的收入占国民收入的 91.6%。这些差异意味着美国最富有的 1% 家庭比挪威最富有的 1% 家庭更富有，而"底层"99% 的美国家庭不如"底层"99% 的挪威家庭富裕。尽管两国的人均 GDP 水平非常接近，但这些差异仍然存在。

不平等不仅因国家而异，而且随时间的推移而变化。在大多数国家，收入不平等在过去一个世纪中大致遵循了 U 形发展模式：在 20 世纪 70 年代之前呈下降趋势，但之后开始上升。例如在美国，1913 年（最早有数据的年份）前 1% 家庭的收入占全国收入的 18.0%，到 1975 年这一数字下降到 8.3%，2017 年又反弹至 18.6%。我们将在第 7 章中就此展开更为详细的讨论。

受教育程度不同的群体的收入轨迹，也在一定程度上体现了自 20 世纪 70 年代以来不平等的加剧。自 20 世纪 70 年代初以来，仅有高中学历的美国劳动者的收入购买力呈现持平甚至下降趋势。与此同时，那些更具熟练技能，尤其是拥有硕士研究生学历的劳动者的收入出现了大幅增长。[5]

适度的不平等能够激励人们辛勤工作，有利于经济发展。如果每个人都得到（或保证得到）完全相同的收入，大家就会全然失去工作动力。因此，对辛勤劳动者的某些嘉奖以及随之而来的不平等，都是必要的激励举措。然而，许多人认为高度的不平等是一种社会不公。高度的不平等可能使所有家庭都无法获得高质量的教育。更为不幸的是，高度不平等可能造成社会动荡，而那些为社会所面临经济问题提供不可持续和不切实际"药方"的民粹主义政客也因此获得了更多的支持。

闲暇

闲暇是 GDP 体系中的另一个痛点。GDP 核算丝毫没有考虑一个经济体创造的闲暇。然而，大多数人会同意闲暇是人类福祉的一个关键因素。例如，根据时间使用调查，人们说他们在社交时最幸福。[6] 同样，人们说他们在工作或上下班途中最不快乐。当比较各国 GDP 时，我们别忘了不同国家有着不同的工作强度。生活的目标当然不是通过每时每刻工作来最大化我们的收入。如果这是我们的目标，那么没有人会退休或度假。一个更合理的目标是使人类福祉最大化——这是优化的另一个例子。GDP 告诉我们一个经济体生产了多少物质产品，但并不能告诉我们是否所有物质成就都在被用于优化人类的幸福。

GDP 能买到幸福吗？

尽管忽略了闲暇，但人均 GDP 还是经常被用作对社会福祉的简要测算。我们想知道人均 GDP 是否真的是一个测算人类幸福程度的优秀预测指标。社会科学家们没有一种测算幸福程度的万全之策，但我们确实有一种测算人们对生活满意度的粗糙方法：直接问问他们。这不是一个理想的方法（例如，人们说的可能不是真话："我很好，你呢？"），但这是一个起点。当调查人员在世界各地展开数百万次的幸福问询时，数据中便浮现出一些显著的模式。

人均 GDP 被证明是一个强有力的生活满意度预测指标。图 5.5 显示出，在很多国家和地区的样本中，人均 GDP 与自我报告的生活满意度之间存在正相关关系。人均 GDP 水平较高的国家，其民众的生活满意度也较高。图中 x 轴表示人均 GDP，y 轴表示平均生活满意度。对生活满意度的测算采取 10 分制。每个圆代表一个不同的国家，圆的大小代表了这个国家人口规模的大小。右边的大圆代表美国。左边的大圆代表印度。

GDP 和生活满意度之间的这种正相关关系也存在于每个国家内部。换句话说，在研究了家庭收入和生活满意度的家庭层面数据后，经济学家发现，一个国家的低收入家庭的生活满意度明显低于同一国家的高收入家庭。[7]

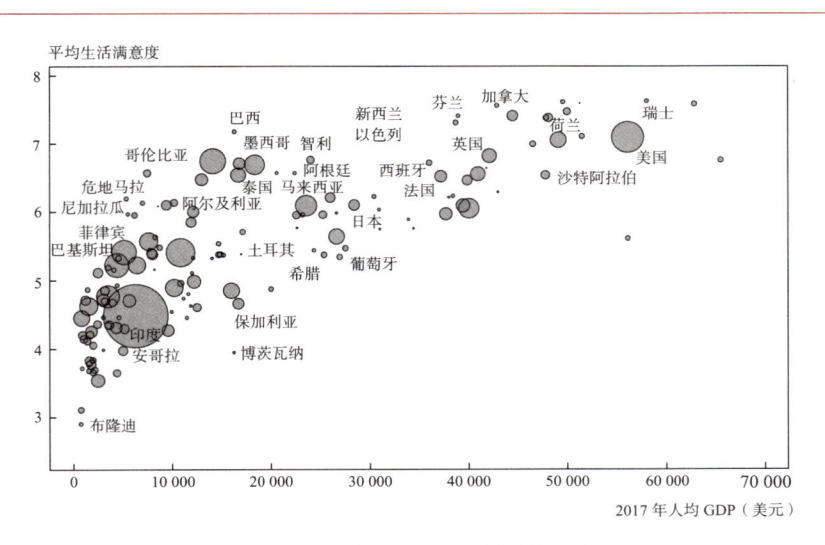

图 5.5 人均 GDP 和生活满意度

注：当我们将大量国家及地区的人均 GDP 与平均生活满意度（10 分制）进行比较时，发现两者之间存在很强的正相关关系。
资料来源：the World Happiness Report and the Penn World Table version 9.1 (Robert C. Feenstra, Robert Inklaar, and Marcel P. Timmer, September 2019)。

5.4 实际与名义

GDP 这一工具尤其适用于对总体经济增长情况的测算。为了进行这种增长分析，我们会把由总体价格上涨（即通货膨胀，我们将在后文中定义这一概念）引起的 GDP 价值增长，与由商品和服务的数量和质量提升引起的价值增长区分开来。

例如，假设福迪卡国 2019 年生产了 10 辆汽车，2020 年生产了 10 辆相同的汽车。为了简化分析，我们假设汽车的质量没有随着时间而发生变化。经济学家拥有处理质量改进的复杂工具，但为了使分析尽可能简单，我们先不讨论这些问题。在保持质量不变的前提下，假设从 2019 年到 2020 年每辆车的价格从 3 万美元上涨到了 4 万美元。在这种情况下，2019 年的 GDP 是 300 000 美元（10 辆汽车 ×30 000 美元 / 辆），2020 年的 GDP 是 400 000 美元（10 辆汽车 ×40 000 美元 / 辆）。乍一看，该国经济增长了 33%。

$$\frac{2020\ 年\ GDP - 2019\ 年\ GDP}{2019\ 年\ GDP} = \frac{400\ 000\ 美元 - 300\ 000\ 美元}{300\ 000\ 美元} = \frac{1}{3} \approx 0.33 = 33\%$$

但实际生产的汽车数量根本没有增长，还是 10 辆质量不变的汽车。如果我们计算汽车的数量，而不是它们的市场价值，那么从 2019 年到 2020 年福迪卡的经济增长率就会为 0。只是价格的上涨（这个例子中，汽车质量保持不变）还不值得我们沾沾自喜。

我们自然而然地想把仅仅由于价格上涨而导致的增长同由于商品和服务生产活动增加而导致的增长区分开来。为此，我们提出了名义 GDP 和实际 GDP 的概念。名义 GDP 是我们在本章中一直在讨论的标准 GDP 测算。**名义 GDP** 是生产的总市场价值，它使用当前市场价格来确定每单位生产的价值。

实际 GDP 与名义 GDP 基于相同的思想，即将最终商品和服务的市场价值进行累加，但实际 GDP 使用的是某一基年的价格，而不是生产活动发生当年的价格。让我们把 2019 年作为基年来解释这一概念。在我们的例子中，2019 年一辆福特汽车的价格是 3 万美元。现在让我们假设福迪卡 2019 年生产了 10 辆福特汽车，2020 年生产了 10 辆（相同的）福特汽车。为了计算其实际 GDP，我们就要使用 2019 年的价格来计算 2019 年和 2020 年的产出。因此，福迪卡 2019 年的实际 GDP 是 30 万美元，2020 年的实际 GDP 仍然是 30 万美元。使用实际 GDP 的概念，我们发现该国在 2019—2020 年的生产没有增长。这是有道理的，毕竟生产的汽车数量和质量都没有变化。

为了清晰，经济学家会在分析中使用"名义"或"实际"这两个词，以确保读者知道他们在讨论的是哪个概念。当然，记者们普遍认为实际 GDP 的增长才是唯一值得关心的内容。所以当一个新闻标题宣称"美国经济增长率放缓至 2.2%"时，它假定的就是读者虽未被告知，但应当知道这是在谈论实际增长率。

到目前为止，我们对实际 GDP 的研究还仅限于只有一种商品的简单情况。当然，这个概念可以应用于拥有任何数量的商品和服务的经济体。为了将概念付诸实践，让我们考虑一个生产福特和雪佛兰两种类型汽车的经济体。表 5.2 列出了我们即将使用的原始数据。

让我们从计算名义 GDP 开始。我们使用当年价格，简单地把每年销售的商品的市场总值累加。2019 年的名义 GDP 为：

10 辆福特 × 30 000 美元 / 辆 + 5 辆雪佛兰 × 20 000 美元 / 辆 = 400 000 美元

2020 年的名义 GDP 为：

10 辆福特 × 40 000 美元 / 辆 + 20 辆雪佛兰 × 25 000 美元 / 辆 = 900 000 美元

将这些数字与表 5.2 中标记为"名义 GDP"一列中的值进行比对。

为了计算实际 GDP，我们把 2019 年作为基年。这意味着我们在计算 2019 年和 2020 年的实际 GDP 时，将继续使用 2019 年的价格。这对 2019 年没有影响。2019 年的实际 GDP 以 2019 年的数量和价格计算（与 2019 年名义 GDP 的计算完全一致）。

当我们以 2019 年为基年计算 2020 年的实际 GDP 时，情况出现了变化。现在我们需要使用2020年的数量和2019年的价格。2020年的实际GDP为：

10辆福特×30 000美元/辆+20辆雪佛兰×20 000美元/辆=700 000美元

表5.2　仅有两种商品的经济体生产的商品的数量和价格

年份	福特 数量（辆）	福特 价格（美元/辆）	雪佛兰 数量（辆）	雪佛兰 价格（美元/辆）	名义GDP（美元）	以2019年价格计算的实际GDP
2019	10	30 000	5	20 000	400 000	400 000
2020	10	40 000	20	25 000	900 000	700 000

注：左边框中是福特2019年和2020年的数量和价格。右边框中是雪佛兰的数量和价格。名义GDP是使用同一年的价格和数量计算得到的生产总值。使用2019年价格计算的2019年实际GDP与2019年的名义GDP相同。使用2019年价格计算的2020年实际GDP是使用2020年数量和2019年价格计算的生产总值。

通过保持价格不变（使用单一基年的价格），我们能够进行有意义的跨年比较。用经济学家的话说，这样的分析使用的是不变美元。在这个例子中，不变美元就是基于2019年的价格。为了让受众清楚地了解基年是哪一年，经济学家会说：本分析使用的是"2019年不变美元"。

理解了如何计算实际GDP后，我们就可以讨论实际GDP的增长速度，即通常所说的**实际GDP增长率**。例如，2020年实际GDP的增长率公式为：

$$2020年实际GDP增长率 = \frac{2020年实际GDP - 2019年实际GDP}{2019年实际GDP}$$

通过关注在一定时期内保持价格不变的实际GDP增长率，我们对2019年的实际产出总值（在本例中为40万美元）和2020年的实际产出总值（本例中为70万美元）做出比较。在这个例子中，实际GDP增长了75%：

$$\frac{700\,000美元 - 400\,000美元}{400\,000美元} = \frac{3}{4} = 0.75 = 75\%$$

有了实际GDP增长率的概念，我们就不会让价格变动混淆比较，而是可以把注意力集中在我们最关心的事情上，即在不同的时间点经济体的产出是多少。

最后，请注意不要被本教学案例误导。现实中的实际GDP增长率远低于我们案例中的数据。自1929年建立可靠的国民收入账户以来，美国的实际GDP增长率平均为每年3.2%。即使是经济快速增长的发展中国家，其年均实际GDP增长率也只有5%~10%。

我们将在第 7 章分析长期实际 GDP 增长率，在第 12 章研究实际 GDP 增长率的短期波动。

GDP 平减指数

我们也可以用实际 GDP 来研究总体经济中的价格水平。具体来说，如果我们用名义 GDP 除以同年的实际 GDP，并将所得比率乘 100，那么我们就可以测算出一国商品和服务价格自基年以来上涨了多少。这个比率被称为 **GDP 平减指数**。

$$\text{GDP 平减指数} = \frac{\text{名义 GDP}}{\text{实际 GDP}} \times 100$$

把这个公式写出来，有助于我们理解为什么这个比率能够测算价格上涨水平。让我们再次回到表 5.2 中将 2019 年作为基年来计算实际 GDP 的例子。首先，让我们计算出 2019 年的 GDP 平减指数。我们列出了名义 GDP 和实际 GDP 的表达式，使用表 5.2 中的数据，你可以将数字代入公式：

$$\begin{aligned}
\text{GDP 平减指数（2019）} &= \frac{\text{名义 GDP（2019）}}{\text{实际 GDP（2019）}} \times 100 \\
&= \frac{\text{以 2019 年价格购买 2019 年国内所有生产的成本}}{\text{以基年价格购买 2019 年国内所有生产的成本}} \times 100 \\
&= \frac{(10 \times 30\,000 + 5 \times 20\,000)}{(10 \times 30\,000 + 5 \times 20\,000)} \times 100 \\
&= 100
\end{aligned}$$

这一算式提醒我们，在基年（本例中为 2019 年），名义 GDP 等于实际 GDP。因此，在基年，GDP 平减指数正好等于 100。

现在让我们考虑 2020 年，即基年之后的一年。同样，你可以将表 5.2 中的数据代入公式：

$$\begin{aligned}
\text{GDP 平减指数（2020）} &= \frac{\text{名义 GDP（2020）}}{\text{实际 GDP（2020）}} \times 100 \\
&= \frac{\text{以 2020 年价格购买 2020 年国内所有生产的成本}}{\text{以基年价格购买 2020 年国内所有生产的成本}} \times 100 \\
&= \frac{(10 \times 40\,000 + 20 \times 25\,000)}{(10 \times 30\,000 + 20 \times 20\,000)} \times 100 \\
&= \frac{900\,000}{700\,000} \times 100 \\
&\approx 128.6
\end{aligned}$$

在 2020 年 GDP 平减指数的公式中，分子和分母的产品数量完全相同：10 辆福特和 20 辆雪佛兰。这些是 2020 年的销售量。唯一在分子和分母之间变化的数字是价格。（上面的）分子为 2020 年价格，用于计算 2020 年的名义 GDP。（下面的）分母是用于计算 2020 年实际 GDP 的 2019 年价格——如前所述，2019 年价格就是基年价格。

分子显示了用 2020 年价格购买 2020 年经济体所有生产的成本。分母显示了用 2019 年价格购买 2020 年经济体所有生产的成本。通过保持 2020 年生产的商品和服务不变，但将价格从（分子中的）2020 年价格变为（分母中的）2019 年价格，GDP 平减指数得出了一个比率，而这个比率所反映的，就是购买 2020 年所有生产的成本上升情况。

2020 年 GDP 平减指数告诉我们的是在保持分子、分母中数量不变的情况下，2020 年的价格和 2019 年的价格的比较情况。你可以把数量视为权重。2020 年生产的商品或服务的数量越多，它在决定整体比率中的权重就越大。这是有道理的：当我们对价格水平进行全面测算时，数量大的商品或服务理应有更大的权重。

在理解了 GDP 平减指数的计算原理之后，你会发现，它使得我们能够很方便地在三个重要变量之间变换。这三个变量分别为：GDP 平减指数（即目标年加权价格与基年加权价格的比率）、名义 GDP（用于测算同一目标年的产出市场价值）和实际 GDP（使用基年的价格来测算目标年的产出市场价值）。你只要知道这三个变量中的两个，就可以用 GDP 平减指数公式轻松地计算出第三个变量。

经济学家还研究 GDP 平减指数的逐年百分比变化。例如，2020 年 GDP 平减指数的同比变化百分比为：

$$2020 \text{ 年 GDP 平减指数的百分比变化} = \frac{2020 \text{ 年的 GDP 平减指数} - 2019 \text{ 年的 GDP 平减指数}}{2019 \text{ 年的 GDP 平减指数}}$$

当我们计算一个变量的百分比变化时，我们用变量的变化量除以此前的变量水平。GDP 平减指数的百分比变化是对总体价格水平变化百分比的测算。在我们的示例中，2019 年 GDP 平减指数为 100，2020 年为 128.6。因此，经济学家得出的结论是价格上涨了 28.6%。

$$\frac{128.6 - 100}{100} = \frac{28.6}{100} = 0.286 = 28.6\%$$

注意，这个总体的价格涨幅介于福特的价格上升比率（从 3 万美元上升至 4 万美元，涨幅 33%）与雪佛兰的价格上升比率（从 2 万美元上升至 2.5 万美元，涨幅 25%）之间。福特和雪佛兰的价格相对权重是由它们的数量权重决定的。

图 5.6 以 2012 年为基年，绘制了 1929—2019 年美国 GDP 平减指数的实际值。由于

2012 年是基年，2012 年 GDP 平减指数正好是 100。2012 年前 GDP 平减指数小于 100，2012 年后大于 100。1929—2019 年，GDP 平减指数年均增长 2.9%，这是对这段时间价格平均上涨速度的一个测算。

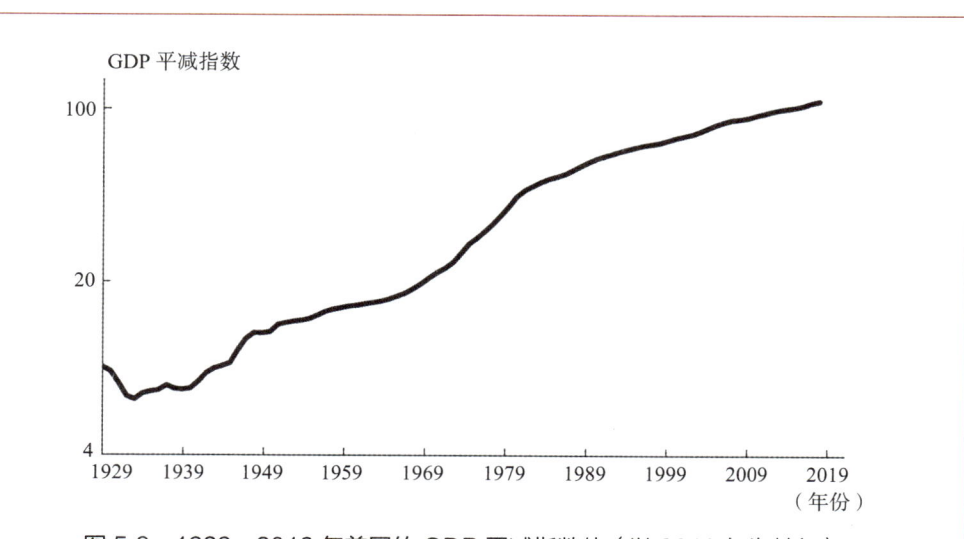

图 5.6　1929—2019 年美国的 GDP 平减指数值（以 2012 年为基年）

注：由于 2012 年是基年，2012 年 GDP 平减指数正好是 100。注意，在 2012 年前的 GDP 平减指数小于 100，2012 年之后的大于 100。GDP 平减指数是一个关于经济中物价总体水平的指标。在物价上涨的经济体中，GDP 平减指数会随着时间的推移而上升。GDP 平减指数唯一大幅下降的时期是 1929—1933 年的大萧条时期。这个数据序列按比例刻度绘制，这意味着 y 轴上相同距离的变化代表相同比例的变动。例如，从 4 上升到 20（即增长为原来的 5 倍）与从 20 上升到 100（同样增长为原来的 5 倍）在 y 轴上的距离相同。

资料来源：美国经济分析局，国民收入和产品账户。

测算价格整体走势的方法众多，这也导致了一定程度的混乱。事实上，公众对 GDP 平减指数以及它作为测算价格变动工具的用途几乎一无所知。最著名的价格测算指标是消费价格指数，我们接下来就会讨论这个指标。

消费价格指数

你现在已经知道 GDP 平减指数是一个比率，即：

$$\text{GDP 平减指数（目标年）} = \frac{\text{名义 GDP（目标年）}}{\text{实际 GDP（目标年）}} \times 100$$

$$= \frac{\text{以目标年价格购买目标年国内所有生产的成本}}{\text{以基年价格购买目标年国内所有生产的成本}} \times 100$$

例如，如果基年是 2012 年，那么分母中使用的价格就是 2012 年的价格。

美国劳工统计局使用的是一个名为**消费价格指数（CPI）**的同类公式。你会发现消费价格指数计算公式看起来几乎与 GDP 平减指数公式完全相同。

$$消费价格指数（目标年）= \frac{以目标年价格购买一特定篮子消费品的成本}{以基年价格购买一特定篮子消费品的成本} \times 100$$

正如你所见，GDP 平减指数公式和居民消费价格指数公式几乎没有区别。

（1）两个公式都在分子上使用目标年价格，在分母上使用基年价格。

（2）两个公式都包含一个比率，该比率对比的是使用目标年价格购买一组特定商品的成本与使用基年价格购买同一组商品的成本。

（3）两个公式有相同的解释：比率越高，意味着从基年到目标年的价格涨幅越大。

这两个公式之间的关键区别在于所购买的一特定篮子商品。GDP 平减指数研究的是国内生产的一篮子商品。换句话说，GDP 平减指数研究的是代表国内经济总产出的一篮子商品。我们将其称为"GDP 篮子"。

消费价格指数研究的是一篮子特定的消费品。构建这个篮子的目的在于反映一个普通美国家庭所购买商品的种类和数量。我们将其称为"消费者篮子"。

GDP 篮子和消费者篮子有三个关键区别。

（1）GDP 篮子包括家庭不购买的东西，比如燃煤发电厂、机车、地铁站、城市巴士、航空母舰和核潜艇。消费者使用由购买这些产品的政府和企业提供的服务，但不会直接购买这些产品，因此它们会出现在（购买当年的）GDP 篮子中，但不出现在消费者篮子中。

（2）消费者篮子包括家庭购买但不被计入 GDP 的东西。例如，GDP 只计算国内产出，因此它不计算进口，比如在国外生产的笔记本电脑的海外增加值。当美国消费者购买一台中国产的笔记本电脑时，其增加值不会被计入美国的 GDP 篮子，但会被计入美国的消费者篮子。

（3）即使一种产品同时包含在 GDP 篮子和消费者篮子中，它在这两个篮子中的权重也可能不同。例如，与住房相关的支出同时包含在这两个篮子中，但在消费者篮子中的比重更大。包括住房成本、水电费和家居用品在内的居住支出占消费者篮子的 40% 以上，但在 GDP 篮子里这些项目的占比加起来不到 20%。

鉴于这些差异，人们自然想知道 GDP 平减指数和消费价格指数对总体经济中价格演变的描述是否有很大差异。我们接下来就会告诉大家，在实践中这两个指标其实大同小异。

通货膨胀

价格的增长率就是**通货膨胀率**。它是价格指数的同比增长百分比。例如，我们可以使用以下公式来计算 2020 年美国的总体通货膨胀率（其中的"物价指数"既可以是 GDP 平减指数也可以是消费价格指数）：

$$2020 年通货膨胀率 = \frac{(2020 年的物价指数 - 2019 年的物价指数)}{2019 年的物价指数}$$

这与我们前面计算 GDP 平减指数的同比增长百分比所使用的公式相同，也是用变量的变化量除以之前的变量水平。

结果表明，物价指数的选择对计算出的通货膨胀率没有太大的影响。图 5.7 显示了用 GDP 平减指数（用实线表示）和消费价格指数（用虚线表示）计算的历史通货膨胀率。正如你所见，这两个通货膨胀序列的变动轨迹非常接近。

这种相似性可能部分解释了为什么关于 GDP 平减指数的新闻报道相对较少。一旦我们知道了消费价格指数，GDP 平减指数也不会提供更多信息。此外，消费价格指数是按月发布的，因此比按季度发布的 GDP 平减指数更及时。最后，消费价格指数描述的是对家庭至关重要的通货膨胀。从这个意义上说，消费价格指数和普通消费者的关系更密切。

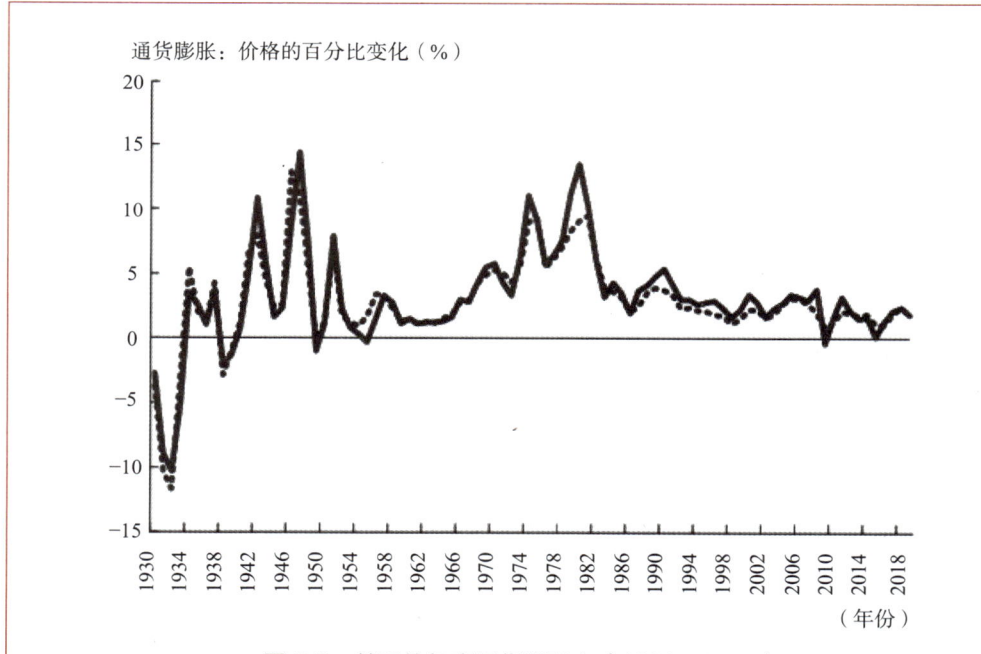

图 5.7 美国的年度通货膨胀率（1930—2019）

注：图中的实线表示从 1930 年到 2019 年 GDP 平减指数的年度百分比变化，这是对通货膨胀的一种测算。本图也描绘了同期消费价格指数的年度百分比变化（虚线），这是另一种测算通货膨胀的方法。这两项测算有着非常相似的历史模式。
资料来源：美国经济分析局，国民收入和产品账户；美国劳工统计局。

调整名义变量

如果不调整名义变量，我们就无法进行有意义的跨期比较。例如，于 1909 年就职的威廉·霍华德·塔夫脱在担任美国总统期间的年薪为 7.5 万美元。2019 年，美国总统的年薪是 40 万美元。究竟谁的工资更高？

当我们问这个问题时，我们的意思不是"谁得到了更多的钱"，而是"谁的工资更值钱"，或者用经济学的语言来说就是，"谁的购买力更强"。从 1909 年到 2019 年，美国的物价上涨了很多，所以 1909 年 1 美元的购买力要比 2019 年的 1 美元高得多。要想比较塔夫脱总统的工资和现在美国总统的工资，我们需要把塔夫脱总统的工资换算成现在的美元。

下面的公式能够让我们解决这个问题：

$$2019\text{ 年美元的价值} = \frac{2019\text{ 年的价格指数}}{1909\text{ 年的价格指数}} \times 1909\text{ 年美元的价值}$$

等式右边的比值会告诉我们物价上涨了多少，使我们能够将 1909 年美元的价值转化为 2019 年美元的价值。我们可以把 2019 年消费价格指数和 1909 年消费价格指数的历史估计值（官方直到 1913 年才开始计算消费价格指数）代入公式。

$$2019\text{ 年美元的价值} = \frac{2019\text{ 年的价格指数}}{1909\text{ 年的价格指数}} \times 1909\text{ 年美元的价值}$$

$$= \frac{256}{9} \times 7.5\text{ 万美元}$$

$$\approx 213\text{ 万美元}$$

物价指数的比率显示出，在这段时间内，物价平均而言上涨了 28.44 倍（256/9），因此 1909 年的 1 美元相当于 2019 年的 28.44 美元。将 1909 年塔夫脱总统 7.5 万美元的年薪按这个物价上涨比例计算，他 1909 年的工资相当于 2019 年 213 万美元的购买力。塔夫脱总统的工资是特朗普总统 2019 年工资的 5 倍多。

我们可以使用上面的简单公式，把任何历史价格（或价值）表示为近期某一年（比如 2019 年）的美元价值。一般来说，我们凭借直觉就能很好地判断出 1 美元在 2019 年能买到什么，但通常很难靠直觉判断出 1 美元在 1909 年的购买力。因此，这种类型的转换非常有用。在本书中我们将多次用到这种转换。

总结

- 宏观经济学是对经济总量和整体经济的研究。"总"就是"全部"。宏观经济学研究的是全部经济活动。
- GDP 是某一特定时期（例如一年）一国境内生产的最终商品和服务的市场价值。GDP 有三种等同的定义方法：生产＝支出＝收入。循环流向图解释了这一恒等式，并增加了第四种测算经济活动的等价方法：生产要素。
- 就像一份天气简报——"33 摄氏度，局部多云"，GDP 只是对经济活动和经济福利的一个简要测算。GDP 遗漏了很多细节，包括折旧、家庭生产、地下经济、外部性、不平等、闲暇以及资本和劳动的跨境流动。然而，人均 GDP 水平相对较高的国家，居民生活满意度也相对较高。
- 经济学家区分名义价值和实际价值。实际 GDP 测算的是经济生产的市场价值，以特定基年的不变价格计算。GDP 平减指数用于测算经济中总体物价水平。消费价格指数是测算总体物价水平的另一项指标。GDP 平减指数和消费价格指数都可以用于测算物价上涨的总体速度，即通货膨胀率。

关键术语

人均收入　　　　　　　　增加值　　　　　　　　　国民生产总值（GNP）
经济衰退　　　　　　　　消费　　　　　　　　　　名义 GDP
失业者　　　　　　　　　投资　　　　　　　　　　实际 GDP
失业率　　　　　　　　　政府支出　　　　　　　　实际 GDP 增长率
国民收入账户　　　　　　出口　　　　　　　　　　GDP 平减指数
国民收入和产品账户　　　进口　　　　　　　　　　消费价格指数（CPI）
国内生产总值（GDP）　　 国民收入核算恒等式　　　通货膨胀率
恒等式　　　　　　　　　劳动收入
生产要素　　　　　　　　资本收入

问题

1. 从媒体上找出三篇属于典型宏观经济学研究范畴的近期新闻报道（注明报道的日期和来源）并讨论为什么它们符合宏观经济学的研究主题。
2. GDP 是如何定义的？
3. 什么是核算恒等式？解释核算恒等式：生产＝支出＝收入。
4. 使用循环流向图说明支出、生产和收入之间的相互关系。
5. 如何使用基于生产的核算方法计算 GDP？讨论增加值的作用。
6. 如何使用基于支出的核算方法计算 GDP？
7. 哪类支出在美国的 GDP 中占比最高？
8. 如何使用收入法计算经济活动水平？
9. 如果 2019 年一国的总支出是 21.4 万亿美元，那么其总收入是多少？请解释你的答案。
10. 资本折旧是什么意思？
11. 像津巴布韦这类低收入国家，它们人均收入的更快增长将会如何改善美国公民的福祉（无论这些改善是否会被计入美国的 GDP）？

12. 请列举出 GDP 遗漏的三个重要因素。
13. 你决定自己做饭吃，而不再下馆子。这会如何影响 GDP？
14. 什么时候一个国家的 GDP 会超过其 GNP？
15. 20 世纪 30 年代，诺贝尔奖得主西蒙·库兹涅茨在国民收入账户的研究方面做了很多重要工作。他说我们很难通过对国民收入的测算来推断一个国家的福利水平。你是否同意他的观点？请解释理由。
16. 1968 年，罗伯特·F. 肯尼迪在一次讲话中质疑了 GDP 的有效性。他的核心观察如下："现在，我们的国内生产总值每年超过 8 000 亿美元，但如果我们非要把它作为评价美利坚合众国的标准，我们就要知道这个国内生产总值计算的都是些什么东西。这个国内生产总值计算了空气污染、烟草广告、在高速上清理各种惨祸的紧急救援车。它计算了我们各种防盗以及防止犯人越狱的专用锁。它计算了我们在无序扩张过程中对红杉树的滥伐和自然奇观的消失。它计算了凝固汽油弹、核弹头，还有警察用来镇压城市骚乱的装甲车。它计算了查尔斯·惠特曼的杀人步枪和理查德·斯佩克的夺命刀①，还有那些为了向我们的儿童兜售玩具而美化暴力的电视节目。然而，这个国内生产总值却没有包含我们孩子的健康、他们的受教育质量或他们玩耍的乐趣。它没有包含我们诗歌的美好、我们婚姻的牢靠、我们公开辩论的智慧以及我们公职人员的正直。它既不测算我们的聪敏，也不测算我们的勇气；既不测算我们的睿智，也不测算我们的学识；既不测算我们的同情心，也不测算我们对国家的贡献精神。简言之，它测算一切，除了让生命有价值的东西。"你同意他的观点吗？请解释理由。
17. 为什么有必要区分 GDP 的实际增长率和名义增长率？
18. 消费价格指数与 GDP 平减指数的关键区别是什么？
19. 消费价格指数与 GDP 平减指数有何相似性？

循证经济学习题

1. 我们从国民收入核算恒等式和循证经济学内容部分认识了 GDP 的不同组成，现在让我们运用这些知识来考察你从新闻中读到的各种类型的事件。首先，经济学家和政治家经常谈论贸易对经济的影响。对于下面的问题，我们假设消费、投资以及政府支出都没有变化。
   a. 如果出口增加 10 亿美元，进口增加 10 亿美元，GDP 会有什么变化？
   b. 如果出口减少 10 亿美元，进口减少 10 亿美元，GDP 会有什么变化？
   c. 如果出口减少 10 亿美元，进口增加 10 亿美元，GDP 会有什么变化？

在经济衰退期间，消费会随着家庭削减开支而下降，这要么是因为人们已经失业，要么是因为他们担心自己可能很快就会失业。政府经常以财政政策刺激来应对这种情况，而这通常涉及政府支出的增加。对于下面的问题，我们假设投资、出口和进口都没有变化。
   d. 如果消费减少 20 亿美元，政府支出增加

---

① 这两个人都是 1966 年美国臭名昭著的杀人犯。——译者注

10 亿美元，GDP 会有什么变化？

e. 如果消费减少 20 亿美元，政府支出增加 20 亿美元，GDP 会有什么变化？

2. 从 1941 年到 1942 年，尽管实际消费、实际（私人）投资和实际净出口都出现了下降，但美国的实际 GDP 增长了 18.9%。这怎么可能？请解释经济史上的这一重要事件。

习题

1. 在计算美国的 GDP 时，下列哪项会被认为是最终产品？请解释你的答案。
   a. 在加利福尼亚州制造并用于（将在美国销售的）苹果新系列笔记本电脑的处理器。
   b. 加利福尼亚州水疗中心的足部按摩。
   c. 联邦政府购买的无人机。

2. 以下各项变化会对 GDP 产生多大影响？简要解释你的答案。
   a. 一对父母原来会购买现成的火腿和奶酪三明治来准备家庭晚餐，这会花费 20 美元；现在改成购买原材料并在家里制作同样的火腿和奶酪三明治，花费降低为 6 美元。
   b. 在爱情失意之际，一位著名的摇滚明星和她的管家结了婚，她以前每年付给管家 5 万美元薪水，他们结婚后，她的丈夫一如既往地照顾她，她一如既往地供养他，只不过他的身份从雇员变成了丈夫，也就是说，她不再定期付给他薪水。
   c. 厌倦了每天骑车上班，一个年轻人决定每周使用 3 次优步，每次的车费是 8.5 美元。
   d. 福特今年生产了一辆价值 4 万美元的野马汽车，但明年才会将其出售。

3. 为了估算 GDP，美国经济分析局必须汇总各种来源的数据，比如支出调查数据。
   a. 政府在试图估算 GDP 时可能面临哪些测算问题？回想本章讨论的三种核算方法；针对不同的核算方法，你分别需要什么样的信息？
   b. 在季度估算中，经济分析局同时采用了基于支出的核算方法和基于收入的核算方法。为区分两者，基于支出的估算被称为 GDP，而基于收入的估算被称为 GDI。GDP 和 GDI 之间会存在怎样的关系？

4. 假设世界上只有两个小国：有 3 万人口的阿斯科特和有 2 万人口的德威治。阿斯科特的 GDP 是 1.5 亿美元，而德威治的 GDP 是 2.5 亿美元。德威治的 GNP 估计为 2.8 亿美元。利用以上信息来计算阿斯科特的 GNP、阿斯科特的人均 GDP 以及德威治的人均 GNP。

5. 下表给出了某小国玛格诺利亚的数据。

组成部分	支出（千美元）
社会保障支出	250
折旧	47
私人投资	630
出口	260
进口	300
在玛格诺利亚工作的外国人的工资	160
家庭消费	850
购买原材料	270
政府购买	900
资本收入	290
在海外工作的玛格诺利亚居民工资	350

   a. 基于以上数据，用支出法计算该经济体的 GDP。
   b. 计算玛格诺利亚的 GNP。该国的 GDP 与 GNP 有差别吗？请解释原因。

6. 2020 年，一个名为波罗尼亚的国家的消费价格指数为230，家庭收入的中位数（名义值）为31 200美元。1950年，消费价格指数为51，家庭收入中位数（名义值）为9 500美元。

a. 以2020年为基年计算1950年和2020年的实际家庭收入中位数。

b. 该国国民哪一年的生活满意度可能更高？解释你的答案。

7. 1966年，两位同为洛杉矶道奇队效力的棒球界最佳投手组成了一个双人球员工会。他们要求和球队签署一份3年100万美元的收入平分合同。最终，库法克斯拿到了一份1年12.5万美元的合同，而另一位球员德赖斯代尔拿到了一份1年11万美元的合同。不久之后，棒球运动员组成工会，并废除了保留条款。保留条款规定，只要球队想要球员，球员就必须为球队效力。2018年，另一位出色的道奇投手克肖签下了一份3年9 300万美元的合同。

a. 1966年时的CPI为32.5。2018年，这一数字已升至251.1。请以2018年美元的价值计算一下库法克斯和德赖斯代尔签署的合同，然后对这三份合同做出比较（按年折算克肖的合同）。

b. 保留条款的废除如何改变了球员的议价能力？

c. 请推测废除保留条款这一游戏规则的改变可能会如何影响比赛票价。

8. 随着全球化的兴起，供应链已经遍布全球。以下是经简化的智能手机生产过程。

- 总部位于美国的智能手机公司开发设计了一款新的智能手机。
- 中国一家稀有矿产经纪商从世界各地购买了价值150亿美元的矿产，其中包括来自美国矿山的50亿美元矿产。
- 日本一家微芯片生产商以100亿美元的价格购买了上述一半的矿产，韩国一家相机和屏幕生产商花了100亿美元购买了另一半。
- 中国的一家制造工厂以220亿美元的价格购买了微芯片、相机和屏幕，以30亿美元的价格从美国国内获得其余的组装材料。
- 总部位于美国的智能手机公司向这家工厂支付280亿美元以购买制造出来的手机，编写程序并上传软件。现有的手机用户可以免费下载并更新以前的任何软件。
- 该公司保留了价值100亿美元的智能手机库存，然后将其余部分以250亿美元的价格卖给美国零售商。
- 这些零售商在美国销售这些手机，总收入达300亿美元。

a. 计算这个过程对美国GDP的贡献，并解释你的计算。

b. 在a部分的计算中，有哪些价值来源可能被遗漏？

9. 一个名为西瓦尼亚的国家只生产和消费三种商品：红牛、比萨和T恤，该国2011年和2012年各产品的产量和价格见下表。

商品	2011年 数量	价格（美元）	2012年 数量	价格（美元）
T恤	100	25	110	25
红牛（罐）	500	1	500	1.50
比萨（片）	1 000	2	900	4

a. 计算该国2011年和2012年的名义GDP。

b. 以2011年为基年，计算该国2011年和2012年的实际GDP。

c. 根据b部分的回答，2011—2012年该国实际GDP增长了多少？

d. 现在，以2012年为基年，计算该国2011年和2012年的实际GDP。

e. 根据d部分的回答，2011—2012年该国实际GDP增长了多少？

f. 以2011年为基年，2011年和2012年该国的GDP平减指数是多少？

g. 根据 f 部分的回答，2011—2012 年该国物价变化是多少？

10. 除了本章讨论的全美消费价格指数，劳工统计局还编制了几个地区的消费价格指数。这些指标的编制方式与全美消费价格指数相同，只是规模较小：在一个特定的城市，研究人员每月搜集一篮子商品的价格，然后编制一个追踪这一篮子商品在该城市内价格变化的指数。下表为旧金山-奥克兰-圣何塞和洛杉矶-河滨-奥兰治从 2007 年到 2014 年的消费价格指数（基期 1982—1984 年 =100）。

年份	旧金山-奥克兰-圣何塞	洛杉矶-河滨-奥兰治
2007	216.048	217.338
2008	222.767	225.008
2009	224.395	223.219
2010	227.469	225.894
2011	233.390	231.928
2012	239.650	236.648
2013	245.023	239.207
2014	251.985	242.434

a. 2014 年，旧金山-奥克兰-圣何塞消费价格指数为 251.985，洛杉矶-河滨-奥兰治的消费价格指数为 242.434。根据这一信息，我们能否断言 2014 年旧金山-奥克兰-圣何塞的物价高于洛杉矶-河滨-奥兰治？请解释。

b. 假设从 2007 年到 2014 年一位旧金山居民和一位洛杉矶居民的名义工资相同：每年为 6 万美元。使用上面的表格，求出从 2007 年到 2014 年每个城市的实际工资变化百分比（提示：首先求出 2007 年的 6 万美元在 2014 年的价值，然后将其与 2014 年的实际收入进行比较）。

11. 美国的社会保障支付目前与城市工薪阶层和文职人员的消费价格指数（CPI-W）挂钩。这意味着，当 CPI-W 显示物价水平上升时，社会保障支付也会增加，这样就可以保持支付的实际价值不变。下表显示了 CPI-W 消费篮子中不同组成部分的权重。

项目	权重
食品和饮料	15.948
居住	39.867
服装	3.623
交通	18.991
医疗	5.767
娱乐	5.528
教育和通信	6.766
其他商品和服务	3.510
总计	100.000

有人提出，使用 CPI-W 来调整社会保障支付低估了对于老年人的通货膨胀水平。你同意吗？为什么会出现这种情况？

12. 回想一下本章详细介绍的计算实际 GDP 的方法。你可能已经注意到，这种方法有一个问题：在计算总产出时，这种方法用基年的相对价格来对各种商品和服务的产出进行加权。例如，一本教科书在基年的价格是 100 美元，一台笔记本电脑在基年的价格是 2 000 美元。这意味着在计算总产出时，一台笔记本电脑的权重将是一本书的 20 倍。

然而，当相对价格发生变化时会发生什么？正如你所知，包括笔记本电脑在内的大多数高科技产品的价格都在不断下降。假设从基年到当前年，笔记本电脑的价格从 2 000 美元下降到 1 000 美元。现在一台笔记本电脑的价格只有一本书的 10 倍。因此，在计算当前年度的实际 GDP 时，使用基年相对价格会使笔记本电脑的权重增加。

为了解决这个问题，1996 年，美国经济分析局转而采用所谓的链式加权方法来计算实际 GDP。假设基年是 2008 年，为了计算 2008—2009 年的实际 GDP 增长率，统计局会以 2008 年为基年计算 2008 年的实际 GDP，以 2009 年为基年计算 2008 年的实际 GDP。然后，美国经济分析局以 2009 年为基年计算 2009 年的实际 GDP，以 2008 年为基年计算 2009 年的实际 GDP。对于每个基年，增长率分别计算为：

$$\frac{[2009年GDP（以2008年为基年）-2008年GDP（以2008年为基年）]}{2008年GDP（以2008年为基年）}$$

和

$$\frac{[2009年GDP（以2009年为基年）-2008年GDP（以2009年为基年）]}{2008年GDP（以2009年为基年）}$$

我们会得出两个不同的增长率，然后对它们取平均值。基于这一平均增长率，以及以 2008 年价格计算的 2008 年 GDP 水平，美国经济分析局随后计算 2009 年实际 GDP 为 1 加上此前计算的平均增长率，再乘以 2008 年美元计算的 2008 年产出。2009—2010 年的增长率计算方法与此类似。

假设笔记本电脑、经济学教科书和能量饮料是美国仅有的三种商品。下表给出了 2018—2020 年每种商品的产量（以百万为单位）及其价格。

年份	笔记本电脑价格（美元/台）	笔记本电脑数量（百万台）	教科书价格（美元/本）	教科书数量（百万本）	能量饮料价格（美元/瓶）	能量饮料数量（百万瓶）
2018	1 500	7	100	7	2	25
2019	1 200	9	110	9	4	30
2020	1 000	9	120	10	4	35

a. 计算每年的名义 GDP 和实际 GDP（以 2018 年为基年）。
b. 使用上述链式加权方法计算 2019 年和 2020 年的实际 GDP。

第6章 总收入

为什么普通美国人比普通印度人富有得多？

我们生活在一个存在巨大差异的世界。不同国家的生活水平、教育机会、卫生服务和基础设施千差万别。在世界上的许多地方，特别是在撒哈拉以南非洲、南亚以及南美洲部分地区，贫困现象很常见，而在美国、加拿大、西欧国家和其他一些相当富裕的国家，大多数人的生活相对舒适甚至富足。这些差异如此之大，以至于你如果环游世界，会被世界上某些地方的生活条件与自己国家生活条件之间的鲜明对比所震惊。认识到存在如此巨大的差异可能是激发你对经济学的兴趣的因素之一。这些差异也是世界各地许多人移民到生活水平较高的较富裕国家的原因。

那么，为什么有些国家比其他国家富裕得多？这些差距是因为实物资本的差异、教育上的差异，还是技术差异和生产组织方式的差异？我们会在本章后面的循证经济学专栏中告诉大家如何处理这些问题，同时我们也会分析各种不同因素都是如何影响人均GDP的。在本章末尾的循证经济学习题中，你还有机会通过一个具体案例来对这种差异展开分析。

在本章以及接下来的两章中，我们将研究与各国经济不平等和经济增长相关的问题（有时被称为"长期宏观经济学"）。在之后的5章中，我们将转向对经济波动的研究（有时被称为"短期宏观经济学"）。具体而言，在本章中，我们将解释如何对各国的生活水平差异进行测算以及为什么会存在这种差异。在第7章，我们将转向对经济增长的研究，也就是说，我们会研究一个经济体如何以及为何能实现增长且日益走向繁荣。在本部分的最后一章，即第8章，我们会讨论低收入国家无法脱离贫穷的根本性因素。

本章概览

6.1	6.2	6.3	EBE
全球不平等	生产率和总生产函数	技术的作用和决定因素	为什么普通美国人比普通印度人富有得多？

重要概念

- 各国的人均 GDP 存在巨大差别。
- 我们可以用按当前汇率或经购买力平价调整的人均 GDP,来比较各国之间的收入差异。
- 总生产函数将一国的 GDP 与其资本存量、劳动总效率单位和技术联系起来。
- 人均 GDP 的跨国差异部分源于人均实物资本和劳动者人力资本的差异,但技术和生产效率的差异更为重要。

6.1 全球不平等

在我们能够理解世界各地的收入差异之前,我们必须首先确定测算标准。我们如何量化各国生活水平和经济状况的差异?人均收入或人均 GDP 是一个强有力的衡量指标。

测度人均 GDP 的差别

在第 5 章中,我们学习了如何测算总收入或 GDP。我们可以通过生产、支出或收入三种方法来解决这个问题。根据国民收入核算恒等式,这三种方法都会给出同样的答案。用一国的 GDP 除以该国总人口即得出**人均 GDP**。

人均 GDP 也被称为人均收入,但为了避免产生混淆,我们在本书中将只使用人均 GDP 这个术语。

我们将它更正式地表示为:

$$人均\ GDP = \frac{GDP}{总人口}$$

例如,2018 年美国的名义 GDP 约为 20.54 万亿美元,总人口约为 3.27 亿,所以美国的名义人均 GDP 约为 62 813 美元。

这与其他国家的人均收入相比如何?让我们看看美国的邻国墨西哥。当然,墨西哥的收入是用比索而不是美元来计算的。通过类似的计算,我们发现 2018 年墨西哥的人均 GDP 约为 189 010 比索。由于使用的是不同的货币单位,这个数字不能与美国的人均 GDP 62 813 美元直接进行比较。我们可以通过汇率把比索兑换成美元。例如,2019 年 1 月 1 日,1 美元兑换 19.54 比索,或者我们也可以说 1 比索价值 0.051(1/19.54)美元。利用这个比率,我们可以将墨西哥的人均 GDP 换算成美元。

$$用美元表示的墨西哥人均\ GDP = 用比索表示的墨西哥人均\ GDP \times 美元/比索的汇率$$
$$= 189\ 010 \times 0.051\ 美元$$
$$\approx 9\ 640\ 美元$$

由此我们得出墨西哥的人均收入大约是 9 640 美元。这个数字可以帮助我们思考，一个具有墨西哥平均收入水平且全部收入都来自墨西哥的人在美国会处于何种消费水平。

运用这种基于汇率的测算，我们只要拥有一国的 GDP 和人口数据，便可计算出该国的人均 GDP。例如，2019 年瑞典的人均 GDP 为 55 608 美元，德国为 47 603 美元。瑞典和德国的人均 GDP 与美国相近，但当我们将美国与其他几个国家进行比较时，就会发现巨大的差距。例如，我们已经发现美国的人均 GDP 大约是墨西哥的 6 倍。此外，美国的人均 GDP 是印度的 31 倍，是塞内加尔的 59 倍，是埃塞俄比亚的大约 74 倍。

虽然基于汇率的测算可以让我们比较不同国家民众的平均收入，但它们并没有告诉我们这些钱能买多少商品。换句话说，它们没有考虑不同国家存在价格差异这一事实。例如，在美国，电话费比墨西哥便宜（部分原因是墨西哥存在电信垄断，因此电信价格一直居高不下）。相比之下，因为劳动力和其他投入成本低廉，墨西哥的鳄梨酱和理发等商品和服务的价格要比美国便宜。为了正确理解这些价格差异，我们倾向于使用购买力平价来比较各国的人均 GDP。

我们在第 5 章谈到了应如何调整 GDP 等经济变量，以修正价格随时间的变化（这引出了实际 GDP 的概念）。在比较不同国家的 GDP 时，我们也要做类似的调整。但是通过美元和比索之间的汇率并不能完全做到这一点。之前我们在计算墨西哥人均 GDP 的时候，使用的是 2019 年 1 月 1 日的汇率，即 1 美元兑换 19.54 比索。但如果我们使用 2017 年 1 月 1 日的汇率，即 1 美元兑换 18.93 比索，那么墨西哥的人均 GDP 会变成 9 984 美元而不是 9 640 美元。但这种波动与墨西哥或美国家庭所真实面对的价格变化并无多大关系。它只是使用当前汇率将墨西哥人均 GDP 转换成美元的结果。汇率波动的原因多种多样，但都不涉及生活成本的差异（我们将在第 15 章解释这一点）。

购买力平价提供了一种将以一国国内货币计算的 GDP 转换为通用单位的更好方式。这里的逻辑与我们在上一章为将名义 GDP 转换为实际 GDP 而进行的调整非常相似。具体来说，**购买力平价（PPP）**构建了每个国家一篮子代表性商品的成本，并对 GDP 进行调整，如此一来，在每个国家，我们都可以用 1 美元来购买这一篮子的代表性商品。这样我们就测算出各国经购买力平价调整的以美元表示的 GDP。例如，2019 年，这一篮子代表性商品在美国售价 1 美元，在墨西哥售价 9.23 比索。基于此，美元与比索的购买力平价换算系数为 1 美元兑换 9.23 比索。

运用这一程序，按购买力平价计算的墨西哥人均 GDP 就等于以比索表示的墨西哥人均 GDP 乘我们刚才得出的比索-美元购买力平价换算系数。

用美元表示的按购买力平价计算的墨西哥人均 GDP
= 用比索表示的墨西哥人均 GDP × 美元/比索购买力平价换算系数

宏观经济学

≈ 189 010 × 0.1083 美元

≈ 20 478 美元

将此结果和我们使用比索/美元汇率计算得到的 9 640 美元比较，我们发现，基于汇率和基于购买力平价测算的人均 GDP 常常存在显著差异：当我们使用购买力平价进行测算时，美国和较贫穷的经济体之间的差距通常会小一些。这一结果反映出人均 GDP 较低的国家生活成本较低。换句话说，基于汇率的人均 GDP 比较忽略了较贫穷国家的许多商品更加便宜的事实。

用数据说话

巨无霸汉堡指数

- 1986 年，《经济学人》杂志提出将巨无霸汉堡指数作为测算汇率的一种替代性指标。这个指数就是两个国家巨无霸汉堡的价格比率。1986 年时，许多国家已经有了麦当劳餐厅，因此我们可以计算出巨无霸汉堡在多个国家的价格。虽然这个提议具有半开玩笑的性质，但巨无霸汉堡指数却流行起来，到如今仍被广泛使用。事实上，它的流行是有原因的。巨无霸汉堡指数是一个购买力平价调整的简单实例。该指数的缺点在于，它比较的不是具有代表性的一篮子不同商品，而是仅由单一商品——巨无霸汉堡构成的一篮子商品。在人们的消费中，巨无霸汉堡只占很小的比重。因此，该指数无法反映各国之间真正的生活成本差异。

各国间的人均 GDP 差异

即便我们使用基于购买力平价的测算方式，各国之间仍然存在很大的差距。图 6.1 显示了 2018 年各国经购买力平价调整的人均 GDP（按 2011 年不变美元计算，不变美元的定义见第 5 章）。其中，布隆迪、尼日尔等四个国家的人均 GDP 不到 1 000 美元。另外，包括埃塞俄比亚、海地和卢旺达在内的 17 个国家的经购买力平价调整的人均 GDP 在 1 000~2 000 美元。这些数字与同年美国（55 719 美元）、法国（39 556 美元）和德国（45 936 美元）的数据形成了鲜明对比。

劳动者人均 GDP

截至目前，我们一直在讨论的是人均 GDP，即总收入（GDP）除以总人口的值。但是总人口包括儿童、老年人和那些没有工作、不参与生产的人（尽管在许多欠发达的经济体，童工相当普遍）。这就导致了一种可能性，即各国人均 GDP 的部分差异可能是由劳动人口占比的差异造成的。因此，要想避开这个问题，一个自然的做法就是把焦点转

```
国家数量（个）
45
40
35
30
25
20
15
10
5
    <1 000  1 000~  2 000~  5 000~  10 000~  30 000~  40 000~  ≥50 000
            1 999   4 999   9 999   19 999   39 999   49 999
                                                     收入组别（美元）
```

图 6.1　2018 年各国的人均 GDP（按经购买力平价调整的 2011 年不变美元计算）

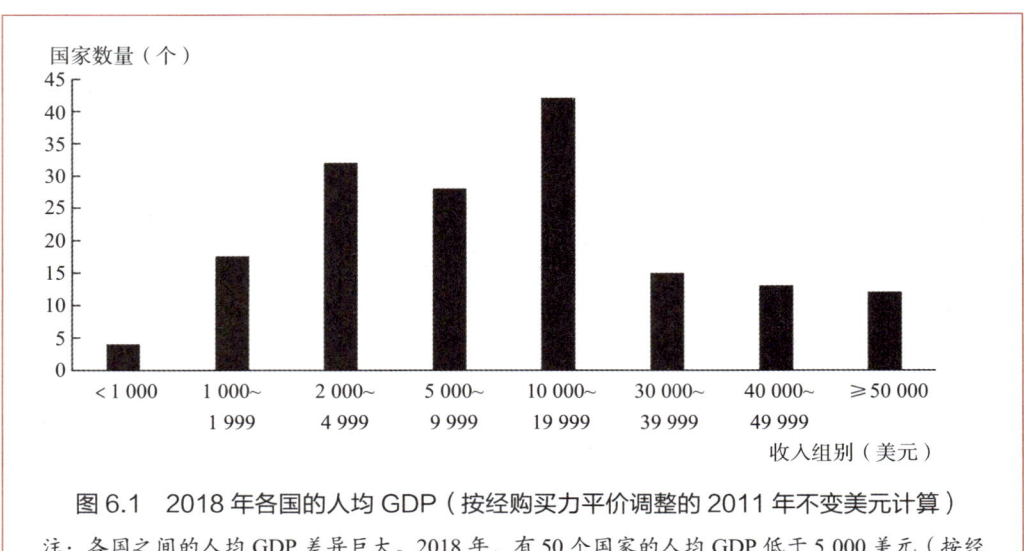

注：各国之间的人均 GDP 差异巨大。2018 年，有 50 个国家的人均 GDP 低于 5 000 美元（按经购买力平价调整的 2011 年不变美元计算），只有 12 个国家的人均 GDP 高于 5 万美元。
资料来源：世界银行。

向**劳动者人均 GDP**。所谓劳动者人均 GDP，就是用 GDP 除以"劳动者"的数量，也就是就业人数。

$$劳动者人均\ GDP = \frac{GDP}{就业人数}$$

通过剔除那些不工作的人，这一测算能让我们更好地了解每个劳动者的平均产出。

图 6.2 与图 6.1 相似，但使用的是（经购买力平价调整的）劳动者人均 GDP。如果就业者在总人口中的占比在各国之间存在较大差异，那么图 6.2 应该与图 6.1 非常不同。通过直接比较我们可以看出这两幅图非常相似，不过因为劳动者人均 GDP 的分母总是更小，所以每个国家的劳动者人均 GDP 自然都高于人均 GDP。例如，2018 年墨西哥经购买力平价调整的人均 GDP（按 2011 年不变美元计算）为 18 133 美元（按现价美元计算相当于 19 844 美元），而 2018 年墨西哥经购买力平价调整的劳动者人均 GDP（同样按 2011 年不变美元计算）为 40 453 美元。在印度，这两个数字分别是 6 888 美元和 19 588 美元。由于这种变化，劳动者人均 GDP 最高的国家现在都进入了 10 万美元以上组别，而不是如图 6.1 所示的 5 万美元以上。

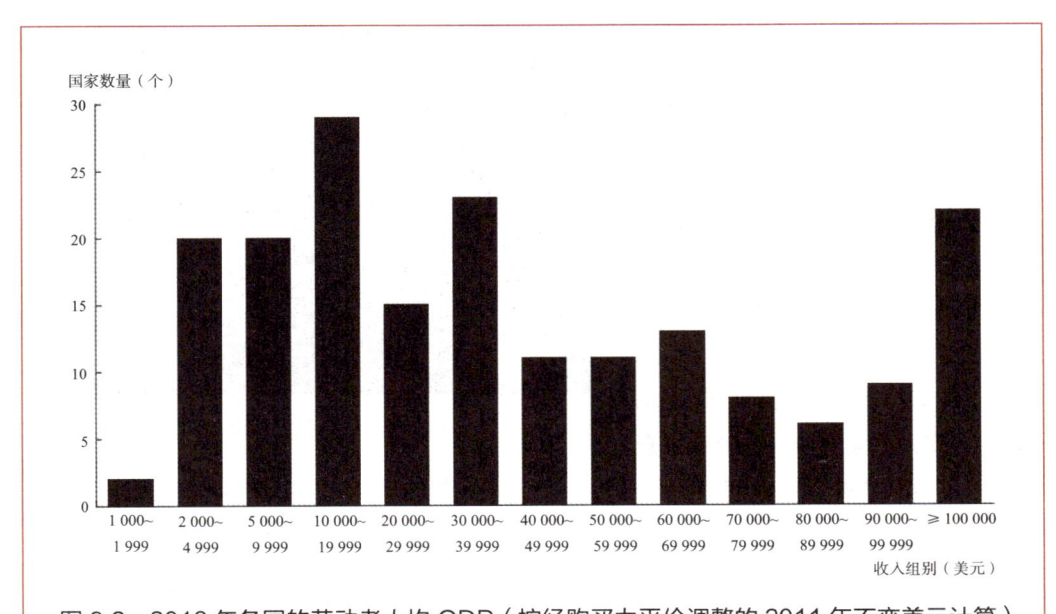

图6.2　2018年各国的劳动者人均GDP（按经购买力平价调整的2011年不变美元计算）

注：各国按劳动者人均收入分布的情况类似于图6.1所示的按人均收入分布的情况。一个明显的区别是，与图6.1相比，分布出现了右移，因为每个国家的劳动者人均GDP都高于人均GDP。
资料来源：世界银行数据库。

生产率

人均GDP或劳动者人均GDP因国家而异的主要原因是各国的生产率存在差异。这里的**生产率**是指劳动者每小时工作所创造的商品和服务的价值。在第5章对国民收入核算恒等式的讨论中，我们提出一个国家生产的商品和服务的价值，也就是GDP，等于这个国家的总收入。因此，生产率也是对每小时工作所创造GDP的一种测算。劳动者人均GDP与生产率之间存在非常密切的关系，因此，和劳动者人均GDP一样，各国的生产率也会存在差异。（这两个概念存在差别的唯一原因是各国劳动者的工作总时长可能不同，但实际上这一差异很小。）

关注各国的生产率差异非常有意义，因为它强调了我们必须从生产侧去理解各国人均GDP的巨大差异。我们尤其需要研究那些使一些国家的劳动生产率大大高于其他国家的因素。

收入和生活水平

此时我们自然会问：我们是应该关注人均GDP还是劳动者人均GDP？答案取决于我们测算的目的。当我们想要了解为什么某些经济体的生产率高于其他经济体时，劳动者人均GDP就特别具有信息价值，因为它直接关注GDP相对于就业人数的差异。

我们关心各国收入差异的另一个原因是，我们想要测算不同国家生活水平的差距。人均 GDP 显然是一个实现此目的的起点，因为它测算了包括儿童和老年人在内的全体人口的状况。

然而，正如你在第 5 章已经了解到的，人均 GDP 遗漏了很多东西。同样如第 5 章所述，尽管人均 GDP 可以很好地预测一个国家民众

生活在贫困线以下的人们。

的平均生活满意度，但我们不能仅通过一个数字描绘出整体人口福利和生活水平的多个维度。例如，不同国家之间存在着收入差距，一个国家内部的不同地域也同样如此。在美国，沿海地区比中部地区富裕。墨西哥的北部和南部存在巨大差异。两个国家富人和穷人之间的差距也非常大。例如，在 2015 年，美国最富有 1% 群体的收入在国民收入中所占份额为 22%，这意味着收入高度集中在社会的一小部分人手中。[1] 在墨西哥，这一群体的收入占比略低，但仍然非常可观：13.6%。[2] 相比之下，斯堪的纳维亚国家的不平等程度相对较低，例如，在瑞典，这一数字为 8.7%，而挪威则为 7.8%。[3] 现在你可以理解，为什么人均 GDP 可能无法全面反映一个国家中大多数人的实际生活舒适程度。美国的人均 GDP 高于瑞典，但美国的不平等程度明显高于瑞典，这意味着普通美国人的境况可能比普通瑞典人更糟糕。最后，正如在前一章所提到的，人们不仅关心收入和消费，还关心污染、医疗质量和公共安全等因素。这些因素在不同国家之间的差异也无法通过人均 GDP 得到反映（参考你在第 5 章末尾所学到的内容）。

这些都意味着，我们不应仅仅根据一个国家的人均 GDP 就对该国公民的福利做出笼统的概括。当然，我们还是可以从人均 GDP 中获知不少有关生活水平的信息。在前一章，我们了解到了人均 GDP 与平均生活满意度之间的关系。此外，在就某个特定的国家进行讨论时，我们关心的问题之一就是这个国家是否存在许多的极端贫困人口。世界银行的研究人员提出了"绝对贫困"的概念。如果在 1993 年时你平均每天的生活费不足 1.08 美元，那就说明你处于绝对贫困状态——这一测算标准通常被称为**每人每天 1 美元贫困线**。每人每天 1 美元贫困线是经济学家和其他社会科学家用来比较各国贫困程度的一个绝对贫困测算标准。现在这一标准已更新为每人每天 1.90 美元（按 2011 年美元计算），不过它有时仍被称为每天 1 美元贫困线。我们大多数人都很难想象一个人怎么能靠这么少的钱活下去，但在 2015 年，世界上确实仍有 7 亿多人每天依靠不足 1.9 美元的生活费勉强度日。图 6.3 是一幅散点图，其中 y 轴表示的是一国的绝对贫困人口占比（根据世界银行的定义），x 轴代表其经购买力平价调整的人均 GDP。该图显示了一

宏观经济学

种强相关关系，它表明人均 GDP 能让我们很好地了解哪些国家仍存在极端贫困人口。

请注意，在图 6.3 以及类似的图中，我们采用的是比例刻度，无论我们是从一个较低的水平（如 500 美元）还是一个更高的水平（如 8 000 美元）算起，人均 GDP 变化 10% 在 x 轴上都表现为相同的距离。例如，图中以 500 美元为起点的 10% 的增长与以 8 000 美元为起点的 10% 的增长，会表现为相同的水平距离。第 5 章图 5.6 的 y 轴也是如此。在第 7 章讨论经济增长时我们也会用到这种比例刻度方式，届时我们会进一步向大家说明为什么比例刻度在解释经济增长方面是一种特别有用的工具。

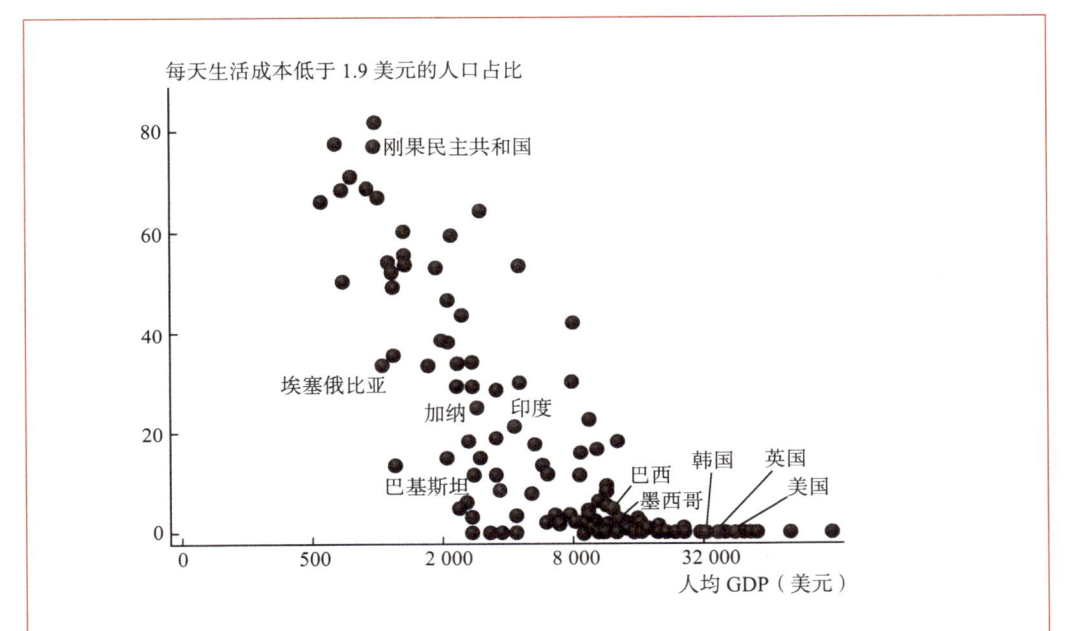

图 6.3　2015 年绝对贫困与人均 GDP 的关系（按经购买力平价调整的 2011 年不变美元计算）

注：以每天生活成本低于 1.9 美元的人口占比作为测算标准，人均 GDP 较低的国家，其绝对贫困程度更高。在本图中，人均 GDP 超过 1 万美元的国家就很少出现这种情况，因为在这些相对富裕的国家中，每天生活成本真正低于 1.9 美元的人相对较少。

资料来源：the World Bank DataBank and the Penn World Table version 9.0 (Robert C. Feenstra, Robert Inklaar, and Marcel P. Timmer, June 2016).

我们关心人均 GDP 的另一个原因是，贫困往往导致糟糕的健康状况。测算一个国家国民健康状况的方法之一是看其出生时的平均预期寿命。图 6.4 是一幅散点图，其中 y 轴表示国民出生时的预期寿命，x 轴表示经购买力平价调整的人均 GDP，该图也显示了两种因素之间的强相关关系，表明这种并非基于收入的生活水平测算也与人均 GDP 存在强相关性。

在测算各国的生活水平时，我们还应考虑其他几个因素。另一种测算方法是联合国人类发展指数，它结合了人均预期寿命、人均 GDP 与教育指标，因此能够更全面地测算生活水平。图 6.5 是一幅散点图，其中 y 轴表示人类发展指数，x 轴表示经购买力平价调整的人均 GDP。该图表明，人均 GDP 与这一测算标准之间同样存在着强相关关系。

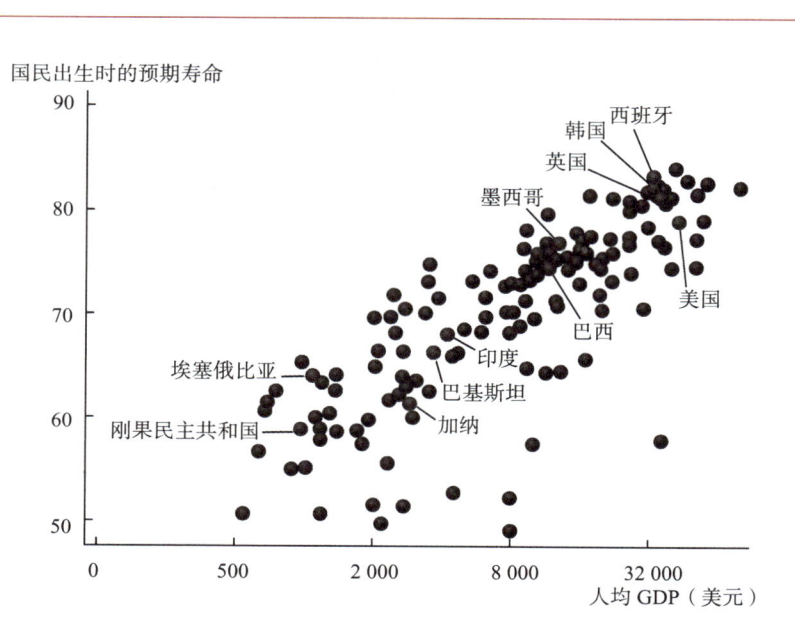

图 6.4　2017 年国民出生时的预期寿命和人均 GDP 的关系
（按经购买力平价调整的 2011 年不变美元计算）

注：本图显示出，人均 GDP 较高的国家，其国民出生时的预期寿命也较长，这意味着平均而言，富裕国家的人往往寿命更长。
资料来源：世界银行数据库。

选择与结果

只关注人均 GDP 的危险

- 在比较各国生活水平时，一个常见的错误是只关注人均 GDP，而不考虑其构成。南非的境况就可以清楚地说明这一错误。在 1994 年以前，南非一直由少数白人统治，实行压迫性种族隔离制度。该制度禁止黑人参与政治，并管制他们的经济活动，统治者还制定了各种意在将黑人工资保持在低位的压制政策。经济历史学家查尔斯·范斯坦的研究表明，尽管在 20 世纪的大部分时间内整个南非经济愈加繁荣，但是同一时期该国黑人公民的收入并没有增加。[4] 我们如果只看南非的人均 GDP，就不会知道其实该国大部分黑人公民的收入很低，生活条件很差。

总而言之，我们从人均 GDP 与包括贫穷、预期寿命和人类发展指数在内的若干生活水平指标之间的关系中发现了一个简单的研究方法：首先关注人均 GDP，然后更详细地考察各国内部与其与健康、教育、贫困和不平等相关的问题。我们采用的就是这种方法。

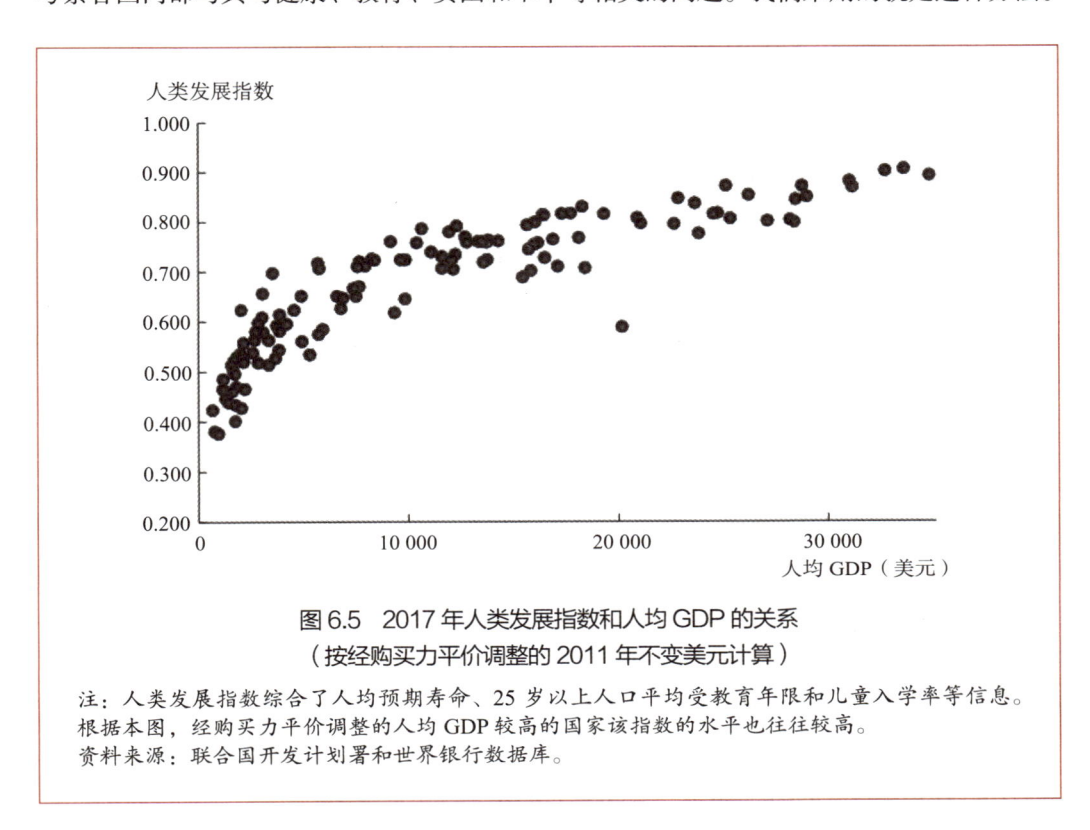

图 6.5 2017 年人类发展指数和人均 GDP 的关系
（按经购买力平价调整的 2011 年不变美元计算）

注：人类发展指数综合了人均预期寿命、25 岁以上人口平均受教育年限和儿童入学率等信息。根据本图，经购买力平价调整的人均 GDP 较高的国家该指数的水平也往往较高。
资料来源：联合国开发计划署和世界银行数据库。

6.2 生产率和总生产函数

如前所述，要理解各国之间人均 GDP 或劳动者人均 GDP 的差异，我们需要了解生产率的差异。为此，我们会首先概述各国生产率差异的主要来源。然后，我们将使用总生产函数对这些因素进行更系统的分析。

生产率差异

导致不同国家之间生产率各异的主要原因有三个，我们现在来逐一进行解释。

（1）**人力资本**。劳动者在人力资本方面存在差异。所谓**人力资本**，即一个人创造产出或经济价值的技能储备。例如，拥有计算机科学专业本科学历的员工在计算机编程或网页设计方面的生产率要比只有高中学历的员工高得多。假设一名拥有计算机科学专业本科学历的员工可以在一天内完成两名拥有高中学历的劳动者能完成的任务。在这种情况下，我们就说他的人力资本是拥有高中学历劳动者的两倍。这也意味着他的生产率是后者的两倍。

（2）实物资本。**实物资本**是用于生产的所有机器（设备）和结构物的储备（通常用美元表示，这使我们能够计算出所有机器和结构物的价值）。例如，在农业领域，总生产将取决于农业机械、用于运输投入和产出的设备以及储存产出的仓库。虽然这些投入各不相同，但我们可以将它们进行加总并统一测算，得到用美元价值表示的**实物资本存量**。实物资本存量越大，每位劳动者可使用的设备和结构物就越多（或质量越高），因此劳动者的生产率越高。

（3）技术。**技术**指的是决定一个经济体如何有效利用其劳动和资本的一套设备和实践。具体而言，拥有更好技术的经济体能更有效地利用其劳动和资本，从而实现更高的生产率。下面我们将讲到，一个经济体之所以拥有更好的技术，要么是因为它在生产中使用了更先进的知识（例如，其他经济体无法获得的新制造技能和设备），要么是因为它更有效地组织了生产。

总生产函数

==一个经济体中劳动者的生产率取决于人力资本、实物资本和技术这三者的共同作用。==总生产函数是我们用来理解这三种要素如何结合在一起以产生 GDP 的工具。

在第 5 章中，我们了解了如何将成千上万种商品加总为 GDP 这一单一测算标准。我们在这里的分析需要更进一步。我们既然把所有的商品加总并简化成了 GDP，那么就可以把 GDP 看成一种单一商品。尽管这种简化忽略了 GDP 的构成，但它让我们更清楚地看到是什么决定了 GDP 的水平，这也是我们在本章主要讲述的。

以这种方式看待 GDP 的好处是，一旦我们开始用单一商品来考虑世界，就可以研究经济体的总生产函数。总生产函数描述了 GDP 与其各种投入之间的关系。这类似于我们研究单个企业的产出和其投入之间的关系。例如，我们如果想要了解一个农场生产了多少玉米，首先要详细说明玉米总产量与其关键投入（比如，农场的劳动者数量和农场使用的设备）之间的关系。

生产要素是我们研究总生产函数的一个关键概念。如上一章所述，生产要素是生产过程中的投入，也就是为生产其他商品（本例中指的是为生产 GDP）而在市场上购买的商品或服务。为了理解一个国家的总产出，我们需要研究一个描述生产要素如何被组合起来并产生 GDP 的生产函数。但与我们研究单个企业的情况不同，我们关注的不是 T 恤或苹果手机等特定商品，而是 GDP 这个整体，因此我们将这个函数称为总生产函数。总生产函数描述了一个国家总的 GDP 与其生产要素之间的关系。

总生产函数既有助于我们理解是什么决定了 GDP 的水平，也有助于我们理解各国的生产率为何存在差异。

劳动

第一个也是最重要的生产要素是劳动。一个国家可以通过雇用更多的劳动者来增加产出。例如，雇用更多的人来耕种土地和收割玉米。

但请记住，劳动者并不都是一样的。一些人会比其他人拥有更多的人力资本，能够创造更多的产出或经济价值（而且正如我们所看到的，这就是为什么人力资本是生产率的一个主要决定因素）。劳动者人力资本的这种差异，使得一个经济体中劳动者总数并不能很好地反映该经济体的生产能力。相反，我们需要知道劳动总效率单位。**劳动总效率单位**是经济体中劳动者总数与劳动者平均人力资本（效率）的乘积。例如，假设一个计算机科学专业的大学毕业生可以完成两个高中毕业生的工作。那么，他的劳动就自然而然被赋予两倍于高中毕业生劳动的权重。根据这一分析，我们可以将劳动总效率单位记作 H，它是经济中劳动者总数 L 与劳动者平均效率或平均人力资本 h 的乘积：

$$H = L \times h$$

这个等式意味着，如果更多的劳动者参与生产过程（例如因为就业增加），或者每个劳动者的生产率提高，那么经济体的劳动总效率单位就会增加。通过正规教育获得更多的技能是劳动者提高自身生产率的一种方式。

实物资本和土地

第二个主要的生产要素是实物资本，通常用 K 表示（"资本"在德语中是 Kapital，K 是它的首字母）。当一个经济体拥有更多的实物资本，或者说拥有更多的实物资本存量时，它的劳动者可以使用更多、更好的设备和结构物来完成工作，因此这个经济体将产生更多的 GDP。

第三个生产要素是土地。例如，对于 18 世纪的经济体，土地和其他自然资源是生产的关键要素。其他生产要素包括该经济体的自然资源和企业家才能（企业家和商业人士的技能与能力）。为了简化讨论，我们只关注实物资本和劳动（具体而言就是劳动总效率单位）。因此，土地和自然资源的价值可以包括在实物资本存量中（同样地，结构物的价值也被包含其中）。我们将在本章稍后对技术的深入讨论中继续分析企业家才能的作用。

技术

GDP 的另一个主要决定因素是技术。我们之前就提到，技术决定了经济体使用劳动、资本和土地等各项投入的效率。在总生产函数中，技术总括了生产要素与 GDP 之间的关系。更好的技术意味着经济体可以从相同的投入中获得更多的产出，因此可以在给定的劳动总效率单位和资本下提高生产率。

总生产函数的表达式

我们将总生产函数表示为：

$$Y = A \times F(K, H)$$

其中：

1. Y 代表 GDP。
2. K 代表一国的实物资本存量。
3. H 表示经济体在生产中使用的劳动总效率单位。
4. 函数 F 表示实物资本、劳动和 GDP 之间存在某种关系（上面方程中 F 的表达式读作"F 是 K 和 H 的函数"）。具体而言，GDP 是通过实物资本和劳动总效率单位的结合而产生的。
5. A 是技术指数。随着 A 的提升，经济体能够用相同的实物资本存量和劳动总效率单位产出更多的 GDP。后面我们将更详细地讨论技术的作用。

我们前面已经强调过，总生产函数类似于生产某一特定商品的单个企业的生产函数。具体而言：

（1）就像某一特定企业的生产函数一样，总生产函数显示出 GDP 会随着实物资本和劳动的增加而增长，换言之，多多益善。保持劳动不变，如果有更多的实物资本存量，我们就能产出更多的 GDP。保持实物资本不变，如果有更多的劳动，我们也能产出更多的 GDP。

（2）总生产函数也受制于边际产量递减定律（该定律与我们在第 4 章讨论的边际收益递减有关）。**边际产量递减定律**指的是，当我们增加某种生产要素的使用数量（保持所有其他生产要素不变）时，该生产要素对 GDP 的边际贡献会减少。我们可以通过保持劳动总效率单位不变（如图 6.6 所示）或保持实物资本存量不变（如图 6.7 所示）来具体地说明总生产函数。让我们先看图 6.6。

图 6.6 既展示了实物资本存量与产出之间的正相关关系，也展示了边际产量递减定律。具体而言，额外 1 单位实物资本对产出的边际贡献，也就是实物资本存量增加 1 单位而带来的产出增长，会随着实物资本存量总额的增加而减少。通过比较图 6.6 中总生产函数的两个不同点上 1 单位实物资本存量增加所带来的产出增长，我们就可以看出这一点。思考一下接近原点处（A 点）的 1 单位实物资本存量增长。当经济中实物资本存量越少时，增加 1 单位实物资本，相应的产出增量便越大。如果我们在右侧较远处（B 点）有相同单位的实物资本增长，那么随着实物资本存量的增加，产出的增量就会变小，这从 B 点的垂直增量小于 A 点的垂直增量便可以看出来。这种视觉上的差异清晰体现了边际产量递减定律。

图 6.6 x 轴表示实物资本存量的总生产函数（劳动总效率单位和技术不变）

注：在劳动总效率单位和技术不变的情况下，总生产函数反映了经济体的实物资本存量与 GDP 之间的关系。随着实物资本存量的增加，GDP 也在增长。但由于边际产量递减定律，随着经济体中实物资本存量的增加，这一关系曲线变得越来越平缓。对于相同 1 单位的实物资本存量增长，A 点（实物资本存量较低）比 B 点（实物资本存量较高）有更高的 GDP 增长。

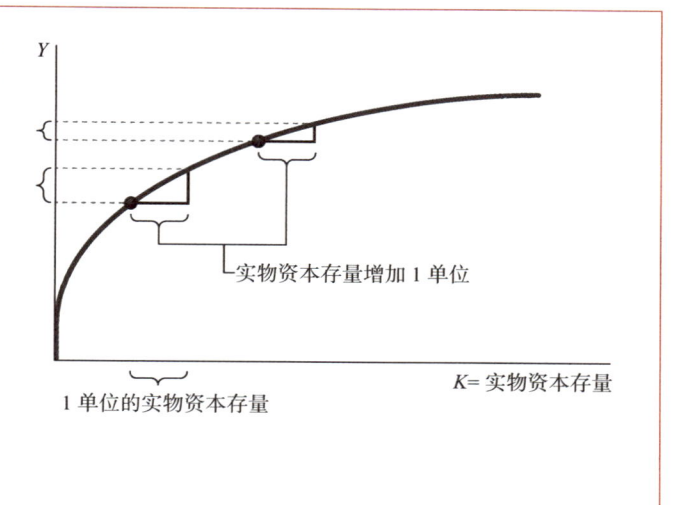

图 6.7 x 轴表示劳动总效率单位的总生产函数（实物资本存量和技术不变）

注：在保持实物资本存量和技术不变的情况下，总生产函数表示劳动总效率单位与 GDP 之间的关系。同样，随着劳动总效率单位的增加，GDP 也随之增加，但与边际产量递减定律相一致，随着劳动总效率单位的增加，两者之间的关系曲线变得越来越平缓。

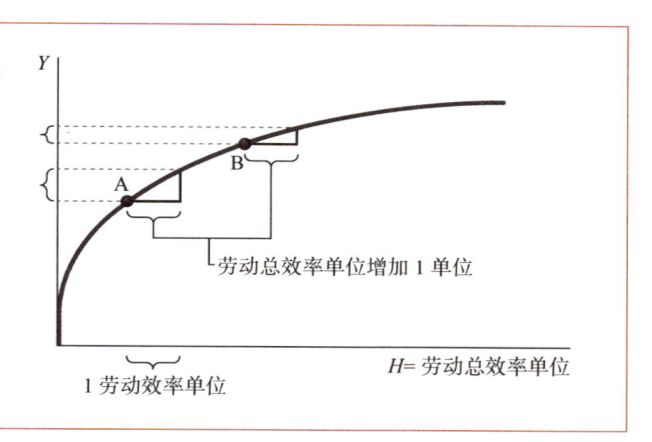

图 6.6 在保持劳动总效率单位 H 不变的前提下考察了实物资本存量与 GDP 之间的关系。相反，图 6.7 是在保持实物资本存量 K 不变的前提下考察了经济中劳动总效率单位与 GDP 之间的关系。这种关系也符合边际产量递减定律。

6.3　技术的作用和决定因素

现在我们将更详细地讨论技术如何影响总生产函数，以及影响一个经济体技术水平的因素。

技术

前文已经提到，技术决定了一个经济体对投入的利用效率。图 6.8 显示了技术进步对总生产函数的影响。我们再次保持劳动总效率单位 H 不变，并描绘出 GDP 与实物资本存量 K 之间的关系。当技术改进时（即当经济体使用更好的技术时），GDP 与实物资本存量之间的关系曲线向上移动。因此，对于任意水平的劳动总效率单位，更好的技术都意味着经济体将产生更多的 GDP。

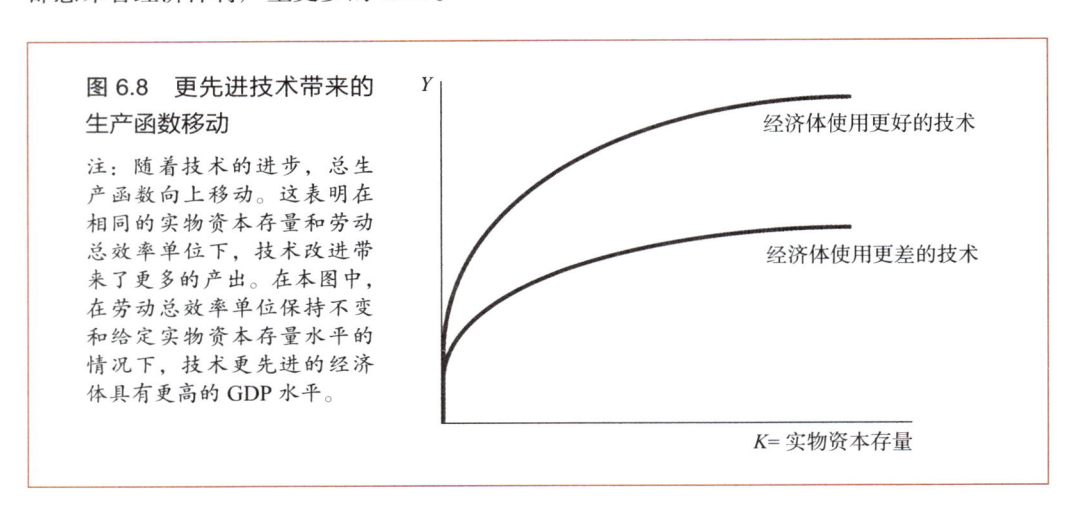

图 6.8 更先进技术带来的生产函数移动

注：随着技术的进步，总生产函数向上移动。这表明在相同的实物资本存量和劳动总效率单位下，技术改进带来了更多的产出。在本图中，在劳动总效率单位保持不变和给定实物资本存量水平的情况下，技术更先进的经济体具有更高的 GDP 水平。

因此，我们对总生产函数的研究阐明了为什么生产率依赖于人力资本、实物资本和技术。保持劳动者总数不变，人力资本增加、实物资本存量增加和技术进步都将促使 GDP 提升。由于劳动者总数（以及每个劳动者的工作时长）是固定的，这也对应着生产率的提高。

技术的维度

正如我们所定义的那样，技术是一个相当宽泛的概念，实际上它有两个非常不同的组成部分。一是知识，二是生产效率。

让我们从知识谈起。今天，我们知道如何生产智能手机和平板电脑等许多先前不存在的新产品。此外，这些知识也使我们能够更有效地执行某些任务。例如，当你使用计算机写论文或做计算时，你是在利用计算机的计算能力，而这种算力正是来自社会已经获得并应用于其生产过程的知识。这些知识的一部分存在于劳动者的人力资本之中：如今的劳动者可以比他们的祖父母更有效率地完成一系列任务。但是，这些知识的一个重要部分体现在企业的实物资本存量中：企业使用的计算机是经济体实物资本存量的一部分。

不过，从某种意义上来说，技术并不等同于经济体的实物资本存量。不管你的曾祖父母想花多少钱购买一台计算机，他们都不可能买得到，因为当年个人计算机还没有被发明出来。你的祖父母需要斥巨资才能买到一台性能比现在低得多的计算机，而且它很可能是一台大型机，而不是现在很多人正在使用的小型笔记本。因此，技术的进步（在

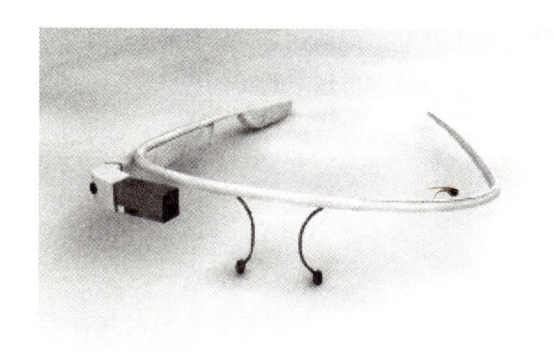

这一具体例子中，就是计算机技术的进步）直接扩展了我们可执行任务的数量，提升了我们完成任务的速度。==技术的进步有时源于偶然，但更多的时候，它们是经济主体有目的地进行优化决策的结果。==例如，社会通过**研究和开发（简称研发）**来实现技术进步。研发指为提高企业或经济体的技术水平而进行的旨在改进科学知识、产生新的创新或将现有知识应用于生产的活动。研发涉及的活动范围广泛，比如大学和私人实验室对新科学思想的研究、旨在将科学应用于工厂生产的新方法研究，还有旨在将现有知识和产品商业化的开发活动。研发是美国经济中的一项重要活动。2012 年，美国大约有 125 万人从事研究工作（这是可获得的最新数据），其总研发支出达到了 4 570 亿美元（相当于 GDP 的 2.81%）。在这之中，企业研发支出约为 2 780 亿美元，其余部分的支出则分别来自美国政府、大学和其他机构。

下面让我们谈谈技术的第二个组成部分——生产效率。为了理解不同国家的生产效率为何会有不同，以及这会如何反映不同国家间的技术差异，我们可以假设存在两个不同的经济体，其中一个经济体的资源配置由市场决定，另一个经济体的资源在个人和企业之间随机分配。我们进一步假设这两个经济体都有两种类型的劳动者——经济学教授和篮球运动员，以及两种类型的任务——教学和打篮球。

第一个经济体依靠市场来为劳动者分配任务。更擅长打篮球而不擅长教学的篮球运动员将负责打篮球，经济学教授则负责教学。第二个经济体则随机为劳动者分配任务，假设经济学教授被派去打篮球，而篮球运动员被派去教学。这两个经济体在可用于生产的知识方面并无区别，而且拥有相同的人力资本。但第一个经济体会比第二个经济体成功得多（尤其是在篮球方面），其产出也会更多（篮球打得好，甚至教学也教得好）。

这两个经济体有什么不同？它们的生产效率存在差异。**生产效率**是指社会在给定成本或给定的生产要素和知识水平下实现最大数量产出的能力。当经济能够提高生产效率时，总生产函数将发生类似于图 6.8 所示的移动。因此，我们把生产效率包含在对技术的定义中，因为它反映了在给定投入的情况下，一个经济体在产出上可能出现的差异。

因为技术对 GDP 极其重要，所以我们将 A 包含进总生产函数中，并将其表示为：

$$A \times F(K, H)$$

如图 6.8 所示，对于给定水平的劳动效率单位和实物资本存量，A 的值越大，对应的技术越先进，GDP 就越高，这将使总生产函数向上移动。但请注意，A 不是生产要素。虽然它指明了经济体可用的技术，但并不等于生产者可以在市场上购买的投入。

用数据说话

摩尔定律

- 自 1965 年以来，人们观察到计算机微处理器的发展有一个相当显著的规律性长期趋势，这就是以英特尔联合创始人戈登·摩尔的名字命名的摩尔定律。戈登·摩尔在 1965 年预测，一块芯片上的晶体管数量大约每两年翻一番。[5] 晶体管的数量是决定计算机处理器速度的关键因素。所以大体而言，摩尔定律意味着计算机处理器处理数据的能力大约每两年就可以翻一番。如图 6.9 所示，计算机技术的发展似乎已经证实了这一点。图 6.9 同样使用了比例刻度，因此在纵轴上 1 000 和 10 000 之间的垂直距离等于 1 000 万和 1 亿之间的垂直距离。该图显示，芯片上晶体管的数量从 1972 年的约 1 000 个显著增加至 2015 年的超过 10 亿个。其他一些涉及计算技术进步的测算也同样与摩尔定律吻合。例如，数码相机的像素和 RAM（随机存取存储器）的存储容量每两年左右就会翻一番，而计算机节点的功耗和硬盘存储成本似乎每两年就会减半。

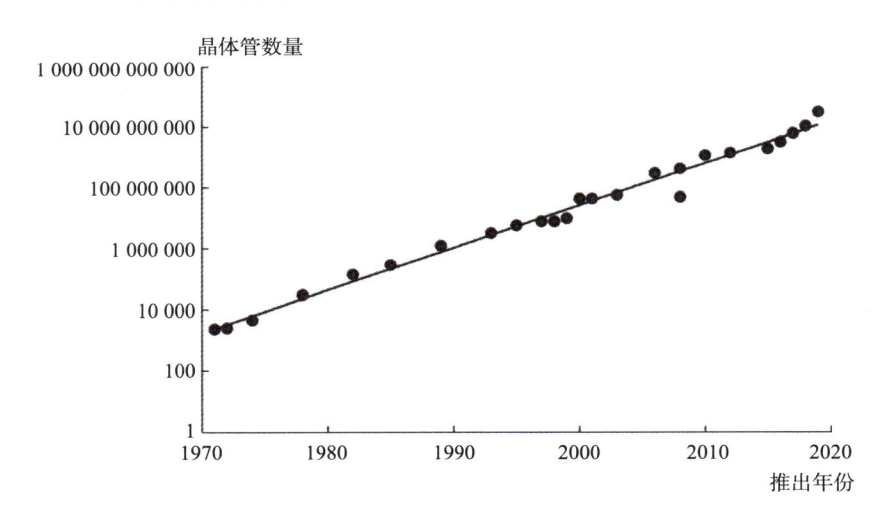

图 6.9 摩尔定律

注：戈登·摩尔在 1965 年预测，计算机处理器的速度将稳步提高。事实证明这是一个非常准确的预测，计算机芯片中封装的晶体管数量大约每两年翻一番。这一后来被称作摩尔定律的显著趋势现已成为我们这个时代技术持续进步的象征。
资料来源：英特尔。

- 当然，时间和技术进步之间并不存在任何使它成为一个实际"定律"的预先确定关系。这些进步其实是几家公司对新计算机技术进行投资的结果，而这些投资的

宏观经济学

盈利反过来又推动了投资。技术进步还依赖政府对大学和私人研究的支持，以及各国吸引越来越多有才华的年轻学生进入科学、工程和相关领域的能力。未来情况可能会发生变化，这种技术的快速进步也可能戛然而止。未来选择科学与工程专业的大学生可能会减少，政府也可能限制甚至停止对大学或私人研究的支持，削弱对技术持续进步的激励。此外，即使不大幅削减资金，或该领域仍能保持盈利，技术进步的速度也有放缓的可能性。工程界已经开始质疑继续在芯片中集成更多晶体管在经济层面和科学层面的可行性。[6]然而，到目前为止，摩尔定律仍非常准确，如果该定律在未来几年内能持续发挥作用，那它仍会对人类生活产生重大影响。

选择与结果

纳粹德国的学术错配

- 把经济学教授指派去打篮球的例子，即使不能称为怪异，也足够滑稽可笑。现实世界中就有许多几乎同样极端的资源错配例子，而且经常导致更为严重的后果。
- 其中一个例子来自希特勒统治时期的纳粹德国。从1933年开始，纳粹德国将所有犹太学者驱逐出德国大学，取而代之的则往往是水平不济的德意志人。这意味着德国学术界在许多领域都出现了大量人才流失。例如，1933年和1934年，德国大学中有18%的数学教师遭到解雇。正如当时许多人所观察到的，这造成了毁灭性的结果。当时纳粹教育部部长问道："哥廷根的数学已摆脱了犹太人的影响，现在发展得怎么样？"著名数学家戴维·希尔伯特回答说："哥廷根的数学？哥廷根再也没有数学了。"
- 经济学家费边·瓦尔丁格研究了大规模解雇天才数学家对德国大学和博士生学业表现的影响。[7]他通过这些学生在学术期刊上发表论文、成为正式教授以及他们的论文被引用的概率来测算博士生的质量。研究结果表明，在柏林、布雷斯劳和哥廷根等纳粹政策导致更多犹太数学家被驱逐的地方，博士生的质量下降得非常明显。相比之下，法兰克福、汉堡、斯图加特等没有遭受类似灾难的地方，大学里的情况就没有这么糟糕。这些结果表明，牺牲生产效率的后果可能非常严重。

用数据说话

企业层面的生产效率和生产率

- 经济学家小詹姆斯·施米茨研究了美国和加拿大铁矿石行业在应对巴西生产商竞争时的经验。[8]他的发现清楚且具体地表明，公司组织结构的优化可以提升生产效率（或"技术"），进而显著提高生产率。

- 施米茨指出，至少从 1970 年开始，加拿大和美国的铁矿石行业的生产率（例如每小时的铁矿石产量）一直保持不变，当时它们几乎没有面临任何外国竞争。然而，在 20 世纪 80 年代初，巴西生产商进入美国市场，开始向芝加哥和其他中心市场运送铁矿石。在接下来的 10 年里，美国和加拿大铁矿石行业的生产率提高了 1 倍。他还证明，这既不是因为资本或材料的更集约化应用，也不是因为新生产技术的使用，而是重大生产重组的结果。
- 根据施米茨的说法，原来的铁矿石生产工厂高度工会化，这使得工厂无法有效地进行任务分配。例如，尽管行业研究表明，各种设备的维修工人已经出现冗余，但工会合同不允许裁减维修人员。随着竞争的加剧，这些工作规则发生了变化，劳动也得到了更有效的利用。施米茨提供的大量其他证据也证明，工作规则的变化使得企业能够在不同任务之间更灵活地分配劳动，设备因此得到了更为充分的利用，生产率也因此显著提高。

企业家精神

不同经济体的生产效率和生产率可能存在差异的一个特别重要的原因是企业家精神。一个具有创业比较优势的个人是否能成为企业家取决于多种因素的影响，我们将在第 8 章中更详细地讨论这一点。当具备企业家精神的人无法成为企业家时，一个经济体的生产效率就会降低。这和篮球运动员与经济学教授的错配是一个道理，只是企业家的问题可能更具重大意义。

用数据说话

垄断和 GDP

- 当墨西哥与美国签订《北美自由贸易协定》（签订于 1992 年，1994 年生效）时，许多经济学家预测墨西哥的经济将快速增长。但在签署《北美自由贸易协定》后的头 15 年里，墨西哥的经济增长远远低于大多数分析人士的预期。垄断和阻碍新公司进入的壁垒正是该国经济没有取得更显著增长的部分原因。
- 以墨西哥电信业为例，该国电信业长期以来一直由国家垄断。后来它被私有化，变成卡洛斯·斯利姆名下的一家私人垄断企业。如今，卡洛斯已成为世界上最富有的人之一。相比之下，美国的电信业竞争非常激烈，在无线和宽带领域都有许多互相竞争的公司。墨西哥的电信部门不仅收费高于其他国家，而且投资低于其他收入相当的国家，如图 6.10 所示。
- 消除阻碍资源有效配置的垄断和进入壁垒是提高 GDP 的重要途径之一。

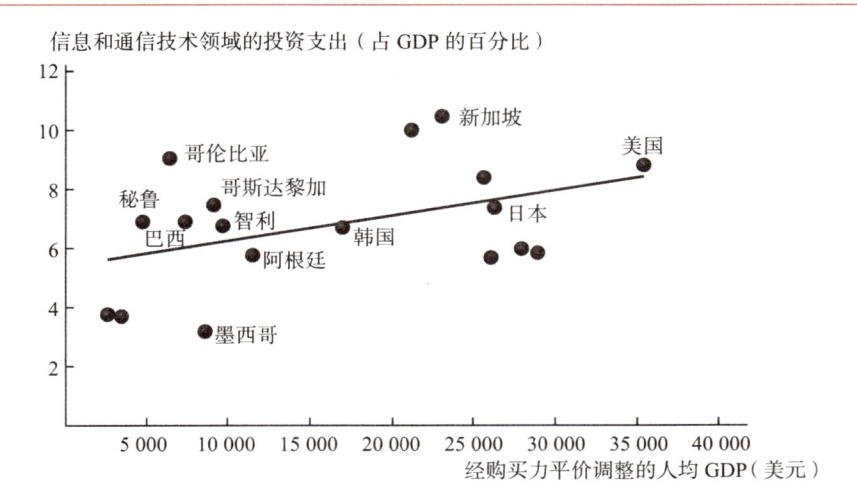

图 6.10　与收入相当的国家相比，墨西哥在信息和通信技术领域的投资不足

注：垄断和阻碍新公司进入的壁垒常常阻碍投资并减缓技术进步。例如，电信行业遭到垄断的墨西哥在信息和通信技术方面的投资少于具有相似经购买力平价调整的人均 GDP 的其他国家。
资料来源：世界银行数据库。

循证经济学

为什么普通美国人比普通印度人富有得多？

- 要理解美国和印度（以及其他国家）之间生产率和经购买力平价调整的劳动者人均 GDP 的差异，我们需要关注三个因素：人力资本、实物资本和技术。为了理解每一种因素在解释劳动者人均 GDP 跨国差异方面的相对重要性，我们可以假设该国和另一个国家拥有相同的人力资本、实物资本存量和技术，然后计算出在这种情况下的劳动者人均 GDP，并将其与该国实际的经购买力平价调整的劳动者人均 GDP 进行比较。我们在表 6.1 中就做了这种比较，特别是在技术方面。我们使用了 2014 年的数据，这是我们能找到的具有我们所需全部内容的最新数据。
- 利用受教育程度（人力资本的一个关键方面）和就业数据，我们计算了劳动总效率单位。第（3）列记录了每个国家每个劳动者的平均受教育年限。数据显示大多数国家劳动者的平均受教育程度明显低于美国。
- 然后，我们利用几十年来的投资数据计算了每个国家的实物资本存量。第（4）列显示了每个国家的劳动者人均实物资本存量与美国的劳动者人均实物资本存量比率。大多数国家的劳动者人均实物资本存量明显低于美国（但也有一些国家的水平高于美国，例如未出现在表中的挪威）。
- 利用估算出的总生产函数（我们在本章附录中提供了这一估算的详细信息），我们可以理解劳动总效率单位和实物资本存量是如何被转换成经购买力平价调整的劳动者人均 GDP 的。将这些人力资本和实物资本的贡献与经购买力平价调整的劳动者实际人均 GDP［见表 6.1 第（2）列］进行比较，我们就可以推断出技术对经购买力平价调整的劳动者人均 GDP 的贡献。具体而言，我们假设任何不能用实物资本和劳动来解释的 GDP 都可以用技术来解释。

- 基于对总生产函数的估算，我们现在可以计算出，如果这些国家能够获得与美国完全相同的技术（仍旧基于它们的实际劳动总效率单位和实物资本存量），它们的收入水平会是多少。这些信息记录在表格的第（5）列中。实际收入和这些假设数字之间的差异说明了技术的贡献。

- 该表揭示了一些有力的事实。与我们在图 6.1 和图 6.2 中看到的模式一致，美国经购买力平价调整后的人均 GDP 约为印度的 8.5 倍（112 517÷13 261≈8.5）。我们还看到，印度人的平均受教育年限约为 6.2 年，而美国人约为 13.2 年，印度的劳动者人均实物资本存量约为美国的 3%。

表 6.1 人力资本、实物资本和技术对经购买力平价调整的劳动者人均 GDP 差异的贡献

（1）国家	（2）2014年经购买力平价调整的劳动者人均 GDP（美元）	（3）平均受教育年限	（4）2014年各国劳动者人均实物资本存量相对于美国的比率	（5）若技术达到美国水平的经购买力平价调整的劳动者人均 GDP（美元）
美国	112 517.30	13.18	100.0	相同
英国	83 611.74	12.24	86.9	102 902.90
西班牙	88 944.35	10.27	81.2	91 985.66
韩国	67 246.82	12.05	52.6	86 293.01
墨西哥	38 661.51	8.79	21.0	54 766.86
巴西	28 935.31	7.89	13.4	45 215.59
印度	13 260.64	6.24	2.8	24 056.65
巴基斯坦	15 492.71	5.02	2.2	20 321.71
加纳	7 497.48	7.00	1.7	21 407.27
刚果民主共和国	3 757.44	3.66	1.6	16 651.50

数据来源：Penn World Table (Alan Heston, Robert Summers, and Bettina Aten, Penn World Table Version 7.1).

- 那么，假设一个普通的印度劳动者拥有与美国劳动者同等水平的技术，那么他能用这么多人力资本和实物资本创造多少产出？

- 第（5）列表明答案约是 24 057 美元。这意味着，如果印度的技术水平达到美国水平，那么印度劳动者的经购买力平价调整的劳动者人均 GDP 大约是目前的两倍：24 057÷13 261≈1.8，这说明了技术差异的重大影响。此外，如果印度也将劳动者人均人力资本和实物资本提高到美国的水平，它将把经购买力平价调整的劳动者人均 GDP 提高到美国的水平。（这是通过构造法得出的：如果印度的劳动者人均人力资本和实物资本水平与美国相同，技术水平也与美国相当，那么印度

宏观经济学

经购买力平价调整的人均 GDP 将与美国相同。）这相当于印度的劳动者人均 GDP 会再增加 4.7 倍（112 517÷24 057≈4.7。）
- 然而，我们前面提到，看起来相当重要的技术差异（可使印度在劳动总效率单位和实物资本存量保持不变的情况人均 GDP 翻番），可能不仅仅源于经济体和生产企业可用知识的差异。正如我们的经济学教授和篮球运动员的例子所示，它们还反映了生产效率的差异。此外，任何生产要素中的误测都会表现为技术差异。例如，在现实中，不同国家的人力资本不仅受平均受教育年限的影响，而且还受教育质量的重大差异的影响。如果富裕国家具有系统性的高水准的教育质量，那我们的方法就可能会导致技术差异被夸大。

问题	答案	数据	注意事项
为什么普通美国人比普通印度人富有得多？	劳动总效率单位和实物资本的差异产生了主要影响。如果印度能获得与美国相同的技术（包括生产效率的差异），那么其劳动者人均 GDP 将从 13 261 美元提高到 24 057 美元，这几乎是现有水平的两倍。如将印度的劳动总效率单位和实物资本提高到美国的水平，印度的劳动者人均收入可以再增长 4.7 倍。	经购买力平价调整的劳动者人均收入、受教育年限和投资的跨国数据。	技术差异包括生产效率的差异，还可能是源于误测。

总结

- 人均 GDP 是用一国的总收入或 GDP 除以总人口。各国之间的人均 GDP 差异巨大，一些国家（如美国和挪威）的人均 GDP 是其他一些国家（如阿富汗、尼日尔和刚果民主共和国）的 40 多倍。
- 各国的人均 GDP 可以通过基于汇率的测算或基于购买力平价的测算进行比较，其中前者依托于当前汇率，后者比较的则是各国一篮子代表性商品的估算成本。后者往往更可靠，因为它更恰当地反映了各国相对价格的差异，不受汇率波动的影响。尽管人均 GDP 忽略了关于一个国家的许多其他重要信息（包括健康、教育、不平等和贫困等），但它是一个很好的关于国家繁荣程度的概括性指标。一个国家的人均 GDP 越高，其国民的预期寿命就越长，受教育程度就越高，贫困程度就越低。
- 总生产函数将一个国家的 GDP 与其劳动总效率单位、实物资本存量、技术和生产效率联系起来。提高劳动总效率单位、增进实物资本、改进技术以及提升生产效率，都会提高 GDP。
- 虽然劳动总效率单位和实物资本存量对 GDP 影响很大，但技术和生产效率的差异才是造成劳动者人均 GDP 跨国差异的最重要决定因素。

关键术语

人均 GDP
购买力平价（PPP）
劳动者人均 GDP
生产率
每人每天 1 美元贫困线

人力资本
实物资本
实物资本存量
技术

总生产函数
劳动总效率单位
研究和开发（研发）
生产效率

问题

1. 假设你在比较美国和加纳的人均 GDP。首先，你根据美元和加纳货币塞地之间的当前汇率将加纳的人均收入转换为美元。你还根据购买力平价调整后的汇率将这两个值转换为美元。哪一项指标能更准确地告诉你这两个国家的生活水平？请解释。

2. 用巨无霸汉堡来测算购买力平价有什么缺点？

3. 假设 A 国的人均 GDP 高于 B 国，请解释为什么这并不意味着 A 国大多数公民的收入高于 B 国大多数公民的收入。请举例来说明这一点（假设两国各有 10 位公民）。

4. 人均 GDP 是否比劳动者人均 GDP 更有助于理解不同国家生活水平的差异？

5. 人均 GDP 与绝对贫困和预期寿命等福利指标之间有什么相关性？人均 GDP 能否作为对福利的测算标准？

6. 人类发展指数测算的是什么？该指数与一国经购买力平价调整后的人均 GDP 有何相关性？

7. 什么是生产率？为什么不同国家的生产率各不相同？

8. 技术是由哪两个部分组成的？

9. 什么是生产要素？总生产函数描述了什么？

10. 什么是劳动总效率单位？这个概念和人力资本有什么关系？

11. 使用下图解释，在其他条件保持不变时，一个国家的实物资本存量与 GDP 之间的关系。

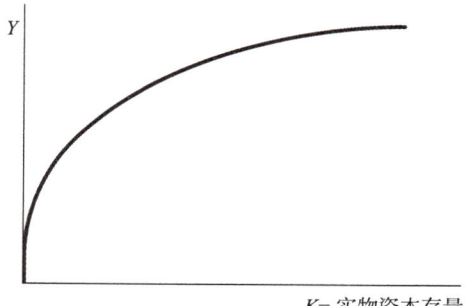

$K=$ 实物资本存量

12. 解释实物资本和人力资本的区别。
13. 解释实物资本和自然资源的区别。
14. 技术进步如何影响总生产函数？
15. 什么是摩尔定律？摩尔定律是否得到了历史数据的证实？
16. 为什么普通美国人比普通印度人富有得多？
17. 一个国家可以运用哪些政策来提高 GDP？

循证经济学习题

1. 2015 年，卢里塔尼亚和法兰西亚这两个国家拥有相同的人口、相同的实物资本存量和相同的劳动者人均人力资本。但卢里塔尼亚的人均 GDP 为 5.5 万美元（按 2015 年购买力平价计算），而法兰西亚的人均 GDP 为 5 万美元（同样按 2015 年购买力平价计算）。

a. 如何解释两国之间 10% 的人均 GDP 差距？

b. 卢里塔尼亚大幅增加公共支出，建设新的工厂和基础设施，这使得其实物资本存量在 2015 年至 2020 年期间增加了 20%。与此同时，法兰西亚的实物资本存量以及两国的人口和劳动者人均人力资本保持不变。法兰西亚的人均 GDP 仍旧为 5 万美元（按 2015 年购买力平价计算），而卢里塔尼亚的人均 GDP 增长到 7.5 万美元（按 2015 年购买力平价计算）。如何解释两国在 2020 年的人均 GDP 差距达到了 50%？（提示：请具体说明你关于卢里塔尼亚技术和生产组织方式的假设。）

c. 接下来，假设另一个国家阿勒马尼亚在 2015 年拥有与法兰西亚和卢里塔尼亚相同的实物资本存量、人口和劳动者人均人力资本，人均 GDP 水平则与法兰西亚相同。在 2015 年至 2020 年期间，阿勒马尼亚的实物资本存量和劳动者人均人力资本保持不变，但其人均 GDP 却增长到了 6 万美元（按 2015 年购买力平价计算）。如何解释在 2020 年该国和法兰西亚之间 20% 的人均 GDP 差距？

d. 假设在 2015 年至 2020 年期间，法兰西亚立法规定，左撇子不能成为管理者、科学家或医疗专业人员。在 2015 年至 2020 年期间，该国的实际资本存量、人口和劳动者人均人力资本都保持不变。2020 年，法兰西亚人均 GDP 下降到 4.5 万美元（同样按 2015 年购买力平价计算）。如何解释该国在 2020 年和 2015 年间的差距？同样的因素能否也用于解释 2015 年法兰西亚和卢里塔尼亚之间的差距？

习题

1. 你在报纸上读到一篇比较印度和英国的星巴克员工工资的报道。当时 1 英镑可兑换 87 卢比。报道称，印度星巴克咖啡师的时薪仅为 56 便士，比星巴克在英国销售的最便宜的咖啡的价格还要低。你的一个朋友读了这篇报道后对这一消息感到震惊，认为星巴克应该大幅提高印度员工的工资。你朋友的想法一定是对的吗？请解释你的答案。

2. 下表列出了 4 个国家的 2015 年人均 GDP。数据以各国的本国货币表示。该表还列出了 2015 年每个国家以当地货币计算的巨无霸汉堡的价格。

国家（当地货币）	2015 年人均 GDP	2015 年巨无霸汉堡的价格
挪威（克朗）	600 546	46

（续表）

国家（当地货币）	2015 年人均 GDP	2015 年巨无霸汉堡的价格
波兰（兹罗提）	46 764	9.6
土耳其（土耳其里拉）	29 885	10.25
英国（英镑）	28 762	2.89

GDP 的资料来源：欧洲经济委员会统计数据库，由国家和国际官方资料（欧盟创新调查、统计局、国际货币基金组织、经合组织）汇编而成。

2015 年，美国的巨无霸汉堡价格为 4.79 美元。将巨无霸汉堡作为各国共有的代表性商品，计算每个国家的购买力平价调整系数，然后计算每个国家经购买力平价调整后的人均 GDP。

3. 让我们用本章第一部分所学来比较 2019 年美国和一个假想的国家阿古尼亚的生活水平。

a. 2019 年美国的 GDP 约为 21 万亿美元，人口约为3.3亿。2019年美国的人均GDP是多少？

b. 假设以当地货币阿古尼亚元计，阿古尼亚2019年的GDP是1万亿阿古尼亚元，人口是1 000万。阿古尼亚的人均GDP是多少？将这一数字与a部分计算的美国人均GDP（以美元表示）进行比较，你认为会出现什么问题？

c. 2019年1月1日，阿古尼亚元与美元之间的汇率为6（即1美元兑换6阿古尼亚元），2019年8月1日这一汇率达到9。用基于汇率的方法分别计算这两个时点用美元表示的阿古尼亚人均GDP。你认为这两个时点阿古尼亚基于汇率的人均GDP变化是否也反映了生活水平的真实变化？

d. 麦当劳在阿古尼亚生意兴隆，2019年的一个巨无霸汉堡价格为7阿古尼亚元，而与此同时，一个巨无霸汉堡在美国的售价为3.75美元。请根据这一信息提出另外一种估算阿古尼亚人均GDP的方法。你是否觉得这种估算比基于汇率的方法更好？为什么？

4. 假设你获知了关于卢斯塔尼亚这个国家的如下信息：

特征项	对卢斯塔尼亚的价值
总人口	1.9亿
就业人数	9 000万
GDP	2.476万亿美元

a. 卢斯塔尼亚的人均GDP是多少？
b. 卢斯塔尼亚的劳动者人均GDP是多少？

下表给出了另一个国家阿克提克的相同信息：

特征项	对阿克提克的价值
总人口	8 000万
就业人数	4 000万
GDP	3.6万亿美元

c. 阿克提克的人均GDP是多少？
d. 阿克提克的劳动者人均GDP是多少？

e. 根据所提供的信息，我们能否说阿克提克比卢斯塔尼亚的生产率更高？请解释你的答案。

f. 你将如何利用两表中的信息比较两国人民的生活水平？

5. 假设用当前美元表示的波罗尼亚的GDP高于卢里塔尼亚的GDP。然而，使用购买力平价调整后的美元计算，卢里塔尼亚的GDP高于波罗尼亚。基于这些信息，你会就波罗尼亚和卢里塔尼亚的生活水平得出什么结论？

6. 2011年，中国将贫困线上调至每年2 300元，即每天6.3元。按照当时的汇率，这相当于不到1美元。一些评论人士认为，中国的贫困线低于世界银行设定的贫困线。按照2005年经购买力平价调整后的美元计算，当时的贫困线为每天1.25美元。你同意吗？你还需要什么其他信息来评估这种论断？

7. 在本题中，请使用你在本章第二节所学到的知识来比较一个经济体在两个不同时期的表现，这两个时期之间的差异是由其实物资本存量和劳动总效率单位的变化造成的。

a. 假设从时期1到时期2经济体的失业率增加，其他一切都保持不变，劳动总效率单位会如何变化？利用本章给出的劳动总效率单位公式（提示一下，这两个时期内劳动总效率单位可分别写成$H_1 = L_1 \times h_1$和$H_2 = L_2 \times h_2$，其中L是雇用劳动者的总人数）进行计算，并以不等式形式表示最终结果。

b. 失业率上升对GDP有什么影响？使用本章给出的总生产函数进行计算，并以不等式形式表示出最终结果。

c. 失业率上升对人均GDP和劳动者人均GDP有什么影响？

d. 假设从时期1到时期2出现了技术进步，但同时实物资本存量下降。你能确定GDP是会增加还是减少吗？为什么？

8. 假设卢斯塔尼亚有两个产业：服装生产和计

算机芯片生产。起初这两个行业具有相同的总生产函数。下表显示了每个行业的产出如何受到劳动总效率单位变化的影响。起初，这两个行业具有相同的总生产函数。下表显示了劳动总效率单位变化对各行业产出所造成的影响。

Y（百万美元）	实物资本存量（单位）	劳动总效率单位
100	15 000	16 000
150	15 000	20 000
180	15 000	24 000
200	15 000	28 000
210	15 000	32 000

a. 使用上表数据绘图，以显示产出随着劳动总效率单位的变化情况，其中 x 轴表示劳动总效率单位，y 轴表示产出。如何解释该图的形状？为什么在这种情况下，以产出与劳动总效率单位作图而不考虑实物资本存量是合理的？

b. 卢斯塔尼亚的一位发明家研发出一项新技术，可以使一种适用于任何资本和劳动组合的计算机芯片产量翻番。使用生产函数来解释这项发明将如何影响计算机芯片的生产。绘制一张新的计算机芯片生产表，并将其与（未变化的）服装生产表进行比较。

c. 如果你是一名政策制定者，你会在资本固定的情况下更改对劳动资源的配置吗？如果答案是肯定的，哪些因素可能阻碍你执行这一政策？

9. 一个经济体中有两种类型的劳动者——经济学教授和篮球运动员，以及两种类型的任务——教学和打篮球。每位劳动者的效率以每小时产值来测算，结果如下表：

	亚当	凯文	托马斯	艾琳娜	坎迪斯	埃莉诺	斯蒂芬	约瑟夫
教学（美元/小时）	15	1	12	3	2	9	3	11
打篮球（美元/小时）	5	14	2	18	16	4	14	13

每位劳动者只能从事一种任务。起初，前四位劳动者被分配从事教学，剩下四人被分配去打篮球。教学和打篮球的每小时产值分别是多少？新领导接手经济管理后，把这些劳动者分配到了各自具有最高生产效率的任务中。新的每小时产值分别是多少？我们知道，国家之间的收入差距巨大，其部分原因就在于生产效率差异。根据你对这个问题的回答，讨论人才分配不当是否可能与生产效率差异存在相关性。然后简单推测一下，为什么一个国家的领导人可能更喜欢低效率的生产。

10. 根据美国人口普查预测，65岁以上的美国公民占比将从2015年的14.9%上升到2050年的22.1%，其部分原因在于预期寿命延长和生育率下降。你认为这样的人口结构转变会如何影响生产率？又会如何影响人均GDP？

11. 经济学家丹比萨·莫约在《援助的死亡》[9]一书中指出，类似于向贫困家庭提供食物或药品的人道主义援助并不能促进发展中国家增长。相反，她主张的外国援助政策是对那些投资发展中国家业务的外国投资给予政策鼓励或补贴。使用本章的概念来评估她的这种援助方式。你的答案应考虑此类政策对贫困率和总体增长的短期和长期影响。如果你试图改善发展中国家的宏观经济增长并降低其贫困率，你会鼓励美国政府资助哪类项目？在提供建议时，你会做出何种权衡？

12. 分别从代数层面和直观层面对"生产效率"概念进行解释。为什么生产效率对GDP如此重要？

附录6A 总生产函数的数学运算

在表 6.2 中,我们计算了如果印度具有美国同等的技术水平,其劳动者人均 GDP 会是多少。我们是如何得出最终结果的?

在计算时,我们使用了总生产函数 $Y = A \times F(K, H)$ 的如下形式,该形式常常被认为是对现实的经验近似。

$$Y = A \times F(K, H) = A \times K^{1/3} \times H^{2/3}$$

该形式被称为柯布-道格拉斯函数,且具有多个显著特征。例如,K 和 H 的系数加起来等于 1(1/3+2/3=1)。这确保了生产函数的规模收益不变。也就是说,K 和 H 增加 1% 也将导致 Y 增加 1%。此外,这个函数形式与以下经验事实一致:粗略而言,2/3 的国民收入归于劳动,1/3 归于实物资本。

现在让我们将上面的方程两边同时除以经济体中劳动者的总数 L:

$$Y \times \frac{1}{L} = A \times K^{1/3} \times H^{2/3} \times \frac{1}{L}$$

这个方程也可以被改写为:

$$y = \frac{Y}{L} = A \times K^{1/3} \times H^{2/3} \times \frac{1}{L^{1/3} \times L^{2/3}}$$

其中,y 是劳动者人均 GDP,即 GDP 除以经济体中劳动者数量的结果。最后一项则只是把 $1/L$ 改写为不同形式,以推导出下面的方程。

现在重新整理上面的方程,我们得到:

$$y = A \times \left(\frac{K}{L}\right)^{1/3} \times \left(\frac{H}{L}\right)^{2/3}$$

最后,代入之前我们已知的 $H = L \times h$,该方程又可以改写为:

$$y = A \times \left(\frac{K}{L}\right)^{1/3} \times h^{2/3}$$

用文字表述就是：

劳动者人均 GDP = 技术 ×（劳动者人均实物资本）$^{1/3}$ ×（劳动者人均人力资本）$^{2/3}$

这一推导也说明了为什么劳动者人均 GDP 的跨国差异与生产率的跨国差异之间存在着紧密的关系。简单起见，假设各国的每个劳动者的工作小时数相同，这个方程的左边也就是工作 1 小时所创造的 GDP，即一个国家的生产率。因此，该方程表明，生产率是由我们在文中强调的三个因素决定的：技术、实物资本和人力资本。

接下来，我们要把劳动者人均 GDP 数据、实物资本存量（K）或劳动者人均实物资本数据，以及劳动者人均人力资本数据（h）用起来。GDP 数据可通过各种来源获得（原始信息来自国民收入账户）。这些来源也提供有关投资的信息，我们可以利用其来计算实物资本存量。最后，我们可以通过平均受教育年限的差异来计算各国人力资本的差异。具体而言，我们知道一个劳动者多上一年学能多挣多少钱。我们可以利用这些信息创建一个基于平均受教育年限差异的指数 h，用其反映各国人力资本的差异。例如，我们可以假设大学毕业生通常接受 16 年教育且他们的收入是接受 6 年教育的劳动者的两倍。然后，我们设 $h = 1$ 表示一个劳动者平均受教育年限为 6 年的国家，则 $h = 2$ 表示的是一个劳动者平均受教育年限为 16 年的国家。

现在我们首先计算美国的技术。记美国的技术为 $A_{美国}$，则利用先前的方程，我们得到：

$$A_{美国} = \frac{y_{美国}}{\left(\dfrac{K_{美国}}{L_{美国}}\right)^{1/3} \times h_{美国}^{2/3}}$$

我们此前已知，美国的劳动者人均 GDP 由以下方程给出：

$$y_{美国} = A_{美国} \times \left(\frac{K_{美国}}{L_{美国}}\right)^{1/3} \times h_{美国}^{2/3}$$

只需重新整理这一方程，我们便可得出上面的表达式。

利用同样方式，我们可以计算出技术对印度 GDP 的贡献，即 $A_{印度}$。

$$A_{印度} = \frac{y_{印度}}{\left(\dfrac{K_{印度}}{L_{印度}}\right)^{1/3} \times h_{印度}^{2/3}}$$

然后我们可以问，如果我们把前面方程中的 $A_{印度}$ 换成 $A_{美国}$，那么印度的 GDP 会有什么不同。我们可以计算在印度和美国拥有相同技术的情况下印度的劳动者人均 GDP：

$$y_{拥有美国技术的印度} = A_{美国} \times \left(\frac{K_{印度}}{L_{印度}}\right)^{1/3} \times h_{印度}^{2/3}$$

例如，通过代入我们对 $A_{美国}$、$K_{印度}$、$L_{印度}$、$h_{印度}$ 的估算值，我们就可以计算出如果印度能够使用美国的技术，则印度的劳动者人均 GDP 为 24 057 美元。同样，我们可以将美国的技术代入任何国家的总生产函数中，这使我们能够完成表 6.2 中剩余的计算。

3
长期增长和发展

第 7 章　经济增长

为什么你比你的曾曾祖父母富裕得多？

昔日的美国并不像今天这般繁荣。美国目前的实际人均 GDP 是 1820 年的 25 倍左右。那时只有一小部分人口生活在城市里，大多数人从事农业劳作。对于许多我们习以为常的商品、服务和技术，包括广播、电视、室内管道、购物中心、汽车、飞机以及火车，当时的人们甚至连想都想不到，更不用说能够用到了。

在过去的 200 年里，美国和部分国家的实际人均 GDP 大幅增长，开发出了新的商品、服务和技术。我们把这个过程称为经济增长。本章讨论的关键问题是，美国和另外一些国家如何以及为什么能在过去两个世纪中实现如此显著的经济增长。

在本章稍后的循证经济学专栏中，我们将探究美国在过去 70 年中实现经济增长的原因，尤其是技术进步在这一过程中所发挥的特殊作用。在本章的循证经济学习题中，你将有机会通过一个类似的例子进一步理解经济增长。

在本章中，你将学习到如何测算经济增长，经济增长有何作用，以及如何解释不同的增长来源。对于那些希望深入研究经济增长的学习者，结尾的附录（可选）就经济增长模型提供了更为正式的讨论。

本章概览

7.1	7.2	EBE	7.3	7.4
经济增长的力量	一国的经济如何实现增长？	为什么你比你的曾曾祖父母富裕得多？	增长和技术的历史	增长、不平等和贫困

重要概念

- 经济增长测算的是人均实际 GDP 随时间增长的程度。
- 许多国家今日的高水平实际人均 GDP 是过去两个世纪经济快速增长的结果。
- 持续的经济增长依赖技术进步。
- 不同经济体在历史上的经济增长率存在较大差异,这在很大程度上导致了实际人均 GDP 水平的差异。
- 经济增长是削减贫困的有力工具。

7.1 经济增长的力量

我们在第 6 章中了解了决定一国总收入(GDP)的各种因素。现在,我们可以开始利用这些概念来解释,为什么包括美国在内的一些国家在过去 200 年里变得如此富有,而在这个过程中,我们也将从一个新的视角去理解上一章已谈及的国家间差异问题。我们在本章中使用的是实际 GDP。正如我们在第 5 章中所讨论的,实际 GDP 使用某一特定基年(在本章中通常指 2011 年)的市场价格来表示经济体的生产价值。

美国经济增长初探

首先,图 7.1 描述了美国过去 200 年的实际人均 GDP。在第 6 章中,为了在不同国家之间进行有意义的比较,我们根据一篮子商品的成本对收入进行了调整。在第 5 章中,为了求得实际 GDP 以进行有意义的跨期比较,我们也对通货膨胀进行了类似的调整。你肯定记得,这涉及根据基年的美元价值(我们称之为"不变美元")来调整实际 GDP 或收入。我们在本章也需要如此。图 7.1 就是按 2011 年不变美元计算的美国实际人均 GDP 水平。比如,我们在图中所看到的 1967 年的收入数字,实际上也是根据 2011 年美元的价值换算出来的。

图 7.1 清楚地展示了 1820—2016 年美国经济的增长情况。**经济增长**,或者简称**增长**,是指一个经济体实际人均 GDP 的增长。该图展示的正是此类型的增长,而且我们可以从中看出,过去 200 年美国实际人均 GDP 增长显著。当然,这种经济增长并不完全稳定,其中会出现一些对应着经济波动的锯齿形变化。最突出的波动之一便是始自 1929 年的大萧条,当时美国实际人均 GDP 出现了大幅萎缩。尽管大萧条事关重大并对数百万人的生活造成了影响,但它只是一个暂时性事件,在其前后,实际人均 GDP 的持续稳定增长才是美国经济的主要特征。本章将聚焦这类长期走势,至于大萧条这类经济波动,我们会在后续的章节中进行探讨。

由于图 7.1 所示的经济持续增长,今天美国的实际人均 GDP 和生活水平要远高于 1820 年。具体而言,美国的实际人均 GDP 从 1820 年的 2 806 美元增长到 1950 年的

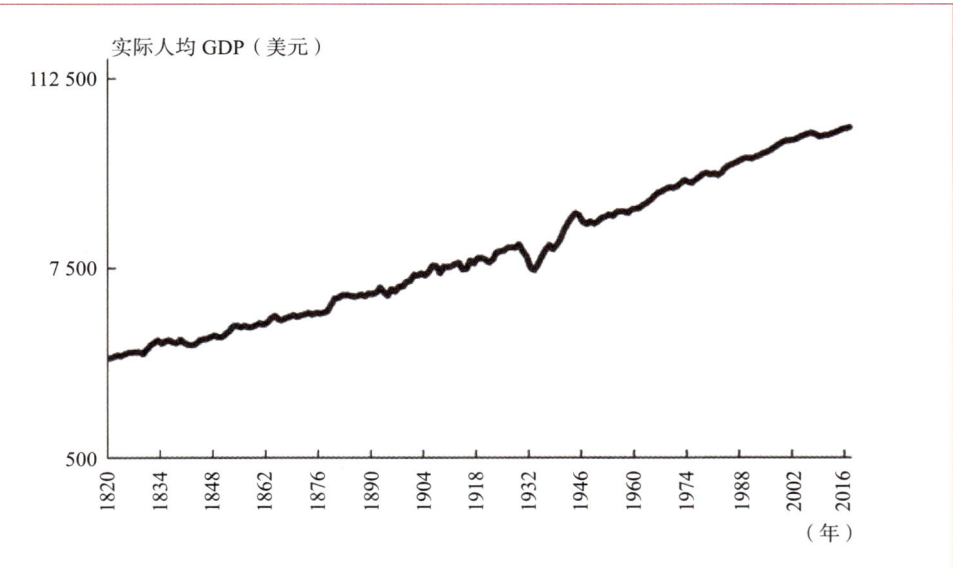

图 7.1 美国实际人均 GDP（按 2011 年不变美元计算）

注：除了在大萧条及其余波期间，美国实际人均 GDP 的增长一直相对稳定和持续。注意，y 轴使用的是比例刻度，因此 500 美元至 2 500 美元的垂直距离与 2 500 美元至 12 500 美元的垂直距离相同。

资料来源：the Maddison Project (1820–1950) and the Penn World Table version 9.1 (Robert C. Feenstra, Robert Inklaar, and Marcel P. Timmer, September 2019); J. Bolt and J. L. van Zanden, "The First Update of the Maddison Project; Re-Estimating Growth Before 1820," Maddison Project Working Paper 4, 2013。

14 655 美元，再增加到 2014 年的 50 752 美元（所有数字均按 2011 年不变美元计算）。（注意，类似于我们在第 5 章和第 6 章的几张图，本图的 y 轴也使用了比例刻度：500 美元至 2 500 美元的距离等于 2 500 美元至 12 500 美元的距离。我们稍后对指数增长的讨论将清楚地说明，为什么这种比例刻度特别适用于研究经济增长。）让我们先稍微详细地解释一下如何对增长进行测算。**增长率**是指两个时点之间的数量相对于基期数量（即期初数量）的变化——具体而言，这里的数量指的是实际人均 GDP。让我们选择两个时点（比如 t 和 $t+1$），然后分别用 y_t 和 y_{t+1} 表示这两个时点的实际人均 GDP，则这两个时点之间的实际人均 GDP 增长率为：

$$增长率_{t,\ t+1} = \frac{y_{t+1} - y_t}{y_t}$$

如果我们关注的是年度差异，那么 t 和 $t+1$ 就分别对应着两个年份，例如 2005 年和 2006 年。2005 年美国的实际人均 GDP 为 50 512 美元，2006 年为 51 374 美元，所以 2005 年至 2006 年的增长率就可以计算为：

$$增长率_{2005,2006} = \frac{51\,374\ 美元 - 50\,512\ 美元}{50\,512\ 美元} \approx 0.017$$

（也可表示为 0.017 × 100% = 1.7%。）运用这个公式，我们可以计算出任何国家的实际 GDP 增长率。

图 7.2 是利用该公式计算的 1951—2017 年美国实际人均 GDP 的年增长率。该图显示，在此期间美国经济的年均增长率为正，约为 2.03%，但包括 2008 年大衰退在内的经济波动也清晰可见。我们将在第 12 章更详细地讨论这场大衰退。

图 7.2 美国 1951—2017 年实际人均 GDP（按 2011 年不变美元计算）的年增长率

资料来源：the Penn World Table version 9.1 (Robert C. Feenstra, Robert Inklaar, and Marcel P. Timmer, September 2019)。

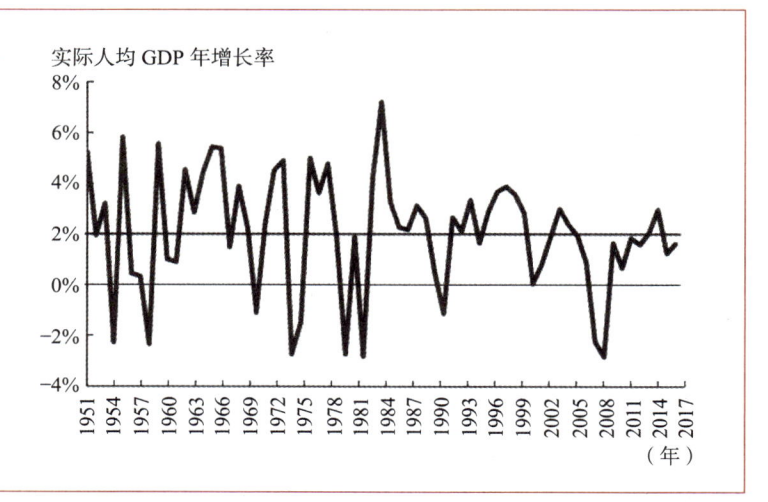

指数增长

指数增长是我们关于经济增长讨论的核心。**指数增长**指的是某个变量以近似恒定的增长率实现增长的过程。这是因为变量值的增加（上式中 $y_{t+1} - y_t$）与其当前值（上式中 y_t）成正比。我们接下来将了解到，指数增长的产生是因为新增长建立在过去增长的基础上，其效应具有复合性。这意味着在多年的增长之后，相对较小的增长率差异会转化为数量水平上的巨大差异。

经济增长的指数性质是各国实际人均 GDP 存在如此巨大差异的主要原因之一。我们在第 6 章中就见识过这些差异。

为了理解指数增长及其影响，我们举一个简单的例子。假设变量 Y_t 在 2000 年的起始值为 1，在随后每年保持 5%（即 0.05）的恒定增长率。2015 年时，这个变量的值是多少？我们一开始可能会这么想：在基数上加上 15 个 1 × 0.05 = 0.05 的增量（2000—2015 年每年一次）。这样我们得到的增加值为 0.75（15 × 0.05），从而得到数值 $Y_{2015} = 1.75$。

但这并不是对增长的正确描述，因为我们必须考虑复合效应的力量。让我们从 2001 年开始重新计算一次。当增长率为 5% 时，我们将得到 $Y_{2001} = 1.05$。2002 年呢？这里的关键是，2001 年至 2002 年 5% 的额外增长是从 1.05 而不是从最初的 1.00 开始算的。因此，我们将得到 $Y_{2002} = 1.05 \times 1.05 = 1.1025$。同样，$Y_{2003} = 1.1025 \times 1.05 \approx 1.1576$，以此类推，我们会得到 $Y_{2015} \approx 2.0789$。

如果想直接获得此结果，你也可以使用如下公式：

$$Y_{2015} = (1.05)^{15}$$

或者，更为概括地说，如果一个对象以 g 的速度持续增长 n 年，那么它在 n 年末的价值将增加 $(1+g)^n$。

因为复合效应，这个数字要大于之前 1.75 的猜测。复合效应是指数增长的根本原因。因为当前的增长是建立在过去的增长之上，所以增长具有指数性质。例如，为了得到 Y_{2003}，我们会从 2002 年的水平 $Y_{2002} = 1.1025$ 开始算起，以此为基础计算 5% 的增长，得到 $1.1025 \times 1.05 \approx 1.1576$。这意味着，尽管增长率都是 5%，但 2002—2003 年的增量为 0.0551（即 1.1576 – 1.1025），这个数字大于 0.05，也就是 2000—2001 年的增量。指数增长的这种特性意味着，如图 7.1 中 y 轴这样的比例刻度更适合描述呈指数增长的变量（近似恒定的增长率）。这很好理解：基于 1 000 的 10% 的增长，其结果是 1 100；但如果是基于 10 万，其结果则是 11 万。这两种情况下的增量（分别为 100 与 10 000）大不相同，但相对于基准值而言，两者具有相同比例的增长（10%）。因此，以比例刻度显示这种变化更有意义，即无论我们的基准值是 1 000 还是 10 万，10% 的增长都对应着 y 轴上相同的距离。相比之下，如果使用通常的非比例刻度，那么图 7.1 就会变成图 7.3。你可以看到，图 7.3 会让我们误以为美国的实际人均 GDP 正在加速增长。使用比例刻度的图 7.1 则清楚地表明美国实际人均 GDP 是在以近似恒定的增长率增长。

为了理解指数增长对经济增长的影响，我们可以假设有两个国家，这两个国家在 1810 年的实际人均 GDP 均为 1 000 美元（按 2011 年不变美元计算）。然后我们假设增长是指数式的，其中一个国家的实际人均 GDP 以每年 2% 的速度增长，而另一个国家以每年 1% 的速度增长。乍一看，这种差异似乎很小。的确，在 1~2 年内这种增长速度差异只会产生很小的影响。

但 200 年后，这一差异的影响就相当惊人了。到 2010 年时，以每年 1% 的速度增长的那个国家，实际人均 GDP 将达到 7 316 美元。相比之下，由于经济增长的指数特性，同一时期以每年 2% 的速度增长的那个国家，其实际人均 GDP 将达到 52 485 美元。仅仅 1 个百分点的增长率差异，就导致两个国家的差距超过 7 倍。

如果前者的增长率不是 1%，而是没有增长（也就是增长率为 0），那么 2010 年它的实际人均 GDP 将仍保持在 1 000 美元的水平。在这种情况下，两国之间的差距会达到着实惊人的 52 倍！这个例子再次说明了指数增长的力量，也让我们看到了缺乏指数增长的弊端。

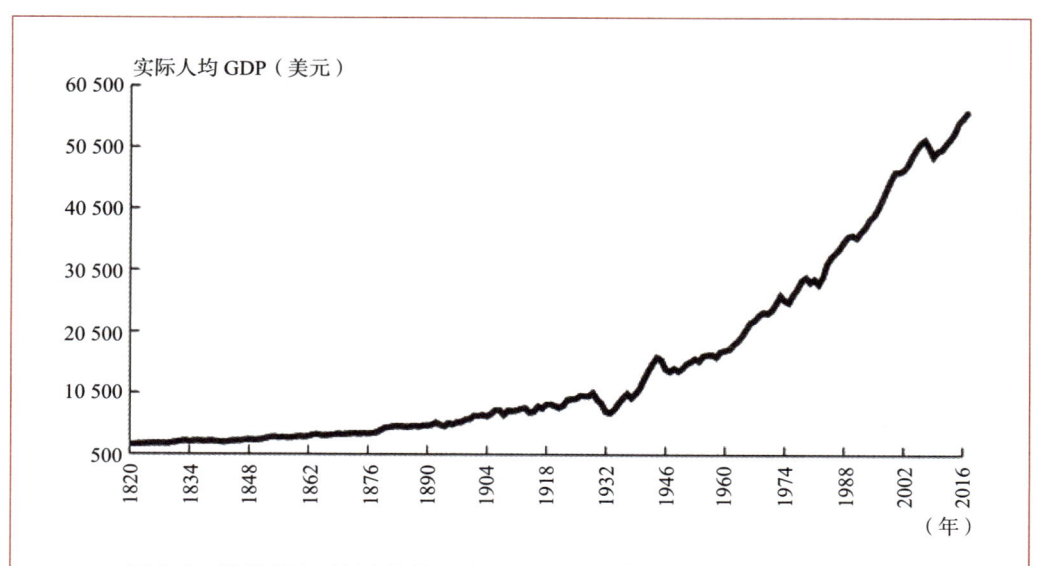

图 7.3 使用非比例刻度的美国实际人均 GDP（按 2011 年不变美元计算）

资料来源：the Maddison Project (1820–1950) and the Penn World Table version 9.0 (Robert C. Feenstra, Robert Inklaar, and Marcel P. Timmer, September 2019)。

选择与结果

指数增长的力量

- 你有两个选择。你可以选择以每月 1 000 美元为起薪，然后每月加薪 6%，也可以选择月薪 2 000 美元，但之后不再有加薪。你更倾向于哪个选项？
- 答案显然因人而异。你如果急需用钱，可能会被每月 2 000 美元的薪资吸引。但在你急着接受这份月薪 2 000 美元的工作之前，先想想 6% 的月增长率意味着什么。如果每月增长 6%，仅 1 年之后你的月薪就会超过 2 000 美元。4 年后，你的月薪约为 16 400 美元。所以，如果你想在这个岗位上待一年以上，从较低的初始薪资开始可能是个更好的主意。
- 指数增长让第一个选项充满吸引力，至少对那些打算长期工作的人来说如此。每月 6% 的增长不同于在起薪的基础上增长 6%（如果是这样，则意味着你的薪资每月增长了 60 美元）。相反，这是一种复合式增长，也就是说，每个月的薪资都

宏观经济学

会在上个月的基础上增长6%。因此，工作1个月后你的薪资会是1 060美元。2个月后，你的薪资会变成1 123.60美元（1 060美元×1.06）。3个月后，你的薪资会变成1 191.02美元（1 123.60美元×1.06），以此类推。我们接下来将看到，指数增长在国家经济增长中所起的作用和它在这个例子中的作用完全一样。

- 关于指数增长的力量，我们还有一个来自古印度的更生动示例。根据传说，一位古印度人发明了象棋，当国王问他打算要什么作为发明的奖赏时，这位发明者便充分利用了指数增长的力量。[1] 他请求国王在棋盘的第一格放1粒麦子，第二格放2粒，第三格放4粒，第四格放8粒，然后以此类推，直到将棋盘上的64个格子全部放满为止，届时棋盘上所有的麦子就是他要的奖赏。国王听了这个请求，觉得这根本是小事一桩，但当财政官员计算出最终数字时，他们震惊地把结果报告给了国王。他们发现棋盘上小麦的总量超过了18 000 000 000 000 000 000粒，远超整个王国的小麦产量。事实上，时至今日，这一数量仍足够让你在6个月内每天向世界上的每个人分发一吨小麦。这是一个值得记住的好故事，除了提醒你关注指数增长的力量，也可以作为一项指引，帮你在面对具有不同增长前景的选项时做出选择。

增长模式

指数增长在很大程度上解释了为什么实际人均GDP会随着时间推移而出现我们现在所见（并在上一章讨论过）的差异。在过去200年里，今天的那些相对富裕的国家一直在稳步增长，而贫困国家的经济则未能做到这一点。

为了理解现实世界中经济增长对各经济体的影响，我们现在来看表7.1。表7.1展现了众多国家在1960—2017年的人均GDP增长模式（按经购买力平价调整的2011年不变美元计算）。表7.1的最后一列对各国在1960—2017年的增长进行了总结。我们并没有使用先前所描述的公式来计算这两个日期之间的增长率，而是提供了1960—2017年的隐含年均增长率。这一指标表示的是从1960年开始，每个国家的年均增长率需要达到多少才能实现2017年的水平（具体计算方式参见本章附录）。

这些比较告诉了我们什么？首先，我们发现美国、英国和法国经购买力平价调整的人均GDP都有非常显著的增长，最后一列中的增长率证实了这一点。例如，美国和英国在1960—2017年的年均增长率都在2%左右。

表7.1还显示，新加坡、西班牙、韩国、博茨瓦纳和中国的经购买力平价调整的人均GDP增幅更大，因此其增长率也相应更高。这5个国家在1960年时都比美国穷得多，但到2017年，它们已经消除了与美国的部分或几乎全部差距。这种成功反映在这些国家较高的增长率上。例如，同期博茨瓦纳、韩国和新加坡经购买力平价调整的人均GDP的年均增长率超过6%，中国为4.56%。

表7.1还显示，其他一些国家未能缩小与富裕国家之间的差距，或者缩小差距的程度有限。这些国家包括危地马拉、巴西和印度，它们的经济增长率与美国相似或者仅略

高于美国。墨西哥、肯尼亚、加纳、卢旺达和尼加拉瓜在这一时期的增长率甚至低于美国,因此相比之下变得更穷了。事实上,我们从表 7.1 中看到,肯尼亚经购买力平价调整的人均 GDP 在这 50 多年间基本一直停滞不前。而刚果民主共和国经购买力平价调整的人均 GDP 以每年 2.03% 的速度下降,结果是,这个国家在 2017 年时比在 1960 年时还要穷,这在一定程度上是几十年内战和政治动荡导致的结果。

表 7.1 部分国家的人均 GDP 和增长率(按经购买力平价调整的 2011 年不变美元计算)

国家	实际人均 GDP(美元) 1960 年	实际人均 GDP(美元) 2017 年	隐含(平均)年增长率
美国	17 600.11	56 153.42	2.07%
英国	11 959.49	42 137.82	2.25%
法国	10 465.52	40 975.05	2.43%
墨西哥	5 741.75	18 360.42	2.01%
西班牙	5 741.40	37 232.80	3.35%
尼加拉瓜	4 476.47	5 360.22	0.32%
加纳	2 816.50	5 153.55	0.37%
新加坡	2 663.43	79 842.57	6.16%
巴西	2 463.11	14 108.92	3.29%
刚果民主共和国	2 422.75	798.68	−2.03%
危地马拉	2 418.48	7 473.34	2.06%
肯尼亚	1 749.13	2 987.50	0.94%
韩国	1 175.10	37 725.07	6.37%
中国	1 154.19	13 051.32	4.56%
印度	1 033.67	6 281.54	3.23%
卢旺达	962.58	1 948.49	1.24%
博茨瓦纳	427.35	16 235.75	6.60%

注:2017 年的人均 GDP 由 1960 年的人均 GDP 和这两个时点间的人均 GDP 年均增长率共同决定。我们看到,尽管博茨瓦纳一开始很穷,但该国现在比肯尼亚和加纳富裕得多,因为其年均增长率是 6.60%,而肯尼亚和加纳的年均增长率只有 0.94% 和 0.37%。出于同样的原因,今天的韩国比巴西富裕,新加坡比西班牙富裕。
资料来源:the Penn World Table version 9.1 (Robert C. Feenstra, Robert Inklaar, and Marcel P. Timmer, September 2019)。

相较于美国,这些国家经购买力平价调整的人均 GDP 是如何变化的呢?图 7.4 显示了表 7.1 中部分国家人均 GDP 与美国人均 GDP 的比率(所有数据均按经购买力平价调整的 2011 年不变美元计算)。

图 7.4 所示的总体增长模式与表 7.1 所示一致,但随时间的推移,这些经济体的增长也揭示了一些有趣的事实。例如,自 20 世纪 50 年代以来,英国经购买力平价调整的

人均GDP一直保持在美国经购买力平价调整的人均GDP的70%～80%。尽管西班牙和韩国在图中起始阶段的收入水平差别很大，但早期的增长速度都很快。20世纪80年代，两国已经大大缩小了同美国之间的差距，但也都进入了相对衰退时期。巴西在20世纪50年代和60年代也经历了相对快速的增长，缩小了同美国的部分差距。但在1980年前后，这一过程开始逆转，到2010年，经购买力平价调整的巴西人均GDP约为美国人均GDP的20%。相对而言，这并没有比20世纪50年代高多少。尽管美国和中国之间最初存在着巨大的差距，但在1978年中国改革开放之后，这一差距开始迅速缩小。

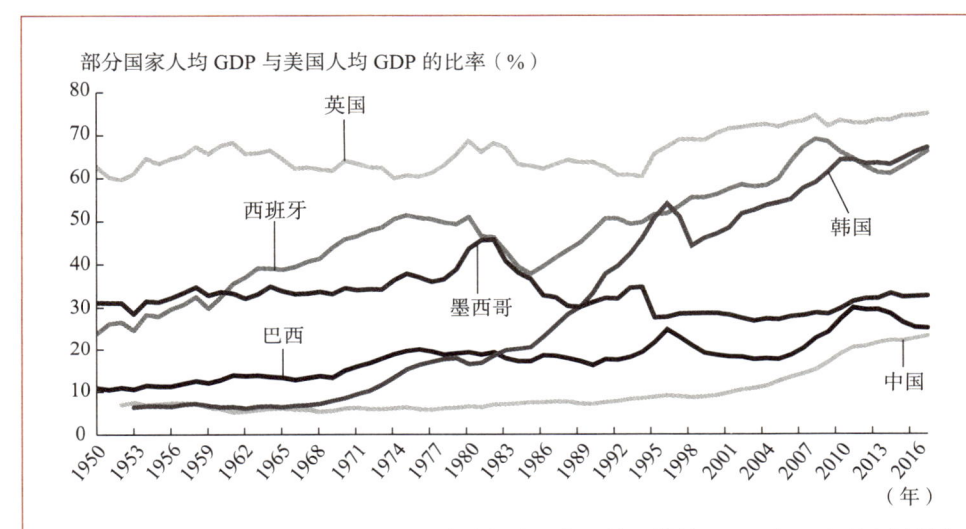

图 7.4　部分国家的人均GDP（按经购买力平价调整的2011年不变美元计算）

注：本图描绘了部分国家经购买力平价调整后的人均GDP变化情况，我们从中可以看出，韩国和中国等国家一直在以相对稳定的速度追赶美国，墨西哥和巴西则没有。

资料来源：the Penn World Table version 9.1 (Robert C. Feenstra, Robert Inklaar, and Marcel P. Timmer, September 2019)。

用数据说话

看数值还是看比率？

- 与1980年相比，现在的中国相对于美国变得更穷了吗？我们在图7.4中看到，中国经购买力平价调整的人均GDP在过去30年里大幅增长，缩小了与美国人均GDP的差距。图7.5显示的是1950年以来中国和美国经购买力平价调整的人均GDP。这幅图给人的印象是美国和中国之间的差距正在扩大，中国正在变得相对更贫穷。然而事实并非如此。实际上，试图用图7.5这样的图来判断中国与美国相比是变得更贫穷还是更富裕，是我们经常犯的一种错误，这个错误就是对指数增长型变量的数值进行比较。你可能已经注意到，正是为了避免这种谬误，我们在图 7.4 的纵轴上使用了比例刻度，并借此直观地展示出过去 65 年中各国经过购买力平价调整的人均 GDP 与他国比率的变化过程。

- 为了认清后一种方法的优点，我们假设有两个国家，其中第一个国家经购买力平价调整的人均 GDP 为 2 万美元，第二个国家经购买力平价调整的人均 GDP 为 1 万美元。然后我们再假设它们都增长了 10%。如此一来，第一个国家经购买力平价调整的人均 GDP 将变成 2.2 万美元，第二个国家经购买力平价调整的人均 GDP 则为 1.1 万美元。两者的比率没有改变，但收入的绝对差距增加了 1 000 美元。因此，当呈指数增长时，比较经购买力平价调整的 GDP 数值并不具有启发性。在存在指数增长的情况下，即便相对 GDP 保持稳定，其绝对差距也会扩大。因此，正确的做法是用图 7.4 中的方法来观察两者的比率。在比较 GDP 或投资等呈指数增长的变量时关注数值而非比率，这是人们经常犯的一种错误。

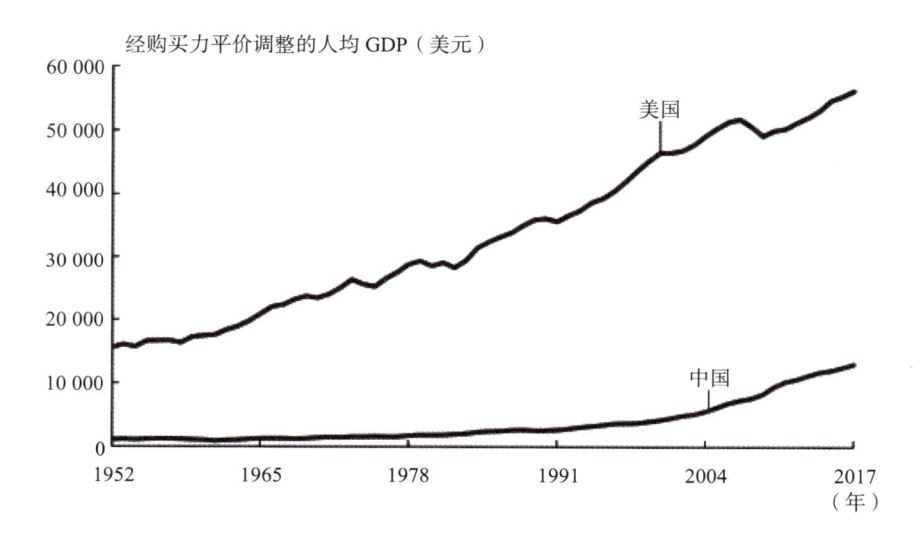

图 7.5　美国和中国的人均 GDP（按经购买力平价调整的 2011 年不变美元计算）

资料来源：the Penn World Table version 9.0 (Robert C. Feenstra, Robert Inklaar, and Marcel P. Timmer, June 2016)。

为了更全面地显示过去 50 年的增长模式，图 7.6 集合了我们能够获得数据的国家在 1960—2017 年的增长率。该图表明，各国的经济增长率存在很大的差异。在此期间，刚果民主共和国和津巴布韦等一些国家的人均 GDP 年均增长率为负，而韩国和新加坡等其他国家的增长率则很高。

利用历史数据，我们甚至可以对 1960 年以前各个国家的经济增长进行比较。为了以一种简单的方式显示这些增长模式，表 7.2 列出了几个国家在 1820 年、1870 年、

1920年、1970年和2010年的人均GDP水平（按经购买力平价调整的2011年不变美元计算），以及1820—2010年和1920—2010年这些国家的年均增长率。

我们看到，在1820年时，各个国家的收入水平并没有那么大的不同。例如，美国的富裕程度仅为墨西哥的两倍左右（美国经购买力平价调整的人均GDP为2 101美元，墨西哥则为968美元）。但到了2010年，这两个国家之间出现了相当大的差距，这可以用它们不同的增长率来解释。1820—2010年，美国的年均增长率为1.65%，而墨西哥的年均增长率仅为1.33%。美国和印度之间的对比更加明显。1820年，印度经购买力平价调整的人均GDP仅略低于美国的一半。但到了2010年，这一差距几乎扩大至10倍。这同样是两国经购买力平价调整的人均GDP增长率存在差异的结果。

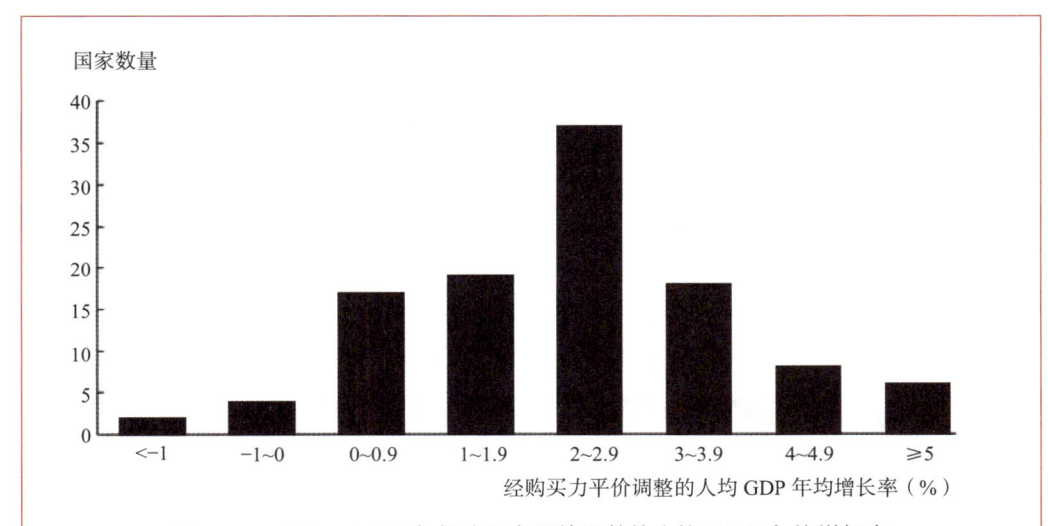

图7.6 1960—2017年经购买力平价调整的人均GDP年均增长率

注：少数国家（特别是博茨瓦纳、新加坡和韩国）的人均GDP增长非常迅速，年均增长率超过5%，而其他国家（如津巴布韦、刚果民主共和国）的这一指标自1960年以来一直在负增长。
资料来源：the Penn World Table version 9.1 (Robert C. Feenstra, Robert Inklaar, and Marcel P. Timmer, September 2019)。

表7.2还显示，1820年时的英国比美国要富裕得多。然而到了2010年，美国比英国富裕30%左右。这一变化源于增长率的差异：1820—2010年，美国的人均GDP年增长率为1.65%，而英国的人均GDP年增长率仅为1.29%。这一相对较小的增长率差异足以让美国在2010年之前就超过英国，成为更富有的国家。我们也可以从该表中看到，在1970年时，包括西班牙、韩国和中国在内的几个国家相对于美国变得更

加贫穷了。然而，该表也显示，在过去40年里，这些国家的人均GDP增长速度超过了美国，此前拉开的差距也因此缩小。

这种增长中有一部分是我们所说的**追赶性增长**，即这些国家正在追赶世界上收入和技术领先的国家，在这里当然指的是美国。追赶性增长是指相对贫穷国家利用其他技术更先进国家已发明的知识和技术来增加收入的过程。正在经历追赶性增长的国家主要通过利用现有技术红利，以及增加储蓄、提升劳动总效率单位和生产效率来实现这一目标。追赶性增长在实践中非常重要，但正如表7.2中部分增长缓慢和停滞的例子所示，追赶性增长绝非必然。在第8章中，我们将更详细地讨论为什么许多国家未能利用这种追赶性增长。

表7.2 部分国家自1820年以来的人均GDP（按经购买力平价调整的2011年不变美元计算）

国家	经购买力平价调整的人均GDP（美元）					平均增长率	
	1820年	1870年	1920年	1970年	2010年	1820—2010年	1920—2010年
英国	3 202	4 925	7 021	16 623	36 708	1.29%	1.85%
美国	2 101	3 775	8 571	23 204	47 074	1.65%	1.91%
法国	1 752	2 896	4 982	17 615	33 157	1.56%	2.13%
西班牙	1 556	1 863	3 361	9 756	25 932	1.49%	2.30%
巴西	1 054	1 101	1 487	4 720	10 620	1.22%	2.21%
墨西哥	968	1 005	2 814	6 669	11 912	1.33%	1.62%
中国	926	818	852	1 201	12 400	1.37%	3.02%
印度	823	823	980	1 340	5 206	0.98%	1.87%
摩洛哥	664	869	1 096	2 495	6 217	1.18%	1.95%
韩国	517	520	942	3 346	33 503	2.22%	4.05%
加纳	—	678	1 206	2 198	2 967		1.01%
海地	—	—	—	1 419	1 059		
肯尼亚	—	—	—	1 413	1 762		

注：在1820年，各国经购买力平价调整的人均GDP水平相当接近。此后美国和英国等一些国家经济稳步增长，另一些国家则未能如此，因此各国在这一指标上的差距开始不断扩大。

资料来源：the Maddison Project and the Bureau of Economic Analysis, National Income and Product Accounts Table 1.1.9; J. Bolt and J. L. van Zanden, "The First Update of the Maddison Project: Re-estimating Growth Before 1820," Maddison Project Working Paper 4 (2013).

最后，表 7.2 还揭示了另一种重要的模式：在 1820—2010 年间，有几个国家（包括美国、英国和法国）的经济增长率大致未发生变化。因此，我们说这些国家正在经历指数增长。如前所述，如果这种指数增长持续很长一段时间，它可能会产生巨大的影响。考虑到这一模式的重要性，并为将其与追赶性增长进行对比，我们将这种长期保持相对稳定速度的增长称为**持续性增长**。（我们之所以要引入持续性增长和指数增长概念，是因为后者通常用于描述具有指数或累积性质的经济增长观，而前者描述的是几个国家在过去约 200 年间的实际增长经验。）我们的下一个任务是理解这种持续性增长是如何出现的，以及是哪些因素决定了一个经济体的增长率。

7.2　一国的经济如何实现增长？

关于这个问题，我们在第 6 章学习过的总生产函数已给出了初步答案。总生产函数 $Y = A \times F(K, H)$ 将 GDP 与实物资本存量（K）和劳动总效率单位（H）这两种生产要素关联起来。总生产函数还取决于技术水平（A），如前章所述，技术水平展现的是源自技术进步（例如，创新和经济体可用知识的提升）与生产效率这二者的生产率水平。当 A 发生变化时，总生产函数也随之移动。

一个国家可以通过增加实物资本存量 K、提升劳动总效率单位 H（例如增加劳动者的人力资本）、改进技术 A 来提高 GDP。在本节中，我们将针对这三个领域进行更深入的考察。

实物资本存量 K 代表了经济体所有设备（例如机器、汽车、飞机和计算机）和结构物的价值。投资可以增加实物资本存量（从而增加 GDP），而这一过程也被称为实物资本积累。

我们在第 5 章介绍了国民收入核算恒等式 $Y = C + I + G + X - M$。在该恒等式中，C 代表消费（家庭在商品和服务上的消费支出），I 代表投资（私人主体在投资品上的支出），G 代表政府采购的商品和服务，X 代表出口，M 代表进口。我们之前还提到，一个封闭的经济体中不会有出口或进口，而如果我们也忽略政府部门，那么就可以得到 $G = X = M = 0$。如此一来，国民收入核算恒等式就变成了：

$$Y = C + I$$

换句话说，GDP 等于总消费和总投资之和。这个方程还表明，投资直接来自总储蓄。这是因为在没有政府支出的封闭经济中，所有收入要么被消费，要么被储蓄，因此 GDP 也等于总消费与总储蓄之和，也就是说，$Y = C + S$。因此：

$$I = S$$

换一种解释就是，这种关系表明，家庭决定储蓄起来的所有资源都将被分配给将其用于投资的企业（例如，银行将其接收的家庭存款借贷给企业用于投资）。因此，一个高储蓄率的国家会快速积累实物资本，即快速增加实物资本存量，并通过总生产函数增加其 GDP。因此，要想确定一个经济体是否增加实物资本存量以及以多快的速度增加实物资本存量，我们就需要了解家庭的储蓄决策。我们接下来将讨论这一问题。

优化：储蓄和消费之间的选择

以美国经济为例。2008 年美国的 GDP 为 14.44 万亿美元，当然，并非所有的产出都会被用于消费。企业和政府将其中的一部分投资于国家的实物资本存量，例如新机器、道路和桥梁等。但这种投资的资源都来自家庭储蓄。例如，我们之前已经了解，在一个没有政府的封闭经济中，$I = S$。

因此，要了解一个国家的 GDP 如何在消费和投资之间进行分配，我们需要研究消费者的偏好，因为正是消费者决定了会将多少收入用于储蓄。这就需要研究家庭如何权衡当前消费和以后的消费，因为储蓄是一种将部分当前资源分配至今后消费（或者更宽泛地说，未来消费）的方式。这也是个人和家庭进行优化的又一个例子。每个家庭通常都面临不同的优先事项和需求，这会影响他们是将其收入用于当前消费，还是将其储蓄起来以备未来之需。例如，那些打算送孩子上大学的人可能会在今天进行更多的储蓄。

与所有优化问题一样，这些选择都会受到价格的影响。资金的价格通常用利率来表示，因此在人们是消费还是储蓄这个问题上，起主要作用的是利率。（有关利率是如何被确定的问题，我们将在第 10 章详细展开讨论。）利率决定了家庭对其储蓄的预期回报率，更高的利率通常会促进更多的储蓄。此外，对未来收入增长的预期以及税收也可能会对储蓄决策产生影响。例如，预期未来收入会快速增长的家庭可能不会为未来的消费存钱（因为未来的收入增长将使他们能够在未来消费），甚至不会"未雨绸缪"（以防未来可能遇到困难）。相反，如果预期未来要缴纳高额税金，他们可能就会增加储蓄，以便能够在不降低未来消费水平的情况下缴纳这些税金。

这些权衡决定了经济体的储蓄率。**储蓄率**是指储蓄占收入的比例。（实际上，除了家庭，企业和政府也会储蓄，我们会把这些包含在经济的总储蓄中。）我们可以用储蓄总额除以 GDP 来计算储蓄率。例如，2013 年，美国经济的总储蓄为 2.18 万亿美元，GDP 为 16.80 万亿美元（均按当年美元计算）。于是储蓄率为：

$$储蓄率 = \frac{总储蓄}{GDP} = \frac{2.18 \text{ 万亿美元}}{16.80 \text{ 万亿美元}} \approx 0.129\,8 \text{ 或 } 12.98\%$$

是什么造就了持续性增长？

持续性增长是指实际人均GDP在较长时间内保持相对稳定的正增长。实物资本积累本身能否带来持续性增长？这个问题的答案是"不能"，原因很简单：实物资本的边际产量递减。

让我们仔细分析这一推断过程。如上一章的图6.6所示，由于实物资本的边际产量递减，越来越多的实物资本可转化的实际GDP增长反而更少。这就排除了通过积累越来越多的实物资本来实现持续性增长的可能性。

那稳步提升经济体的劳动总效率单位会怎样呢？我们能否通过增加经济体的劳动者数量来提高劳动总效率单位？能否通过增加人力资本来稳步提高实际GDP？

我们首先考虑增加劳动者数量的情况。劳动者数量即参与生产过程的人数。在保持所有其他生产要素和技术不变的情况下，因为劳动的边际产量递减（或劳动总效率单位的边际产量递减），每额外增加一个劳动者所产生的实际GDP增量会越来越小。因此，我们也不能仅仅通过增加劳动者数量来保证实际人均GDP的稳定增长。

请注意，在劳动者数量不变的情况下，我们还可以通过提升劳动者的人力资本（例如，通过提高他们的受教育程度或技能水平）来增加劳动总效率单位。虽然这些变化确实会增加实际GDP，但不会让GDP实现持续增长。因为每个人的生命都是有限的，能接受教育的年数也是有限的，而且一个人接受教育的年数越多，能够积极参与生产劳动的年数就越少。因此，通过不断增加劳动者的受教育年限来实现劳动总效率单位的稳步提升看上去也不具备可行性。

你可能会问："如果我们持续提高教育质量呢？这会不会提高劳动总效率单位？"这个问题的答案也是否定的。从经验上看，持续的教育质量提升在保证经济稳定增长方面的作用有限，我们将在本章的循证经济学部分详细地解释这一点。因此，尽管在教育和技能方面的投资确实对实际人均GDP的增长发挥着重要作用，但我们无法仅通过持续提高劳动者的受教育水平来实现每年1.5%~2.0%的持续性增长。

这些考量意味着，要想实现持续性增长，我们还需要其他因素的助力。这里的其他因素就是技术——说得具体点，就是用于生产的技术知识进步。

选择与结果

提高储蓄率会是一个屡试不爽的办法吗？

- 假设你能控制一个国家的储蓄率，你的目标是提高这个国家民众的长期生活水平。提高储蓄率会是一个屡试不爽的办法吗？我们已经知道，更多的储蓄

第7章 经济增长

> 会增加经济体的实物资本存量，从而提高实际 GDP。但这并不意味着增加储蓄总是对社会有益，即使从长远来看也是如此（而且从短期来看，储蓄突然增加还可能引发经济衰退。根据国民收入核算恒等式，储蓄的突然增加对应着消费的抵消性下滑。我们将在第 12 章就此进行讨论）。设想一个极端的例子：作为一个国家的最高管理者，你成功推动了储蓄，以至这个国家赚的每一元钱都被存了起来。这确实会增加实际 GDP，但不会提高民众的生活水平，因为增加储蓄意味着减少消费，甚至什么都不消费。在储蓄率达到 100% 的极端情况下，消费会降至 0。这意味着一个社会必须存在一个最优的储蓄水平，高于这一水平的储蓄会导致消费骤减，从而使社会变得更加糟糕。

知识、技术变革和增长

你应该还记得我们在前一章（图 6.9）中提到的摩尔定律。该定律断言存储微芯片上的晶体管数量每两年会翻一番，计算机的算力也会因此得到提升。这种趋势至少在过去 50 年中一直存在，而且可能会持续更久。例如，在 1900 年前后，微处理器和其他计算设备尚未出现，我们只能以非常高昂的成本进行一些最简单的数值计算。1950 年，随着真空管相关技术的出现，人类开始能够以 1 000 美元的成本（按当前美元计算）进行每秒 1 次的运算。20 世纪 70 年代，随着晶体管的出现，1 000 美元的成本就可以支持每秒 100 次的运算。20 世纪 90 年代末，随着集成电路的广泛使用，同样 1 000 美元的成本可以让计算机每秒完成近 1 000 万次运算。摩尔定律就是技术变革的一个例子。**技术变革**是指在经济中发明、引进和应用新技术、新产品、新服务的过程，它使经济体在给定水平的生产要素、实物资本存量和劳动总效率单位下实现更高水平的实际 GDP。

再看图 7.7 展示的另一个技术变革案例——过去 200 年间照明成本的下降。[2] 在过去的两个世纪间，由于灯泡的发明及灯泡质量、照明技术和能量传输技术的持续改进，企业和家庭的照明成本不断下降。

事实证明，技术变革具有指数性质。具体而言，根据本章前面对指数增长的定义，这意味着技术的改进是以近似恒定的速度发生的，而不是以恒定的增量发生的。技术变革呈指数增长的原因很简单。我们已经知道，由于增长具有复合性，实际人均 GDP 的增长是指数级的，也就是说，未来的增长以当前的实际 GDP 水平为基础，而当前的增长是过往增长的结果。同样的逻辑也适用于技术变革。==新创造和新技术的缔造者在试图提高一个企业或一个经济体的生产能力时并非从零开始，而是建立在过往创新所产生的知识存量之上，也就是说，他们站立在巨人的肩膀上。==因此，每一项创新都不是以恒定数量，而是以恒定比例增加经济的生产能力。例如，当你最喜欢的电子设备（比如苹果手机或安卓设备）的新版本上市时，它并不仅仅是增加了一项新功能或提升了一两个项目的运行速度，而是会改进所有现有的功能。因此，你之前的设备功能越多、越先进，其新版本的改进能力就越强。

技术知识的指数性质确保了创新不是以一个恒定的量，而是以一个恒定的比例，即一个恒定的百分比来提高一个经济体实际 GDP 的生产能力。因此，如果我们从实际人均 GDP 为 1 000 美元的技术水平开始改进技术，那么使生产率提高 10% 的创新将使我们的实际人均 GDP 从 1 000 美元提高到 1 100 美元。但如果我们从实际人均 GDP 为 10 万美元的技术水平开始，那么能带来 10% 提升的类似创新会使 10 万美元的实际人均 GDP 增长到 11 万美元。

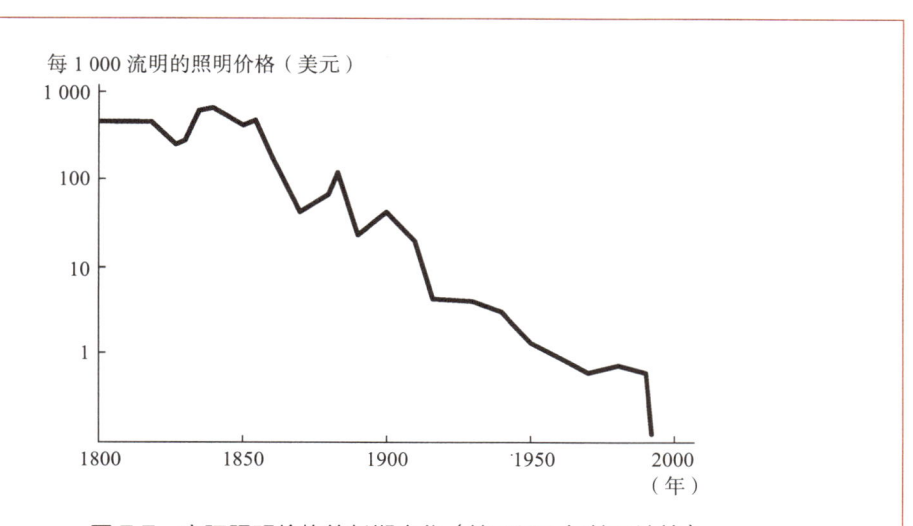

图 7.7 实际照明价格的长期变化（按 1992 年美元计算）

注：技术进步是持续性增长之源，能够持续不断地提升一个经济体的产量。照明价格变化就是这种技术进步的一个体现。随着时间的推移，照明技术、灯泡质量和能源传输方面的改进有效降低了照明成本。

资料来源：William D. Nordhaus, "Do Real-Output and Real-Wage Measures Capture Reality? The History of Light Suggests Not," Cowles Foundation Discussion Paper 1078, New Haven, CT: Cowles Foundation for Research in Economics, 1994。

以上两个例子阐明了技术变革的指数性质，而也正是这一性质的存在，使得技术改进不会必然遭遇边际产量递减（但我们知道生产要素使用的增加确实会遭遇边际产量递减）。因此，技术进步似乎是实现可持续增长的最可信引擎。

在第 6 章中我们处理了经购买力平价调整的人均 GDP 的跨国差异问题，在本章中我们处理了人均 GDP 的跨期差异问题，也就是增长问题。现在你应该已经认识到，这两者有着很好的对称性。在这两者中，实物资本存量和劳动总效率单位都发挥着重要的作用，但它们都不足以解释两者之间的主要差异。无论是跨国差异还是跨期差异，技术都在其中扮演着核心角色。

用数据说话

科技和预期寿命

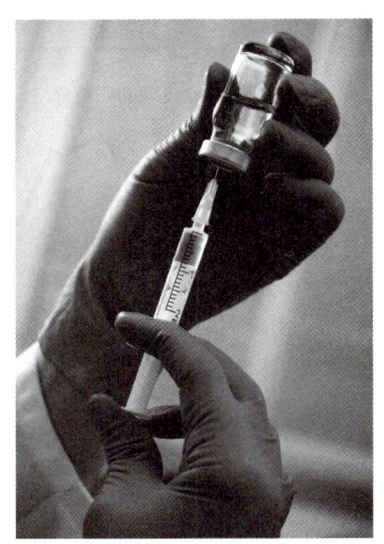

- 技术不仅提高了实际人均GDP，改善了人们的生活，还改善了全球数十亿人的健康状况，延长了人们的寿命。
- 70年前，全球的预期寿命远低于今天。[3] 1940年时，儿童和婴儿的死亡率非常高，肺炎和肺结核等成人疾病也极具致命性（而且没有任何治疗方法），许多国家的人口出生时预期寿命还不到40岁。例如，印度人口出生时的平均预期寿命低得令人难以置信，只有30岁。这个数字在委内瑞拉是33，在印度尼西亚是34，在巴西是36。
- 在之后的三四十年里，情况发生了巨变。正如我们在第6章中所了解到的，虽然富裕国家和贫穷国家民众的预期寿命差距在今天仍然存在，但世界各地人口的健康状况明显得到改善，尤其是那些较贫穷的国家。1999年，印度人口出生时的预期寿命达到60岁，几乎是20世纪40年代预期寿命的两倍。1999年印度经购买力平价调整的人均GDP只与1820年的英国大致相当，但其人口出生时的预期寿命比1820年的英国高出了50%（英国人当时的预期寿命大概只有40岁）。贫穷国家人口的健康状况何以得到如此巨大的改善？
- 答案在于20世纪美国和西欧所取得的技术和科学突破。首先是全球掀起药物创新的浪潮，其中最为重要的便是抗生素的研发。许多极具疗效的抗生素产品被用于发展中国家主要致命疾病的治疗。青霉素是一种能够治疗多种细菌感染的有效药物，在20世纪50年代早期被广泛使用。另外很重要的是疫苗研发，在这一时期，用于预防黄热病和天花等传染病的新疫苗纷纷问世。
- 其次是DDT（双对氯苯基三氯乙烷）的发现。虽然DDT作为农业杀虫剂的过量使用最终会对环境造成危害，但其在疾病控制方面的最初应用颇具革命性。疟疾是世界上相对贫困地区儿童的主要致命疾病之一。得益于DDT的应用，我们在控制疟疾方面取得了突破。最后，在世界卫生组织的帮助下，一些简单而有效的

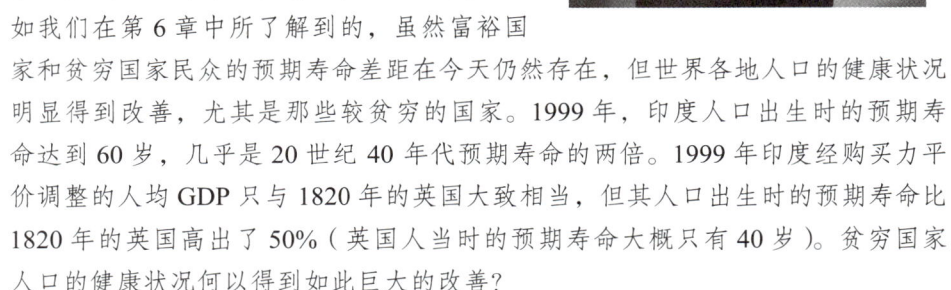

医疗和公共卫生举措（如口服一些药物和饮用烧开后的水以预防霍乱）也传播到了较贫穷的国家。

- 一些经济学家认为，健康状况的改善和预期寿命的延长能直接转化为更高的生产率和更高的实际人均GDP。[4]在二战后的几十年里，高收入国家和低收入国家民众预期寿命差距的显著缩小并不支持这一观点——实际人均GDP的差距没有相应地缩小。[5]但这在某种程度上来说是次要的。虽然解决贫困问题并非易事，但持续的医疗创新成果是我们用以改善全球数十亿人生活质量的一种强有力武器。

用数据说话

伟大的生产率之谜

- 在课堂上环顾一下你的教室，你可能会发现每张桌子上都有一部手机或一台笔记本电脑。近年来，随着计算机和电信技术、电子商务、"大数据"等的崛起，我们似乎陷入了技术的洪流之中。但这一波无休止的新技术浪潮也让经济学家对最近的另一种趋势感到困惑：发达经济体的生产率增长在放缓。我们在第6章了解到，技术应当增进一个国家的生产率。面对我们周围的技术奇迹，劳动生产率怎么会大幅放缓呢？但图7.8显示，与以前相比，2009—2018年加拿大、法国、德国、意大利、日本、英国和美国的生产率增速都出现了显著下降。部分原因是始于2008年的全球经济衰退的持续影响。但即使在全球经济衰退开始之前，我们也看到2000—2008年的生产率增速比10年前有所放缓。

- 就这一令人困惑的趋势，经济学家提出了几种解释。经济学家罗伯特·戈登在《美国增长的起落》一书中指出，我们已经接近革命性新技术时代的终结点：与20世纪的范式转变不同，今天的技术发展与其说是革命，不如说是演化。比如说，个人笔记本电脑每年都会有小幅改进，但这对全国的生产率几乎没有影响。[6]又或许我们只是没有在新技术上投入足够的资金。例如，在美国，信息和通信技术领域的投资占实际GDP的比重从2001年的4.02%下降到2014年的3.15%。[7]如果我们在新技术上投资不足，那么即使它们具有潜在革命性，也不会对劳动生产率产生太大影响。此外还出现了其他一些可能会压低劳动生产率的趋势。例如，新公司往往是新创意和新产品的源头，但现在新公司的市场进入（和退出）率都在下降，这十分令人担忧。[8]例如，美国的创业率，也就是过去两年进入市场的公司数量与公司总数的比率，已经从2007年的24.75%下降到2013年的19.58%。

- 这些原因都可能导致经济增长放缓——或许这终究是一个时间问题。一些经济学家认为，企业只是还没有找到适应技术发展的商业模式。[9]换句话说，也许我们需要先赶上我们的工程师。

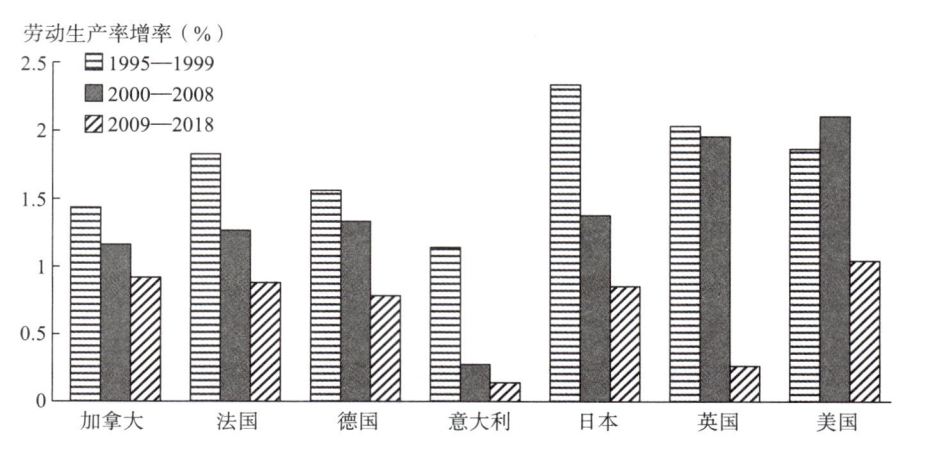

图 7.8　1995—2018 年劳动生产率增长趋势

注：本图展示了几个发达经济体劳动生产率增长的放缓情况。2009—2018 年的劳动生产率增速远低于以前。即使和经济衰退之前相比，2000—2008 年的生产率增速也低于 1990—2000 年。

资料来源：Organisation for Economic Cooperation and Development, "OECD Compendium of Productivity Indicators 2016," Paris: OECD Publishing, 2006. http://dx.doi.org/10.1787/pdtvy-2016-en。

循证经济学

为什么你比你的曾曾祖父母富裕得多？

- 上一节的理论探讨证实了技术在推动持续性增长方面的核心作用。我们在此将看到，实证证据也支持技术发挥关键作用这一结论。
- 我们采用与第 6 章相同的策略来评估美国经济增长的根源。在上一章中，为了评估各因素对不同国家间经购买力平价调整的 GDP 差异的影响，我们使用了总生产函数，并对不同国家的实物资本存量和劳动总效率单位进行了估算。其与我们现在进行的分析的唯一主要区别在于，后者使用了更高质量的美国数据，分析的是每工作小时的实际 GDP 而不是劳动者实际人均 GDP，这使我们能够更准确地测算劳动投入。我们从 1950 年开始分析。
- 表 7.3 记录了从 1950 年开始的每个 10 年间，每工作小时的实际 GDP（按 2011 年不变美元计算）、每工作小时的实物资本存量的平均价值，以及劳动者人力资本的最重要组成部分——平均受教育年限。（为了从我们对长期增长的计算中消除最近一次衰退的短期影响，最后一个时期设定为 2000—2007 年。）该表展示了 1950—2007 年美国每工作小时实物 GDP、每工作小时实物资本存量和劳动者受教育程度的稳步增长。

- 然后，我们使用与上一章类似的方法来计算实物资本、人力资本（劳动总效率单位）和技术对美国实际 GDP 增长的贡献。另外请记住，和上一章一样，这里的"技术"所反映的不仅是创新和经济体运用更先进的知识所带来的技术进步成果，而且包括受一系列因素影响的生产效率水平。结果记录在表 7.3 的第（4）、（5）和（6）列（以百分比表示）。第（7）列给出了每工作小时实际 GDP 年增长率，它是实物资本、人力资本和技术的贡献总和。

- 表 7.3 凸显了科技在美国经济增长中发挥的核心作用。让我们来看看 20 世纪 60 年代的情况，如第二行所示。人力资本 0.13% 的贡献数据表明，如果美国劳动者的人力资本在 20 世纪 60 年代保持不变，那么每工作小时实际 GDP 的年增长率在 20 世纪 60 年代将降低 0.13%（为 2.78% 而非 2.91%）。相比之下，如果技术保持不变，那么每工作小时实际 GDP 的年增长率将会降低 1.98%。该表的其他几行也描绘了类似的情况。与我们在上一章中对技术在解释国家间差异时所起作用的研究结果一致，技术在大多数时期都是美国每工作小时实际 GDP 增长的重要贡献因素。

表 7.3　1950—2007 年美国每工作小时实际 GDP 增长的各要素贡献
（按 2011 年不变美元计算）

时期	（1）每工作小时实际 GDP(美元)	（2）每工作小时实物资本存量（美元）	（3）平均受教育年限	（4）源于实物资本的增长（K）	（5）源于人力资本的增长（H）	（6）源于技术的增长（A）	（7）每工作小时实际 GDP 的年增长率
1950—1959 年	18.68	31.77	9.38	0.66%	0.26%	1.95%	2.87%
1960—1969 年	24.83	40.39	10.16	0.80%	0.13%	1.98%	2.91%
1970—1979 年	31.49	52.31	11.15	0.67%	0.01%	1.27%	1.95%
1980—1989 年	36.33	62.36	12.07	0.51%	0.29%	0.67%	1.47%
1990—1999 年	43.32	68.69	12.77	0.35%	0.33%	1.35%	2.04%
2000—2007 年	54.88	80.11	13.22	0.55%	0.19%	1.44%	2.18%

注：本表展示了实物资本、人力资本和技术对每工作小时实际 GDP 增长的贡献。第（6）列由第（7）列减去第（4）列和第（5）列得来。
资料来源：受教育年限数据来自美国人口普查局，私人非农人力资本和工作小时数来自美国劳工统计局，私人实际非农 GDP 和实物资本存量数据来自美国经济分析局。资本存量以总投资扣除折旧估算，且不包括知识产权产品和农业部门。

- 图 7.9 以柱状图形式显示了与表 7.3 的最后四列相同的信息，但更为清晰地分解了两种生产要素和技术要素对增长的贡献。该图同样展现出技术的核心作用。每根柱子的总高度为同期每工作小时实际 GDP 的年增长率，其中的条纹阴影部分表示的是技术的贡献。该图显示，除 1980—1989 年这个时期，技术是推动美国经济增长的最重要因素。

- 20 世纪 70 年代和 80 年代是美国每工作小时实际 GDP 增速相对较慢的时期，在此期间，技术的贡献略低，但经济体实物资本的存量在持续增长，这在一定程度上是因为美国在这段时间对信息技术资本进行了大规模投资。技术在20世纪80年代的贡献比在其他几个10年更为有限的一个原因也与此有关：尽管在这10年中对新设备的投资，特别是在信息技术领域的投资快速增长，但使用新技术来提高效率并非一朝一夕之事。

- 表7.3和图7.9所支持的结论中存在一个重要的值得注意的事项。正如上一章和表7.3所指出的，技术的贡献是不能用实物资本和人力资本来解释的那一部分实际GDP增长。这意味着，如果我们低估了实物资本或人力资本对实际GDP增长的贡献（这是有可能的，例如我们可能没有充分考虑实物资本存量的质量改进），那么技术的贡献就可能稍有夸大。

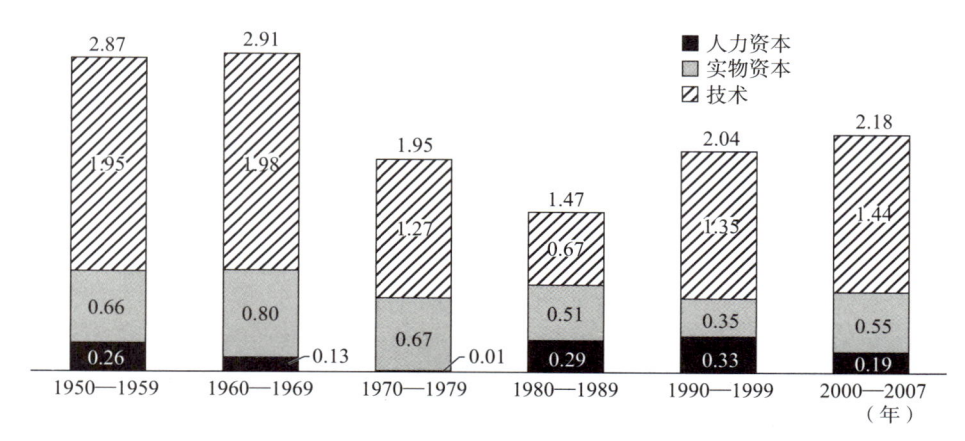

图7.9　1950—2007年美国每工作小时私人非农实际GDP增长的各贡献要素份额

年份	人力资本	实物资本	技术	合计
1950—1959	0.26	0.66	1.95	2.87
1960—1969	0.13	0.80	1.98	2.91
1970—1979	0.01	0.67	1.27	1.95
1980—1989	0.29	0.51	0.67	1.47
1990—1999	0.33	0.35	1.35	2.04
2000—2007	0.19	0.55	1.44	2.18

注：本图展示了实物资本、人力资本和技术对美国每工作小时私人非农实际GDP增长的贡献。这3个数字之和就是这段时间的实际GDP增长率（标注在每根柱子的顶部）。很明显，技术几乎一直是美国经济增长最重要的单一贡献者。

资料来源：受教育年限数据来自美国人口普查局，私人非农人力资本和工作小时数来自美国劳工统计局，私人实际非农GDP和实物资本存量数据来自美国经济分析局。资本存量以总投资扣除折旧估算，且不包括知识产权产品和农业部门。

问题	答案	数据	注意事项
为什么你比你的曾曾祖父母富裕得多？	这主要归因于技术的进步，尽管更多的实物资本和劳动者人力资本的提升也起到了推动作用。	对1950—2007年美国劳动者的每工作小时实际GDP、每工作小时实物资本存量、平均受教育程度和劳动力平均职业经验的估算。	如果我们低估了实物资本或人力资本对实际GDP的贡献，那么技术的贡献可能会被夸大。

宏观经济学

7.3 增长和技术的历史

表 7.2 描绘了几个国家自 1820 年以来的经济发展情况。这 200 年有时被称为"现代"。那么在此之前呢？19 世纪以前的增长模式与我们在本章中的描述是否相似？如果不相似，那什么发生了变化？

现代之前的增长

毫无疑问，人类在 19 世纪之前就已经拥有悠久的发展历史，在此期间，人类在科学、技术和艺术领域取得了数项重大成就。但从经济的角度看，1800 年以前的世界有一个非常鲜明的特点，那就是缺乏持续性增长。回顾图 7.1 和图 7.2，我们可以看到美国经济曾经历过一些衰退，并在大萧条期间遭受了一次重挫，但总的来说，美国的实际人均 GDP 经历了相对稳定的增长。

虽然 1800 年以前的世界并非停滞不前，但没有出现我们在图 7.1 中见到的那种持续性增长。历史上出现过几个显著的经济增长期甚至技术进步期，其中有些持续了 1 个世纪甚至更长时间，最著名的是古希腊时期、古罗马时期以及 15 世纪和 16 世纪的威尼斯时期。在这些文明的鼎盛期，人们的生活水平得到改善，经济活动显著增加，但这种增长并没有持续下去。古罗马的发展大概持续了 300 年（尽管相对缓慢），最终走向终结。威尼斯的情况与此类似。

尽管这些时期经济实现了一定的增长，但持续的经济增长实属罕见，甚至完全不存在。我们可以用一个简单的方法来解释这些古老文明的不可持续性。我们在上一章讨论过，世界银行对绝对贫困的定义是平均每天生活费用不足 1.90 美元。这个标准可不是随意确定的。一个人需要消耗一定的热量才能生存，而且还显然需要有衣穿、有住所。虽然估算值各不相同，但在现实中，一个国家每年的实际人均 GDP 确实不可能远低于 500 美元，否则就意味着该国很大一部分人口的年均生活花费远低于 500 美元。我们把维持一个人生存的最低人均收入水平称为**生存水平**（虽然并不存在适用于每种环境的生存水平）。生存水平的基本思路很简单：无论实际情况如何，总存在一个维系个人生存和生计所必需的最低人均收入水平。当收入低于这一水平时，大部分人口就会陷入饥荒。

当然，10 000 年前、1 000 年前，甚至 200 年前没有国民收入和产品账户。尽管如此，我们还是知道，在所有人类文明的存在之处，人均收入不可能远低于 500 美元（按当前美元计算）。此外，我们从表 7.2 中得知，在 19 世纪初，世界上许多地方的人均收入并不比 500 美元高多少。例如，美国当时的实际人均 GDP 约为 1 873 美元，西欧的实际人均 GDP 也并不比这个数字高多少。因此，在 1800 年之前，我们不可能有太多的持续性增长。

现代以前缺乏持续性增长的原因有两个。首先也是较为重要的原因就在于没有支持持续性增长的主要因素——技术。尽管 1800 年以前人类已经实现了一些重要的技术突破，但与之后相比，当时的技术变革太慢，甚至可以说是停滞不前。其次，当时实际 GDP 所实现的任何增长通常都无法转化为实际人均 GDP 的增长。这一点也是托马斯·马尔萨斯的理论的基础。马尔萨斯的这一理论有时也被称为"马尔萨斯模型"。我们接下来将讨论马尔萨斯模型以及世界是如何脱离这一模型的。

马尔萨斯增长极限

托马斯·马尔萨斯对经济运行抱有极为悲观的看法。这在一定程度上是因为，在 1798 年撰写著作时，他从未见识过一个像 19 世纪欧洲所实现的那样的稳定增长。[10] 马尔萨斯认为，**生育率**，也就是每个成年人或每个育龄女性生育子女的数量，会使收入始终保持在生存水平附近，例如前面提到的 500 美元这一数字。马尔萨斯认为，当生活水平提高时，夫妻会生育更多的子女。因为他假设实际 GDP 的增长速度不会超过人口增速，所以他得出的结论是：不断增长的人口会将实际人均 GDP 推低至仅能维持生活的水平，甚至可能低于这一水平。实际人均 GDP 的下降反过来将引发饥荒或战争，导致很大一部分人口死亡。在给定的总收入水平下，人口减少将使实际人均 GDP 再次增长。因此，在一种被称为"**马尔萨斯循环**"的模式下，总收入的增加将使实际人均 GDP 高于生存水平，从而推动人口增长，而这反过来又会给资源带来压力，使实际人均 GDP 回落到初始水平，有时甚至低于初始水平。这种模式随后会通过更低的生育率和更高的死亡率（往往通过饥荒）来对人口增长进行"校正"。

尽管看上去令人沮丧，但马尔萨斯模型似乎很好地反映了 1800 年以前世界的实际情况。

大约在同一时间或此后不久，生育率出现了下降。生育率下降的过程被称为**人口转变**，它的出现既有经济根源也有社会根源。经济学家通常强调从农业向工业、从农村地区向城市过渡的重要性，认为这是引发人口转变的一个主要原因。城市家庭不需要像农村家庭那样依赖童工在田间帮农，而抚养孩子成本的不断增加（尤其是当他们不得不在学校里待更长的时间而不是在田间工作时）也促进了家庭规模的缩减。

许多历史学家和经济学家将人口转变视为现代经济增长的一个核心因素，因为它使生育率下降的经济体得以摆脱马尔萨斯循环。在 19 世纪的人口转变发生之前，马尔萨斯循环周而复始。但在此之后，许多经济体，特别是西方世界的实际人均 GDP 出现了相对持续的增长。

工业革命

只是人口转变并不足以启动经济增长。如果只是生育率下降并稳定在较低水平，其他方面没有发生任何改变，那么实际人均 GDP 增长的模式就可能不会出现任何质变。

相反，持续性增长的出现是由于同期发生了另一项重大变革：工业革命。工业革命为更加稳定和快速的技术变革开辟了道路，而技术变革则是现代经济增长的基石。

与其名字相反，**工业革命**是一个渐进的过程，而不是短时期的快速颠覆。这一时期的变革之所以被称为"工业革命"，是为了强调当时英国出现了许多新机器和生产方法。这些新机器和新方法首先被应用于纺织业，然后又扩展到其他行业。工业革命之所以是一个极具重要性的事件，首先在于它是技术和科学方法首次以一种如此协调的方式被应用于生产，其次在于它是席卷全球多个国家的工业化浪潮的起点。我们此前已经知道，今天的富裕国家正是那些在过去 200 年里成功实现了稳定增长的国家。其实它们也是从工业革命所带来的技术中成功获益的国家。

毋庸置疑，工业革命之前也有关于新技术和新知识的创造，但在工业革命期间和此后，创新和新技术在商品生产和服务中的应用变得更加系统和普遍。现有的证据表明，我们今日所观察到的作为持续性增长根源的技术变革，正是肇始于 18 世纪末的英国工业革命。

工业革命以来的增长和技术

从铁路到汽车和飞机，从广播电视到电信技术、计算机、互联网和社交网络，从电力到工厂用于日常生活用品生产的几乎所有技术，从每年拯救全球数亿人生命的各类药物到包括室内管道在内的基本卫生设施……今天我们习以为常的许多技术，都是在过去的 250 年中被发明出来并为我们所用的。这些进步是工业革命以来人类知识和技术指数增长的结果。这种增长的一个重要基础便是公司、大学和政府为改进知识基础而进行的研发活动。今天，美国每年在研发上的支出高达 3 650 亿美元，占其实际 GDP 的 2.79%。其他一些国家的研发占比甚至更高，例如，以色列为 4.66%，瑞士为 3.00%，瑞典为 3.70%。在很大程度上，我们今天的高生活水平是对研发进行投资所获得的回报。

7.4 增长、不平等和贫困

经济的不断增长并不意味着所有民众都能从这种增长中平等获益。事实上，近几十年来，在美国经济快速增长的同时，不平等的状况也在加剧。几乎总有一些家庭和个人的收入显著高于平均水平，而另一些家庭和个人的收入显著低于平均水平。事实上，经济的增长时常会伴随着不断加剧的不平等，因为只有一部分劳动者和企业从驱动这种增长的新技术中受益。

增长和不平等

让一个社会关注不平等的原因有很多。有些人可能希望生活在一个民众生活水平差距不太大的社会中。我们可能会觉得不平等的加剧会导致更严重的社会两极分化，甚至导致更高的犯罪率。

增长和贫困

增长和贫困之间有什么关系？我们在第 6 章中看到，基于世界银行划定的每天 1.90 美元的贫困线，经购买力平价调整的人均 GDP 越高的国家，其生活在贫困中的人口就越少。图 7.10 进一步说明了这一情况，它显示出人均收入的平均增长率与贫困率的降低存在相关关系。对于图中的每个国家，y 轴表示 1993 年至 21 世纪第二个 10 年初期贫困人口占比的变动（取决于数据的可得性），而 x 轴表示同一时期的平均增长率。

处于右下象限的博茨瓦纳、中国、印度和巴西等国家的经济呈现正增长，其贫困人口占比在下降。图 7.10 还包含了对这些点的最佳拟合直线。虽然一些国家在同时经历贫困率和增长率的上升（如科特迪瓦和巴拉圭），但总的说来，最近几十年的经济增长与贫困人口占比呈现负相关关系。不过图 7.10 也显示，最佳拟合直线周围还有很多偏离的点，这提醒我们，除了增长，贫困还和其他许多因素相关。

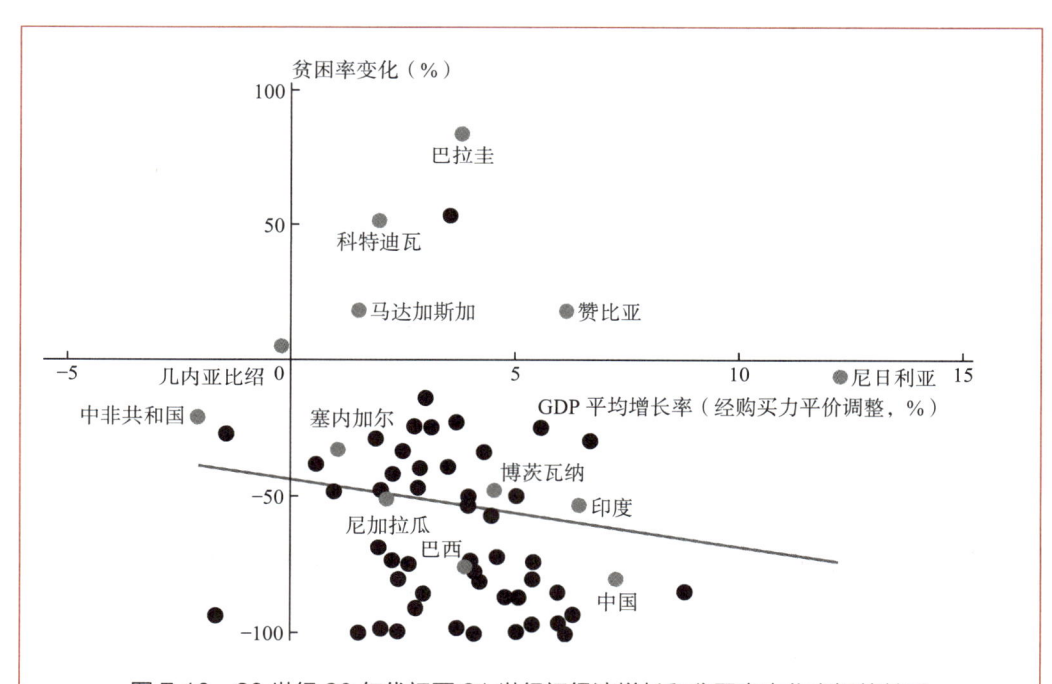

图 7.10　20 世纪 90 年代初至 21 世纪初经济增长和贫困率变化之间的关系

注：经济增长往往会削减贫困，尽管这种关系并不总是正相关且会受到干扰。图中点对应按名称标识的国家。

资料来源：the Penn World Table and the World Bank DataBank: World Development Indicators; Penn World Table version 9.0 (Robert C. Feenstra, Robert Inklaar, and Marcel P. Timmer, June 2016)。

虽然这种关联不能证明人均收入的增长是贫困人口减少的直接原因，但它作为一种证据支持了许多经济学家的如下信念：经济增长是削减贫困的最有效途径之一。然而，重要的是要记住，经济增长并不能保证贫困自动减少（正如图中科特迪瓦、巴拉圭、马达加斯加和赞比亚的情况所示）。只有当不平等没有随着经济增长而出现显著上升时，经济增长才会削减贫困。

用数据说话

美国的收入不平等

- 图7.11展示了对美国不平等状况的一个简单测算：美国最富有10%人口的收入在总收入中的份额（其余90%的美国人的收入都少于这10%的人，他们的总收入对应着总收入中的剩余份额）。由经济学家托马斯·皮凯蒂和伊曼纽尔·赛斯编制的数据显示，在1940年之前，收入最高的10%人口的收入占总收入的45%~50%。[11] 随后收入不平等程度显著下降，这一占比下降到35%左右，并一直维持至20世纪70年代末。然而，从20世纪70年代末开始，不平等加剧，到了20世纪90年代末，最富有的10%人口的收入占比再次升至50%左右。皮凯蒂和赛斯还发现了另一种有趣的模式。在20世纪70年代以前，那些非常富有的人的大部分收入来自资本收入，也就是除工资和薪金以外的收入，如股息、增值财富、所有权收入等。但在过去的30年里，工资在那些非常富有的人的收入中的占比发生了巨大的变化，在2000年时上升到60%（尽管随后在2007年下降到38%）。越来越多的人需要去工作，富人也不例外。

- 截至目前，我们一直将实际人均GDP作为一个国家生产率和生活水平的主要测算标准，但这并不意味着一个国家在某一特定时间点的所有个人的收入都达到这一水平。正如我们在第6章中讲到的，这种差别提醒我们不要只注重人均收入，而忽略了一个社会的收入分配。

- 虽然不平等问题本身就值得关注，但许多政策制定者和公民之所以担心这个问题，主要是因为它会引发贫困。贫困，特别是世界银行所定义的每天生活费不超过1.90美元的极端贫困状态，会导致严重的经济、健康和社会问题。婴儿高死亡率、儿童营养不良、民众缺乏受教育机会以及无法参加部分主要的经济活动，这些都是与极端贫困相关联的典型问题，但不是全部问题。当然，将不平等和贫困区分开来也是很重要的，这是我们在接下来的"选择与结果"专栏中要讨论的问题。

第7章 经济增长
203

在美国总收入中的占比（%）

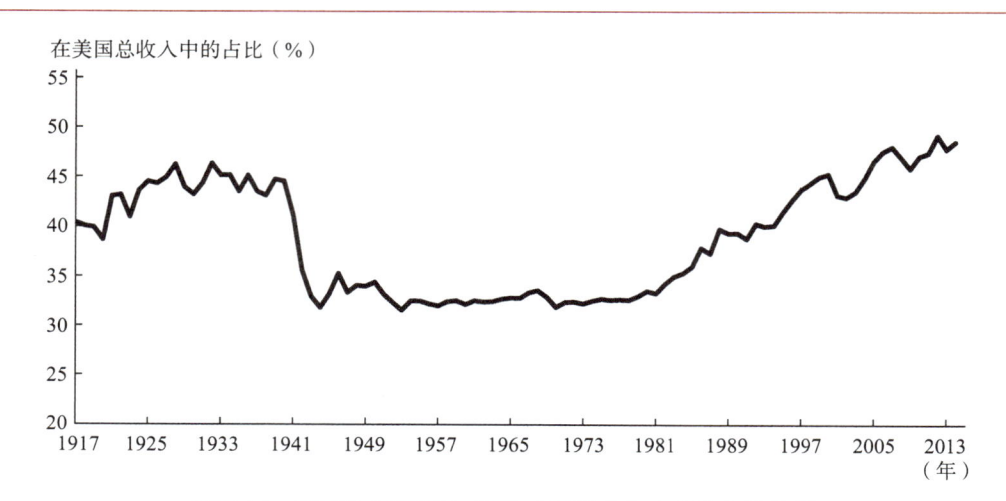

图 7.11　美国收入最高的 10% 人口的收入占总收入的比例

注：虽然美国的增长相对稳定和持续，但随着时间的推移，这种对增长收益的分配发生了相当大的变化。在 20 世纪初，最富有的美国人（收入最高的 10% 的人口）所拥有的收入几乎占到总收入的 50%。收入分配在 20 世纪 40 年代变得更加平等，并一直保持到 70 年代中期。之后，不平等再次加剧。时至今日，收入最高的 10% 的人口所拥有的收入在总收入中所占的比重再次达到 50%。

资料来源：http://elsa.berkeley.edu/~saez/TabFig2014prel.xls。

选择与结果

不平等与贫困

- 假设一个社会中只有两类人——富人和穷人，其中一半是富人，另一半是穷人。现在设想两种情景。在情景 1 中，富人每人拥有 50 000 美元，而穷人每人拥有 1 000 美元。在情景 2 中，富人每人拥有 5 000 美元，而穷人每人拥有 500 美元。你想生活在哪个社会？

- 这个问题的答案显然取决于几个因素。不同的人对不平等和贫困有不同的评价标准。首先假设你只关心平均收入而完全不关心平等与否。这样就很容易做出比较。你会很容易地计算出情景 1 中的平均收入为 25 500 美元，而情景 2 中的平均收入仅为 2 750 美元。第一种情景显然更好。

- 再假设你只关心公平与否。考虑这个问题的方法之一是只关注对不平等的测算而忽略其他。在这种情况下，你会发现情景 1 的不平等程度更高，因为富人的收入是穷人的 50 倍。相反，在情景 2 中，富人的收入只是穷人的 10 倍。如果你只关心是否平等，那么你可能会说情景 2 更可取。

- 但这里存在一个谬误。我们大多数人关心是否平等是因为我们把它与部分人口的贫困和低生活水平相联系。然而，情景 1 尽管不平等程度更高，但贫困程度要低得多。在情景 1 中，穷人每人拥有 1 000 美元，而在情景 2 中，尽管经济更加平等，但每个穷人只有 500 美元。因此，即使我们强烈关心他人的福利和社会的贫困程度，也不能错误地只关注是否平等。事实上，在这个例子中，情景 1 的平均收入更高，贫困程度也更低。如果我们不注意这一点，而是一味关注是否平等，并假定更平等的分配意味着更低的贫困程度，就会在判断上犯错误。

如何削减贫困？

为了削减全球贫困，人们尝试了许多不同的政策，但很多政策都以失败告终（我们会在第 8 章中详细讨论各种政策失败的原因）。可能这个世界上并不存在削减贫困的灵丹妙药。

尽管如此，我们通过经济分析还是得出了几个可能有用的方法。一个方法是国际贸易（我们将在第 14 章进一步探讨这一话题）。国际贸易可以使所有参与国家都受益。虽然国际贸易确实产生了输家和赢家，但总体而言，国际贸易带来的整体益处仍积极和显著。对许多自然资源丰富且主要从事农产品生产的贫穷国家来说，情况尤其如此。这些农产品本可以出口到欧盟国家或美国，但被高关税和限制性配额挡在门外。减少高收入国家对低收入国家设置的关税和限额是为这些国家创造实际 GDP 甚至促使其实现经济增长的一种方式。事实上，贸易带来的好处可能不止于此。如果国际贸易能促进富裕国家同贫穷国家的互动，那么这种跨国接触还会促进技术转让。

提高全球民众生活水平的另一个重要方法是继续改进世界经济中的可用知识和技术。这样可以改善全世界人民的生活水平。例如，通信技术进步让手机变成了全球通用商品，这不仅改善了全球数十亿人的生活，而且增加了他们的商业机遇。在无线通信成为可用品之前，许多国家的人们不得不依靠有线电话进行通信。

但是，有线电话行业往往处于国家控制或私人垄断之下，因此其价格高昂，且无法得到普及。无线技术的进步在一定程度上打破了该行业对消费者的垄断，使全球数亿贫穷的人得以获得以前无法享受到的服务。例如，在美国人听说 Venmo 或 Apple Pay 之前，M-PESA 已经在改变肯尼亚人的生活。M-PESA 是在 2007 年被开发出来的一款移动银行应用程序，可以在最基础的手机上使用。即使没有 Wi-Fi 连接或智能手机，肯尼亚人也可以向出租车司机付款，接受政府支付，甚至贷款。2012 年，肯尼亚的移动货币账户数超过了实体银行账户数。[12] 与此同时，在印度南部，手机给渔业市场带来了革命性的变化。利用手机，渔民能够实时了解沿海不同市场的价格，并有效地做出反应，把他们的鱼运到价格更高的地方。[13] 随着技术的改进，无线通信有望在许多国家掀起一场医疗革命。现在该技术已被应用于提醒病人服药，帮助诊所跟踪药品和疫苗接种情况。同样，医药创新不再只惠及美国、德国或者法国，而是令全球民众得到了救助。

在本章和上一章中，我们重点讨论了实物资本、人力资本和技术如何决定经济增长的潜力，以及经购买力平价调整的人均 GDP 的跨国差异。我们认识到，一个经济体无论贫富，都可以通过加大对实物资本的投资、提升劳动者的人力资本、改进技术和生产效率来实现经济增长。这自然衍生出了一个问题：为什么世界上许多国家不通过这些方法来改善自身状况，反而仍处于贫穷或低增长状态？这是我们下一章的主题。

总结

- 包括美国在内的许多国家在过去 200 年里经历了快速的经济增长，实际人均 GDP 增长了数倍。例如，当下美国的实际人均 GDP 大约是 1820 年美国实际人均 GDP 的 25 倍。此外，美国的经济增长相对持续，这意味着除了大萧条时期及其后的 10 年，美国的人均 GDP 保持了相对稳定的增长。
- 经济增长有时会由于追赶性增长而迅速发生。追赶性增长是指相对贫困的国家利用其他更先进国家已发明的知识和技术来提高自己的实际人均 GDP。
- 经济增长是一个经济体增加实物资本、提高劳动者人力资本（从而在给定的劳动力规模下拥有更高的劳动总效率单位）、改进技术的结果。由于实物资本的边际产量递减，加上在投身劳动力市场之前每个劳动者对其自身人力资本的投资存在上限，因此仅靠积累实物资本和人力资本通常不可能实现持续性增长。相反，技术进步才是持续性增长的最可信驱动力。实证证据还表明，技术进步在美国实际人均 GDP（或每工作小时 GDP）的增长中做出了很大的贡献。
- 虽然过去 200 年的特点是世界许多地区的经济持续增长，但在此前的几个世纪中，世界并没有经历稳定的增长。相反，大多数经济体在那段时期经历了马尔萨斯循环：因 GDP 增加而导致的人口增长降低了生活水平，随后又通过降低生育率和存活率抑制人口的进一步增长。世界通过工业革命摆脱了马尔萨斯循环，工业革命开启了一个快速的技术进步进程，为过去两个世纪的持续性增长奠定了基础。
- 经济增长具有显著削减贫困的能力，但前提是这种增长没有伴随着不平等的显著加剧。

关键术语

经济增长　　　　　　持续性增长　　　　　　生育率
增长率　　　　　　　储蓄率　　　　　　　　马尔萨斯循环
指数增长　　　　　　技术变革　　　　　　　人口转变
追赶性增长　　　　　生存水平　　　　　　　工业革命

问题

1. 经济增长的含义是什么？在过去的 200 年里，美国经济是如何增长的？
2. 什么是追赶性增长和持续性增长？请解释并举例。
3. 根据总生产函数，实际 GDP 如何实现增长？
4. 本章强调了储蓄对于经济增长的重要性。
   a. 一个经济体的储蓄率是如何定义的？
   b. 哪些因素会对家庭的消费和储蓄决策产生影响？
   c. 家庭储蓄决策如何影响经济体的投资？
5. 在其他条件不变时，提高劳动总效率单位会带来持续性增长吗？为什么？
6. 如何解释美国过去几十年里的经济增长？
7. 为什么在现代以前，也就是 1800 年以前，没有出现持续性经济增长？
8. 马尔萨斯对经济增长的预测是什么？他的预测成真了吗？为什么？
9. 工业革命如何影响了经济增长？
10. 国家 A 的人均收入和收入不平等程度都高于国家 B。你更愿意出生在哪个国家？为什么？
11. 基于对本章的理解，你认为削减贫困的最好方法是什么？
12. 哪些因素能够解释 20 世纪大多数国家民众预期寿命的大幅增长？

循证经济学习题

2016 年，密西西比州州长凭借刺激经济增长的政纲当选。该州当年的人均 GDP 为 3.2 万美元。这位州长雄心勃勃地宣称，密西西比州的人均 GDP 将在 10 年内赶上康涅狄格州，后者 2016 年的人均 GDP 为 6.4 万美元。

a. 假设康涅狄格州的实际人均 GDP 在 2016 年至 2026 年间没有增长，而密西西比州的实际人均 GDP 每年增长 4%。该州长能否实现他提出的目标？如果密西西比州以每年 7% 的速度增长，结果又会如何？

b. 现在假设康涅狄格州人均 GDP 在 2016 年和 2026 年之间以每年 2% 的速度增长。密西西比州每年的增长速度需要达到多少才能赶上康涅狄格州？

c. 为促进经济增长，州长决定增加对初等教育的投资。从长期来看，这是一项促进增长的好策略吗？这能否有效地帮助他实现 2026 年赶超康涅狄格的目标？

d. 在听取顾问的其他建议后，州长决定增加实物资本投资。假设他找到了资源，可使密西西比州的实物资本存量每年增加 7%，但劳动者人均人力资本、技术和生产组织方式在 2016 年至 2026 年期间保持不变。这是否有助于实现州长追赶康涅狄格州的目标？为了实现这个目标，该州长还需要做哪些事情？

习题

1. 20 世纪下半叶，日本经济经历了非同寻常的增长。根据世界银行的数据，1985 年日本 GDP 为 3.67 万亿美元，年增长率为 6.33%。(该问题中的 GDP 按 2010 年不变美元计算。)

   a. 假设年均增长率为 6.33%，计算日本 2010 年的预期 GDP。

b. 实际上，日本 2010 年的 GDP 是 5.7 万亿美元。如何解释这个数字和上题答案之间的差异？

2. 目前，世界上一些增长最快的国家仍然处于极度贫困状态。例如，在 2016 年增长最快的 5 个经济体中，伊拉克、缅甸和瑙鲁三国的实际人均 GDP 分别排在全球第 101、162 和 112 位。（资料来源：美国中央情报局，2016 年度《世界概况》，基于购买力平价估算。）这似乎有点儿自相矛盾。使用本章给出的增长率计算方程，解释为什么一个实际人均 GDP 非常低的国家也可以有非常高的增长率。

3. 下表列出了 1970—2010 年韩国和美国的人均 GDP。正如你所见，在这 40 年中，两国都实现了人均 GDP 的大幅增长。

年份	韩国的人均 GDP	美国的人均 GDP
1970	317 美元	5 247 美元
1980	1 778 美元	12 598 美元
1990	6 642 美元	23 955 美元
2000	11 948 美元	36 467 美元
2010	22 151 美元	48 358 美元

资料来源：世界银行，"世界发展指标"。

a. 仿照本章图 7.3，使用非比例刻度标出每个国家的 5 个数据点，然后将这些点连接起来，绘制出一张线形图。

b. 用比例刻度，即坐标轴上相等距离代表相等百分比变化的方式，在图上标出每个国家的 5 个数据点。将这些点连接起来，绘制出一张线形图。

c. 使用图 7.5 和生产函数 $Y = A \times F(K, H)$ 并参考韩国的数据，解释朝鲜战争如何压制了该国 1966 年前的追赶性增长，以及战后复苏如何影响了 1966 年后的追赶性增长。

4. 经济学家安德鲁·麦卡菲和埃里克·布林约尔松曾撰文讨论过"大脱钩"——生产率增长与就业之间的背离。自 20 世纪 90 年代中期以来，劳动生产率和实际 GDP 持续增长，而就业和工资却一直停滞不前。使用本章中的概念来解释这种"脱钩"背后的可能机理。在就业率下降的情况下，生产率和实际 GDP 何以能继续增长？为什么在实际 GDP 持续增长时，就业却没有增加？这种动态会如何影响不平等？

5. 下图为公元前 1000 年到公元 2000 年的世界人均 GDP 指数。

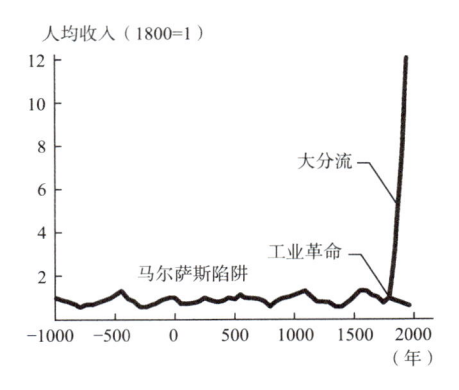

资料来源：Jeff Speakes, *Economic History of the World*, Thousand Oaks, CA: Center for Economic Research and Forecasting, California Lutheran University, 2013。

正如你所见，全球经济在图中的大部分时间里都几乎没有增长。尽管前面也有一些人均收入呈现增长的时期，但持续性增长直至 18 世纪中叶才开始启动，并在之后大爆发。到 2000 年，人均收入已经是 250 年前的 12 倍。请解释为什么 18 世纪之后的经济增长会发生如此巨变。

6. 长期以来，经济学家们一直在争论 20 世纪七八十年代美国生产率（每工作小时实际 GDP）下降的原因。图 7.8 和表 7.3 清楚展示了这一下降趋势。

a. 根据表 7.3 中的数据，在这 20 年中，是实物资本、人力资本还是技术导致了每工作小时实际 GDP 年增长率的整体下降？参照该表给出你的答案。

b. 诺德豪斯针对 20 世纪 70 年代生产率下降

得出的两个主要结论是什么？哪些行业受此影响最大，原因何在？

7. 生产要素收益递减的概念不仅适用于实物资本，也适用于劳动。用劳动报酬递减的概念来解释为什么工业革命之前生活水平没有出现持续性增长。绘图以说明人口与实际 GDP 之间的关系，用 x 轴表示人口。解释你的图在工业革命之后发生了什么变化。

8. 1968 年，斯坦福大学教授保罗·埃利希声称，人口过剩将导致 20 世纪七八十年代出现饥荒。在他的著作《人口炸弹》中，他认为除非控制人口增长，否则全世界将有数以百万计的人死亡。但我们现在知道这一切并没有发生。你认为埃利希的论点存在什么缺陷？

9. 越来越多的独立程序员将他们的代码"开源"。例如，统计编程语言"R"是完全自由和开放的，任何人都可以提交一个新的专用功能包。开源技术将如何影响发展中国家的增长？假设美国的每一家科技公司都突然将自己的代码开源，那么这会促进发展中国家的增长吗？请解释。

10. 假设实物资本存量增加 10% 会使实际 GDP 增加 8%。那么，实物资本存量增加 8% 将使实际 GDP 的增长低于 8%、等于 8%，还是超过 8%？请解释。

11. 挑战题：参考表 7.1，如果美国、墨西哥、中国和卢旺达继续以表中给出的速度增长，那么它们经购买力平价调整的人均 GDP 分别需要多少年才能赶上美国（从 2010 年算起）。

附录 7A　索洛增长模型

经济学家用来正式研究 GDP 决定因素的主要工具是以经济学家罗伯特·索洛名字命名的索洛增长模型。[14] 在本附录中，我们将介绍索洛增长模型，并展示如何使用它来详细地研究经济增长过程。我们把这些内容放在附录而不是放在本章的正文中，是因为即使跳过这部分内容，读者对本章和本书的其他重要概念的理解也不会受到影响。我们在这里不考虑价格变化的问题，因此 GDP 的变化指的是实际 GDP 的变化。

索洛增长模型的三个组成部分

索洛增长模型由三个部分组成。第一个组成部分是我们在第 6 章学习过的总生产函数。总生产函数 $Y = A \times F(K, H)$ 将 GDP 与实物资本存量（K）、劳动总效率单位（H）和技术水平（A）联系了起来。技术包括经济体可用的知识和生产效率，其变化会引起总生产函数的移动。

第二个组成部分是实物资本积累方程。构成经济体实物资本存量的大多数设备和建筑都是耐用品。你购买的电脑可以使用好几年，许多家庭耐用品的使用寿命通常要比电脑长得多。厂房、道路和桥梁等建筑的使用寿命甚至更长。但实物资本的使用年限并非无限。实物资本需要进行折旧，这意味着任何设备或建筑都会经历"损耗"，直至最终被淘汰。例如，你买了一辆卡车，用了一年后，它的行驶里程会增加，刹车可能会磨损。由于这种损耗，它会损失部分价值，如果你打算卖掉它，那你得到的钱可能要比去年买它时少了不少。折旧会侵蚀实物资本的价值，但可以通过持续投资和维护减缓或逆转这一过程。以你的卡车为例，你可以通过及时更换这辆车的刹车、机油或轮胎来对其进行投资。这种投资可以抵消折旧，增加卡车的价值。

整个经济体的实物资本存量也是如此，正如下面的实物资本积累方程所示：

$$K_{现在} = K_{去年} - K_{折旧} + I$$
$$或\ K_{现在} = K_{去年} - (折旧率 \times K_{去年}) + I$$
$$或\ K_{现在} = (1-d) \times K_{去年} + I$$

在这里，$K_{现在}$ 表示今年的实物资本存量。它直接取决于去年的实物资本存量 $K_{去年}$，说得更具体一点，它取决于两个日期之间的未减值实物资本存量，即 $(1-d)$ 的那一部分。$d \times K_{去年}$ 相当于你的卡车减值的数量。与此同时，经济体中的企业通过投资和购买新机器增加了实物资本存量，这和你通过投资新部件或维修提升卡车的价值是一个道理。在上面的等式中，它由投资金额 I 表示。

这个方程不仅对索洛增长模型有用，事实上也是经济学家在实践中计算实物资本存量实际价值的关键方程之一（例如在测算国民收入账户时）。

索洛增长模型的第三个组成部分是家庭储蓄。我们在本章正文中曾讨论过，投资是由家庭储蓄行为决定的。因此经济体中的投资就是：

$$I = s \times Y$$

和之前一样，方程中的 Y 表示 GDP，s 表示储蓄率，I 表示总投资。

现在将第一个组成部分，也就是总生产函数代入，我们可以将上述方程改写为：

$$I = s \times Y = s \times A \times F(K, H)$$

图 7A.1 描绘了这一关系。黑色曲线表示总生产函数，或者更具体地说，它表示的是在给定劳动总效率单位和技术的情况下 GDP 与实物资本存量之间的关系。这与上一章的图 6.6 所显示的形状相同。灰色曲线显示了在给定家庭储蓄率 s 的条件下，投资水平和实物资本存量之间的关系。由于它代表着 GDP 乘储蓄率 s，所以仅仅表现为总生产函数的下移。因此根据定义，对于给定水平的实物资本存量，灰色曲线和 x 轴之间的距离对应着总储蓄或总投资（如图所示）。由于黑色曲线代表经济体的 GDP，所以黑色曲线和灰色曲线之间的距离代表消费（因为 $Y = C + I$）。

图 7A.1　总收入和总储蓄

注：总生产函数显示了给定水平的实物资本存量、劳动总效率单位和技术可以产生多少 GDP。在本图中，这体现为总生产函数和 x 轴之间的直线长度。总收入又被分为消费和储蓄（在此我们忽略了政府支出）。储蓄也等于总投资。

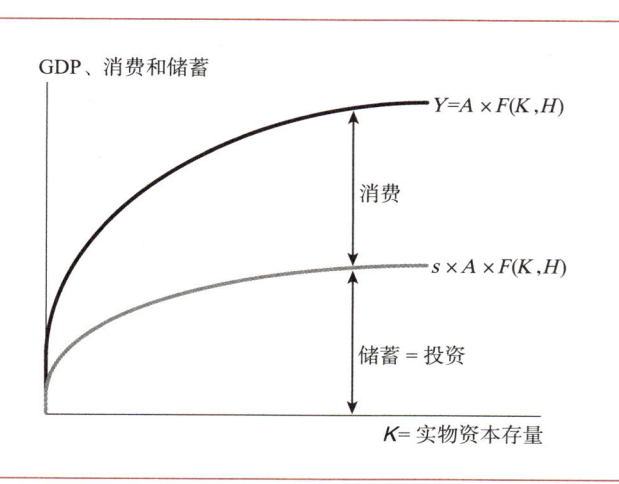

索洛增长模型中的稳态均衡

我们现在来研究去年实物资本存量与现在的实物资本存量相等这一自然情况：

$$K_{现在} = K_{去年} = K$$

我们把这种情况称为**稳态均衡**，稳态均衡是指实物资本存量不随时间变化的一种经济均衡。它类似于我们通常所说的供给等于需求的均衡概念，但要求两个时点之间的实物资本存量保持不变。

将这个方程与上面的实物资本积累方程相结合，我们会发现，为了使实物资本存量在两个时点之间保持不变，需要使投资等于实物资本存量的 d 倍：

$$I = d \times K$$

（要理解这个方程的推导过程，就要注意到，在稳态均衡时实物资本积累方程变成了 $K=(1-d) \times K + I$，然后通过求解 I 便可以得出该方程。）

换句话说，为了使经济体中的实物资本存量随时间的推移保持不变，投资额必须等于实物资本存量的折旧价值，即经济体的折旧率 d 乘实物资本存量 K。依据我们之前的例子，只有当你的新投资正好等于折旧（由于磨损导致的卡车价值下降）时，你卡车的价值才会保持不变。

现在，我们把索洛增长模型的不同部分放在一起来确定稳态均衡。这就是图 7A.2 所展示的内容。图 7A.2 在图 7A.1 的基础上加入了代表实物资本折旧价值 $d \times K$ 的直线。

图 7A.2 索洛增长模型的稳态均衡

注：索洛增长模型中的稳态均衡由表示经济体总储蓄（作为实物资本存量的函数）的曲线与表示补充折旧的实物资本所需投资的直线的交点给出。在图中，稳态均衡分别对应着实物资本存量 K^* 和 GDP Y^*。

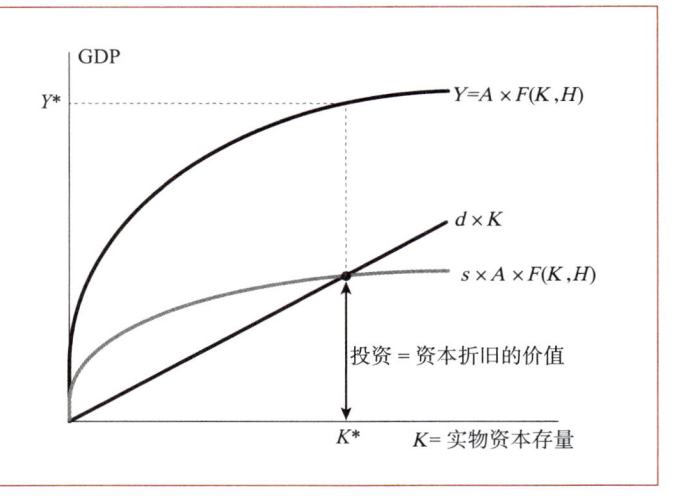

稳态均衡由这条代表实物资本折旧价值 $d×K$ 的直线和代表投资的曲线的交点给出（这条曲线代表家庭储蓄决策所暗含的投资水平）。道理很简单，因为在这个交点，新投资 $I=s×A×F(K,H)$，等于折旧后的实物资本的价值 $d×K$。

该图显示出代表实物资本折旧价值 $d×K$ 的直线与代表投资的曲线只有唯一的交点。这个交点代表索洛增长模型的稳态均衡。它给出了在 x 轴上对应的实物资本存量的稳态均衡水平（标记为 K^*），以及在 y 轴上对应的 GDP 的稳态均衡水平（标记为 Y^*）。该图还展示了投资（储蓄）水平和实物资本的折旧价值（根据定义，它们在稳态均衡中相等）以及在该均衡中的消费水平。

一旦我们得到索洛增长模型的稳态平衡，就可以用它来研究 GDP 的决定因素。

GDP 的决定因素

图 7A.2 清楚地表明，正如我们前文讨论的那样，GDP 的关键决定因素之一就是储蓄率。更高的储蓄率对稳态实物资本存量和 GDP 的影响见图 7A.3。在图中，我们略去了总生产函数 $A×F(K,H)$ 的曲线，只绘制了由 $I=s×A×F(K,H)$ 给出的投资水平曲线。

图 7A.3　储蓄率对稳态均衡的影响

注：储蓄率从 s 到 s' 的上升使得表示经济体总储蓄的曲线向上转移，增加了稳态均衡下的实物资本存量和 GDP 水平。在本图中，实物资本存量从 K^* 增加到 K^{**}，GDP 从 Y^* 增加到 Y^{**}。（因此，y 轴表示的储蓄和投资水平从 $s×Y^*$ 增加到 $s'×Y^{**}$。）

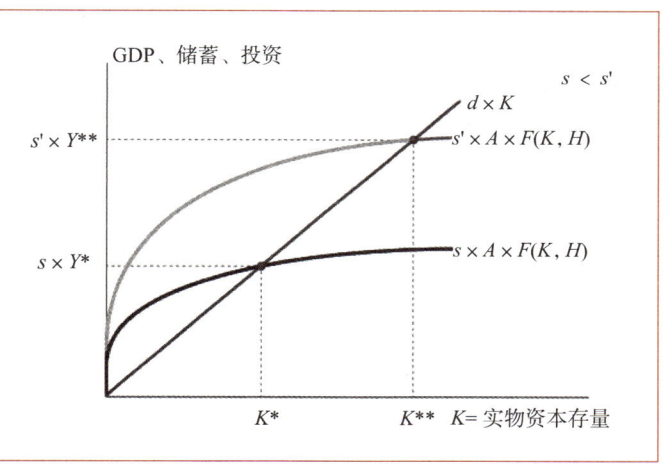

在这幅图中，我们比较了两个具有相同总生产函数、相同人口和相同劳动总效率单位，但储蓄率不同的经济体。储蓄率较高的经济体用灰色曲线表示（储蓄率记为 s'），储蓄率较低的经济体用黑色曲线表示（储蓄率记为 s）。（根据假设，两个经济体的折旧率相同，所以折旧值可以用同一条线表示。）从图中可以看出，储蓄率较高的经济体的稳态均衡点更趋右上方。这对应着更高的实体资本存量，以及更高的 GDP。因为在这个过程中人口保持不变，因此这也对应着更高的人均 GDP。

更好的技术和更高的劳动者人力资本也意味着相同数量的实物资本将转化为更高的 GDP。如果经济体的劳动者人力资本有所改善，那么这将提高其劳动总效率单位 H，而基于上一章图 6.7 中显示的劳动总效率单位与 GDP 之间的关系，我们将在给定实物资本存量的情况下获得更高的 GDP。因此，根据 GDP 与实物资本存量之间的关系，更高的劳动者人力资本意味着总生产函数的移动。结果，总储蓄转移到图 7A.4 中的灰色曲线，新的稳态均衡再次处于原始稳态均衡的右上方（如图所示）。这意味着一国人力资本的增加会推高实物资本存量的稳态均衡水平，同时也推高该国的实际 GDP。由于人口（或劳动年龄人口）没有任何变化，实际 GDP 越高，人均实际 GDP 也越高。

图 7A.4 劳动者人力资本增加引起的稳态均衡的变化

注：当劳动者人力资本增加时，劳动总效率单位也随之增加。这意味着在相同的实物资本存量和技术条件下，经济体可以有更多的产出，因此总生产函数曲线向上移动。这导致了具有更高实物资本存量和 GDP 的新稳态均衡。具体而言，实物资本存量从 K^* 增加到 K^{**}，GDP 从 Y^* 增加到 Y^{**}。

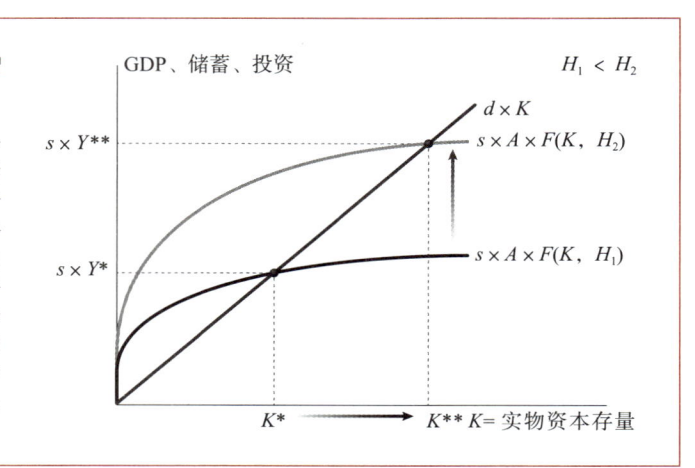

我们也可以对技术展开完全相同的分析。根据之前所学，技术越先进，其对应于总生产函数中的 A 的值就越大。这可能是在生产中使用更好的知识或提高生产效率的结果。在任何一种情况下，它都会使总生产函数发生与图 7A.3 中相同的移动（只是现在变化的是劳动总效率单位，而不是储蓄率）。因此，它们的影响也是相同的。实物资本存量的稳态均衡水平和 GDP 的稳态均衡水平都更高了。因为人口还是保持不变，所以这意味着实际人均 GDP 会更高。

索洛增长模型中的动态均衡

索洛增长模型不仅有助于我们理解稳态均衡的决定因素，而且是经济学家用来思考经济增长的主要工具。

正如限定词"稳态"所暗示的，我们也可以想象一种不是稳态均衡的均衡。这种均衡通常被称为**动态均衡**，它追踪的是经济体在不同时间的行为。因此，动态均衡并不对应于某个单一的点，而是一条随着时间变化的（实物资本存量和 GDP 水平）实现路径。

为了理解这一概念，让我们看一下图 7A.5，除了没有 $A \times F(K, H)$ 的曲线，它几乎与图 7A.2 完全相同。稳态均衡再次发生在 $d \times K$ 直线与代表投资水平的曲线相交的点。因此，K^* 和 Y^* 分别代表这一稳态均衡下的实物资本存量和 GDP。

图7A.5 索洛增长模型的动态均衡

注：假设起初经济体的实物资本存量 $K_0 < K^*$，即实物资本存量低于稳态均衡水平。接下来会发生什么？本图表明，在这一点上，储蓄和投资大于实物资本量的折旧，因此实物资本存量会增加。这个动态过程将我们带回稳态均衡下的实物资本存量 K^*。

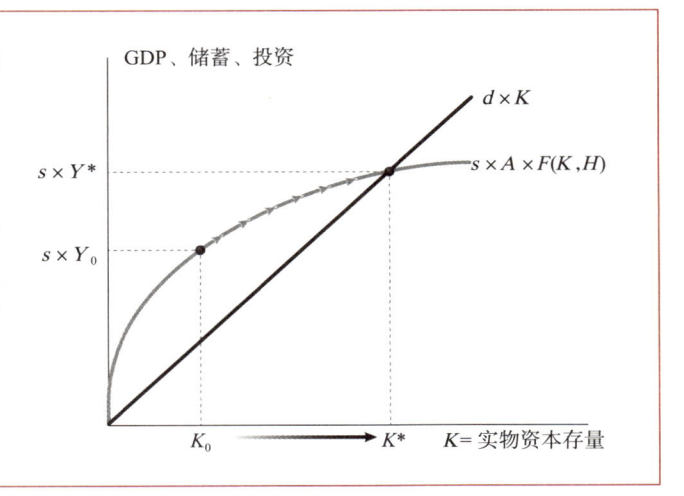

现在想象一下，假设因为战争等因素，这个经济体的一些实物资本突然被摧毁了。结果，经济体的实物资本存量现在表示为 $K_0 < K^*$。再假设其余一切都不变，具体而言就是总生产函数、储蓄率、劳动总效率单位和技术都保持不变。在这种情况下，尽管只有一个变量发生了变化，我们也不再处于稳态均衡，因为实物资本不再能够根据其折旧率精准地得到补充。

现在该经济体的生产水平是多少？由于实物资本存量现在等于 K_0，但劳动总效率单位没有改变，GDP 将继续由总生产函数给出，其值为 Y_0（对应图 7A.5 中 y 轴上标记为 $s \times Y_0$ 的点）。然而该图也清楚地表明，在这个新的点 (K_0, Y_0) 处，经济水平位于直线上方。前面我们说过，沿着这条直线，投资等于实物资本的折旧。高过了这条线，则投资不仅弥补了实物资本的折旧，而且还超过了它。现在回想一下实物资本积累方程，它告诉我们 $K_{现在} = K_{去年} - K_{折旧} + I$。这个方程意味着，当投资超过实物资本的折旧时，即 $I > K_{折旧}$ 时，实物资本存量将增加。换句话说，将会有一个动态均衡路径带我们回到 K^* 处的稳态均衡。图 7A.5 的箭头指出了动态均衡路径，它从 $(K_0, s \times Y_0)$ 开始，描绘了经济体走向 $(K^*, s \times Y^*)$ 的路径。这既强调了动态均衡对应着经济体的行为随时间的变化路径，也强调了动态均衡将使经济体回到稳态均衡 $(K^*, s \times Y^*)$ 这一关键结果。

索洛增长模型中的增长源泉

现在我们可以使用索洛增长模型，回到文中关于持续性增长的讨论。首先，图 7A.6 表明储蓄率的提高和实物资本的积累不能成为持续性增长的源泉。它表明，在给定的劳动总效率单位和技术水平下，一个经济体可以通过增加储蓄实现的 GDP 增长是有上限的，因为它的储蓄率永远不可能超过 100%。这决定了 GDP 的水平 Y^{MAX} 超过这个水平，经济就无法在给定的总生产函数和劳动总效率单位下扩张。

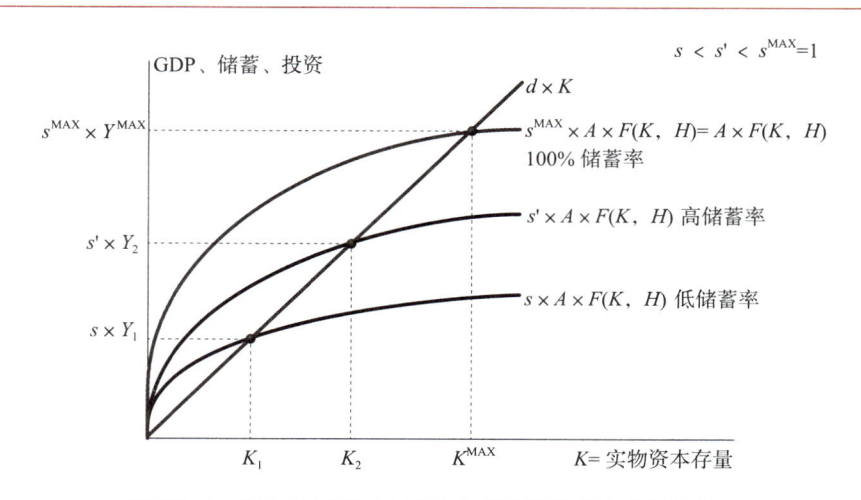

图 7A.6 索洛增长模型中三种有着不同储蓄率的经济体

注：储蓄率越高的经济体，其 GDP 也越高，但储蓄率的增长不能成为 GDP 持续性增长的源泉。这是因为一个经济体的储蓄是有上限的，因此仅通过增加储蓄而实现的 GDP 增长也是有限的。

这种最高水平 GDP（即 Y^{MAX}）的存在意味着，仅靠增加储蓄不可能实现持续性增长。我们只要注意到如下事实便可理解这一点：如果一个经济体以恒定的速度增长，比如每年 2%，那么它的 GDP 最终将达到并超过任何固定的 GDP 水平（比如 Y^{MAX}）。这与历史证据一致。在过去的 200 年里，没有一个国家能仅仅通过提高储蓄率来实现稳定的增长。总的来说，这个讨论和图 7A.6 表明，储蓄率的增加可以提高 GDP，但不能带来持续性增长。

为了展示索洛增长模型中技术改进如何带来持续性增长，图 7A.7 回顾了我们已熟悉的稳态均衡图。图 7A.7 表明，随着技术的进步，总生产函数（以及由此产生的投资曲线）会向上移动。这提高了实物资本存量和 GDP 的均衡水平。

值得注意的是，这些改进是沿着图中所示的稳态直线发生的。我们之前已经知道，该直线是由 $d \times K$ 给出的，不会因为技术的改进而改变。

在每一个交点处，我们都可以得出 $s \times Y = d \times K$，将其改写后，我们得到 $K/Y = s/d$，而这意味着整个过程中实物资本存量与 GDP 之比是恒定的。由此可见，索洛增长模型针对持续性增长的推断就是在经济增长过程中，实物资本存量与 GDP 之比应保持恒定。

图 7A.8 描绘了美国经济中实物资本存量与 GDP 之比的历史演变图。过去 50 年中，实物资本存量与 GDP 之比大致保持恒定，约为 2。这种模式与索洛增长模型针对技术进步驱动的持续性增长所做出的推断是一致的，正如我们上文提到的，索洛增长模型指出，在经济增长过程中，实物资本存量与 GDP 之比应是常数。

那追赶性增长呢？与持续性增长相反，追赶性增长既可以来自实物资本和人力资本的积累，也可以来自技术变革。追赶性增长的性质可以用图 7A.5 所示的一个初始实物资本存量水平（如 K_0）低于其稳态均衡水平 K^* 的经济体的动态均衡路径来说明。这条

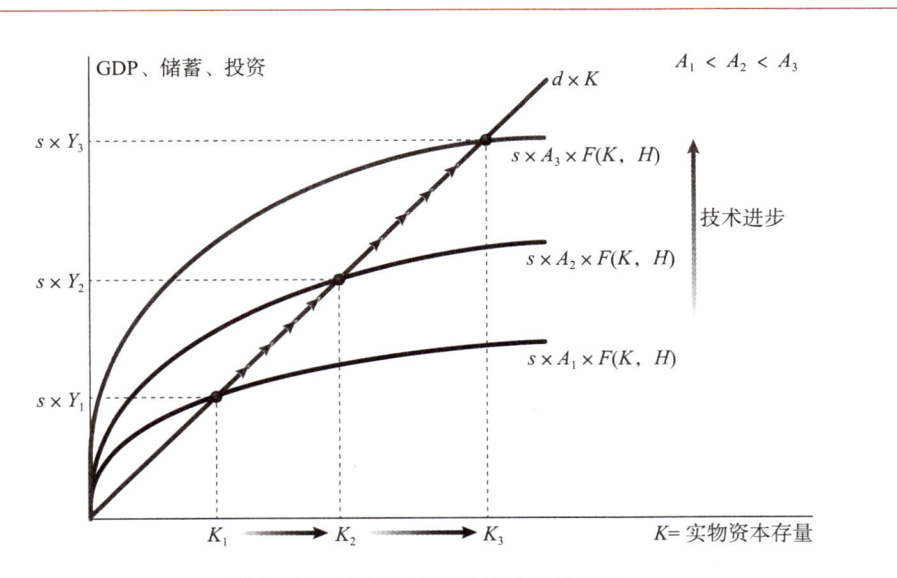

图 7A.7 技术变革驱动的持续性增长

注：在索洛增长模型中，技术进步是持续性增长的根源。随着技术的进步，总生产函数上移，均衡实物资本存量和 GDP 逐渐增加。

动态均衡路径代表了一个经济体的增长轨迹：它要么暂时低于稳态均衡水平，要么改进技术并因此提高了实体资本存量和 GDP 的稳态均衡水平。因此，这幅图表明，通常情况下，这样的经济将迅速增长至稳态平衡。如此迅速的增长是如表 7.1、图 7.4 和表 7.2 所示的若干国家所经历的追赶进程的一个标志。

图 7A.8 美国实物资本存量和 GDP 的比率

注：美国实物资本存量与实际 GDP 的比率在过去 50 年里大致保持不变，这与索洛增长模型中针对技术进步驱动的持续性增长所做出的推论相一致。
资料来源：美国经济分析局，国民收入和产品账户。

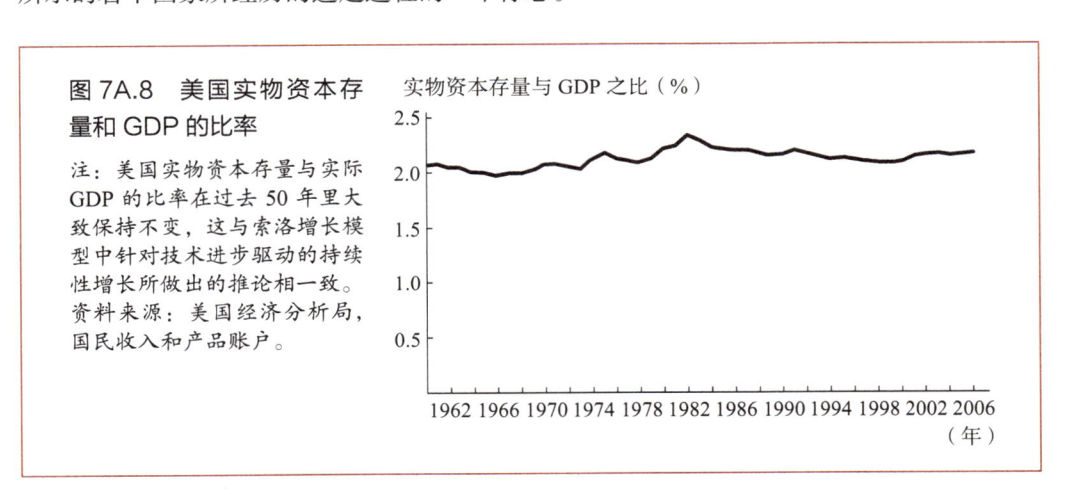

计算平均（复合）增长率

现在让我们返回表 7.1，讨论如何计算平均增长率。以美国为例。美国 1960 年的实际人均 GDP 为 17 600 美元，2014 年为 52 292 美元（按经购买力平价调整的 2011 年不变美元计算）。现在我们可以用文中提供的公式计算出这 54 年（1960—2014 年）的增长率为 197.11%。具体的计算为：

$$\frac{(52\,292 - 17\,600)}{17\,600} \approx 1.971\,1$$

即增长率为 197.11%。

计算平均增长率的一种方法是进行算术平均，即把这一数字除以 54，从而得到年均增长率。这将得到年增长率为 3.65%。然而表 7.1 中的年增长率却不是这个数字，而是约 2%。这个数字是如何得到的？为什么出现差异？

答案与我们在本章前面讨论过的增长的指数特性有关。假设一个经济体以 $g=0.036\,5$（即 3.65%）的速度持续增长 54 年。到第 54 年结束时，该国的实际人均 GDP 将增长多少？要进行计算，我们必须注意，1 年之后，其实际人均 GDP 将会增长至原来的 $(1+g)$ 倍。从第二年到第三年，它将再增长至原来的 $(1+g)$ 倍，所以从第一年到第三年，它增长至原来的 $(1+g)^2$ 倍。继续这一推理，到第 54 年结束时，其实际人均 GDP 将增加至原来的 $(1+g)^{54}$ 倍。如果取 $g=0.036\,5$，我们会发现，54 年后，其实际人均 GDP 将是现在的 6.93 倍，这比美国的数字要大得多。上述数字表明，在 54 年后，美国实际人均 GDP 约为原来的 2.971 1 倍。（这个数字可以简单地通过 52 292/17 600=2.971 1 得到。也就是说，是用 2014 年的实际人均 GDP 除以 1960 年的实际人均 GDP，或者你也许会注意到，这个数字等于 1+1.971 1，其中 197.11% 是美国经济在 1960—2014 年的增长率）。

将 1960—2014 年的总增长率除以 54 这一方法忽略了增长的累积效应，并且高估了人均实际 GDP 的年增长率。

这一讨论还表明，计算年均增长率的一种更复杂的方法是几何平均。在这种情况下，我们将通过下式计算增长率：

$$(1+g)^{54} = 2.971\,1$$

然后，我们可以用这个方程来得到正确的年均增长率 g（更严格地说，我们需要解这个方程并计算 $g=2.9711^{1/54}-1$）。这大致给出了如表中所示的年（均）增长率约为 0.020。在大多数情况下，如果我们探讨的是短期情况，那么使用算术平均法与用几何平均法计算平均增长率会得到类似的答案。这个例子中两者差异之所以如此之大，是因为我们探讨的是很长一段时间内的变化。

附录关键术语

稳态均衡　　　　　　　　　　　动态均衡

附录习题

A1. 依据总生产函数以及实物资本存量和总储蓄之间的关系绘制表示索洛增长模型的图形。

　　a. 图中哪个点代表稳态均衡？为什么？

　　b. 用图说明人力资本增加对 GDP 的影响。

A2. 20 世纪 80 年代，日本的储蓄率极高。总储蓄占 GDP 的比例为 30%~32%。如此高的储蓄率能带来持续的经济增长吗？使用索洛增长模型来解释你的答案。

A3. 印度的人均 GDP 从 1991 年的 310 美元上升到 2012 年的 1 489 美元。

　　a. 用算术平均法计算这段时间印度经济的年均增长率。

　　b. 用几何平均法计算这段时间印度的年均增长率。你得出的数字与图 7.3 给出的有关印度的数据有何不同？请推测造成差异的原因。

A4. 附录详细说明了在确定增长率时算术平均法和几何平均法之间的重要区别。

　　a. 使用附录中给出的用几何平均法计算增长率的步骤〔在"计算平均（复合）增长率"部分〕，看看你是否能得出表 7.1 中法国、新加坡、博茨瓦纳、印度和肯尼亚的"隐含（平均）增长率"。

　　b. 使用附录中给出的用算术平均法计算增长率的步骤，计算以上 5 个国家的平均增长率。将这些数字与你在 a 部分中所获得的增长率进行比较。使用算术平均法是低估还是高估了实际增长率？请解释。

第8章 为什么很多地区仍旧不发达？

地理位置注定了热带和亚热带地区的贫困？

研究各国经购买力平价调整的人均 GDP，我们会发现一个惊人的规律：许多最贫穷的国家都位于靠近赤道的热带和亚热带地区。相反，远离赤道的温带国家则要繁荣得多。例如，赤道从刚果民主共和国中间穿过。2018 年，该国经购买力平价调整的人均 GDP 为 859 美元（按 2011 年不变美元计算）。沿着地图一直往上移动至北纬 60 度线，你会找到芬兰。同年，该国经购买力平价调整的人均 GDP 为 38 897 美元（按 2011 年不变美元计算）。你几乎可以对赤道周围的所有国家做同样的比较。沿着经线向上移动，找到位于 40 度、50 度或 60 度纬线上的相应国家，你会发现，离赤道较远的国家几乎总是比离赤道较近的国家富裕得多。这一现象导致许多社会科学家猜测赤道附近地区可能存在某些不利于经济和社会发展的因素。许多人甚至断言，热带和亚热带地区的国家注定要陷入贫困。

这一观点能够成立吗？热带和亚热带地区真的因其地理位置而注定贫困吗？本章的循证经济学专栏将为这个问题提供答案。在此过程中，我们还将研究为什么全世界还有很多地区仍旧不发达，为什么有些国家的发展落后于其他国家。此外，我们还会研究政治和制度因素会如何影响长期发展以及这些因素何以能帮助我们理解各国人均 GDP 的巨大差异。

本章概览

8.1	EBE	8.2
繁荣的直接原因和根本原因	地理位置注定了热带和亚热带地区的贫困？	外国援助能否消除全球贫困？

重要概念

- 繁荣的直接原因将国家的繁荣和贫困同投入水平相关联，繁荣的根本原因关注的则是投入水平存在差异的根源。
- 地理、文化和制度假说提出了繁荣的不同根本原因。
- 包容性和攫取性经济制度影响经济发展。
- 创造性破坏是通过技术变革实现经济增长的必要条件。
- 财富逆转的证据为制度假说提供了支持。

8.1 繁荣的直接原因和根本原因

在第6章中，我们记录了各国在人均GDP和生活水平上的巨大差异。你可能还记得美国与刚果民主共和国、加纳或海地经购买力平价调整的人均GDP之间的巨大差距。在那一章，我们重点研究了如何通过实物资本、人力资本和技术的跨国差异来解释这些差距。

然而，仅基于这些原因的解释也立即引出了这样一个问题：为什么一些国家比其他国家积累了更多的实物资本，投入了更多的人力资本，以及研发和应用了更为先进的技术？毕竟，如果投资于实物资本和人力资本，以及采用尖端技术能够显著提高GDP，那么世界上所有国家不都希望这样做吗？为什么世界上其他国家没有变得像美国或西欧国家那样发达？

这些更深层次的问题使我们认识到，实物资本、人力资本和技术的差异只是影响经济表现的直接原因。因为它们虽然将高水平的繁荣与高水平的生产投入相关联，但没有对这些投入的水平为何如此之高做出解释，所以我们称它们为**繁荣的直接原因**。

为了弄清一些国家无法或不愿在实物资本、人力资本和技术上进行数量不等投入的原因，我们必须进行更为深入的研究。正如我们在第2章中所讨论的，因果关系可能非常复杂。有时我们必须深入表象之下，方能理解某些现象的真正成因。我们把这些潜在因素称为**繁荣的根本原因**。所谓繁荣的根本原因，就是导致繁荣的直接原因存在差异的实质性因素。繁荣的根本原因和直接原因之间的关系见图8.1。

我们可以借助一个类比来更清楚地认识直接原因和根本原因之间的区别。假设你出现了一些流感的症状，比如嗓子疼、发烧和头痛等，你可能会服用药物，比如治疗咽喉痛的药物或阿司匹林等。在这个例子中，服用这些药物的直接原因是嗓子疼、发烧和头痛。但根本原因，也就是你最初出现这些症状的原因，是你得了流感。因此，是流感诱发了这些症状和你服用药物的反应。同样，如果一个国家在人力资本、实物资本和/或技术方面投入不足，我们就应该探究其背后的原因。要想全面理解为什么一些国家走向繁荣而另一些国家却没有，我们必须既要思考其直接原因，又要考虑其根本原因。

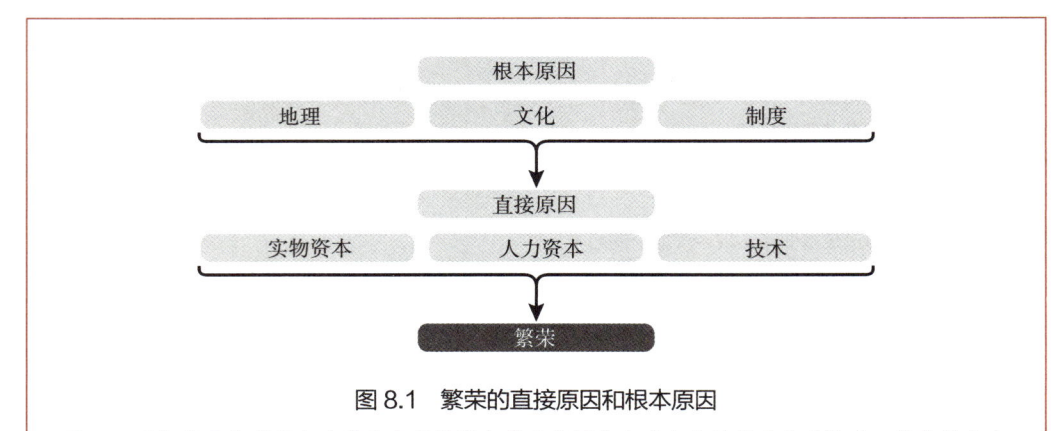

```
                    根本原因
        地理          文化          制度

                    直接原因
        实物资本       人力资本        技术

                     繁荣
```

图 8.1 繁荣的直接原因和根本原因

注：一旦拥有了丰富的人力资本和实物资本并且能够在生产中有效利用先进技术，社会就会走向繁荣。但这些都是直接原因，因为它们又受到其他更深层次因素的影响。地理、文化和制度等根本原因通过影响人力资本、实物资本和技术等直接原因，进而对一个国家或地区能否实现繁荣产生影响。

关于引发贫困和繁荣的根本原因，即为什么世界上较贫穷国家的技术水平更为低下且没有在实物资本和人力资本上实现与富裕国家同等水平的投入，现已存有诸多不同假说。但为了方便研究，我们可以将这些假说分为三类，即地理假说、文化假说和制度假说。我们接下来将介绍这些假说，并讨论它们是否与实证证据一致。

地理假说

我们称之为**地理假说**的一类观点宣称，地理、气候和生态差异是全球发展不平衡的终极决定因素。根据该假说，一些国家的地理、气候或生态环境极为不利，且超出了国家的控制能力。有些国家所在的地区大部分土壤不适合农业生产，白天温度过高。有些地区则因为缺乏可通航的河流，运输成本高得离谱。一些人认为，这些条件使得当地国家不太可能甚至完全不可能积累或有效地利用生产要素。

古往今来的许多重要思想家都支持地理假说。法国著名哲学家孟德斯鸠便是这一假说的众多支持者之一，他认为气候是人们工作努力程度的关键决定因素，进而也是繁荣的关键决定因素。[1] 他写道：

> 气候有时会极度炎热，使身体完全丧失力气。这种疲惫甚至会影响精神；人们没有好奇心，没有高尚的事业，没有慷慨的情怀；一切志趣都是被动的；懒惰在那里成了幸福……人们……在寒冷的气候中会更有活力。温暖国家的居民像老人一样胆怯；寒冷国家的人们则像年轻人一样勇敢。

这一观点的另一个重要支持者是阿尔弗雷德·马歇尔，他是世界上第一个为了让广大学生了解经济学原理而撰写教材（就和我们这本书一样）的经济学家。[2] 他说：

> 活力部分取决于种族特性，但就目前能够得到的解释而言，这种特性似乎主要取决于气候。

这些强调气候会影响工作努力程度和活力的观点已经过时（有时还带有种族主义色彩）。但是其他版本的地理假说仍然很受欢迎。今天，许多人认为，地理特征决定了一个社会的可用技术，特别是农业技术。经济学家杰弗里·萨克斯在其学术著作中一直强烈支持这一观点。[3] 例如，他向联合国和世界卫生组织所提出的那些颇有影响力的政策建议就是以此观点为基础。他认为：

> 最晚至现代经济增长的时代开启之际，温带地区的技术具备了比热带地区的技术更高的生产力。

杰弗里·萨克斯等人还认为，世界上许多地区，特别是撒哈拉以南非洲，之所以在经济发展上处于劣势，是因为疟疾和登革热等传染病更容易在这些地区传播。严重并广泛传播的疾病确实可以摧毁一个国家的大量人力资本。

如果地理位置是决定一国能否走向繁荣的主要根本原因，那么世界上的贫穷国家就无法期待生活水平能取得重大改善。起码根据这一派的观点，这些国家将永远处于劣势，我们也不用指望它们能赶上世界其他地区并能在短期内实现经济发展。

并非所有持地理假说者都同样悲观。某些观点认为，大规模投资于运输技术或对疾病的根除可能在一定程度上弥补这些地理劣势。

文化假说

经济表现存在差异的另一个潜在根本原因是文化差别。根据**文化假说**，由于特定的共同经历、宗教教义、家庭纽带的强度或不成文的社会规范，不同的社会对激励的反应是不同的。根据该假说，文化被视为个人和社会价值观、偏好与信仰的关键决定因素，而这些文化差异会在很大程度上影响经济表现。例如，有些社会崇尚鼓励投资、勤奋工作和积极采用新技术的价值观，另一些社会的价值观则可能助长对技术的恐慌和质疑且排斥勤奋工作。

文化与经济发展之间最著名的关联由德国社会学家马克斯·韦伯提出，他认为西欧工业化的起源可以追溯到新教。[4] 在他看来，新教世界观是市场经济发展和经济增长的关键，因为它促进了勤奋工作和储蓄（从而也促进了投资）。

文化假说的另一个常见版本是将英、美两国的盎格鲁-撒克逊文化与西班牙和葡萄牙民族的伊比利亚文化进行对比，前者被视为有利于投资和新技术的采用，而后者则被认为缺乏活力，人们的思想更为封闭。许多社会学家试图从这些方面解释北美洲和南美洲之间的差异。

20多年前，哈佛大学政治学家塞缪尔·亨廷顿创造出"文明的冲突"一词，并用其描述他所认为的21世纪的决定性冲突——西方与伊斯兰文明之间的冲突。[5] 从更广泛的角度来看，亨廷顿支持文化在塑造繁荣中发挥核心作用的观点。例如，他对为什么韩国在20世纪增长迅速而加纳却未能如此的解释，就体现了他的整体理念：[6]

> 文化是很大一部分原因。韩国人崇尚节俭、投资、勤奋、教育、组织和纪律。加纳人有不同的价值观。

当然，一个社会的文化不是一成不变的：文化会发生变化，尽管它们变化得很慢。

制度假说

造成各地繁荣程度差异的第三个潜在根本原因涉及**制度**。制度即管理一个社会组织的正式和非正式规则，包括其法律和规章。例如，经济史学家道格拉斯·诺斯主要因强调制度在历史发展过程中的重要性而获得诺贝尔经济学奖，他对制度的定义如下：[7]

> 制度是社会的博弈规则，或者更正式地说，它是人为设计的、塑造人与人之间互动的各种约束。

这个定义体现了制度的三个重要元素：
（1）制度是由作为社会成员的个人决定的；
（2）制度会对行为施加约束；
（3）制度通过影响激励来塑造行为。

首先，制度是人为设计的。与基本上不受人类控制的地理和变化非常缓慢的文化不同，制度是由人为因素决定的。也就是说，制度不是凭空出现的，而是产生自社会成员对互动组织方式所做出的选择。

其次，制度对个体行为施加约束。从积极的一面看，制度限制了个体偷窃他人财物或赖账不还的行为。从消极的一面看，制度可能会阻止人们进入就业市场或创办新企业。这种约束不是绝对的。世界各地每天都会出现违反法律和规避规则的行为。例如，2010年，苹果公司没有获得在中国台湾销售iPad（苹果平板电脑）的许可证，因此在当地销售iPad属于违法行为。然而，通过网上拍卖，人们却可以用1 000多美元的价格买到里面恰好包括一台"免费"iPad的iPad保护套。[8]

惩罚或奖励某类行为的政策、规章和法律自然会对行为产生影响。例如，尽管一些公民可以绕过禁止使用某些技术的法律，但这样的法律仍然会抑制对这些技术的采用。

这一观察将我们引向诺斯定义中的第三个重要元素——制度影响激励。制度对个人施加的约束——无论是正式约束（如禁止某些活动）还是非正式约束（通过习俗和社会规范限制某些类型的行为），都会塑造人与人之间的互动并影响激励。在某种意义上，与其他可能的根本原因相比，制度与激励之间的关系更重要。

制度假说坚称，人类在社会组织方式的选择上存在差异，这种差异塑造了社会中个人和企业所面临的激励，是造成社会繁荣程度不均的根源。例如，当市场将个人分配到其具有最高生产率的职业时，当法律规章鼓励企业投资实物资本和技术时，当教育体系成全并促进人们投资于自身的人力资本时，经济体将产生更高的GDP并实现更高度的繁荣。

综上所述，制度假说依赖于以下推理链：

（1）不同的社会通常具有不同的制度；

（2）这些不同的制度创造了不同类型的激励；

（3）这些激励会影响社会积累生产要素和采用新技术的水平。

"一个社会的繁荣程度取决于其制度"的观点并不新鲜，它至少可以追溯到"经济学之父"亚当·斯密。斯密在其著作《国富论》中强调了市场的重要性，正是市场通过"看不见的手"的运作造就了繁荣。斯密同时警告说，对市场的约束（例如对贸易的限制）则可能会破坏这种繁荣。[9]

地理假说、文化假说和制度假说并不相互排斥，但它们之间存在竞争性。因为如果各国GDP的大部分差距真的都是由地理因素造成的，那文化或制度假说就会变得无足轻重。那么，在这些宽泛的解释中，哪一种假说能够最大限度地解释我们所观察到的繁荣差异？

历史中的一个自然实验

朝鲜半岛被北纬38度线一分为二。南边是大韩民国，简称韩国。我们在第7章了解到，韩国是过去60年来增长最快的经济体之一，目前该国的生活水平已经与欧洲许多国家相当。

在北纬38度线以北的是朝鲜民主主义人民共和国，简称朝鲜。最乐观的估计显示，2015年朝鲜的实际人均GDP（按经购买力平价调整的2011年不变美元计算）为1 720美元，相比之下，同年韩国的实际人均GDP（按经购买力平价调整的2011年不变美元计算）为35 316美元。如何解释这巨大的差异？可能是地理原因吗？是文化原因吗？极为不可能。朝鲜半岛北方和南方有着基本相同的地理位置、完全相同的气候，且同样临海，有着同样的病害环境。它们的文化也没有明显的差异，在被一分为二之前更是如此。那时的朝鲜半岛在种族和文化上都极度同质化。如果我们相信地理或文化是决定韩国经济发展的重要因素，那么我们就会预期朝鲜也会经历类似的经济发展过程。但现实并非如此。

两个政府采用了迥然不同的经济组织方式。二战后的朝鲜实行计划经济，而韩国支持市场经济。

==如果经济制度是经济繁荣的决定因素，那么朝韩两国截然不同的经济制度就应带来不同的经济财富。事实正是如此。==图 8.2 显示了过去 60 年里，朝鲜和韩国经购买力平价调整的人均 GDP 是如何急剧分化，从而形成了我们今天所看到的巨大差距的。

朝鲜半岛的案例就是我们通常所说的自然实验或历史实验。一个国家因军事结果而分裂成两半。这两个新成立的、文化上相同、地理上相似的国家采取了截然不同的制度。南方维系了市场经济，北方则采取了一种非常严格的计划经济。这一案例近似于一场自然实验的原因是，尽管两地经济制度发生了激烈变化，但其地理和文化基本上没有改变，是经济制度的变化导致了如图 8.2 所示的经济发展巨变。因此，朝鲜半岛的例子为制度假说提供了强有力的支持（但它并没有提供反对地理假说和文化假说的直接证据，因为在这个比较中，我们假设的是这两者不变）。

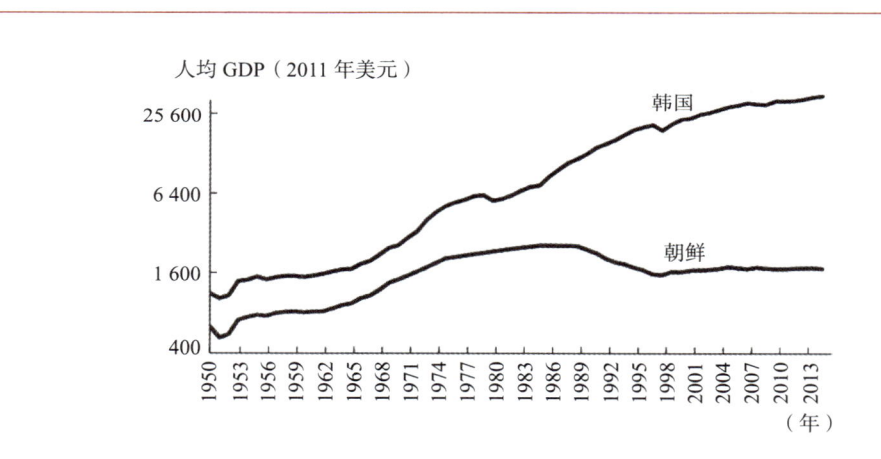

图 8.2　朝鲜和韩国的人均 GDP（按经购买力平价调整的 2011 年不变美元计算）

注：朝鲜和韩国的经济财富在 20 世纪 40 年代统一时期几乎处于同一起点，但此后出现急剧分化。韩国采取了主要以市场经济为基础的制度，至 2011 年其经购买力平价调整的人均 GDP 已达到很高的水平。相比之下，朝鲜经济未能实现增长，其同期经购买力平价调整的人均 GDP 只有韩国的不到 1/16。

资料来源：Maddison Project (1820–2015); J. Bolt and J. L. van Zanden, "Rebasing 'Maddison': New Income Comparisons and the Shape of Long-Run Economic Development," Maddison Project Working Paper 10, 2018。

包容性和攫取性经济制度

落实私有产权只是我们所说的经济制度的一个方面。**经济制度**指的是社会规则中与经济交易有关的各个方面。除了保护产权，经济制度还包括司法系统的正常运作和公正性，确定个人和企业借款方式的财务安排，以及影响进入新行业或新职业的成本的规章。

如果一个社会的经济制度能够保护产权、建立保障合同执行和维护法律的司法系统，允许私人各方为经济或金融交易签订合同，保护不同行业和职业的相对开放和自由，并使人们能够获得从事这些行业和职业所需的教育和学习技能，我们就说它采取的是**包容性经济制度**。韩国的经济制度近似于包容性经济制度，因为它鼓励绝大多数人口以最有效地利用其才能的方式参与经济活动。

而不符合我们关于包容性经济制度的描述，未能执行产权或合同，相反却设置了进入壁垒，几乎摧毁了市场的运转的经济制度，被我们称为**攫取性经济制度**。这个术语源于这样一个事实，即此类制度往往是由那些控制政治权力以从社会其他部分攫取资源的人塑造的。很多由君主、独裁者和军政府统治的社会，以及一些举行议会和总统选举的社会，它们从过去到现在，都一直在施行攫取性经济制度。事实上，历史上大多数社会的经济制度都更接近攫取性经济制度，而不是我们上述定义的理想的包容性经济制度。

经济制度如何影响经济产出

韩国和朝鲜之间的对比以及后文中"用数据说话"专栏讨论的奥地利和捷克斯洛伐克之间的对比说明了一个普遍的原则：包容性经济制度促进经济活动发展、生产率增长和经济繁荣，而攫取性经济制度通常无法做到这一点。[10] 产权是这一原则的核心，因为只有那些产权能够得到保障的个人才愿意投资并提高生产率。一个农民如果预期他的产出会被剥夺（意味着被偷、被抢走或者以税收形式被全部征收），就没有什么工作的动力，更不用说有任何投资和创新的动力了。攫取性经济制度正是以这种方式扭曲了激励机制。当农民、交易员、商人和工人没有产权时，他们的投资和生产就没有动力。最重要的是，当私人合同的价值不过是一张纸，或者某些合同协议被彻底禁止时，企业将无法建立起有效开展业务所必需的信任关系。最后，由于攫取性经济制度设置市场进入壁垒而不是创造鼓励进入的环境，这种制度往往支持无效率的企业，既妨碍了有创新思想的企业家进入合适的行业，又使得劳动者无法从事最适合他们技能的职业。

用数据说话

东欧的分化和趋同

- 在 1948 年至 1989 年期间，中欧和东欧国家也实行计划经济。大型国有企业是这些经济体的常态。这些企业不参与市场竞争，只负责完成政府官员设定的目标。结果，粮食和消费品短缺成为一种普遍现象。在市场经济中，那些不能激励劳动者、生产的产品质量不合格或不能达到生产目标的企业最终会被淘汰。但计划经济制度下的国有企业不必担心竞争或被赶出市场，因为这里根本就不存在竞争。所有商品的价格由国家设定，如果这些企业亏损，国家也会为此买单。

- 1948 年，奥地利和捷克斯洛伐克这两个中欧邻国经购买力平价调整的人均 GDP 同样约为 4 000 美元。但在捷克斯洛伐克，农场随后被强行从农场主手中夺走并被集体化。该国建立了计划经济。在奥地利，市场体系以及比东欧更具包容性的经济体制都蓬勃发展。不出所料，捷克斯洛伐克在随后的 40 年里一直落后于邻国奥地利。

- 到 1989 年，这两个有着非常相似的历史、地理和文化背景的国家的繁荣程度已是天壤之别。20 世纪 90 年代，那些过渡到市场经济的中欧和东欧社会开始迅速增长，私营部门在经济中所占比例从 5% 增加到 80%。图 8.3 显示了奥地利和捷克斯洛伐克之间的分化，以及在 20 世纪 90 年代捷克斯洛伐克向市场经济过渡后两国开始趋同。

    图 8.4 有助于说明为什么攫取性经济制度会抑制经济活动。在该图所呈现的一个假设经济体中，我们根据潜在企业家进入行业并开始创业后的回报，按降序进行排列。图中所示的创业回报曲线描绘了这些回报。图中 y 轴表示回报，x 轴表示拥有给定（或更高）回报的企业家人数。

    要理解这个图，请考虑图 8.4（a）中的点 A。其 y 轴表示对应的创业回报为 75 000 美元，x 轴则表示有 500 名创业者的回报至少达到这一水平。当我们考虑一个创业回报较低的点，比如 B 点，它对应的创业回报是 25 000 美元，那么自然会有更多的企业家所获创业回报至少能达到这一水平，在该图中，B 点对应的企业家数量为 900 个。这是因为，除了有 500 名所获创业回报不少于 75 000 美元的企业家，还有 400 名所获创业回报为 25 000~75 000 美元的企业家，所以所获创业回报至少达到 25 000 美元的企业家总数是 900 名。这一推论直接意味着创业回报曲线是向下倾斜的——当我们考虑较低的创业回报时，会有更多的企业家所得能至少达到这一水平。

    水平线表示创业的机会成本，它假设所有潜在创业者的机会成本相同。这可能是他们选择另一种职业所能赚到的钱。

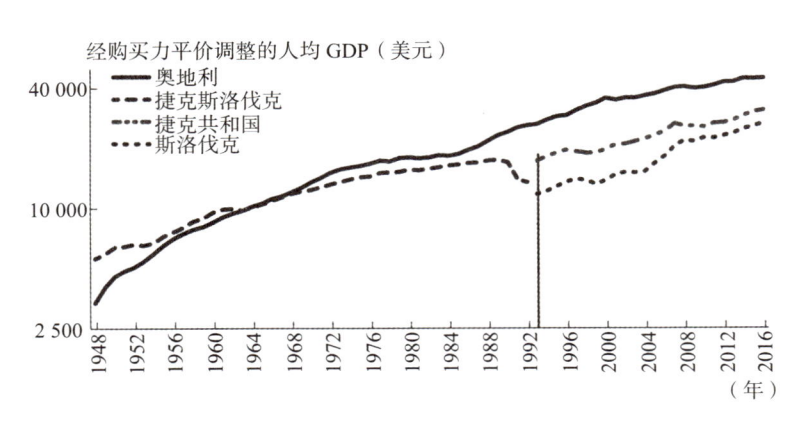

图 8.3　1948 年以来奥地利及其邻国捷克斯洛伐克的人均 GDP
（按经购买力平价调整的 2011 年不变美元计算）

注：捷克斯洛伐克和奥地利一开始有着相同水平的经购买力平价调整的人均 GDP，但受不同的经济制度影响，两国在 1948 年以后出现分化。在过渡到市场经济之后，捷克斯洛伐克（1993 年该国解体后分为捷克共和国和斯洛伐克）开始迅速增长，并缩小了与奥地利之间的差距。

资料来源：Maddison Project (1820–2015); J. Bolt and J. L. van Zanden, "Rebasing 'Maddison': New Income Comparisons and the Shape of Long-Run Economic Development," Maddison Project Working Paper 10, 2018。

图 8.4（a）考虑了潜在企业家是否选择成为企业家的一般问题，这是由一个人的创业回报是否高于他的机会成本决定的。考虑图 8.4（a）中的企业家，倘若其创业回报由点 A 给出（我们称其为企业家 A），因为这一点在机会成本线之上，这个人从创业中获得的回报（75 000 美元）大于他的机会成本（在图中为 50 000 美元）。因此，他将选择成为一名企业家。相反，如果企业家的创业回报由点 B 给出（我们称其为企业家 B），他不会选择成为一名企业家，因为这一点在机会成本线以下，创业的回报（25 000 美元）低于他的机会成本（50 000 美元）。这个推理表明，只有当创业回报达到 E_1 点或以上时，才会有潜在企业家选择创业。在这一点上，创业回报和机会成本都是 50 000 美元，对任何新增的创业者来说，此时进入或退出创业并无差别。因此，点 E_1 确定了我们经济中企业家数量的均衡水平。

攫取性经济制度是如何改变这幅图的？首先考虑产权不受保障的影响，图 8.4（b）对此进行了研究。在产权不受保障的情况下，企业家将无法获得其创造的所有收益，政府或其他集团可能会没收企业的收益。例如，假设不受保障的产权意味着企业家 A 只能从其创造的 75 000 美元的收益中保留 25 000 美元，其余的 50 000 美元将被没收或用于行贿。所有的企业家在产权不受保障的情况下所获的回报都比本来应该获得的回报要少，因此创业回报曲线将左移。

企业家 A 的案例还说明了攫取性经济制度如何影响经济体的企业家总量。此人最初

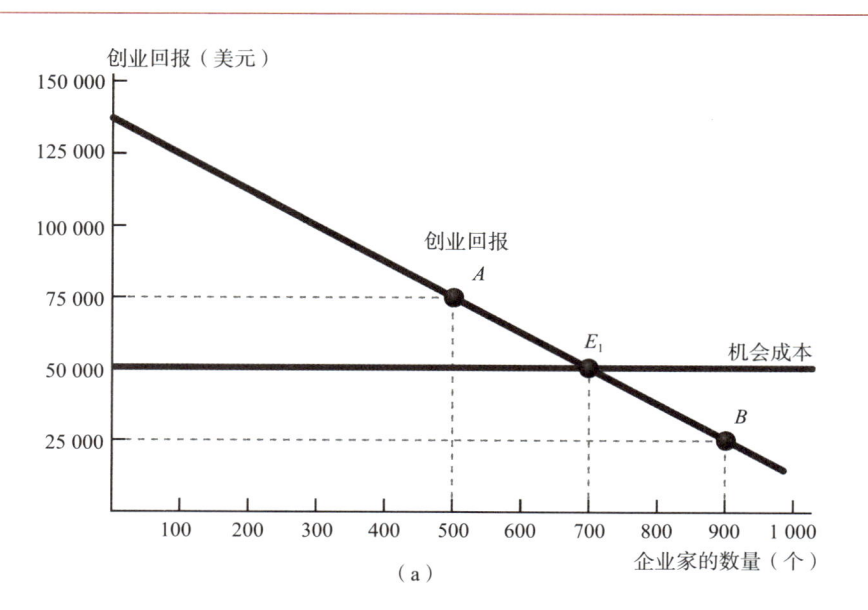

注：图（a）中的企业家创业回报曲线显示了回报不低于纵坐标对应数值的企业家数量。通过将潜在的企业家回报从较高到较低进行排序，我们获得了这条曲线。机会成本曲线表明了潜在企业家从事最佳替代活动的价值。两条曲线的交点给出了企业家的均衡数量。例如，在图（a）中，所有创业回报大于或等于50 000美元的潜在企业家都会选择创业。

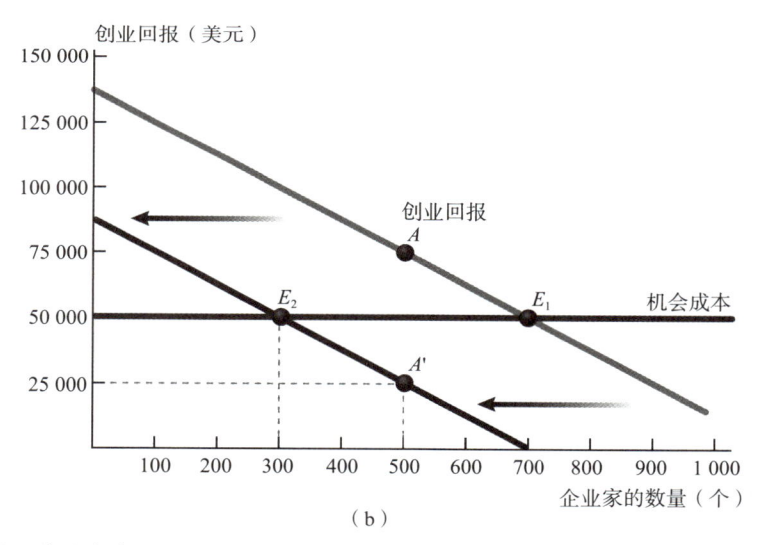

注：攫取性经济制度将使创业回报曲线左移，如图（b）所示。导致这种转变发生的两个原因是：第一，弱产权会阻止企业家获得全额回报；第二，由于缺乏法律支持，企业家无法轻易与商业伙伴签订可靠的合同，这可能导致供应更加昂贵，收入更加不稳定，从而降低盈利能力。

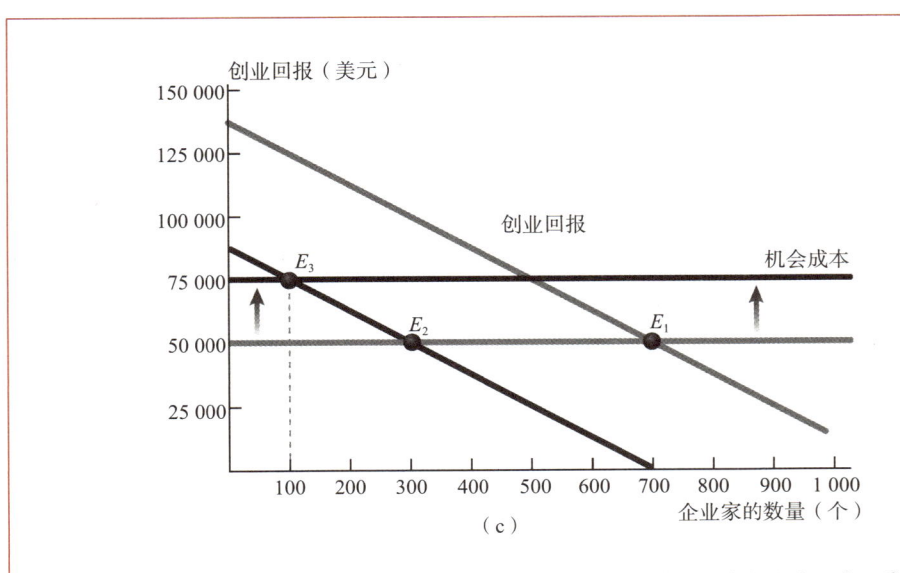

注：如图（c）所示，攫取性经济制度也将使机会成本曲线上移，因为它设置了进入壁垒，抬高了创业成本。这幅图显示了攫取性经济制度通过使企业家创业回报曲线左移且使机会成本曲线上移而对企业家均衡数量造成的总体影响。

图 8.4　攫取性经济制度如何减少企业家数量

的创业回报为 75 000 美元，高于机会成本。但由于产权不受保护，他只能获得 25 000 美元，这比其机会成本 50 000 美元要低，图中代表企业家 A 境况的点现在变成了 A'，位于机会成本线下方。

我们可以看到，由于这种移动，新的均衡将出现在点 E_2，选择成为企业家的人数减少了。企业家减少意味着创业企业减少、技术应用减少、教育回报和资本积累减少，GDP 水平也因此会降低。所以，在这种情况下，攫取性经济制度通过不受保障的产权所产生的影响之一，就是降低了企业家数量和 GDP。

除了不受保障的产权，攫取性经济制度对经济活动的扭曲还表现为推高与供应商签订合同、借款以及通过法院维持商业约定的成本，或使这些活动变得更难以进行。例如，如果一位企业家能够为自己的企业找到合适的供给，那么他将赚 75 000 美元。但如果没有法院为其合同提供支持，他就无法达成获得供给所需的交易，而这种法律支持的缺失也将使他的创业回报减少 50 000 美元。如图 8.4（b）所示，这些影响也会使企业家回报曲线左移，同样会减少经济体中的企业家数量和 GDP。

最后，攫取性经济制度还会制造进入壁垒，阻止获利企业的创办，并可能促使企业家放弃创业，转而从事其他非生产性活动（例如，加入地下经济）。因此，如图 8.4（c）所示，这些因素增加了创业的机会成本。使用与图 8.4（b）中相同的数值，我们可以看到，在没有进入壁垒的情况下，只要创业回报超过 50 000 美元，潜在企业家就会选择创业。但是，如果每个企业家还必须花 25 000 美元来获得执照，那么只有回报超过 75 000 美元时，潜在企业家才能从创业中获利，现在机会成本曲线已上移。我们将这额外的 25 000 美元解释为机会成本的增加，因为这是创业者在进入市场之前必须支付的成本，这使他们次优选择的相对价值提高了 25 000 美元。因此，图 8.4（c）同时显示了攫取性经济制度的两个可能影响。

（1）通过制造不受保护的产权和限制法律支持，降低创业的盈利，从而使创业回报曲线左移。

（2）通过设置进入壁垒，使企业的进入成本更为高昂，从而使机会成本曲线上移。

由此产生的均衡点为 E_3，它对应着更少的企业家数量。如前所述，处于点 E_3 的经济体，拥有的企业家数量更少，其繁荣程度将低于处于点 E_1 的经济体，因为随着潜在企业家数量的减少，投资、商业创造和技术发展受到抑制，经济体的 GDP 水平也相应更低。

我们还应注意到，除图 8.4 所强调的以外，攫取性经济制度对创业还有其他影响。实施攫取性经济制度的社会也不太可能发展出向创新型企业家提供信贷所必需的金融市场，从而进一步降低了企业家数量。它们还可能给企业家带来更大的不确定性和风险，为创业活动增添新的障碍。

攫取性经济制度的逻辑

图 8.4 显示了攫取性经济制度如何倾向于减少创业和经济活动，从而对经济产出造成不利影响。它清晰地告诉我们，两个除了经济制度不同在其他方面都很相似的社会，可能会在繁荣程度上存在巨大的差异。

既然攫取性经济制度似乎会导致相对贫穷和抑制经济发展，为什么有的社会还是会优先采用这种制度？每个国家都应该乐于创建一种能够带来繁荣的经济制度，这似乎显而易见。每个公民、每位政治家，甚至是掠夺成性的独裁者，难道不都想让自己的国家尽可能富有吗？

不幸的是，对世界上许多国家的民众来说，答案是否定的。为了理解其中的原因，我们转向由奥地利著名经济学家约瑟夫·熊彼特首创的一个概念。[11] 熊彼特强调创造性破坏是技术变革的核心要素。**创造性破坏**是指新技术取代旧技术、新企业取代老企业、新技能淘汰旧技能的过程。创造性破坏的过程意味着，技术变革（正如我们在第 7 章中了解到的，它是经济增长的主要动力）在以新企业或新技术取代原本有利可图的企业或技术时，也会产生经济上的输家。由于创造性破坏是技术变革和经济增长的过程中不可分割的一部分，这一过程所产生的企业和个人输家就会反对技术变革，而这些反对技术变革的力量就会为攫取性经济制度的延续提供支持。

对熊彼特的观点加以延伸，我们还可以引入**政治创造性破坏**的概念，它指的是经济增长破坏现有政权稳定并削弱统治者政治权力的过程。这可能是因为新技术将带来新的参与者，而这些新参与者将提出政治要求，或者是因为新的经济活动可能超出现有统治者的控制。如果经济增长的过程也与政治创造性破坏有关，那么我们可以预期，害怕失去特权地位的政治权贵将反对这一进程。

事实上，==对创造性破坏和政治创造性破坏的恐惧使许多统治者明确禁止采用新技术，阻碍经济发展的进程。==

包容性经济制度和工业革命

在第 7 章中，我们了解了工业革命期间的技术变革加速过程。工业革命首先引发了纺织行业的一系列重大创新，然后扩展到了其他行业，并最终导致了众所周知的蒸汽机革新，为现代生产以及铁路的发展奠定了基础。长期以来，经济史学家一直在争论为什么工业革命发生在英国而不是法国、其他欧洲国家或中国，以及为什么它始于 18 世纪下半叶而不是历史上的其他时期。

用数据说话

封杀铁路

- 铁路技术是 19 世纪推动经济增长的一项关键技术。铁路的快速建设降低了运输成本，在促进国家内部和国家间贸易增长的同时也降低了贸易成本。截至 1860 年，英国已铺设了 9 073 英里的铁路，德国和美国铺设的铁路里程则分别达到 6 890 英里和 30 626 英里。
- 虽然许多国家都在热火朝天地投资铁路建设，但欧洲大陆上最强大的两个帝国——俄国和奥匈帝国却对此不甚积极。俄国是在 1856 年于克里米亚战争中惨败后才开始修建铁路的。到了 20 世纪初，英国每年的人均铁路出行数为 21.9 次，而中欧和东欧地区的民众仅有 1.7 次。
- 为什么俄国和奥匈帝国不投资铁路？
- 答案与政治创造性破坏有关。两国的君主都担心铁路及其伴随的工业化进程会削弱他们的势力，动摇他们的政权。例如，19 世纪早期统治奥匈帝国的弗朗茨一世和他的得力助手克莱门斯·冯·梅特涅反对工业化和铁路。当英国慈善家罗

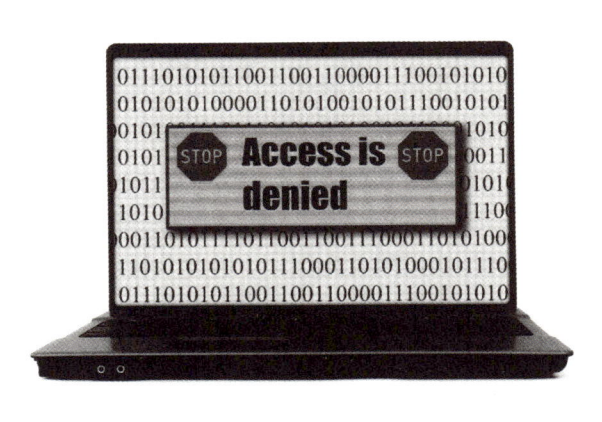

> 伯特·欧文试图让奥匈帝国政府相信，为了提高公民的生活水平，他们有必要进行一些社会改革时，梅特涅的助手弗雷德里克·根茨回答说："我们根本不希望广大群众变得富裕和独立……否则我们怎么能统治他们呢？"[12]
>
> - 这可能是弗朗茨一世和梅特涅反对铁路建设的原因，因为这将使他们更难驾驭自己的臣民。
> - 这也是1825—1855年在位的俄国沙皇尼古拉一世的观点。他认为铁路预示着工人动乱、工业需求增加和不稳定，因此反对修建铁路。奥匈帝国和俄国的领导者由于这些原因阻碍了技术的采用和经济的发展，他们担心这些创新会带来政治不稳定。

像工业革命这样复杂的社会和经济发展进程很少有单一的起因。经济史学家对其发生的原因和地点提出了许多解释。然而，虽然这些解释各不相同，但其中许多解释要么基于英国相对包容的经济制度，要么干脆把这一制度当作已知前提。这是因为，如果没有这种包容性经济制度，那么我们几乎无法想象工业革命会在英国发生。[13] 商人为了利润而研发和应用新技术是工业革命的一个决定性特征。如果产权得不到保障，商人就不会主动去寻求和从事这样的创新。反过来说，因为英国已经拥有一个非常发达的市场体系，所以创新变得有利可图，那些能够采用新技术来提高纺织行业与其他行业的产品质量并且降低成本的人可以进入更大规模的市场，并获得可观的利润。

此外，英国的专利制度也让新技术的发明者不仅可以保护他们的有形资产，还可以保护他们的创意产权。事实上，对创意和创新的保护就像对其他经济资产的保护一样，是英国进行创新和技术变革的一项主要推动力。

与18世纪的许多国家不同，英国允许企业相对自由地进入不同的行业。虽然不同的利益集团会试图阻止竞争对手进入，而且有时也会得偿所愿（比如羊毛制造商暂时说服议会禁止棉花进口），但这些进入壁垒往往只是暂时性的。依据国际标准，英国逐渐为其潜在的商人创造了一个更加公平的竞争环境。英国社会的这些制度特征是工业革命的关键先决条件。

值得注意的是，英国的经济制度也得到了适当政治制度的支持。在这些经济制度建立之前，英国就进行了诸多重大的政治改革，尤其是1688年的光荣革命引入了君主立宪制，并对君主的政治权力施加了相当大的限制。包容性经济制度是工业革命的基石，而由光荣革命所确立并在随后百年中得到进一步发展的政治制度是包容性经济制度得以建立的保障。

循证经济学

地理位置注定了热带和亚热带地区的贫困？

- 如何验证热带地区的地理条件注定会使一个国家陷入贫困这种说法？我们不可能通过改变一个国家的地理位置来确认其是否会影响该国的长期经济发展，因为根据定义，地理条件基本上是不可改变的。

- 要衡量地理因素在造成繁荣和贫困差异中的重要性，我们可以看看具有相同地理条件的国家的相对繁荣程度是否会随着其制度的改变而发生显著变化。在本章中，我们已经看到了制度对繁荣产生深远影响的一个例子：朝鲜和韩国的对比。在本专栏中，我们将通过对另一有趣历史事件的观察来回答我们在本章开篇提出的问题。

- 从15世纪末开始，世界大部分地区逐步落入欧洲人的统治之下。先前的欧洲人绕过非洲南端到达了印度洋，之后又横穿大西洋到达了美洲。这一系列的事件开启了殖民化进程，欧洲国家在世界各地建立起新的殖民地，并征服了当时的众多国家。从15世纪末到20世纪中叶的近500年间，世界上的许多地方都一度处于欧洲的控制之下。

- 欧洲人在世界各地建立的制度大不相同。今天美国人生活的地方就是前欧洲殖民地，欧洲人在这里建立了非常不同于其他殖民地的制度，而今日美国的制度

生活在全球热带和亚热带国家的贫困人口超过10亿。气候和地理位置注定了他们的贫困？

第8章 为什么很多地区仍旧不发达？

则与此有很大的关系。在北美，民众对政治的参与相对广泛，同样重要的是，这里的生产也得到了颇具包容性的经济制度的支持。在早期的美洲殖民地，小农是主要生产者。虽然许多欧洲人最初是以契约佣工的身份来到北美，不得不以极低的工资给那些为他们支付前往新大陆旅资的金主打工，但他们中的大多数人很快就获得了作为公民的经济和政治权利，其产权也得到了相当的保障。

- 其他殖民地的情况则截然不同。与北美一样，巴巴多斯和牙买加也是英国的殖民地。但英国并没有在这些岛屿上建立包容性的经济制度。相反，这些殖民地发展成了攫取性经济制度的典型：它们实行种植园经济，由少数人统治着占人口大多数的非洲奴隶。奴隶没有政治权利，也基本上没有经济权利。他们被迫长时间工作。他们的处境极为糟糕，许多人死于繁重的工作和恶劣的卫生环境。这些人无法有效地捍卫自己的利益，因为根据土地法，种植园主掌控着所有的权力和全部枪支。

- 这类攫取性经济制度不仅限于加勒比群岛（当地的大多数人口都是被贩卖来的奴隶）。在现在的墨西哥、危地马拉、秘鲁和玻利维亚等地区，当时原住民的生活条件也好不到哪里去。玛雅人、印加人和阿兹特克人的后裔被剥夺了所有的权利（当然，在欧洲人到来之前他们也没有多少权利），被迫在煤矿和农田里工作。他们工资很低，而且经常受到暴力威胁。这些人也没有任何政治上的权利，他们的产权也根本得不到保障。

- 总之，欧洲人在不同地方建立了迥然不同的经济制度。一些地方的经济制度具有包容性；在另一些地方，经济制度则具有高度攫取性。鉴于这种制度的差异，我们可以尝试评估到底是制度重要，还是世界上的某些地区会因其地理位置而注定贫穷。具体而言，我们可以通过研究被欧洲国家殖民统治的不同地区在经历殖民统治后的相对繁荣程度得出结论。

- 但这里也有一个问题。我们如何测量那些地区 500 年前的人均 GDP 和繁荣程度？我们在第 5 章中了解到，今天的我们可以使用国民收入账户来进行计算，但是加勒比群岛居民、阿兹特克人和印加人都没有国民收入账户，更不用说那些生活在北美平原的美洲原住民了。幸运的是，我们可以把城市化率（居住在人口规模超过 5 000 人的城市中心的人口比例）作为测算一个国家繁荣程度的替代指标。这是因为只有一个能够产生足够的农业盈余，发展出运输和贸易网络，并将这些盈余输入到城市的国家，才能养活大量的城市人口。许多历史证据证明，城市化与繁荣之间存在因果关系。即使在世界上许多国家都已经完成工业化的 20 世纪后期，人均 GDP 与城市化之间仍然存在着很强的相关性。

- 图 8.5 显示了 2017 年时的这种关系。y 轴表示人均 GDP（按经购买力平价调整的 2011 年不变美元计算），x 轴表示居住在人口规模超过 5 000 人的城市中心的人口比例。该图表明，即使在今天，城市化与经购买力平价调整的人均 GDP 之间仍存在着相当强的正相关关系。然而，正如我们已经多次强调过的，相关性并不意味着因果关系。在该图中，城市化并没有引起经购买力平价调整的人均GDP的变化。它只是简单地与GDP相关，这就是为什么我们可以将其作为GDP的一个替代指标，但应当避免仓促得出城市化与经济增长之间存在因果关系的结论。

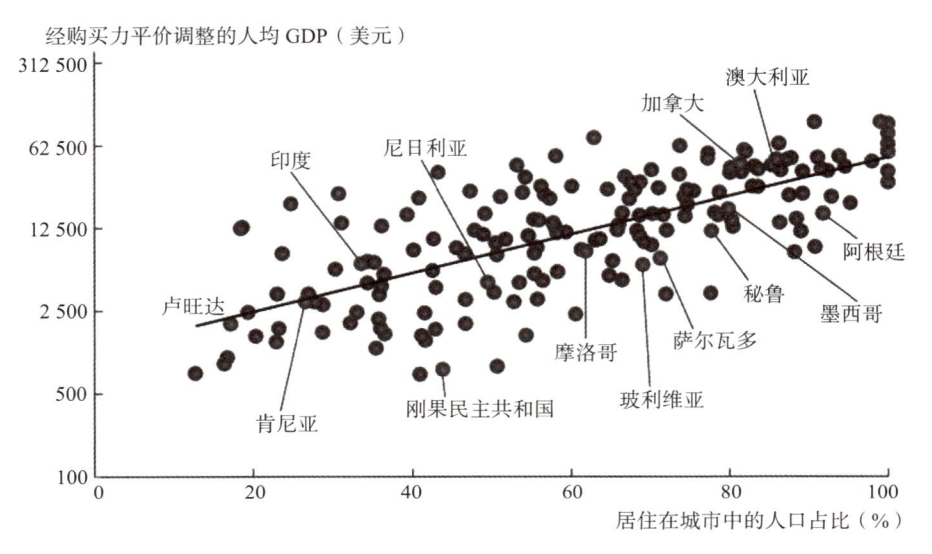

图8.5 2017年城市化与人均GDP的关系（按经购买力平价调整的2011年不变美元计算）

注：本图展示了城市化（以居住在超过5 000人的城市中心的人口占比来测算）与2017年人均GDP（按经购买力平价调整的2011年不变美元计算）之间的关系以及最佳拟合线。它表明，即使在今天，城市化也是繁荣的一个很好的替代指标。

资料来源：Penn World Table (2017) and World Bank DataBank: World Development Indicators (2019); Penn World Table version 9.1 (Robert C. Feenstra, Robert Inklaar, and Marcel P. Timmer, September 2019)。

- 图8.6显示了1500年时的城市化情况（根据各种历史资料估算得出）与今天经购买力平价调整的人均GDP之间的关系。该图显著地揭示了我们所说的"财富逆转"，如图中的最佳拟合线所示。这种逆转与我们通常在世界各地看到的持续繁荣的模式不同。我们在第7章中了解到，今天大多数富裕的国家都是50年前甚至100年前富裕的国家。因此，在保持其他条件不变的情况下，我们理应会看到相对繁荣的长期持续。正因如此，我们会预期几个世纪前高度城市化的地区在今天仍然会是相对繁荣的地区，即使它们的一些优势可能已经不那么明显。

- 但这与图8.6显示的情况大不相同。在1500年城市化程度相对较高的地区，也就是相对繁荣的地区，今天普遍较贫穷。在1500年，像墨西哥、秘鲁、北非和印度这样的地方比人口稀少、城市化程度不高的北美地区（即后来的美国和加拿大）、澳大利亚、新西兰和阿根廷等地区更加繁荣。今天，情况发生了改变，财富状况出现了急剧的逆转。

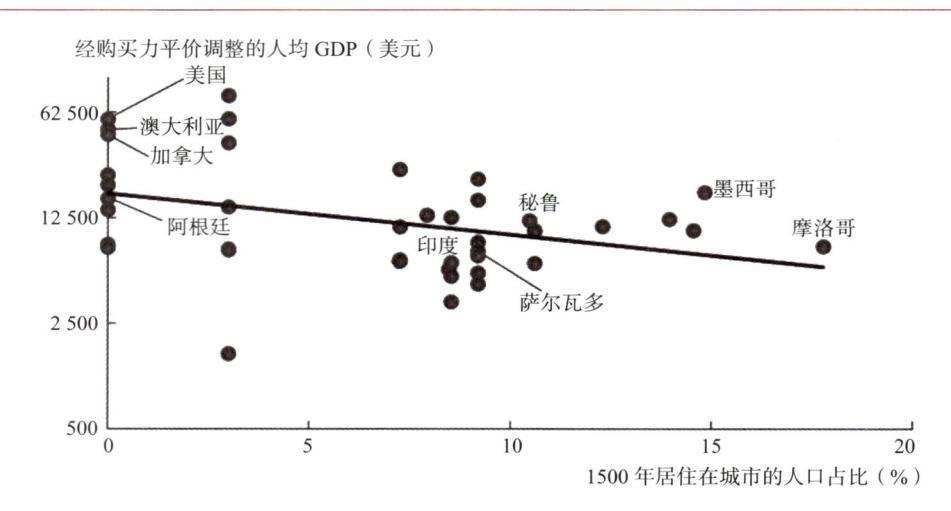

图8.6　利用城市化解释财富逆转（按经购买力平价调整的2011年不变美元计算）

注：我们以城市化水平作为替代指标对欧洲的前殖民地进行研究，结果发现，那些在1500年欧洲殖民者到来之前更为繁荣的地区，今天已变得相对不那么繁荣。这可以通过1500年的城市化率（居住在5000人以上城市中心的人口占比）与2014年经购买力平价调整的人均GDP之间关系的斜率为负的最佳拟合线表示。这种财富的逆转是反对地理假说的有力证据，因为这些国家的相对繁荣发生了巨大变化，而繁荣的潜在地理决定因素却没有发生变化。

资料来源：Penn World Table (2017), Penn World Table version 9.1 (Robert C. Feenstra, Robert Inklaar, and Marcel P. Timmer, September 2019); and Daron Acemoglu, Simon Johnson, and James A. Robinson, "Reversal of Fortune: Geography and Institutions in the Making of the Modern World Income Distribution," Quarterly Journal of Economics 117(4): 2002, 1231–1294。

- 诚然，图8.6使用的是一个不包括撒哈拉以南非洲国家的有限样本（我们没有这些国家1500年的城市化数据），但是我们可以使用另一个替代指标来扩充样本。我们之前将城市化率作为繁荣程度的替代指标，基于同样的原理，我们可以使用人口密度作为替代指标。只有拥有足够的农业盈余、发达的贸易和运输体系以及足够健康的生活条件的地区才能支撑高人口密度。因此，我们在图8.7中采用这种方法把撒哈拉以南非洲等地的数据也包括了进来。即使有了这个更大的样本，财富逆转依然存在：那些在1500年时具有高人口密度的相对繁荣地区如今已变得大不如前。

理解财富逆转

- 我们如何解释这种财富逆转？我们可以从地理假说中找到一些答案。事实上，如果我们真能发现墨西哥、印度和撒哈拉以南非洲地区在500多年前比北美和澳大利亚贫穷得多，那么我们就有理由认为这些差异是地理因素造成的。持这一理论的人可以说北美和澳大利亚的温带土壤的农业生产率比秘鲁或印度的亚热带土壤高，是这些差异使北美和澳大利亚比南美和南亚更富有。
- 但数据所揭示的与上述说法恰恰相反。500多年前，南美洲、南亚、北非和撒哈拉以南非洲的许多地区比北美、澳大利亚和新西兰更发达，但今天它们要穷得多。因此，地理因素无法解释我们在图 8.6 和图 8.7 中看到的结果。地理条件是固定的，因此，如果秘鲁、印度、加勒比地区和非洲国家的地理条件必然导致它们的农业生产率低下和贫穷，我们应该会看到它们在 1500 年和今天同样相对

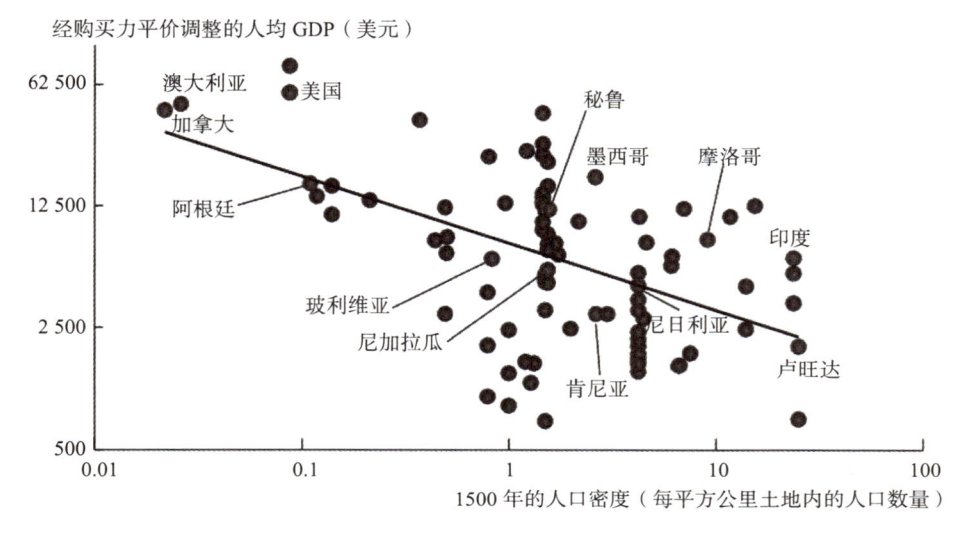

图 8.7　利用人口密度解释财富逆转（按经购买力平价调整的 2011 年不变美元计算）

注：1500 年的人口密度（每平方公里土地内的人口数量）与今天的繁荣之间也存在强烈的负相关关系。1500 年的人口密度是欧洲殖民前繁荣程度的另一个潜在替代指标。在 1500 年时，被殖民地区（每英亩可耕地）能够养活更多的人口，但今天这些地区却不如往昔繁荣。这种模式是否定地理假设的又一佐证，支持了制度在塑造繁荣方面的作用。也就是说，自 1500 年以来，这些国家的相对繁荣程度之所以出现逆转，很大程度上是因为欧洲人在人口密度较高的殖民地建立了更多的攫取性经济制度。
资料来源：Penn World Table (2017), Penn World Table version 9.1 (Robert C. Feenstra, Robert Inklaar, and Marcel P. Timmer, September 2019); and Daron Acemoglu, Simon Johnson, and James A. Robinson, "Reversal of Fortune: Geography and Institutions in the Making of the Modern World Income Distribution," Quarterly Journal of Economics 117(4): 2002, 1231–1294。

贫穷。但这些地方在当时相对更为繁荣的事实表明，要想理解它们财富逆转的根源，我们就必须搞清楚从 1500 年到今天的这段时间里，这些国家到底是在哪些方面发生了实际变化。发生改变的不是这些国家的地理位置，而是它们在被欧洲殖民之后实行的制度。

- 客观地说，人们可以提出更复杂的地理假说来解释这种逆转。例如，我们可以说地理具有时变效应，也许在 1500 年时有利于经济增长的地理特征如今已经成为一种负担。
- 虽然这种假设在理论上是可能的，但在实践中无法成立。今天，大多数国家的财富是由工业、贸易和服务业创造的，而这些恰恰都是较少依赖气候而更多依

赖制度的经济活动。疾病在今天是一个重要的影响因素，但我们在疾病控制方面已有了长足进步，许多亚热带地区已经根除了疟疾等致命疾病。因此，如果说真有什么不同的话，那就是相对于现在，500 年前的经济可能更容易受到各种地理不利条件（如土壤质量差、控制疾病的环境糟、运输条件不利等）的影响。如果这样一个复杂的地理假说是正确的，那么今天我们应该看到这些地区在工业和贸易方面具有比较优势（与我们所看到的恰恰相反，这些贫穷的国家和地区在很大程度上仍以农业为主）。

- 这些观察使我们得出结论：地理特征不是当今世界热带和亚热带地区比北美和澳大利亚贫穷得多的主要原因。
- 相反，我们可以把财富逆转看作制度逆转的结果，因为欧洲人在以前较发达的地方建立了更具攫取性的经济制度，在以前不那么发达的地方建立了更具包容性的经济制度。这种模式源于一个简单的逻辑。欧洲殖民主义者是由利润驱动的，因此在文明相对发达的地方建立攫取性经济制度以将黄金、白银和农业盈余输送回母国和他们自身，这对他们来说是非常有利可图的。最重要的是，他们能够利用这些人口相对密集地区的劳动力来实现他们的目标，为此他们往往会掌控他们所占领地区的现有机制并建立自己的攫取性经济制度。
- 相反，在文明相对不发达且人烟稀少的地区，例如北美，欧洲人会自己去开疆拓土，建立他们自己的生活制度。他们有动机，也有能力以更具包容性的方式构建这些制度。结果是，以前属于阿兹特克帝国和印加帝国的土地——墨西哥、秘鲁及其周边地区最终建立起了攫取性经济制度，而在后来成为美国和加拿大的土地上定居下来的欧洲人最终在此建立起了包容性经济制度。这种制度上的逆转带来了繁荣的逆转。建立了包容性经济制度的地区迅速发展，特别是在 19 世纪，它们可以随时采用工业新技术，而建立了攫取性经济制度的地区则停滞不前，增长速度要慢得多。
- 我们现在可以为本章开篇提出的问题提供一个答案：为什么很多地区仍旧不发达？答案就是，包容性经济制度是国家创造财富的根源，因为当市场参与者不被过度的管制干扰，不会因攫取性经济制度所带来的未来不确定性而丧失积极性时，他们就会致力于工作、投资、创新，就会创造出一个互相成就的充满活力的经济体。虽然即便是在拥有包容性经济制度的国家中，运气也不可避免地会对个人命运产生影响，但一套保护生命和财产的廉洁司法制度以及一个包容冒险和试验的环境，才是为国富民强提供经济和社会激励的基石。

问题	答案	数据	注意事项
地理位置注定了热带和亚热带地区的贫困？	并非如此。热带和亚热带地区国家中有许多在500年前比今天繁荣，而远离赤道的国家今天相对更加繁荣。这种财富的逆转并非地理特征变化的体现，而是源于欧洲殖民时期被强加的不同制度结构（攫取性和包容性）。	16世纪的城市化率和人口密度数据，以及2017年经购买力平价调整的人均GDP和城市化率数据。	这里提出的证据并不否认地理因素在经济发展中所扮演的可能角色，只是表明地理因素不是今天热带和亚热带地区贫困的主因。

8.2 外国援助能否消除全球贫困？

在第7章关于经济增长的内容中，我们讨论了一些有助于贫穷国家实现经济增长的政策。但外国援助能否消除贫困？

许多人认为，我们应该尽可能采取措施来改善数亿贫困民众的生活。在这种信念的指引下，一些国家和组织在过去的60年里向贫穷国家提供了大量外国援助。这些外国援助实际上是"发展援助"。这种发展援助是由慈善组织、世界银行和联合国提供的，有时则是通过国家间双边协议提供的，其目的在于减轻甚至从根本上消除全球贫困。

国际社会的许多人士，例如，世界银行和联合国的高级官员，以及各类记者和评论员等，都把大量希望寄托在发展援助上。但是，这种类型的外国援助在削减世界贫困方面是否起到了作用？

说出来你可能不信，经济学家们的结论是：总体而言，外国援助在减轻贫困方面并无效果。例如，在过去的50年里，非洲已经获得了数千亿美元的发展援助，但正如我们所看到的，非洲国家仍然比美国或西欧国家贫穷得多。为什么会这样？

尽管一开始令人惊讶，但我们只要用经济学来理解外国援助的运作方式，并认识它所面临的困境，就会觉得这个结论在情理之中。原因有三。第

外国援助是一个消除全球贫困的好办法吗？许多好莱坞明星致力于各种削减贫困的人道主义努力，他们在这方面投入了不少时间和金钱，安吉丽娜·朱莉便是其中之一。这些努力有可能消除贫困吗？

一，从截至目前的分析中我们得知，如果一个国家的实物资本、人力资本和/或技术水平能够显著提高，其人均 GDP 就可以提高，经济增长就能启动。虽然从援助国的角度看，援助金额已经非常高，但即使对于那些最贫穷的国家，这些援助也不足以显著提升其实物资本或者人口的受教育程度。这些援助通常也不会对技术或生产效率产生影响。有鉴于此，外国援助在提高世界上最贫穷国家的人均 GDP 方面没有取得重大进展，也就不足为奇。

第二，现实中的大部分外国援助甚至没有被投资于新技术或教育。与腐败和政治经济相关的各类问题表明，提供给贫穷国家政府或其他组织的资金往往会被没收并最终落入腐败官员的口袋。研究显示，援助资金只有大约 15% 被实际用于预定目标，而且通常是以一种相当扭曲的方式。

外国援助在减贫方面作用有限的第三个原因，也是根本原因：如果贫困的根源是世界上许多国家所实行的攫取性经济制度，那么在这些体制框架内运行的外国援助将无法解决根本问题。事实上，在某些情况下，这些外国援助反而可能会加强攫取性经济制度内独裁者的实力和财力，本节的"选择与结果"就显示了这一点。

对外援助成本高昂、作用有限，但这不意味着对外援助有害无益或毫无价值。通常，对外援助是向世界上最贫穷的一些人提供的一种转移支付，有助于暂时性地减轻他们的困苦，因此即使其作用有限，也仍有价值。但是，如果我们希望永久地改善世界贫困国家的生活条件，就必须投入精力制定政策，以解决影响繁荣的各种根源性问题——比如制度问题。

选择与结果

外国援助和腐败

- 20 世纪 90 年代，乌干达政府将 1/5 的预算用于小学教育，其中相当一部分资金来自国际社会提供的发展援助。
- 政策制定者和学者在评估支出的有效性时，通常会问最初目标是否实现，以及项目的收益是否超过了成本。但这些外国援助和政府提供的资金往往不能被用于预定用途，更不用说如何实现有效利用了。经济学家里特瓦·雷尼卡和雅各布·斯文松开展的一项调查显示，在研究进行期间，乌干达只有 13% 的学校真正收到了本应属于它们的捐赠款。[14]

- 该研究发现，本应用于学校建设的大部分资金被地方官员侵吞。有趣的是，位于富裕地区的学校通常比位于贫困地区的学校能收到更多的钱。造成这种差异的部分原因似乎是，富裕地区的学校拥有更多的资源和更好的人脉。因此，它们本应该获得的拨款能在更大程度上得到落实。为最贫困地区的学生提供的资源极少能真正落实到位。不幸的是，这种腐败和侵吞政府资源与援助资金的现象过于普遍，严重干扰了外国援助在许多国家的有效分配。而正如乌干达这个例子所显示的，它也往往导致一个国家内各区域和学校之间的资源分配更加不平等。

总结

- 实物资本、人力资本和技术是促进繁荣的直接原因。从这个意义上说，它们虽然是一个国家是否繁荣的决定因素，但本身是由其他更深层次的因素决定的。换句话说，如果我们想要了解一些国家为什么贫穷，就必须问它们为什么没有充分投资于实物资本或人力资本，为什么没有采用最好的技术并有效地组织生产。
- 促进繁荣的根本原因包括可能影响各国实物与人力资本投入及技术选择的因素，并通过此路径决定这些国家的繁荣程度。
- 关于促进繁荣的根本原因存在三大假说：地理假说、文化假说和制度假说。根据地理假说，地理因素（如气候、地形或病害环境）决定了一个国家能否繁荣。根据文化假说，一国民众的文化价值观能有力地决定其繁荣的潜力。根据制度假说，制度（即规范社会组织及其内部经济互动的正式和非正式规则）是能否实现繁荣的核心决定因素。
- 包容性经济制度的特点在于：

  （1）提供受保障的产权；

  （2）建立允许和促进私人契约与金融交易达成的司法体系；

  （3）保持不同行业和职业的相对开放与自由进入机制。

  相比之下，攫取性经济制度导致了不受保障的产权、不公正的司法体系以及为保护一小部分人的商业活动和收入而损害其他人利益的进入壁垒。根据制度假说，包容性经济制度往往会带来繁荣，而攫取性经济制度则不会。
- 尽管造成全球人均 GDP 不平等的原因有很多，但来自前欧洲殖民地的经济发展经验表明，解释这些不平等的核心因素是制度因素而不是地理因素。事实上，主要的模式（例如，财富逆转，即原先相对繁荣的地区在被欧洲殖民之后变得相对不繁荣）不能用地理因素来解释。
- 外国援助可以暂时性缓解极度贫困或管理危机，但不太可能解决世界许多地区经济发展不力的问题。这是因为援助在很大程度上未能消除造成贫困的制度根源。

关键术语

繁荣的直接原因
繁荣的根本原因
地理假说
文化假说
制度
制度假说
私有产权
经济制度
包容性经济制度
攫取性经济制度
政治制度
创造性破坏
政治创造性破坏

问题

1. 繁荣的直接原因与根本原因有何不同？
2. 地理假说的主张是什么？
3. 根据地理假说，可以采取何种方法来提高贫困国家的收入？
4. 文化假说的主张是什么？
5. 本章中的"制度"一词是什么意思？何为定义制度的三大要素？
6. 制度假说如何解释国家间繁荣程度的差异？
7. "私有产权制度在一个经济体中得到了很好的执行"这种说法是什么意思？它如何促进经济发展？
8. 包容性经济制度与攫取性经济制度有何不同？
9. 创业回报曲线告诉了我们什么信息？什么是创业的机会成本？
10. 攫取性经济制度会如何抑制经济体中的创业活动？
11. 假定一个国家非常好地保护企业家的私有产权，但很大一部分人口没有接受教育，因此不能成为企业家。此外，他们作为劳动者的生产率也很低。你认为这个国家有包容性的经济制度吗？它有可能实现高水平的经济发展吗？
12. 什么是政治创造性破坏？如何用这个概念来解释攫取性经济制度的存在？
13. 500年前相对繁荣的地区经历了财富逆转，它们在今天变得相对贫穷。是什么因素引发了这种改变？

循证经济学习题

2019年，美国的人均GDP约为5.4万美元，墨西哥的人均GDP约为1.8万美元（按经购买力平价调整后的美元计算）。一位研究者断言，美国和墨西哥之间的繁荣差距是由气候差异造成的。他认为，美国的平均气温约为56华氏度，而墨西哥的平均气温约为75华氏度（分别约为13摄氏度和24摄氏度），这一差异解释了两国人均GDP的差异，因为在炎热气候下的农业生产率更低。

a. 如果该研究者的说法正确，那么在1850年时哪国的人均GDP应当更高，是美国还是墨西哥？相比于2019年，当时的美国人均GDP与墨西哥人均GDP之比应该更高还是更低？

b. 如果该研究者的说法正确，那么在1500年时哪个区域应当更为富有，是后来成为美国的区域还是后来成为墨西哥的区域？你认为在1500年时哪个区域会更为富有？这说明该研究者的理论存在什么问题？

c. 让我们关注美墨边境两侧的两个城镇，例如，美国一侧为亚利桑那州的诺加利斯，墨西哥一侧则为索诺拉州的诺加莱斯。这两个城镇本为一体，只是后来被边界一分为二。它们具有相同的气候和地理特征。如果该研究者的说法正确，那么亚利桑那州诺加利斯和索诺拉州诺加莱斯的人均收入应孰高孰低？你认为他们的收入在现实中孰高孰低？这说明该研究者的理论存在什么问题？

d. 另一位研究者称，二者人均 GDP 如此巨大的差异是由文化因素造成的。这些文化因素能否解释亚利桑那州诺加利斯和索诺拉州诺加莱斯之间的差异？

习题

1. 2014 年 7 月，脸书创始人马克·扎克伯格宣布启动 Internet.org，这是一个旨在向全球推广互联网接入的项目。Internet.org 鼓励移动服务提供商与脸书合作，在发展中国家提供免费的基本互联网服务（当然包括对脸书的接入）。未来扎克伯格还希望通过部署无人机来扩大偏远地区的接入范围。讨论一下，如果这一计划成功，它可能会如何影响促进增长的直接原因和根本原因？免费、无处不在的互联网是不是实现增长的灵丹妙药？

2. 第二次世界大战后，德国被分割为德意志民主共和国（通常被称为东德）和德意志联邦共和国（西德）两部分。东德由苏联控制，西德则由美国、英国和法国盟军控制。战争摧毁了德国的大部分经济。苏联和盟军都试图在各自地区重振经济。在 1990 年柏林墙倒塌及东、西德重新统一前，西德的经济年均增长率为 4.4%，大约是东德的 3 倍。请将本章所讨论的自然实验与东、西德的案例进行对比。根据问题中给出的信息和你自己的研究，你认为两个在其他方面条件都相似的地区为什么会有如此悬殊的增长率？

3. 假设布隆多是世界上最贫穷的国家之一。该国经济严重依赖石油出口。布隆多只有两家石油开采公司，都归政府所有。石油出口收入的很大一部分用于总统的奢靡生活和随行人员开支。自 50 年前独立以来，该国从未举行过一次民主选举。虽然据说布隆多有丰富的石油资源，但由于开采过程效率低下，每年的开采量很低。而且，由于布隆多被高耸的山脉环绕，货物进出该国的运输成本也很高。该国的民众入学率很低，因此大多数成年人都是文盲。国民预期寿命也相当短。布隆多的农业实行集体化运作，因此粮食短缺在该国也是普遍现象。利用如上信息，分析布隆多繁荣（或不繁荣）的根本原因和直接原因。

4. 诺加莱（利）斯是一个被美国与墨西哥边境一分为二的城市。

它的一部分位于美国亚利桑那州，另一部分位于墨西哥索诺拉州。墨西哥诺加莱斯民众的生活与美国亚利桑那州诺加利斯民众的生活水平大不相同。墨西哥诺加莱斯的人均收入大约是美国亚利桑那州诺加利斯人均收入的 1/3。美国亚利桑那州诺加利斯民众的受教育水平、预期寿命和健康状况都好于墨西哥诺加莱斯民众。与亚利桑那州诺加利斯不同的是，墨西哥诺加莱斯市直到最近才进行了政治改革，才更接近于一个民主实体。亚利桑那州诺加利斯的犯罪率也低于墨西哥诺加莱斯。由于这两个城市地理位置非常接近，因此它们有着相似的地理条件和气候。这两个城市的居民也有着共同的祖先，热爱同样的食物和音乐。根据以上信息和你自己的研究，你认为哪些因素可以解释亚利桑那州诺加利斯比墨西哥诺加莱斯繁荣得多？

5. 津巴布韦原名罗得西亚，在长达90年左右的时间里曾是英国的殖民地。该国于1980年独立。津巴布韦独立后，总理罗伯特·穆加贝实施强制性的土地分配政策，白人农民的商业农场也因此遭到没收。穆加贝持续没收白人公司的股份。在接下来的几年里，该国的农业生产急剧下降。在津巴布韦这个昔日被称为"非洲粮仓"的国家，某些地区正经历粮食短缺。

   a. 津巴布韦实施的是包容性经济制度还是攫取性经济制度？请解释。

   b. 为什么一个政府会采取对其公民的生活产生不利影响的政策？请参考津巴布韦局势来解释你的答案。

6. 自1965年脱离马来西亚独立以来，新加坡经济增长势头强劲，人均GDP年均增长率达7.46%。国有企业在其蓬勃发展的经济中占据突出地位。即便在今天，该国的许多大型企业仍在一定程度上被其高度集权的政府所控制。

   a. 根据本章所学内容，国有企业的存在会如何影响创业的收益和机会成本？使用图8.4中的曲线来解释。

   b. 新加坡的一些国有企业专注于发展航运和交通运输基础设施。这个事实如何改变你对a部分的回答？

   c. 新加坡的例子是否与你在本章中了解到的有关制度和增长的内容相矛盾？请解释。

7. 图8.4显示了创业的回报和机会成本，使用类似的图说明以下历史事件会使图中的（一条或两条）曲线如何移动。

   a. 1959—1963年，古巴政府通过了一系列名为《土地改革法》的法律。根据这些法律，超过一定规模的土地将被征用，并被移交给农民和合作社。

   b. 从1947年独立到20世纪90年代，印度推行所谓的"许可证制度"。这个词指的是对企业实施严格控制的一系列规章制度，这就使得企业主为了创办和经营公司，不得不在多个官僚部门之间穿梭。例如，一位企业家抱怨说，仅仅为了获得进口一台电脑的许可，他就得往新德里跑50趟。从20世纪90年代开始，许多此类限制被废除。一系列的改革使得企业经营更为容易。（基于美国公共电视网2002年的电视纪录片《制高点：世界经济之战》。）

   c. 2007年和2008年，委内瑞拉领导人乌戈·查韦斯将该国经济若干关键领域的许多大型企业收归国有，包括电信、电力、钢铁和银行业。随后，针对银行业和其他行业活动的税收也大幅度提高。

8. 假设创业回报曲线和创业成本曲线用以下方程表示（以千为单位）：

$$R = 250\,000 - 50\,000 \times N$$
$$C = 50\,000 + 15\,000 \times N$$

其中$R=$创业回报，$C=$创业成本，$N=$企业家人数。

   a. 根据给出的方程，创业成本曲线（在总体形状上）与图8.4所示有何不同？解释这种差异产生的可能原因。

   b. 求出这个经济体中均衡的企业家人数以及创业回报。

   c. 政府规定，凡申请创办公司者都必须缴纳5万美元的许可费。现在均衡的企业家数量和创业回报是多少？

9. 发展援助有时会被用于赈灾。例如，2004年印度洋海啸之后，非政府组织积极帮助受灾国家重建家园。根据本章的观点，这类援助是否很容易招致批评？请讨论。

10. 在本章提出的三个假说中，哪一个最有可能将外国援助视为经济发展的必需？请解释。

11. 发展经济学家威廉·伊斯特利在其著作《在增长的迷雾中求索》中探讨了外国援助与对贫穷国家投资之间的关系。他认为，要想证明援助有助于促进投资，如下两项检验缺一不可：第一，援助与投资之间应在统计学上存在正相关关系；第二，援助应该以 1∶1 转化为投资，也就是说，援助占 GDP 的比例每增长 1% 也应使投资占 GDP 的比例增长 1%。通过研究 88 个国家在 1965—1995 年的数据，他发现其中只有 17 个国家通过了第一项检验，通过第二项检验的国家则只有 6 个。根据本章的信息与你自己的阅读积累，解释为什么旨在刺激投资的外国援助通常不起作用。

4

宏观经济均衡

第 9 章　就业和失业

新冠疫情对美国的失业率和工资水平产生了什么影响？

大规模的经济冲击时常会席卷全球。股价下跌、房地产价格下跌、金融危机和大流行病会减缓 GDP 的增长，而在最极端的情况下，这些因素甚至会导致经济产出大幅下降，使 GDP 出现负增长。2020 年的经济衰退就是这样一个让人心碎的案例。在这场危机期间，新冠疫情在全球范围内急速蔓延，引发了疾病的全球大流行，导致数百万人死亡，经济活动也受此影响而急剧收缩。突然之间，企业只剩下了在线客户，而客户对其产出的需求，尤其是那些涉及现场消费的服务，如餐厅用餐、音乐会、酒店住宿或飞机旅行等，则一时间消失得无影无踪。在本章后面的循证经济学专栏中，我们将研究新冠病毒的快速传播，并追踪其对劳动市场的影响。就业率下降的速度有多快？工资下降的速度有多快？我们该如何通过这些就业和工资变化的模式去认识经济收缩过程中的劳动市场？

在本章中，我们将研究就业和失业的决定因素，以及各类经济冲击如何影响劳动市场的均衡。

（图中文字：西尔斯百货，结业，清仓大甩卖）

本章概览

- **9.1** 测算就业和失业
- **9.2** 劳动市场的均衡
- **9.3** 为什么存在失业
- **9.4** 工资刚性和结构性失业
- **9.5** 周期性失业和自然失业率
- **EBE** 新冠疫情对美国的失业率和工资水平产生了什么影响？

> **重要概念**

- 潜在劳动者分为三类：就业者、失业者和非劳动力。
- 就业水平和工资水平取决于企业的劳动需求、劳动者的劳动供给和各种工资刚性。
- 摩擦性失业源于失业劳动者需要时间来了解劳动市场的状况并找到新的工作。
- 结构性失业源于工资刚性阻碍了劳动需求数量与劳动供给数量的匹配。
- 周期性失业是指失业率与其长期平均水平之间的偏离。

9.1 测算就业和失业

在经历了 17 个月求职未果后，一名失业者在给《纽约时报》的一封信中写道："没有什么能阻止无处不在的孤独、无用和绝望。"[1] 对大多数人来说，长期失业会严重影响他们的幸福感，会给他们同时造成四种创伤：失去收入、丧失技能、缺乏社交互动和自我价值感沦丧。

失业会带来巨大的经济和社会成本，因此政策制定者会想方设法限制一个经济体中的失业人数。为了做到这一点，他们必须有一种长期测算和跟踪失业情况的方法。不幸的是，仅测算失业这一件事就极具挑战性。例如，把一个 30 岁没有工作且在主动找工作的人算作失业者，这看上去合情合理。可如果一个 30 岁的人丢了工作但不打算找工作，那这个人到底该不该算作失业者？那些很忙、很辛苦但不拿工资的全日制大学生和全职父母呢，他们该不该算作失业者？

即便无法做到尽善尽美，经济学家还是对就业和失业的定义标准达成了一致意见。在美国，这一标准是由劳工部的劳工统计局制定的，该机构负责跟踪美国经济的官方就业统计数据。我们在这里使用的就是劳工统计局的定义。

潜在劳动者分类

测算失业的第一步是确定目标人群。被追踪人群包括除以下三类群体之外的全部人口：16 岁以下儿童、现役军人、居住于某些机构（如提供长期医护服务的场所或者监狱）内的行动受限居民。美国劳工统计局把除这三类群体之外的人口统称为 16 岁及以上的非机构平民人口。简单起见，我们将这些人口称为**潜在劳动者群体**。截至 2020 年 1 月，也就是在 2020 年衰退到来之前，美国有 2.595 亿潜在劳动者。我们会简单回顾一下此次衰退之前的美国经济，然后在本章的后面讨论这场衰退的影响。

潜在劳动者群体中的人又被分为以下三类："就业者"、"失业者"和"非劳动力"。那些拥有全职或兼职带薪工作的人被归类为**就业者**。换句话说，只要一个人有带薪的工作，哪怕只是兼职，也会被归类为就业者。根据官方定义，2020 年 1 月，美国有 1.570

亿就业者。

如果潜在劳动者没有带薪工作，但在过去4周内积极寻找工作且现时具备工作的意愿及能力，他们就被归类为失业者。失业的这个定义使我们很容易对之前难以归类的人群进行分类。被解雇的劳动者只有在积极寻找新工作时才会被视为失业者。[2] 同样，没有带薪工作的学生和家长只有在积极寻找工作且现时具备工作（哪怕只是兼职）的意愿及能力的情况下才会被视为**失业者**。2020年1月，美国有650万失业者。

劳动力是所有就业人口和失业人口的总和：

$$劳动力 = 就业人口 + 失业人口$$

最后，所有既不符合就业标准又不符合失业标准的潜在劳动者都被归类为"非劳动力"。这类人是没有工作，也不想找工作的潜在劳动者，比如居家的父母、残疾人、退休人员和学生。2016年1月，美国有9 410万潜在劳动者没有进入劳动市场。图9.1将潜在劳动者群体分为了三个部分：就业者、失业者和非劳动力。

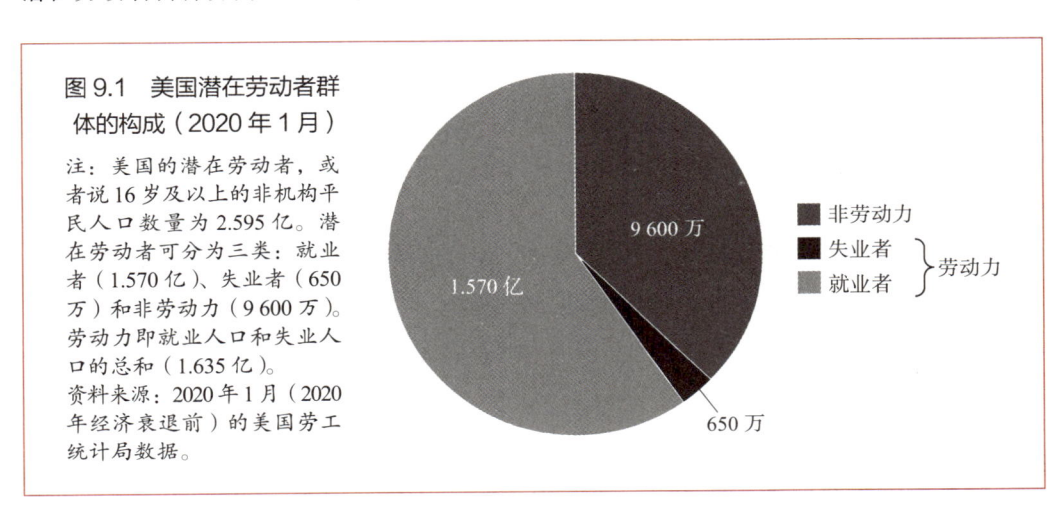

图9.1 美国潜在劳动者群体的构成（2020年1月）

注：美国的潜在劳动者，或者说16岁及以上的非机构平民人口数量为2.595亿。潜在劳动者可分为三类：就业者（1.570亿）、失业者（650万）和非劳动力（9 600万）。劳动力即就业人口和失业人口的总和（1.635亿）。
资料来源：2020年1月（2020年经济衰退前）的美国劳工统计局数据。

计算失业率

利用这些分类，经济学家计算出一系列用来描述劳动市场状况的统计数据。**失业率**被定义为失业人口在劳动力中的占比。

$$失业率 = \frac{失业人口}{劳动力} \times 100\% = \frac{失业人口}{(就业人口 + 失业人口)} \times 100\%$$

同样，**劳动参与率**被定义为劳动力在潜在劳动者中的占比：

$$劳动参与率 = \frac{劳动力}{潜在劳动者} \times 100\%$$

利用这些方程和之前的数据，我们可以计算出美国 2020 年 1 月的劳动力、失业率和劳动参与率。我们使用的都是经四舍五入的数字，因此在第一个等式中得出的劳动力数量也是一个近似数。

$$劳动力 = 就业人口 + 失业人口 = 1.570 亿 + 0.065 亿 = 1.635 亿$$

$$失业率 = \frac{失业人口}{劳动力} \times 100\% = \frac{0.065 亿}{1.635 亿} \times 100\% \approx 4.0\%$$

$$劳动参与率 = \frac{劳动力}{潜在劳动者} \times 100\% = \frac{1.635 亿}{2.595 亿} \times 100\% \approx 63.0\%$$

虽然这些计算反映了经济学家测算失业的主要方式，但我们必须注意，它们只是一些概括性信息，因此遗漏了许多重要的细节。具体而言，官方统计失业者的方法忽略了两类劳动者：沮丧劳动者和未充分就业劳动者。

沮丧劳动者是指那些想要拥有一份工作但又放弃寻找就业机会的潜在劳动者。因为没有积极找工作，所以他们没有被包括在我们上面定义的失业者群体中。相反，沮丧劳动者被官方统计排除于劳动力之外。2020 年 1 月，美国有 35 万名沮丧劳动者，占劳动力总数的 0.2%。

同样，带薪劳动者即使愿意工作更长时间，也只能被算作就业者。许多经济困难的劳动者愿意为了养活自己和家人而从事更长时间的工作，但无法选择这样做。这些劳动者就属于未充分就业者，他们不会被纳入官方的失业者统计。2020 年 1 月，美国有 400 万未充分就业者，占劳动力总数的 2.4%。

失业率的趋势

失业率随着整体经济的波动而波动。当整体经济陷入衰退期（GDP 下降期）时，失业率往往会上升。在美国，典型衰退期的失业率会达到 6%~9%。当经济保持健康并处于扩张期时，失业率最终会落入 3%~5% 的水平。

严重的经济衰退会导致失业率大幅上升。例如，在 2007 年初美国经济尚未陷入衰退期之时，其失业率徘徊在 4.5% 左右。但后续发生的 2007—2009 年经济衰退导致失业率急剧上升，到 2009 年 10 月，美国的失业率达到了 10.0% 的峰值。20 世纪 30 年代的大萧条是美国经济在 20 世纪遭遇的最严重的一次收缩，当时的失业率达到了 25%。

在新冠疫情所引发的经济衰退期间（美国经济自 2020 年 2 月起陷入衰退期），美国的失业率从 2 月的 3.5% 上升到 4 月的峰值 14.7%。失业率的急剧上升使新冠疫情期间的这次衰退成为自大萧条以来最严重的经济收缩。

图 9.2 显示了自 1948 年以来美国月度失业率的演变情况。美国的失业率在经济衰退期间和在衰退结束之后相对较高——图中的阴影区域对应着经济衰退期。例如，在 20 世纪 70 年代中期的石油价格冲击之后，以及 1981—1982 年的经济衰退期，美国的失业率都居高不下。二战之后，有三次经济收缩把美国的失业率抬高到了 10% 以上。它们分别是 1981—1982 年的经济衰退（失业率为 10.8%），2007—2009 年的经济衰退（失业率为 10.0%），以及 2020 年 2 月开始的新冠疫情带来的经济衰退（失业率为 14.7%）。

图 9.2　自 1948 年以来的美国失业率

注：本图显示了 1948 年 1 月到 2020 年 7 月美国失业率的演变情况（月度数据）。阴影条部分表示衰退期，即整体经济出现负增长的时期。失业率在经济衰退期呈上升趋势。
资料来源：美国劳工统计局。

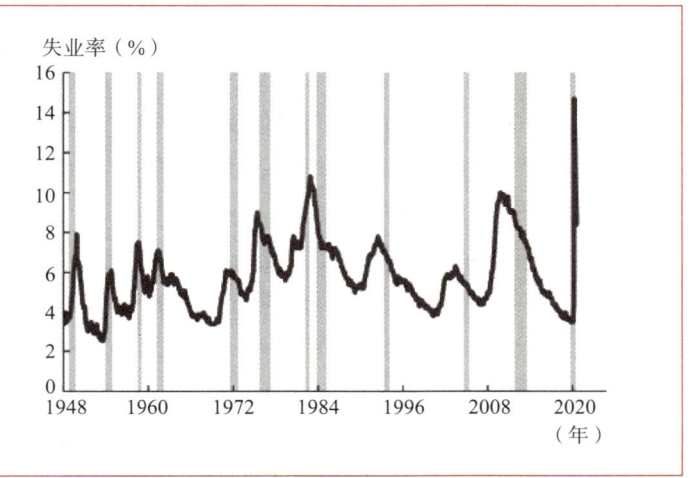

同样值得注意的是，失业率永远不会接近于零。自 1948 年以来，美国的失业率仅在 20 世纪 50 年代初的一段时期低于 3%。即使在 20 世纪 90 年代的经济繁荣时期，该国失业率最低也维持在 4% 左右。自 2009 年到 2020 年的长期增长则将失业率降低到了 3.5%。在本章的稍后部分，我们会解释为什么一定水平的失业率（通常为 3%～5%）是现代经济正常运转的一个必要属性，而 10% 的失业率则是一种政策制定者须竭力避免的全国性危机。

9.2　劳动市场的均衡

为了研究就业和失业的决定因素，我们首先需要理解劳动市场如何运行。和其他市场一样，我们可以用供需模型来对其进行分析。供需状况决定了工资水平，即劳动的价格。我们分别建立劳动需求曲线和劳动供给曲线，然后将其放到一起以描述劳动市场的均衡。

劳动需求

在第 4 章第一次研究需求曲线时，我们讨论了家庭对商品和服务的需求。现在我们转向研究劳动市场，家庭在其中扮演的角色也发生了转变。在劳动市场上，家庭是劳动的供给方，企业是劳动的需求方。企业现在处于需求侧，因为它们需要雇用劳动者来进行生产。

追求优化的企业会试图使利润最大化，因此它们需要能够产生最大可行利润的劳动数量（利润的定义是用收入减去成本）。一个企业如何确定劳动数量，以使利润最大化？这就要通过比较一个劳动者能为企业带来的收入和雇用这个劳动者的成本来确定。

我们可以以理发店为例来理解其运行。我们假设理发店只有一名理发师，这名理发师几乎总是在工作，且每小时为理发店创造的收入为 25 美元。每小时 25 美元就是这名劳动者的**劳动边际产值**，也就是他对企业收入的贡献。我们知道，边际产量是每增加一名劳动者所增加的产量，而 25 美元就是这个边际产量的价值——这个价值不是以他额外为多少人理发来测算的，而是以他额外为这些人理发所产生的收入来测算的。例如，这个理发师的边际产量可能是每小时为两人理发，如果为一人理发的收入是 12.50 美元，那么他的边际产值就是每小时 25 美元。

我们另假设理发师的市场工资是每小时 15 美元。因此，通过雇用第一个理发师，理发店每小时可以赚 10 美元，即理发师的边际产值和理发师工资的差值：25 美元 –15 美元 =10 美元。如果再增加一名理发师，那么理发店每小时就可以接待更多的客人，但有时也会出现顾客数量不多，有理发师空闲的情况。所以第二个理发师的加入并不会使理发店的销售额翻番。假设第二个理发师每小时只增加 20 美元的销售额，他的边际产值即为 20 美元。因为理发师的市场工资是每小时 15 美元，所以雇用额外的理发师可以使理发店每小时增加 5 美元（20 美元-15 美元）的利润。因此，一个追求优化的理发店还是会雇用第二个理发师。

现在思考一下，如果理发店增加第三个理发师会发生什么。第三个理发师会为理发店增加一些销售额，但是比第二个理发师带来的销售额要少，因为店里很少能有足够多的顾客让这三位理发师同时忙起来。假设第三个理发师的边际产值是每小时 10 美元（即他每小时只增加 10 美元的销售额）。因为市场工资是每小时 15 美元，高于他的边际产值，所以雇用第三个理发师实际上会降低理发店的利润（10 美元-15 美元 = −5 美元），因此理发店不会雇用第三个理发师。综上所述，该理发店通过只雇用两名理发师实现了优化，也就是实现了利润最大化。

如果这家理发店只有两名顾客，那么第三名理发师的边际产值为零。

这个理发店的例子阐述了有关劳动需求的两项重要事实。首先，正如我们在第 6 章和第 7 章中所了解到的，企业通常会经历劳动的边际产量递减。劳动的边际产量递减意味着每一名额外劳动者所创造的边际产量都要比以前雇用的劳动者少。例如，新增的理发师会增加理发店提供的理发服务数量，但是每个新增的理发师都不能带来和上一个理发师同样的成效，因为并没有足够的顾客让他们满负荷工作。如果理发店的理发价格固定，那么额外劳动者的边际产量的下降会导致边际产值的递减。在理发店里，第一个理发师每小时能创造 25 美元的额外价值，第二个理发师创造 20 美元，第三个理发师则只能创造 10 美元。因为每增加一个理发师的边际产值总在递减，所以雇用更多的理发师会使理发店的总收入增加得越来越少。

这个例子说明的第二项重要事实是：一家企业会持续雇用劳动者，直至其不能通过雇用额外的劳动者来增加利润。只要雇用一名额外劳动者为企业带来的收入（劳动边际产值）不低于雇用该劳动者的成本（市场工资），企业就会持续招聘。要想了解为何如此，请参考图 9.3 中所描绘的劳动边际产值与雇用劳动者数量之间的关系。由于劳动边际产值随着雇用人数的增加而降低，所以曲线是向下倾斜的。

图 9.3 劳动边际产值曲线即劳动需求曲线

注：由于劳动的边际产量随着劳动数量的增加而减少，所以表示劳动边际产值的曲线是向下倾斜的。追求利润最大化意味着企业应持续雇用劳动者，直至新雇用劳动者市场工资等于劳动的边际产值。劳动边际产值曲线就是劳动需求曲线。

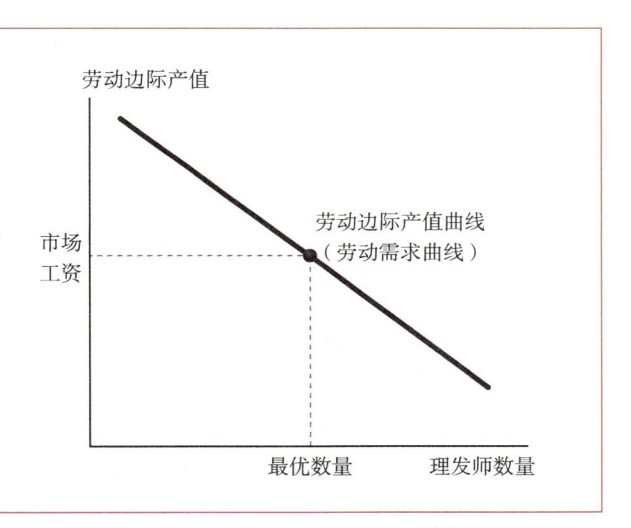

如果企业雇用的劳动者数量少于图 9.3 所示的最优数量，那么它可以通过雇用更多的劳动者来增加利润，因为这些劳动者为企业带来的收入（劳动边际产值）大于雇用他们的成本（市场工资）。同样，如果公司雇用的劳动者超过了最优数量，那么公司可以通过裁员来增加利润，因为这些劳动者为企业带来的收入低于市场工资，也就是雇用他们的成本。

因此，追求利润最大化的企业所雇用的劳动的数量，应为市场工资等于劳动边际产值时的数量。当我们改变市场工资时，劳动需求量就会沿着劳动边际产值曲线移动——此时，企业就会调整雇用的劳动者数量以使边际产值等于工资。图 9.3 中表示劳动边际产值的下斜曲线也就是**劳动需求曲线**，因为它显示了劳动需求量随工资变化的情况。

劳动需求曲线的移动

劳动需求曲线描绘了劳动需求量与工资之间的关系。当工资发生变化而其他经济变量保持不变时，就会发生沿着劳动需求曲线的变动。相比之下，许多因素可以改变每个劳动数量下的劳动边际产值，从而导致整个劳动需求曲线向左或向右移动（如图9.4所示）。

图9.4 向下倾斜的劳动需求曲线

注：向下倾斜的劳动需求曲线显示了劳动需求量与工资之间的关系。本图描绘了劳动需求曲线的左右移动。在给定的工资条件下，劳动需求曲线会随着劳动需求量的变化而发生移动。

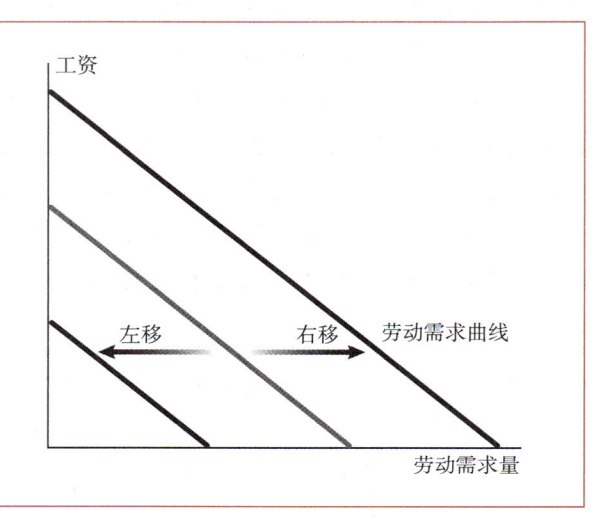

任何影响劳动数量与劳动边际产值关系的变化都会造成劳动需求曲线的移动。在这一节我们讨论以下三个影响因素：

- **产出市场的变化**：当对理发的需求发生右移时，就会产生两个后果。在任何给定价格下的理发需求的上升，反过来会导致理发价格上涨。因此，理发需求的右移会导致理发师的边际产值上升，并推动理发师的劳动需求曲线向右（上）移动。相反，当理发需求向左移动时，理发师的劳动需求曲线也会向左移动。
- **生产率的变化**：当生产率的变化增加了劳动边际产值时，劳动需求曲线就会向右移动。例如，19世纪后期发展起来的热感和化学科技使得发型师第一次能够"永久"拉直或卷曲头发，也就是他们学会了"烫发"。提供烫发服务的能力增加了发型师的边际产量，并将发型师的劳动需求曲线右移。技术进步和劳动生产率的提高通常会使劳动需求曲线向右移动，但在极少数情况下也可能会发生相反的情况。例如，机器有时会替代人工，并使劳动需求曲线向左移动。我们将在本章的后面讨论这些例子。
- **投入市场的变化**：企业使用劳动、机器和工具等其他生产要素生产商品和服务。当其他要素的成本下降时，企业会加大购买量。这通常会增加劳动的边际产量，使劳动需求曲线右移。例如，机械式理发剪能够提高理发师剪头发的速度。如果理发剪的价格下降，理发店买入更多的理发剪，理发师就可以提高每小时服务的顾客数量。这将增加他们的边际产值，使劳动需求曲线右移。

截至目前，我们已经用单个理发店或理发师的劳动需求曲线阐明了大部分概念。为了研究整体经济中的就业和失业水平，我们需要分析整个经济的劳动需求曲线。要推导出经济整体或"加总"的劳动需求曲线，我们需要分两步走。

首先，我们需要推导出每个行业的劳动需求曲线。例如，理发服务行业的劳动需求曲线是通过将每一位雇主的劳动需求曲线相加得到的，该行业包括理发店和美发店等超10万家企业。美国劳工统计局报告称，美国约有36.2万人从事理发和美发工作（2015年5月职业与就业统计数据）。这些劳动者的平均工资约为每小时14美元。因此，在每小时14美元的工资水平下，理发业劳动总需求量为36.2万人。为了推导出理发行业劳动需求曲线的其余部分，我们将计算该行业中的企业在每个假设工资水平下的劳动需求量。

其次，一旦推导出每个行业的劳动需求曲线，我们就可以把它们相加，从而得到总劳动需求曲线。原则上，我们还需要考虑不同行业之间以及劳动者和企业之间的溢出效应。例如，一个行业的扩张可能会对另一个行业的产品产生额外的需求。此外，改变工资和就业的整体水平将影响劳动者对企业产品的需求。当更多的劳动者被雇用，他们就有更多的收入来购买其他劳动者生产的产品。我们会在第12章讨论这些问题。

请注意，为了简化模型，在这里我们假设整个经济体只包含单一的总劳动需求曲线。在实践中，劳动者拥有不同的技能，并获得不同的工资。然而，借助单一劳动市场的简化假设，我们无须详尽说明劳动市场不同部分的运作，也能够获得关于总体经济如何运作的关键见解。当然，这也意味着我们忽略了一些关于这些细分市场表现的有趣细节。

劳动供给

劳动供给曲线体现了劳动供给量与工资之间的关系。与劳动需求曲线一样，劳动供给曲线也是由优化原理推导而来的。在这种情况下，劳动者会将其有限的时间在带薪工作、休闲以及其他活动（包括家庭生产，如保育、房屋维护、烹饪或清洁等）之间进行优化配置。当市场工资更高时，劳动者自然会用更多时间出门工作。例如，如果你拿的是时薪而且你的雇主安排了加班，你就可以在这些特殊班次中获得1.5倍于正常时薪的报酬。对许多员工来说，这是一个具有诱惑力的安排，这会让他们

美发行业的技术创新。永久波技术（现在称为烫发）最早出现于19世纪，并持续发展至今。

选择加班，并相应减少在家的休闲时间或做家务的时间。

这种推理意味着，随着工资的增加，劳动供给量也会增加。因此，劳动供给曲线会如图9.5所示向上倾斜。在该图中，你会注意到劳动供给曲线会随着工资的增加而改变斜率。在足够高的工资水平下，劳动供给曲线会变为（近似）垂直。现实中，劳动供给曲线的斜率变化会比我们在图中看到的这种弯折更为平缓。我们之所以让曲线呈现这种弯折，是为了使斜率变化更易于识别和分析。劳动供给曲线的垂直部分反映了这样一个事实：当几乎所有对工作感兴趣的人都已找到全职工作时，要进一步增加劳动供给量就会变得非常困难。

图9.5 向上倾斜的劳动供给曲线

注：劳动供给曲线向上倾斜，它反映了劳动供给量与工资之间的关系。随着工资上涨（其他保持不变），人们的工作意愿会提高。随着工资上涨而出现的斜率变化反映了这样一个事实：当几乎所有想工作的人都已找到全职工作时，通过进一步提高工资来持续增加劳动供给量会变得更加困难。

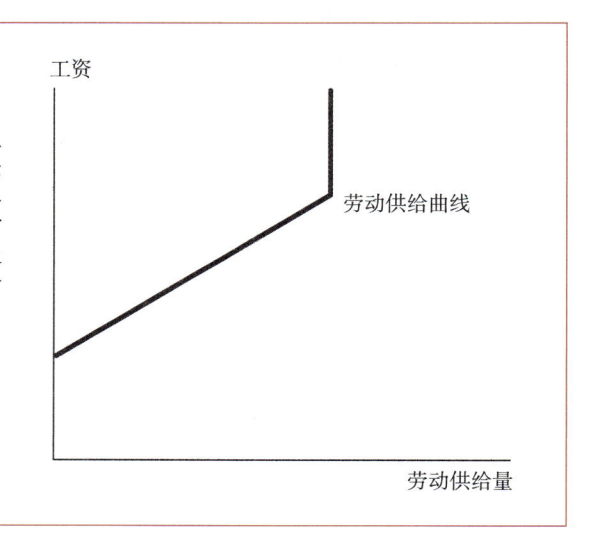

劳动供给曲线的移动

如前所述，劳动供给曲线即劳动供给量与工资之间的关系。当工资变化而其他经济变量不变时（除劳动供给量外），就会发生沿着劳动供给曲线的变动。

相比之下，如图9.6中显示，许多因素可以导致整个劳动供给曲线的左移或右移。任何影响劳动供给量与工资关系的变化都会使劳动供给曲线发生移动。我们在这里讨论三个会造成曲线移动的潜在因素。

- **喜好的变化**：喜好或社会规范的变化会影响人们接受带薪工作的意愿。例如，在二战前，人们并不赞成已婚女性外出工作。然而，在二战期间，大多数政府鼓励女性在兵工厂工作，这被认为是一种爱国主义行为。战争期间在工厂工作是全世界逐渐接受女性参与劳动的第一步。由于这种社会规范的转变，美国的女性劳动参与率从1940年的25%上升到20世纪90年代的近60%，这与劳动供给曲线的大幅右移相对应。图9.6显示了这些社会规范变化所导致的劳动供给曲线右移。请注意，由于更多女性进入劳动市场，劳动供给曲线的垂直部分也发生了右移。

- **时间机会成本的变化**：像吸尘器、洗碗机、洗衣机和割草机这样的设备，减少了家庭生产所需要的时间，降低了外出工作的机会成本。这种由技术引起的时间机会成本的变化历来是导致女性劳动参与率上升的一个因素，它也使得劳动供给曲线右移，如图9.6所示。
- **人口的变化**：人口规模的增长提升了经济中潜在劳动者的数量，也使劳动供给曲线右移。移民是导致人口增长的因素之一。例如，美国每年的移民净流入数量大约为100万人，这意味着只是每年的移民就为美国人口带来了约0.33%的增长。移民的流入使得美国国内的劳动供给曲线右移。

图9.6　向上倾斜的劳动供给曲线

注：本图描绘了劳动供给曲线的左右移动。在给定工资水平下，劳动供给曲线会随着劳动供给量的变化而发生移动。

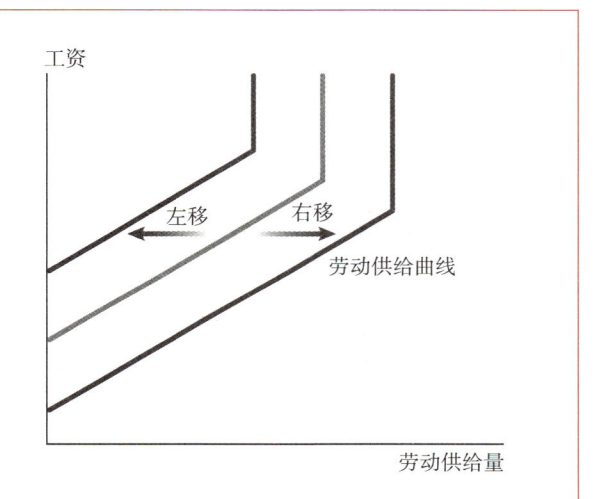

用数据说话

谁在失业？

- 不同劳动群体的失业水平差别巨大。最明显的差异之一就是受教育程度较低的人群更容易失业。例如，图9.7显示，在美国，2020年1月，拥有高中以下学历的劳动力失业率为7.4%。相比之下，拥有大学学历的劳动力失业率只有2.0%。
- 有很多因素可以解释为何受教育程度越高的劳动者失业率往往越低。他们优化劳动供给的行为可以在一定程度上解答这个问题。当人们失业时，他们会把一些时间花在寻找新工作和家庭生产活动上。家庭生产活动种类繁多（如清理阁楼或粉刷房屋），且其中的大多数活动并不需要人们具有高学历。受过高等教育的人不一定更擅长这些家庭生产活动。然而，当外出工作时，受教育程度较高的劳动者往往比受教育程度较低的劳动者挣得更多。这是因为他们拥有更多的人力资本，正如我们在第6章所知，这意味着他们的劳动具有更高的生产率，可以转化为更多的收入。一名失业的出租车司机可能并不觉得开出租车和在家粉刷房子之间有很大区别。一名失业的工程师可能和一名出租车司机同样擅长粉刷房子，但如果工程师重获工作，设计机器人生产线，就能获得相对较高的收入，并使用一些收入雇别人来帮他粉刷房子，他的财务状况就会更好。因此，更高的工资使受教育程度更高的劳动者更渴望避免失业。

- 同样，中年劳动者的失业率通常要低得多，相比于年轻劳动者，他们往往有更多的经验和技能，因此工资也更高。
- 与劳动需求曲线一样，整个经济的劳动供给曲线（总劳动供给曲线）可以通过对经济中每个潜在劳动者的劳动供给进行加总而得出。

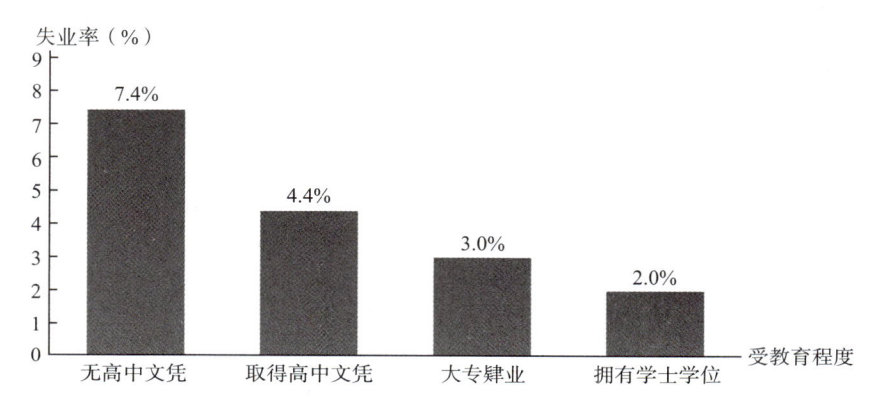

图9.7 不同受教育程度群体的失业率

受教育程度	失业率
无高中文凭	7.4%
取得高中文凭	4.4%
大专肄业	3.0%
拥有学士学位	2.0%

注：失业率随着受教育程度的提高而下降。失业率基于美国所有25岁及以上的非机构平民成年人口计算得出。本图中的失业率是2020年1月的数据。
资料来源：美国劳工统计局。

用数据说话

失业的种族差异与客观存在的种族歧视

- 政府还会就劳动者的种族和民族身份进行调查。在美国，黑人劳动者的失业率一直是白人劳动者失业率的两倍。例如，在2020年1月，黑人劳动者的失业率为6.0%，而白人劳动者的失业率为3.1%。
- 黑人劳动者的极高失业率可归咎于多种不同因素，尤其是他们在几个世纪以来所遭受的奴役、监禁和歧视。这些因素导致黑人劳动者受教育程度较低，严重降低了他们获得理想高薪工作的能力。
- 经济学家发现，美国一直存在针对黑人求职者的种族歧视。玛丽安·贝特朗和塞德希尔·穆来纳森通过向招聘雇主发送虚构简历的方式研究了种族对劳动市场的影响。为了控制雇主对求职者种族的认知，虚构的简历被随机分配了看起来像白人或像黑人的名字。尽管这两组虚构求职者的简历总体上完全相同，但名字看起来像白人的求职者比名字看起来像黑人的求职者得到的面试回访机会多50%。他们的论文标题很好地总结了他们提出的研究问题："埃米莉和格雷格比拉基莎和贾马尔更能胜任岗位？一个关于劳动市场歧视的实地实验。"[3]

竞争性劳动市场的均衡

在第1章中，我们将均衡定义为没有人能通过改变自己的行为获益的一种情况。此外，我们在第4章提到，竞争均衡由供给曲线和需求曲线的交点给出。竞争性劳动市场的均衡也是如此：它是劳动供给曲线和劳动需求曲线的交点，如图9.8所示。在竞争均衡工资 w^* 下，劳动供给量等于劳动需求量——在这个工资水平下，所有劳动者都能按自己的意愿工作任意时间，所有企业都能在认为有利可图的情况下雇用任意数量的劳动力。相比之下，当工资高于 w^* 时，劳动供给量将超过劳动需求量并压低工资。当工资低于 w^* 时，劳动需求量将超过劳动供给量并推动工资上涨。因此，w^* 是唯一能够使劳动供给量和劳动需求量相等的工资水平。如图9.8中所示的这种劳动市场均衡时的就业量 L^*，也被称为均衡就业量。

图 9.8 劳动市场的竞争均衡

注：向上倾斜的劳动供给曲线和向下倾斜的劳动需求曲线的交点决定了市场出清工资 w^* 和均衡劳动数量（或简称为均衡就业量）L^*。在市场出清工资水平下，劳动供给量等于劳动需求量。

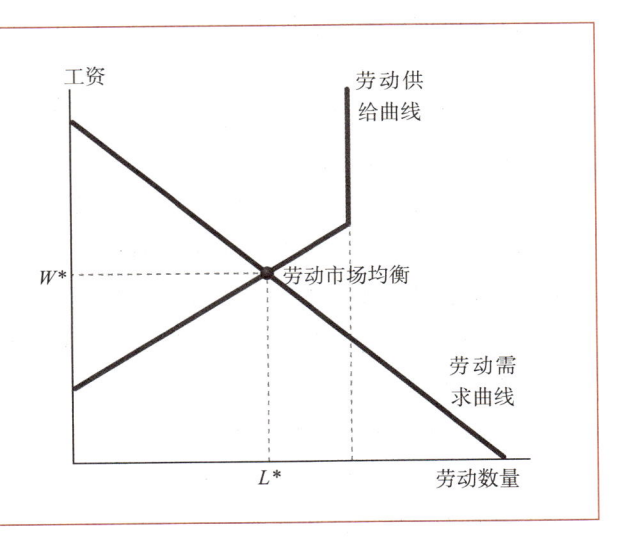

我们也将竞争均衡工资称为**市场出清工资**。"市场出清"这个标签所代表的意思是：每个想要工作的劳动者（最终）都会找到工作——工资会调整到劳动需求量与劳动供给量相匹配的水平。这就将市场出清工资与工资刚性导致的工资区别开来。工资刚性会阻止工资调整至使劳动需求量与劳动供给量相等的水平。我们在本章后面会提到，此类刚性将导致失业。

我们使用图9.8所示的劳动市场均衡来模拟一个经济体的总体就业水平。如上所述，我们通过研究单一类型的劳动来简化我们的分析。但图 9.8 所示的劳动市场均衡可以很容易地用于研究市场特定组成部分或地方劳动市场的均衡。例如，我们可以考察对具有计算机编程技能的劳动者的供给和需求，得出这一特定劳动市场上的均衡工资和就业水平。

值得注意的是，图 9.8 中描述的劳动市场有时被称为无摩擦劳动市场。在一个无摩擦劳动市场中，企业可以随时雇用和解雇劳动者，劳动者和企业彼此之间信息完全对称，并且工资可以随时调整以使市场出清（使劳动供给量等于劳动需求量）。我们接下来将看到，为什么脱离无摩擦劳动市场往往有助于我们理解现实世界的劳动市场和失业。

9.3 为什么存在失业

在图 9.8 的市场出清工资 w^* 处，劳动供给曲线与劳动需求曲线相交。因此，劳动需求量等于劳动供给量，即每个愿意接受工资 w^* 的劳动者都可以找到一份工作。还有一些人没有在工作，他们在图中显示为高出市场出清工资的那一段劳动供给曲线。在这一段劳动供给曲线上的人只有在工资高于市场出清工资 w^* 时才愿意工作。

自愿性失业

图 9.8 所描绘的经济体中既有就业的劳动者，也有因为不愿意接受 w^* 这一市场出清工资水平而未被雇用的劳动者。在竞争均衡下，应该不会有还在找工作的劳动者（他们要么已经被雇用，要么不愿意在市场出清工资水平下工作）。因此，在竞争均衡下，应该不存在尚未被雇用且正在找工作的人。既然如此，我们如何解释在 2020 年 1 月美国还有 650 万被算作没有工作且正在找工作的正式失业者？

第一种可能性是，官方失业数据可能将一些自愿性失业的劳动者纳入了统计。自愿性失业者只愿意在得到高于市场出清工资 w^* 的工资的前提下工作，因此在均衡工资水平下，他们乐于保持失业状态。由于失业调查问题并没有明确规定劳动者应该在当前市场工资水平下寻找工作，所以即使有些人只是在寻找工资高于当前普遍市场工资水平的工作，他们也可能被算作失业者。

然而，现有的证据表明，大多数失业者并非自愿性失业。大多数失业者愿意以当前市场工资水平工作，但找不到愿意以这个工资水平雇用他们的雇主。[4] 因此，我们必须找到另一种方式来解释为什么在 2020 年 1 月有 650 万美国人找不到工作。

当经济模型不能预测我们在现实中所观察到的真实情况时，我们必须自问我们模型中所做的假设是否正确。在我们的劳动市场模型中，我们做了一个可能并不成立的假设。我们假设劳动者和企业充分掌握了关于就业市场的信息。例如，我们假设他们知道均衡工资是多少、雇主需要何种资质的劳动者以及哪里有工作。这意味着一旦出现就业岗位，劳动者就能立即找到适合自己的工作，不会留下任何的职位空缺。然而，当企业和劳动者缺乏关于劳动市场的重要信息时，劳动者就不能总是与空缺职位相匹配，而这种不匹配就会导致失业。

我们接下来将讨论这一失业类型，将其称为摩擦性失业。然后我们会转向另外两个经济因素，以进一步解释为什么会有失业，以及为什么失业会随着时间而变化。

工作搜寻和摩擦性失业

在图 9.8 所描绘的经济体中，任何想在市场出清工资水平 w^* 下找工作的人都可以找到工作。到目前为止，我们对劳动市场的分析都是以假设劳动市场无摩擦为前提，这意味着劳动者可以立即找到愿意雇用他的雇主。然而，如果你曾经找过工作，那么你会知道，要找到一份合适的工作并不是那么简单的，可能需要你做很多的跑腿工作。在麦当劳找一份暑期兼职可能很简单，但要找到一份能与你的特定技能相匹配的工作很难。

为了找到合适的工作，你需要确定哪些企业正在招聘，并试着了解这些企业之间在工资、福利和工作其他方面上的不同。你得把推荐信和简历整理好，最好能通过家人和朋友的关系在你想应聘的企业里找到熟人。你需要提出面试申请并获得面试机会。最后，你要等待负责面试的人完成对其他主要候选人的面试。大多数时候的结果都是企业最终选择了别人，而你只得从头再来。

经济学家把求职活动称为"**工作搜寻**"。因为每个人都有特定的能力、经验和工作偏好，所以要在失业者和企业之间实现适当的匹配通常需要花费些时间。

求职过程中的摩擦既来自寻找、申请、面试这些耗时的流程，也源于企业和劳动者无法完全掌握关于彼此以及经济形势的信息。设想一下，在 2007—2009 年的经济衰退中，底特律的一名汽车行业从业者失去了每小时 40 美元的工作。之后不久，他打听到服务行业里有一些每小时 20 美元的工作机会。但他没有申请这些工作，而是继续在汽车行业寻找高薪工作。只有在汽车行业搜寻数月而无果之后，他才有足够的信息得出结论：服务行业的那份每小时 20 美元的工作就是他的最佳选择。这类例子形象地说明搜集信息和寻找合适的工作都需要耗费时间。

关于现有工作的信息不完善和耗时的求职过程造成的失业就是**摩擦性失业**。

虽然乍听上去有些奇怪，但你可以像看待就业市场一样看待婚恋市场。要找到一个合适的爱情伴侣需要很长时间。从这个意义上说，没有恋爱，但正在寻找恋爱关系的人是爱情上的"失业者"。我们不指望单身的人能在一夜之间找到新恋人，也不能指望失业的人马上找到工作。

9.4 工资刚性和结构性失业

求职活动导致的摩擦性失业是每个劳动市场的正常特征。然而，失业的产生也可能是因为工资水平有时高于市场出清工资 $w*$，这意味着劳动供给量大于劳动需求量。工资水平固定在使劳动市场出清的竞争均衡水平之上的情况被称为**工资刚性**。**结构性失业**是指劳动供给量持续超过劳动需求量的情况。工资刚性是造成这种持续性差异的一个关键因素。工资刚性的产生有很多原因，这也是我们将在下面进行讨论的内容。但无论工资刚性的原因是什么，其经济后果都很相似：<mark>它会使市场工资保持在高于市场出清工资的水平，并导致一些愿意以市场工资水平工作的劳动者失业。</mark>为了说明工资刚性如何影响劳动市场，我们将从最低工资法开始讲起，因为我们很容易通过供需框架理解这些法案的影响。不过在美国劳动市场上，其他导致工资刚性的因素扮演了更为重要的角色，我们稍后会就此进行讨论。

最低工资法

大多数国家的立法机构都对每小时工资的最低水平做出了详细规定。这种对最低工资进行规定的立法通常被称为最低工资法，它可以阻止市场工资下降到使劳动供给量等于劳动需求量的市场出清工资水平。在美国，联邦政府负责制定全国最低工资标准，各州立法机构则可以选择为州内的工作岗位制定更高的最低工资标准。例如，2020 年 1 月，联邦最低每小时工资为 7.25 美元，而华盛顿州的最低每小时工资为 13.50 美元，为各州中最高，加利福尼亚州紧随其后，最低每小时工资为 13.00 美元。美国的许多城市和州都在逐步实施远高于联邦最低工资的最低工资标准。

如图 9.9 所示，最低工资可能会阻止劳动供给量等于劳动需求量。在该图中，最低工资 w 用下划线做了标记，意指最低工资即为工资的下限。最低工资水平线与劳动需求曲线相交的点是劳动需求量 Q_D，在这种情况下也是就业量。由于最低工资 w 高于市场出清工资 $w*$，因此雇主所需要的劳动数量小于劳动者所提供的劳动数量 Q_S。因此，在这个最低工资均衡中，部分劳动者（在图中显示为 w 工资水平下供给量和需求量之间的差距）就无法找到工作。这些失业劳动者愿意以 w 的工资水平工作，甚至愿意以低于 w 的工资水平工作。最低工资法阻止了雇主以使劳动供给量等于劳动需求量的工资水平雇用这些失业劳动者。经济学家有时称这些劳动者为非自愿性失业者，以将他们与那些自愿性失业的劳动者加以区别。在图 9.9 中，我们可以同时看到非自愿性失业者和自愿性失业者：那些劳动机会成本低于 w 因而乐于以这一现行工资水平工作的人是非自愿性失业者；那些只愿意以高于 w 的工资工作，因此选择在这一现行工资水平不工作的人是自愿性失业者。

最后我们要强调，我们将劳动需求曲线与强制最低工资水平线的交点称为"均衡"，因为这个点告知了我们现行工资（本例中为最低工资 w）和在市场上进行交易的劳动数量。要注意将这种均衡与竞争性劳动市场均衡区分开。当市场工资被允许设为劳动供给曲线和劳动需求曲线的交点时，我们才会实现劳动市场的竞争均衡。

图9.9 市场存在最低工资标准情况下的劳动供给和劳动需求

注：当最低工资标准（w）高于市场出清工资（w*）时，劳动供给量 Q_S 超过劳动需求量 Q_D，造成失业（劳动供给量减去劳动需求量）。劳动需求量 Q_D，也就是就业人数，由最低工资水平线与劳动需求曲线的交点给出。

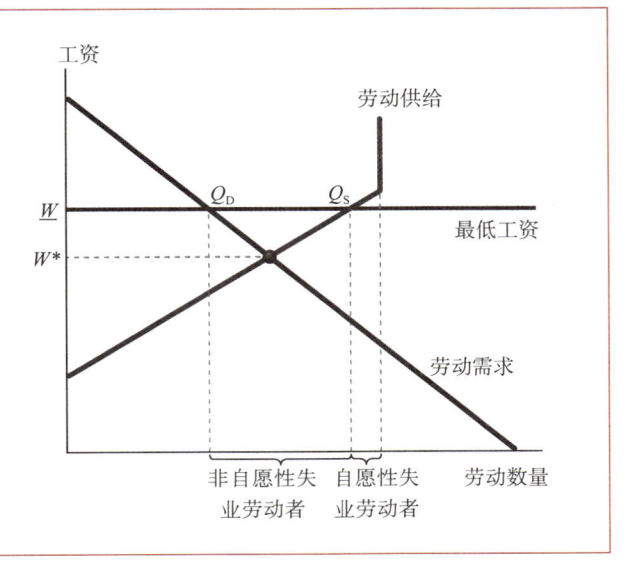

最低工资法是政策造就赢家和输家的一个例子。赢家是那些能够以高于使劳动供给量等于劳动需求量的工资水平的工资找到工作的劳动者。输家是那些不得不支付更高工资的企业和在现行工资 w 下找不到工作的失业者。最低工资的成本和收益一直备受争议，经济学家在美国是否应该提高最低工资这一问题上存在分歧。

最低工资标准会产生结构性、非自愿性失业，但不可能是失业的唯一原因。例如，2020年1月，美国有2%的大学毕业生失业。大学毕业生的每小时工资中位数几近最低工资水平的5倍。因为几乎所有大学毕业生的工资都高于最低工资标准，所以并不是最低工资标准阻止了大学毕业生就业市场的出清。

在涵盖了所有不同学历人群的全部劳动力中，只有1%的劳动者拿的是最低工资。因此，最低工资标准对劳动市场的影响并不大。最低工资标准确实阻止了某些类型低技能劳动者的出清，但对整体劳动市场几乎没有影响。

2010年10月，教师、邮政工人和运输工人举行罢工以抗议法国政府将退休年龄从60岁提高到62岁。

选择与结果

卢德分子和机器人

- 科技是否会导致失业？在 A 国的一家飞利浦电器工厂，数百名员工在一条生产电动剃须刀的装配线上工作。与此同时，在 B 国，同样的剃须刀则由 128 只机器手臂组装而成。借助观测摄像头以及计算机校准的液压系统，这些机器人不知疲倦地开展工作。机器人充斥的工厂提升了技术，或可降低企业对劳动力的需求。而纵观历史，劳动者也一直在抱怨技术创新减少了就业。

卢德分子暴乱期间（1811—1813 年），英国工人破坏一台机械化织布机。

- 最著名的一次事件发生在 1811 年，当时一群群的英国纺织工人开始烧毁工厂，捣毁新发明的机械织布机。暴乱者还把目标对准了发明家和磨坊主，烧毁了他们的房子，还在一次行动中实施了暗杀。这些所谓的卢德分子反对生产的机械化。（卢德分子得名于一个叫内德·卢德的工人，几十年前因毁坏纺织机械而得名。）这些频繁且破坏力极强的暴乱活动最终迫使英国军队出来恢复秩序。数十名暴乱者被处以绞刑，整个运动也在 1813 年逐步平息。卢德分子终究没能阻止纺织制造业的机械化。

- 尽管"卢德分子"已经变成了新技术反对者的代名词，但对新技术的后果表示担忧也并非没有道理。包括约翰·梅纳德·凯恩斯在内的许多著名经济学家都预测，新机器会抢走劳动者的工作，造成大范围失业。例如，凯恩斯在 1930 年曾说过："我们正遭受一种新疾病的折磨，有些读者可能没有听说过这种疾病的名字，但在未来的岁月里他们会经常听到，这种疾病就是技术性失业。这意味着失业是因为我们发现节省劳动力使用方法的速度超出了我们发现劳动力新用途的速度。"[5] 凯恩斯还推测，尽管新技术带来的巨大财富会让人们的生活质量得到持续提升，但 100 年后人们每天只能工作几个小时。

- 乍一看，事情的进展似乎与凯恩斯的预测大相径庭。技术进步提高了整体经济的生产力和收入，然而更高的收入并没有大幅降低工作时长。（在美国，现如今员工每天的工作时间比 1930 年时减少了大约 20%。[6]）相反，收入增长提振了对商品的需求，并推动了就业和工资增长。

- 但现在就摒弃卢德分子和凯恩斯的警告还为时过早。新的数字技术、机器人、无人驾驶汽车和人工智能（AI）已迅速将以前由人类完成的工作自动化，并重新引发了关于新技术对就业影响的担忧。一些专家现在认为，这些领域的进步正在威胁美国和世界各地数以千万计的工作岗位。我们是否正走向一个技术性失业的未来？

- 情况非常微妙。首先，对机器人等自动化技术正在取代劳动者的担忧并非完全错误。我们的作者之一（达龙·阿西莫格鲁）和帕斯夸尔·雷斯特雷波最近的研究表明，工业机器人的引入对就业产生了重大影响。[7]这些估算表明，每一个新的工业机器人都会使总就业人数减少约 5 人。虽然这个数字看起来很大，但这些估算并不支持某些记者笔下的那种人类岗位全被消灭的末日般未来。目前机器人对美国劳动市场的影响并不大，因为企业部署的工业机器人仍然相对较少。例如，据他们估算，在 1990 年至 2007 年期间，机器人的使用仅使美国就业人口比例降低了 0.2%。然而，其中一些新技术对不平等的影响可能更为广泛。在过去的 30 年里，工厂车间和办公室的"中产阶层工作"已经从包括美国在内的许多经济体中消失，这导致工资分配呈现出更为严重的两极分化。[8]阿西莫格鲁和雷斯特雷波的研究还表明，自动化技术是国民收入中劳动收入占比下降的主要原因。因此，我们可能有理由担心，新技术将扩大不平等，并可能延续美国劳动者工资增长乏力的趋势。

- 但是，认为新技术只会给劳动者带来失业和困苦也是错误的。凯恩斯的预测之所以在二战后的几十年里都没有得到证实，就是因为新技术也创造了新的任务、职业和活动，人类自身也因此得到了发展。在过去的 30 年里，美国工资没有增长、就业增长缓慢以及不平等加剧，这在很大程度上是因为美国经济似乎未能创造出足够多的新任务、新职业和新活动。[9]未来这方面的情况会怎样其实很难预测，这可能取决于企业和政府会做出何种决策。以 AI 为例，AI 技术可以应用于众多领域。虽然某些 AI 应用程序可以迅速接管以前由人类执行的任务，但其他的 AI 应用程序反而可以通过创造新任务或释放创造力等方式来提高人类的工作效率。我们要证明卢德分子是错误的，就必须找到利用这些新技术平台来创造新就业机会和促进工资增长的方法。同时，我们也应该考虑充分运用税收手段，将自动化所创造并由经济得利者所掌握的部分收益，重新分配给在当前经济转型过程中苦苦挣扎的人。

工会和劳资谈判

工资刚性的另一个来源是**劳资谈判**，即企业与工会之间的合同协商。工会是一个旨在为其成员争取更好的工作条件、工资和福利的劳动者组织。工会以威胁罢工（大规模停工）作为谈判的筹码。劳资谈判往往会带来高于市场出清工资水平的均衡工资和福利。劳资谈判对失业的影响与我们在图 9.9 中所分析的最低工资法相同。如果工会能够保持均衡工资高于市场出清工资，劳动供给量就会大于劳动需求量，从而造成结构性失业。

通过这种劳资谈判，工会使其成员受益，但也使非工会成员难以找到工作。

然而，就像最低工资标准一样，劳资谈判不太可能是导致美国劳动市场存在工资刚性的最重要因素，因为美国的工会成员相对较少。例如，2018年，美国只有10.5%的就业者是工会成员。工会在其他大多数国家发挥着更重要的作用。例如，2018年，意大利有34.4%的就业者是工会成员。

效率工资

1914年，福特汽车公司的创始人亨利·福特做出了一项近乎疯狂的举动。突然间，他把大多数员工的日薪从2.34美元提高到5美元。为什么一个追求利润最大化的雇主会在没有任何外部压力的情况下将雇员的工资提高1倍？

福特将日薪5美元解释为一种利己行为。"这与慈善没有任何关系。"他说，"我们愿意支付这些工资，这样生意才能持久。我们这是在着眼长期。"

在无摩擦的竞争性劳动市场中，支付高于市场水平的工资（或高于劳动者愿意接受的工资）对企业来说并不是最优选项，换句话说，它不会使企业利润最大化。在这样一个"完美"的市场中，企业了解员工的一切并能够观察到劳动者在工作中的一举一动。在如此理想化的环境中，企业没有必要以高于市场水平的工资来获取他们的劳动。但在实际的市场中，劳动者可能会偷懒（倦怠），因此支付高于现行水平的工资对企业有好处。**效率工资**是指高于劳动者可接受的最低工资的工资。雇主利用效率工资来增进劳动者的积极性和生产率。福特的工资溢价就是经济学家所说的效率工资的一个例子。通过支付高于劳动者愿意接受的工资水平（实际上也高于市场工资），福特能够提高公司的生产率和盈利能力。

效率工资之所以能提高生产率和企业盈利能力，有以下几个原因。首先，效率工资降低了员工的流动率。装配线上的工作非常单调，因此人员流动性相对较大。招聘和培训新员工对公司来说成本很高。如果雇主付给员工的工资高于当前市场工资，员工就更有保住这份工作的积极性，因为其他地方的工作工资更低。其次，对失去高薪工作的恐惧会促使员工更加努力地工作，而这会相应地提高他们的每小时产出。再次，一些员工对高于市场水平的工资心存感激，出于对这种慷慨的报答，他们会更加努力地工作，而这也会提高每小时产出。最后，效率工资从一开始就会吸引更高素质的员工前来求职。

如果效率工资提高了生产率，像亨利·福特这样的雇主就会发现，支付高于市场出清水平的工资其实非常有利可图。与最低工资法和集体谈判一样，这导致了某种形式的工资刚性。如前所述，这将使劳动供给量大于劳动需求量，从而出现我们在图9.9中看到的那种结构性失业。但值得注意的是，它们的不同之处在于，最低工资法和集体谈判是迫使雇主支付高于市场出清水平的工资，而就效率工资而言，均衡工资高于市场出清工资是追求利润最大化的公司的主动选择。

选择与结果

最低工资法和就业

- 为应对通胀和生活水平的不断提升,美国一直在提高其最低工资标准。1938年,美国《公平劳动标准法》首次规定全国最低工资标准为每小时0.25美元,此后国会将最低工资标准提高了22次,至2009年时,该标准已经达到了每小时7.25美元。尽管后来进行了数次立法尝试,但联邦最低工资在2009年至2020年期间始终没有改变。一些政界人士,例如众议员亚历山德里亚·奥卡西奥-科尔特斯最近就主张将联邦最低工资提高到每小时15美元。

- 各州则在近年来积极提高其州内的最低工资标准。2016年4月,纽约州州长签署法案,明确将逐步把该州的每小时最低工资提升至15美元,这相当于联邦最低工资的两倍多。加利福尼亚州也通过了类似的法律。很多州都在分阶段调整生活成本,2020年美国有20个州提高了最低工资标准。

- 反对提高最低工资标准的主要理由是认为它会对就业产生消极影响,这与图9.9的分析一致。然而,数据给我们讲述了一个更加微妙的事实。经济学家戴维·卡德和艾伦·克鲁格搜集的证据表明,20世纪80年代和90年代初最低工资上调对就业的影响非常小,甚至可以忽略不计。[10] 这个研究最广为人知的一部分就是他们在1992年新泽西州的最低工资从每小时4.25美元提高到每小时5.05美元的这一时期,考察了最低工资上调对该州快餐店的影响,并将其与相邻的宾夕法尼亚州的同类餐馆(该州最低工资没有任何变化)进行了对比研究。[11]

- 目前尚不清楚15美元的最低工资标准会对美国劳动市场产生何种影响,但它有可能会带来意想不到的后果——就连奥巴马总统首个任期时的首席经济顾问、上述研究的作者之一艾伦·克鲁格也在《纽约时报》的一篇社论中表达了类似担忧。[12] 卡德和克鲁格研究中的美国最低工资尚处在相对较低水平。例如,当1992年新泽西州将最低工资标准提高到每小时5.05美元时,美国的平均工资为每小时9.79美元,新泽西州只有7%的劳动者时薪低于5.05美元,因此只有这部分人会直接受最低工资标准提高的影响。为了理解较低水平的最低工资如何影响就业,我们在图9.10中区分了劳动市场中的两类不同劳动者,即收入潜力较低的劳动者[见图(a)中描述的"低技能劳动者"]和经济体中的其他劳动者[见图(b)]。该图显示,较低水平的最低工资对低技能劳动者的影响很小[见图(a)],对其他劳动者则没有影响[见图(b)]。

- 但是,每小时15美元的最低工资的影响可能与1992年采用每小时5.05美元最低工资时的情况大不相同。每小时15美元的最低工资将影响今天大约40%的美国劳动者。图9.10表明,较高水平的最低工资对低技能劳动者[见图(a)]和其他劳动者[见图(b)]都有影响,因此其对就业的负面影响要大于较低水平的最低工资。

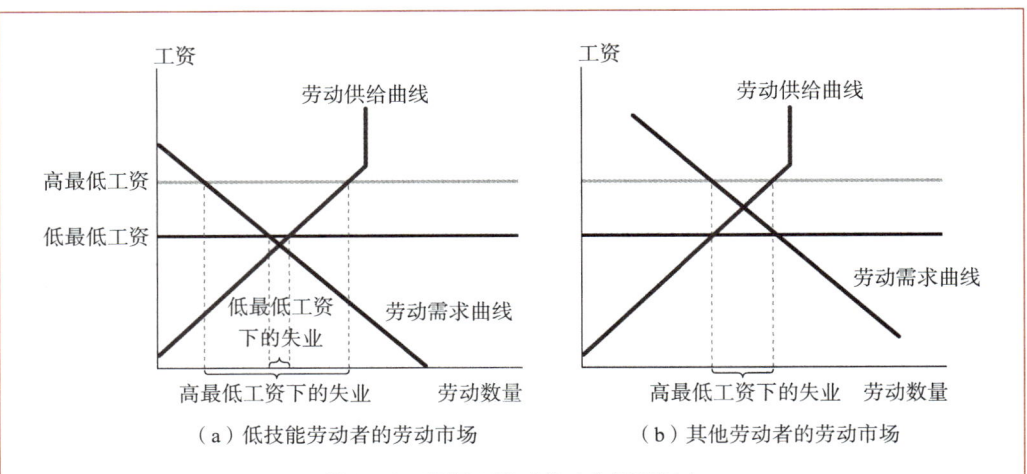

图9.10 最低工资对劳动市场的影响

注：图（a）描绘了低技能劳动者的劳动市场，而图（b）显示的是其他劳动者的劳动市场。请注意，相比于图（a），图（b）中的劳动需求曲线发生了右移。低最低工资导致了图（a）中低技能劳动者的非自愿性失业，但低最低工资低于图（b）中的市场出清工资，因此不会对图（b）中的其他劳动者产生影响。在两个图中，高最低工资都高于市场出清工资，并同时在低技能劳动者［图（a）］和其他劳动者［图（b）］中造成非自愿性失业。

工资下降刚性

另一种类型的工资刚性是由于劳动者极度不愿降低工资而导致的**工资下降刚性**。降低工资会削弱劳动者的士气并降低生产率。因此，许多公司宁愿解雇劳动者也不愿降低他们的工资。通常，只有濒临破产的公司才会试图说服员工接受降薪。

与我们迄今研究的其他形式的工资刚性一样，工资下降刚性会使工资保持在市场出清水平之上并导致结构性失业。为了理解这一点，请考虑图9.11（a）所示的场景。假设劳动市场最初处于一个没有失业的竞争均衡（点 E_1）。接下来，假设劳动需求曲线左移，这可能是因为新机器人以更低的成本取代了劳动者，也可能是因为来自另一个国家的廉价进口商品出现（我们将在下面讨论这一问题）。

如果工资可灵活浮动，劳动需求曲线的左移会使市场移动到一个新均衡（点 F）。如图9.11所示，此时的均衡工资为 W_F，劳动需求量则下降到 L_F。该图还显示，在新均衡下，劳动供给量等于劳动需求量，因此失业率仍然为零。

然而，如果工资是刚性的，它就不会下降到市场出清水平，而是停留在如图9.11（a）中的水平线所示的初始水平，即"下降刚性工资"。如图所示，这种工资下降刚性会导致劳动供给量（仍在 L_1）大于劳动需求量（现已降至 L_2），从而导致结构性失业。

图9.11（b）是图（a）的简化版本。在这里，劳动市场表现为劳动供给曲线一直等于下降刚性工资，直至到了某个点之后，原始劳动供给曲线才会上升到下降刚性工资之上。由于下降刚性工资具有防止名义工资下降的作用，因此我们在图（b）中重新绘制

了劳动供给曲线，使之开始时等同于下降刚性工资的水平线。我们使用这个事实上的劳动供给曲线来简化对劳动市场均衡的分析。

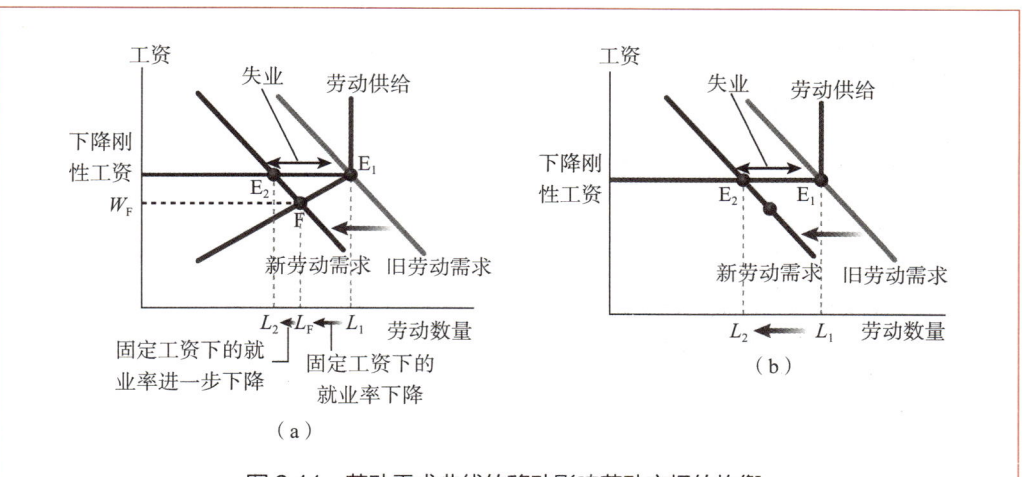

图9.11 劳动需求曲线的移动影响劳动市场的均衡

注：在灵活工资下，劳动需求曲线左移就会降低均衡工资和就业（在图a中，均衡状态从点 E_1 移动到点 F）。但如果存在下降刚性工资，同样的左移就会对就业产生更大影响（在图a中，均衡状态从点 E_1 转向点 E_2）。因为劳动需求曲线左移的影响完全没有被工资吸收，工资仍然保持在原来的（刚性）水平，所以就业现在径直下降到 L_2 而不是 L_F。此外，工资下降刚性会导致失业：由于工资不变，劳动供给量保持不变，但劳动需求量下降到 L_2。劳动供给量和劳动需求量之间（在刚性工资水平线上）的差距对应的就是失业。图（b）描述了下降刚性工资带来的同样后果。在图（b）中，我们重新绘制了劳动供给曲线，并使之等同于下降刚性工资的水平线，直到原始劳动供给曲线上升到下降刚性工资之上。当存在下降刚性工资时，我们用这个水平线段来描绘劳动供给曲线以简化分析。

我们可以从图9.12中看出工资下降刚性的影响。该图显示了2008年，也就是2007—2009年经济衰退中期某大型企业员工工资增长的分布情况。[13] 图中每根柱子表示的是 x 轴上工资增长特定幅度的员工所占比重。我们看到该分布图在 x 轴的0处出现了大幅凸起，这意味着此时工资没有被削减，而是被冻结了。被减薪的员工非常少（15 000名员工中只有46人工资下降），在图上几乎不可见。尽管工资下降刚性因企业和行业而异，但这种刚性在劳动市场中相当普遍，并且对失业有显著影响。这种影响在经济衰退期间尤其显著，我们将在第12章中对此进一步展开讨论。

图 9.12 2008 年某大型企业工资增长分布

注：每根柱子的垂直高度表示的是所有获特定加薪的员工占比。x 轴表示的是工资的增长幅度。在这家企业，2008 年 15 000 名员工中只有 46 人工资下降。虽然这 46 名员工也在本图中做了标示，但横坐标上 0 左边的柱子实在过短，因此几乎看不见。超过 50% 员工的工资被冻结（对应着横坐标为 0 的那根柱子）。

资料来源：Nathan Hipsman, "Downward Nominal Wage Rigidity: A Double-Density Model," Harvard University Working Paper, Cambridge, MA, 2012。

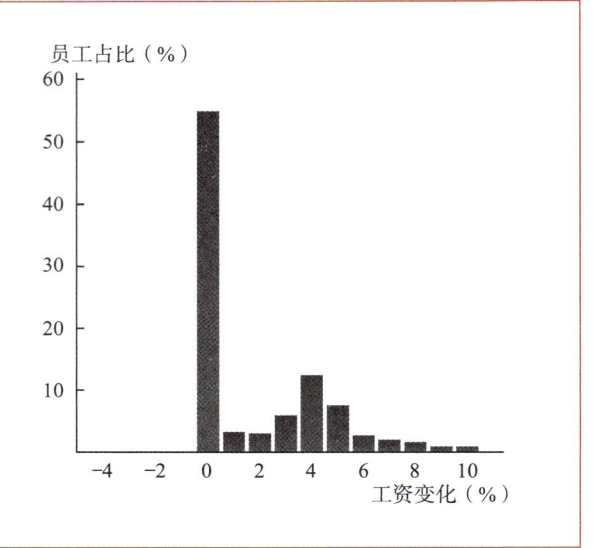

9.5 周期性失业和自然失业率

如图 9.2 所示，失业率具有明显的周期性，在经济衰退时上升，在经济扩张时下降。劳动市场的图形有助于我们分析这种周期性表现。如前所述，美国经济总是存在一定的失业率。此外，如图 9.2 所示，该失业率的波动性很强。为了区分"正常"失业率和围绕正常失业率的波动，经济学家引入了自然失业率的概念。我们把一个健康经济体所具有的上下波动的失业率叫作**自然失业率**。相比之下，长期失业率是历史平均失业率，它通常高于自然失业率。例如，经济学家一般认为美国的自然失业率约为 4%。然而，从 1948 年 1 月到 2020 年 7 月，美国的平均失业率为 5.8%。

图 9.13 展示了一个存在工资下降刚性的经济体的就业波动情况。在这个分析中，我们假设经济体始于中间的劳动需求曲线。我们绘制的这个图可以反映在初始劳动需求曲线处预先存在的（结构性）失业。初始失业率为 $L_{FE} - L_0$。

在经济衰退（周期性收缩）时期，劳动需求曲线将左移，失业率将上升至 $L_{FE} - L_R$。（关于劳动需求曲线的周期性变化，我们将在第 12 章中展开进一步的论述。）反之，在经济繁荣（周期性扩张）时期，劳动需求曲线将右移，失业率将下降到 $L_{FE} - L_B$。假设"平均"失业率与初始失业率一致，此时劳动需求曲线处于中间位置。我们可以把这看作长期失业率，在经济周期中，随着劳动需求的左右移动，实际失业率也会随之波动。

周期性失业被定义为实际失业率与长期失业率的偏离。周期性失业在经济衰退时上升，在经济繁荣时下降。

长期失业包括摩擦性失业，后者是任何正常运转的劳动市场的必要组成部分。此外，长期失业也包括通常被认为是经济无效率的长期结构性失业。因此，我们不应将长期失业率与社会最优或理想的失业率混淆。为了理解这一点，让我们考虑一个有着很高水平工资下降刚性的经济体。如图 9.11 所示，这个经济体会有一个相对较高的结构性失业水平，而这将提高长期平均失业率。这不是一种理想的状态，因为许多本来可以获得有偿工作的潜在劳动者不能找到工作，他们的劳动无法得到有效利用。这个例子说明长期失业包括一些无效率的失业。

图 9.13 失业率的周期性变化

注：本图展示了当存在下降刚性工资时，经济扩张和衰退如何影响失业。当经济处于自然失业率时，劳动需求曲线是中间的那条斜线，失业水平为 $L_{FE}-L_0$。FE 代表充分就业。在经济衰退期间，劳动需求曲线左移，就业率下降，失业率上升至 $L_{FE}-L_R$；在经济繁荣时期，劳动需求曲线右移，就业增加，失业率下降到 $L_{FE}-L_B$。

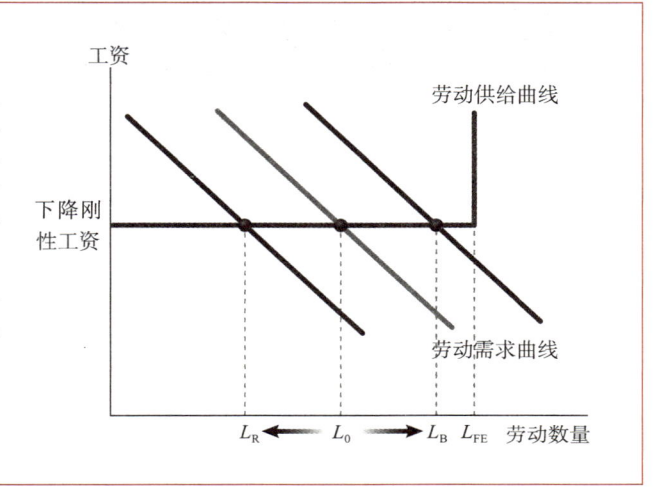

循证经济学

新冠疫情对美国的失业率和工资水平产生了什么影响？

- 2019 年底，一种新型冠状病毒开始传播。它后来被命名为 COVID-19，其中 CO 代表"冠状"，VI 代表"病毒"，D 代表"疾病"，19 则代表该病毒开始在人际间传播的年份。到 2020 年 1 月时，新冠病毒已传播至全球，但由于许多人都属于无症状感染，所以当时很难对此次大流行的范围做出充分评估。截至 1 月底，全球官方记录的新冠造成的死亡人数仅为 259 人。到 3 月初，大流行构成的威胁已经变得愈加明显，专家们此时预测，在疫苗得到开发、测试、制造和分发之前，会有数百万人死于新冠。封锁令和居家令接踵而至，但病毒占据了上风。截至 8 月底（本书付梓时），全球至少有 100 万人死于新冠，而且该病毒仍在四处蔓延。
- 美国自 2020 年 3 月起关闭学校和实施区域封锁，并且在整个春季急速强化此类措施。至 3 月底时，数千万消费者大幅削减了支出，州长们则要求众多企业暂停运营。酒吧、餐馆、航空公司、酒店和无数其他企业突然间失去了几乎所有的用户需求。
- 基于我们的概念框架，新冠疫情带来的经济影响主要在于造成了如图 9.13 所示的劳动需求曲线大幅左移。劳动需求短缺导致美国经济出现了过去 200 年所未见的急速

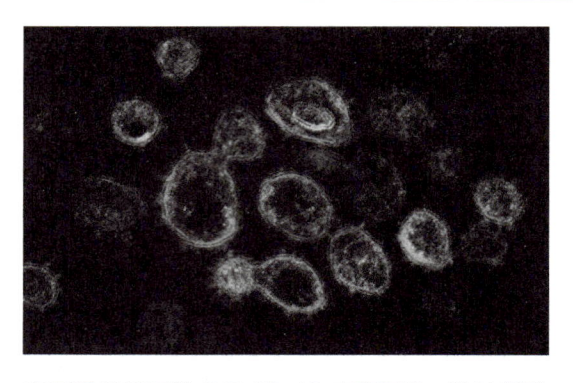

电子显微镜下的COVID-19病毒图像。这种新型冠状病毒于2019年12月开始传播，导致全球经济在2020年出现急剧衰退。

严重收缩。在典型的经济衰退中，失业率每月会上升约0.5%。在12个月的时间里，这将导致失业率总共上升约6个百分点。但在2020年，失业比以往任何时候都来得更快、更极端。仅在2020年3月这一个月内，美国的失业率就从4.4%跃升至14.7%，单月上升了10.3个百分点。这一巨大增幅要比一个典型深度衰退期间的单月增幅高20多倍。美国拥有1.645亿劳动力（2020年2月），失业率上升10.3个百分点意味着美国在短短一个月内就有大约1 700万劳动者失业。

- 如果你还记得前面所说的只有积极寻找工作的人才会被算作失业者，那就应该知道实际情况其实更糟糕。失业的劳动者如果不积极地寻找新工作，就不会被视为失业者。鉴于这一测算本身存在问题，我们可以换个办法来考察当时的经济困境的程度，那就是测算这一时期的失业保险申请人数。2020年3月15日至4月11日，美国有2 200万劳动者新提交了失业保险金申请。

- 我们的框架强调，在一个具有灵活工资的世界中，劳动需求的崩溃会导致均衡工资下降［见图9.11（a）］。但正如名义工资下降刚性的预测，这种情况并未在2020年发生。相反，工资下降刚性使得每位劳动者的工资保持了稳定，而正如图9.11（b）所示，经济调整主要集中于劳动需求曲线急剧左移所引发的失业方面。面对压力，企业选择的是裁员而不是大幅降薪。因此，劳动者最终面临的是这样两种极端后果：要么以原先的工资继续工作，要么被解雇。

- 矛盾的是，尽管出现了可怕的失业潮，但调查却显示在职劳动者的工资在疫情期间出现了上涨。大部分未失业者的工资都没有发生变化，是什么导致了某些人的工资上涨？低工资的人（比如餐厅服务员）比高工资的人更容易失业，因为后者可以远程工作，也可能从疫情期间对高科技产品和通信工具的需求增加中受益（比如谷歌、脸书或微软的员工）。这导致就业者的构成向高薪劳动者转移。正是持续就业者的工资下降刚性和低工资劳动者更为普遍的失业导致了就业劳动者在2020年春季的平均工资上升。

- 还有另外一个使工资保持稳定的因素。那就是，有部分劳动者不再意愿出来工作，而这导致了劳动供给曲线的左移。但相对于这一时期的失业规模，这一因素的影响并不大。大多数失去工作的人仍然希望以市场工资工作，他们只是无法在经济迅速萎缩的时期找到工作。

问题	答案	数据	注意事项
新冠疫情对美国的失业率和工资水平产生了什么影响？	2020年春天，美国失业人数急剧上升。在3月，美国失业率从4.4%上升到了14.7%。在四周时间内，有2 200万美国劳动者新申请了失业保险。然而，那些幸运地保住了工作的劳动者的工资几乎没有变化。	美国劳工统计局使用当前人口调查（CPS）收集就业、失业和工资数据。美国就业和培训管理局负责报告新的失业保险申请人数。	在新冠疫情所导致的经济衰退期间，低工资劳动者往往比高工资劳动者更容易失去工作，这使得关于工资的测算复杂化。此外在这次经济衰退期间，就业人口的构成也发生了变化。

总结

- 潜在劳动者被定义为16岁及以上的非机构平民人口。拥有全职或兼职带薪工作的人被归类为就业者，而没有带薪工作，但在过去4周内积极寻找工作且现时具备工作意愿及能力的人，则被归类为失业者。就业和失业的潜在劳动者构成劳动力，其余的潜在劳动者被定义为非劳动力。失业率是指失业人口在劳动力中的占比。

- 失业率会随时间发生剧烈波动。经济衰退期间和衰退刚刚结束时的失业率较高。

- 就业由劳动需求和劳动供给决定。由于劳动的边际产量递减和企业追求利润最大化，劳动需求曲线向下倾斜。相比之下，劳动供给曲线往往向上倾斜，因为更高的工资通常会鼓励劳动者向劳动市场提供更长的劳动时间。

- 竞争性劳动市场的均衡由劳动需求曲线和劳动供给曲线的交点给出。竞争均衡工资又称市场出清工资。

- 在一个所有劳动者都了解市场出清工资的竞争性劳动市场均衡状态下，失业率会非常低，因为每个愿意以市场出清工资工作的劳动者都能找到工作。不愿意以市场出清工资工作的劳动者将停止寻找工作，因此不会被算作失业。

- 摩擦性失业之所以存在，是因为劳动者需要耗费时间去了解劳动市场的状况并寻找适合自己的工作。即使在一个健康的劳动市场中也会有一些失业的劳动者，他们可能处于正在换工作的阶段，可能在失去之前的工作后还未找到新工作，也可能刚刚进入劳动市场，正在寻找其第一份工作。

- 结构性失业是市场工资高于市场出清工资并导致劳动供给量大于劳动需求量的结果。这通常被称为工资刚性。它可能源于劳动市场的某些制度，如最低工资法或劳资谈判。更重要的是，它可能来自效率工资或工资下降刚性。效率工资的出现是因为雇主为提高劳动者的生产率而愿意支付高于市场出清水平的工资。

工资下降刚性则是劳动者不愿接受减薪，从而使得工资不会因劳动需求曲线的左移而立即出现下降。

- 造成失业率波动的最重要原因是劳动需求曲线的变化。如果工资可灵活浮动，劳动需求曲线左移会降低就业和工资，但不会提高失业率，因为劳动市场已经出清。如果工资是刚性的，那么因为工资没有下降，同样的左移会造成就业量的更大幅度下滑，从而导致失业率上升。
- 自然失业率是一个健康经济体所具有的上下波动的失业率。长期失业率是历史平均失业率。由于结构性失业的存在，长期失业率往往高于自然失业率。周期性失业是指当前失业率和长期失业率的偏离。周期性失业在经济衰退时呈正数，在经济繁荣时呈负数。

关键术语

潜在劳动者	劳动需求曲线	劳资谈判
就业者	劳动供给曲线	效率工资
失业者	市场出清工资	工资下降刚性
劳动力	工作搜寻	自然失业率
失业率	摩擦性失业	周期性失业
劳动参与率	工资刚性	长期失业
劳动的边际产值	结构性失业	

问题

1. 失业统计数据由美国劳工部下属的劳工统计局测算和发布。
   a. 劳工统计局在什么情况下会正式把一个人归为就业者？什么时候会把潜在劳动者归为失业者？
   b. 以下术语的含义是什么？它们如何计算？
      i. 失业率
      ii. 劳动参与率

2. 解释下列个人是否会被算作劳动力的一部分。
   a. 简正在攻读全日制哲学博士学位，但周末空闲时会去养老院做志愿者。
   b. 克里斯汀为了有更多时间陪孩子而辞掉了记者的全职工作，现在在一家儿童杂志社做带薪兼职的工作。
   c. 在过去的4周内，哈里拒绝了一家公司的面试邀约。但最近他申请了另一份他自认为更适合自己的工作。

3. 观察图9.2。1948年以来美国三次最高的失业率分别是多少？它们是什么时候出现的？

4. 如何解释受教育程度相对较高的劳动者失业率较低？

5. 什么是劳动的边际产值？举例说明它是如何计算的。

6. 列举两个可能导致劳动需求曲线移动的因素。

解释为什么这些因素的变化会导致劳动需求曲线移动。
7. 为什么劳动供给曲线会向上倾斜，什么会导致劳动供给曲线的移动？
8. 一个健康的经济体的失业率会为零吗？
9. 什么是工作搜寻？它是如何导致摩擦性失业的？
10. 摩擦性失业和结构性失业有什么区别？
11. 有时，在生产中应用新技术会缩短劳动者完成一项任务的时间。技术革新也可能完全取代工厂劳动者的工作。这是否意味着技术进步将导致大规模失业？请解释你的答案。
12. 什么是工资刚性？列举两个可能增强劳动市场工资刚性的因素并解释。

循证经济学习题

1. 有人将2007—2009年这一段经济收缩时期称为"大衰退"。2020年新冠大流行期间的经济收缩则更为剧烈（但持续时间较短）。在经济衰退期，消费者对大多数企业的产品需求都会下降。根据经济理论，在存在灵活工资的情况下，劳动者工资会在经济衰退期间出现下降。
    a. 2007—2009年经济衰退期间和2020年新冠疫情引发的衰退期间，美国劳动者的名义工资是否出现了下降？
    b. 根据本章的讨论，解释为什么会这样。
    c. 名义工资的下降刚性对失业有什么影响？与灵活工资下的失业水平相比，名义工资的下降刚性是会提高还是降低失业率？
2. 在20世纪80年代，纺织品、服装、电子产品和计算机是北卡罗来纳州的罗利-达勒姆地区的主要发展产业。但在接下来的20年里，由于进口产品的竞争等因素，这些产业在美国都出现了萎缩，在包括罗利-达勒姆地区在内的美国很多地方，众多相关企业都倒闭了。为了使该问题更具体，我们假设有10万家企业，其中每家企业各有8名工人，因此在20世纪80年代末的总就业人数为80万。再假设每名（全职）工人的年工资为6.6万美元，其中的2 000家企业倒闭并不再招聘员工，且在这一段时间内没有出现新的企业。
    a. 又假设在罗利-达勒姆的其他9.8万家企业的劳动需求没有变化。请解释为什么2 000家企业倒闭会使劳动需求曲线左移。如果工资水平不发生变化（即每个全职工人的年工资仍为6.6万美元），罗利-达勒姆的就业会出现何种情况？
    b. 就业人数的下降是否会导致失业率的增加？这是自愿性失业还是非自愿性失业？
    c. 假设工资实际上降到了6.5万美元。你认为罗利-达勒姆的就业水平会如何变化？就业人数会超过78.4万吗？会超过80万吗？（可以通过绘图来回答最后部分的问题。）
    d. 假设在罗利-达勒姆，有1/4的就业人口是黑人劳动者，他们主要集中于纺织和服装行业。你认为由于这2 000家企业的倒闭，黑人的就业人数会下降多少？黑人的就业人数会减少4 000人，还是更多或者更少？

习题

1. 下表显示了美国2001—2011年的年均就业水平、失业水平和劳动参与率。使用给定的数据完成表格并回答以下问题。（注：成年人口指16岁及以上的非机构平民人口。所有比率均以百分比表示。）
    a. 美国的失业率在哪一年变化最大？如何解

年份	失业人数（千）	就业人数（千）	劳动参与率	就业率	失业率	劳动力	成年人口
2001	6 830 000	136 939 000	66.8%				
2002	8 375 000	136 481 000	66.6%				
2003	8 770 000	137 729 000	66.2%				
2004	8 140 000	139 240 000	66.0%				
2005	7 579 000	141 710 000	66.0%				
2006	6 991 000	144 418 000	66.2%				
2007	7 073 000	146 050 000	66.0%				
2008	8 951 000	145 370 000	66.0%				
2009	14 301 000	139 888 000	65.4%				
2010	14 815 000	139 070 000	64.7%				
2011	13 743 000	139 873 000	64.1%				

资料来源：美国劳工统计局所统计的年度平均值（系列：LNS12000000，LNS11300000，LNS130000000）。

释这一现象？

　　b. 使用劳动力规模和潜在劳动者的数据来计算 2002 年非劳动力成年人口所占的百分比。验证你的计算结果是否等于 1 减劳动参与率。

　　c. 你从数据中观察到了什么总体趋势？

2. 假设今年有 100 万移民进入美国，其中一些移民会从事房屋建筑方面的工作。

　　a. 绘图分析移民对劳动力供应的影响，以及由此产生的新的均衡工资和受雇劳动者数量。

　　b. 这些新移民也增加了对住房的需求。绘图分析由于住房需求增加而引起的房屋建筑业劳动力需求变化。若不考虑劳动供给的增加，均衡工资和受雇劳动者数量会如何变化？

　　c. 若同时考虑房屋建筑业劳动力的供给和需求变化，你认为均衡工资和受雇劳动者数量会如何变化？

3. 2012 年 4 月，巴扎尼亚国主流报纸《巴扎尼亚日报》发表了一篇题为"上一季度新增 2 万个就业岗位，失业率从 5% 飙升至 6.7%"的报道。为什么新岗位增加了巴扎尼亚的失业率反而会上升？

4. 一项新的研究显示，科技或给潜在劳动者带来进一步的休闲选择（如电子游戏），受教育程度较低的年轻男性会越来越多地待在家里玩电子游戏，而不是出来工作。[14]受教育程度较低的年轻男性的劳动参与率也同时出现下降。

　　a. 玩电子游戏的人数迅速增加，会是受教育程度较低的年轻男性劳动参与率下降的一个原因吗？还有什么其他因素可以解释这两个同时出现的趋势？请使用劳动市场均衡图（如图 9.8）并运用自愿性失业和非自愿性失业概念来解答该问题。

　　b. 这项新研究的作者还发现，这些年轻的男性群体都自称在 21 世纪头 10 年中的幸福感增加（根据社会综合调查）。这将如何影响你对 a 部分的解释？

5. 假设达喀斯特铝业公司是一家汽车行业的分包商，专门负责生产汽车零部件。它制造的一种支架单价为 1.5 美元。下表显示了在给定工时数内可以生产出的支架数量。假设公司只能按整小时雇用员工。

劳动小时数	支架产量
0	0
1	50
2	90
3	120
4	140
5	150
6	155
7	157

a. 求出每小时劳动的边际产量（支架个数）和边际产值（美元）。

b. 如果该厂付给劳动者的工资是每小时25美元，那么公司应该雇用劳动者进行多少小时的劳动？如果工资增加到每小时35美元呢？请解释。

c. 如果劳动者的工资是每小时35美元，但支架的价格下降到1美元，那么该厂应雇用劳动者进行多少小时的劳动？

6. 在美国国家经济研究局最近的一项研究中，研究人员考察了慷慨失业救济对当地失业率的影响。他们对比了一些相邻县的失业情况，这些县分属失业救济发放数额和期限不同的两个州。研究报告的作者发现，在大衰退期间，"那些延长失业救济期限的边境县的失业率出现了大幅上升"。为什么会出现这种情况？[15]

7. 美国劳工统计局按月编制与就业、失业相关的统计数据。

a. 在本章9.1的开篇，我们讨论了一个已失业17个月的劳动者所遭遇的挫折。请找出最近月（经季节调整）的失业平均持续时间数据。基于你的发现，17个月的失业期比平均水平高还是低？

b. 列举这名劳动者的失业可能被定义为摩擦性失业的原因。列举其失业可能被归为结构性失业的原因。

8. 近几十年来，世界各国都出现了青年失业危机。根据国际劳工组织的一份报告，2016年全球青年失业率是全球成人失业率的2.9倍。[16]

a. 在图9.10中，我们比较了低技能劳动者和其他劳动者的劳动市场曲线。假设曲线显示了22岁以上劳动者的劳动市场最低工资为10美元。请绘制新图说明，在相同的最低工资水平下，青年劳动市场可能会出现更严重的结构性失业。

b. 你如何区分自己在a部分中提出的两种不同解释：你需要哪些数据来检测这些不同的解释？

c. 一些国家，比如英国，试图通过降低20岁以下劳动者的最低工资标准来降低青年失业率。请讨论这可能如何影响青年失业率，将你的答案与a和b部分讨论的两种解释以及本章讨论的不同类型的失业联系起来。你认为降低青年劳动者最低工资标准以降低青年失业率的努力会奏效吗？

9. 下图显示了最低工资为每小时8美元的市场上的劳动需求和劳动供给情况。根据图回答以下问题。

a. 有多少劳动者会因为最低工资而失业？这是哪种类型的失业？

b. 如果最低工资低于6美元，那么劳动需求量和供给量会发生什么变化？

c. 当最低工资为10美元时，谁是赢家谁是输家？

d. 在美国，最低工资立法会对整体劳动力的失业率产生显著影响吗？为什么？

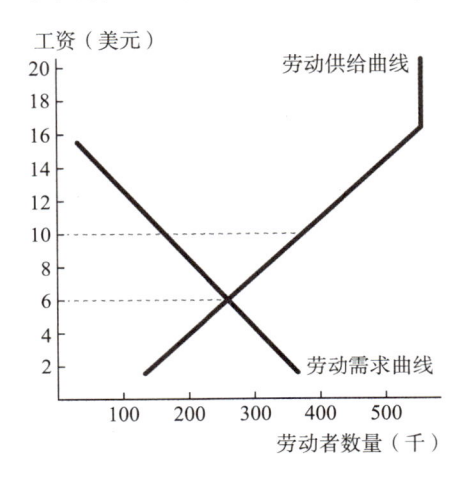

10. 收入所得税抵免（EITC）为低收入劳动者提供了可退还的税收抵免（从而减少了劳动者的纳税负担）。可获得抵免者必须有一份工作，抵免金额则取决于其婚姻状况、收入和子女数量。就对劳动市场的影响而言，扩大税收抵免与提高最低工资标准相比如何？前者会存在哪些潜在的不利方面？

11. 假设一半劳动者是白人，另一半是黑人。所有劳动者的生产率相同。分别绘制白人和黑人劳动者的劳动市场曲线图。标出其中的均衡工资和受雇劳动者数量。两个市场的均衡工资和劳动者数量相比如何？

    a. 现在假设雇主认为黑人劳动者的生产率低于白人劳动者。为黑人劳动市场绘制一条新的需求曲线以反映这一观点。它会如何影响对白人和黑人劳动者的劳动需求？均衡工资和受雇劳动者数量会如何变化？

    b. 歧视是否会影响结构性失业？

    c. 假设有些雇主正确衡量了黑人劳动者的生产率，有些雇主则没有。如果你是一名黑人劳动者，你如何才能避免因歧视而导致的低工资？

    d. 为什么歧视会导致额外的工作搜寻？

12. 大都会牛肉奶酪三明治公司在全美各大城市网点销售餐点。假设一些网点只能雇用白人店员，而另一些只能雇用黑人店员。所有店员的生产率都是一样的。一顿午餐的市场价格是10美元。下表显示了给定每小时值班店员数量下可提供的午餐数量。

店员/小时	产出/小时	感知产出/小时	劳动边际产量/小时	劳动边际产值/小时
1	25	20		
2	45	35		
3	60	45		
4	70	50		
5	75	53		

    a. 计算每小时的劳动边际产量，然后计算每小时的劳动边际产值。各网点每小时雇用的店员人数是多少？

    b. 假设第三列给出的是黑人店员的每小时感知产出。基于此错误感知计算每小时的劳动边际产量和每小时的劳动边际产值。在只有黑人店员的网点里，现在雇用了多少黑人店员？这和不存在错误感知情况下的受雇人数相比如何？

    c. 歧视是如何导致结构性失业的？

13. 根据相关网站的数据，加利福尼亚州硅谷地区III级软件工程师（软件设计与实现领域的高级职位）的平均工资为120 086美元。然而，谷歌向其III级软件工程师支付的平均工资为132 869美元。解释为什么谷歌会给相同领域同等职位的员工支付高于均衡水平的工资。

14. 下图显示了星巴克咖啡店员（咖啡师）的市场供求曲线。这个市场的每小时工资固定在7.25美元，且不能改变。

    a. 假设顾客因担心许多星巴克饮料热量过高而减少对星巴克产品的需求。用图表来解释咖啡师的就业情况会发生何种变化。

    b. 现在假设工资水平灵活可浮动。你对a部分的回答会有如何变化？

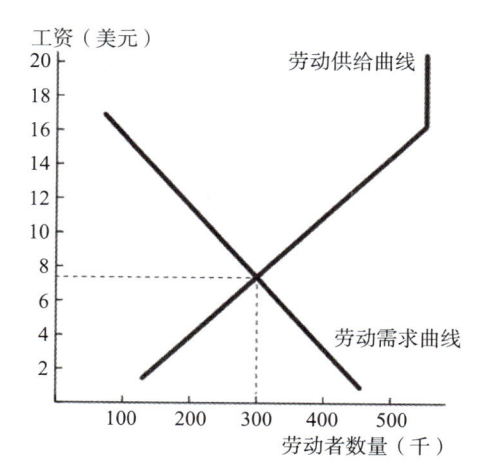

第 10 章　信贷市场

银行倒闭的频率有多高？

银行、保险公司和投资公司等金融服务企业希望客户相信它们信誉可靠、不会倒闭。它们试图用石柱和大理石大厅来传达这一信息。有时它们会选择一些暗含坚不可摧之意的名字，比如北岩银行（Northern Rock，英国五大抵押贷款银行之一）、贝莱德（Blackrock，美国上市投资管理集团，字面意思为"黑岩"）和黑石集团（Blackstone，美国规模最大的上市投资管理公司）等。行业领先的保险公司保德信给自己起了一个外号叫作"磐石"（The Rock），并使用山地要塞直布罗陀巨岩作为其企业标识。这些名字确实鼓舞人心，但金融机构是否真的坚不可摧？银行倒闭的频率有多高？

重要概念

- 信贷市场将借款者（信贷需求的来源）和储蓄者（信贷供给的来源）进行匹配。
- 信贷市场均衡决定实际利率。
- 银行和其他金融中介机构有三个关键职能：识别可获利的贷款机会、利用短期存款进行长期投资以及管理风险的数量和分布。
- 当银行的负债价值超过其资产价值时，银行就会失去清偿能力。

本章概览

10.1	10.2	10.3	EBE
何为信贷市场？	银行和金融中介机构：连接供需	银行的职能	银行倒闭的频率有多高？

10.1 何为信贷市场?

你现在有了第一个创业计划,且已经无暇顾及其他。你将成为自己公司的创始人和CEO(首席执行官)!你从现在开始需要认真干活儿。大多数新企业都会在5年内倒闭,你得竭尽全力避免你的企业成为其中的一员。

有一年夏天,你在一个建筑队工作,学会了如何安装屋顶太阳能电池板。于是你想要创建一家可再生能源公司,利用旧仓库、工厂、办公楼和公寓楼的闲置屋顶空间安装太阳能电池板。你如果想使用这些屋顶空间,需要向业主支付一小笔年费。你架设太阳能电池阵列,然后将能源出售给电网获利。你认识的每个人都喜欢这个商业计划,而且一些当地公司已经向你许诺,如果你能把公司做起来,他们就会把屋顶的使用权出售给你。

现在你需要筹集资金来购买或租用必要的设备。你还需要雇用员工、对他们进行培训,还要打广告。你算出自己需要大约50万美元才能启动业务。无论怎么说这都不是一笔小数目,但考虑到可从新业务中所获得的预期收益,你认为值得冒这个风险。另外你也想为延缓气候变化做一些事情。这项新业务可能是一种既能行善又能谋生的两全其美之法。

但你怎么才能筹集到50万美元?你的活期存款账户里肯定没有这么多钱,你的朋友也没有。你本打算向父母和祖父母开口,但接着你又想到,如果你的企业破产并导致某位家庭成员失去毕生的积蓄,那么你肯定会非常难受。到底该怎么办?

借款者和贷款需求

好消息是,你并不是唯一在寻求资金的人。每年,美国有数十万企业家,全世界有数百万企业家需要借钱创业,还有更多已在运营的企业也需要通过筹措资金来扩张现有业务或支付各种账单。

消费者也会借钱以购买汽车和房屋等大件商品,有些家庭需要借钱来维持暂时失业期间的开销,许多人需要借钱供自己或孩子上大学,几乎所有攻读商学、法律或医学研究生的人都是用借款支付学费的。我们把包括企业家、购房者和学生在内的借款主体称为**债务人**,他们所借入的资金被称为**信贷**。

大多数企业和个人从银行获得贷款,但信贷市场的组成远不止银行,还包括一些非银行机构以及商业借贷市场。成熟大型企业通过商业借贷市场来获得大额贷款。

借款当然不是免费的,借款人需要支付利息。借款的初始金额被称为本金。**利率**是借款者在偿还本金之外,需要(在满一年时)为每1美元贷款支付的额外费用。也可以说,利率就是一笔1美元贷款的年度成本。

现在我们把1美元的贷款增加到 L 美元。借款者需要为 L 美元贷款支付的利息总额是贷款金额乘利率。换句话说，如果你借了 1 年期利率为 i 的 L 美元，1 年后你要偿还本金 L 美元加上 $i \times L$ 美元的利息。为了和实际利率区分开来，我们把利率 i 称为**名义利率**。我们接下来也会定义实际利率。

现在让我们回头看看你的重磅商业计划。你对自己的计划有足够的信心，愿意以 10% 的利率获得贷款。这意味着为了获得 50 万美元的贷款，你愿意每年支付 5 万美元（50 万美元 ×10%=5 万美元）的利息。事实上，你非常自信，即使必须支付 20% 的利息，你也会接受这笔贷款。

但如果利率是 50% 呢？对 50 万美元的贷款而言，每年 25 万美元的利息是相当高的。在这样的利率下，你的利润可能所剩无几。也许你应该缩减你的计划，少贷一点儿款。你也许不再想招聘一个 20 人的团队，而是打算先和几个同事把事情搞起来。

如果利率是 100% 呢？一年后本金加利息将是 100 万美元（50 万美元 +50 万美元）。也就是说，你需要还的钱是你借的钱的两倍。如果是这样，你或许就应该完全忘记创业这回事。我们很难想象一个必须以这种方式融资的企业还能赚到钱。

实际上，大多数企业并不需要以 50% 或 100% 的贷款利率借款。我们举这些例子只是为了解释为什么利率上升会导致信贷需求下降。随着利率的上升，愿意支付高额利息来获得信贷的企业和个人会越来越少。

实际利率和名义利率

到目前为止我们还没有提到通货膨胀率。通货膨胀率指的是整体经济中物价上涨的速度。事实证明，通货膨胀率会深刻影响家庭和企业的借贷意愿。为了说明通货膨胀率为何如此重要，我们来看这样一个例子，假设你为了给自己的公司融资，以 10% 的名义利率借了 50 万美元。10% 的名义利率意味着 1 年后你必须偿还 5 万美元的年度利息（而且你还有 50 万美元的本金欠款）。如果一个太阳能装置每年能产生 2.5 万美元的能源销售额，那么为了获得足够支付 5 万美元利息的年能源销售额，你需要安装两个屋顶的太阳能电池板：

2.5 万美元的能源销售额 / 屋顶 ×2 屋顶 =5 万美元的能源销售额

我们再假设所有的价格（包括能源价格）都翻倍，你每年的能源销售收入也翻了一番，即从每次安装获得 2.5 万美元增加到每次安装获得 5 万美元。现在，你只需要安装一个屋顶的太阳能电池板就可以支付你所欠的利息：

5 万美元的能源销售额 / 屋顶 ×1 屋顶 =5 万美元的能源销售额

通过这个例子我们可以看出，价格翻番使你更容易偿还你所欠的债务。这个例子说明了一个普遍的观点：在其他条件不变时，通货膨胀率越高，企业销售的商品和服务价格就会越高，在给定的名义利率下偿还贷款就会越容易。

上述例子说明了为什么我们在思考偿还贷款的能力时必须考虑通货膨胀的影响。事实上，我们有一个能够根据通货膨胀影响来调整名义利率的公式。要推导这个公式，我们要注意到名义利率是你所欠贷款，即以名义美元计算的本金加利息的年增长率。例如，如果名义利率是10%，那么你在一年期满时名义美元欠款额就会比一年期初始时多10%。通货膨胀率是物价总水平的年增长率。要计算实际美元（即经通货膨胀调整的美元）下的欠款增长率，你需要从你名义美元下的欠款增长率中减去通货膨胀率。因此在实际美元下，你的欠款增长率为：

$$名义利率 - 通货膨胀率 = i - \pi$$

在这个方程中，π 表示通货膨胀率。我们用符号 r 表示按通货膨胀调整后的利率，因此：

$$r = i - \pi = 实际利率$$

这个方程中，$r = i - \pi$ 表示的是**实际利率**，因为它去除了通货膨胀的影响。这个公式被称为费雪方程式，是因纪念欧文·费雪（1867—1947）而得名。费雪的研究强调了名义利率和实际利率之间的区别。[1]

下面是费雪方程式应用的一个例子。如果名义利率是5%，通货膨胀率是2%，那么实际利率为：

$$5\% - 2\% = 3\%$$

追求优化的经济主体会使用实际利率 r 来考虑贷款的经济成本，因为他们想知道贷款会产生什么样的实际增长。我们将在第11章回到这个方程，并讨论通货膨胀预期在考虑实际利率时的作用。

名义利率与实际利率之间的关系与我们在第5章中讨论的名义 GDP 增长与实际 GDP 增长之间的关系非常相似。为了将名义 GDP 增长率转化为实际 GDP 增长率，我们用名义 GDP 增长率减去通货膨胀率。同样，为了把名义利率转换成实际利率，我们用名义利率减去通货膨胀率。这两种调整都是由同样的经济逻辑驱动的，即关注实际购买力的增长，而不是名义美元的增长。它们都是用名义增长率（名义 GDP 增长率或名义借款的增长率）减去总体价格增长率。

信贷需求曲线

由于真正影响企业和个人决策的是实际利率 r，所以对信贷的需求也会是实际利率的函数。**信贷需求曲线**反映了信贷需求量与实际利率之间的关系。

图 10.1 绘制了信贷需求曲线，其中 x 轴表示信贷需求量，y 轴表示实际利率。实际利率越高，信贷需求量就会越低，因此信贷需求曲线向下倾斜。正如上述对初创太阳能公司的讨论所显示的，公司为借款支付的利息越高，借款者的利润就越低。因此，利率越高，借款者就会越少。这在概念上与其他需求曲线是一样的：当胡萝卜、鱼子酱或其他任何商品的价格上涨时，消费者往往都会减少购买量。信贷也是如此，只不过信贷的实际"价格"就是实际利率。信贷需求曲线的陡峭程度反映了实际利率与信贷需求量之间关系的敏感程度。

图 10.1 信贷需求曲线

注：x 轴表示信贷需求量，y 轴表示实际利率。随着实际利率上升，信贷需求量下降。这是沿着信贷需求曲线的变动。

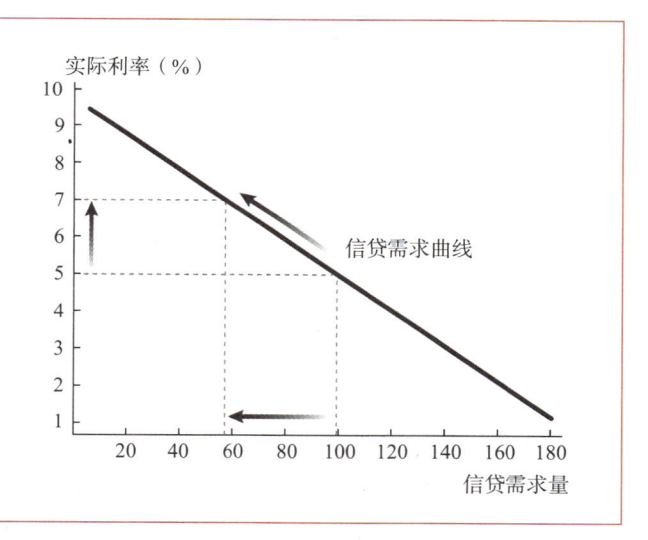

（1）当信贷需求曲线相对陡峭时，信贷需求量不会随着实际利率的变化而发生太大变化。

（2）当信贷需求曲线相对平坦时，信贷需求量对实际利率的变化相对敏感。

我们已强调实际利率是图 10.1 的 y 轴上的数值，你可以把它看作借款的价格。需要记住的是，几乎所有贷款都是以名义利率发放的。例如，当你为你的豪华轿车公司申请贷款或为购买新房子而申请抵押贷款时，银行报给你的都是名义利率。几乎所有企业都是如此。然而，正如我们所看到的，与优化决策相关的是（根据通货膨胀率调整的）隐含实际利率。在接下来的几章中，实际利率将成为我们宏观经济分析中的一个核心概念，特别是长期借贷（如 30 年期抵押贷款或 10 年期企业贷款）的实际利率。目前，我们主要关注实际利率与信贷需求之间的关系。我们将在第11章回到对名义利率与实际利率关系的讨论。

在使用信贷需求曲线时，重要的是要将沿着信贷需求曲线的变动（如图10.1所示）和信贷需求曲线的移动仔细区分开来。我们在第4章首次介绍需求曲线时就讨论过这种区别，它在此处仍然适用。图10.2展示了信贷需求曲线的移动。许多因素会导致信贷需求曲线移动。

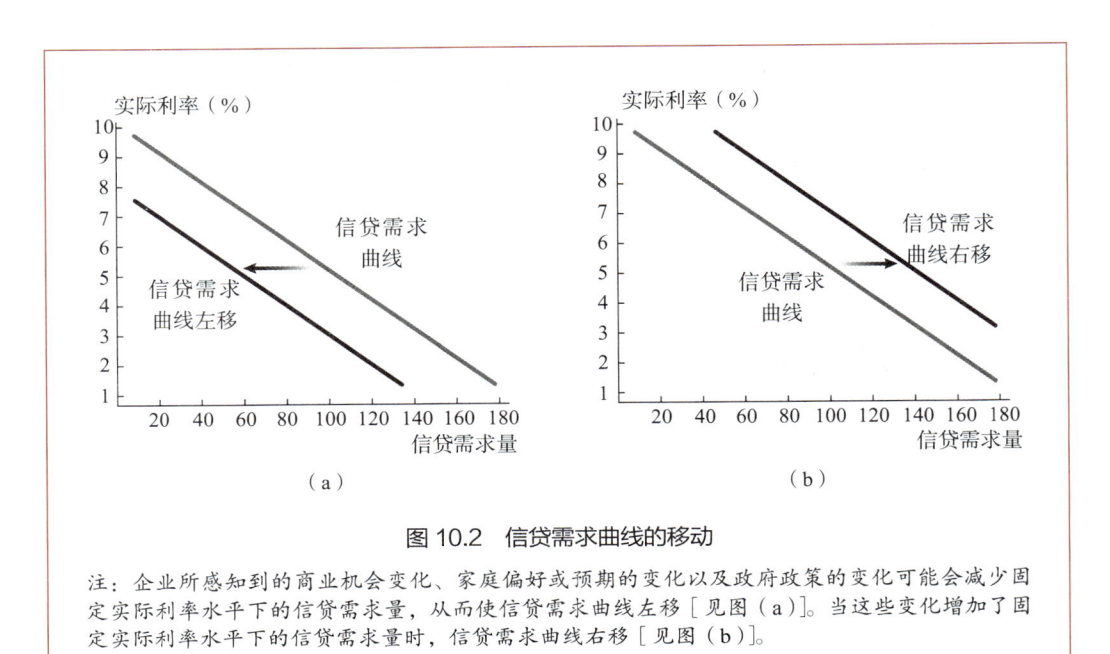

图 10.2　信贷需求曲线的移动

注：企业所感知到的商业机会变化、家庭偏好或预期的变化以及政府政策的变化可能会减少固定实际利率水平下的信贷需求量，从而使信贷需求曲线左移［见图（a）］。当这些变化增加了固定实际利率水平下的信贷需求量时，信贷需求曲线右移［见图（b）］。

- **企业所感知到的商业机会变化**。企业通过贷款来获得扩张资金。例如，如果像亚马逊这样的企业注意到越来越多的消费者正试图网购各类消费品，那么它们就会扩张运营，其对仓库的需求也会提升。于是亚马逊可能会借钱来购买或租赁更多的仓库，其信贷需求曲线也因此右移。如果其他企业也有类似趋势，并以给定实际利率增加信贷需求，那么市场（或总）信贷需求曲线将向右移动。
- **家庭偏好或预期的变化**。家庭进行借贷的原因多种多样：买房、买车、买大屏幕平板电视，或者支付大学学费等。如果家庭偏好发生变化，想要消费更多的此类商品和服务，他们就会愿意进行更多借贷。同样地，当对未来更加乐观时，他们也会更愿意借钱，因为预期自己在未来会有能力偿还这些贷款。家庭偏好或预期的这种变化将使市场信贷需求曲线右移。同样，如果家庭对未来的预期变得更加悲观，那么在任何利率下预期借款都会削减，而这会使市场信贷需求曲线左移。
- **政府政策的变化**。政府每年在信贷市场上的借款经常会发生大幅波动。例如，

2007年美国政府的赤字为0.4万亿美元，这意味着它从信贷市场借入了0.4万亿美元。随着2007—2009年经济衰退的加剧，家庭和企业收入下降，这种情况反过来又减少了政府的税收。与此同时，为了帮助陷入困境的家庭和刺激不断萎缩的经济，政府不断增加开支。到2009年，美国政府的赤字达到1.5万亿美元。在2020年经济衰退期间，美国出现了更大的政府借贷浪潮。尽管在本书写作时（2020年9月）完整数据尚未出炉，但美国政府在2020年的借贷金额恐将超过3万亿美元①。在其他条件保持不变时，政府借款的增加将使市场信贷需求曲线右移。最后，政府的税收政策也可能导致信贷需求曲线的移动。有时，政府通过减少税收或直接补贴来刺激实物资本投资。此类减税或补贴也会使市场信贷需求曲线右移。

储蓄决策

银行向希望借款的企业和家庭提供信贷。那银行放贷的资金又是从何而来呢？

拥有多余现金的经济主体会将他们的钱存入银行。银行用这些现金发放贷款。从这个意义上说，银行扮演着撮合储蓄者和借款者的中间人角色。银行并不是信贷市场上唯一的中间人。许多不同类型的机构在将有储蓄意愿的人与有借款需求的人或公司联系起来方面发挥着关键作用。我们将在本章后面列举部分此类机构。

让我们暂时忽略那些充当中间人的机构，把注意力集中在储户，也就是储蓄者身上，他们是借款者最终所获得资金的初始来源。因为更愿意把钱花在未来而不是今天，所以储蓄者拥有愿意出借的资金。当然，他们也可以把钱藏在床垫下，或者把钱埋在荒岛上的棕榈树下。

信贷供给曲线

有存款的人和企业通过把钱出借给银行或其他金融机构来获得利息。在某些情况下，这种"出借"的形式是将钱存入银行，以换取储蓄账户上的利息。储蓄者愿意以这种方式借出多少钱？要回答这个问题，我们需要理解储蓄者的优化行为。

储蓄源于一种自然权衡：人们可以把收入花在今天的消费上，也可以存起来用于未来消费。因为储蓄需要放弃当前的消费，所以人们只有在得到有价值的回报时才会储蓄。实际利率是人们因存钱而得到的回报，因为

埋藏的财宝不生息。储蓄账户则会生息。

---

① 当年美国实际赤字为3.1万亿美元。——译者注

今天存的 1 美元，在一年后的购买力是 1+r 美元，其中 r 是实际利率。换句话说，实际利率是当前消费的机会成本，也就是你基于未来的购买力而放弃的东西。因此，较高的实际利率会增加当前消费的机会成本，鼓励更高水平的储蓄。

然而，较高的实际利率实际上也可能会降低储蓄率。例如，如果实际利率相对较高，那么一个人年轻时的储蓄就会相对较快地增长，如此一来，年轻劳动者即便减少存钱金额，仍能实现积累一定数额退休储蓄金的长期目标。不过，请注意，在大多数情况下，高利率对储蓄的负面影响往往比之前我们讨论的（正面的）机会成本的影响要弱。换句话说，对大多数人来说，更高的实际利率会带来更高的储蓄率。

这使我们得出结论：描述信贷供给量与实际利率之间关系的**信贷供给曲线**是向上倾斜的。具体来说，更高的实际利率鼓励了更多的储蓄，增加了银行可以放贷的资金数量，从而增加了信贷的供给量。图 10.3 绘制了信贷供给曲线。

和之前一样，我们要仔细区分如图 10.3 所示的沿着信贷供给曲线的变动和如图 10.4 所示信贷供给曲线的移动。沿着信贷供给曲线的变动只对应储蓄者对实际利率变化的反应。信贷供给曲线的移动则源于实际利率不变的情况下，追求优化的经济主体储蓄动机的变化。

图 10.3 信贷供给曲线

注：x 轴表示信贷供给量，y 轴表示实际利率。随着实际利率上升，信贷供给量也随之增加。这是沿着信贷供给曲线的变动。

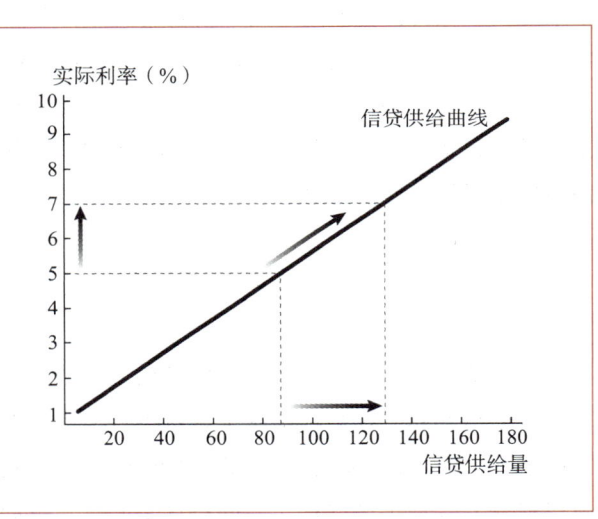

- **家庭储蓄动机的变化**。如上所述，家庭进行储蓄有很多原因，比如为退休而储蓄。但动机会随着时间的推移而发生变化，从而导致信贷供给曲线的移动。例如，如果一些家庭开始预测未来的经济会进入困难时期，他们就会存更多的钱，以做到有备无患。这将使信贷供给曲线右移。同样，人口结构变化也可以改变家庭的储蓄行为。例如，接近退休年龄的家庭，其储蓄率往往会上升。
- **企业储蓄动机的变化**。如果一家公司的支出（包括支付给员工的薪酬支出）低于其收入，它就会盈利。一些公司会通过支付股息等方式将这些收益返还给股

东。但有些公司会留存这些收益，将其存入公司的银行账户，以备未来投资。这种留存收益的规模会随着时间的推移而变化。当公司对未来为其业务活动提供资金的能力感到紧张时，它们会倾向于留存更多收益，而不是将其作为股息发放给股东。这使得信贷供给曲线右移，也是另一种未雨绸缪的储蓄方式。

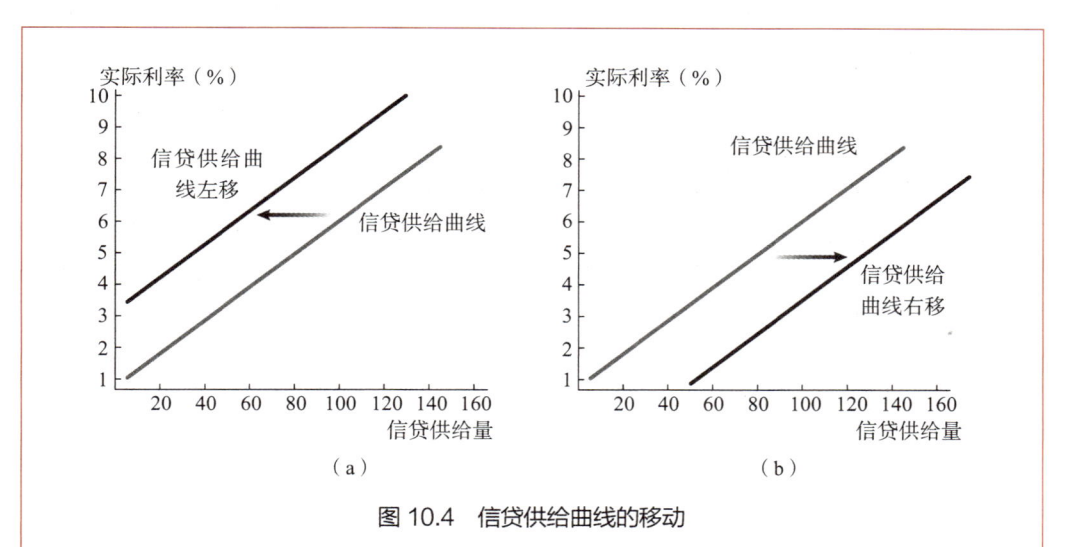

图 10.4　信贷供给曲线的移动

注：在固定实际利率水平下，家庭或公司储蓄动机的改变可能减少信贷供给量，使信贷供给曲线左移［见图（a）］。在固定实际利率水平下，当家庭和企业增加信贷供给量时，信贷供给曲线会发生右移［见图（b）］。

选择与结果

人们为什么要储蓄？

- 人们为未来储蓄的关键原因有五个。
- （1）人们为退休储蓄。退休后的收入往往远不及工作期间的收入。例如，在美国，普通家庭通过社会保障计划所获得的钱还不及退休前家庭收入的一半。如果你不想让退休后的消费水平急剧下降，就需要在退休前存下一些收入。大多数顾问建议，美国工薪家庭应将其收入的 10%~20% 存入退休储蓄账户。
- （2）人们"为孩子"存钱，例如为子女的婚礼或者上大学和读研究生之类的未来教育等存钱。一小部分父母也会在遗嘱中给孩子留下一大笔钱（此类赠予被称为遗赠）。
- （3）人们为一些可预见的大额支出而存钱，比如购房、耐用品（汽车）消费以及度假等。
- （4）人们为投资个人事业而存钱。小企业有时无法从银行或其他融资渠道获得贷款。银行的信贷主管可能不相信你所提出的最新且最伟大的商业理念。（如果你是银行的信贷主管，你会贷款给一个计划开一家屋顶太阳能电池板公司的应届毕业生吗？）在无法获得外部资金的情况下，小企业主必须用自己的积蓄来支持他们的颠覆性理念。
- （5）人们会存钱以备不时之需。你的屋顶可能会漏水，且维修费用高昂；你可能会失业；你可能有一笔不在保险范围内的巨额医疗费用。无论遇到以上哪种情况，你都需要一笔能帮你渡过难关的资金。在经济收缩期间，由于担心衰退加剧会导致失业，家庭的储蓄率往往会上升。在2020年经济衰退期间，美国的储蓄率急剧上升，这既是因为众多家庭在未雨绸缪，也是因为封锁导致他们都待在家里，进一步抑制了他们的支出。2020年1月，美国个人储蓄率为7.6%。但到4月，由于大部分经济处于封锁状态，个人储蓄率飙升至33.7%。此后，储蓄率又回归到原先的水平。

信贷市场均衡

图10.5同时显示了信贷供给曲线和信贷需求曲线，构建了一幅完整的信贷市场图景。**信贷市场**是借款者从储蓄者那里获取资金的市场，有时也被称为可贷资金市场。

图10.5 信贷市场均衡

注：信贷市场均衡是信贷供给曲线与信贷需求曲线的交点所对应的实际利率和信贷量。

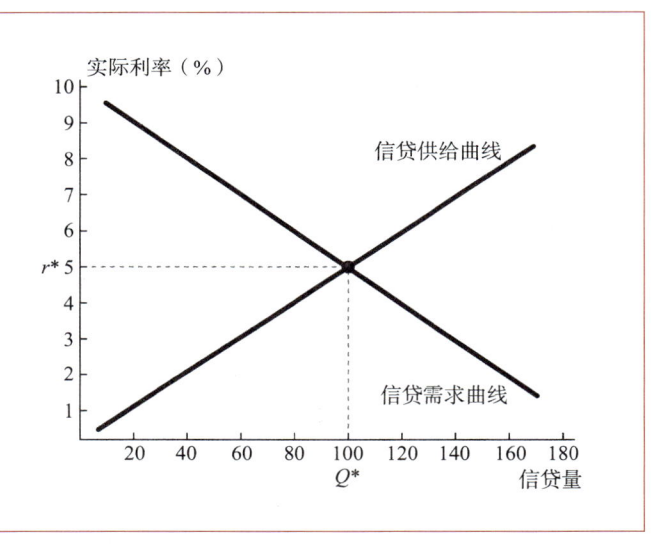

为了简化对信贷市场的分析，我们假设不同的借款者都有相同的违约风险。换句话说，所有借款者不偿还贷款的风险相同。这种简化意味着信贷市场将存在单一的均衡实际利率。（在真实市场中，为了补偿出借人，具有不同违约风险的借款者需面对不同的实际利率。)

与其他由供给曲线和需求曲线表示的市场一样,信贷市场的均衡是两条曲线的交点。这个交点决定了市场中的信贷总量(Q^*)和均衡实际利率(r^*)。在均衡实际利率下,信贷需求量等于信贷供给量。实际利率高于均衡水平将导致超额的信贷供给,这通常会给实际利率带来下行压力。实际利率低于均衡水平将导致超额的信贷需求,给实际利率带来上行压力。

为了理解这一点,请思考一下信贷需求曲线的变化会如何影响信贷市场均衡(见图10.6)。例如,假设政府对企业投资支出实行税收抵免,因此企业通过建造工厂或购买设备而投资的每1美元,都能获得30美分的税收减免。这种税收抵免降低了企业的投资成本,从而提高了净收益(即收益减去投资成本)。一家追求优化的企业会因此而增加在信贷市场借款(以进行工厂和设备投资)的意愿。信贷需求曲线会因此向右移动。新的均衡点对应着更高的实际利率(r^{**})和更多的信贷供给量与需求量(Q^{**})。

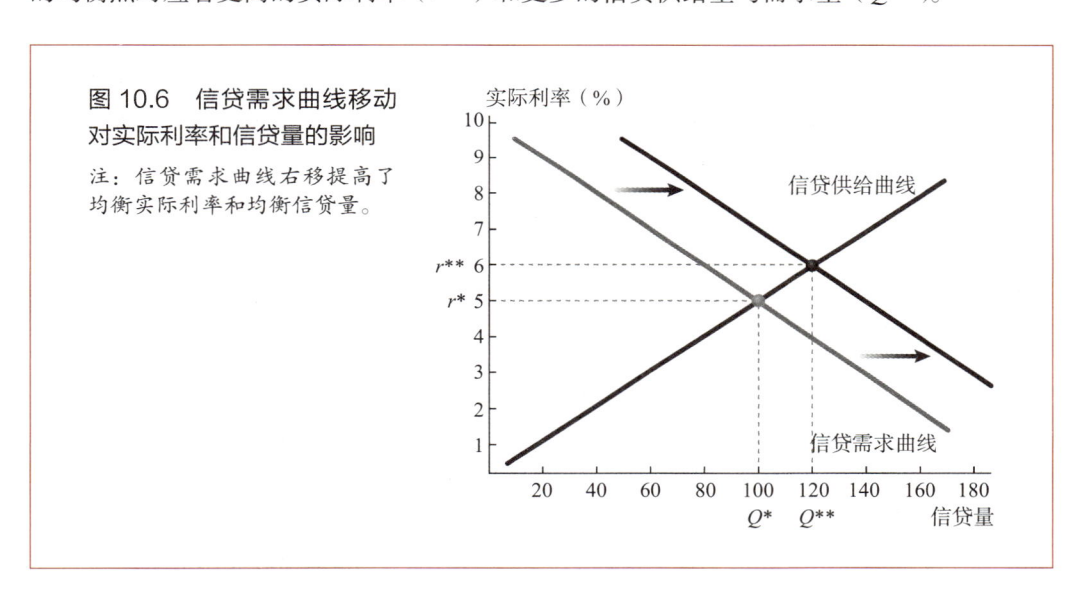

图10.6 信贷需求曲线移动对实际利率和信贷量的影响

注:信贷需求曲线右移提高了均衡实际利率和均衡信贷量。

信贷市场和资源的有效配置

信贷市场发挥着极其重要的社会作用。通过使储蓄者把多余的钱出借给借款者,信贷市场改善了经济中的资源配置。

我们可通过如下简单方法来理解这一点。假设不存在信贷市场,而你有1 000美元且想把这笔钱存到明年。你会怎么办?你可以把钱放在家中的保险柜里,也就是持有现金,但在这种情况下,到明年时你仍只有1 000美元。在没有通货膨胀的情况下,实际利率将为0。如果有通货膨胀,比如通货膨胀率是2%,你这笔钱的实际利率就会更糟,是-2%,因为通货膨胀侵蚀了你这笔钱2%的货币购买力。

我们也可以使用费雪方程式$r = i - \pi$来验证上面的例子。如果你这笔钱的名义利率为 0（$i=0$），那么实际利率 $r=0-\pi$。当通货膨胀率为 0（$\pi=0$）时，实际利率 $r=0-0=0$。当通货膨胀率是 2%（$\pi=2\%$）时，实际利率 $r=0-2\%=-2\%$。

你可以把钱借给你打算创业的表亲，以求得到一个比 0% 名义利率更好的结果。但除非你表亲碰巧是个有精明头脑的生意人，否则你还不如把钱藏在床垫下面。

你不知道可能还有其他需要这 1 000 美元的借款者（可能比你表亲更可靠！）。由于不存在信贷市场，他们中的许多人也会因为筹集不到必要的资金而受到影响。

信贷市场扮演的重要社会角色就是将你这样的储蓄者与借款者进行撮合。有了信贷市场，你存下的那 1 000 美元就可以获得比持有现金更高的回报，而那些能够善用这些资金的潜在借款者也将能够筹集到其所需要的资金。

10.2 银行和金融中介机构：连接供需

银行和其他金融机构是将信贷市场中的供给和需求双方连接在一起的经济主体。你可以这样想：当你把钱存入银行账户时，你不知道谁最终会使用它。银行把所有的存款集中起来，用这些钱来发放各种各样的贷款：向家庭提供信用卡贷款，向购房者提供抵押贷款，向创业者提供小额贷款，向通用电气、耐克和福特等成熟企业提供大额贷款。一些银行甚至向其他需要现金的银行发放贷款。

银行只是众多金融中介机构中的一种

许多不同类型的金融机构充当金融中介，将资金从金融资本的供给方（即储蓄者）引向金融资本的使用方。除银行外，金融中介机构还包括但不限于资产管理公司、对冲基金、私募股权基金、风险投资基金、构成"影子银行体系"的类银行企业，甚至包括当铺和提供发薪日贷款的机构。

美国的贝莱德集团、富达投资集团和先锋领航集团等资产管理公司使投资者能够利用其储蓄购买股票和债券等金融证券。当你购买一家公司的股票时，你是在购买该公司的所有权份额。当你购买债券时，你实际上是在把钱借给发行债券的公司。大多数投资者不是直接投资于个股和债券，而是投资于共同基金，而共同基金又投资于多样化的证券组合（股票型共同基金的股票组合、债券型共同基金的债券组合，以及混合型共同基金的股票和债券组合）。2018 年，美国所有共同基金的价值约为 17.7 万亿美元。[2]

对冲基金是一种由少数非常富有的个人或机构（如养老基金或大学捐赠基金）集资而成的投资工具。对冲基金倾向于采用具有一定风险的非传统投资策略，比如购买大片可用于种植树木的土地，或者购买陷入财务困境、近期股价大幅下跌的公司的股票。对冲基金收取的费用远高于共同基金。2018 年，美国所有对冲基金的价值约为 3.8 万亿美元。[3]

私募股权基金也是一种投资工具，通常也是由少数富有的机构集资而成。私募股权基金大多持有的是非公开交易的证券，换句话说，你无法在证券交易所购买这些证券。例如，私募股权基金可能会收购一家私人所有的公司，比如一个家族企业。或者，它们可能会通过购买一家上市公司的全部股份来将其私有化。2020年，美国所有私募股权基金的价值接近4万亿美元。[4]

风险投资基金是一种特殊的私募股权基金（约占所有私募股权基金的1/4）。它们投资的往往是那些刚刚起步，没有业绩记录的新企业。例如，1999年，凯鹏华盈和红杉资本两家风险投资基金以2 500万美元的价格收购了一家有着滑稽名字的初创企业20%的股份，这家公司就是前一年才成立的谷歌。截至2020年9月，20%谷歌股份的价值大约为2 000亿美元，这意味着每投资1美元就能获得8 000美元的回报。然而，风险投资是一种高风险的金融中介，绝大多数风险投资都是赔钱的。但一次成功所获得的巨额回报就可以补偿数百次的失败。

影子银行体系由成千上万的机构组成。这些机构不吸收存款，因此不是正式的银行，但它们筹集资金然后用这些资金发放贷款，因此从某种意义上说，它们扮演着与银行类似的角色。雷曼兄弟就是一家影子银行，该机构的破产可谓2008年金融危机的导火线。雷曼不接受普通存款，而是从保险公司等大型投资者那里获得贷款，之后再利用这些资金开展股票债券交易以及向企业发放贷款，此外雷曼还借助这些资金创造出众多的新金融产品，并将其出售给其他机构和富有的投资者。

经营一家银行是一项复杂的操作，而到目前为止，我们还把此事看得过于简单。在上一节讨论信贷市场时，我们假设出借人和借款者可以很容易地找到对方。但在现实生活中，对这两者的撮合极其复杂。银行是为出借人和借款者提供连接桥梁的组织，也正因此，它们被称为**金融中介机构**。从广义上讲，金融中介机构将资金从金融资本的供给方（比如储蓄者）引向金融资本的使用方（比如借款者）。

金融资本存在多种不同的形式，包括信贷（也被称为债务）和股权。当一个储蓄者将其存款变成信贷时，他就把自己的储蓄借给了另一个人，换来的是连本带息偿还贷款的承诺。当一个储蓄者把自己的存款变成股权时，他就利用其储蓄变成了一家公司的股东，这意味着他获得了公司的所有权和对公司未来利润的索取权。这些利润会以股息的形式支付给公司股东。

选择与结果

初创企业融资

- 幸亏有了风险投资，许多未经验证但前途无量的初创企业可以获得融资，它们不再需要向银行里那些因循守旧的信贷主管解释自己的商业计划。例如，在2020年9月时市值高达8 000亿美元的脸书，其崛起也要部分归功于风险投资。风险投资家、贝宝和科技公司Palantir的联合创始人彼得·蒂尔很早就认识到了脸书的价值。2004年，蒂尔投资了这家羽翼未丰的公司。2012年，蒂尔将自己的股票套现，他最初投资的每一美元都给他赚回来2 000美元。

- 越来越多科技初创公司的市值超过10亿美元。在向公众发行股票之前估值超过这一门槛的公司被称为独角兽。2020年，这些独角兽中就包括股票交易应用Robinhood、食品杂货配送服务商Instacart以及在线论坛Reddit等公司。为找到下一代独角兽，风险投资往往会大举押注。2019年，风险资本家仅向北美的企业就投资了1 079亿美元。[5]

- 如果你正在考虑自己创业，甚至想要打造自己的独角兽，可以不需要找风险资本家。如今，可以通过Kickstarter等网站进行"众筹"，向你的客户群或任何有钱可投资的人推销你的创意。例如，智能手表公司Pebble无法从风险资本家那里吸引到足够的资金，于是在2012年求助于Kickstarter。该公司的最初目标是融资10万美元，但最后它从热情的公众那里筹集到了1 000多万美元。2015年，Pebble又到Kickstarter网站，从超过7.5万名个人投资者手中额外众筹了2 000万美元。

- 不过，在决定投身创业之前，你需要注意的是，大多数初创企业，甚至是那些从风险资本家和众筹网站获得巨额融资的企业，最后都没能获得成功。近期最为著名的创业翻车公司当数Theranos。Theranos是一家由风险投资支持的血液检测公司，其估值在2014年就达到了90亿美元。但到了2016年夏天，Theranos开始接受多项刑事调查，其32岁的创始人兼CEO只能眼睁睁看着公司崩塌。当人们发现Theranos在其血液检测技术的能力上误导了投资者和政府监管机构时，该公司的价值蒸发殆尽。初创企业生存不易，独角兽企业也不能幸免。

银行资产负债表中的资产和负债

要了解银行的职能，我们可以首先看一下汇总了银行资产和负债的资产负债表。资产包括银行的投资、银行持有的政府证券，以及借款者的银行欠款（借款者包括从银行获得贷款的家庭和企业）。银行的负债包括储户和其他资金出借人对银行的债权。例如，当一个家庭在银行存款1万美元时，该存款便是银行的一笔负债，即银行欠储户的钱。

这种关于资产和负债的报表被称为资产负债表，因为它的建立是为了使资产和负债达到一对一的平衡。我们可以试着用"有"和"欠"这两个字来厘清资产负债表——资产负债表说明了银行有什么（资产）和欠什么（负债）。

表10.1总结了花旗银行2019年年末资产负债表的一些关键特征。该表遵循了资产列在左、负债列在右的惯例。右边的一列还包含了所有者权益。所有者权益被定义为总资产减去总负债，它表示的是公司所有者（股东）所持股份的价值。下面让我们更详细

地研究一下构成资产负债表的资产和负债的关键类别。

表 10.1 花旗银行资产负债表（2019 年 12 月）

资产（亿美元）		负债和所有者权益（亿美元）	
准备金	1 750	活期存款	10 710
现金等价物	7 210	短期借款	4 370
长期投资	10 550	长期债务	2 490
		总负债	17 570
		所有者权益	1 940
总资产	19 510	总负债 + 所有者权益	19 510

资料来源：花旗银行，2019 10-K。

资产

花旗银行的资产分为三类：准备金、现金等价物，以及长期投资。

（1）**准备金**包括银行库存现金（例如花旗银行在其金库中持有的纸币和硬币）以及银行在中央银行存放的准备金。请注意，在本例中，花旗银行的准备金存放在美国联邦储备银行，美国联邦储备银行是一家由政府运营的银行，普通银行通过其在美国金融体系内进行转账。在本例中，你可以将花旗银行在联邦储备银行的准备金视为花旗银行在联邦储备银行的"存款"。这些"存款"归花旗银行所有，可随时用于花旗银行需要向其他银行支付的任何款项。在第 11 章中，我们会对美国联邦储备银行做更多的介绍，届时我们将了解为什么银行需要把钱存放在这里。在表 10.1 中，包括库存现金和在联邦储备银行的存款在内，花旗银行的准备金共计 1 750 亿美元。

（2）**现金等价物**是花旗银行可以立即获得的无风险流动资产，例如在其他私营银行的存款等。不存在价值波动的资产即为无风险资产。如果一项资产能够迅速且无阻碍地转换为现金，且价值几乎或完全没有损失，那么它就是流动资产。在表 10.1 中，花旗银行总资产中的现金等价物为 7 210 亿美元。

（3）**长期投资**主要包括发放给家庭和企业的贷款，也包括银行用于业务运营的房地产的价值，如银行分支机构和公司总部。花旗银行总资产中的长期投资为 10 550 亿美元。

负债和所有者权益

在表 10.1 中，花旗银行的负债和所有者权益分为四类：活期存款、短期借款、长期债务和所有者权益。

（1）**活期存款**是储户"借给"银行的资金。大多数储户并不认为这是给银行的贷款，而认为是向活期账户的存款。这些存款之所以被称为活期存款，是因为储户可以随时通过 ATM 机、银行柜台、支票或使用借记卡购物等方式取钱。尽管活期存款是"银行里的现金"，但因为这是银行欠储户的钱，所以从银行的角度来看这就是负债。花旗银行欠储户 10 710 亿美元的活期存款。我们将在本章后面更详细地讨论这些问题。

（2）**短期借款**包括花旗银行从其他金融机构获得的短期贷款。这些贷款都是花旗银行债务的一部分，需要在一年内偿还。其中一些是花旗银行第二天就需要偿还的隔夜贷款！通常，这样的隔夜贷款每天都要转存一次，这意味着花旗银行在偿还隔夜贷款后会立即向同一出借人借贷新的隔夜贷款。对短期债务的严重依赖会使银行体系变得脆弱。如果出借人突然开始担心花旗银行将难以偿还短期债务，那么花旗银行可能难以借入新资金，进而导致其日常业务资金出现短缺。尽管存在这些风险，为了保持运营，花旗银行还是借入了 4 370 亿美元的短期债务。

（3）**长期债务**是指花旗银行在一年或更长时间内应偿还给向花旗银行贷款的机构（花旗银行的债权人）的债务。花旗银行有 2 490 亿美元的长期债务，占其总债务的 14%。这一比例与资产负债表的资产部分形成了鲜明对比，花旗银行的资产中有近 54% 是长期资产。长期债务和长期资产之间的差异为银行带来了一个风险来源，我们将在本章后面探讨这个问题。

（4）**所有者权益**是指银行总资产与总负债之间的差值。

$$总资产 - 总负债 = 所有者权益$$

如果会计师的计算全部正确，这个差值就等于公司的估计价值或者花旗银行股票的总价值。

我们可以重新整理这一恒等式：

$$总资产 = 总负债 + 所有者权益$$

观察这个等式，你会发现资产负债表的两边（左边和右边）的总数是匹配的。鉴于会计师对所有者权益的定义方式，资产负债表上的负债部分和资产部分始终是完全平衡的。

10.3 银行的职能

利用银行的资产负债表，我们可以识别出银行作为金融中介机构所履行的三种相互关联的职能。

（1）识别可盈利的贷款机会。

（2）通过期限转换将短期负债（如存款）转化为长期投资。

（3）通过多样化策略管理风险，此外它还可以将风险从储户转移至银行股东，甚至在某些情况下转移至政府。

我们将依次讨论这三种职能。

识别可盈利的贷款机会

银行的主要职能之一是找到信誉良好的借款者，并将储户的储蓄提供给他们。由此，银行将信贷市场的两方连接在一起。银行之所以有能力做到这一点，是因为银行具有放贷意愿，因此能吸引大量潜在借款者，并从中择优而贷。银行雇用了大批投资专家和信贷人员，他们都接受过如何识别最佳贷款申请的训练。

期限转换

如表 10.1 所示，在花旗银行的资产负债表右侧所列负债中，86% 都是短期负债（由活期存款和短期借款构成），而在左侧所列资产中，短期投资仅占 46%（另 54% 的资产为长期投资）。花旗银行已将其大部分短期负债转化为长期资产。

期限是指必须偿还债务的时间。活期存款的期限是 0 年，因为储户可以随时取回自己的钱。相比之下，当银行向借款者发放贷款时，此类贷款的期限通常从几年到 30 年不等。将活期存款等短期负债转化为长期投资，即为**期限转换**。

期限转换使得社会能够进行重大的长期投资。但这也意味着，银行可能会出现存款的短期期限与贷款的长期期限之间的错配。如果有大量的储户同时要求取款，这种期限错配就可能会让银行陷入麻烦。当短期储户想把钱取回时，银行不可能轻松地收回长期贷款。为了确保能够满足储户的取款要求，银行不会把所有的存款借出。它们会将存款池的一部分作为准备金，或持有其他形式的现金等价物。

银行有大量的储户，但通常只有一小部分储户会在某一天需要取钱。银行也充分利用了多数情况下现有存款提取和新存款流入大致相互抵消的这一特性。因此，银行通常只需要一小部分准备金就可满足存款的净提取。这使得银行能够将大部分活期存款用于长期投资。

风险管理

银行承诺储户永远不会有任何损失。这是一项非比寻常的承诺，因为银行会用储户的存款发放有风险的贷款。例如，银行经常投资有风险的抵押贷款，即向家庭提供的购房贷款。在 2007—2009 年金融危机初期，美国银行所持住房抵押贷款中约有 12% 出现了还款拖欠或违约。

银行通过两种方式管理风险。首先，它们持有多样化的投资组合：一家典型的银行不仅投资抵押贷款，还会投资各种不同的资产，包括商业贷款、向其他金融机构发放的贷款和政府债券。多样化的投资组合非常有用，因为银行的所有不同资产不太可能同时表现不佳。

但仅凭分散投资本身并不足以管理风险，因为有时即使是一组多样化的资产，也存在很大一部分表现不佳的可能。在2007—2009年的金融危机中，大多数类型的资产都出现贬值。但即使在这样极端的情况下，储户的存款也仍然是安全的，因为银行还有第二种风险管理策略——将风险转移给股东，以美国为例，在严重的金融危机期间甚至可以将风险最终转移给美国政府。

为了理解风险是如何被转移的，我们可以简单分析一下，如果一家银行的长期投资损失了10%，它的资产负债表会发生什么变化。为了简化分析，我们假设一家银行的总资产恰好为110亿美元，其中10亿美元为准备金与现金等价物，其余的100亿美元为长期投资。

表10.2（a）显示的是一张原始资产负债表，表10.2（b）显示的则是有两处变化的新资产负债表。首先，长期投资的价值下降了10%，即10亿美元。其次，所有者权益

表10.2 资产负债表示例（单位：亿美元）

（a）出现投资损失之前			
资产		负债和所有者权益	
准备金和现金等价物	10	活期存款	90
长期投资	100		
		总负债	90
		所有者权益	20
总资产	110	总负债+所有者权益	110
（b）投资损失10亿美元之后			
资产		负债和所有者权益	
准备金和现金等价物	10	活期存款	90
长期投资	100−10=90		
		总负债	90
		所有者权益	20−10=10
总资产	110−10=100	总负债+所有者权益	110−10=110

注：在表（a）中，该银行拥有110亿美元的资产和20亿美元的所有者权益。在表（b）中，由于所有者权益被定义为总资产减去总负债，所以银行资产价值减少10亿美元使所有者权益减少至10亿美元。

价值减少了 10 亿美元。我们之前讲过，所有者权益被定义为总资产和总负债的差值。由于活期存款的价值没有改变（这些存款是银行对储户的合同承诺）但资产的价值下降了 10 亿美元，因此所有者权益的价值也必须下降 10 亿美元。

这个例子说明，只要所有者权益大于零，股东就会承担银行面临的所有风险。换句话说，只要银行的资产超过其负债，资产价值的每一项变化都会被股东一对一吸收。

当银行资产价值低于负债价值时，所有者权益为零。这时，这家银行欠的钱就超过了它拥有的钱。大约在这个时候，政府就会出手关闭银行。美国政府的银行监管机构——联邦存款保险公司（FDIC）会介入并接管银行。联邦存款保险公司可以选择：（1）关闭银行并向储户支付款项；（2）将银行转让给新的所有者。

美国联邦存款保险公司的印章。联邦存款保险公司成立于 1933 年。2018 年，联邦存款保险公司为美国 4 708 家银行提供存款保险。

在第一种情境下，联邦存款保险公司会接管银行的资产，并向所有在该银行存款的个人全额支付不超过 25 万美元的款项；25 万美元以下的存款获得了联邦存款保险公司的"全额保险"。如果有充足可用资金，联邦存款保险公司也会对超过 25 万美元上限的存款进行支付。然而，这个方案中并不包括大多数其他债权人和银行的所有股东，这意味着他们得不到任何补偿。

然而，更常见的情况是联邦存款保险公司不向储户支付，而是安排一家运营良好的银行迅速接管。接管银行通常会保护所有的存款，包括那些超过 25 万美元的存款。但在大多数情况下，股东们还是一无所得。银行只不过是换了一个不同的名字，会在下一个工作日照常营业。如果这家倒闭银行的储户不留心，他们会以为什么都没有发生过。

这些策略并非没有代价。在某些情况下，这些破产银行会有超过其资产价值的负债，其中主要是活期存款。用专业术语讲，这些破产银行**失去了偿付能力**，即其资产价值低于负债价值。相比之下，接管这些银行的经营良好的银行**具备偿付能力**，即其资产价值高于负债价值。除非有一定的财务诱因，否则经营良好的银行不会愿意接管破产银行的业务。所以联邦存款保险公司必须提供相应的好处。

在 2007—2009 年的金融危机中，银行倒闭使联邦存款保险公司损失了 1 000 多亿美元。而且这还不是全部。美国所有银行的储户都在变相地为这些银行的倒闭买单，因为用于救助的资金就来自联邦存款保险公司向所有银行收取的存款保险费。这些保险费是做生意的成本（换句话说就是吸收存款的成本），降低了银行支付给储户的利率。

银行挤兑

专门从事抵押贷款业务的英国北岩银行在2007年底发现筹集资金越来越困难。这引发了150年来英国第一次银行挤兑。几个月后，北岩银行倒闭，被英国政府接管。

银行的期限转换和风险转移职能固然对社会有益，但也带来了一些风险。其中最主要的风险是期限转换导致银行的许多资产变得缺乏流动性，也就是说，通过将短期负债转变为长期的非流动性资产，银行实际上锁定了它可能需要在短时间内归还储户或其他债权人的资金。

当银行业出现恐慌时，相当一部分储户可能会同时试图提取存款。如果银行的资产大多是长期的非流动性资产，银行可能很难拿出支付这些提款所需的现金。当这家银行现金短缺的消息传开，更多储户会为了那所剩无几的现金而发起提款。

通过这种方式，==银行业恐慌可能会演变为一场自我实现预言式的危机。==异常大量的取款会减少银行的现金，而这种现金短缺会导致更多的取款，因为储户会在银行的现金完全耗尽之前争相提取存款。即便是之前经营状况良好的银行也会在经历这种恐慌后陷入困境，因为在此过程之中，它不仅会失去大量储户，还要为了应对恐慌而被迫对其非流动资产进行"贱卖"——因为没有足够的时间来找到愿意支付最高价格的买家，所以这些资产根本卖不上好价钱。这种持续扩大的恐慌和逐波递增的提款潮被称为**银行挤兑**。

银行挤兑会导致各种各样的经济成本，其中最为严重的便是挤兑会迫使银行过早地清算其长期非流动性资产。这有时会涉及对建设项目等长期实物资本投资的放弃或低效清算。此外，由于银行是信贷市场的主要参与者，银行挤兑也会扰乱信贷市场的平稳运行。

2007—2009年金融危机期间发生了多种不同形式的银行挤兑，只是其中的一些很难为公众所察觉。最引人注目的是2007年英国北岩银行发生的一次挤兑。北岩银行专门从事抵押贷款业务，当时很多储户担心这家银行资不抵债，所以纷纷开始从银行取款。这些提款像滚雪球一样不断增加，最终酿成了英国150年以来的首次银行挤兑。北岩银行竭力寻找愿意收购该银行并能够提振储户信心的大银行买家，但未能如愿。随后，该银行被英国政府接管。

银行监管和银行偿付能力

如果银行挤兑频繁发生，银行体系将变得非常不稳定。幸运的是，自20世纪30年代以来，由于存款保险的出现，类似于北岩银行遭遇的银行挤兑，即成千上万紧张不安的储户争相提款的情况并不常见。一家银行无论因何原因倒闭，其储户不高于上限额度的存款都会受到保护。所有不高于上限额度的存款将由相关（政府）保险机构（如美国联邦存款保险公司）全额赔付。

存款保险并未能阻止北岩银行出现挤兑，因为 2007 年英国的上限额度相对较低，许多储户的存款余额高于上限。即使存款余额未高于上限的存款人也取回了他们的钱，因为他们担心北岩银行的倒闭会让他们暂时取不到钱。

但家庭并不是唯一在银行存款的经济主体。像耐克和微软这样的公司也有银行账户。此外，正如我们已经知道的，银行之间也会互相借钱。当大企业和银行业整体对一家疲弱的银行失去信心时，它们会取出存款并收回短期贷款，机构性银行挤兑也会随之到来。联邦存款保险公司的保险无法防止机构性银行挤兑，因为这些机构的存款和短期贷款远远超过联邦存款保险公司 25 万美元的保险上限。在 2007—2009 年的金融危机期间，机构性银行挤兑频繁发生。然而，由于无法对机构性银行挤兑进行实地调查，因此我们很难知道这些挤兑发生的确切时间。

我们确实知道投资银行雷曼兄弟在 2008 年倒闭之前曾发生过一次机构性银行挤兑。投资银行的专职是帮助企业和政府进行大型金融交易，尤其是针对那些需要筹集金融资本进行投资的客户。投资银行不受联邦存款保险公司的保护，也不像我们的社区银行那样吸收存款。相反，投资银行资产负债表上的所有负债都是来自其他机构（包括其他银行）的贷款。

在雷曼兄弟破产的两周之前，许多向雷曼兄弟放贷的大型机构就决定停止发放此类短期贷款。换句话说，雷曼兄弟在倒闭前经历了一次机构性银行挤兑。我们现在知道，雷曼兄弟当时已经失去了偿付能力——它的负债超过了资产。难怪一些有所预见的银行在雷曼兄弟破产前几周就不愿向其提供新的贷款。

银行自然会竭力避免被卷入此类金融崩溃。它们有许多可选择但效果不一的策略。预防永远是最好的治疗方法。实力的最终来源是拥有大量股东权益，即银行应拥有远远超过其负债价值的资产。当一家银行拥有的资产远超其所欠的债务时，我们就认为这家银行的资本充足。在这种情况下，公众不会怀疑银行的偿付能力，这就降低了发生银行挤兑的可能性。

如果一家银行的准备金出现短缺，那么它可以停止发放新的贷款并出售其长期投资。然而，这些努力可能适得其反，因为它们实际上可能暴露出银行已陷入困境，并可能加剧已经在蔓延的恐慌。此外，如果一家银行停止放贷，就会降低其作为金融中介的能力，进而在最需要收益的时候反而减少了收益。

循证经济学

银行倒闭的频率有多高？

- 银行竭力为自己塑造一种坚如磐石的机构形象，但事实证明它们并不像广告宣传的那么牢靠。自1900年以来，仅美国就有近2万家银行倒闭。不过，多数的银行倒闭都发生在1933年美国联邦存款保险公司成立之前。联邦存款保险公司创立了存款保险制度，并在全国范围内对银行实施严格监管。即便如此，自联邦存款保险公司成立之后，美国仍有3 000多家银行倒闭。

- 银行倒闭似乎已成为现代市场经济的一种常见现象。自20世纪初以来，美国经济经历了四波严重的银行倒闭浪潮。第一波银行倒闭浪潮发生在1919—1928年，也就是大萧条前的10年，当时有近6 000家银行倒闭，占美国全部银行的20%。当时倒闭的主要是农村银行，这些银行主要负责向农场发放抵押贷款，但后来遭遇到农场土地大幅贬值的情况。

- 第二波倒闭浪潮发生在1929—1939年的大萧条时期，当时有9 000多家银行倒闭，而且大部分都是在1933年联邦存款保险公司成立之前破产的。这波银行倒闭潮远比20世纪20年代的情况严重得多。在大萧条期间，美国总共有38%的银行关张。

- 第三波倒闭浪潮发生在20世纪80年代和90年代初的储蓄和贷款危机期间。储蓄贷款协会是区域性银行的一种。在储蓄和贷款危机期间，美国有近3 000家银行倒闭，约占美国所有银行的15%。这场危机由农产品和石油价格先涨后跌的繁荣-萧条周期引发。在物价上涨期间，银行对当地农场和企业进行了高风险投资。后来农产品和石油价格意外下跌，导致这些投资遭受重创。

- 第四波倒闭浪潮源于2007—2009年的金融危机。截至2012年底，美国共有460多家银行倒闭，尚不到全部银行总数的5%。与早期的倒闭浪潮相比，这一波初看上去似乎没那么严重。但在这一波倒闭潮中，资产规模超过3 000亿美元的华盛顿互惠银行在2008年倒闭。此前，最大的银行倒闭案例是伊利诺斯大陆银行。该银行在1984年倒闭时的资产总额为400亿美元，相当于2008年的900亿美元。

- 更糟糕的是，2007—2009年金融危机期间，雷曼兄弟等几家（非银行）金融机构陆续倒闭。如前所述，像雷曼兄弟这样的投资银行并不是普通银行，因为它们不吸收存款，而且它们的出借人也不在联邦存款保险公司的保险范围之内。雷曼兄弟从其他金融机构获得了6 000亿美元贷款，因此其资产负债表规模几乎是华盛顿互惠银行的两倍。

- 我们用美国每年倒闭的银行数量除以当年营业银行的总数，绘制出图10.7。尽

宏观经济学

管这一测算并不完美（我们没有考虑银行的规模而只是关注数量），但这些数据确实为我们了解历史上银行倒闭的模式提供了一些有益指引。

- 我们可以发现两个关键的事实。首先，大萧条仍然是美国历史上最严重的金融危机（见图10.7中1933年的高峰）。其次，在1933年联邦存款保险公司的监管和保险体系建立后，银行破产率大幅下降。请注意，联邦存款保险公司不仅为存款提供保险，而且是一个严格的监管机构。存款保险降低了银行挤兑发生的可能性，监管降低了银行将储户的存款不负责任地置于风险中的可能性。至少到目前为止，和之前的动荡相比，联邦存款保险公司成立后的金融局面还是相对平稳的。
- 图10.7展示了1892—2019年的数据，但并未包含2020年经济衰退的数据。截至2020年9月，美国在当年仅有两家银行倒闭。这两家银行的规模都非常小，而且早在2020年经济衰退之前就已经深陷财务困境。2020年经济衰退之所以没有导致大规模的银行倒闭，是由于以下两个关键因素。
- 首先，美国在2007—2009年金融危机后便通过了《2010年多德-弗兰克华尔街改革与消费者保护法》，立即加强了银行监管。这些新法律及其带来的额外监管使得美国的银行体系更加稳健。我们将在本章的下一部分讨论其中的一些新法律。
- 其次，2020年经济衰退对银行资产负债表上大多数资产的影响相对较小。2020年经济衰退对住宅房地产价格影响不大。无力支付抵押贷款的房主可以以足够高的价格出售他们的房子，这样他们中的大多数人就不必宣布破产并可以全额偿还抵押贷款。因此，这次衰退对银行持有的住房抵押贷款价值的影响很小。

图10.7 美国每年的银行倒闭比例（1892—2019）

注：该图展示了用美国每年倒闭的银行数量除以当年营业银行的总数所得出的银行倒闭比例。

资料来源：圣路易斯联邦储备银行、美国联邦储备系统、美国联邦储备委员会和联邦存款保险公司。

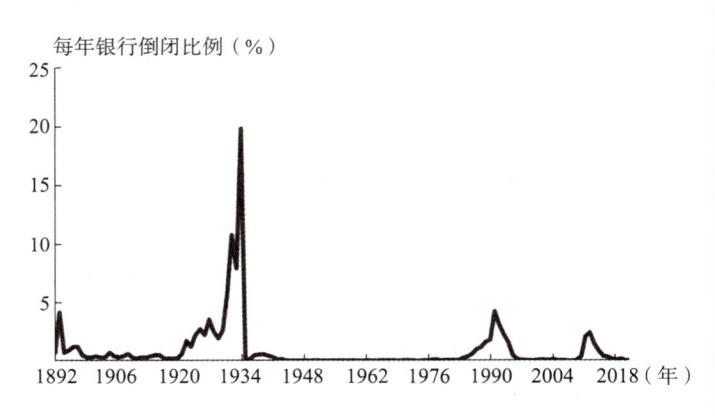

问题	答案	数据	注意事项
银行倒闭的频率有多高？	尽管银行体系在大部分时期都运行平稳，但自1900年以来，美国已经发生过四波银行倒闭浪潮，总共导致约2万家银行倒闭。	美联储和联邦存款保险公司的银行业历史数据。	从某些方面看，只测算银行倒闭的数量可能具有误导性，因为一家大型全国性银行的倒闭可能比数百家小型地区性银行的倒闭更具破坏性。

选择与结果

太大而不能倒

- 许多经济学家担心超大型银行已变得过于具有影响力。如果一家银行足够大，政府在让这家银行倒闭之前就会思虑再三，因为这种倒闭将对整个经济产生冲击。大银行自然比小银行拥有更多的负债（和资产）。这意味着它们欠其他银行更多的钱，如果它们倒闭，所有借给它们钱的其他银行也会遭殃。多米诺骨牌效应可能会发生，因为会有一家接一家的银行倒闭，金融损失的连漪会继续影响其他银行。理论上，一家大型银行的倒闭可能会摧毁整个金融体系。

- 系统性风险是指一家或几家金融机构的倒闭造成的全系统风险，监管机构将一家规模大到足以对整个金融体系构成威胁的金融机构称为系统重要性金融机构（SIFI）。由于这些系统性风险，监管机构特别关注并严格监管系统重要性金融机构。政府在与系统重要性金融机构的关系上面临着一个棘手的问题：如果一家系统重要性金融机构陷入困境，那么即使这是由它自己不负责任的过往决策所导致，一个负责任的政府也不能不对其施以援手。例如，政府可以向银行提供一些（较低利率的）资金，从而使银行能够持续运营并避免银行倒闭给整个经济带来灾难性后果。

- 由于系统重要性金融机构"太大而不能倒"，即政府害怕它的倒闭会带来严重后果，并且会在它陷入困境时伸出援助之手，这类机构便可能故意去冒一些不负责任的风险。反正政府最后会被迫出手相救，所以即便把事情搞砸，银行也不会有什么事。这就造成了一种"正面我赢，反面你输"的情况，其中的赢家是银行股东，输家则是纳税人——在政府派出"金融骑兵"拯救世界时，纳税人间接承担了损失。

- 为了避免类似的问题，在2007—2009年金融危机之后，美国的银行监管机构收紧了对所有银行的监管，尤其是强化了对系统重要性金融机构的管控。首先，监管新规要求系统重要性金融机构说明如果出现资不抵债，它们会如何有序地化解风险。这些程序被形象地称为"生前遗嘱"，它们阐明了银行在被迫结业时将如何出售其资产并偿还债权人。这样的"生前遗嘱"旨在使政府能够以一种更可靠和更简便的方法关闭一家濒临倒闭的银行。

- 其次，系统重要性金融机构必须证明它们能够经受住可能出现的潜在经济冲击，比如深度衰退或房价大幅下跌。这些评估被称为压力测试，能够促使银行持有相对更多的股东权益，并降低资产负债表上资产的风险。

- 最后，监管机构还直接要求系统重要性金融机构持有更多的股东权益，以降低大型银行资不抵债的可能性（并帮助银行通过压力测试）。我们将在第11章继续讨论这些问题。

- 我们还应该注意，系统性风险不仅来自系统重要性金融机构这样的大型银行。

> 有时，许多小银行同时倒闭也会给整个金融体系造成系统性问题。如图 10.7 所示，大萧条时期银行倒闭数量的激增导致整个经济陷入停滞，这是由众多小银行，而不是少数几家大银行的倒闭造成的。

选择与结果

资产价格波动和银行倒闭

- 在听说银行业时常会出现倒闭潮之后，你可能想知道是什么导致了这些倒闭潮。为什么这么多银行会同时倒闭？
- 一旦银行投资的长期资产出现价格下跌，银行就会倒闭。由于不同的银行倾向于投资相同类型的长期资产，银行的财富往往都是同时起落。一家银行的长期资产价值即使只出现一小部分的下降，也可能会抹去该银行所有的所有者权益，导致该银行破产。
- 经济史上的资产价值大幅波动颇为常见。例如，在 20 世纪 20 年代末，美国的股票价格和土地价格出现猛涨，但随后在大萧条期间暴跌。同样，20 世纪 80 年代末的储蓄和贷款危机也是由资产价值下降导致的，其中一个重要的因素就是自然资源，尤其是石油价格的过山车式涨跌。1972—1980 年，原油价格从每桶 20 美元上涨到每桶 100 美元（按 2010 年不变美元计算），之后开始下跌。1986 年，油价回落到了 1972 年的起始水平（按不变美元计算）。当石油价格在 1980 年达到顶峰时，大多数预言家都预测石油价格将持续大幅上涨，结果随之而来的是意料之外的下跌。这给美国的产油区，尤其是得克萨斯州、路易斯安那州和俄克拉荷马州的城镇带来了毁灭性打击。当地企业的价值大幅缩减，超过 1 万家公司破产。地区经济的放缓反过来又导致房价崩盘。
- 2007—2009 年的金融危机也与资产价格下跌有关。当时，美国股市的实际价值缩水了一半，住宅地产的实际价值下跌超过 1/3。相比之下，在 2020 年的经济衰退期间，只有股票市场的价格大幅下跌（房价则相对稳定），从 2 月到 3 月，美国股市的市值缩水了 1/3。但到了当年 8 月，股市市值就回升到了 2 月的水平。
- 为什么资产价格波动如此之大？最成熟的股价理论将股票价格与基本面联系起来。所谓基本面，就是对公司未来收益前景和利率未来走势的理性预测。这一理论通常被称为"有效市场理论"，是由诺贝尔经济学奖得主尤金·法玛提出的。法玛断言，股票的市场价格完全取决于基本面，而且完全基于理性。[6]这意味着股价波动体现的是对新信息的理性评估，并非投资者的个人情绪所能左右。在有效市场理论看来，投资者可以从资产价格的大幅波动中获得重要新信息，他们可以基于这些信息理性地更新他们对交易所上市公司未来盈利能力的认知。
- 另一种观点将资产价格波动与资产泡沫联系在一起。这是由另一位诺贝尔经济学奖得主罗伯特·席勒提出的观点，该观点在过去 30 年里得到了更多关注。[7] 当资产价格低于其基本价值时，市场会出现恐慌。当资产价格高于其基本价值时，市场就会出现泡沫。恐慌和泡沫在一定程度上是由心理因素和偏见导致的。从 2000 年到 2006 年，美国房价上涨了 84%，再加上后来房价暴跌，有人便认为这可能就是一种资产泡沫。如果泡沫在发生时就能被识别出来，那么随后使价格回归其基本价值的市场崩盘也可以在一定程度上得到预测。

- 无论资产价格崩溃的根源是什么，多数经济学家都认同银行业监管在帮助银行业度过危机方面发挥了有益的作用。为了应对 2007—2009 年的金融危机，世界各地的监管机构起草了新规则，提高了银行抵御严重经济冲击的能力。2020 年经济衰退期间没有发生大型银行倒闭的事件，这证明了相关银行监管措施的有效性。在接下来的章节中，我们会深入讨论宏观经济波动（比如经济衰退）以及政府为遏制事态恶化而采取的诸多不同政策。

总结

- 信贷对于经济中资源的有效分配至关重要，例如：信贷使企业能够通过贷款投资，使家庭可以通过贷款买房。
- 信贷市场中的适用价格是实际利率，而不是名义利率。实际利率会根据通货膨胀的影响调整贷款价格，从而反映出借款者和储蓄者对当前和未来之间的经济权衡。
- 企业、家庭和政府利用信贷市场进行借贷。信贷需求曲线概括了借款者信贷需求量与实际利率之间的关系。信贷需求曲线是这些借款者优化行为的结果。
- 信贷供给曲线概括了信贷供给量与实际利率之间的关系，同时也是储蓄者优化行为的结果。储蓄者会参考延迟消费的回报，也就是实际利率，在今天和未来的消费之间进行权衡。
- 信贷需求曲线与信贷供给曲线的交点是信贷市场均衡。在均衡实际利率下，信贷需求量等于信贷供给量。
- 信贷市场的储蓄和借贷通过银行和其他金融中介机构实现匹配。银行在经济中扮演着三个关键角色。首先，它们找到信誉良好的借款者，并将储户的储蓄引向他们。其次，它们以活期存款的形式从储蓄者那里筹集短期资金，并将这些资金投资于长期项目，从而改变了经济中的期限结构。最后，它们通过持有多样化的投资组合，以及将风险从储户转移到股东，甚至在经济危机时转移到政府的方法来管理风险。
- 政府提供存款保险以降低银行挤兑发生的可能性，此外政府也会干预并拯救濒临倒闭的银行以避免危机的扩散。自 1900 年以来，美国经济经历了四波严重的银行倒闭潮。

关键术语

债务人　　　　　信贷市场　　　　　期限
信贷　　　　　　金融中介机构　　　期限转换
利率或名义利率　证券　　　　　　　失去偿付能力
实际利率　　　　银行准备金　　　　具备偿付能力
信贷需求曲线　　活期存款　　　　　银行挤兑
信贷供给曲线　　所有者权益

问题

1. 名义利率和实际利率有什么区别？
2. 企业、家庭和政府利用信贷市场进行借贷。信贷需求曲线显示了信贷需求量与实际利率之间的关系。
   a. 信贷需求曲线为何向下倾斜？
   b. 什么会导致信贷需求曲线的移动？
3. 什么因素能够解释人们会为未来存钱？
4. 有存款的家庭和企业会把钱借给银行和其他金融机构。信贷供给曲线显示了信贷供给量与实际利率之间的关系。
   a. 信贷供给曲线为何向上倾斜？
   b. 什么会导致信贷供给曲线的移动？
5. 银行资产负债表包括哪些主要类别？请使用图表回答上述问题，其中资产列于图表左侧，负债和所有者权益列于右侧。
6. 什么是影子银行系统？
7. 银行作为金融中介机构在经济中发挥什么职能？
8. 什么是期限转换？
9. 什么是所有者权益？当所有者权益大于零时，谁来承担银行面临的风险？
10. 什么是银行挤兑？
11. 什么是存款保险？存款保险能成功预防银行挤兑吗？
12. 正如"选择与结果"专栏"太大而不能倒"所指出的，银行监管机构非常担心系统重要性金融机构倒闭的影响。
    a. 系统重要性金融机构的倒闭将如何影响经济？
    b. 为预防系统重要性金融机构的倒闭或尽力减小此类机构倒闭的影响，银行监管机构会采取哪些措施？
13. 当银行投资的长期资产出现价格下跌，银行就会倒闭。对于为什么资产价格的大幅波动会导致金融危机和银行倒闭有两种不同的解释，这两种观点分别是什么？

循证经济学习题

在2007—2009年，严重的金融和经济危机导致5%的美国银行倒闭。1929—1939年的大萧条则导致38%的美国银行倒闭。在这道习题中，我们将考察导致这两种截然不同结果的可能原因。

假设有一家银行，其总资产额为1 000亿美元，其中的100亿美元是准备金和现金等价物，剩下的900亿美元则投资于长期非流动性资产。这些非流动性资产包括400亿美元的抵押贷款

（借给购房者的钱）和500亿美元的企业贷款。在资产负债表的负债侧，我们假设该银行的所有者权益为100亿美元，另外还有400亿美元的长期债务以及500亿美元的储户活期存款。我们应该还记得，活期存款储户有权随时到银行取走其资金。另外我们也知道，美国建立了存款保险制度，这意味着政府会担保活期存款的安全（仅限单人在单家银行的额度不超过25万美元的存款），因此，如果银行失去偿付能力，政府将（通过联邦存款保险公司）来偿还这些存款。

1. 如果银行储户突然决定取回自己的钱，结果会怎样？请区分有存款保险和没有存款保险下的不同情况。会不会出现储户在银行外大排长龙竞相取款的情况？
2. 假设房地产市场崩盘并导致房价暴跌，银行持有的400亿美元的抵押贷款突然间只值350亿美元。这是否会导致银行挤兑和银行倒闭？同样请区分有存款保险和没有存款保险的情况。如果银行没有倒闭，那么谁来承担这50亿美元的损失？
3. 假设现在房地产市场的危机进一步恶化，该银行的400亿美元抵押贷款出现了110亿美元的损失。该银行会倒闭吗？
4. 基于上一题中的假设，如果政府给予银行10亿美元的救助（例如发放一笔特殊贷款，除非银行能够从剩余资产中获得足够利润，否则就无须偿还这笔贷款），结果会怎样？
5. 回到第2题中抵押贷款出现50亿美元损失的情况，但现在我们假设整个经济出现了衰退，银行又在非抵押贷款资产上损失了100亿美元（例如它们予以贷款支持的部分企业破产）。在这种情况下会发生什么？
6. 基于以上各部分的答案，思考为什么2007—2009年金融危机期间的银行倒闭数量要比大萧条时期少得多？

习题

1. 在考虑贷款的经济成本和回报时，寻求优化的经济主体会使用实际利率。
   a. 最近，银行对储蓄账户支付的平均利率为0.1%，但同期的通货膨胀率在1.5%左右。储蓄者的储蓄实际利率是多少？
   b. 银行预计长期的通货膨胀率将为2%。倘若银行希望其抵押贷款实现1%的实际回报率，它们应该向寻求抵押贷款的购房者收取多高的名义利率？请使用费雪方程式解释。
2. 20世纪70年代，包括美国在内的许多工业化国家都遭遇了高通胀。
   a. 由于通货膨胀率的上升，包括信用卡公司在内的贷款机构上调了名义利率。通货膨胀率与信用卡公司收取的名义利率存在何种关系？为什么当通货膨胀率上升时，出借人需要提高名义利率？
   b. 高利贷法对出借人在贷款中收取的名义利率设定了上限。20世纪70年代，为了躲避高利贷法，一些信用卡公司搬到了没有设定利率上限的州。为什么在那样一个高通货膨胀时期，信用卡公司会搬到没有高利贷法的州？
3. 1981年，美国的年通货膨胀率约为10%，而美国的短期名义利率约为12%。在接下来的38年里，通货膨胀率和短期名义利率都呈现下降趋势。至2019年，通货膨胀率大约在2%，短期名义利率也约为2%。1981—2019年，短期实际利率发生了怎样的变化？为什么从长期来看，通货膨胀率和名义利率的变化往往趋于一致？

4. 许多种类的贷款，如学生贷款和抵押贷款，既可以用固定利率申请也可以用浮动利率申请。固定利率贷款允许借款人在整个贷款期限内支付相同的名义利率，而浮动利率贷款的名义利率可能会随着银行间隔夜拆借利率的变化而改变。在这个问题中，我们假设浮动的名义利率会进行调整，以使相关的实际利率长期保持不变。

   a. 第一年，通货膨胀率为 2.75%，固定利率和浮动利率贷款的名义利率都为 5%。固定利率贷款和浮动利率贷款的实际利率分别是多少？

   b. 第二年，通货膨胀率上升到 3%。计算 a 部分所述固定利率贷款和浮动利率贷款的名义利率和实际利率。

   c. 如果通货膨胀率下降，结果会怎样？选择浮动利率贷款的借款者最终会面临更高的实际利率吗？如果选择固定利率贷款呢？

   d. 假设你要在固定利率贷款和浮动利率贷款之间做出选择，并且你不厌恶实际利率风险（浮动性）。你应该选择固定利率贷款还是浮动利率贷款？相比于实际利率的浮动，借款者是否有可能更不喜欢名义利率的浮动？

5. 请解释在以下每种情况下均衡实际利率和均衡信贷量将如何变化，并使用标记清晰的信贷市场图表说明你的答案。

   a. 随着房地产市场从 2007—2009 年的金融危机中复苏，家庭开始购买更多的独立屋和公寓，而且为了买房他们会申请更多的住房抵押贷款。

   b. 国会同意大幅减税，这将导致政府赤字增加。

   c. 家庭担心日益严重的金融危机蔓延可能导致他们失业，于是增加储蓄以备不时之需。

   d. 企业对未来经济更加乐观，并决定将更多

的收益作为股息分配给股东。

6. 与银行一样，家庭也有自己的资产负债表。虽然这些资产和负债可能不会被整齐地记录在一张表格中，但它们仍然影响着家庭的决策。

   a. 我们在本章看到，对银行来说，资产等于负债。从哪个角度来说家庭也是如此？请解释。

   b. 一般家庭可能拥有哪些资产？你认为其中哪一种资产的流动性最强？

   c. 为亲戚提供一次性贷款会如何影响家庭的年度资产负债表？用现金买车呢？

7. 从事狭义银行业务的银行，其投资期限与向公众收取的存款期限相匹配。换句话说，狭义上的银行吸收短期存款，并投资于风险低、期限短的资产，比如短期政府债券。

   a. 假设所有在美国联邦存款保险公司投保的银行都决定从事狭义银行业务。这些银行将如何降低银行体系的风险水平？

   b. 如果从事狭义业务的银行能降低系统风险，为什么银行还被允许进行期限转换？

8. 你如果学过微观经济学，可能会记得一个叫作"道德风险"的概念。道德风险意味着一个经济主体会因为其他经济主体可以承担部分（或全部）损失而采取更多冒险行为。讨论本章所述由联邦存款保险公司管理的联邦存款保险可能如何导致道德风险。

9. 在这个问题中，我们假设有一只结构非常简单的共同基金。家庭和企业通过购买一定的基金份额来投资该基金；该基金则利用这些资金投资一系列资产，包括股票和债券。如果投资者希望从基金中撤资，就可以"赎回"自己的份额。赎回意味着将其份额以"基金单位净值"的价格卖回共同基金。基金单位净值等于资产与负债的差值除以已发行基金的份额（与本章讨论的所有者权益类似）。基金单位净值会在每日结束时更新。因此在同一天赎回基金的所有投资者都会得到相同

价格。

a. 该基金的资产负债表会是什么样子？

b. 假设该共同基金的几位大型投资者开始对市场状况感到紧张，并决定在同一天赎回。这些赎回将如何影响该基金的资产负债表？

c. 假设现在投资者预期其他（大型）投资者将赎回。这将如何影响他们的赎回动机？请运用本章所讨论的银行挤兑概念来思考这个问题。

d. 假设该经济体中还有 15 只同类共同基金。当 b 题中的基金开始出售资产以偿还投资者资金时，这些资产的市场价格出现下跌。这一价格下跌将如何影响其他投资这些资产的共同基金的资产负债表？这也与银行挤兑有关吗？解释你对这一问题的回答和对 c 题的回答有何不同。

10. "选择与结果"专栏的"资产价格波动和银行倒闭"讨论了石油和房地产等的价格与银行等贷款机构偿付能力之间的关系。考虑以下两种情况。完成表格并回答下面的问题。假设斯科里塔银行是希波纳特米亚国的一家大型银行。该银行年初的所有资产和负债情况如下表所示。

斯科里塔银行的资产负债表（亿美元）

资产		负债	
准备金和现金等价物	200	活期存款	2 000
长期投资	3 300	向其他银行的借款	500
总资产	?	**所有者权益**	?

菲洛佩克鲁是另一家大型银行，其全部资产和负债如下表所示：

菲洛佩克鲁银行的资产负债表（亿美元）

资产		负债	
准备金和现金等价物	100	活期存款	4 500
长期投资	6 500	向其他银行的借款	2 000
总资产	?	**所有者权益**	?

现在假设由于经济低迷，两家银行的长期投资价值下降了 10%。在每家银行的资产负债表上体现这一变化所造成的影响。你会如何描述这一变化给每家银行所造成的影响？联系本章中所讨论的"太大而不能倒"概念回答本题。

11. 道琼斯工业平均指数的最大单日跌幅出现在 1987 年 10 月 19 日。当天该指数下跌了 23%。外汇市场和其他资产市场也出现了较大的日波动。基于本章所提供的信息，列举出部分可用于解释资产价格波动的因素。

第11章 货币体系

是什么导致了1922—1923年德国的恶性通货膨胀？

当一个国家的物价水平在3年内翻一番时就会发生恶性通货膨胀。1923年，德国的物价上涨速度远远超过了这个标准。当时德国的物价一度每3~4天就翻一番。按照这个速度，物价在一个月内翻大约八番。例如，一个鸡蛋在1923年10月1日的价格约为100万德国马克，30天后的价格约为2.56亿德国马克：

翻八番：2，4，8，16，32，64，128，256

在整个德国恶性通货膨胀期间，物价上涨了大约5 000亿倍。当时的德国货币急剧贬值，以至于满满一公文包的纸币，甚至在某些情况下满满一辆手推车的纸币，也就够买一天的日用所需。低面额的纸币如废纸，甚至被用来制作玩具，如本页图中的风筝。

你可能会觉得，肯定是有什么特别的原因导致了德国的这种大规模通货膨胀。但在过去的一个世纪里，许多国家都曾发生过恶性通货膨胀，其中包括阿根廷、奥地利、巴西、智利、希腊、匈牙利、波兰和津巴布韦等。在本章中，我们将研究为什么会发生恶性通货膨胀并解释如何对其进行规避。得益于这些对于通胀的深刻认识，自二战结束以来，大多数国家都避免了恶性通货膨胀的发生。然而，并非所有的决策者都吸取了教训。例如，自2011年以来，白俄罗斯、伊朗和委内瑞拉遭受了极具破坏力的恶性通货膨胀。其中，根据国际货币基金组织的报告，委内瑞拉在2018年的通货膨胀率达到了65 000%。[1] 我们将在本章的循证经济学中讨论导致恶性通货膨胀的原因。

本章概览

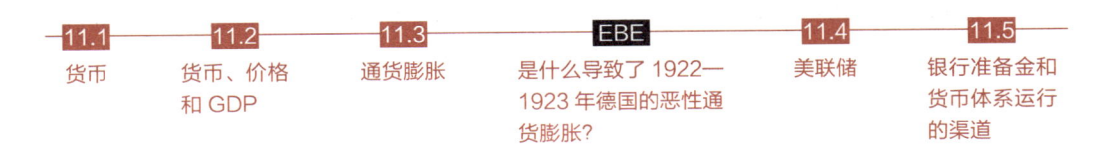

11.1	11.2	11.3	EBE	11.4	11.5
货币	货币、价格和GDP	通货膨胀	是什么导致了1922—1923年德国的恶性通货膨胀？	美联储	银行准备金和货币体系运行的渠道

> **重要概念**

- 货币具有三项关键职能：交换媒介、价值储藏和价值尺度。
- 货币数量理论描述了货币供给量、流通速度、价格和实际 GDP 之间的关系。
- 货币数量理论预测，从长期来看，通货膨胀率等于货币供给增长率减去实际 GDP 增长率。
- 美联储是美国的中央银行，它肩负着双重使命——降低通货膨胀和实现就业最大化。
- 美联储持有私营银行的准备金。
- 美联储对私营银行准备金的管理使其能够发挥三方面的作用：（1）设定一个关键的短期利率；（2）影响货币供给和通货膨胀率；（3）影响长期实际利率。

11.1 货币

世界经济是一个极度复杂的社会体系。每年，全球商品和服务的生产总额超过 80 万亿美元。**货币**是人们用来进行这些交易的资产。如果不首先了解货币对金融体系的润滑作用，我们就无法理解世界经济的运转。

我们以一个在书店做兼职的英语系学生为例来介绍货币的作用。这个学生通过出卖劳动来换取货币。假设他用在书店做兼职的工资买了他想要的某件东西，比如一部苹果手机。在这个例子中，货币成了交易的润滑剂：他用在书店的 25 个小时的劳动，最终换得了一部苹果手机。如果没有货币，这个英语系学生将很难直接用其劳动换取一部苹果手机。对苹果公司而言，收这个学生的钱然后卖给他一部苹果手机，要比直接雇用他并用苹果手机支付其工资高效得多。

货币的职能

货币在现代经济中同时具有以下三种职能：
（1）它是一种交换媒介；
（2）它是一种价值储藏手段；
（3）它是一种相对价值的尺度，或者说是一种记账单位。

交换媒介是一种可用来交换商品和服务，从而使交易更加便利的资产。例如，当你点了一个意大利辣味香肠比萨并递给收银员 10 美元现金时，你就是在使用货币的交换媒介职能——在这个例子里，你使用的是一种现金。有了货币，我们就能够以一种便捷且普遍接受的方式买卖商品和服务。

当货币同时也具有**价值储藏**职能时，它就能更好地履行其交换媒介职能，因为它使人们能够将购买力转移到未来。我们预期周二收到的 10 美元钞票在周三甚至 10 年以后也会被接受为一种付款方式。如果比萨店的老板不相信这 10 美元将来会被接受，那么他今天就不会接受这 10 美元。

货币也提供了用于描述价格的尺度。买一条牛仔裤要花多少钱？原则上，甲商店可以用香蕉作为单位来标注其牛仔裤的价格：一条牛仔裤可能价值112根香蕉。当然，如果每家商店都有自己的价格衡量尺度，那么购物将变得非常困难。比如，甲商店用香蕉，乙商店用橘子，丙商店用黄瓜。但如果我们有一个单一的价值尺度，即单一的**记账单位**，生活会变得容易许多。现代经济体使用货币作为记账单位。**记账单位**就是一种用于表示不同商品和服务价格的通用尺度。我们用购买商品所需的货币数量来衡量商品的成本，而不是用香蕉的等价价值来衡量。

当有了交换媒介、价值储藏手段和通用的记账单位时，经济交易就变得容易了许多。货币可以同时具有这3项关键职能。

货币的类型

中国在大约公元1000年的时候发明了纸币，但其他形式的货币在人类历史上一直存在。在采用纸币之前，人们使用本身就具有价值的物品作为货币。虽然山羊、鸡和马匹也不时被用作货币，但最知名的货币还是金银。

一张100美元的纸币

现代社会已经转向使用法定货币。**法定货币**是指那些依政府法令用作法偿货币且没有黄金或白银等实物商品作为支撑的事物。例如，纸币只有在人们接受它为货币时才具有价值。我们不会因为喜欢100美元纸币上本杰明·富兰克林的精美肖像而积攒100美元纸币。相反，我们是因为100美元的纸币具有交换媒介、价值储藏、价值尺度的职能才使用它的，我们相信纸币将来会被用于这些目的。从这个意义上说，货币是一项非凡的社会发明——它之所以能流通，是因为我们已经对其建立了足够的信任，相信它会持续发挥作用。

货币

几百年前 　　　　　　　　　现今

第11章　货币体系

选择与结果

美国历史上的不可兑换货币

- 在1861年的美国内战初期，美国政府用可兑换成黄金的纸币支付士兵工资。然而，到1862年时，政府出现黄金短缺，遂改用不可兑换黄金的法定货币。

- 你可以在右边的两张纸币中看出两者的差别。上面一张是1861年发行的可以兑换成黄金的纸币。这种纸币被称为即期票据，因为它可以随时兑换成黄金——请注意纸币中间弧形的"即期"一词（ONDEMAND），它就在"五美元"（FIVE DOLLARS）那几个词的下面。下面一张则是1862年发行的纸币。新的纸币不能兑换成黄金，而且去掉了"即期"字样。

即期票据（上图）可以兑换成黄金，而法定货币（下图）则不能。

- 在1862年时，使用法定货币的这一想法曾引发极大争议。许多政治人士认为，货币只在有黄金或白银作为支撑的情况下才能发挥作用。然而，1862年的法定货币一经发行就迅速得到了人们的认可，而且没有引发恶性通货膨胀。直至1879年，美国才重新允许法定货币和黄金进行自由兑换。

- 内战时期只是美国使用法定货币的众多时期之一。在独立战争期间，美洲殖民地也曾经暂时使用法定货币。美国在1812年战争期间也临时采用了法定货币。在每次此类事件过后，法定货币与黄金的自由兑换都得以恢复。

- 法定货币与黄金的自由兑换在20世纪逐渐被淘汰，并在1971年彻底消失。从那时起，法定货币体系一直稳定运行。极少有经济学家认为美国应该回归"金本位"，即纸币可以兑换成黄金的制度。在美国，美元（法定货币）的购买力远比一盎司黄金的购买力更为稳定。

- 事实上，私人组织现在正在引入新的不可兑换电子货币。由于这些新货币没有得到政府的背书，因此它们不是法定货币，其未来也仍具不确定性。这些电子加密货币受到计算机代码（密码学）的保护，因此盗窃货币虽非完全不可能，但确实已变得极为困难。计算机代码的使用还隐藏了货币使用者的身份。最著名也是最早出现的加密货币是比特币。

- 加密货币最初饱受争议。因为加密货币经常被用于非法交易，比如可卡因的销售。此外，一些交易所被某些计算机程序员入侵，导致了数起电子货币失窃案

宏观经济学

件。例如，比特币交易所Mt.Gox在价值4.77亿美元的比特币被盗后宣布破产。因为公众对这些新货币的需求起伏不定，加密货币的价值也充满波动性。例如，2013年初，每枚比特币的价格为13美元；2017年，比特币价格达到了2万美元上下；2018年，比特币价格下跌至3 000美元左右的低点；2021年初，比特币价格又回升至近4.2万美元，之后再次下跌。比特币价格的变动就像一辆金融过山车。

部分企业现在接受比特币支付。

一些社会曾使用大石盘作为货币。这种货币被称为石币。[2] 众人借用木杆才能抬得动这些石头。最大的石币重量超过8 000磅。

货币供给

你现在手头有多少钱可用于购买商品和服务？对许多人来说，货币不仅仅意味着口袋里的现金。假设你钱包里有10美元，活期账户上有1 000美元的余额。从你打开Venmo应用[①]的那一刻起，你能用于购买商品或服务的钱就从10美元涨到了1 010美元。除此之外，你还可以把储蓄账户里的资金转至活期账户以增加其余额。

经济学家所说的货币，指的是大多数可以立即用来购买商品和服务的资产形式。基

---

① Venmo 是 PayPal 旗下的一个移动支付服务，让用户可以使用手机或网页转账给他人。——译者注

于这一概念，我们将货币供给定义为流通中的现金以及活期账户、储蓄账户和大多数其他类型银行账户中的货币。你会经常听到这种货币供给被称作 M2。根据这一定义，**货币供给**包括了绝大多数不同类型的银行账户。货币供给根据不同的定义，分别被称为 M1、M2 和 M3。为了避免不必要的复杂讨论，我们把重点放在 M2 上。

截至 2020 年底，美国的 M2 为 19 万亿美元，几乎是流通货币量的 10 倍，后者为 2 万亿美元。[3] 相比之下，我们随身携带的现金与银行账户上的余额确实可谓沧海一粟。此外，我们几乎很少用现金进行重要的金融交易。在有着健全银行系统的国家，只有电影中的大反派才会提着装满现金的手提箱去买东西。

11.2 货币、价格和 GDP

我们现在准备研究货币供给、价格和名义 GDP 之间的关系。

名义 GDP、实际 GDP 和通货膨胀

让我们先回顾一下第 5 章中介绍的几个概念。名义 GDP 是以生产的当年价格计算的生产（最终商品和服务）总值。实际 GDP 是以某一特定基年的固定价格计算的生产（最终商品和服务）总值，这一年可能是也可能不是生产当年。最后，通货膨胀率是经济体物价总水平的增长率。

我们以一个只生产足球的经济体为例来复习一下这些概念。假设在 2020 年，该经济体以每个球 50 美元的市场价格生产了 10 个足球，总销售额为 500 美元。到 2021 年，总销售额升至 550 美元。因此，名义 GDP 增长了 50 美元（550 美元-500 美元）。是什么带来了 50 美元的增长？有以下两种可能的情况：

（1）每个足球的价格仍然是 50 美元，但足球产量上升到了 11 个。

（2）每个足球的价格上涨到了 55 美元，足球产量则保持不变，仍为 10 个。

无论是以上哪种情况，2021 年的名义 GDP 都是 550 美元，比前一年高出 10%。

在情况 1 中，足球的价格没有变化，但是产量从 10 个增加到了 11 个。在这种情况下，我们说通货膨胀为零，实际 GDP 增长了 10%。换句话说，以 2020 年为价格基年，我们可以看到实际 GDP 从 500 美元（10×50 美元）上升到了 550 美元（11×50 美元），增长了 10%。

在情况 2 中，每个足球的价格从 50 美元上升到 55 美元，但是每年生产的足球数量一直保持在 10 个。在这种情况下，我们说通货膨胀率是 10%，实际 GDP 没有变。以 2020 年为价格基年，我们可以看到实际 GDP 稳定在 500 美元（10×50 美元）。在这两年中，足球的产量都是 10 个。

这个例子说明了名义 GDP 的一个基本特性。名义 GDP 的增长或是因为物价水平的

上升，或是因为实际 GDP 的上升，也可能是因为两者的共同上升。实际上，我们可以将名义 GDP 增长率表示为物价增长率（通货膨胀率）与实际 GDP 增长率之和：

$$名义\ GDP\ 增长率 = 物价增长率 + 实际\ GDP\ 增长率$$
$$= 通货膨胀率 + 实际\ GDP\ 增长率$$

我们把这个方程称为名义 GDP 增长方程。

现在，我们将利用这一基本关系推导出一个理论，该理论描述了货币供给增长率、通货膨胀率和实际 GDP 增长率之间的关系。

货币数量理论

我们首先讨论货币供给（M2）与名义 GDP 之间的关系。从历史数据看，这两个经济变量往往以相同的速度增长。以美国为例，其货币供给数据可以追溯到 1980 年。从 1980 年至 2019 年，美国的货币供给和名义 GDP 均以年均 6% 左右的速度增长。之所以出现这种相同的增长率，部分是因为名义 GDP 代表了（一年中的）交易总量，而货币供给是用于进行这些交易的交换媒介。但是请注意，货币供给不一定等于名义 GDP，因为货币在一年内可以使用不止一次。从长期来看，只有货币供给的增长率和名义 GDP 的增长率会保持一定相关性。

货币数量理论假定货币供给和名义 GDP 以相同的速度增长。但情况并非每年都如此。因此，货币数量理论只是对长期（意味着几十年）经济运转情况的一种近似表示。现有的实证证据支持这种长期近似：

$$货币供给增长率 = 名义\ GDP\ 增长率$$

我们把这个方程称为"货币数量理论方程"。

现在，我们准备使用第一个方程——"名义 GDP 增长方程"。该方程将名义 GDP 增长率分解为（1）通货膨胀率和（2）实际 GDP 增长率。名义 GDP 增长方程意味着，我们可以将货币数量理论等式右边的名义 GDP 增长率替换为通货膨胀率加上实际 GDP 增长率，所以：

$$货币供给增长率 = 通货膨胀率 + 实际\ GDP\ 增长率$$

重新整理这个方程，将通货膨胀率单独放到左边，我们得到：

通货膨胀率 = 货币供给增长率 − 实际 GDP 增长率

我们把这个方程称为"通货膨胀方程"。我们要强调的是，该方程并非每年都成立，但从长期看它确实会成立。所以，该方程并不适用于预测按年的通货膨胀波动，但对于预测未来几十年的通货膨胀是有用的。

通货膨胀方程是货币数量理论的一个推论。该方程表明，从长远来看，通货膨胀率等于货币供给增长率与实际 GDP 增长率的差值。当这种差距扩大时，通货膨胀率就会上升。直观地看，这个方程表明，如果货币供给增长率超过实际产出增长率，经济中就会出现过剩的货币，这会推高价格并造成通货膨胀。通货膨胀方程式给出我们可检验的明确预测。

11.3 通货膨胀

我们从第 5 章了解到，通货膨胀率指的是物价指数的增长率。当然，价格变动不一定总是正向的。如果物价水平下降，我们称之为通货紧缩。例如，如果**通货膨胀率**是 −1%，我们就说通货紧缩率是 1%。自二战以来，世界各地的物价指数上涨的情况远远多于物价指数下跌的情况，不过日本在 1995—2016 年经历了 13 年的通货紧缩。

是什么导致了通货膨胀？

正如我们刚才了解到的，货币数量理论表明，从长期看，当货币供给量增长率超过实际 GDP 增长率时，就会发生通货膨胀。这是我们从通货膨胀方程中推导出的结论。

图 11.1 用 1960—1990 年 110 个国家的数据检验了通货膨胀方程。如图所示，通货膨胀率（y 轴）和货币供给增长率与实际 GDP 增长率的差值（x 轴）密切相关。所有这些变量都为年化数值，即年均增长率。货币数量理论预测，通货膨胀率应当和货币供给增长率与实际 GDP 增长率的差值一一对应（也就是说，如果货币供给增长率增加 1% 或实际 GDP 增长率下降 1%，通货膨胀率也应增加 1%）。你可以在图 11.1 中看到这种关系：大部分数据位于 45 度线附近，该线的斜率为 1。这从实证角度验证了通货膨胀方程这一产生自货币数量理论的关键性长期预测。

你可能已经注意到，图 11.1 中所示的一些国家在 1960—1990 年的平均通货膨胀率非常高。以图 11.1 中 45 度线上最极端的阿根廷为例，从 1960—1990 年，该国的通货膨胀率平均每年为 80%。阿根廷在这 30 年期间的平均通货膨胀率如此之高，是因为该国在 20 世纪 80 年代出现了异常迅速的物价上涨，拉高了这 30 年物价的平均水平。

在本章开始时我们指出，恶性通货膨胀意味着一个国家的物价水平会在 3 年内翻一番。恶性通货膨胀往往与货币供给的极速增长有关。几乎在所有情况下，这种极端的货币增长都是由政府对巨额预算赤字的错误政策反应造成的。如果一个政府的税收低于支出，那么为了履行其义务，该政府就会通过向公众借款和/或印钞来购买商品和服务。当一个政府开始印钞并将其用于购买，流通中的货币量就会增加，货币供给也因此增长。德国政策制定者就是因为采用这种方式而制造了1922—1923年的恶性通货膨胀。

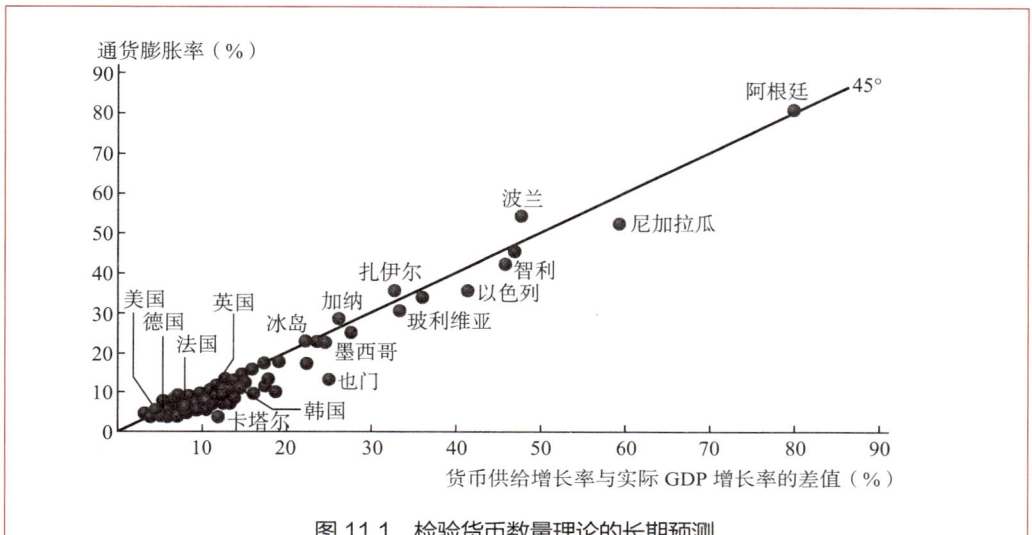

图 11.1 检验货币数量理论的长期预测

注：本图利用110个国家1960—1990年的数据，以实证方式评估了货币数量理论（通货膨胀方程）的长期预测。y轴表示每个国家的年化通货膨胀率。x轴表示通货膨胀方程右侧的差值，即用货币供给增长率减去实际GDP增长率所得出的值。图中每一个点代表一个国家。我们还绘制了一条始自原点、斜率为1的45度直线，用以表示货币数量理论所预测的二者关系。
资料来源：国际货币基金组织。

通货膨胀的后果

通货膨胀有可能使所有的物价都同比例上涨。例如，将消费者购买的所有商品和服务的价格提高5%，同时将劳动者的名义工资提高5%，这并不会改变任何相对价格或劳动者的购买力。如果通货膨胀使所有价格（包括所有名义工资）都提升相同的百分比，那么通货膨胀就无关紧要。

然而，所有价格和所有工资并不总是同步变动，至少在短期内并非如此。通货膨胀率的上升会给一些人带来意外的损失，也会给另一些人带来意外的收益。假设你和你的雇主签订了一份固定的3年期名义工资合同。如果通货膨胀率在这3年合同期间意外上升，那么你就会成为意外通货膨胀的受害者。在这个例子中，你和公司的其他员工都会遭受损失，但是公司的股东会从意外的通货膨胀中获益，因为额外的通货膨胀降低了公司所支付工资的实际价值（经通货膨胀调整后）。

接下来再看一个养老金的例子。退休人员领取的固定养老金不与通货膨胀挂钩，换句话说，养老金不会随着整体物价水平的上升而自动上涨。通货膨胀率上升使退休人员的境况变糟，因为养老金的购买力下降了。这当中也有赢家——支付养老金的公司的股东，因为养老金支付的实际成本（经通货膨胀调整后）下降了。

再举一个例子，假设你有一笔固定利率的抵押贷款。换句话说，你从银行借钱买了房子，然后以预先确定的固定利率偿还贷款。如果通货膨胀率上升，你的实际利率就会下降，从而降低抵押贷款的实际成本。在这种情况下，消费者是赢家，而银行股东是输家。

当工资、养老金或抵押贷款支付合同没有与通货膨胀挂钩时，通货膨胀率上升会损害部分经济主体的收益，但也会有益于其他经济主体。

在以上这三个例子中，通货膨胀造就了具体的赢家和输家，但对社会没有明显的整体影响。然而，通货膨胀的一些后果往往具有普遍性危害，会导致几乎所有人都受到损失。我们先来谈谈通货膨胀的害处，然后再讨论其有益的方面。

通货膨胀的社会成本

我们首先讨论通货膨胀会造成高昂社会成本的两个最重要原因。

（1）高通货膨胀率增加了后勤成本。在高通货膨胀率的环境下，企业需要频繁地调整价格。回想一下1923年德国恶性通货膨胀最严重的几个月，物价每3~4天就翻一番，这意味着价格每小时上涨1%。假如你每天都要把店里所有商品的价格更新几次，你还怎么做生意！这是一个极端的例子，但即使是面对一个低得多的通货膨胀率（比如每年20%），你也需要在一年中多次调整价格。经济学家以餐馆在价格变化时要重新打印新菜单作为隐喻，将企业改变价格的成本称为"菜单成本"。

（2）通货膨胀有时会导致一些抑制通货膨胀的政策，而这些政府会起到反作用，如价格控制。通货膨胀会引起选民的愤怒，而政界人士有时会采取一些具有经济破坏性的应对举措，其中尤其具有破坏性的就是价格控制。和第4章中讨论的20世纪70年代的汽油价格控制一样，政策疗法在多数时候都比疾病本身还要糟糕。价格控制会导致包括供给中断在内的诸多问题。例如，在委内瑞拉，严苛的价格控制使得许多公司无法开展业务。按照政府设定的价格，这些公司根本无法通过销售商品和服务实现盈利。这摧毁了委内瑞拉的经济，并导致了民众的普遍失业和营养不良。大门紧闭的商店和空荡荡的货架让数百万委内瑞拉人饥肠辘辘。即使有货源，价格上限也会导致需求量超过供给量。那些有幸以官方限价购得商品的消费者，时常会在地下经济中以更高的价格将其转售。因此，价格控制对那些不想消费商品的消费者产生了一种低效的激励，他们倾向于排很长的队去购买商品，这样他们就可以把商品转售给其他人并从中获利。在委内瑞拉，一名职业倒买倒卖者如此描述自己的生活："每天我都得半夜两点起床，然后给我的朋友们打电话，看看哪些地方有东西在卖，有哪些东西在卖。"人们经常在黎明前就

大排长龙，一些地区政府甚至因此试图出台夜间排队禁令。[4]

委内瑞拉的价格控制导致许多商品出现短缺。

资料来源：http://www.dailymail.co.uk/news/article-2912175/Empty-shelves-Venezuela-tumbling-oil-prices-create-newindustry-People-queuing-goods-probably-run-earn-professors.html。

通货膨胀的社会收益

然而，通货膨胀确实也会产生一些社会收益。我们在这里列举两点。

（1）政府通过印钞带来政府收入。虽然印制和支出大量新货币会导致恶性通货膨胀，但是印制和支出适量的新货币也可以成为一种有益于社会的政府收入来源。然而，额外的政府收入是一把双刃剑。民众会从中受益，因为他们的政府有了更多可供支出的资金；民众也会因此受损，因为由此导致的通货膨胀会降低他们所持有货币的实际价值。当然，如果货币创造量足够低，社会净收益就会为正。

从印钞中获得的政府收入就是**铸币税**。对大多数政府来说，铸币税并非主要的收入来源，但它对美国政府而言相对重要，因为世界上很多人——尤其是地下经济中的交易者持有大量美元。完全合法的美元需求也不少，例如，一些币值不稳定国家的民众希望有一个稳定的价值储藏手段。铸币税每年为美国政府带来约400亿美元的隐性收入。

政府可以通过印钞来增加收入这一事实导致了铸币税的滥用，正如我们之前就已经提到的，这就是为什么一些预算赤字极高的政府往往会迅速扩大货币供给并导致通货膨胀（例如津巴布韦和委内瑞拉近来的情况）。大量印钞对政府具有短期吸引力，但从长远来看，通过印钞来支付政府账单的策略往往会失控，导致极具破坏力的恶性通货膨胀。

（2）通货膨胀有时能刺激经济活动。假设劳动者的名义工资高于竞争均衡水平，并假设名义工资存在下降刚性（我们在第9章讨论劳动供给和劳动需求框架时强调过这种情况）。**实际工资**是名义工资除以总体物价指数，如消费价格指数。在名义工资不变的情况下，总体物价指数的上升会导致实际工资下降。实际工资的下降意味着，相对于公司的产出价格，劳动力对公司来说变得更为便宜。因此，实际工资的下降会促使企业雇用更多的劳动者。

我们可以利用劳动供给和劳动需求来理解名义工资不变时总体价格上涨的总体影响。价格上涨使劳动需求曲线右移，因为企业现在可以以更高的价格出售产品。由于名义工资保持不变，劳动需求曲线的右移增加了就业和GDP。

通货膨胀还会降低实际利率。我们在第10章提到，实际利率是名义利率减去通货膨胀率。如果通货膨胀率上升，且名义利率没有做出同步反应，那么实际利率就会下降。由于实际利率是经通货膨胀调整后的借款成本，因此实际利率的下降会刺激用于消费和投资的借贷。消费和投资的增长会增加GDP（在其他条件不变时）。

因此，适度的通货膨胀能够削减实际工资（刺激就业），降低实际利率（刺激消费和投资），从而在短期内刺激经济活动。

2010年，津巴布韦出现恶性通货膨胀。当年该国一顿午餐的价格达到了1 000亿津巴布韦元。

循证经济学

是什么导致了1922—1923年德国的恶性通货膨胀？

- 一战结束时，协约国对战败的同盟国，尤其是德国实施了严厉的财政惩罚。1919年签署的《凡尔赛和约》明确规定了德国的赔款额。战后的德国，即魏玛共和国，未能按照要求支付款项。作为报复，法国于1923年1月占领了德国的鲁尔工业区。为了抗议法国的占领，鲁尔的德国劳动者举行了罢工。这严重削弱了德国的经济和政府财政状况。随着经济形势的恶化，德国政府的税收只能满足 8% 的财政需求，其他部分则通过向公众借款和印钞来支付。

- 图 11.2 展示了这一时期德国流通中货币量的爆炸式增长。正如货币数量理论所指出的，德国货币供给的快速增长（实际 GDP 没有同步增长）引发了通货膨胀率飙升。经济学家们认为，如果政府能够避免印制如此多的货币，德国就不会发生恶性通货膨胀。德国本可以通过削减支出、向公众举借更多债务来筹集资金，或者通过债务违约来减少资金需求等方式来实现这一点。

- 德国经济的崩溃使纳粹党趁机发展起来。1923 年 11 月 8 日，正值恶性通货膨胀达到顶峰之际，3 000 名纳粹党成员试图在慕尼黑发动地区政变。这次被称为"啤酒馆暴动"的政变以阿道夫·希特勒被捕并被判处 8 个月监禁而告终。在狱中，希特勒写下了对纳粹党极具鼓动性的自传《我的奋斗》。

- 可悲的是，在 1922—1923 年的恶性通货膨胀结束后，德国的经济噩梦又持续了 6 年之久。1929 年，大萧条摧毁了德国经济，带来了严重的通货紧缩和极高的失业率。在短短十多年的时间里，德国经历了 3 场经济灾难：1918 年一战的失败（以及随后的赔款）、1922—1923 年的恶性通货膨胀以及 1929 年的大萧条/通货

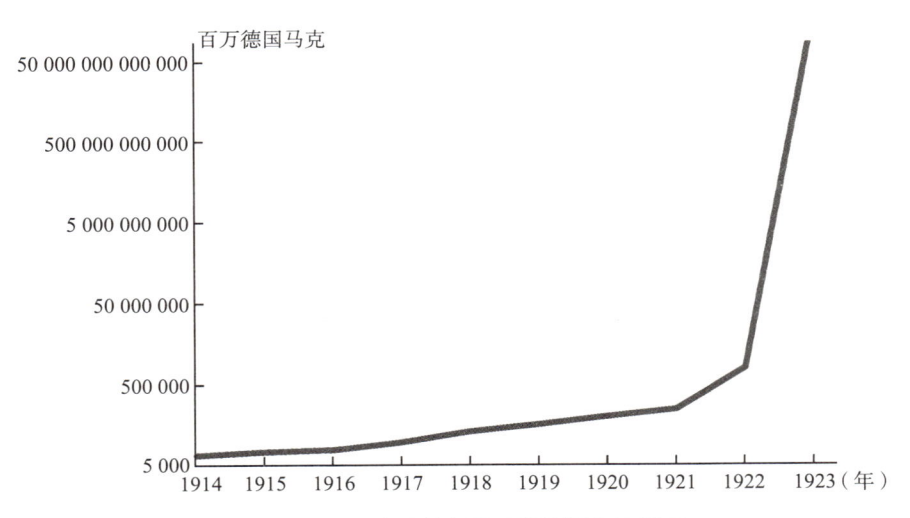

图 11.2 魏玛共和国时期流通中的货币

注：20 世纪 20 年代初，德国的流通中货币激增。y 轴使用比例刻度，每向上一个刻度表示增加了 100 倍。

资料来源：Carl-Ludwig Holtfrerich, *The German Inflation 1914–1923: Causes and Effects in International Perspective*, Berlin and New York: Walter de Gruyter, 1986。

紧缩。大萧条使德国的经济更加困难，把以前不得人心的纳粹推上了权力宝座。1933 年，希特勒成为德国总理。

一枚 1922—1923 年德国恶性通货膨胀的纪念章。上面显示了 1923 年 11 月 1 日 3 种以马克表示的基本商品的价格："1 磅面包，30 亿；1 磅肉，360 亿；一杯啤酒，40 亿。"1923 年 11 月 15 日，德国发行了一种叫作"地租马克"的新货币，以 1 个新马克兑换 1 万亿旧马克的比率取代了旧马克。

问题	答案	数据	注意事项
是什么导致了 1922—1923 年德国的恶性通货膨胀？	一战后，德国政府无法向协约国支付赔款。随着德国经济陷入困境，政府开始以大举印钞的方式来应付各种支出。	历史货币供给数据，特别是流通中的货币数量。	尽管德国货币供给和物价水平在 1922—1923 年同时上升，但相关性并不总是意味着因果关系。然而在这一事例中，大量其他支持性证据表明这种关系很可能是因果关系。

11.4 美联储

每个国家的货币体系都由其中央银行负责管理。现在我们来介绍一下中央银行的基本运作方式。我们将在第 13 章继续讨论这一问题，届时我们会介绍央行如何应对衰退和其他经济波动。在本章中，我们将介绍央行可使用的最重要工具以及货币体系的"渠道"。

中央银行和货币政策的目标

中央银行是监督金融机构、调控某些关键利率和间接控制货币供给的政府机构。这些活动合称为**货币政策**，中央银行有时也被称为"金融管理局"。

美国的中央银行被称为**联邦储备银行**，简称**美联储**。请注意，美联储不是联邦政府，而是一个几乎完全脱离联邦政府其他部门并自主运作的独立监管机构/银行。联邦储备系统成立于 1913 年。为了避免央行权力集中，美联储被分为 12 个地区联邦储备银行和华盛顿特区的联储委员会（阿拉斯加和夏威夷由旧金山地区管辖。波多黎各由纽约地区管辖。）

美联储最重要的政策决定是由联邦公开市场委员会制定的，该委员会包括12位地区联邦储备银行的主席（其中5位可以轮流投票）和美国联邦储备委员会的7位成员。

就其目标和政策工具而言，货币政策是多层面的。在最广的层面上，==美联储利用货币政策来追求两个关键目标或目的：（1）较低且可预测的通货膨胀水平和（2）最大（可持续）就业水平。这两个目标被称为美联储的双重使命。==

美国联邦储备委员会主席由总统提名并需经参议院批准。由巴拉克·奥巴马总统提名的珍妮特·耶伦于2014年至2018年期间担任美联储主席，当时她的任期已满，且未获得唐纳德·特朗普总统的续任提名。2021年，耶伦以新任美国财政部部长的身份重新进入政府部门。财政部部长是对财政政策影响最大的白宫内阁职位。

较低且可预测的通货膨胀水平这一目标有时被描述为"物价稳定"，但这个措辞有点儿令人困惑，因为美联储和几乎所有其他央行都将"物价稳定"解释为每年2%左右的通货膨胀率。"通货膨胀目标制"这个术语是指试图在长期内实现特定低通货膨胀水平的政策。大多数央行都设定了某种形式的官方或非官方通货膨胀目标。

在使用欧元的欧洲国家（即欧元区国家），欧洲中央银行扮演了美联储的角色。但欧洲中央银行更强调较低且可预测的通货膨胀水平这一目标，而较少强调最大就业水平这一目标，这在一定程度上是由德国在20世纪20年代的恶性通货膨胀经历以及德国对欧洲中央银行决策的强大影响力造成的。

中央银行的职能

2018年，珍妮特·耶伦结束了美联储主席的任期，其职位由唐纳德·特朗普总统提名的杰罗姆·鲍威尔接替。如果拜登总统不提名其连任，鲍威尔的任期将于2022年2月结束。[①]

为了实现其双重使命，即较低且可预测的通货膨胀水平以及最大（可持续）就业水平，美联储致力于从事三类活动：监管、对联行往来实施管理，以及逆周期货币政策。我们先简要介绍这三类活动，然后深入探讨使这一切实现运转的金融渠道：存放在央行的银行准备金。

监管

央行是私营银行尤其是大型私营银行的主要监管机构。央行审计大型私营银行的财务报表或"账簿"，要求每家银行准确报告资产负债表上的资产和负债价值。

---

① 鲍威尔最终于2021年底获得连任提名，其任期将延长至2026年1月。——译者注

第11章 货币体系

如果央行注意到一家私营银行持有的资产组合风险过大，那么它将予以反对。央行会对私营银行的股东权益量进行监控，以确保即使在严重衰退等极其不利的情况下，股东权益也足以安全地吸收私营银行资产的未来价值损失。这种"压力测试"始于2011年，是在2007—2009年金融危机之后所采取的一种预防性措施。央行非常重视这些压力测试。例如，2016年，在接受压力测试的33家银行中有两家未能符合要求（分别为德意志银行和桑坦德银行的美国子公司），美联储遂要求这两家银行强化其资产负债表。然而，银行的表现也在逐渐改善。在2019年和2020年，所有银行都通过了压力测试。

此类压力测试很重要，因为它们会迫使较为脆弱的银行在经济繁荣时期筹集更多的资本，如此一来，在下次经济衰退时，这些银行就不太可能出现资不抵债的情况。银行破产会加剧经济危机。严格执行压力测试并对未能通过测试的金融机构实施实质性惩罚的做法，能够激励银行降低风险，进而降低了其破产的可能性。在2020年经济衰退期间，美国银行业之所以能保持稳定，很大程度上要归功于在此之前已实行了10年的压力测试和管理监督。

管理联行往来

央行负责监管银行同业支付系统。当一家银行把钱转到另一家银行（例如，储户开了一张支票，而支票的接收者把收到的钱存入另一家银行），央行就会使用银行准备金来处理这笔交易。

我们在第10章提到，银行准备金是私营银行在央行的存款加上私营银行在自己金库中持有的现金，即库存现金。请注意，银行准备金不是M2的一部分，M2是家庭和（非银行）企业用于购买商品和服务的货币供给。然而，正如我们稍后会了解到的，银行准备金可以影响货币供给。银行准备金的数量在银行同业支付中起着至关重要的作用。假设摩根大通的一位客户给花旗银行的一位客户开了一张1亿美元的支票，美联储会把1亿美元从摩根大通转移到花旗银行来结清这张支票。运用这种方式，美联储变成了"银行的银行"。

为了实现这些联行往来，美联储动用了存放在美联储的银行存款准备金。在我们的示例中，美联储会把1亿美元从摩根大通（存放在美联储）的准备金转移到花旗银行（存放在美联储）的准备金。当然，前提是摩根大通需要在美联储存有至少1亿美元的准备金。所以，美联储要求银行必须存有大量准备金，以便始终有足够的准备金来应对不断变化的银行间交易。这种银行准备金体系以及建立在此基础上的银行同业支付，是现代经济基础设施的一个重要组成部分。

逆周期货币政策

美联储影响总体经济活动的方式是在经济增长过慢时降低利率，在经济过热时则提高利率。降低利率会增加借贷，从而增加消费和投资。提高利率会减少借贷，从而抑制消费和投资。央行通过操控利率来刺激低迷的经济或抑制过热的经济，即为逆周期货币政策。我们将在第 12 章深入讨论逆周期政策。

在本章接下来的内容中，我们将关注使银行得以履行监管、管理联行往来以及制定逆周期货币政策这三大职能的一项关键工具：银行准备金体系。

11.5　银行准备金和货币体系运行的渠道

对利率的管理是美联储承担的最重要、最复杂的职能之一。美联储的货币政策工具箱使其能够通过影响利率、通货膨胀率和失业率来管理宏观经济。

为了理解美联储是如何做到这一点的，我们将按照如下的几个步骤进行介绍：

- 首先，我们会解释为什么私营银行需要银行准备金，重新审视第 10 章中提出的部分问题。
- 其次，我们会解释银行准备金在市场上的交易：总体而言，私营银行是银行准备金的需求方，而央行是银行准备金的供给方。我们会讨论银行准备金的需求曲线。该需求曲线部分取决于中央银行支付给私营银行的利息。由于私营银行将银行准备金存放在中央银行，因此后者需要向前者支付利息。
- 接下来我们会讨论银行准备金的供给曲线。在解释了需求曲线和供给曲线之后，我们将它们放在一起，以得到银行准备金市场的均衡。这种均衡会确定一个关键的短期利率，即联邦基金利率。在均衡利率下，银行准备金的需求量等于银行准备金的供给量。
- 然后，我们会解释为何美联储增加银行准备金的数量有时会增加货币供给并导致通货膨胀。
- 最后，我们会讨论短期利率如何影响长期利率，后者直接关系到家庭和企业的投资决策以及整体就业水平。

如果你在阅读本章剩余内容的时候有些疑惑，那么请回来重读这五个要点，以使自己能够把握全局。你也可以参考本章末尾的图 11.11，该图概括了银行准备金在影响利率、货币供给、通货膨胀和就业方面所发挥的关键作用。

银行准备金和流动性

我们现在研究私营银行如何确定要持有的准备金数量，以及如何在必要时获得额外的准备金。

为了进行交易，私营银行需要有资金来源。银行准备金就是为这一目的服务的。

在任意一天，一家私营银行的客户取款量都有可能超过新的存款量。例如，一家私营银行的大型企业账户持有人可能会在月底从其企业银行账户中提取资金以支付员工工资。或者，一家大型企业存款人可能会从私营银行提取 10 亿美元资金用于收购另一家企业。

私营银行可能还需要资金来发放新贷款，比如向数千名购房者发放抵押贷款，或向一家建设新工厂的公司发放大额商业贷款。最后，私营银行还可能需要资金来偿还从其他银行的借款。

这些情况都意味着私营银行需要**流动性**，这意味着它需要能够立即用于交易的资金。我们说，如果一家私营银行有足够的资金开展日常业务，并满足其监管所要求的流动性覆盖率，那么它就有足够的流动性。这一规定要求大型银行至少持有一定数量的基本无风险的流动性资产，如准备金和美国国债。流动性覆盖率是《巴塞尔协议》的强制规定，在 2008 年金融危机后，《巴塞尔协议》明确了一系列银行监管规则，流动性覆盖率便是其中之一。每家持有超过 500 亿美元资产的银行都有一个由美联储确定的具体流动性覆盖率。

当一家私营银行需要资金（即流动性）来进行交易时，它的第一道防线就是准备金，即它持有的库存现金或在央行的存款。如果银行有充足的准备金，它就会利用其中的一部分来满足日常的资金需求。然而，在某些情况下，银行可能会缺乏开展业务所需的足够准备金。如果一家银行无法在很短的时间内筹集到额外的资金，它就可能无法发放新贷款，在极端的情况下，它甚至可能无法满足储户提取资金的需求。

幸运的是，银行有一种获得额外流动性的办法。它们可以从其他银行借款。如果一些银行产生了大量的净提款，那么其他银行可能正在产生大量的净存款。有可能所有银行都突然面临大规模的净提款，但多数情况下，对流动性的需求都不是一种总体现象，而仅限定于少数几家银行。

要理解这一点，我们可以想一下像通用电气这类大雇主在发薪当日的情况。通用电气拥有 30 万名员工，平均月薪约为 7 000 美元。简单起见，我们假设通用电气将所有现金存放在一家银行，每月以电子转账方式向员工支付一次工资。在发薪日，通用电气银行账户上的钱减少了 21 亿美元（7 000 美元 ×30 万），与此同时，该公司员工银行账户上的钱则增加了 21 亿美元。如果通用电气及其员工的账户都在同一家银行，那么这家银行就不会出现净提款。存取款将相互抵消。

但如果双方账户在不同的银行（这是一个更符合现实的情况），那么通用电气的账户所属的银行将产生 21 亿美元的净取款，员工账户所属的银行将收到 21 亿美元的净存款。此时，通用电气的账户所属的银行可能会出现准备金短缺，员工账户所属的银行则会产生大量的超额准备金。于是，通用电气的账户所属的银行会想借一些准备金来解决短缺问题，而员工账户所属的银行则想把它们的超额准备金借出去。

在美国，实现这些目标的办法就是进入**联邦基金市场**。联邦基金市场是银行间相互借贷准备金的市场。在这个市场上，银行通常进行为期一天（24小时）的贷款，因此联邦基金市场又被称为"隔夜市场"。贷款通常在早上发放，第二天早上偿还。"联邦基金"一词指出了这些是联邦储备银行持有的银行准备金贷款这一事实。这个市场中的利率被称为**联邦基金利率**。

隔夜贷款可能听上去很奇怪。你不会想要24小时的抵押贷款，因为在30年里每天早上重新签署所有的文件会让你崩溃。然而，大型银行每天早上眨眼间就会向彼此发放数十亿美元的贷款。每天早晨，银行都会评估当日的流动性需求，并据此进行借贷。如此日复一日，循环往复。

联邦基金市场① 的需求侧

图11.3是准备金的需求曲线。确切地说，这些是私营银行存放在联邦储备银行的准备金（因此它并不包括私营银行的库存现金）。图中y轴表示联邦基金利率，x轴表示准备金需求量。需要强调的是，准备金的需求曲线表示的是私营银行持有的准备金总额（而不仅仅是借来的准备金）。因此，如果一家银行有100亿美元的准备金并贷给另一家银行10亿美元准备金，那么市场上的净准备金需求量为：

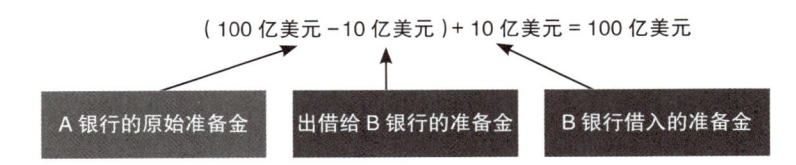

（100亿美元 − 10亿美元）+ 10亿美元 = 100亿美元

↑ A银行的原始准备金　↑ 出借给B银行的准备金　↑ B银行借入的准备金

为避免重复计算，贷出的10亿美元准备金只计入借款银行的准备金。在这个例子中，私营银行持有的准备金总额为100亿美元。

需求曲线反映了私营银行在联邦基金利率任一水平下的准备金需求总量。需求曲线向下倾斜的原因是，随着持有准备金成本（即为借入准备金而支付的利率）的下降，寻求优化的银行会选择持有更多准备金。准备金是银行的安全网，如果安全网的成本下降，它们就更愿意拥有一个规模更大的安全网。

因此，较低的利率增加了对准备金的需求量。联邦基金利率的变化会引起沿着准备金需求曲线的变动（在其他条件不变时）。

相比之下，如果联邦基金利率以外的其他因素发生变化，整个准备金需求曲线就会发生移动。准备金需求曲线的移动对应着在给定联邦基金利率下准备金需求量的变化。以下是导致准备金需求曲线移动的四个主要原因，其中最后一个原因受美联储的直接调控。

---

① 在其他国家或地区，这类市场不叫作联邦基金市场。除中央银行之外的金融机构之间进行短期资金融通的市场叫同业拆借市场，同业拆借市场最早出现于美国，即1921年形成的联邦基金市场。——编者注

图 11.3　联邦基金市场的需求曲线

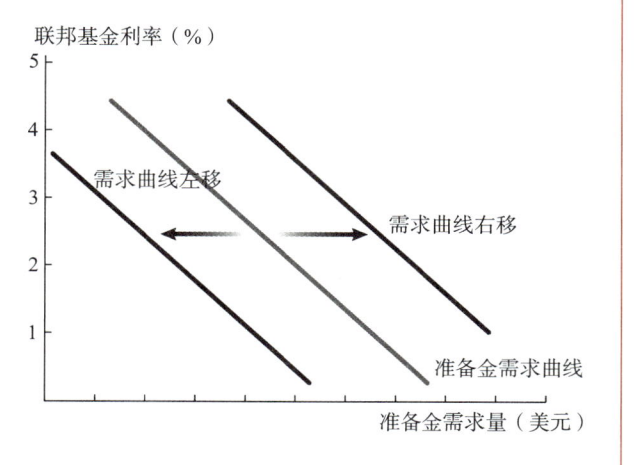

注：准备金需求曲线是向下倾斜的。更高的联邦基金利率会增加持有准备金的成本，并降低寻求优化的银行所需的准备金数量。相反，较低的联邦基金利率会增加银行的准备金需求。在其他条件不变时，联邦基金利率的变动对应着沿需求曲线的变动。整个需求曲线的移动是由于经济扩张或收缩、流动性需求的变化，或美联储向存放有银行准备金的银行所支付利率的变化而引起的。美联储支付的这笔款项被称为"准备金利息"。

- **经济扩张或收缩**。在蓬勃发展的经济体中，银行需要获得流动性，这样它们就可以向客户，例如一家希望通过贷款来建设新厂以实现扩大生产的制造业企业提供新的贷款。准备金提供了可用于为这些贷款提供资金的流动性。因此，银行贷款发放规模的扩大，会使准备金需求曲线右移。同理，银行贷款发放规模的收缩，会使准备金需求曲线左移。
- **流动性需求的变化**。银行如果预期会有大量的取款，例如银行挤兑，也会增加对准备金的需求。偿付储户需要流动性，而这正是准备金所提供的。因此，预期中的大量取款将使准备金需求曲线右移。
- **存款基数的变化**。准备金的需求与银行账户余额的总价值成正比。我们之前说过，存款准备金制度强制要求美国各银行至少要将其活期账户额的10%用作库存现金或存放在美联储作为准备金。所以，银行账户余额数量扩大时，准备金需求曲线会右移。相反，银行账户余额收缩时，准备金需求曲线会左移。
- **准备金利率的变化**。准备金利率即美联储为存放在美联储的准备金支付的利率。当私营银行将准备金存放至美联储时，美联储就需要支付利息；无论这些准备金是属于银行直接持有的还是从他行借来的，美联储都要为其支付利息。在新冠疫情导致的经济衰退到来之前，美联储为私营银行存放在美联储的准备金所支付的利率为1.55%。当美联储提高准备金利率时，准备金就能给私营银行带来更多收益，因此会使准备金需求曲线右移。当美联储降低准备金利率时，准备金的价值就会降低，从而使准备金需求曲线左移。2020年3月，美联储将准备金利率降至0.10%，这导致准备金需求曲线左移。我们稍后会了解到，改变准备金利率是美联储影响联邦基金利率的最重要工具之一。请注意，美联储为私营银行存放在美联储的准备金所支付的利率不同于联邦基金利率（这是私营银行之间的准备金借贷利率），但在现实中，这两者往往非常接近。

图 11.3 显示了准备金需求曲线的左右移动。

联邦基金市场的供给侧和联邦基金市场的均衡

我们现在讨论联邦基金市场的供给侧。为了更好地理解美联储的日常运作，我们将准备金的供给曲线建模为一条由美联储每天早晨确定的垂直线。然而，正如我们接下来会了解到的，美联储可能会按日将这条垂直供给曲线向右或向左移动。我们现在先介绍垂直供给曲线不受需求曲线右移或左移影响的简单情况，如图 11.4 所示。

图 11.4 联邦基金市场的均衡

注：由于美联储决定每日准备金的供给，我们将准备金供给曲线表示为一条垂直线。向下倾斜的需求曲线和供给曲线的交点给出了联邦基金市场的均衡。假设美联储不会根据需求曲线的变化而改变供给曲线，需求曲线左移会降低联邦基金利率，需求曲线右移会提高联邦基金利率。

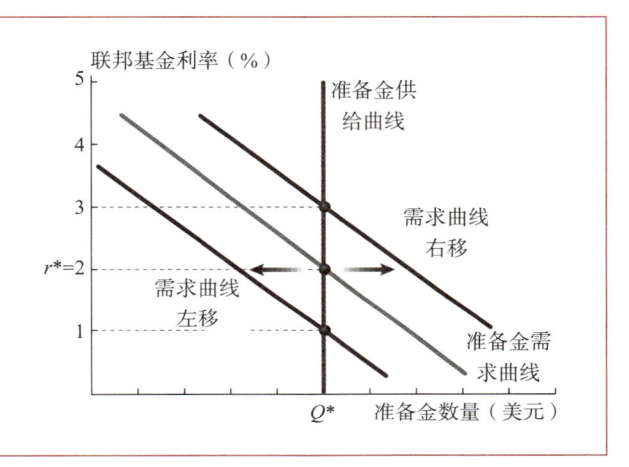

联邦基金市场供给曲线和需求曲线的交点即**联邦基金市场均衡**。在这里，准备金的需求量等于美联储提供的准备金数量。均衡联邦基金利率即私营银行的准备金需求曲线与美联储设定的准备金垂直供给曲线的交点。

如果美联储希望提高私营银行的准备金水平，它就会从私营银行购买政府债券，并相应地给私营银行提供更多的电子准备金。如果美联储希望降低准备金水平，它就会向私营银行出售政府债券，私营银行则相应地返还部分准备金。通过购买或出售政府债券，美联储改变了联邦基金市场的垂直供给曲线，从而控制了私营银行（在美联储）所存放准备金的水平。这些交易被称为**公开市场操作**，是美联储最重要的货币政策工具之一。与公开市场操作相关的交易见图 11.5。

美联储调控联邦基金利率的两种方式

美联储运用两个关键工具来影响联邦基金的市场均衡：改变准备金的供给和改变准备金利率。

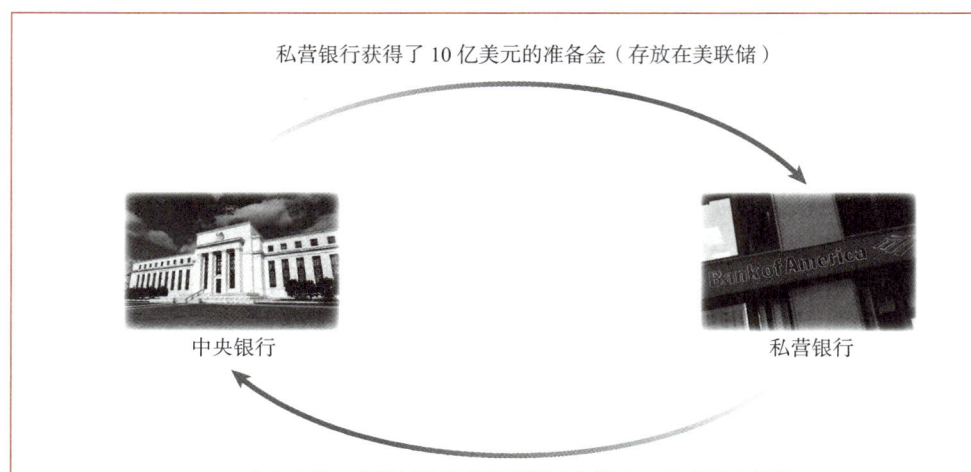

私营银行获得了 10 亿美元的准备金（存放在美联储）

中央银行　　　　　　　　　　　　　　　私营银行

作为交换，美联储从私营银行那里获得了 10 亿美元的债券

图 11.5　增加存放在美联储的准备金的公开市场操作

注：公开市场操作是中央银行和私营银行之间的交易。在本例中，美联储向一家私营银行（本例中为美国银行）提供了 10 亿美元的借据，借据的形式是存放在美联储的准备金。作为交换，美联储从美国银行那里获得 10 亿美元的债券。

改变准备金的供给

美联储的第一种策略是找出能实现特定联邦基金利率的准备金水平。图 11.6 展示了如何找出使联邦基金利率为 2% 的准备金水平的过程。在该图中，美联储会找出需求曲线上与 2% 的联邦基金利率对应的那个点。美联储会提供与需求曲线上这一点相对应的可用准备金。使用这种策略，即使需求曲线每天都在变化，美联储也可以将联邦基金利率保持在一个特定的值。当需求曲线右移时，美联储会增加准备金供给，以防止联邦基金利率上升。当需求曲线左移时，美联储会减少准备金供给，以防止联邦基金利率下降。

图 11.6　调控准备金以保持联邦基金利率稳定

注：为了应对准备金需求曲线的移动，美联储可以通过调控准备金水平来保持联邦基金利率的稳定。如果准备金需求曲线右移（从 D 到 D_R），那么美联储需要准确地向右移动供给曲线（从 S 到 S_R），使得新的供给曲线和需求曲线的交点所对应的联邦基金利率与原来的在同一水平线上。如果准备金的需求曲线向左移动（从 D 到 D_L），那么美联储准备金的供给曲线需要左移（从 S 到 S_L）。

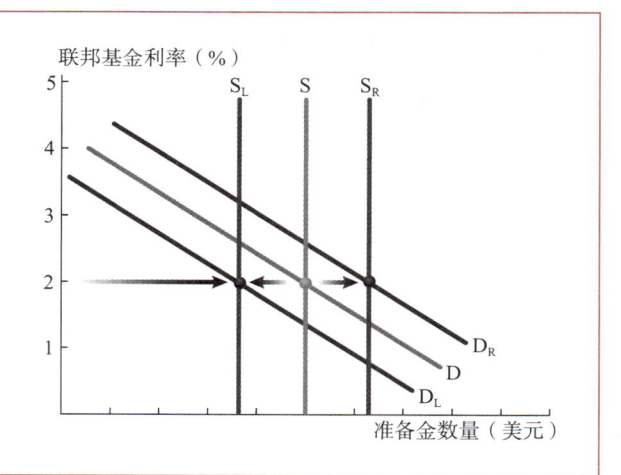

宏观经济学

图11.6显示了在准备金需求曲线发生变化的情况下，美联储如何保持联邦基金利率的稳定。在大多数情况下，美联储都会追求利率稳定。但美联储也会不时决定调整联邦基金利率，以推动经济增长。我们将在第13章中解释，加息将导致经济增长放缓，而降息将加快经济增长。后面我们会更详细地讨论美联储为什么要加息和降息，现在我们只讨论美联储如何通过改变准备金供应来改变利率，特别是联邦基金利率。

图11.7（a）说明了美联储如何通过将准备金供给曲线左移来提高联邦基金利率。正如我们已知的，美联储可以向私营银行出售政府债券并允许私营银行用其准备金换取这些债券，这就降低了私营银行在美联储存放的准备金的数量，供给曲线也因此发生左移。供给曲线的移动导致了一个具有更高准备金"价格"的新均衡，即一个具有更高均衡联邦基金利率的新均衡。

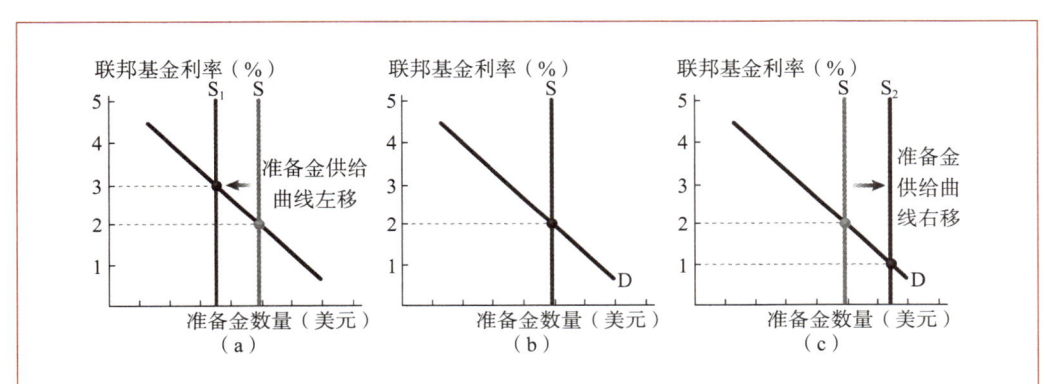

图11.7 由准备金供给曲线的移动引起的联邦基金利率的变化

注：美联储可以通过将准备金供给曲线左移来提高联邦基金利率。这种移动导致了一个具有更高均衡联邦基金利率的新均衡。同样，美联储可以通过将准备金供给曲线右移来降低联邦基金利率。这种移动导致了一个具有更低均衡联邦基金利率的新均衡。

同样，图11.7（c）说明了美联储如何通过将准备金供给曲线右移来降低联邦基金利率。美联储通过从私营银行购买政府债券的方式为私营银行提供了额外的准备金，从而导致准备金供给曲线右移。准备金供给曲线的右移导致了一种具有更低准备金价格的新均衡，即一个具有更低均衡联邦基金利率的新均衡。

改变准备金利率

前面提到，美联储可以运用两种方法来影响联邦基金市场的均衡。现在我们来讨论美联储的第一种策略。美联储可以通过改变准备金利率来移动准备金需求曲线。准备金利率的上升会使准备金需求曲线右移。相反，准备金利率的下降则会导致准备金需求曲线左移。如图11.4所示，通过改变准备金利率，美联储可以使准备金需求曲线发生移动，进而导致均衡联邦基金利率上升（当准备金利率上升时）或下降（当准备金利率下降时）。因此，准备金需求曲线的移动会转化为联邦基金利率的变动。

图 11.8 从历史的角度展示了联邦基金利率的变化。该图描述了 1954 年 7 月至 2020 年 9 月的联邦基金利率波动。该图显示联邦基金利率会出现大幅的上升或下降。这些波动既来自准备金供给曲线的移动（如图 11.7 所示），也来自准备金需求曲线的移动（如图 11.4 所示）。你如果仔细观察，会发现联邦基金利率在 2020 年初降至接近于零的水平。联邦基金利率之所以出现这种下降，是因为自 2020 年 2 月开始美国出现了新冠疫情引发的经济衰退，在这种情况下，美联储希望通过降息来刺激经济活动。我们将在第 13 章中深入讨论这种货币刺激措施。

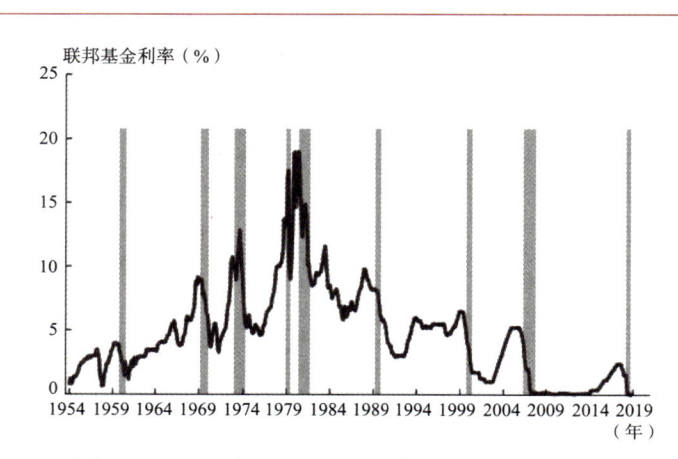

图 11.8　1954 年 7 月至 2020 年 9 月的联邦基金利率

注：在二战后的不同时期，联邦基金利率的变化很大。在图中阴影部分所示的经济衰退期间，联邦基金利率往往会下降。当经济疲软时，美联储会通过降低联邦基金利率来刺激经济。

资料来源：美国联邦储备委员会。

对美联储调控联邦基金利率的总结

综上所述，美联储可以通过改变准备金的供给量（通过公开市场操作）或改变准备金的需求曲线（通过改变准备金利率）来影响联邦基金利率。减少准备金的供给或增加准备金利率可以提高联邦基金利率。相比之下，增加准备金的供给或减少准备金利率会降低联邦基金利率。

总而言之，美联储有两个影响联邦基金利率的基本政策杠杆：调整准备金的供给量和调整准备金利率。美联储历来主要是通过改变准备金数量（公开市场操作）来影响利率。美国国会直到 2008 年才批准对准备金支付利息，但这项政策很快成为美联储标准政策工具之一。自 2008 年以来，联邦基金市场的均衡利率（联邦基金利率）和准备金利率一直都很接近。例如，在 2021 年初，准备金利率为 0.10%，而联邦基金利率为 0.09%，两者几乎完全相同。

美联储如何影响货币供给和通货膨胀率

以上是关于如何确定联邦基金利率这一关键短期利率的讨论。现在让我们转向另一个重要问题：美联储如何影响货币供给和通货膨胀率。

事实上，美联储既不能直接控制货币供给，也不能直接控制通货膨胀率。有些人错误地认为，因为美联储控制了银行准备金的数量，所以它能够控制货币供给。但银行准备金实际上并非货币供给的一部分。货币供给是指家庭和企业在私营银行的存款以及流通中的货币。

选择与结果

在联邦基金市场之外获取准备金

- 在正常情况下，联邦基金市场会保持正常运转。需要额外准备金的银行会通过该市场借入准备金，而拥有超额准备金的银行则通过该市场出借准备金。但在金融恐慌等特殊时期，联邦基金市场可能会崩溃，因为拥有超额准备金的银行不知道它们可以信任谁。它们不知道哪些银行有偿付能力（即有能力偿还借到的准备金），哪些银行没有。因此，拥有超额准备金的银行可能不愿意出借准备金。
- 在此类的危机中，需要准备金的银行可能无法获得资金。幸运的是，美联储能够通过另一渠道介入并提供准备金。美联储会允许银行从美联储的"贴现窗口"借入准备金。由于贴现窗口的贷款利率高于从联邦基金市场获得的贷款利率，贴现窗口通常是私营银行借入准备金的最后手段。有时美联储也被称为"最后贷款人"。当其他一切手段都失效时，银行可以直接向美联储申请准备金贷款。

虽然美联储并不直接控制货币供给或通货膨胀率，但它确实试图影响这些重要的宏观经济变量。由于控制通货膨胀是美联储的双重使命之一，而货币供给不是，所以美联储非常关注通货膨胀，只是间接地关注货币供给。因此，只要年通货膨胀率接近美联储 2% 的目标，美联储就不会担心货币供给增长率的短期变化。

正如本章前面对货币数量理论的实证分析所示，从长期来看，通货膨胀率近似等于货币供给量的增长率减去实际 GDP 的增长率。由于这种关系，如果通货膨胀率开始超过美联储的通胀目标，美联储将试图减缓货币供给的增长速度。

请注意，当银行发放新贷款时，货币供给量会增加。假设一位购房者从花旗银行获得了 20 万美元的抵押贷款，出售房屋的人从购房者那里收到这些资金，并将其存入银行，这家银行可能是也可能不是花旗银行。这笔存款使货币供给量增加了 20 万美元。因此，新抵押贷款的发放使货币供给量增加了 20 万美元。又因此，大量新贷款的发放会导致货币供给迅速增长。当美联储试图减缓货币供给的增速时，它会通过降低私营银行向家庭和企业发放贷款的增长来实现这一目标。

正如我们将在下一小节中所解释的，联邦基金利率影响长期利率，长期利率则影响家庭和企业的新贷款需求量。通过提高联邦基金利率，美联储提高了家庭和企业的贷款利率，从而降低了贷款需求量和货币供给的增长率。

对美联储如何影响货币供给和通货膨胀率的总结

美联储通过两种工具来提高联邦基金利率。首先，美联储可以通过公开市场操作来减少银行准备金的数量。其次，美联储可以提高支付给准备金的利率。这些政策将提高联邦基金利率和家庭、企业的借贷利率。因此，更高的联邦基金利率会降低对家庭和企业的贷款增长率，进而降低货币供给的增长率和通货膨胀率。同样地，更低的联邦基金利率会提高对家庭和企业的贷款增长率，进而提高货币供应的增长率和通货膨胀率。

联邦基金利率与长期实际利率之间的关系

截至目前，我们已经讨论了美联储管理银行准备金所产生的前两个结果。现在我们转入第三个也是最后一个方面的讨论。通过干预银行准备金市场，美联储同时影响了联邦基金利率和长期实际利率。我们已经知道，实际利率被定义为贷款的实际价格，或者说是经通货膨胀调整的贷款价格。它被定义为：

$$实际利率 = 名义利率 - 通货膨胀率$$

假设在一个通货膨胀率为 2% 的经济体中，一家公司以 5% 的名义利率借入 100 美元，借期为一年。一年后，公司偿还了本息 [100 美元 ×（1 + 0.05）= 105 美元]，但是通货膨胀削弱了这些钱的购买力。如果通货膨胀率为 2%，那么还款年 105 美元的购买力仅为 105 美元 /（1 + 0.02），也就相当于贷款发放当年的 103 美元左右。这比原来的贷款额只增加了 3 美元。所以，借款者的实际成本只有 3 美元的购买力，也就是原来 100 美元贷款的 3%。一般来说，贷款的实际成本是名义利率减去通货膨胀率。因此在这个例子中，实际利率可计算为：5% - 2% = 3%。

A380 的研发始于 1988 年，而第一架 A380 于 2007 年才售出，这一为期 20 年的研发项目靠的可不是 365×20=7 300 次的隔夜贷款。企业会通过发行长期债券来为此类项目募资。

宏观经济学

投资取决于**长期实际利率**，即长期名义利率减去长期通货膨胀率。当谈到长期时，我们指的是 10 年（或更长）的时间跨度。长期实际利率对经济具有重要影响，因为许多投资都需要至少连续 10 年的资金投入：房屋贷款持续 30 年；一个大型的企业研发项目，比如双层"超大型"空中客车 A380 的研发，从最初的概念到最终产品的推出可能需要 20 年。

相比之下，联邦基金利率是一项短期名义利率。因此，美联储实质上控制的短期利率与影响大多数投资决策的长期实际利率并不匹配。为了理解联邦基金利率对长期实际利率的潜在影响，我们需要考虑在发放贷款时的预期实际利率。预期贷款利率可能不同于贷款周期内的已实现实际利率。因此，我们有必要区分已实现实际利率和预期实际利率。

已实现实际利率被定义为：

已实现实际利率 = 名义利率 − 已实现通货膨胀率

例如，如果借款者在 2020 年 12 月 31 日取得贷款，并在 2030 年 12 月 31 日偿还贷款，那么已实现实际利率就是由借款者在 2020 年 12 月 31 日认可的名义利率，减去 2020 年 12 月 31 日到 2030 年 12 月 31 日之间的实际已实现通货膨胀率。请注意，已实现通货膨胀率是指在特定时期内实际发生的通货膨胀率。

最初发放贷款时，借款者还不知道已实现通货膨胀率会是多少。所以借款者要到 2030 年 12 月 31 日贷款结束后才能计算已实现实际利率。

但我们确实会对这段时期的通货膨胀率存有信念或预期。我们可以利用这些预期来构建一个密切相关的概念，即**预期实际利率**：

预期实际利率 = 名义利率 − 预期通货膨胀率

在贷款时，寻求优化的借款者和出借人会考虑预期实际利率，因为他们还不知道已实现通货膨胀率将会是多少。预期实际利率取决于经济主体的**通货膨胀预期**，即他们对未来通货膨胀率的信念。

批评者抱怨说，理性预期模型高估了人类理性的程度。自 20 世纪 60 年代以来，经济学家们一直在争论哪种模型能最好地描述消费者和劳动者的实际通货膨胀预期。乌尔里克·马尔门迪尔等人积累了大量支持适应性预期模型的实证证据。[5] 他们的研究表明，个人经历会塑造人们的通胀预期。例如，亨利·沃利奇出生在德国，并经历了德国的恶性通货膨胀（1921—1924）。后来沃利奇移民到美国，成为美国的一名重要政策制定者，并于 1974 年至 1986 年担任联邦储备委员会理事。任职期间，沃利奇对美国经济的通胀预测远远高于同一时期美联储其他理事的通胀预测。通过研究所有曾在联邦储备委员会任职理事所做的预测，马尔门迪尔等人得出的结论是，一个人的经历会影响他对通胀的预测。

我们现在可以思考一下，联邦基金利率的变化将如何影响长期的预期实际利率。<mark>虽然没有一个普遍接受的答案，但大多数经济学家都认为，改变联邦基金利率往往会使长期的预期实际利率发生相同方向的变化。</mark>

联邦基金利率的下降意味着私营银行能够在联邦基金市场上以较低的利率借入准备金。由于私营银行自身的借贷成本正在下降，它们也会开始以较低的利率提供贷款。这意味着私营银行的信贷供给曲线会发生右移。

此外，由于长期贷款实际上是由许多短期贷款所组成，因此长期名义利率也会下降。你可以把一笔 10 年期的贷款想象成 10 笔相互连接的 1 年期贷款，它就像一辆由一节节车厢连接而成的货运火车。当联邦基金利率下降时，私营银行的第一笔 1 年期贷款的成本就会下降。此外，联邦基金利率的变化趋势通常至少在数年内不会出现逆转，因此，这 10 年期贷款计划的头几笔 1 年期贷款都会受到影响。我们可以把长期贷款的名义利率看作这 10 笔 1 年期贷款的平均利率。如果数笔 1 年期贷款利率因联邦基金利率的变化而下降，那么长期名义利率也会下降。

举个具体的例子。我们假设美联储将联邦基金利率从 2% 降低到 0%，并且这种下降将持续 5 年，届时联邦基金利率将恢复到原来的水平。在这种情况下，10 年期贷款的名义利率，也就是 10 笔 1 年期贷款的平均利率，将从 2% 下降到 1%。我们是通过求取这 10 笔 1 年期贷款的平均值来计算这一结果的（其中前 5 笔贷款利率为 0%，最后 5 笔贷款利率为 2%）：

$$\frac{0\%+0\%+0\%+0\%+0\%+2\%+2\%+2\%+2\%+2\%}{10}=1\%$$

为了完成我们的分析，我们现在需要确定（我们刚刚分析过的）长期名义利率的变化会如何影响长期预期实际利率。这就要求我们研究货币政策对长期名义利率和长期预期通货膨胀率的影响。

首先，假设通货膨胀预期不因联邦基金利率的下降而改变，结果会怎样？如果通货膨胀预期不变，名义利率下降，那么预期实际利率就会下降。因此，联邦基金利率的下降会降低长期名义利率和长期预期实际利率。

图 11.9 概括了这些联系，并提供了一个有具体数字的例子。该图研究了准备金利率

下降的影响——在本例中，它导致联邦基金利率从 2% 下降到了 0%。这反过来又将长期名义利率从 2% 降至 1%。如果长期的预期通货膨胀率保持在 2%，那么长期预期实际利率将从 0%（2%-2%，在联邦基金利率下降之前）下降到 -1%（1%-2%，在联邦基金利率下降之后）。

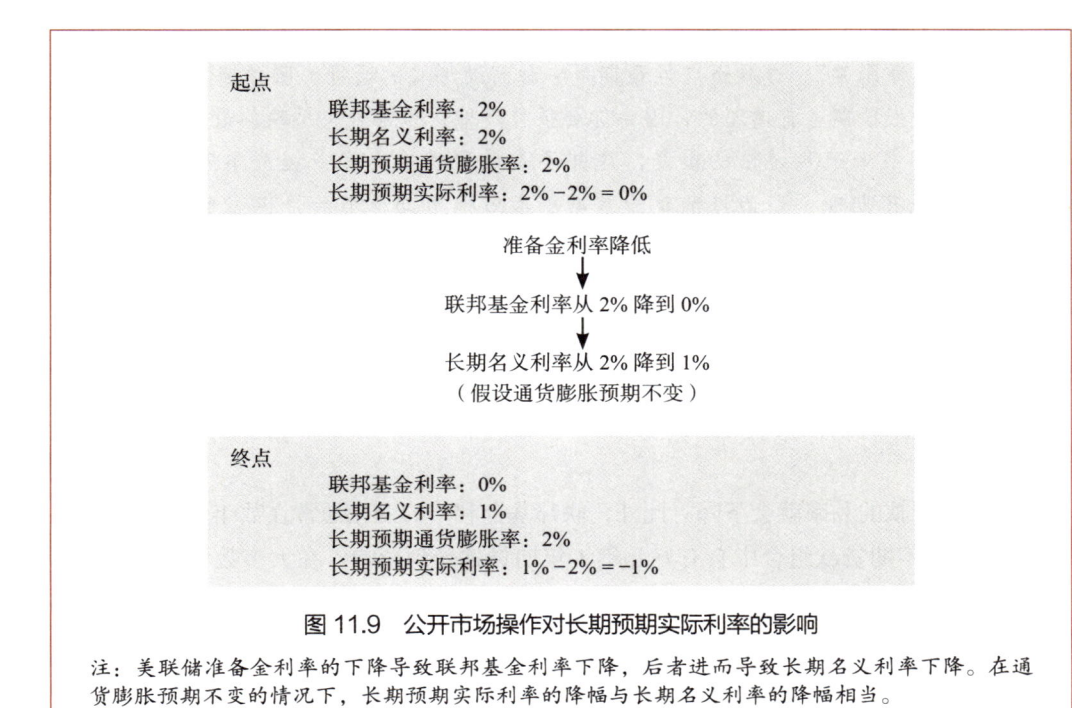

> 起点
> 联邦基金利率：2%
> 长期名义利率：2%
> 长期预期通货膨胀率：2%
> 长期预期实际利率：2%-2% = 0%
>
> 准备金利率降低
> ↓
> 联邦基金利率从 2% 降到 0%
> ↓
> 长期名义利率从 2% 降到 1%
> （假设通货膨胀预期不变）
>
> 终点
> 联邦基金利率：0%
> 长期名义利率：1%
> 长期预期通货膨胀率：2%
> 长期预期实际利率：1%-2% = -1%

图 11.9　公开市场操作对长期预期实际利率的影响

注：美联储准备金利率的下降导致联邦基金利率下降，后者进而导致长期名义利率下降。在通货膨胀预期不变的情况下，长期预期实际利率的降幅与长期名义利率的降幅相当。

如果通货膨胀预期确实发生了变化，分析就会变得更加复杂，但即便如此，长期预期实际利率往往也会随着联邦基金利率的下调而下降。

最后，我们还可以关注利率变化对消费、投资和失业的影响。我们将在第 13 章中进行更为详细的讨论，但我们现在要先透露一点，那就是长期实际利率的变化会影响家庭和企业的投资决策。例如，抵押贷款利率的下降将增加购房和房屋建设的需求，刺激建筑业的就业和产出。同样，企业借款利率下降将刺激企业投资，并再次增加就业和产出。此类途径为美联储提供了一种政策工具，使之可以通过它来影响整体经济活动，尤其是那些对长期利率敏感的行业。

对美联储如何影响长期预期实际利率的总结

长期预期实际利率等于长期名义利率减去长期预期通货膨胀率。当美联储影响联邦基金利率等短期利率时，长期名义利率也将受到影响。长期贷款就像短期贷款的组合。你可以把 10 年期贷款想象成 10 笔首尾相连的 1 年期贷款。当联邦基金利率下降时，第

选择与结果

关于通货膨胀预期的两个模型

- 人们关于通货膨胀的预期是如何形成的？一些经济学家认为，人们的通货膨胀预期是由近期的通货膨胀水平决定的。例如，"我预测明年的通胀率会等于去年的已实现通胀率"。这种适应性预期是一种回溯形式的通货膨胀预期。这种回溯型通货膨胀预期是有道理的，因为你会很自然地认为未来将反映你最近的经历。
- 但是，相信未来是过往的重复，这并不是最理性的。许多经济学家认为，人比适应性预期理论所假设的更为复杂。适应性预期模型的批评者通常支持理性预期模型，该模型假设人们的通胀预期包含了通胀预期形成时所有可用的信息，并且人们会以最复杂的方式使用这些信息。如果经济主体有理性预期，他们就是高超的预测者，能够利用对经济运行的深刻理解做出尽可能好的预测。

一笔1年期贷款的利率就会下降。此外，联邦基金利率的变化通常在数年内不会发生逆转，因此10年期贷款组合中会有好几笔1年期贷款受到影响。在大多数情况下，美联储降低联邦基金利率的举动不会给长期通货膨胀预期带来多少影响。简言之，当联邦基金利率下降时，长期实际利率往往会下降，因为长期名义利率下降，而通货膨胀预期往往基本保持不变。

以上便是我们对美联储活动的概述。我们考察了美联储的核心活动，但也遗留了一些待讨论的重要细节。我们将在接下来的两章中讨论剩下的相关内容。本章介绍了货币的概念和美联储运作的基本渠道，特别是美联储对联邦基金市场的影响。在接下来的两章中，你将了解到美联储如何权衡相互竞争的政策目标，以及在2007—2009年经济衰退和2020年2月开始的经济衰退期间美联储的实际政策执行情况。

最后，我们以一幅示意图（图11.10）作结。图11.10说明了美联储如何通过调控联邦基金利率来影响宏观经济活动。该图总结了我们在分析准备金作用时所涉及的各个通路。

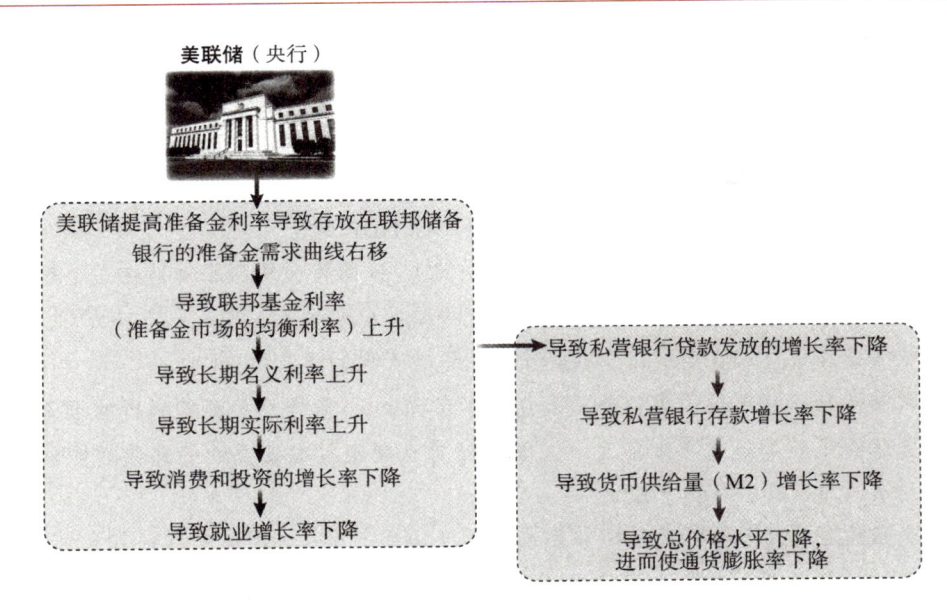

```
        美联储(央行)
          [图]
             │
             ▼
    美联储提高准备金利率导致存放在联邦储备
       银行的准备金需求曲线右移
             │
             ▼
    导致联邦基金利率
   (准备金市场的均衡利率)上升 ──────┐
             │                        ▼
             ▼              导致私营银行贷款发放的增长率下降
    导致长期名义利率上升                │
             │                        ▼
             ▼              导致私营银行存款增长率下降
    导致长期实际利率上升                │
             │                        ▼
             ▼              导致货币供给量(M2)增长率下降
    导致消费和投资的增长率下降            │
             │                        ▼
             ▼              导致总价格水平下降,
    导致就业增长率下降         进而使通货膨胀率下降
```

图 11.10　美联储提高准备金利率的后果

注：存放在联邦储备银行的准备金利率上升，会使准备金需求曲线右移。这使得联邦基金市场的均衡利率，也就是联邦基金利率上升。跟随左侧箭头，我们可以看到这将导致长期名义利率上升，长期实际利率上升，消费、投资和就业增长率下降。转向右侧箭头，我们发现提高利率也降低了贷款发放的增长率，而贷款发放的增长率反过来又降低了存款增长率、货币供给量和价格水平（基于货币数量理论）。因此，通货膨胀率也会下降。

总结

- 货币在我们的生活中扮演着关键角色。它使一系列经济交易成为可能，它兼具三大职能：（1）它是一种可用于交易商品和服务的交换媒介；（2）它是一种使我们能够将购买力储存并转移到未来的价值储藏工具；（3）它是一种表示不同商品和服务价格的通用记账单位。
- 货币供给是指个体可以立即用于交易的货币数量。货币供给量被定义为流通中的货币（不包括银行的库存现金）和私营银行绝大多数账户余额的总和。衡量货币供给量的指标被称为 M2。该指标不包括任何形式的银行准备金。说得更具体一点，货币供应不包括私营银行存放在美联储的银行准备金。
- 货币数量理论将货币供给量与名义 GDP 联系起来，名义 GDP 是按当前价格测算的经济总产值。货币数量理论认为，长期通货膨胀率等于货币供给量的长期增长率减去实际 GDP 的长期增长率。
- 在实际 GDP 增长率固定的情况下，货币供给的加速增长会导致通货膨胀，在极端情况下还会导致恶性通货膨胀。货币供给的通货膨胀式增长是有社会成本的，包括企业在频繁调整价格时产生的"菜单成本"，以及会导致供给中断、短缺和无效率排队的价格控制成本。货币供给的适度增长会产生适度的通货膨胀，这会给社会带来一定的好处，例如铸币税。适度的通胀也使雇主能够在不降低名义工资的情况下降低实际工资。适度的通胀也使美联储更容易降低实际利率。较低的实际工资和较低的实际利率会刺激实际 GDP 增长。

- 中央银行，如美国的联邦储备银行（美联储），试图将通货膨胀保持在一个较低且稳定的水平，并试图最大限度地提高可持续就业水平。
- 美联储监管银行，管理联行往来，并试图影响宏观经济波动。
- 美联储持有私营银行的准备金（不包括库存现金）。管理这些私营银行的准备金是美联储承担的最重要职能之一。美联储对私营银行准备金的管理使其能够影响利率、通货膨胀率和就业水平。
- 美联储拥有的诸多杠杆使其能够影响银行准备金市场并进而影响联邦基金利率。这些杠杆包括调整准备金供给量（即公开市场操作）以及调整能够改变准备金需求曲线的准备金利率。

关键术语

货币
交换媒介
价值储藏
记账单位
法定货币
货币供给
货币数量理论
通货紧缩

铸币税
实际工资
中央银行
货币政策
美国联邦储备银行（美联储）
流动性
联邦基金市场
联邦基金利率

准备金利率
联邦基金市场均衡
公开市场操作
长期实际利率
已实现实际利率
预期实际利率
通货膨胀预期

问题

1. 列举并解释货币在现代经济中的三大职能。
2. 法定货币与用作货币的黄金和白银等商品有何不同？
3. 如何定义 M2 这一层次的货币供给？M2 是否包括银行的库存现金？M2 是否包括存放在美联储的准备金？
4. 请解释通货膨胀率测算对于计算实际 GDP 的重要性。
5. 回想本章中关于货币数量理论的讨论。
   a. 解释货币数量理论。

b. 解释货币数量理论的预测是如何被历史数据证实的。
6. 如何区分通货膨胀、通货紧缩和恶性通货膨胀？
7. 引发恶性通货膨胀最常见的原因是什么？
8. 通货膨胀的代价是什么？
9. 通货膨胀有什么好处吗？请解释。
10. 什么是联邦基金利率？哪些因素会使准备金需求曲线发生移动？
11. 什么是公开市场操作？为什么美联储要进行公开市场操作？
12. 什么是准备金利率？准备金利率的变化是否会影响准备金需求曲线或准备金供给曲线？
13. 准备金利率的变化会如何影响包括联邦基金利率在内的联邦基金市场均衡？
14. 为什么美联储被称为"最后贷款人"？
15. 美联储如何影响长期实际利率？
16. 用于描述通货膨胀预期的两种模型分别是什么？

循证经济学习题

1. 我们在本章中讨论了货币数量理论。该理论预测，从长期看，以下货币数量理论方程会成立。

   货币供给增长率 = 名义 GDP 增长率

   如果金融主管当局提高了货币供给的增长率，这个方程是否意味着实际 GDP 增长率必然会发生变化？

2. 假设货币供给的长期增长率为每年 102%，而实际 GDP 的长期年增长率为 2%。如果货币数量理论成立，长期（年化）通货膨胀率将是多少？这是否属于恶性通货膨胀？

3. 如果物价水平每年翻一番，那么 3 年后的物价会上涨多少？请使用如下公式计算其百分比变化率。

   百分比变化率 = （终值–初值）/ 初值

习题

1. 以货易货是一种不使用货币或其他交换媒介，而直接用货物或服务交换其他货物或服务的交易方式。
   a. 假设你需要粉刷房屋。你在一个以货易货网站进行了注册，说希望以提供汽车清洁服务来换取其他人替你粉刷房子。你可能会遇到什么麻烦？
   b. 一些以货易货网站允许使用"易货元"。你向这些网站支付的注册费将被转换成用于同其他用户交换商品和服务的易货元。使用易货元能解决你在 a 部分中列举的麻烦吗？请解释。

2. 货币使各种经济交易成为可能。在以下三种情况下，确定交易中是否涉及货币的使用。
   a. 在二战期间的战俘营以及今天的一些监狱中，香烟在囚犯之间流通。例如，一部手机可能要 600 支香烟，而一本杂志可能只价值 2 支香烟。讨论在这种情况下，香烟是否满足了货币的 3 种职能。
   b. 在过去的 50 年里，信用卡已经成为人们购买商品和服务的一种越来越普遍的方式。信用卡是货币吗？请解释你的推理。

c. 许多人有退休储蓄账户,并在账户中持有股票和债券。这些账户中的余额是否构成货币?为什么?

3. 在世界上的一些地方,盐这种厨房里的寻常之物曾经被用作货币。例如,在古埃塞俄比亚,盐块曾被用来购买商品和支付工资。盐块以重量计价,并作为交易的一部分进行实体转移。在某种程度上,盐的价值在于其稀缺性和实用性:在冷藏技术出现之前,许多文明使用盐来保存食物。

   a. 讨论盐是如何行使或未能行使货币的三种职能的。

   b. 假设古埃塞俄比亚开了几座新的盐矿。你认为新货币/盐快速流入社会会对经济产生何种影响?请解释。

   c. 盐作为一种商品的使用会如何影响盐作为货币的价值?例如,在买一磅肉时,你会需要更多还是更少的盐?

4. 比特币被定义为"一种点对点去中心化数字货币"。比特币的供给不受政府或任何其他中央机构的控制。每一个比特币的价值都是由供求关系决定,并以美元计价。新比特币可以通过一个叫作"挖矿"的过程产生。然而,一旦现有的比特币总量达到2 100万枚,就不会产生新比特币。一些评论人士认为,比特币最终会取代世界上绝大多数主要货币。你是否认同?请解释你的答案。

5. 假设美联储主席宣布,从明天起美国所有流通中货币的价值将是其面值的10倍。例如,一张面值10美元的钞票价值100美元,一张面值100美元的钞票价值1 000美元,如此等等。此外,所有支票和储蓄账户的余额将乘10。举个例子,如果你的活期账户里有500美元,到明天你的余额就是5 000美元。届时你真的会比现在富裕10倍吗?为什么?

6. 据英国广播公司报道,2008年10月津巴布韦的年通货膨胀率达到231 000 000%。物价猛如虎,以至在2009年1月,该国的央行津巴布韦储备银行发行了一套面值为100万亿津巴布韦元的纸币。

请通过互联网了解津巴布韦的恶性通货膨胀。该国恶性通货膨胀的历史如何印证了本章关于通货膨胀的根源、成本和益处的论述?该国公民应采取哪些应对措施来应对这种情况?我们知道,德国经济的崩溃为纳粹党的崛起奠定了基础。在美国内战的南部邦联时期以及其他社会动荡时期也出现过恶性通胀。运用你所掌握的关于货币创造的知识来回答:恶性通货膨胀本身是不是引发动荡的原因?还是说恶性通货膨胀和这些动荡一样,都是政府所面临其他问题的结果?解释你是如何得出结论的。

7. 下表显示了印制各种面值美元钞票的成本。如表中所示,印制一张100美元纸币的成本仅为15.5美分。假设政府决定印制新钞,以为其财政赤字和所有持续性支出提供资金。这样的政策会产生什么影响?

纸币面值	生产成本
1美元和2美元	5.4美分/张
5美元	11.5美分/张
10美元	10.9美分/张
20美元	12.2美分/张
50美元	19.4美分/张
100美元	15.5美分/张

8. 为应对新冠病毒大流行造成的大规模经济收缩,美国联邦储备委员会于2020年3月15日召开了一次紧急会议。会议结束后美联储发布了一份声明,其中包括如下一段话:"委员会依据其法定职责,寻求促进最大限度的就业和价格稳定。新冠病毒的影响将在短期内对经济活动造成压力,并对经济前景构成风险。鉴于这些事态发展,委员会决定将联邦基金利率的目标区间降低至0~0.25%。在确信经济已经受住近期事件考验并有望实现

最大就业和价格稳定目标之前,委员会将维持这一目标区间。"

这一行动将有助于支持经济活动、保持强劲的劳动市场状况以及促进通货膨胀率回归委员会2%的对称目标。

a. 什么是美联储的法定职责,它在这份声明中是如何得到体现的?

b. 该委员会在这次会议上做出了什么决定?

c. 该委员会利用公开市场操作和改变准备金利率,将联邦基金利率的目标范围从1%~1.25%降低到0~0.25%。什么样的公开市场操作能够使联邦基金利率的目标范围朝着预期方向下降?

d. 你认为联邦基金利率的变化最终会如何影响长期实际利率、就业和货币供给?请结合图11.10按步骤回答。

9. 2001—2006年,作为日本央行的日本银行实施了一项名为量化宽松的货币政策计划。日本央行通过从商业银行购买资产增加了商业银行在央行存放的超额准备金的数量。使用图表解释这项政策可能如何影响"隔夜贷款利率"。日本的隔夜贷款利率与美国的联邦基金利率相似。

10. 在过去十年间,包括美联储和日本银行在内的许多央行都将其联邦基金利率(或同类指标)下调至约等于零。日本银行还采取了另一项非同寻常的措施:对超额准备金实行负短期利率。负利率意味着银行向其他银行出借超额准备金会赔钱。这一政策将如何改变银行的激励机制?根据本章所学,你认为央行为什么会选择将准备金利率降至零以下?

11. 随着美国经济摆脱新冠疫情所引发的经济衰退的影响,市场预计美联储将提高联邦基金利率。假设当前的联邦基金利率为零,且该利率预计将保持2年。市场预期美联储会在此后每年将联邦基金利率提高0.5个百分点。基于这些预期的10年期名义利率是多少?请解释你的答案,并展示推理过程。

12. 本章讨论了两个不同的通胀预期形成模型。假设有两位投资者,他们试图预测明年的通货膨胀水平。肖恩的理由是:"去年的通货膨胀率为2%。因此,我认为今年很可能也是2%。"相比之下,卡洛斯则认为:"经济已经从衰退中充分复苏,通货膨胀压力可能会增加。同样,美元走软意味着进口商品将更加昂贵。我不认为美联储会冒险通过提高利率来对抗通货膨胀,这会减缓经济复苏,导致失业率增长。因此,考虑到上述所有因素,我预计今年通货膨胀率将上升到3%。"使用本章提及的术语来准确描述每位投资者的通货膨胀预期形成方式。哪种描述更符合你对通货膨胀的预测?

5

短期波动和宏观政策

第 12 章　短期波动

是什么导致了 2007—2009 年和 2020 年的经济衰退？

美国和其他国家一样存在经济波动，换句话说，美国的经济增长率每年都在变化。1983—2007 年，美国经济快速增长，并且只经历了两次温和衰退，实际 GDP 的年均增长率达到 3.4%。但在临近 2007 年底时，美国经济开始大幅收缩。此次经济下滑让全球数亿家庭深陷困境。仅在美国，新增失业人数就达到 740 万。许多家庭还损失了毕生积蓄；美国房价下跌了

（图中文字：银行所有现房直售；法拍特价，抓紧抢购；机不可失，速拨电话！）

1/3，股价横遭腰斩。这场始于 2007 年 12 月的经济衰退一直持续到 2009 年 6 月，此后经济才恢复增长。自 2020 年 2 月开始，美国经济再次陷入严重衰退。由新冠疫情引发的经济衰退导致了远高于 2007—2009 年的峰值失业率，在 2020 年 2 月至 4 月期间，美国新增失业人数高达 1 714 万。

是什么导致了经济衰退？是什么决定了经济衰退期间的失业人数？在本章的第一个循证经济学环节中，我们将研究 2007—2009 年经济衰退的成因。在第二个循证经济学环节，我们将转向讨论最近这场经济衰退的成因及后果。和上一次衰退相比，始自 2020 年 2 月的这场经济衰退来势更为猛烈。

在此过程中，我们将建立一个模型，以更好地理解经济活动短期波动的原因和后果。

本章概览

12.1	12.2	12.3	EBE	EBE
经济波动和商业周期	宏观经济均衡和经济波动	经济扩张模型	2007—2009 年经济衰退的成因	2020 年经济衰退的成因

> **重要概念**

- 衰退期是指实际 GDP 下降的时期（至少持续两个季度）。
- 经济波动有三个关键特征：联动性、有限的可预测性和持续性。
- 经济波动是由技术冲击、市场情绪变化和货币/金融因素引起的。
- 工资下降刚性和乘数效应会放大经济冲击。
- 经济繁荣期是伴随着就业增加和失业下降的 GDP 扩张期。
- 导致 2007—2009 年经济衰退的三个关键因素分别是：（1）房地产泡沫破裂；（2）家庭财富下降；（3）金融危机。这次经济衰退同时伴随着需求冲击和金融冲击。
- 引发 2020 年经济衰退的一个关键因素是新冠疫情。疫情导致消费者减少了对商品和服务的需求（需求冲击），这是因为他们既担心自己的家庭财务状况，又在努力避免感染新冠。疫情导致企业减少了经济活动，这既是因为消费者减少了对商品和服务的需求，也是因为企业发现在疫情期间的安全运营成本高昂，甚至无法展开安全运营（技术冲击）。

12.1 经济波动和商业周期

现代市场经济在缔造长期增长方面展示出了惊人的能力。正如我们在第 7 章中了解到的，美国经济在过去 100 年里实现了大幅增长。但即使是最发达的经济体，其增长也不可能完全稳定。相反，经济发展总是阴晴相伴，起起落落。这些波动往往很难预测。我们把实际 GDP 增长率的短期变化称为**经济波动**或**商业周期**。

图 12.1 以 2012 年为价格基年展示了 1929—2020 年美国实际 GDP 水平的变化（图中相对曲折的线）。我们之前已解释过，不变美元保证了整体价格水平的稳定，这意味着我们在绘制此实际变量时已剔除了通货膨胀的影响。由于高质量的可用数据最早可追溯至 1929 年，所以我们选择从这一年开始绘制实际 GDP 曲线。

该图中还有一条趋势线（图中相对平滑的线）。这条线表示的是经济在无短暂下行波动情况下的一条平滑增长路径。图 12.1 中的这条趋势线就是我们通过假设 GDP 能够长期平稳增长而绘制的。然而，无波动的经济不过是空中楼阁，经济存在波动才是现实真相。政府的政策只能减缓波动的剧烈程度，无法消除波动。

图 12.1 显示，美国的实际 GDP 曲线与趋势线出现了两次明显的偏离，它们分别发生于大萧条时期（贯穿整个 20 世纪 30 年代）和美国参加二战时期（1941—1945 年）。在大萧条时期，美国的 GDP 远远低于趋势线。相反，在二战期间，美国的 GDP 大幅超过了趋势线。

图 12.2 则通过绘制实际 GDP 与其趋势值之间的百分比偏差（图 12.1 中两条线数值的差值占趋势线数值的百分比），为我们提供了另一种观察相同数据的方法。当差值为正时，实际 GDP 高于趋势线；当差值为负时，实际 GDP 低于趋势线。观察图 12.2，我们可以很容易地再次看到大萧条和二战这两大时期与其他时期的差异。2007—2009 年的

衰退也很明显，2020年的衰退也是如此（在该图的最右边）。请注意，2007—2009年衰退之后的复苏非常缓慢，因此在此次衰退结束后的数年间，美国的实际GDP仍远低于其趋势线。

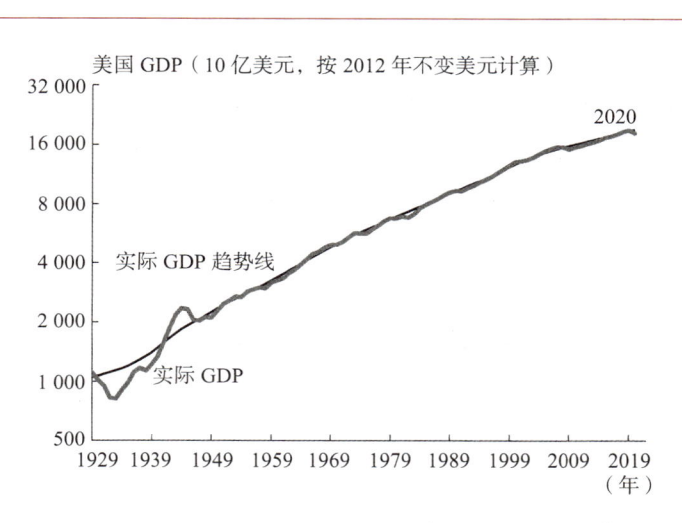

图12.1 美国实际GDP和趋势线（1929—2020年）

注：图中相对曲折的线表示实际GDP。趋势线表示的是经济在无短暂下行波动情况下的一条平滑增长路径。该趋势线是我们通过假设GDP能够长期平稳增长绘制而成。图中y轴使用了比例刻度，所以这个轴上的每一个刻度都代表实际GDP比之前翻了一番。我们在第7章中解释过，在使用比例刻度时，直线代表的是恒定的年增长率。本图中趋势线的斜率缓慢下降，这意味着在二战后的70年里，实际GDP的趋势增长率也在缓慢下降。
资料来源：美国经济分析局，国民收入和产品账户（GDP）。趋势线由作者计算得出。

图12.2 美国实际GDP与趋势线的百分比偏差（1929—2020年）

注：本图显示了美国实际GDP与其趋势线之间的百分比偏差（趋势线如图12.1所示）。百分比偏差的计算方法为100×（实际GDP−趋势值）/趋势值。
资料来源：美国经济分析局，国民收入和产品账户（实际GDP）。趋势线由作者计算得出。

除了将经济活动与其趋势进行比较（如图12.1所示），经济学家还关注GDP年增长率的波动。我们把GDP正增长的时期称为"扩张"或"繁荣"时期，把GDP负增长的

时期称为"下滑"、"收缩"或"衰退"时期。

如第5章所述，经济衰退期是指实际GDP下降的时期（至少持续两个季度）。当然，我们也关心经济增长时期。**经济扩张期**是指处于两次经济衰退之间的时期。因此，经济扩张开始于一次衰退的结束，并且持续到下一次衰退的开始。在过去的一个世纪里，经济扩张的平均时长是衰退平均时长的4倍。

表12.1列举了美国自1929年以来15次经济衰退的发生日期，以及每次衰退中实际GDP从高峰到低谷的降幅。高峰是衰退开始之前的实际GDP高点；低谷则是衰退期间的实际GDP低点，对应着衰退的终结。自1929年以来，美国大约每6年发生一次经济衰退，每次衰退的平均时长大约为1年。

表12.1 美国的经济衰退（1929—2020年）

开始时间	结束时间	持续时间（月）	实际GDP从高峰到低谷的降幅（%）
1929年8月	1933年3月	43	26.3
1937年5月	1938年6月	13	3.3
1945年2月	1945年10月	8	12.7[1]
1948年11月	1949年10月	11	1.5
1953年7月	1954年5月	10	1.9
1957年8月	1958年4月	8	3.0
1960年4月	1961年2月	10	0.3
1969年12月	1970年11月	11	0.2
1973年11月	1975年3月	16	3.1
1980年1月	1980年7月	6	2.2
1981年7月	1982年11月	16	2.5
1990年7月	1991年3月	8	1.3
2001年3月	2001年11月	8	0.3
2007年12月	2009年6月	18	4.3
2020年2月	—	—	—

注：自1929年以来，美国大约平均每6年发生一次经济衰退，每次衰退平均持续1年左右。衰退低谷是衰退期间实际GDP的最低点，对应着衰退结束。在大多数衰退中，实际GDP从高峰到低谷的降幅都不到3%，但在1929—1933年的大萧条中，美国实际GDP经历了从高峰到低谷26.3%的降幅。在本书写作时，最新的一次经济衰退始于2020年2月，目前还没有一个已知的结束日期。①
资料来源：美国国家经济研究局（衰退时间）；美国经济分析局，国民收入和产品账户（实际GDP）。

---

① 美国国家经济研究局在2021年7月做出官方声明，称2020年经济衰退的结束时间为2020年4月。按照官方说法，这是迄今为止美国历史上持续时间最短的一次衰退。——译者注

经济波动的模式

经济波动具有以下三个关键特征：

（1）多个总体宏观经济变量的联动性；

（2）拐点的有限可预测性；

（3）经济增长的持续性。

下面，我们将依次讨论这几个特征。

多个总体宏观经济变量的联动性

无论是在经济繁荣时期还是在经济衰退时期，许多总体宏观经济变量都会同时增长或收缩。经济学家将这种模式称为"联动"。图12.3显示了消费和投资这两个关键变量的联动。这两个变量都经过通货膨胀调整，因此分别表示实际消费和实际投资。x轴表示的是某一年的实际消费增长率，y轴则表示同一年的实际投资增长率。每个标绘的点表示的是具体某一年的历史数据。因此你可以通过每个点对应的横坐标（实际消费增长率）与纵坐标（实际投资增长率），读取某一年的实际消费增长率和实际投资增长率。

该图显示出，这些点大多都聚集于一条向上倾斜的直线周围。这意味着消费和投资

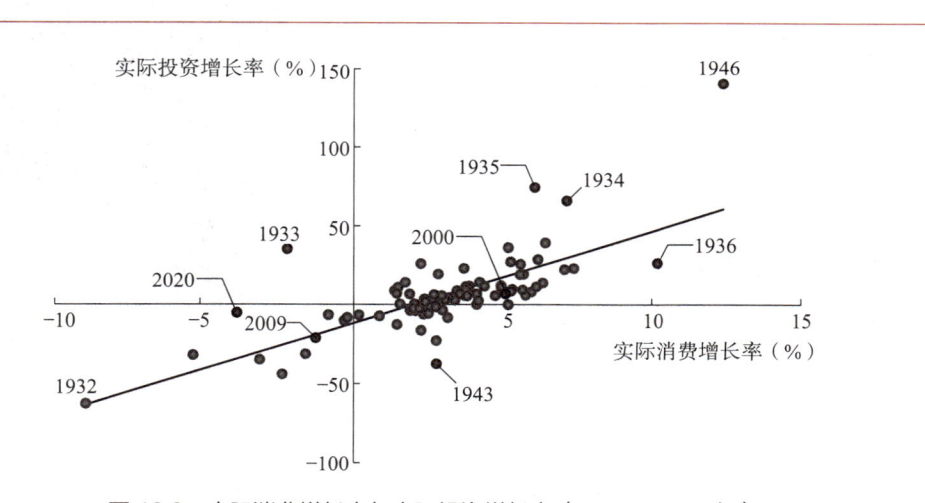

图12.3 实际消费增长率与实际投资增长率（1929—2020年）

注：x轴表示某年的实际消费增长率，y轴表示某年的实际投资增长率。每个标绘的点对应于具体某一年的历史数据，因此你可以通过横坐标（实际消费）和纵坐标（实际投资）读取出某一年的实际消费和实际投资的增长率。例如，图的右侧有一个标记为"1934"的点。这是美国经济摆脱大萧条并走向复苏的一年，其实际消费增长了约7.1%（从x轴读取），实际投资增长了65.4%（从y轴读取）。当消费增长率相对较高时，投资增长率也趋于较高。你也可以在图中看到2020年经济衰退（左下象限）。当时实际消费增长率为-3.9%，实际投资增长率为-5.3%。当消费增长率相对较低时，投资增长率也往往相对较低。经济学家认为消费和投资倾向于一起变动，即它们表现为联动。

资料来源：美国经济分析局，国民收入和产品账户。

存在联动性。当消费增长率较高时，投资增长率往往也较高。当消费增长率较低（或为负）时，投资增长率往往也较低（或为负）。换句话说，消费和投资趋向于同时增长或同时收缩。

另外请注意，投资比消费更不稳定。y 轴的变化区间是 $-100\% \sim +150\%$，而 x 轴的变化区间只有 $-10\% \sim +15\%$。投资增长之所以变动幅度较大，是因为企业经常会为了应对经济疲软大幅削减投资，然后在经济繁荣时迅速增加投资。但对家庭而言，尽量让消费长期保持平稳才是最优选择。除非你真的没钱了，否则当你的手机摔坏时，你绝不会一定要等到经济复苏再去换新的。

就业和 GDP、消费、投资都存在正向联动，失业率则与 GDP 反向联动。这意味着在经济收缩期间，实际消费、实际投资、就业和实际 GDP 都会下降，失业率则会上升。

拐点的有限可预测性

经济波动的第二个重要特征是拐点的有限可预测性。一个拐点要么代表着衰退的终结（也被称为"经济产出低谷"），要么代表着衰退的开始（也被称为"经济产出高峰"）。表 12.1 展示了自 1929 年以来美国历次经济衰退的持续时间，你从中可以看出，这些衰退既可以短至 6 个月，也可以长达 43 个月。2007—2009 年的经济衰退持续了 18 个月。经济扩张持续的时长变化也很大。自 1929 年以来，经济扩张最短的时长是 1 年，最长的则持续了 11 年（结束于 2020 年 2 月）。

由于经济衰退和经济扩张的时间有长有短，所以很明显，它们并不遵循一个重复的、容易预测的周期。事实上，即便使用现代经济学的工具，我们也不可能早早预测出衰退或扩张结束的时间。我们将此特征称为"有限可预测性"。"有限可预测性"并不是

一个贫苦的农场工人和她的三个孩子。该图片拍摄于大萧条期间的美国加州。

"不可预测性"，因为通过使用复杂的统计技术，我们还是可以进行一定程度的预测的。但按照目前的经济科学水平，我们还是很难甚至无法预测出衰退何时会结束。

同样，我们也很难预测经济扩张何时会结束。经济扩张并不像电池那样可以预测何时会耗尽电量。但即使扩张期变得更长，它也不会改变代表扩张期结束的拐点在下个月出现的概率。

承认"有限可预测性"十分重要，因为许多早期的商业周期理论都认为经济波动具有类似于钟摆的结构，经济增长存在系统性波动。但这种认为经济具有很强的可预测性的判断与事实相差甚远。

经济增长的持续性

第三个值得注意的经济波动规律是经济增长的持续性。尽管衰退开始和结束的时间有些不可预测，但经济增长并不是随机的。如果经济出现增长，那么下个季度它很可能会继续增长。同样，如果经济出现收缩——换句话说，如果经济出现负增长，那么下一季度它可能会继续收缩。如果经济在本季度陷入衰退，我们最好的选择就是认为它下个季度仍将处于衰退之中。因此，经济增长有很强的持续性。

大萧条

在过去一个世纪的经济波动中，最引人注目的事件就是**大萧条**。大萧条是自约 100 年前现代 GDP 测算方法问世以来美国最为严重的经济收缩。尽管在定义上还有争论，但"萧条"一词通常用来描述失业率达到 20% 或更高的长期衰退。虽然美国经济经历了几十次衰退，但只有 1929 年的这场经济收缩才称得上是大萧条。例如，2007—2009 年经济衰退期间的失业率峰值只有 10.0%。在 2020 年的经济衰退期间，美国的失业率在 4 月达到了 14.8% 的峰值，但这种极高失业率的持续时间非常短。

大萧条始于 1929 年的美国股市崩盘。1929—1933 年，随着全球股市持续下跌，这场危机不断深化。美国股市在 1933 年触底时，已经比 4 年前的最高点下降了大约 80%。数以百万计的美国农民和房主破产。美国当年的实际 GDP 比 1929 年下降了 12.3%，失业率则从 1929 年的约 3% 上升到 1933 年的约 25%。1932—1935 年，美国失业率一直保持在 20% 以上。1929—1933 年，美国的银行数量从 23 679 家减少至 14 207 家。那些消失的银行要么彻底破产倒闭，要么被实力更强的竞争对手收购。世界上几乎所有发达国家都发生了类似的危机，但美国的经济收缩最为严重。

大萧条显现出我们刚刚讨论过的经济波动的三个关键特征。首先，总体宏观经济变量的联动性。图 12.4（a）通过 1929—1939 年的实际 GDP、实际消费和实际投资的变化展现了这种联动。这三个指标从 1929 年开始下跌，并在 1932 年和 1933 年触底。失业率则与此相反：1929 年约为 3%，1933 年达到约 25% 的峰值。图 12.4（b）为失业率数据。最后，这些经济变化也在金融市场上得到反映。大萧条期间，企业的会计利润大幅下降。如图 12.4（c）所示，企业盈利能力的崩溃在美国主要股指道琼斯工业平均指数上得到了充分体现。

大萧条也展现出有限可预测性——在这个例子中，甚至可以说是毫无可预测性。事实上，它完全出乎大多数经济学家、政策制定者和企业管理者的意料。[2] 耶鲁大学教授、报纸专栏作家欧文·费雪是 20 世纪 20 年代末最杰出的经济预测者，他一直在写文章鼓吹美国经济的强盛，看低不利经济事件发生的可能性。事实上，就在 1929 年 10 月 24 日股市大崩盘的前一周，费雪还宣称"股价已经达到了一个永久性的高地"。即使在 10 月股市出现首次崩盘并且整体经济开始收缩之后，费雪仍旧保持乐观。1930 年 5 月 19 日，费雪写道："很明显，目前相对温和的经济衰退还达不到1920—1921年严重萧条的级别，这两者之间的差别就像雷阵雨和龙卷风。"不幸的是，事态的发展很快就证明他完全错了。与始于1929年的更深度衰退相比，1920—1921年的经济收缩根本不值一提。

费雪的这种盲目乐观情绪在当时非常普遍。没有任何主流经济或商业预测者预见到了大萧条。不仅如此，1930年1月18日，哈佛大学的一群著名预测者写道："有迹象表明，经济衰退最严重的阶段业已结束。"[3] 但事实上，那时大萧条才刚刚开始。

图 12.4 大萧条及其对 GDP、失业率以及股市的影响

（a）大萧条始于 1929 年，美国实际 GDP 在 1933 年触底，即降至低谷。在经济收缩和缓慢的复苏期间，实际 GDP、实际消费和实际投资同步变动。
资料来源：美国经济分析局，国民收入和产品账户。

（b）失业率与 GDP 同步波动，但方向相反。当 GDP 下降时，失业率往往会上升。在大萧条时期，美国失业率从 1929 年的约 3% 上升到 1933 年的约 25%。
资料来源：美国商务部人口调查局，"美国历史数据集"（从殖民地时期到 1970 年），no.93（1975）。

（c）股票价格往往也跟随其他经济活动指标波动。道琼斯工业平均指数是美国 30 家最重要公司股票价格的平均值。
资料来源：全球金融数据；道琼斯。

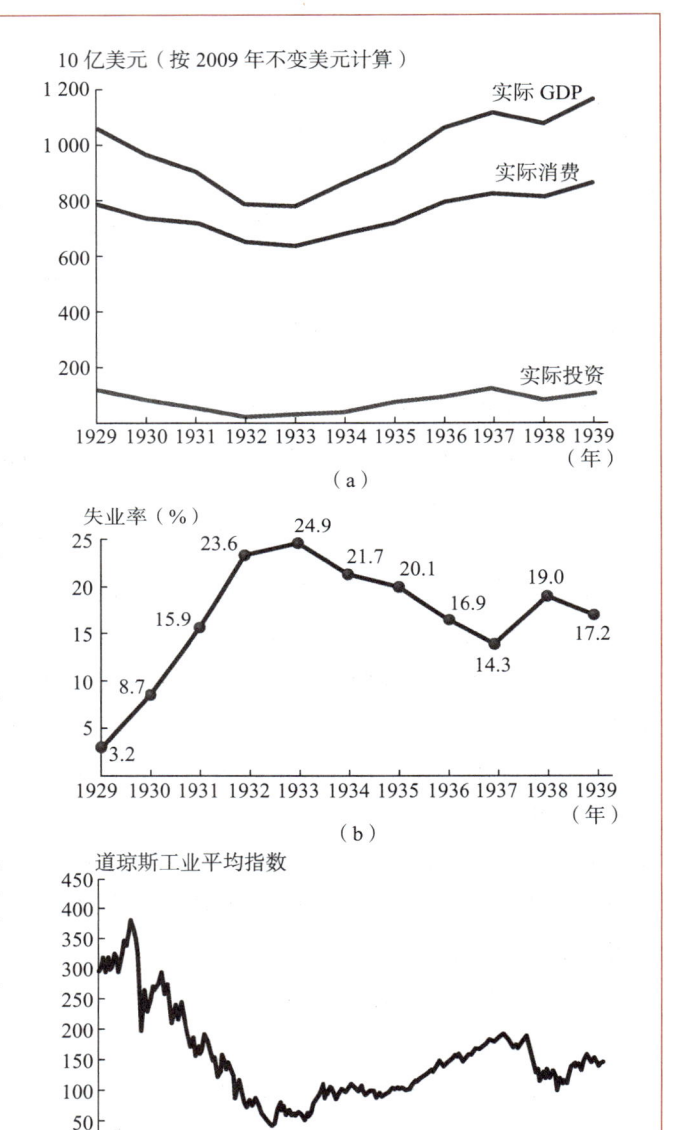

宏观经济学
358

最后，大萧条体现了经济波动的第三个特征——极强的持续性。事实上，大萧条持续的时间比典型的经济衰退要长。实际 GDP 负增长的状态从 1929 年开始，直到 1933 年结束，前后共持续了 4 年。

12.2 宏观经济均衡和经济波动

为什么会存在经济波动？鉴于经济波动的重要性和有关这一议题的大量研究，你可能认为我们会有一个令人信服的答案，一个我们一致认同的答案。但实际情况并非如此。事实上，可能没有哪个其他议题能像此议题一样，在经济学家之间引发如此激烈的分歧。尽管这种经常出现在报纸社论和博客上的分歧是真实存在的，但它也掩盖了一个事实，那就是经济学家们针对经济波动的本质已经建立了大量都认同的知识。这些知识构成了我们现在所描述的经济波动模型的基础。

劳动需求和经济波动

我们分析的第一步，是先回到对劳动市场的讨论。我们在第 9 章提到，劳动需求曲线和劳动供给曲线的交点决定了劳动市场均衡。我们使用劳动市场模型来研究总体经济的波动。对我们而言，劳动市场模型是一个特别有用的工具，因为我们可以通过追踪劳动需求的变化来分析各种因素对经济的影响。

图 12.5 给出了劳动需求曲线与劳动供给曲线及它们的交点。我们关注的是一个有着工资下降刚性的劳动市场。工资下降刚性强调了劳动需求变化对失业的影响，我们在第 9 章对此做过介绍。从当时的讨论我们得知，在存在工资下降刚性的情况下，企业不能或不愿意削减名义工资，这或是因为合同的限制，或是因为企业担心削减工资会降低员工士气，从而影响生产率。在图 12.5 中，足够高的下降刚性工资使劳动供给曲线呈现这样一种形式：其中前一部分为水平线（由于存在工资下降刚性），后一部分为垂直线（由于潜在劳动者供给的有限性）。劳动供给曲线的这两部分——水平部分与垂直部分的相交处形成了一个直角。

劳动市场均衡对应着劳动供给曲线和劳动需求曲线的交点所给出的工资和就业水平，它是我们构建经济波动模型的关键。就业波动与劳动市场均衡的变化相对应。图 12.5 显示，劳动需求曲线向左（反向）移动会降低均衡劳动数量。在衰退开始之前，最

企业裁员会导致实物资本的利用率下降。

初的均衡是由标记为"衰退前"的点给出的。在经济冲击使劳动需求曲线左移之后，具有更低劳动需求量的新均衡位于被标记为"衰退"的那一个点。在通常情况下，企业会通过减少新员工招聘及自然减员等方式来减少雇员数量，但当这种类型的调整不足以使其迅速达到理想的就业水平（如图中的"衰退"点所示）时，企业就会考虑进行大规模裁员，甚至关闭部分工厂。

因为企业不再招聘，失业的劳动者将无法找到工作。所以，下降刚性工资会导致失业。在市场工资下（在本例中市场工资也是具有下降刚性的工资），愿意工作的劳动者数量超过了企业愿意填补的工作岗位数量。图 12.5 中 x 轴附近的线表示的就是失业劳动者，也就是那些在市场工资下愿意工作却找不到工作的劳动者的数量。

图 12.5　经济衰退时的劳动需求和就业变化

注：劳动需求曲线左移导致均衡就业水平下降和失业人数上升（被标记为"衰退"的那一个点）。劳动供给曲线由两部分组成，其中的水平部分体现了工资的下降刚性。

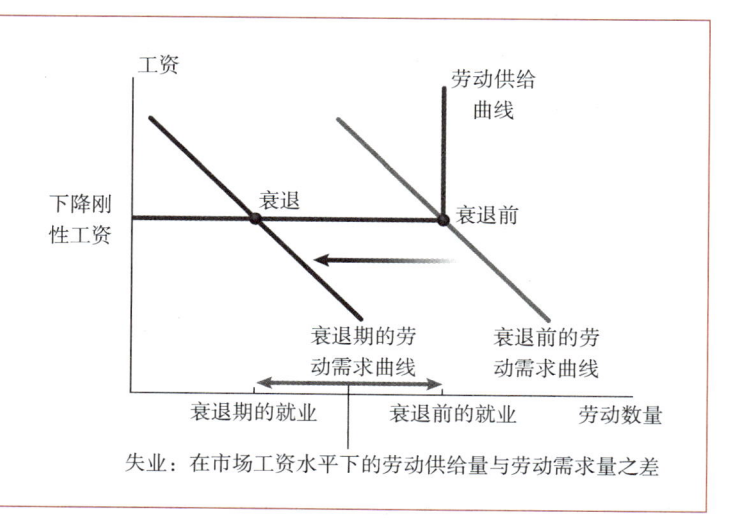

失业：在市场工资水平下的劳动供给量与劳动需求量之差

实际 GDP 的波动通过总生产函数（见第 6 章的讨论）与就业波动相关联。随着就业率的下降（由于劳动需求曲线左移），实际 GDP 也会下降，因为生产商品和服务的劳动者减少了。由此，就业和实际 GDP 同时下降。这是总体经济变量联动的又一例证。

实际上，就业率下降只是在经济收缩期间发生的调整之一。解雇一名劳动者还会使该劳动者此前所使用的实物资本（厂房和设备）利用率降低，而这最终会导致企业关闭厂房和封存设备。实物资本的利用率被称为"产能利用率"，衰退通常伴随着产能利用率的下降。例如，在 2007—2009 年经济衰退最严重的时候，美国的产能利用率从正常的 75%~80% 下降到了 67%，这进一步导致了实际 GDP 的下降。2020 年经济衰退期间的产能利用率下降幅度更大，一度跌至 64% 的低点。

虽然劳动供给的变化也会引起就业和失业的波动，但引起波动的最重要因素是劳动需求的变化。要理解短期宏观经济均衡的本质，我们需要了解劳动需求出现波动的原因。接下来我们会讨论三种相关理论，其中的每种理论都解释了劳动市场波动的部分原因。

用数据说话

失业率和实际 GDP 增长率：奥肯定律

- 如图 12.4 所示，实际 GDP 和失业率存在联动（但方向相反）。这两个变量之间的关系涉及一个名为"**奥肯定律**"的方程式。该方程式以经济学家阿瑟·奥肯的名字命名，他在 20 世纪 60 年代初首先注意到失业率下降与实际 GDP 增长率之间存在密切联系。[4] 当实际 GDP 的增长率很高时，就业率往往会提高，失业率则趋于下降。

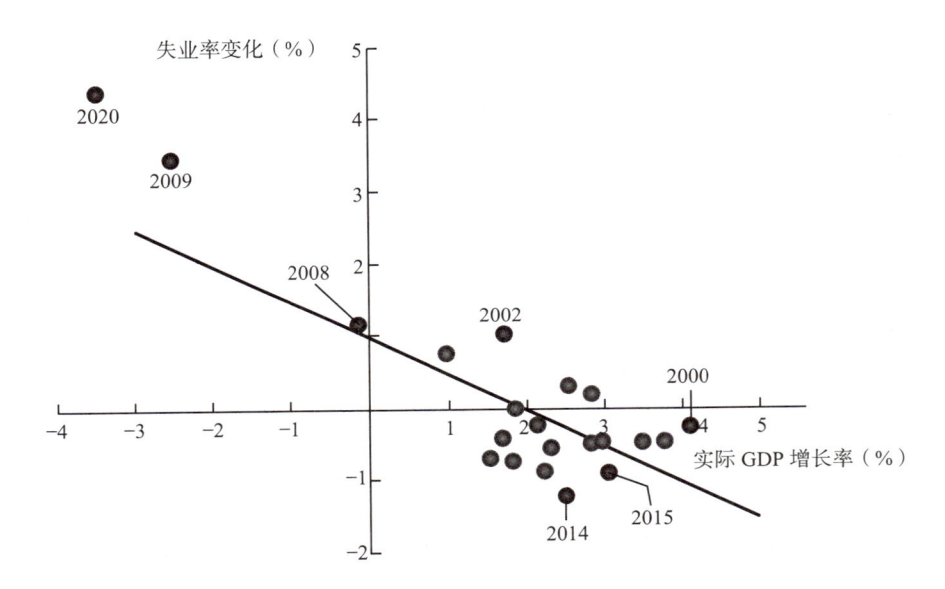

图 12.6 失业率变化与实际 GDP 增长率的关系（2000—2020 年）

注：本图绘出了奥肯定律（图中向下的线），该定律体现了失业率变化与实际 GDP 增长率（g）之间的关系。本图也展示了 2000—2020 年的美国相关年度数据。
资料来源：美国劳工统计局（失业率）；美国经济分析局，国民收入和产品账户（实际 GDP）。

- 具体而言，设 g 为以百分比表示的实际 GDP 年增长率，那么根据奥肯定律，失业率年度变化与实际 GDP 增长率之间的关系就是：

$$\text{失业率年度变化} = -\frac{1}{2} \times (g - 2\%)$$

- 这个方程表明，当实际 GDP 增长率为 2% 时，失业率保持稳定。该方程还表明，当 g 大于 2% 时失业率下降，而当 g 小于 2% 时失业率上升。也就是说，当实际经济增长率相对较高时失业率下降，当实际经济增长率相对较低时失业率上升。图 12.6 中向下的直线表示的就是奥肯定律所呈现的失业率和实际 GDP 增长率之

- 间的关系。尽管数据与方程并非完美吻合，但大体上看，奥肯定律与数据是一致的。你可以在该图最左侧观察到2020年经济衰退的影响。2020年，美国失业率上升了4.4%，GDP则下降了3.5%。
- 虽然失业率的变化与实际GDP增长率之间的总体关系在数据中体现得很清晰，但这两个变量并不总是同步变动。有时，在经济衰退结束后，失业率在实际GDP增长率回升一年或更长时间之后才会开始下降。这种延迟源于多个原因，其中最重要的一个原因是劳动力囤积。劳动力囤积的意思是，由于招聘和培训劳动者的成本高昂，企业可能不希望在经济暂时放缓期间解雇合格劳动者，因此即使没有这些劳动者也能实现预期的产出水平，企业也会继续保留这些员工。在经济衰退期间，劳动力囤积使得失业率低于其应该有的水平。这样一来，当经济复苏，这些企业扩大生产时，它们也就不需要雇用新劳动者，因为它们可以通过充分利用在经济紧缩时期囤积的劳动者来增进生产。

总结：劳动需求曲线的移动

在第9章中，我们讨论了导致劳动需求曲线移动的几个最重要因素：

1. **产出市场的变化**：当产出商品的价格下降时，劳动边际产值也会下降。这意味着在任何给定的工资条件下，企业都希望雇用更少的劳动者，而这使得劳动需求曲线左移。（当企业的产品价格上涨时，边际劳动力产值就会上升，从而使劳动需求曲线右移。）
2. **生产率的变化**：当劳动边际产量下降时，劳动需求曲线会左移。（当劳动边际产量上升时，劳动需求曲线则会右移。）
3. **投入市场的变化**：企业使用劳动和其他生产要素（如实物资本和能源）来生产商品和服务。当这些其他生产要素的成本上升时，企业就会减少购买。这通常会降低劳动边际产量，使劳动需求曲线左移。（当这些其他生产要素的成本下降时，企业会增加购买，从而使劳动需求曲线右移。）信贷市场均衡的变化也会影响企业获取实物资本的资金成本，进而影响劳动需求。

波动的来源

劳动需求曲线的移动是经济波动的根源。那是什么导致了劳动需求曲线的移动？

我们刚刚回顾了导致劳动需求曲线移动的三个因素，它们是：（1）企业最终产品价格的变化；（2）生产率或技术的变化；（3）企业投入成本的变化。

现在，我们要通过对经济学领域三种不同思想流派的讨论，给大家提供一种不同的分析方法。关于总体经济波动的主要来源，这三种流派有着不同的解释侧重点。但这些理论有一个共同点，那就是它们都描述了最终影响劳动需求曲线的机制。此外，尽管有人认为这些流派的解释时常相互竞争，但它们也有互补的一面。在许多商业周期中，这三种理论所强调的机制都适用，只不过有时其中一种理论相比于其他理论占据主导地位。

这三种思想流派分别为：

- 真实商业周期理论（强调生产率和技术的变化）
- 凯恩斯主义理论（强调对未来预期的变化）
- 金融和货币理论（强调价格和利率的变化）

这三种思想流派都建立在第 9 章所述导致劳动需求曲线移动的三种因素中的一种或多种之上。大多数研究商业周期的经济学家认为，以上每一种思想流派都产生了许多深刻洞见，但经济学家也认为其中任何一种思想流派都无法给出所有问题的答案。

1. 技术冲击：来自真实商业周期理论的解释

第 6 章和第 7 章提出，不同国家的企业和劳动者之间的技术差异有助于解释跨国收入和增长率的差异。据此，人们也可以从技术原因角度解释某一特定国家内部的经济波动。例如，假设研发活动使企业能发明更具价值的产品（如用智能手机取代传统手机），这将增加该产品设计、制造、装配、运输和营销等各方面劳动的边际产值，进而促使企业扩大经营，并极有可能使其增加对劳动的需求。企业还可能寻求提升生产能力，提高经济体的投资水平。这些变化将使家庭收入增加，其原因有三：（1）就业增加；（2）工资上涨；（3）企业收入增长使股东更加富有。出于以上原因，家庭将增加消费。因此，某些类型的技术改进可以提升劳动需求，增进包括投资和消费在内的总体经济活动。

一些古典经济学家在其著作中提到了类似观点，其中最著名的当数阿瑟·塞西尔·庇古的理论。[5] 这种观点在 20 世纪 80 年代被重新提起并得到发展，后来演变为我们所熟知的**真实商业周期理论**，这是一种强调技术在引发经济波动中所起作用的思想流派。[6]

我们从第 6 章和第 7 章中了解到，技术进步的速度是长期经济增长的根源。例如，一项技术突破可以使某一特定行业的产出迅速增加。然而，纯粹的技术变革很难解释实际 GDP 下降的情况，比如经济衰退。"技术倒退"，即经济体的技术能力退步，似乎不可能成为经济衰退的理由。例如，不太可能是负面的科技冲击导致了大萧条。

不过，在某些特殊情况下，生产率冲击可能会引发经济波动。引发 2020 年经济衰退的新冠疫情就对生产率造成了负面冲击。消费者在消费场所的安全感下降，劳动者在工作场所的安全感也出现了下降。如果食客不能在餐馆安全用餐，如果厨师和服务员不能安全地准备和提供食物，那么来自食客和餐馆劳动者交易的潜在收益就会减少。为了应对这个问题，餐馆可以增加用餐者之间的距离，以及实行其他高成本的健康措施，但这样的措施会降低餐馆的利润，导致它们缩减业务，减少招聘，甚至完全关闭。在 2020 年的经济衰退期间，其他需要面对面互动的行业（如商场、酒店、航空公司、主题公园、音乐会、体育赛事等）的劳动需求也出现了类似的下降。新冠大流行加上政府封锁导致许多企业被迫暂时关闭，而这使得劳动需求曲线急剧左移。我们将在本章的循证经济学部分继续讨论这一问题。

真实商业周期理论的支持者也倾向于强调投入品价格变动的重要性，尤其是油价变动的重要性。我们可以把油价的上涨视为用油企业的生产率下降。因为几乎所有企业都会以某种形式使用石油（石油产品是一种关键的能量来源），所以油价变化的影响类似技术变化。由于油价的大幅上涨等变化可能会非常突然，因此这一因素确实有助于解释经济衰退。油价的大幅上涨可能会降低企业利润，使劳动需求曲线左移。

2. 情绪与乘数效应：来自约翰·梅纳德·凯恩斯的解释

当代许多关于经济波动的分析都是建立在英国经济学家约翰·梅纳德·凯恩斯（1883—1946）的洞察之上。凯恩斯是一位学者、股市交易者，同时也经常向英国政府提供咨询。

大萧条开始的那年，凯恩斯46岁。随着大萧条的持续，凯恩斯开始发展新的理论，力求解释大萧条的成因。他的《就业、利息和货币通论》成为集其思想理论之大成的开创性著作。[7] 他的思想也给政府的政策制定带来了新的影响。虽然如今很少有人会否认他对现代宏观经济学的巨大影响，但无论在当时还是现在，凯恩斯都是一个饱受争议的人物。

凯恩斯相信一种他称之为**"动物精神"**的现象，这是一种导致消费者和企业情绪变化的心理因素，会对消费、投资和GDP产生影响。在凯恩斯看来，即便一个经济体的基本面没发生什么变化，该经济体内的动物精神也可能会发生剧烈波动。例如，即便技术、实物资本和人力资本等基本面根本没有发生多大变化，经济也可能会从一段高度乐观期突然转入一段深度悲观期。

实际上，动物精神的背后是一种更为广泛的现象，那就是**情绪**的变化。除了动物精神，这种情绪变化还包括预期的变化以及企业和家庭所面临（实际或感知）不确定性的变化。情绪变化会导致家庭消费和企业投资发生变化。

例如，设想一下当企业预期未来市场对其产品的需求很低时，结果会怎样。这种悲观情绪将对劳动需求产生直接影响。当美国联合航空公司对未来的航空旅行需求感到悲观时（例如，一场新冠大流行减少了航旅需求），它就会削减空乘人员和飞行员的招聘，还会削减新飞机的订单。这就会降低对波音等飞机制造商的产品需求。因此，美国联合航空公司和波音的劳动需求曲线都会左移。

下面，我们思考一下这种悲观情绪对GDP的影响。让我们首先分析一下美国联合航空公司削减新飞机订单导致的投资下降。根据第5章中的国民收入核算恒等式：

$$Y = C + I + G + X - M$$

美国联合航空公司的行为变化会导致经济投资（I）的减少，因此 GDP（Y）也会下降，但这种下降可能会被消费（C）、政府支出（G）或出口与进口之差（$X\text{-}M$）的增加部分抵消。由于 C、G 或 $X\text{-}M$ 能够完全抵消投资的减少，所以即便投资大幅下滑，GDP 仍有可能保持不变。例如，当 I 减少 50 亿美元时，可以通过使 C 增加 50 亿美元来抵消 I 的减少。

然而，当企业变得悲观并削减雇用人数和投资时，家庭不太可能增加消费。事实上，由于投资减少，家庭所面临的失业风险增加。因此，在大多数情况下，消费和投资的走向是相同的（与我们之前关于联动的讨论一致）。

图 12.5 展示了就业所受到的影响。劳动需求曲线的左移将使就业减少，失业率上升。总而言之，企业负面情绪的增加会导致投资下降，引发企业劳动需求曲线左移，并使就业和 GDP 下降。

家庭的情绪转向悲观所产生的影响与企业相似：家庭将削减当前支出以积累"应急"储蓄，从而为未来的经济问题做好准备。这意味着家庭对许多企业当前产品的需求会下降，从而使这些企业的劳动需求曲线左移。

这一讨论还揭示出凯恩斯理论的另一个重要观点：一场微弱的冲击也有可能对经济造成重创，产生一系列后续效应，并最终引发更大幅度的经济收缩。例如，航空公司高管悲观情绪的增强将产生一系列直接影响（比如美国联合航空公司减少招聘），而这又可能会引发一系列后续影响（比如波音等飞机制造商减少招聘）。随着涟漪扩散到越来越多相互关联的企业，这种连锁反应会继续，每家公司都会开始减少招聘数量，将自己的劳动需求曲线左移。悲观情绪可能还会蔓延到家庭。当家庭感觉到劳动市场机会减少时，便开始降低对商品和服务的需求。这种导致一场初始冲击被后续效应不断放大的经济机制就是**乘数效应**，又被称为"自我强化反馈"。

为了说明乘数效应的潜在力量，我们可以想一想股市下跌（例如 1929 年的股市崩盘）导致消费者信心下降并造成家庭支出意愿降低时的情况。此类事件会引发多米诺骨牌效应。企业将削减生产并裁员。这些新近失业的劳动者将无法购买商品和服务，从而导致此前向这些消费者销售商品和服务的企业进一步减产。凯恩斯认为，这样的周期可能会产生灾难性的影响，因为每一轮裁员都会进一步损害经济，引发新一轮裁员潮。无论最初的冲击是负面的还是正面的，这种级联效应都会放大初始冲击的影响。凯恩斯的乘数理论对许多现代经济模型都产生了重要的影响。

另外值得注意的是，因为对某一事件的预期（例如未来劳动需求曲线会左移）会诱发导致该事件实现的行为（即企业提前裁员），所以乘数效应在发挥作用时还会涉及一个被称为**自我实现预言**的因素。这是因为情绪可以成为经济变化的有力催化剂。例如，当许多经济主体对未来的经济状况感到悲观时，他们的应对行动会切实地降低未来经济活动的水平，从而部分甚至完全证实他们此前的悲观想法。消费者可能会停止购买商品和服务。企业可能会停止对工厂和设备进行投资。然后，劳动需求曲线将左移，就业减少，失业率上升。自我实现预言的概念凸显了由动物精神驱动的预期变化有可能被证明是"理性"的：当家庭和企业对经济变得悲观时，经济就会因为人们的悲观行为而收缩。所以悲观主义者最终证明了自己的正确性！

最后，凯恩斯强调，由于缺乏**总需求**，一个经济体可能会长期处于衰退甚至萧条的状态。总需求即经济对企业所生产商品和服务的总体需求。总需求会影响企业的雇用决策，并因此决定着劳动需求曲线。例如，总需求水平下降会导致劳动需求曲线左移。此外，凯恩斯认为，劳动需求曲线的左移可能导致类似于大萧条这种无法自我纠正的经济长期、深度收缩。乘数效应和自我实现预言可能会让家庭和企业对未来感到失望，从而加剧这种长期收缩。消费者可能不再消费，因为他们担心储蓄会用光，企业可能不再雇用员工，因为它们担心消费者不消费。所有这些会让经济收缩的力量相互强化，导致经济长期陷入困境。

考虑到这样的情形，凯恩斯认为政府在刺激总需求方面扮演着重要角色。在我们的模型框架中，这对应于政府将劳动需求曲线右移的政策。在本章的后面部分，特别是下一章（第 13 章）中，我们会就此进行更详细的讨论。

3. 货币和金融因素：来自米尔顿·弗里德曼的解释

货币和金融因素是造成经济波动的一种力量。正如我们在第 11 章中看到的，货币供给会影响名义 GDP。通常情况下，由货币供给的急剧下降所导致的名义 GDP 下降不仅会影响总价格水平，也会影响实际 GDP。在这种情况下，货币供给的变化也会影响商业周期。这一观点的主要支持者是为数不多能在才华与影响力方面与凯恩斯匹敌的宏观经济学家之一——米尔顿·弗里德曼。[8]

为了理解货币因素何以会造成实际 GDP 的波动，我们可以先考察一下紧缩性货币政策导致货币供给（M2）大幅下降的情况。

正如货币数量理论（参见第 11 章）的预测，货币供给的下降将导致价格水平下降。由于工资的下降刚性，价格水平下降会减少就业。要理解这一现象发生的原因，我们就要注意到，总价格水平的下降意味着企业会降低产品价格，从而使名义劳动边际产值出现下降。这就导致在给定的名义工资下，每家企业都会减少对劳动的需求量。换句话说，产出价格的下降会使劳动需求曲线左移。如果没有下降刚性（名义）工资，那么企业将根据产出价格的下降削减名义工资，这将使它们能够维持货币供给下降之前的就业水平。然而，我们在第 9 章中已经知道，下降刚性工资意味着企业不能或不会降低工资，而是会减少雇用人数。

此外，如第 11 章所示，紧缩性货币政策会使实际利率上升。我们在第 10 章则提到，实际利率是企业为其另一项投入——实物资本所支付的价格。因此，实际利率的上升将提高企业的生产成本。由于实物资本是进行生产所必不可少的，因此实物资本成本的上升会导致企业雇用的劳动者减少，进而使劳动需求曲线左移。

信贷市场运行的中断也会引起经济波动。在第10章中，我们了解到信贷的供给和需求如何决定经济体的均衡利率和信贷量。信贷市场的混乱，例如银行倒闭或其他类型的金融危机，将减少投资和消费，从而降低实际GDP和就业水平。因此，信贷供给曲线的左移将使企业的劳动需求曲线左移。

乘数效应与经济波动

我们前面讨论了情绪变化的乘数效应，但实际上，乘数效应会放大任何经济冲击的影响，无论该冲击是来自技术、情绪的变化还是来自金融市场的变化。图12.7展示了一个简单的自我强化的反馈回路，该回路出现在一个有乘数效应的收缩经济体中。对消费的冲击导致企业减少了劳动需求，劳动需求曲线因此左移。劳动需求曲线的左移又导致企业裁员，家庭收入减少，家庭消费也因此进一步减少。如此循环往复，每经过一个周期，经济收缩的程度就会进一步加深。

图 12.7　收缩经济体中的乘数效应

注：我们可以从图上的任意一点开始这一反馈回路。例如，对消费的冲击（图中左上位置）导致生产消费品的企业减少劳动需求，使劳动需求曲线左移（图中右上位置）。劳动需求曲线的左移导致企业裁员，进而减少家庭收入（图中下方位置），并进一步减少家庭消费（回到图中左上位置）。如此循环往复，每经过一个周期，经济收缩的程度就会进一步加深。这样一来，初始冲击的影响就会成倍扩大。

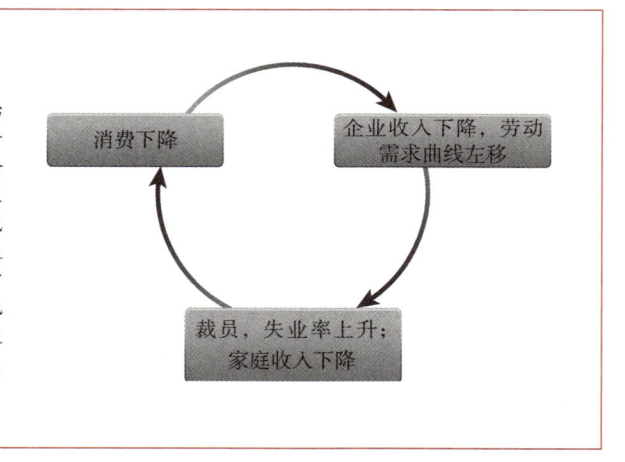

图12.8展示了存在下降刚性工资的状态下乘数效应对工资和就业的影响。图中的劳动供给曲线被分成了两部分（水平部分和垂直部分，连接处呈直角），图中的斜线为劳动需求曲线。起初，经济体在标为"1：衰退前"的那一点处于均衡状态。一次冲击导致劳动需求曲线左移。经济体在标为"2"的那一点进入了一个新的暂时均衡状态。我们把这一点称为"暂时性均衡"，因为还没有计入乘数效应的影响。乘数效应的影响具体如下：第一波裁员导致失业劳动者削减了对商品和服务的需求，这反过来使提供这些商品和服务的企业进一步减少劳动需求，于是劳动需求曲线又发生了一次左移。这就将经济体推向了位于"3：低谷"的全面衰退均衡状态。低谷是经济衰退中实际GDP的最低点。图12.8描绘了劳动需求曲线的两次移动：

图12.8 存在下降刚性工资经济体中的乘数效应

注：最初该经济体的均衡位于"1：衰退前"处。冲击导致劳动需求曲线左移。经济体现在处于一个新的暂时均衡状态——"2"，此时未计入乘数效应。因为我们假设工资是存在下降刚性的，故只有就业人数会下降，市场工资则保持在下降刚性工资的水平。裁员会导致劳动需求进一步减少，劳动需求曲线也会进一步左移，从而使经济进入全面衰退的均衡状态，即"3：低谷"。低谷是经济衰退中GDP的最低点。

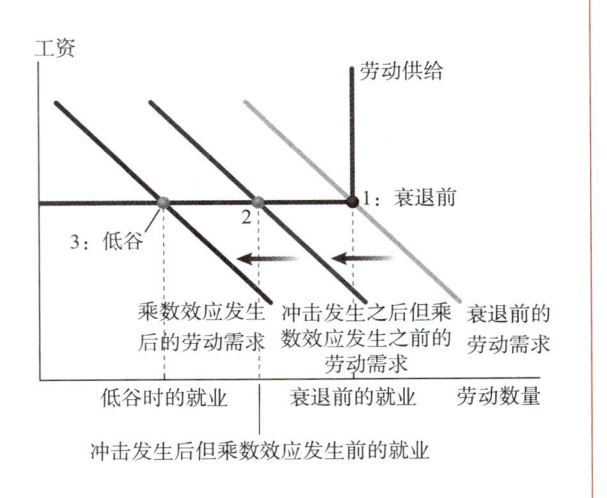

（1）对劳动需求的初始冲击（第一次左移）。

（2）由于最初的冲击导致了裁员，劳动需求曲线发生第二次左移。

第二次左移包含了乘数效应的影响。

图12.7中描述的乘数效应循环忽略了现代经济中许多重要的机制。图12.9增加了其中的一些机制，更为完整地展示了那些放大了初始负面冲击影响的因素。这些机制包括：资产价格的下跌，如股票、债券和住房的价值下跌；抵押贷款的违约率上升，这会削弱银行的资产负债表；家庭破产率的上升，这会导致多种消费信贷（包括信用卡贷款）违约；企业破产率上升，这会导致其贷款出借人承受巨额损失；因为银行不愿或无法发放新贷款（它们甚至不愿继续支持现有客户），金融中介机构的活动水平也出现下降。这些机制都产生了额外的乘数效应，降低了消费和投资水平，进一步抑制了劳动需求。劳动需求下降导致就业率和GDP进一步下降，进一步削弱了经济，并产生了更多轮次的乘数效应。

图12.9 额外的乘数效应

注：我们可以从图上的任意一点开始这一乘数效应循环。例如，消费的下降（图中左上位置）导致生产消费品的公司减少劳动需求，将劳动需求曲线左移（图中右上位置）。疲软的经济导致企业裁员，资产价格下降，抵押贷款违约，家庭破产，公司破产，而由于生存艰难，部分银行甚至倒闭，金融中介活动也会相应减少（图中下方位置）。这些反过来又减少了消费和投资（图中左上位置）。如此循环往复，每经过一个周期，经济收缩的程度就会进一步加深。

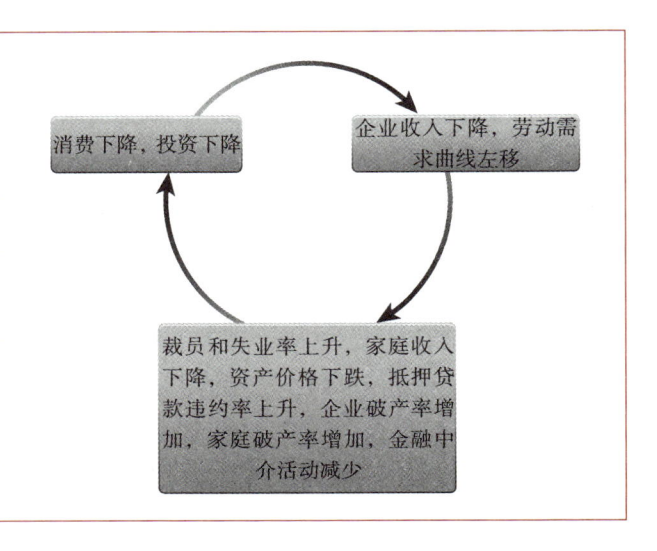

中期均衡：部分复苏和全面复苏

经济中存在着众多受市场或政策驱动的力量，这些力量往往能够在几年的时间内扭转经济衰退所造成的各种影响。我们把 2~3 年这一时间范围称为中期，以区别于短期（对应几个季度）和长期（对应 10 年或更长时间）。在接下来的讨论中，我们把经济复苏机制分为两类。

（1）劳动需求曲线因市场力量向右回移。
（2）劳动需求曲线因政府的扩张性政策向右回移。

下面，我们将就这两种机制逐一进行详细讨论。

（1）劳动需求曲线因市场力量向右回移。有很多原因会导致这种回移。以下是最重要的几点：

- 当过剩库存售罄时，劳动需求会部分复苏（右移）。例如，在住房建设过度繁荣之后，新房建造需求几近消退，而这会导致建筑行业的劳动需求曲线左移。然而，那些未售出的房屋库存最终会清空，届时新房屋的建设将重新启动，劳动需求曲线也将因此向右回移。这种效应适用于任何拥有未售出商品库存的企业，比如汽车或计算机制造商。库存不会永远存在，一旦库存被耗尽，企业通常会增加产量。图 12.10 显示了劳动需求曲线的右移。

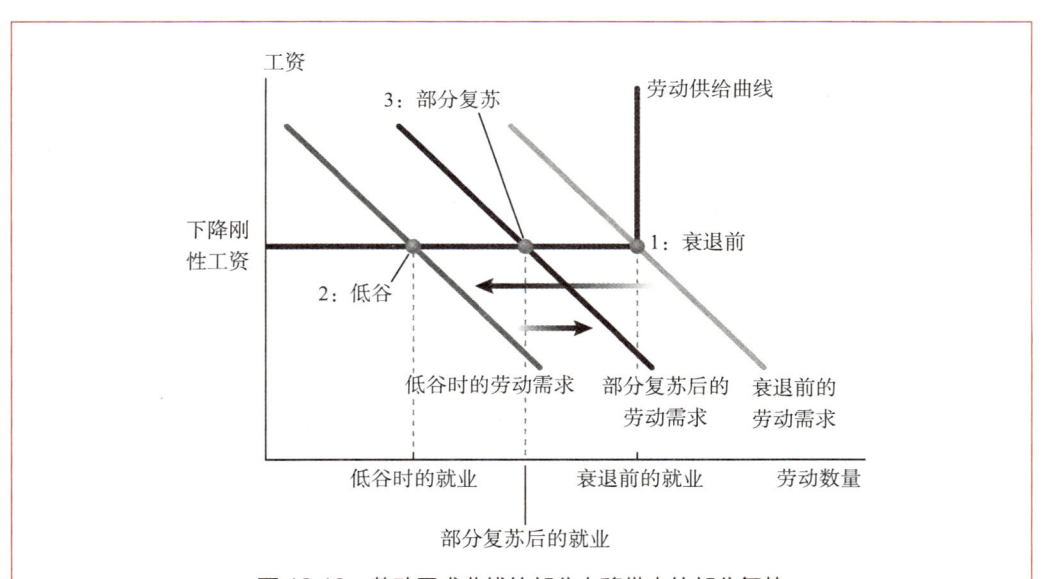

图 12.10 劳动需求曲线的部分右移带来的部分复苏

注：在存在下降刚性工资的情况下，劳动需求曲线向左移向"低谷时的劳动需求"，经济则从"1：衰退前"转向"2：低谷"。劳动需求曲线的部分复苏则将经济从"2：低谷"带到"3：部分复苏"。

- 当延期支出的家庭最终因延迟购买带来的不便而感到沮丧并重新回到市场时（例如

需要更换老旧的汽车），劳动需求就会部分复苏。冰箱、洗衣机、手机终究需要更换，而且家庭消费延迟的时间越长，其被压抑的需求就越能重振生产。假期可以推迟，但不能不去探望祖母，于是全家人会再次上路，把钱花在汽油、餐馆、酒店和机票上。这种被压抑的需求在2020年经济衰退之后的经济扩张中发挥了重要作用。

- 当实物资本和人力资本从在经济衰退中破产的企业转移到更健康的企业时，劳动需求会部分复苏。这些重新投入生产的生产要素会产生收入，进而促进支出。例如，一个失业的劳动者一般要比一个受雇的劳动者消费得少。随着劳动者从失业状态转向新的工作岗位，他们的收入会增加，并开始购买更多的商品和服务，整体劳动需求曲线也将因此右移。例如，在2020年经济衰退期间和之后，劳动者从一些收缩的企业转移到了其他正在扩张的企业，比如亚马逊就在此期间进行了大规模的招聘。

- 当技术进步鼓励企业扩大生产活动时，劳动需求会部分复苏。例如，2007—2009年的经济衰退之后，新的钻井技术使能源公司能够从油页岩地质沉积物中开采天然气和石油并从中获利。这促进了当时美国能源行业的快速扩张。

- 当银行系统以及其他金融中介系统恢复元气，企业能够再次利用信贷为其活动融资时，劳动需求会部分复苏。在2007—2009年金融危机期间，许多小公司很难从银行获得贷款。当从危机中幸存下来的银行慢慢复原，它们变得更愿意向企业放贷，从而使这些企业能够扩大业务，雇用更多的员工。信贷的可用性使借款者的劳动需求曲线右移。

（2）劳动需求曲线因政府的扩张性政策向右回移。我们将在下一章专门讨论这些问题。在这里我们先概括性地介绍一些关键政策杠杆。

- 中央银行可以利用货币政策使劳动需求曲线右移。降低利率会刺激企业投资和家庭消费。

- 随着整体通货膨胀推高企业的产出价格，劳动需求曲线也会发生右移。在给定的工资水平下，产出价格的上升会使生产更有利可图（因此也会增加就业）。这将使劳动需求曲线右移。图12.11显示了通货膨胀驱动的劳动需求曲线右移。由于工资下降刚性限制了工资水平的下降，劳动需求曲线右移使均衡从A点移动到B点，而这对应着就业的部分复苏。

- 政府还可以利用财政政策（政府支出和税收）使劳动需求曲线右移。增加政府支出会提升对企业产品的需求，从而使劳动需求曲线右移。减税或增加转移支付使企业和消费者获得了更多的税后收入，其购买力得到提升，对企业产品的需求也随之增加，劳动需求曲线因此发生右移。

图 12.11 通货膨胀对劳动市场均衡的影响

注：下降刚性工资（以水平线表示）阻碍了劳动市场的出清。通货膨胀使劳动需求曲线右移（企业可以以更高的价格出售其产品）。通货膨胀后的劳动市场均衡点为 B 点，下降刚性工资在此处与新的劳动需求曲线相交。

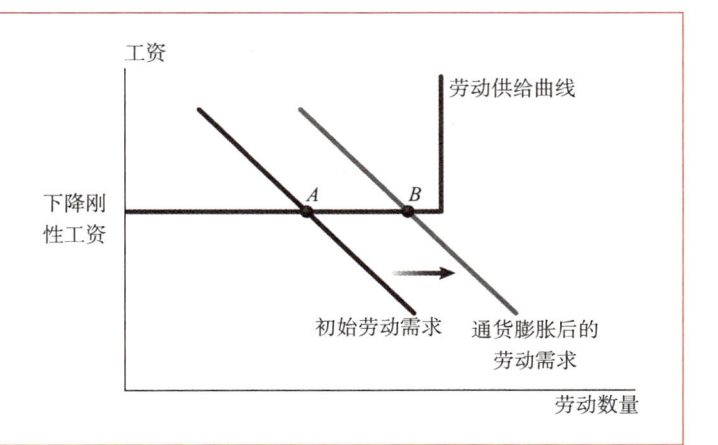

图 12.12 将所有这些基于市场和政策的影响放在一起，展示了一个完整的收缩和复苏周期。最初，经济处于点"1"。下降刚性工资和乘数效应的结合导致劳动需求迅速萎缩，并将经济推至点"2"，也就是就业的低谷。随后由于市场机制和政府干预，劳动需求曲线向衰退前的水平移动。通货膨胀使劳动需求曲线右移。在复苏之初，均衡仍然保持在刚性工资水平，经济从点"2"移动到了点"3"。

图 12.12 全面复苏

注：劳动需求曲线起先位于"衰退前的劳动需求"处，之后向左移动到"低谷时的劳动需求"。因为存在下降刚性，工资水平不会下降，经济则从点"1"过渡到点"2"。随着劳动需求曲线右移（"部分复苏后的劳动需求"），就业水平部分反弹至点"3"。在这一点上，下降刚性工资仍然阻碍了劳动市场的出清。最终，劳动需求曲线的右移会将经济引向点"4"。此时，下降刚性工资不再具有约束力，因为市场出清工资高于下降刚性工资。现在经济再次处于充分就业状态。

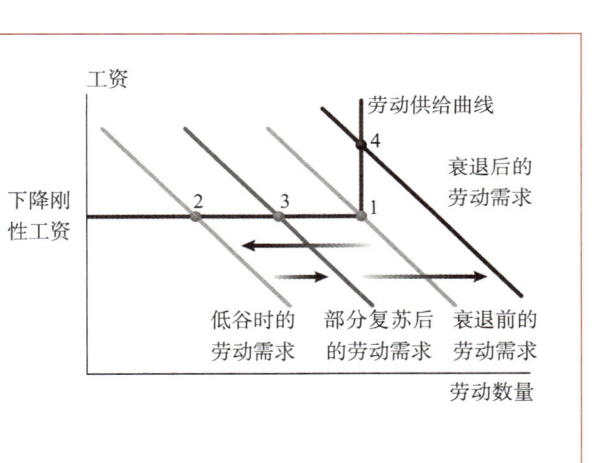

最终，劳动需求曲线的右移使经济处于点"4"。此时，下降刚性工资不再具有约束力，因为市场出清工资高于下降刚性工资。衰退后的工资高于衰退前的工资，经济处于充分就业状态。此时，均衡工资已经超过了下降刚性工资。一旦达到这一点，劳动需求曲线任何的进一步右移都将提高工资水平，但不会改变就业水平。

名义工资与实际工资

和第 9 章一样，本章在进行分析时使用的也是劳动者现行工资。现行工资也被称为**名义工资**，不同于经通货膨胀调整后的工资或**实际工资**。名义工资和实际工资之间的区别类似于名义 GDP 和实际 GDP 之间的区别。我们用名义工资除以总体价格水平来计算实际工资。实际工资可以解释为名义工资（经价格水平调整后）的购买力。

对劳动需求和劳动供给的所有分析都可以用实际工资进行等效分析。变量的变化不会改变结论，但强调的重点不同。在关注实际工资时，我们强调的是公司的雇用决定是基于付给员工的工资（名义工资）与向消费者收取的费用（产出价格）之比。

名义工资的下降刚性是放大宏观经济负面冲击的因素之一，当我们从实际工资的角度观察劳动市场时，它也发挥了类似的作用。具体而言，名义工资的下降刚性意味着由于名义工资不能下降，实际工资也不会立即做出调整。因此，劳动市场无法达到市场出清的实际工资水平。

但在存在通货膨胀的情况下，即使名义工资没有下降，实际工资也可能下降。因为实际工资是名义工资与物价指数的比值，而且通货膨胀提高了物价指数，所以当（1）物价指数上升且（2）名义工资固定时，实际工资将下降。这正是图 12.11 所强调的情形。因此，对实际工资的分析为我们提供了另外一种解释方式，使我们得以理解，适度的通货膨胀如何能帮助一个存在名义工资下降刚性的经济体从衰退走向复苏。

12.3 经济扩张模型

到目前为止，我们一直关注的是经济衰退。我们提出的框架也可用于研究经济繁荣。回到前面的例子，假设现在美国联合航空公司对其产品的需求变得乐观。这将使劳动需求曲线右移。当许多企业对未来需求变得乐观时，总劳动需求曲线将右移，如图 12.13 所示。

但这里存在一项重要区别。在对经济衰退进行分析时，工资的下降刚性会放大劳动需求变化的影响，但当经济正在经历强劲扩张时，工资刚性却并不会发挥作用。这是因为只存在工资的下降刚性，而不存在工资的上涨刚性。因此，在图 12.13 中，随着劳动需求曲线右移，就业会沿着劳动供给曲线变化（而不是像图 12.8 中那样沿着水平线变化）。

虽然劳动需求曲线右移的影响不会被工资刚性放大，但乘数效应依旧存在，并且会放大最初的偏移。例如，当美国联合航空公司增加对飞机和其他投入品的购买时，其供应商的劳动需求曲线会随之右移。劳动需求的增加往往会提高家庭收入，导致居民消费量增加，进而引发新一轮的乘数效应。由于这些乘数效应，劳动需求曲线会出现如图 12.13 所示的进一步变化。

经济扩张也有其消极面。如果劳动需求曲线的右移发生在劳动市场已经接近充分就业的情况下（这意味着失业率较低，经济接近劳动供给曲线的垂直部分），那么相对而言，经济并无多少可以增长的空间。在这样的情况下，繁荣可能会导致大幅的工资上涨，但却很难促进就业和产出的增长。这就会引起一个被称为"菲利普斯曲线"的权衡。**菲利普斯曲线**描述了就业增长与通货膨胀之间的正向关系。当经济接近充分就业时，菲利普斯曲线的权衡尤其不利。

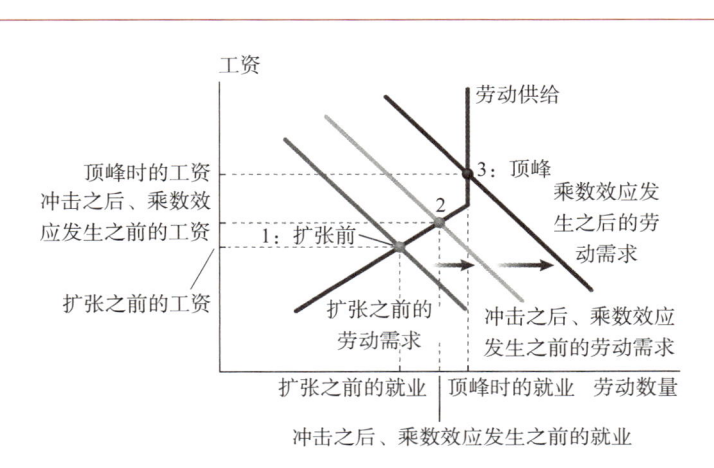

图 12.13 劳动需求曲线的右移

注：经济体最先时处于非充分就业状态，此时正面的经济冲击会带来就业增加和经济扩张。首先，正面经济冲击的直接影响将使劳动需求曲线右移。这种影响会被乘数效应放大。由于工资可自由向上浮动，劳动需求曲线的所有调整都会沿着一条向上倾斜的劳动供给曲线进行。在本例中，强劲的繁荣使得经济进入充分就业状态（对应于劳动供给曲线的垂直部分）。

经济繁荣可能会导致另一个问题。最初引发经济繁荣的乐观情绪或其他因素可能在某个时刻被逆转。但这种逆转恰恰涉及我们在本章中分析过的劳动需求曲线的左移。这种左移往往不会让经济温和地回到繁荣之前的水平，而是会产生负乘数效应，并可能导致经济衰退。

经济繁荣的消极面给政策制定者带来了不少极为艰巨的挑战。审慎的政策制定者会试图控制经济繁荣，以限制其潜在的负面影响。然而，伴随经济繁荣而来的就业增长和失业率下降会提升政策制定者的支持率，这不仅会促使他们维系经济繁荣，甚至还可能让他们做出某些煽动情绪之举（尤其是在选举之年）。

循证经济学

2007—2009 年经济衰退的成因

- 2007—2009 年经济衰退好比一条多米诺骨牌链，一个负面冲击引发了另一个负面冲击，最终导致了波及整个美国以及全球经济的一连串事件。三个关键因素似乎在此次危机中扮演了核心角色：（1）房价下跌导致新房建设的崩盘；（2）居民消费急剧下降；（3）螺旋式上升的抵押贷款违约致使众多银行倒闭，整个金融体系因此瘫痪。

- 首先让我们回顾一下此次事件的大概过程。
- （1）在2000—2006年，即经济衰退前的几年中，房价的上涨带来了住房建设的繁荣，并产生了大量的新建房屋库存。在2006—2009年，房价持续大幅下跌，此时房屋建筑商迅速降低了新房的建设速度，因为它们已经持有大量新房库存，而不断下跌的房价使得新房建设根本无法盈利。因此，它们的劳动需求曲线急剧左移。
- （2）房价的下跌反过来使许多消费者的财富缩水，降低了他们以住房为抵押借入更多资金的能力，这种情况反过来又使消费大幅降低。生产消费者所需商品和服务的企业突然出现了产品需求大幅下降的问题。于是这些企业削减了生产，并使其劳动需求曲线左移。
- （3）房屋价值的下降导致了数以百万计的抵押贷款违约（我们稍后会解释原因）。许多大型银行的资产负债表上都有这些抵押贷款，因此违约把这些银行推向了资不抵债的边缘，有的银行甚至已资不抵债。随着银行的倒闭（或削减贷款活动以增加准备金和强化资产负债表），金融机构对私营部门的信贷量开始下降，而这导致负债企业不得不削减生产，劳动需求曲线也因此左移。家庭信贷的减少降低了消费，并引发了新一轮的需求萎缩。
- 以上便是整个大致过程。接下来，我们将深入研究其成因并考察相关数据。

住房和建筑业：破裂的泡沫

- 许多经济学家将20世纪90年代末至2006年期间房价的快速上涨视为泡沫，这意味着资产价格（具体在这里就是指房价）的大幅上涨并没有反映出资产的真实长期价值。图12.14显示了1987—2016年美国10个主要城市经通货膨胀调整后的月度房价指数。你会注意到，该指数从2000年1月的100大幅升至2006年5月的190。之后一切都烟消云散——到2009年4月，该指数暴跌至120点，此后又进一步下跌。房价泡沫破裂了。
- 房价下跌对住宅建筑业造成了毁灭性打击。图12.15展示了住宅房地产投资的实际价值。你会注意到，在2005年第三季度达到峰值后，新房建设的实际投资开始下降。该图显示，当2009年尘埃落定之时，住房建设的速度下降了近60%。
- 让人担心的事情终于还是发生了。随着住宅建筑业的萎缩，该行业的就业人数直线下降。在2006年4月的顶峰时期，住宅建筑业有350万个就业岗位。到2010年，其岗位数量已经下降到200万个，降幅达43%。由于包括商业房地产（如办公楼和商场）在内的所有房地产价格都在下跌，相关行业也备受冲击。例如，非住宅建筑业的就业人数从2008年初（衰退开始时）的440万下降到2010年的340万。

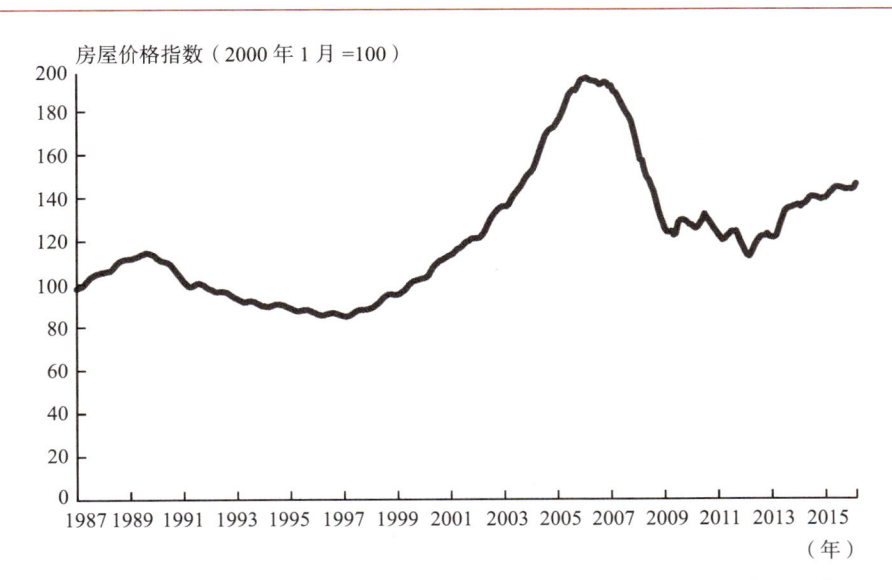

图 12.14　美国十大城市实际房价指数（1987年1月至2016年3月）

注：美国实际房价从20世纪90年代末开始急剧上涨，在1996—2006年的10年间，实际房价翻了一番还多。在之后的2006—2009年，房价大幅下跌。
资料来源：标准普尔／凯斯-席勒房价指数和美国劳工统计局（消费价格指数）。

- 综上所述，房地产价格的大幅下跌导致建筑业的劳动需求曲线左移，进而导致建筑业的就业人数大幅下跌。图12.5显示了劳动需求曲线左移的这一关键变化。

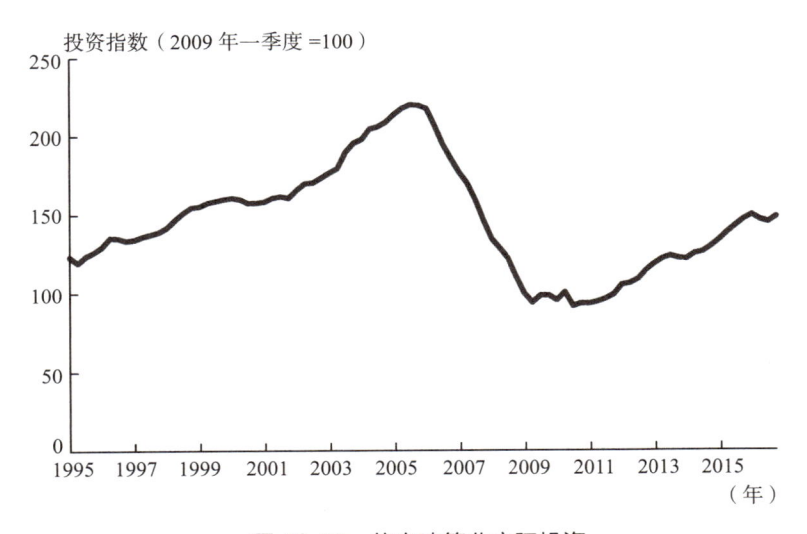

图 12.15　住宅建筑业实际投资
（1995年一季度至2016年一季度；将2009年第一季度值标准设为100）

注：1995—2005年，住宅建筑业的实际投资几近翻番，并于房价到达最高点前达到峰值。此后住宅建筑业投资急剧下滑至远低于1995年的水平。随着新建房屋过剩库存的售罄，房屋建设在2011年后再度缓慢回升。
资料来源：美国经济分析局，国民收入和产品账户。

- 建筑业经济活动的下降也导致了乘数效应。许多建筑业劳动者失去了收入，众多为这些劳动者提供服务的企业（例如家得宝这样的家居用品零售商）也发现产品需求量在直线下跌。房屋建设和房屋销售的下降也降低了消费者对洗衣机和冰箱等家用电器的需求。这些乘数效应放大了房价下跌的影响，使总劳动需求曲线进一步左移，并加重了总就业人数的下降趋势。

消费的下降

- 房价下跌还与整体家庭消费的大幅下降有关，而这正是2007—2009年经济衰退的第二个关键因素。
- 21世纪初期，许多家庭都通过银行借贷来增加消费支出。在大多数情况下，房屋抵押贷款是最为主要的借款形式。例如，他们会在第一笔抵押贷款外追加二次抵押贷款。"套现"再融资也很流行——当利率下降时，拥有抵押贷款的房主会选择以更低利率来增加抵押贷款的金额，然后把两次贷款的差额换成到手的现金。在房地产泡沫的顶峰时期，消费者通过二次抵押贷款和"套现"再融资，每年从他们的房屋中提取超过4 000亿美元的财富。在2000—2006年房价上涨期间，即便没有背负更多抵押贷款债务的消费者也倾向于增加实际消费，因为房价上涨增加了财富，也让消费者觉得自己有了更强的消费能力。
- 这种富有的感觉在2007年开始消失。至2009年3月房地产市场和股票市场都崩盘之时，美国家庭的净资产损失了约15万亿美元。大多数家庭削减了消费，这使得从2007年第四季度衰退开始到2009年第二季度衰退结束，美国的实际总消费下降了2.7%。这种下降导致对企业产品的需求显著减少，其所产生的另一个乘数效应则使得劳动需求曲线进一步左移。

螺旋式上升的房贷违约和银行倒闭

- 房价下跌还导致抵押贷款拖欠率飙升：许多借款者不再按照约定支付其抵押贷款。例如，假设一个家庭2006年在几乎没有付首付的情况下买了一栋价值30万美元的房子。如果我们假设这栋房子价值的变化与美国十大城市房价指数的变化相似，那么到2009年，这栋房子的价值将下降到20万美元。然而，抵押贷款债务不会受房屋价值下跌的影响，借款者现在有了近30万美元的债务（在拥有房屋的前3年中所偿还的贷款数额微乎其微）。所以现在的结果是，这个家庭只拥有价值20万美元的房产，却欠下了近30万美元的债务。当拥有的房屋价值小于因此而背负的债务时，我们称这种情况为"上下颠倒"或"溺水"。一个背负"溺水"按揭的家庭，即便把房屋卖掉，也无法还清其抵押贷款。在美国的许多州，处于这种境况的家庭会有强烈的抵押贷款违约动机，也就是说，他们会停止偿还抵押贷款，弃屋而去。如果家庭经济困难（例如，失业或经受其他负面的收入冲击），那么他们就会有更为强烈的违约意愿。

- 这正是数百万美国家庭的选择，他们之所以这么做，要么是因为失去了工作而无力支付抵押贷款，要么是因为他们认识到继续为远远超过房屋价值的抵押贷款支付利息不是最优选择。此前当房价上涨时，美国房屋的止赎率大概保持在每年1.7%。换句话说，美国每年有1.7%的抵押贷款房屋会丧失赎回权。图12.16显示，金融危机期间的房屋止赎率上升到了5.4%。我们可以从如下数据中理解止赎率的重要性：美国大约有7 500万套自有住房，其中约2/3，即5 000万套有抵押贷款。因此，危机最严重时，5.4%的止赎率相当于每年将近300万家庭丧失了抵押品赎回权。2007—2012年，总共约有1 000万家庭丧失了抵押品赎回权。

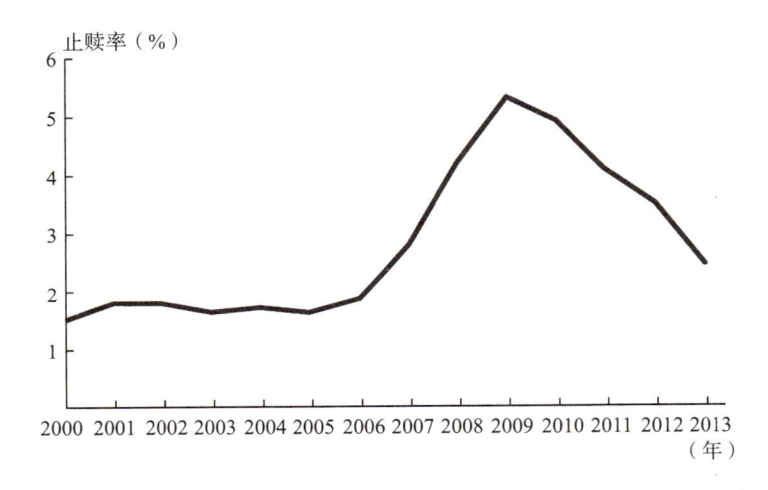

图12.16 启动止赎程序的美国房屋抵押贷款占比（2000—2013年）

注：本图显示了美国止赎申请的年度比率。2%的止赎申请率意味着2%的抵押贷款房屋在当年开始了止赎程序。
资料来源：抵押贷款银行家协会的"全美抵押贷款拖欠情况调查"。

- 房屋止赎不仅对房主来说是个噩耗，对银行来说也是如此。在获得一栋市值20万美元而未偿还抵押贷款为30万美元的房屋后，银行无法平账。它最多只能以20万美元的价格卖掉房子，而这就导致其30万美元的贷款上产生了10万美元的损失。实际上，这栋房子作为法拍屋出售的价格远远低于20万美元。有这么多的房子在同时出售，再加上这些房子早已人去楼空，窗台前没有花香，门前草坪无人修剪，还免不了遭人破坏和偷盗，因此其成交价往往远低于20万美元。

- 结果，银行在抵押贷款上遭受了巨大损失。2005年房价上涨期间，银行在房地产投资组合上的损失仅相当于其房地产贷款价值的0.2%。但在2009年，银行的房地产损失增加到了原来的40倍，是其房地产贷款总额的8%。

- 许多银行无法承受抵押贷款资产遭受的冲击。2007—2011年，美国联邦存款保险公司监管的5 000家银行中约有400家倒闭。

- 但2007—2009年经济衰退中的最大事件其实是一家不受美国联邦存款保险公司监管的金融机构——雷曼兄弟的破产。雷曼兄弟自己并没有发行住房抵押贷款，但它确实发行了商业抵押贷款（面向企业），而且购买了其他银行发行的所有类型的抵押贷款。随着这些抵押贷款在2008年大幅贬值，雷曼兄弟损失惨重，或许更重要的是，它还失去了其商业伙伴的信任。
- 在2008年9月的两周时间内，雷曼兄弟的许多大型机构贸易伙伴和贷款机构都停止了与该机构的业务往来。每一次新的"背叛"都带来了更多的不确定性，也使人们对雷曼兄弟的未来越发失去信心。雷曼兄弟经历了一次机构性银行挤兑，这就是我们在第10章中讨论过的银行挤兑的一种特殊形式。跑来挤兑的都是一些大型金融机构，例如其他银行和对冲基金。很快，再也没有机构愿意借钱给雷曼兄弟，后者最终失去了流动性和偿付能力。
- 雷曼兄弟的倒闭引发了一场金融恐慌，给全球经济繁荣带来了一场突如其来的威胁。随后，冰岛、英国、希腊、爱尔兰、葡萄牙、瑞士、法国、德国、荷兰、西班牙、意大利和塞浦路斯也相继发生了重大银行危机。突然间，许多国家被推到另一场萧条的边缘。
- 随着金融市场的下跌，银行业削减了对企业的贷款，因为倒闭的银行显然无法发放贷款。即使是那些最为稳健的银行也不愿发放贷款，因为它们担心这些贷款家庭和企业很快就会违约。金融部门的紧缩引发了另一场乘数效应，消费和投资持续下滑，劳动需求曲线也因此进一步左移。

问题	答案	数据	注意事项
2007—2009年经济衰退的成因是什么？	2000—2006年，美国实际房价上涨了90%，之后迅速回落至2000年的水平。房价下跌导致住宅建筑业崩溃，实际消费急剧下降，以及抵押贷款违约激增。2007—2012年，美国发生了约1 000万起房屋止赎事件。抵押贷款违约导致包括雷曼兄弟在内的400余家银行倒闭。	房价的历史数据（凯斯-席勒房价指数）、住宅投资（国民收入和产品账户）、止赎率（抵押贷款银行家协会）、银行资产负债表（美国联邦存款保险公司和雷曼兄弟）。	还有许多其他因素推动了此次金融危机的发生。

循证经济学

2020年经济衰退的成因

- 2020年的经济衰退是由新冠疫情引发的，后者降低了经济交换的生产率。由于存在感染风险，家庭对人际接触型商品和服务的需求降低，同时许多行业也无法安全地提供商品和服务并从中盈利。美国首次有记录的感染发生在 2020 年 1 月 15 日，但当时其对公众健康威胁的严重性并未在美国得到广泛认可。例如，2 月 24 日，唐纳德·特朗普总统在推特上写道："冠状病毒在美国已经得到很好的控制。我们与所有人和所有相关国家保持着联系。美国疾病控制与预防中心和世界卫生组织一直在努力工作且应对有方。在我看来，股票市场已开始有起色！"美国的第一例死亡病例出现在两天后，即 2 月 26 日，至 4 月下旬，美国每天有 2 000 多人死于新冠感染。图 12.17 显示出，在 2020 年 3—4 月第一波新冠大流行期间，美国的公共卫生状况急速恶化。

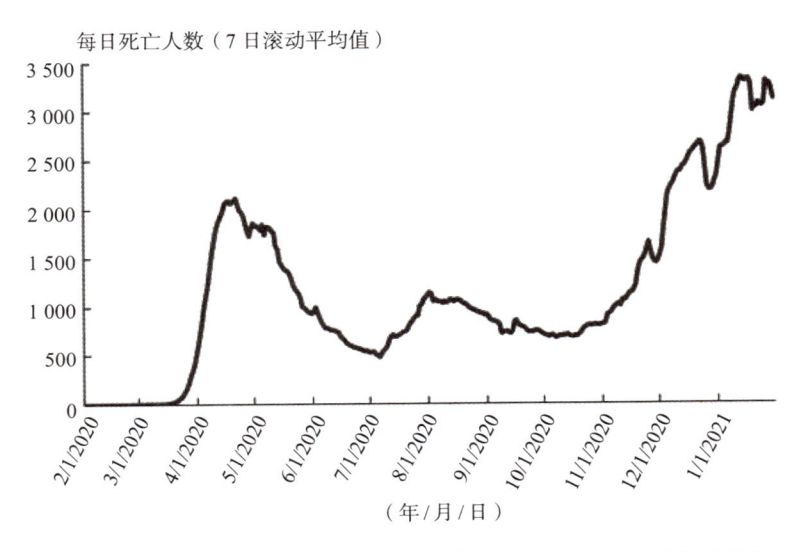

图 12.17　美国每日死于新冠的人数（2020 年 2 月—2021 年 1 月）

注：本图显示了美国每日死于新冠的人数（7 日滚动平均值）。滚动平均值是用前 7 天死亡人数的总和除以 7 天而得出的（7 日窗口期内）日平均死亡人数。第一波死亡高峰出现在 2020 年 3 月和 4 月。随着死亡人数的攀升，美国于 3 月 13 日宣布进入全国紧急状态。截至 2021 年 1 月底，美国累计因新冠而死亡的病例超过 43 万，且疫情仍在蔓延。
资料来源：新冠病毒追踪项目，《大西洋月刊》。

- 新冠疫情所造成的灾难性公共卫生后果成为人们高度关注的焦点，美国因此于 2020 年 3 月 13 日宣布进入全国紧急状态。此时，标准普尔 500 指数已经开始暴跌，从 2 月 19 日的疫情前最高点到 3 月 23 日见底，该指数累计下跌了 34%。
- 多种原因导致了经济活动的急剧收缩。消费者害怕感染病毒，而那些需要人际互动的商品和服务提供者，例如航空公司、酒店、主题公园、电影院和餐馆等，则出现了商品和服务需求曲线急剧左移的情况。人们会在通勤路上感染病毒，也会被同事和客户传染。大型会议现场和人员密集的工作环境（例如肉类加工厂）则成了病毒超级传播事件的温床。例如，2020 年 2 月 26—27 日发生在波士顿一次会议期间的病毒超级传播事件，导致超过 30 万人感染新冠。通过对在这次会议上传播的病毒的特定基因突变进行分析，我们可以测算出相关的结果。[9]在美国受疫情打击最为严重的州，官方于 2020 年冬季和春季实施封锁，强制要求非必要现场经营的企业停业或转向在线经营。消费者和劳动者则更多地待在家中。从全美范围看，自 2020 年 1 月至 2020 年 4 月触底回升，美国人出门在外的时间一度下降了 24%。[10]

- 随着疫情的蔓延，许多企业缩减了运营规模甚至直接关闭，从而导致劳动需求曲线左移。这造成了美国历史上前所未有的失业率飙升。美国在 2020 年 2 月进入经济衰退期，到 4 月，也就是衰退刚开始两个月，美国的失业率就达到了 14.8% 的峰值。

- 虽然如图 12.17 所示，病毒在美国并未得到有效控制，后续又出现了好几波的死亡高峰，但在第一波新冠感染开始好转时，许多人就重返工作岗位。美国的失业率在 5 月开始下降，而此时距离经济衰退开始仅仅三个月。图 12.18 显示了当时失业率的变化情况，从图中可以看出，2020 年的情况与 2007 年（12 月）至 2009 年（6 月）经济衰退期间的情况大不相同。在 2007—2009 年的经济衰退中，失业率是缓慢上升和下降的，直到经济衰退结束后才触及 9.9% 的峰值。但在 2020 年的经济衰退中，失业率几乎是直线飙升（从 2 月的 3.5% 上升到 4 月的 14.8%），而以历史的标准看，其随后的下降速度也非常快。虽然在 2020 年全年

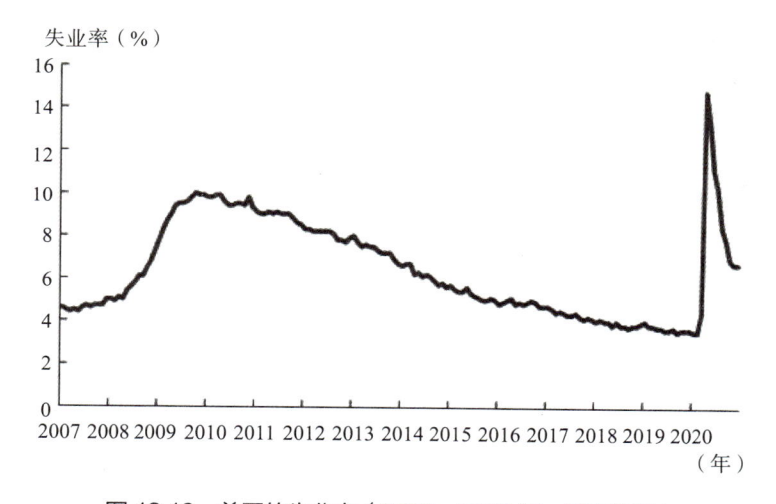

图 12.18 美国的失业率（2007—2020 年，月度数据）

注：本图显示了 2007 年 1 月至 2020 年 12 月的美国失业率。2007—2009 年的经济衰退和 2020 年的经济衰退皆发生在这段时期内。在 2007—2009 年的经济衰退期间和之后阶段，失业率呈缓慢上升和下降走势。事实上，直到 2009 年 11 月，也就是 2007—2009 年经济衰退结束 5 个月后，美国的失业率才达到 9.9% 的顶峰。相比之下，2020 年经济衰退期间的失业率上升和下降速度更为迅猛：从 2020 年 2 月的 3.5% 上升到 2020 年 4 月的 14.8%，到 2020 年底又回落到 6.7%。目前尚不清楚 2021 年的情况会怎样，因为在 2020 年底时，失业率下降态势已经放缓。[①]
资料来源：美国劳工统计局。

---

① 美国 2021 年的失业率为 4.83%，2022 年则进一步降低至 3.57%。——译者注

和 2021 年的大部分时间里，这种流行病继续肆虐，但许多（尽管不是全部）美国劳动者迅速重返工作岗位。戴口罩和保持社交距离成为各地工作场所的新常态。许多人则继续在家工作，当然这部分人主要是受过高等教育的劳动者，他们可以使用电脑办公，那些低学历者则必须出门上班。当然，一些拥有大学学历的人也需要出门工作，例如医护工作者和教师。

- 因此，在 2020 年的前两个季度，美国经济出现了前所未有的收缩，其中第一季度的实际年化增长率为 -5.0%，第二季度为 -31.4%。但在 2020 年的后两个季度，美国经济开始大幅复苏，其中第三季度的年化增长率为 33.4%，第四季度为 4.0%。请注意，这些都是年化增长率，所以你需要除以 4 来确定每个季度的实际产出变化。在经历了这番大起大落之后，美国 2020 年的实际 GDP 比 2019 年下降了 3.5%。

问题	答案	数据	注意事项
2020 年经济衰退的成因是什么？	2020 年的经济衰退源于第一波新冠疫情（2020 年 3—5 月）期间的劳动需求曲线急剧左移。	新冠死亡人数（新冠病毒追踪项目，《大西洋月刊》），失业率（美国劳工统计局）。	此次经济衰退是由作为买方的家庭和作为卖方的企业共同退出市场造成的。

总结

- 所有的经济体都会经历经济波动——换句话说，增长率每年都会发生变化。在经济衰退期间，实际 GDP 收缩，失业率上升。经济衰退极少会演变成如 1929 年那样的大萧条。1929—1933 年，美国实际 GDP 下降了 26%，失业率从 3% 上升到 25%。
- 经济波动有三项关键特性。
1. 联动性：消费、投资、GDP 和就业通常同时上升或下降，失业率则朝着相反的方向变动。
2. 拐点的有限可预测性：经济波动不像钟摆那样有规律地左右摆动。我们很难预知经济何时会进入衰退期（顶峰），何时会走出衰退期（低谷）。
3. 持续性：当经济增长时，它在下个季度很可能会继续增长。同样，当经济收缩时，也就是当经济增长率为负时，它在下一季度很可能会继续收缩。
- 当劳动需求曲线左移时，就业和实际 GDP 下降。当劳动需求曲线右移时，就业和实际 GDP 上升。
- 有许多因素可用于解释经济活动的波动，最值得注意的是以下几点：
1. 技术／生产率冲击（真实商业周期理论）：企业生产率的变化会使劳动需求曲线发生移动，造成就业和实际 GDP 的波动。2020 年的经济衰退是由新冠疫情造成的，这是生产率冲击的一个具体例子。
2. 凯恩斯的解释：
   （1）情绪的变化，包括预期、不确定性和动物精神的变化，会影响企业和家庭的行为。如果企业变得悲观，其劳动需求曲线就会左移。如果企业的客户变得悲观，他们就会减少购买，降低对企业产品的需求，并使企业的劳动需求曲线左移。
   （2）劳动需求曲线的初始变化会产生级联反应，增强或放大初始冲击的影响。例如，当企业为应对冲击而裁员时，失业的劳动者就会减少消费，这降低了对其他企业产品的需求，并导致这些企业的劳动需求曲线发生移动。金融因素造成了额外的乘数效应。违约、破产和资产价格下跌导致银行缩减对企业和家庭的贷款，从而使劳动需求曲线出现又一轮向着不利方向的移动。
3. 货币和金融因素：价格水平的下降会造成紧缩，因为企业面临着工资下降刚性——也就是说，它们不能或不愿意削减工资。相比于工资可灵活浮动时的情况，此时的就业率下降幅度会更大。此外，货币紧缩会导致实际利率上升，使投资减少。最后，金融危机降低了企业和家庭可用的信贷额。这些因素都将使劳动需求曲线左移，导致就业和实际GDP下滑。

- 经济繁荣通常会增加就业并降低失业率，因为经济体的劳动需求曲线会向右移动，而乘数效应会进一步扩大就业。如果经济已经接近充分就业的水平，那么经济扩张可能会造成通货膨胀。经济繁荣也有消极面，因为如果繁荣发生逆转，经济可能会出现超调并陷入衰退。

- 乘数效应有助于我们理解2007—2009年的严重经济衰退。从20世纪90年代末到2006年，美国房地产市场出现泡沫。这一泡沫在2006年破裂，实际房价下降了大约40%。此前一直繁荣的建筑业开始急剧收缩。房价下跌以及由此带来的财富缩水导致家庭减少了消费。企业发现市场对产品的需求下降，就减少了对劳动者的需求，这又导致了新一轮裁员和家庭消费的进一步下降。房价暴跌还导致了抵押贷款违约和房屋止赎。贷款违约和房屋止赎给许多银行造成巨大损失，这些银行要么倒闭，要么大幅削减贷款，经济衰退也因此进一步加剧。

- 2020年的经济衰退是由新冠疫情引发的，后者降低了经济交换的生产率。由于存在感染风险，家庭对人际接触型商品和服务的需求降低，同时许多行业也无法安全地提供商品和服务并从中盈利。美国首次有记录的感染发生在2020年1月。由于预计3—5月会出现首波大规模的病毒感染和死亡浪潮，美国在2月陷入经济衰退，股市也随之崩盘。在第一波感染期间，美国很多地区实施了封锁措施，这导致劳动需求曲线左移，失业率也以前所未有的速度飙升。在经济陷入衰退仅两个月后，也就是在4月，美国的失业率便达到了14.8%的峰值。尽管病毒未得到有效控制，但当第一波感染出现好转时，许多人便重返工作岗位。在衰退开始仅三个月之后，也就是5月，美国的失业率便开始下降。

关键术语

经济波动或商业周期　　　真实商业周期理论　　　总需求
经济扩张期　　　　　　　动物精神　　　　　　　名义工资
大萧条　　　　　　　　　情绪　　　　　　　　　实际工资
萧条　　　　　　　　　　乘数效应　　　　　　　菲利普斯曲线
奥肯定律　　　　　　　　自我实现预言

问题

1. 什么是经济波动？经济扩张和经济衰退的区别是什么？
2. 经济波动涉及许多总体宏观经济变量的联动，这是什么意思？列举4个在经济扩张时期会出现联动的变量。
3. 大萧条是否体现了经济波动的三大特征？请解释你的答案。
4. 当劳动需求曲线左移时，工资灵活性和工资下降刚性如何影响经济中失业的程度？
5. 真实商业周期理论如何解释经济波动？
6. 约翰·梅纳德·凯恩斯是如何利用动物精神和情绪的概念来解释经济波动的？
7. 乘数效应概念是约翰·梅纳德·凯恩斯波动理论的关键内容之一。什么是乘数效应？请举例解释。
8. 紧缩性货币政策会如何导致经济的全面衰退？为什么政策制定者通常更倾向于实现低水平的通胀（例如2%），而不是零通胀？
9. 在现代经济中，逆转衰退影响的两个重要机制分别是什么？

循证经济学习题

1. 哪三个因素导致了2007—2009年的经济衰退？
2. 平均而言，当一个家庭的房产财富或股市财富发生1美元的变动时，消费（C）会出现3美分的变动。
    a. 如果美国家庭在2007—2009年金融危机期间损失了30%的房屋价值和40%的股票价值，我们预计整个经济的消费（C）会出现多大变化？假设在房价下跌前的房屋总价值为20万亿美元，在股价下跌前家庭拥有股票的总价值为10万亿美元。
    b. 根据美国经济分析局的数据，2007年美国的消费总额为9.7万亿美元。上述资产价值的变化会导致消费下降多少个百分点？
3. 2000—2006年，美国的房价上涨了约90%。正如本章中所述，这种增长突然间出现逆转。房价下跌是如何导致美国金融体系瘫痪的？
4. 2020年，美国的失业率从年初的3.5%急剧上升到4月的14.8%，到年底时又下降至6.7%。2020年的平均失业率为8.1%。相比之下，2019年的平均失业率为3.7%。用奥肯定律来预测失业率的增长（2020年GDP增长为-3.5%）。将奥肯定律的预测与失业情况的实际变化进行对比。

习题

1. 观察表 12.1 中的数据。
   a. 根据持续时间的长短,将 1929 年以来的经济衰退进行排序(不考虑 2020 年的经济衰退)。
   b. 根据实际 GDP 从高峰到低谷的下跌严重程度,将 1929 年以来的经济衰退进行排序。观察 a 排序中的前两名,以及 b 排序中的第一和第三名。为什么二战末的那次衰退(1945 年,在 b 排序中排名第二)持续时间很短,实际 GDP 的下降程度却很严重?

2. 密歇根大学每月对全美家庭进行一次调查。其中一些问题通过询问家庭对自身财务状况以及更广泛的经济状况的看法来测算消费者的乐观情绪。这些回答被用来生成每月的消费者信心指标。
   a. 消费者信心指数在衰退期间表现如何?用凯恩斯关于经济波动的动物精神观点来解释你在图中观察到的情况。
   b. 这个图表是否能证明凯恩斯理论的正确性?请解释。为什么很难确定因果关系的方向?是经济衰退导致消费者信心下降,还是消费者信心下降导致了经济衰退?

3. 世界大型企业联合会负责发布有关商业周期指标(BCI)的数据。领先经济指标综合指数是商业周期指标的三大组成部分之一。领先经济指标的变化通常先于 GDP 的变化。下面是这个指数跟踪的一些变量:
   i. 制造业劳动者的平均每周工作时间
   ii. 首次申请失业保险的平均人数
   iii. 非国防资本货物的新订单数量
   iv. 新增住宅性建筑许可的数量
   v. 标准普尔 500 指数
   vi. 消费者情绪
   考察以上每个变量,并解释它与实际 GDP 可能为正相关还是负相关。

4. 假设虚构的马里卡纳国存在下降刚性工资。马里卡纳正在经历衰退,产能利用率处于历史最低水平,调查显示,企业预计明年经济状况不会改善。
   a. 该国的企业正在削减资本支出和投资。请用图表展示这将如何影响劳动需求曲线(忽略乘数效应的影响)。
   b. 马里卡纳的失业情况应该被归入自愿性失业还是非自愿性失业?请解释你的答案。

5. 假设一项新技术的出现提高了生产率,并将美国的实际 GDP 增长率从前一年的 2.5% 推高到第二年的 3%。
   a. GDP 增长率的变化将如何影响失业率?使用奥肯定律测算一个估计数值。
   b. 使用真实商业周期理论解释新技术将如何影响失业率和 GDP。为什么这项新技术导致的失业率会比我们用奥肯定律估算的更高?

6. 假设劳动供给曲线和劳动需求曲线由下列方程给出。

   劳动供给曲线:$L_S = 5 \times w$

   劳动需求曲线:$L_D = 110 - 0.5 \times w$

   其中 w = 以美元表示的小时工资,L_S 和 L_D 为以百万计的劳动者数量。
   a. 请计算出均衡工资和均衡就业水平。
   b. 假设经济受到冲击,因此劳动需求曲线方程现在变为 $L_D = 55 - 0.5 \times w$。如果工资可灵活浮动,新的均衡工资和就业水平是多少?请写出计算过程。
   c. 现在假设 a 题中的工资存在刚性,那么这个工资水平下的就业率是多少?有多少劳动者会失业?

7. 1973 年,世界主要产油国宣布实施石油禁运。作为主要能源来源的石油价格上涨。在许多国家,这导致了实际 GDP 和就业率的下降。

在本章介绍的三种商业周期理论（真实商业周期理论、凯恩斯主义理论以及金融和货币理论）中，哪一种最能够对1973年经济衰退做出解释？

8. 真实商业周期理论的支持者非常强调投入价格的重要性，尤其是石油价格，这种不可再生能源的价格经常会突然发生变化。风能和太阳能这两种可再生能源的发展，将如何挑战这一理论在解释经济衰退方面的有效性？

9. 俗话说："一事如意，万事顺利。"请解释这与凯恩斯有关经济波动的动物精神观点以及自我实现预言有何关联。

10. 请用图表详细解释一次负面冲击会如何影响一个经济体的劳动需求曲线。假设该经济体的工资存在刚性，短期内不会下降。将图中的低谷时期就业量同工资可灵活浮动情况下的低谷时期就业量进行对比。

11. 共和党人和民主党人就奥巴马总统任期内的经济遗留问题展开了激烈的辩论：共和党人指出，奥巴马总统任期内GDP增速较低，而民主党人则称赞说，奥巴马使得2007—2009年经济衰退之后的劳动市场得到了改善。奥巴马总统于2009年1月就职，比2008年9月雷曼兄弟破产仅晚了几个月的时间。将经济衰退的加深或者终结完全归因于总统个人，这是否合理？同理，请讨论特朗普总统应该为2020年新冠全球大流行所导致的经济衰退承担多少责任。

12. 20世纪80年代初，美国的失业率超过了10%。当时美国正处于严重的经济衰退之中。政府同时运用财政政策和货币政策来刺激经济。政府支出增长18.9%，美联储则降息近11个百分点。这些政策将如何影响劳动需求曲线和整个劳动市场？假设工资存在刚性，用图表解释你的答案。图表要展示出衰退前的均衡、衰退低谷的情况以及政府政策的效果。

13. 本章的第一个"循证经济学"专栏指明了导致2007—2009年经济衰退的三个关键因素。

    a. 如何用凯恩斯的动物精神概念来解释房地产泡沫的产生？

    b. 解释2007—2009年经济衰退如何影响国民收入恒等式中的消费和投资。

14. 一些经济学家强调，货币政策也是导致2007—2009年经济衰退的一个重要因素。2001—2003年，美联储将联邦基金目标利率从6.5%下调至1%，并在2004年的大部分时间内保持了这一利率水平。这导致整个经济体的实际利率大幅下降（包括抵押贷款利率）。根据本章对货币和金融因素的讨论，解释美联储的政策如何导致了衰退前几年（2000—2006年）的经济"泡沫"。

15. 2020年的新冠大流行影响了企业的雇工意愿，并导致劳动需求曲线大幅左移。

    a. 在存在工资下降刚性的情况下，这一劳动需求曲线的左移会对经济产生何种影响？使用图表来描述均衡就业人数的变化和失业劳动者数量的变化。

    b. 当经济开始复苏，劳动需求曲线向右回移时，会出现什么情况？劳动需求曲线的右移是否会提高工资？

第 13 章 逆周期宏观经济政策

政府支出对 GDP 的刺激作用有多大？

假设你是美国总统的一位经济政策顾问，并担任经济顾问委员会（CEA）的主席。经济顾问委员会由三名经济学家组成，他们负责向总统提供建议，协助政府制定经济政策，还负责起草每年的《总统经济报告》。

不幸的是，你在任职期间碰巧遇上了经济低迷。于是总统问你："如果政府增加支出，经济会怎样？"养护高速公路、招聘教师、兴建学校，甚或只是给各个家庭寄送支票——更多的政府支出将如何支持经济复苏？

（图中右侧标识文字：促进美国就业；《美国复苏与再投资法案》资助项目）

本章研究的是政策制定者试图平滑 GDP 波动、在紧缩时期刺激经济以及在经济过度扩张时期踩刹车的多种方法。在本章的循证经济学部分，我们将思考如何测量政府支出对经济活动的影响。

重要概念

- 逆周期政策旨在降低经济波动的严重程度，实现就业、GDP 以及物价的平稳增长。
- 逆周期货币政策通过调控银行准备金和利率来降低经济波动。
- 扩张性货币政策会增加银行准备金并降低利率。紧缩性货币政策会降低银行准备金并提高利率。
- 逆周期财政政策通过调控政府支出和税收来降低波动。
- 扩张性财政政策会增加政府开支并减少税收。紧缩性财政政策会减少政府开支并增加税收。
- 一些逆周期政策是由货币和财政主管部门共同实施的。此类混合政策会通过向银行和其他企业提供信贷或其他融资的方式来刺激经济活动。

本章概览

13.1 逆周期政策在经济波动中的作用

13.2 逆周期货币政策

13.3 逆周期财政政策

EBE 政府支出对 GDP 的刺激作用有多大？

13.1 逆周期政策在经济波动中的作用

在第 12 章中，我们解释了经济增长为何会存在波动。在本章中，我们将聚焦政府和美联储如何通过所谓的逆周期政策来减少这些波动。**逆周期政策**旨在降低经济波动的强度，并使就业、GDP 和物价的增长保持平稳。（在本章中，我们所讨论的 GDP 均为实际 GDP。）

在经济衰退期间，扩张性政策旨在通过将劳动需求曲线右移和"扩张"经济活动（GDP）来减轻衰退的严重程度。同样，当经济增长过快或"过热"时，我们时常会采用紧缩性政策来减缓经济增长。

逆周期政策主要分为两类：

1. **逆周期货币政策**。此类政策由央行（在美国是美联储）负责实施，旨在通过调控银行准备金和利率来降低经济波动。
2. **逆周期财政政策**。此类政策经立法部门批准，并由行政部门签署成为法律，旨在通过调控政府支出和税收来降低经济波动。

虽然逆周期货币政策和逆周期财政政策的作用方式不同，适用于不同的环境，但它们也有一些共同的特点。==两者都是通过移动劳动需求曲线来发挥作用的。==在经济衰退时，货币政策和财政政策通过将劳动需求曲线右移来刺激经济增长。在经济过热时，货币政策和财政政策通过将劳动需求曲线左移来减缓经济增长。

图 13.1 中展示了衰退时的情况。在点 1（衰退前）处，经济处于充分就业状态。一次负面冲击将劳动需求曲线左移。和上一章一样，在本图中我们假设存在工资下降刚性，因此负面的劳动需求冲击将沿着劳动供给曲线的水平部分到达点 2（低谷）。在这一点上，就业水平处于低位。成功的扩张性政策可以将劳动需求曲线右移，使经济达到点 3（部分复苏），从而使经济避免受到衰退的全面冲击。

正如扩张性政策可以降低衰退的严重程度，政策制定者有时也会采取紧缩性政策，以在繁荣时期减缓经济增长。为什么政策制定者会有意采取一项会降低 GDP 增长和就业水平的政策？在某些情况下，一项政策目标的附带结果也会对 GDP 和就业产生负面影响。例如，当通货膨胀率持续高于美联储的目标时，美联储将提高利率以抑制借贷，从而减缓货币供给的增长，降低通货膨胀率。加息将使劳动需求曲线左移，导致就业率下降——这是美联储降低通货膨胀带来的副作用。

在其他情况下，逆周期政策还可直接用于抑制经济扩张。我们在第 12 章提到过，对经济的过度乐观等情绪可能导致出现一种不可持续的经济扩张。更不用说由于乐观情绪可能会瞬间全面崩溃（因为存在乘数效应），这种扩张还可能导致严重的经济衰退。在某些情况下，紧缩性政策会通过在经济过热之前给经济降温的方式来降低经济急速收缩的风险。实现这种降温的方式就是对劳动需求曲线施压并使其逐渐向左移动。实施紧

图 13.1 逆周期政策对劳动市场的影响

注：在经济衰退期间，劳动需求曲线左移，均衡点在点 2（低谷）。逆周期政策可以通过将劳动需求曲线右移部分扭转这种局面。均衡状态从点 2 到了点 3（部分复苏）。劳动需求曲线的右移意味着就业的增加。

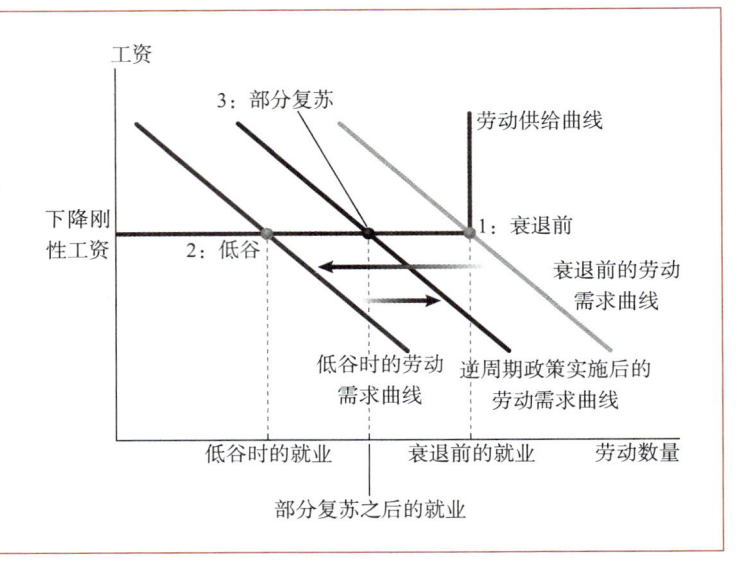

缩性政策有时被称为"逆风而行"。

13.2 逆周期货币政策

我们现在来详细讨论逆周期政策。让我们首先关注逆周期货币政策，正如第 11 章所述，在美国，负责实施货币政策的是美联储。

美联储通过采取扩张性货币政策来应对经济收缩。**扩张性货币政策**会增加银行准备金的数量并降低利率。让我们先从总体层面来了解此类政策的影响。

美联储会影响短期利率，特别是联邦基金利率。此前我们已提及，联邦基金利率是银行利用存放在联邦储备银行的准备金互相进行贷款的利率。

当美联储想要刺激经济时，它会降低短期利率。这通常会导致长期利率下降。正如第 11 章所述，长期利率与短期利率的长期平均值相关联。

长期利率的下降会推动家庭购买更多的耐用品，比如汽车，因为较低的利率意味着较低的汽车贷款成本。为了满足家庭对耐用品不断增加的需求，企业会雇用更多的劳动者，从而使劳动需求曲线右移。同样，长期利率的下降会促使企业对厂房和设备进行更多投资，比如修建新工厂，因为较低的利率意味着用于建设项目的商业贷款成本更低。企业需要请人建造并最终运营这些新工厂，这也使得劳动需求曲线右移。如图 13.1 所示，通过多种不同方式，扩张性货币政策将企业的劳动需求曲线右移并提升了就业水平。图 13.2 对此过程进行了概括。

为了更好地理解货币政策，我们需要先了解美联储如何降低短期利率并扩大信贷渠道。我们需要更深入地讨论图 13.2 的顶部框中的内容。在这一过程中，美联储最有力的工具是它对银行准备金和联邦基金利率的控制,我们接下来将对其进行考察。

图 13.2 扩张性货币政策

注:这些是扩张性货币政策的核心环节。本章的前半部分探讨了美联储实现本图顶部框中内容的各种方式。

美联储降低短期利率,扩大信贷渠道
↓
长期利率下降
↓
消费和投资增长,对商品和服务的需求上升
↓
劳动需求曲线右移

调控联邦基金利率

美国货币政策的核心是美联储对联邦基金利率的调控。美联储通过两种方式调控这一关键利率:(1)改变私营银行存放在美联储的银行储备金的利率,即我们简称的"准备金利率";(2)改变私营银行存放在美联储的银行储备金的总供给,即所谓"公开市场操作"。

正如第 11 章所述,降低准备金利率会使准备金需求曲线左移,进而降低联邦经济市场的均衡利率,也就是降低了联邦基金利率。该机制如图 13.3(a)所示。在该图中,准备金需求曲线的左移压低了联邦基金利率(即一家银行从另一家银行借入准备金的价格)。

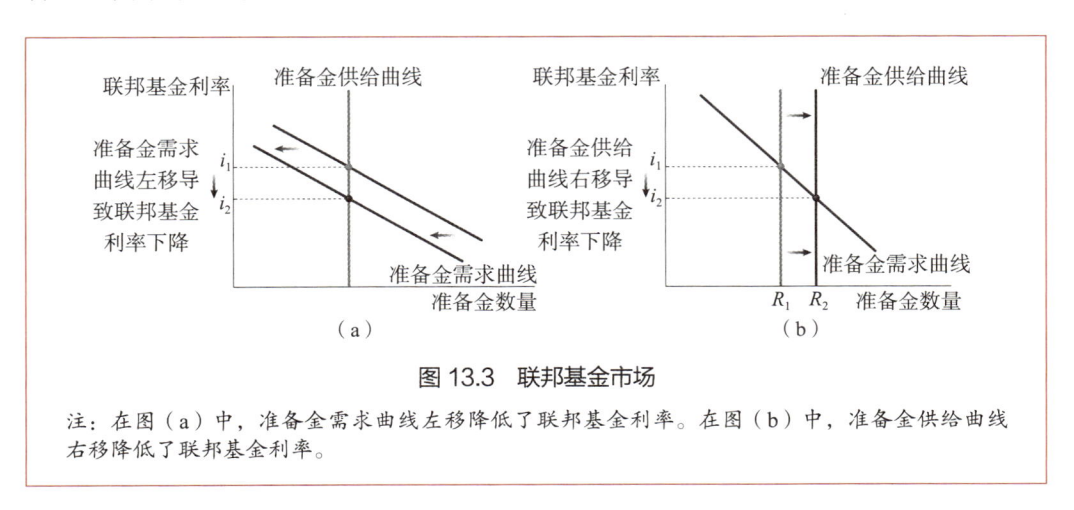

图 13.3 联邦基金市场

注:在图(a)中,准备金需求曲线左移降低了联邦基金利率。在图(b)中,准备金供给曲线右移降低了联邦基金利率。

在公开市场操作中,美联储与私营银行进行交易,以增加或减少存放在美联储的银行准备金。例如,通过增加对私营银行可用准备金的供给,美联储降低了联邦基金利率。该机制如图 13.3 所示。你可以从该图中发现,准备金供给曲线的右移压低了联邦基金利率。

下面的例子说明了公开市场操作涉及的步骤。假设美联储想把存放在美联储的银行准备金提高 10 亿美元。为了实现这一目标，美联储找到一家银行，比如花旗银行。花旗银行愿意向美联储出售价值 10 亿美元的债券来换取 10 亿美元的准备金，并且将其存放在美联储。美联储在这笔交易中不使用纸币。相反，美联储只需敲击电脑键盘，就能创造出 10 亿美元的银行准备金。很轻松地，美联储就向这家私营银行开出了一张借据。这一借据表示这家私营银行把 10 亿美元的准备金存放在了美联储。

经过这一番公开市场操作，现在花旗银行存放在美联储的准备金增加了 10 亿美元，而债券持有量减少了 10 亿美元：花旗银行把这些债券出售给了美联储。在资产负债表的资产一侧，花旗银行多了一笔 10 亿美元的银行准备金，而它卖出的 10 亿美元债券现在归美联储所有，并且出现在了美联储的资产负债表里。花旗银行的总资产没有变化，只是这些资产由债券变成了银行准备金。表 13.1 展示了花旗银行资产负债表中的这一变化：花旗银行资产负债表资产项下的准备金从 2 000 亿美元增加到了 2 010 亿美元。

表 13.1 花旗银行向美联储出售 10 亿美元债券前后的资产负债表

	资产		负债和所有者权益	
交易前	准备金	2 000 亿美元	存款和其他负债	18 000 亿美元
	债券和其他投资	18 000 亿美元	所有者权益	2 000 亿美元
	总资产	20 000 亿美元	负债 + 所有者权益	20 000 亿美元
	资产		负债和所有者权益	
交易后	准备金	2 010 亿美元	存款和其他负债	18 000 亿美元
	债券和其他投资	17 990 亿美元	所有者权益	2 000 亿美元
	总资产	20 000 亿美元	负债 + 所有者权益	20 000 亿美元

注：美联储与花旗银行开展公开市场操作。美联储购买花旗银行 10 亿美元债券并向花旗银行提供 10 亿美元准备金。这丝毫未影响花旗银行资产负债表上的负债和所有者权益。在资产一栏，总资产不变，但是资产的组成发生变化。交易结束后，花旗银行存放在美联储的准备金增加 10 亿美元，债券则减少 10 亿美元。

美联储的资产负债表也发生了变化。现在，美联储的资产中包括了 10 亿美元的债券——这个数额代表的正是美联储从花旗银行购买的债券。美联储的负债也相应增加。说得更具体一点就是，美联储现在的负债中新增了 10 亿美元的准备金——这正是美联储通过电子方式创建然后通过与花旗银行交易得来的准备金。表 13.2 展示了美联储资产负债表上的这一变化。请注意，美联储持有的准备金是花旗银行的一项资产（花旗银行可以动用这些准备金），同时也是美联储的一项负债（美联储必须按要求支付准备金）。

表 13.2 美联储从花旗银行购买 10 亿美元债券前后的资产负债表

	资产		负债和所有者权益	
交易前	美国国债	50 000 亿美元	准备金	40 000 亿美元
	其他债券	10 000 亿美元	现金	20 000 亿美元
	总资产	60 000 亿美元	总负债	60 000 亿美元
	资产		负债和所有者权益	
交易后	美国国债	50 010 亿美元	准备金	40 010 亿美元
	其他债券	10 000 亿美元	现金	20 000 亿美元
	总资产	60 010 亿美元	总负债	60 010 亿美元

注：在与花旗银行开展公开市场操作后，美联储的资产负债表发生了变化。作为从花旗银行购买 10 亿美元债券的回报，美联储向花旗银行提供了 10 亿美元的存款准备金。在美联储资产负债表中的负债和所有者权益侧，美联储以准备金的形式向花旗银行新开出一张 10 亿美元的借据。在资产侧，美联储则从花旗银行获得了 10 亿美元的债券。

从历史上看，准备金存量（包括银行库存现金和银行存放在美联储的准备金）一直在 400 亿美元到 800 亿美元之间波动。然而，在 2007—2009 年经济衰退时期及以后，美联储大幅增加了银行存放在美联储的准备金数量。

图 13.4 展示了这一扩张过程。2008 年 8 月，准备金总额约为 400 亿美元。你得眯起眼睛才能看到它们，因为它们非常贴近 x 轴。在接下来的 12 年中，准备金数额激增，并

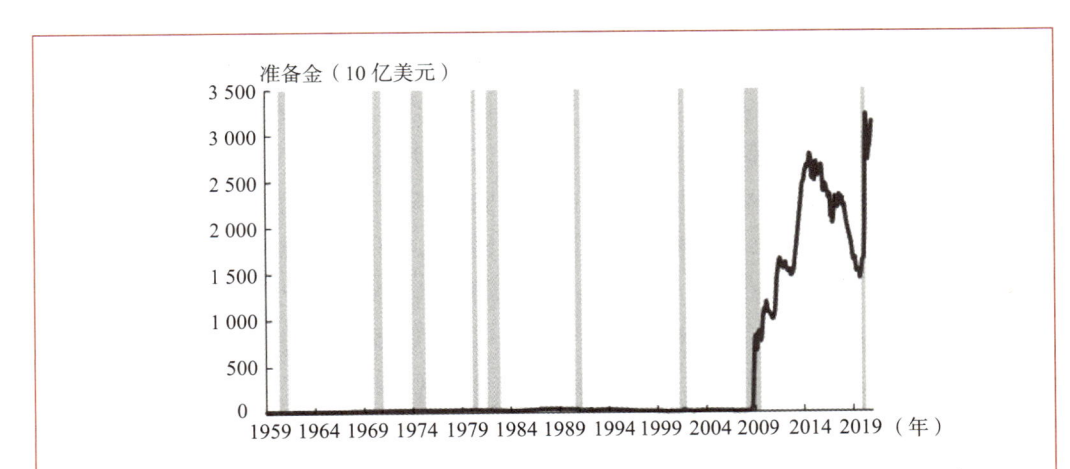

图 13.4 存放于美联储的准备金总额（1959 年 1 月至 2020 年 12 月，月度数据）

注：本图显示了私营银行存放在美联储的准备金总额。2008 年之前，准备金在 400 亿美元到 800 亿美元之间波动。2008 年，为应对金融危机，美联储大幅增加了准备金数额，至 2014 年时，准备金总额上升至 2.8 万亿美元。此后准备金数额开始下降，且这一趋势一直持续至 2020 年初。在 2020 年经济衰退期间，美联储将准备金增至 3.2 万亿美元（峰值）。（阴影区域表示经济衰退期。目前尚不清楚始于 2020 年 2 月的经济衰退会于何时结束。）[1]

---

① 正如在前面所提到的，按美国官方的定义，2020 年经济衰退仅持续了两个月。——译者注

在2020年的经济衰退期间超过了3万亿美元。准备金的大规模扩张反映了一种实施货币政策的新方式。美联储扩大准备金，不仅是为了降低联邦基金利率，也是为了降低长期实际利率。美联储正是通过其资产负债表的大规模扩张实现了降低利率的目的——这便是所谓的"量化宽松"政策。我们接下来将详细讨论这一政策。

在2007年初，也就是2007—2009年经济衰退开始之前，联邦基金利率为5.25%。到2009年初，该利率仅为0.1%。从2009年到2015年12月，联邦基金利率一直保持在接近于0的状态，之后美联储开始放缓提高联邦基金利率。在2020年的经济衰退期间，美联储再次将联邦基金利率降至接近零。

在此期间，长期利率也急剧下降。在2007—2009年经济衰退开始时，10年期美国国债（即向美国政府提供的10年期贷款）的利率为4%。在2007—2009年的经济衰退期间，10年期美国国债利率跌至2.5%以下。在2020年的经济衰退期间，这一长期利率则跌至1%以下。

美联储的其他工具

美联储使用准备金利率和公开市场操作这两项关键工具来影响利率、信贷，以及对商品、服务和劳动的需求。接下来我们再看一下另外两项密切相关的货币政策工具。

（1）量化宽松

美联储可通过多种不同的方式进行公开市场操作。在2007—2009年经济衰退之前，美联储开展公开市场操作的主要方法是让私营银行将约400亿美元的准备金存放在美联储。通过从私营银行购买短期债券（国债）并向银行提供准备金的方式，美联储增加了这些银行存放在美联储的准备金（见表13.1和表13.2）。美联储也可以进行反向操作，即通过向私营银行出售短期债券并收回银行准备金的方法来降低准备金。

在2007—2009年经济衰退期间，美联储通过从这些私营银行购买短期债券和长期债券，大幅增加了私营银行的准备金。在公开市场操作中购买长期债券会推高长期债券的价格，从而压低长期利率。利率等于（固定）票面利息除以债券价格，因此债券价格越高，其利率越低。央行创造大量的银行准备金来购买长期债券，同时增加银行准备金数量并压低长期债券利率，这一过程就是所谓的量化宽松。2008年至2015年的银行准备金大幅增长，以及2020年经济衰退期间和之后的第二次银行准备金大幅增长，都和量化宽松有着密切关联。在这两个时期，美联储都创造了数万亿美元用于购买长期债券的银行准备金。

（2）"最后贷款人"

美联储可以在危机时期充当最后贷款人，在标准融资渠道不可用时向银行提供贷款。美联储可以通过其"贴现窗口"出借银行准备金来实现这一目标。在正常时期，贴现窗口是联邦基金市场上的一种昂贵选择。但在金融危机期间，由于无法确定对方能否偿还贷款，因此私营银行不敢在联邦基金市场上相互进行放贷。在这种情况下，美联储贴现窗口贷款所提供的支持就显得非常有价值。由于法律上不允许美联储承担这些贷款的或有损失，因此它总是将在违约情况下可出售的资产作为其贷款银行（和其他企业）的抵押品。这种最后的贷款有时会在重振金融市场方面发挥关键作用。

例如，2008年9月投资银行雷曼兄弟破产后不久，一家更大的金融公司——美国国际集团（AIG）也遭遇了灾难性的流动性危机。美国国际集团急需现金，因为它必须立即向数百家其他金融公司支付数十亿美元，其中不乏美国、欧洲和亚洲的众多银行巨头。由于投资者担心美国国际集团即将宣布破产，该公司在筹集资金方面遇到了困难。美国国际集团的倒闭将引发多米诺骨牌效应，并可能导致全球金融体系瘫痪。如果美国国际集团宣布破产，那么任何美国国际集团的债主都不会立即得到偿还，其中一些企业可能会因此出现财务违约，而这可能会引发危机蔓延，导致数百家相互关联的金融机构倒闭。

美联储与美国财政部联手，通过向美国国际集团提供总计近2 000亿美元的贷款延展、信贷额度和其他担保来支持它。最后美国国际集团恢复了元气，美联储和财政部也连本带利收回了贷款。虽然美国国际集团原始股东几乎全部破产，但美国国际集团成功偿还了对其他金融机构的债务，从而避免了一场更严重的全球金融崩溃。在本章稍后部分，我们还将讨论美联储和财政部在2007—2009年金融危机期间和2020年经济衰退期间合作应对危机的其他方式。

我们已经讨论了美联储在实施逆周期货币政策时使用的关键工具。但是关于这方面的讨论还没有完成。有几个重要因素会影响美联储使用这些工具的方式。我们将在接下来的几个小节中讨论这些问题。

预期、通货膨胀和货币政策

货币政策的有效性取决于人们对利率和通货膨胀的预期。我们之前提到，美联储直接控制的联邦基金利率是银行间隔夜贷款的年化利率。相比之下，与消费者和企业投资决策相关的利率，例如实际抵押贷款利率，是长期预期实际利率：

长期预期实际利率 ＝ 长期名义利率－长期预期通货膨胀率

要想降低长期实际利率，美联储要么降低长期名义利率，要么提高对通货膨胀率的长期预期（或者两者兼顾）。为此，美联储可以公开宣布它将在未来维持扩张性货币政策，在继续压低联邦基金利率的同时推高通货膨胀率。美联储影响人们当前对未来货币政策预期的这一做法，一般被称为"前瞻性指引"。

例如，如果家庭和企业认为联邦基金利率将在几年内保持在低位，那么长期名义利率也将较低。要理解其中的原因，我们可以将10年期名义利率与市场对未来10年隔夜贷款平均利率的预期联系起来进行思考。如果美联储前瞻性指引称它将在很长一段时间内保持较低的联邦基金利率，那么市场就会认为，隔夜贷款利率在未来10年内也将趋于低位，因此当前的长期名义利率也会很低。

类似的分析也适用于长期通货膨胀预期。对许多人来说，"通货膨胀"是一个负面词汇。但正如第11章所述，通货膨胀预期对长期预期实际利率的影响意味着，如果可能，美联储会希望创造通货膨胀预期。具体而言，美联储可能会在前瞻性指引中宣称，它将在较长时期内继续实施扩张性货币政策。如果市场相信这一声明，那么通货膨胀预期将会上升。假设名义利率不随通货膨胀一同上升，那么长期预期实际利率将下降。

用数据说话

货币政策的预期管理

- 美联储影响长期预期的想法在其月度政策声明中表现得淋漓尽致。2010年秋，美国经济正在从2007—2009年的衰退中缓慢复苏，因此美联储希望维持较低的长期预期实际利率。负责美联储公开市场操作的联邦公开市场委员会在2010年9月的政策声明中写道，联邦基金利率将在"较长一段时间内"保持在0~0.25%区间。
- 在2012年12月的声明中，美联储宣布了一项更加明确的政策规则，即将联邦基金利率的变化与未来失业率和通货膨胀率的变化挂钩[1]：
- "联邦公开市场委员会决定将联邦基金利率的目标范围保持在0~0.25%，且目前预计这一较低的联邦基金利率区间将是合适的，只要满足以下条件：
  （1）失业率仍在6.5%以上；
  （2）未来一到两年的通货膨胀率不会比联邦公开市场委员会2%的长期目标高出0.5个百分点；
  （3）长期通货膨胀预期持续稳定。"
- 在这份声明中，美联储宣布了一项具体的政策规定，从而提高了公众预测未来利率的能力。美联储实际上是在告知市场，只要失业率保持在6.5%以上，通货膨胀率保持在美联储2%的目标附近，它就计划将联邦基金利率保持在接近于0的水平。当美联储宣布这一决定时，美国的失业率为7.7%，预测人士估计，失业率需要数年时间才能降至美联储为自己设定的6.5%的门槛。事实上，没用两年的时间，也就是在2014年初，美国的失业率就跌到了这一门槛以下。但政策制定者相信在没有明显通胀压力的情况下，失业率可以更低，因此维持了这一政策。
- 2015年12月，美国的失业率降至5%，美联储因此将联邦基金利率上调至0以上，开启了计划中的联邦基金利率正常化过程。联邦基金利率的新目标区间为

0.25%~0.5%，这一变化看似温和，却意义重大，因为这是 11 年来的首次加息。后来美联储继续提高利率目标区间，至 2019 年 7 月时，联邦基金利率的目标区间已升至 2.25%~2.5%。

- 当 2020 年经济衰退开始时，美联储将联邦基金利率降至接近零的水平。联邦储备委员会的成员已经多次表示，他们计划在 2023 年之前将联邦基金利率维持在接近零的水平，即使通胀率暂时超过 2% 的目标利率。①

- 市场参与者可以留意联邦公开市场委员会成员的政策建议，这些建议都被汇总到了美联储的"点图"中（图 13.5）。图中的点代表联邦公开市场委员会每名成员所建议的未来联邦基金利率（该图也显示了 2020 年 12 月的预测）。每个点都被标注在该成员所建议未来联邦基金利率目标区间的中点位置。不过这张图不代表所有的预测都是固定的，所有预测都可以（也的确）随着经济状况的改变而改变。

- 该图显示了联邦公开市场委员会成员的各种不同建议。例如，联邦公开市场委员会成员所报告的"更长期"适当目标区间的中点从 2% 到 3% 不等。即便是这些专家也无法达成一致意见。尽管如此，点图减少了公众对政策制定者想法的误解，从而减少了可能令信贷市场动荡的政策意外发生的可能性。最重要的是，这张点图强调了美联储可能在 2020 年衰退结束后的多年内维持低水平的联邦基金利率。

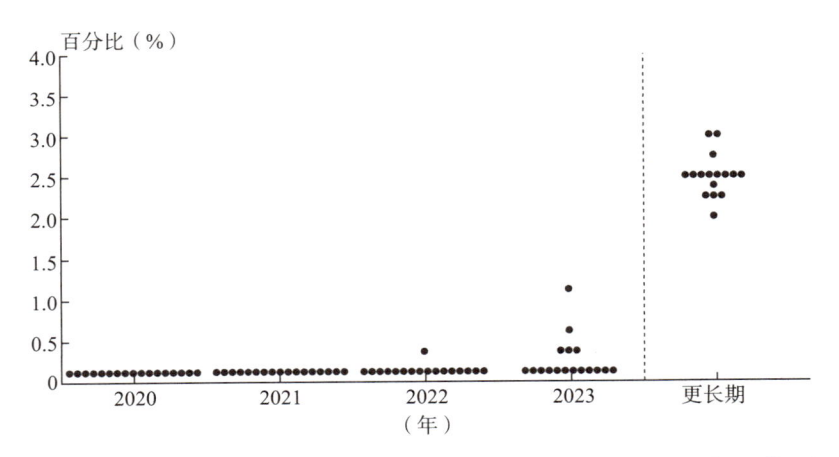

图 13.5 联邦公开市场委员会成员截至 2020 年 12 月的建议："点图"

注：每个点表示在指定的未来日期每个成员所建议联邦基金利率适当区间的中点。在 2023 年之前的点云仍只是略高于零，这意味着联邦公开市场委员会的成员认为，在 2020 年经济衰退之后，联邦基金利率至少将在三年内保持低位。
资料来源：美国联邦储备委员会。

---

① 现实情况是美国在 2022 年出现较为严重的通胀，并导致美联储连续加息。至 2022 年末，美国联邦基金利率的目标区间已经提升至 4.25%~4.50%。——译者注

零利率下限

自20世纪90年代初以来，日本的实际GDP总体增长水平一直很低。许多观察人士将20世纪90年代和21世纪头10年称为日本经济"失去的20年"。为了应对这种经济状况，日本央行大幅增加了银行准备金的供给，从而将日本版的"联邦基金利率"——银行间借贷利率降至接近于零的水平。图13.6显示了日本的银行间借贷利率。

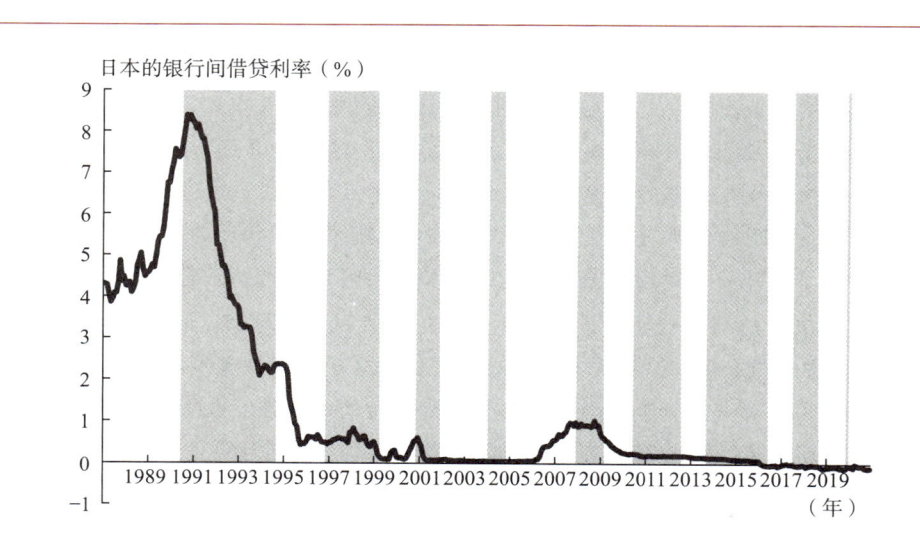

图13.6 日本的银行间借贷利率（1987—2020）

注：自1995年以来，日本央行一直将银行间借贷利率维持在接近零的水平。2016年，该利率略低于零，并在此后一直保持在零以下（只有2个月的例外）。日本的银行间借贷利率类似于美国的联邦基金利率。（阴影区域对应着日本的经济衰退期。）

经济学家将零利率称为"零利率下限"。这句话的意思是，零利率是名义利率无法跨越的一个障碍，或者说是一条边界线。

为了理解零利率下限，我们有必要先来了解一下奇怪的负名义利率。负利率意味着借款者最终偿还的钱比他借的少。例如，假设你去银行以-1%的负利率借了1亿美元，期限为1年。假设你能把这些钱存起来，例如藏在一个非常大的床垫下，那么这对你来说将是一个巨大的盈利机会。你把借来的1亿美元存一年，到期后只需把9 900万美元还给银行，剩下的100万美元则可以装进自己的口袋！

当然，以负利率贷款对银行来说是一笔糟糕的交易；它们宁愿把钱存在自己的金库里也不愿借出去。这样，起码到了年底，它们仍然有1亿美元，而不是你还给它们的9 900万美元。

但这个例子忽略了一个事实，那就是将钱储存起来并非没有成本。我们都看过那些以一群形形色色的犯罪天才为主角的银行大劫案电影。现实世界也一样，如果银行把1亿美元放在金库里，可能会有人把它偷走（如果你把太多钱放在自己家里，也可能出现同样的情况）。实际上，银行和投资者宁愿购买利率略为负值（例如-0.2%）的政府债券，也不愿把 1 亿美元现金放在金库里。这个微小的负利率就是"安保成本"。即使政府债券被盗，窃贼也无法兑现，而债券的合法所有者将保留这些债券的所有权和从政府提取资金的权利。出于这些考虑，一些政府已经在以略小于零的利率发行债券。但是负利率的绝对值也不能太大，否则还不如直接建造一个更大的金库，把现金存在金库里，然后花钱请一支小型武装力量来看守。

这些论证解释了为什么银行通常不会以远低于零的利率放贷。银行宁愿把钱留在自己手中，也不愿以负利率发放贷款。因此，央行无法将名义利率推低至远低于零的水平。这就是零利率下限。

当通货膨胀率较低或为负时，零利率下限就成了货币政策的一个问题，日本自 20 世纪 90 年代初以来的情况就是如此。请记住，家庭和企业是根据预期实际利率做出投资决策的。当名义利率停留在零或略高于零的水平且通货膨胀率为负（也称为通货紧缩）时，实际利率将为正。例如，名义利率为零且预期通货膨胀率为-1%意味着预期实际利率为：

名义利率 − 预期通货膨胀率 ＝ 0 −（−1%）=1%

如果通货膨胀率继续下降（进一步低于零），那么实际利率将上升，而这会抑制投资，并使劳动需求曲线左移。

当经济陷入衰退或增长缓慢时，央行通常希望降低实际利率以刺激经济增长。但是，当名义利率已经处于零利率下限不能进一步降低时，央行该怎么办？如前所述，央行可以影响对未来名义利率和未来通货膨胀的预期。即使当前联邦基金利率为零且不能进一步降低，央行仍可以通过承诺长期将名义利率保持在低水平，并保证长期将通货膨胀率保持在 2% 等措施来影响长期预期实际利率。

这正是美联储在 2021 年初所做的事情，当时美国正在从 2020 年的经济衰退中复苏。例如，在 2021 年 1 月的声明中，美联储实际上是向全世界承诺，在可预见的未来，美国的实际利率将为-2%。美联储"承诺"将保持 2% 的通胀率和接近零的名义利率。[2]

"委员会寻求在长期内实现最大就业和 2% 的通货膨胀率。由于通胀持续低于这一长期目标，委员会将致力于在一段时间内实现略高于 2% 的通胀率，以使平均通胀率逐渐达到 2%，同时使长期通胀预期稳定在 2%。在实现这些目标之前，委员会预计将维持宽松的货币政策立场。委员会决定将联邦基金利率的目标区间保持在 0~0.25%，并预计，在劳动市场状况达到委员会评估的最大就业水平以及通胀率升至 2% 且在一段时间内略超 2% 之前，维持这一目标区间将是合适的。此外，美联储将继续每月至少增加 800 亿美元的国债持有量，每月至少增加 400 亿美元的机构抵押贷款支持债券持有量，直到委员会的最大就业和价格稳定目标取得实质性进展。这些资产购买有助于实现平稳的市场运作和宽松的金融环境,从而支持信贷流向家庭和企业。"

在这份声明的最后,美联储称,它将继续进行总额为1 200亿美元的月度公开市场操作。公开市场操作规模庞大,购买的资产为长期债券,因此这种公开市场操作属于量化宽松的范畴。美联储报告称,它每个月都将创造新的银行准备金,用于购买800亿美元的(长期)国债和400亿美元的(长期)抵押贷款支持债券(换句话说,这就是一种由许多向债券持有人支付利息的抵押贷款组合而成的债券)。创造新的银行准备金来购买这些长期债券将压低长期实际利率,刺激劳动需求,并将通胀率推高至2%。因此,即使有零利率下限的限制,美联储仍能实施刺激性的货币政策。

小威廉·麦克切斯尼·马丁于1951年至1970年担任美联储主席。生活中滴酒不沾的他这样描述美联储的角色:"我就是那个在派对要到高潮时收走酒杯的家伙。"

紧缩性货币政策:降低通货膨胀

如第11章所述,稳定通货膨胀是美联储的两项使命之一。美联储希望通货膨胀率平均为每年2%。

扩张性货币政策可能使这一通货膨胀目标面临风险。例如,降低利率会鼓励银行发放更多贷款。这些贷款在经济中循环,并以存款的形式回到银行系统。不断增加的银行存款扩大了经济体中的货币数量(如前所述,货币存量包括客户的银行存款)。而根据我们在第11章学习过的货币数量理论,从长期看,通货膨胀率将等于M2的增长率减去实际GDP的增长率。因此,M2的过快增长会引发高通货膨胀风险。图13.7是对上述各种联系的总结。

图13.7 从准备金到通货膨胀的路径

注:增加存放在美联储的银行准备金通常会使银行发放更多贷款。这些贷款在经济中循环,并作为存款回到银行系统。银行存款的增加使银行能够发放更多的贷款。由此导致的存款总额增长造成了货币存量的增长(例如,M2)。如果货币存量的增长速度超过实际GDP,那么总价格水平很可能会上升,从而引发通货膨胀。只有当通货膨胀率持续高于美联储2%的目标时,这才会变成一个问题。

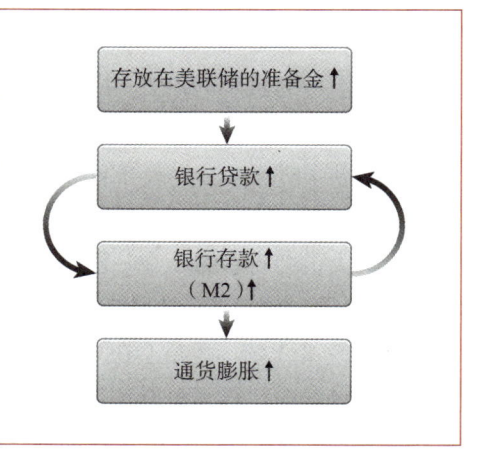

存放在美联储的准备金↑ → 银行贷款↑ ⇄ 银行存款↑(M2)↑ → 通货膨胀↑

逆周期政策在控制当前和未来通货膨胀方面扮演着关键角色。当通货膨胀有持续上升风险并可能远高于2%的目标时,美联储会采取**紧缩性货币政策**,以减缓银行准备金的增长，提高利率，减少借贷，减缓货币供给的增长，抑制通货膨胀。如果通货膨胀率已远超2%，那么美联储可能会采用紧缩性货币政策来降低通货膨胀率。

紧缩性货币政策与扩张性货币政策相似，只是美联储会反方向进行操作。为提高联邦基金利率，美联储将缩减银行准备金，或者减缓其增长。美联储还可能利用前瞻性指引，让人们对未来货币政策产生紧缩预期。

实质上，美联储可以推动货币政策引擎向前或向后运行。在经济衰退期间，美联储采用扩张性货币政策来部分抵消经济紧缩。在经济繁荣时期，特别是在通货膨胀率明显超过美联储2%的目标时，美联储采用紧缩的货币政策来降低不断上升的通货膨胀率。在这两种情况下，美联储都是在逆当前经济风向而行，发挥着逆周期的作用。

让货币政策引擎向后运转听起来很简单，但控制通货膨胀并不总是件容易的事。一旦物价开始快速上涨，例如，通货膨胀率达到5%或更高，公众就会开始预期未来将出现高通货膨胀率，而央行作为"通胀斗士"的声誉就将面临考验。20世纪70年代，美联储就曾经因此声誉受损。当时美国的通货膨胀率居高不下，其部分原因就在于之前实施的扩张性货币政策。到20世纪70年代末，美联储作为货币体系审慎管理者的声誉已荡然无存。1979年，美国公众预计，在可预见的未来，通货膨胀率仍将保持在高位。此时，美联储新主席保罗·沃尔克祭出了一项极度紧缩的货币政策。为了

为恢复美联储作为"通胀斗士"的声誉，保罗·沃尔克在20世纪80年代初大幅降低了货币存量的增长率。他的举措推高了利率并引发了一场严重的经济衰退。尽管其政策招致了全国性的抗议，但他始终义无反顾。如今他被视为最伟大的美联储主席之一。这是一个你不应该招惹的央行行长。（他还有个奇怪的癖好，那就是在参议院做证时抽雪茄。[3]）

降低通货膨胀率，他大幅降低了货币存量的增长率，将联邦基金利率提高到20%。这引发了1981年的经济衰退，而这最终成为二战之后美国最严重的经济衰退之一。这场经济衰退造成了10.8%的失业率峰值，这一数字甚至高于2007—2009年经济衰退期间10%的峰值。沃尔克坚信降低通货膨胀率的好处胜过这次严重衰退的代价。沃尔克挽回了美联储抗击通货膨胀的信誉，而自此以后，美联储一直在通货膨胀水平的控制方面保持着良好记录。

各国央行以此为鉴，也都努力将本国通货膨胀维持在较低水平（发达国家的通胀目标大都为每年约2%）。即使是通货膨胀失控的最轻微迹象，也可能导致央行结束货币扩张政策。

选择与结果

政策失误

- 政策制定者时常会错判经济形势。他们不时会错误地采取扩大而不是缩小经济波动幅度的政策。
- 一些经济学家认为，2007—2009年的金融危机和经济衰退如此严重，在一定程度上要归咎于2002—2005年过度扩张的货币政策。在此期间，虽然经济正在增长，房地产市场被我们现在所认识到的不可持续投机泡沫笼罩，但在艾伦·格林斯潘的领导下，美联储仍将联邦基金利率下调至1%。艾伦·格林斯潘不愿提高联邦基金利率，部分原因在于他当时认为不可持续投机泡沫的发生频率极低。在房价暴跌之后，格林斯潘公开修正了他对资产泡沫发生频率的观点。
- 资产泡沫确实时有发生（比如2006年触达顶峰的房价泡沫），衰退则常常紧随其后。换句话说，资产泡沫会加剧或放大经济波动。美联储2002—2005年的扩张性政策助长了房地产泡沫，因此对随后出现的经济衰退负有一定责任。央行不时会开出错误的货币政策"药方"。
- 各国央行都已在研究这一政策失误，少数几家央行现在还希望能在资产泡沫形成之际就识别出这些泡沫。一些央行还考虑采取旨在抑制资产价格泡沫的政策，以防其发展至不可收拾的地步。[4]

政策权衡

我们希望你已经能体会央行行长工作的不易。货币政策制定者必须面对众多相互矛盾的考量因素。例如，美联储希望在经济衰退期间刺激经济，但又不想让通货膨胀失控。美联储应该如何进行权衡？

美联储设定联邦基金利率的方式大致如下式所述：

联邦基金利率 = 长期联邦基金利率目标 + 1.5 × （通货膨胀率 − 通货膨胀率目标） + 0.5 × 用百分数表示的产出缺口

这一等式被称作"泰勒规则"，是由经济学家约翰·泰勒首先提出并以其名字命名的。[5] 以美国为例，该等式将联邦基金利率与其长期目标（约 2.5%）、通货膨胀率、通货膨胀率目标（2%）以及用百分数表示的产出缺口联系起来。我们在第 12 章对产出缺口做过初步讨论，它等于 GDP 与趋势 GDP 之差除以趋势 GDP：

$$产出缺口 = \frac{(GDP - 趋势 GDP)}{趋势 GDP}$$

一个 -0.05 的产出缺口用百分数表示就是 -5%，即经济比趋势水平低 5%。如第 12 章中所述，趋势 GDP 是假设 GDP 能够长期平稳增长而得出的。在计算产出缺口时，我们有时会用潜在 GDP 来替代趋势 GDP。潜在 GDP 表示的是将劳动和资本存量充分用于生产而达到的 GDP 水平。

我们有必要把泰勒规则的两部分解释清楚：

（1）该规则指出，随着通货膨胀率的上升，美联储将提高联邦基金利率。更高的通货膨胀率会使美联储提高联邦基金利率，从而降低刺激力度。具体来说，该公式表明，通货膨胀率（相对于给定的通货膨胀目标）每上升一个百分点，联邦基金利率就会上升 1.5 个百分点。

（2）该规则还指出，随着产出缺口的扩大，美联储将提高联邦基金利率。更大的产出缺口——换句话说，更强劲的经济会使美联储提高联邦基金利率，从而降低刺激力度。该公式表明，产出缺口每增加一个百分点，联邦基金利率就会提高 0.5 个百分点。

我们可以用 2020 年 12 月的具体情况来理解泰勒规则。当时通货膨胀率约为 1.5%，GDP 比趋势水平低了近 3%。将这些数字代入泰勒规则（假设长期联邦基金利率目标为 2.5%，通货膨胀率目标为 2%），则联邦基金利率的建议水平为：

$$联邦基金利率 = 2.5\% + 1.5 \times (1.5\% - 2\%) + 0.5 \times (-3\%) = 0.25\%$$

因此，泰勒规则预测联邦基金利率为 0.25%，这远低于美联储 2.5% 的长期目标。事实上，2020 年末实际联邦基金利率为 0~0.25%，符合泰勒规则的预测。

"泰勒规则"只是一个经验法则。货币政策既是一门科学，也是一门艺术，政策制定者需要运用他们的直觉和智慧，而不仅仅是一个简单的公式。然而，对政策制定者而言，泰勒规则是一个很好的审议出发点，而这一规则也是对各国央行过去所做权衡的一个粗略总结。

13.3 逆周期财政政策

到目前为止我们关注的一直是逆周期货币政策，这类政策由央行负责实施，旨在通过调控利率来降低经济波动。逆周期财政政策是逆周期政策的另一个重要类别。逆周期财政政策经立法部门批准，并由行政部门签署成为法律，通过调控政府支出和税收来降低经济波动。

扩张性财政政策通过提高政府支出和降低税收来提高实际 GDP 的增长率。与扩张性货币政策一样，扩张性财政政策会使劳动需求曲线右移，如图 13.1 所示。**紧缩性财政政策**则通过降低政府支出和提高税收来降低实际 GDP 的增长率。和紧缩性货币政策一样，紧缩性财政政策会使劳动需求曲线左移。

现在我们来讨论为什么宏观经济学家将财政政策视为抵消宏观经济波动的有用工具。

商业周期中的财政政策：自动的财政政策和相机抉择的财政政策

财政政策可以分为自动的财政政策和相机抉择的财政政策两部分。

（1）自动的逆周期财政政策是指财政政策中可以自动在一定程度上抵消经济波动的部分。自动逆周期财政政策不需要政府方面有针对性地采取行动。例如，因为失业者不再缴纳所得税，经济衰退期间的税收会自动下降。此外，因为包括失业保险和食品券（也称为补充营养援助计划）在内的政府转移支付增加，经济衰退期间的政府支出也会自动增加。家庭收入越少，他们获得的政府转移支付就越多。

这些自动的逆周期财政机制通常被称为**自动稳定器**，因为它们会在经济收缩期间刺激经济。此类转移能够帮助家庭应对经济困难，另外，人们普遍认为，通过让数百万家庭在经济衰退期间增加支出，此类转移也能够刺激 GDP。

（2）相机抉择的逆周期财政政策是指政府财政政策中由决策者为应对经济波动而有针对性地制定的部分。在大多数情况下，这些新政策会推出一揽子具体的增加支出或临时减税措施，以减少经济困难和刺激 GDP。

在 2007—2009 年经济衰退期间，美国国会通过了《2008 年经济刺激法案》（2008 年 2 月由布什总统签署）和《2009 年美国复苏与再投资法案》（2009 年 2 月由奥巴马总统签署）。2008 年的立法耗资 1 500 亿美元，其中包括一项面向几乎所有纳税人的 300 美元支付（"退税"）。2009 年的立法耗资 8 000 亿美元，其中 1/3 的资金用于支持新的减税措施，2/3 的资金用于支持新的政府支出。针对 2007—2009 年经济衰退的相机抉择财政应对措施总耗资近 1 万亿美元。

为了应对新冠大流行以及 2020 年 2 月开始的经济衰退，美国国会通过了由唐纳德·特朗普总统于 2020 年 3 月签署的《新冠病毒援助、救济和经济保障法案》（别名《关怀法案》）。这项耗资 2.2 万亿美元的立法包括了向个人直接发钱（每人 1 200 美元）、向企业提供贷款、向失业工人提供更多补助，以及延长获得失业保险资格等内容。除了《关怀法案》，美国国会又在 2020 年大选后通过了一项提供 9 000 亿美元额外刺激的法案，其中包括向每人再发放 400 美元。即将离任的总统唐纳德·特朗普于 2020 年 12 月签署了这项额外刺激计划。拜登总统的新政府将于 2021 年初就另一项耗资近 1.9 万亿美元的刺激计划进行协商，并计划再向每人发放 1 600 美元。如此一来，2020 年和 2021 年三项立法的支付总额将达到每人 3 200 美元。在这些面向全民的支付之外，失业劳动者还会得到额外的资金支持。

总而言之，与 2020 年经济衰退相关的财政刺激措施总额将接近 5 万亿美元，而 2007—2009 年经济衰退期间的财政刺激措施总额为近 1 万亿美元。大多数经济学家认为，2007—2009 年经济衰退期间的财政刺激力度不足，导致了不必要的缓慢复苏。另一方面，一些经济学家则担心，为应对 2020 年经济衰退而出台的财政刺激措施有些规模过度，因为它将使劳动需求曲线大幅右移，从而可能导致通胀率远高于美联储 2% 的目标。关于这个问题存在激烈的争论。[6] 大多数经济学家建议，财政刺激应主要针对那些在经济衰退期间失去收入的家庭，而对那些在疫情期间保住了工作的家庭，则应当给予相对较少的补贴。

到目前为止，我们已经分别讨论了自动的财政政策和相机抉择的财政政策。我们可以通过经济衰退期间政府赤字的变化来分析这些政策。这里的政府赤字是指将联邦、州和地方政府赤字合计的政府总赤字。请注意，政府总赤字等于政府总支出（包括转移支付）与政府税收总额之差。政府赤字增加既可能是因为支出的变化，也可能是因为税收的变化。政府赤字增加是扩张性政策的一个指标，是政府支出增加和政府税收减少的共同结果。

在 2007—2009 年经济衰退期间（始于 2007 年 12 月），美国政府赤字占 GDP 的比重从 2007 年的 2.9% 扩大到 2008 年的 6.6%，然后再扩大到 2009 年的 13.2%（见图 13.8）。2007—2009 年，美国政府赤字占 GDP 的比重增长了 10.3 个百分点。

2020 年经济衰退期间的财政政策反应更为迅捷有力。美国政府赤字占 GDP 的比重从 2019 年的 6.3% 上升到 2020 年的 18.7%。在一年之内，政府赤字占 GDP 的比重增长了 12.4 个百分点。（本书写作时，2021 年的相关数据尚未出炉。）

图 13.8 显示，即便经济衰退已正式结束（且经济已离开标志着衰退结束的低谷并再次增长），扩张性的财政政策也通常不会立即结束。为了帮助经济全面复苏，政府通常会在衰退结束后的一段时间内维持巨额赤字。因此，尽管 2007—2009 年经济衰退已在 2009 年 6 月正式结束，但美国政府仍在 2010 年、2011 年和 2012 年存在巨额赤字（但赤字已经缩减）。

图 13.8 也显示了 2018 年的一个意外事件。在这一年，尽管经济在增长，赤字占 GDP 的比重仍然增加了 1.2 个百分点。这是当年唐纳德·特朗普政府推动大幅减税并将其进行立法的结果。这项减税措施引起了争议，因为这是对已经在强劲增长的经济进行刺激。特朗普政府认为减税将促进经济的长期增长。

图 13.8 美国政府赤字占 GDP 的比重（2001—2020）

注：总赤字的计算方法是用联邦、州和地方各级的支出减去联邦、州和地方各级的税收收入。图中赤字率以其占 GDP 的比重来表示。

资料来源：国际货币基金组织，美国政府贷款/借款净额，检索自 FRED。

当政府靠借钱来负担支出时，未来的纳税人也就暗暗背负起了为政府还债的责任。最终，政府将不得不偿还所欠债务。按粗略的计算，2007—2009 年经济衰退产生了 2 万亿美元的自动财政调节开支和 1 万亿美元相机抉择财政调节开支，这意味着纳税人要相应承担大约 3 万亿美元的政府债务。而根据在 2021 年初的测算，2020 年经济衰退极有可能产生 1 万亿美元的自动财政调节开支（这次衰退比 2007—2009 年的衰退持续时间短）和 5 万亿美元的相机抉择财政调节开支，这意味着总财政调节开支将达到 6 万亿美元。但这些债务的积累都是有原因的，那就是实施逆周期的财政政策。**财政政策背后的基本理念是，增加政府支出和降低税收能够减轻经济上的困难，增加家庭、企业和政府的支出，因此有助于应对经济衰退。**增加的支出会转化为对企业产品的需求，这会相应增加企业对劳动者的需求，从而使劳动需求曲线右移。这些钱中的一部分也会流向各州和地方政府，这样就能够避免州和地方裁员。

在本章的剩余部分，我们将解释为什么增加政府支出和降低税收会增加 GDP。我们首先研究基于支出的财政政策，然后再研究基于税收的财政政策。

对基于支出的财政政策的分析

我们首先回顾一下国民收入核算恒等式：

$$Y = C + I + G + X - M$$

这里的 Y 代表 GDP，C 代表消费，I 代表投资，G 代表政府支出（不包括转移支付），X 代表出口，M 代表进口，因此 $X - M$ 代表净出口。在开始分析财政政策之前，我们假设（目前）改变政府支出不会改变等式右边的任何其他项。那么政府支出每增加 1 美元，GDP（Y）就会增加 1 美元：

$$（Y+1）=C+I+（G+1）+X-M$$

如果用 GDP（Y）的变化量除以政府支出（G）的变化量，我们就得到了所谓的**政府支出乘数**。如果政府支出增加 1 美元使 GDP 增加 m 美元，那么政府支出乘数为 m。例如，如果 $m=1$，那么政府支出增加 1 美元会导致 GDP 增加 1 美元（如前一个方程所示）。根据我们对图 13.1 的分析，如果 $m=1$，那么增加 1 美元的政府支出会增加家庭对企业商品和服务的需求，使劳动需求曲线右移，并使 GDP 增加 1 美元。

现在，让我们重新考虑等式右边其他项都不变的假设。额外的政府支出可能带来更高水平的家庭消费。例如，政府的额外支出可能鼓励更多的商业活动，这将提高就业和实得工资，从而增加家庭消费。在这种情况下，政府支出水平的提高就会引发如第 12 章所述的那种乘数效应。乘数效应使企业的劳动需求曲线进一步右移，并扩大政府支出对就业和 GDP 的影响。

我们可以用国民收入核算恒等式来说明这种乘数效应。假设乘数效应使家庭消费（在政府支出增加 1 美元的基础上）增加 1 美元，具体情况如下：

$$（Y+2）=（C+1）+I+（G+1）+X-M$$

在这种情况下，Y 会增加 2 美元——请记住，方程的左右两边必须相等。在本例中，政府支出乘数为：2 美元/1 美元 = 2。这意味着政府支出每增加 1 美元，GDP 就会增加 2 美元。

基于支出的财政政策支持者一般认为政府支出乘数介于 1 和 2 之间。

挤出效应

作为逆周期财政政策的一部分，政府支出有助于对抗经济衰退，但它也有负面作用。不断增加的政府支出会导致更多的政府借款，而这些借款可能会吸收原本会被家庭和企业使用的资源。一些经济学家认为，不断增长的政府支出"挤出"了消费和投资等私人经济活动。**挤出效应**是指增加的政府支出部分甚至完全取代了家庭和企业的支出。在图 13.1 中，挤出效应削弱了逆周期政策的效果，换句话说，挤出效应会使劳动需求曲线的右移幅度小于没有挤出效应时。

例如，假设额外 1 美元的政府支出迫使政府额外借 1 美元来支付这笔支出，这会导致 1 美元的私人储蓄从为私人融资转向购买政府债券。之所以会发生这种转变，是因为政府愿意接受借款所需的任何利率，而私营企业往往对利率变化更敏感。当政府通过借款来应对支出时，信贷市场的利率会上升，从而导致储蓄从私人借款人（例如家庭和企业）重新流向政府。如果私人投资对消费者和企业来说变得过于昂贵，那么当政府增加

1美元的支出时，私人投资可能会减少1美元。私人投资实际上被政府借款"挤出"。在这种情况下，逆周期政府支出不会使企业的劳动需求曲线右移，因为政府额外支出的扩张效应被私人投资下降的收缩效应所抵消，也就是说，1美元的政府支出增长挤出了1美元的私人投资，所以GDP不会出现增长：

$$Y = C + (I-1) + (G+1) + X - M$$

在这种情况下，政府支出乘数为：（-1美元 + 1美元）/1美元 = 0。财政政策的批评者强调了挤出效应的重要性，并认为政府支出的乘数远低于1，甚至可能接近零（在本例中就是这种情况）。

此时，你可能想知道哪种情况是"正确的"。不幸的是，我们并不完全确定。经济学家在这个问题上的立场不一，参与辩论者都能找到部分支持其观点的数据。考虑到乘数效应和挤出效应，政府的支出乘数可能介于0~1.5，这取决于经济的实际状况。如果经济已经在全速运转，那么政府的额外支出很可能会在很大程度上挤掉其他类型的经济活动。例如，如果所有工厂都已满负荷运转，那么政府在短期内可能无法增加GDP。因此，许多经济学家认为，当经济已经呈现繁荣时，政府支出的乘数接近零。但这一结论与评价财政政策并无多少关联，因为经济学家本来就不建议在经济已经快速增长的情况下实施扩张性财政政策。

有趣的问题是，当经济收缩时，我们应该预期政府支出乘数是多少。我们假设一个经济体正处于极度收缩状态，并进一步假设货币政策已经变得不那么有效，因为利率已经降到了零且不能再进一步下降，也就是说，此时货币政策已经达到了零利率下限的状况。

这就是美国经济在2007—2009年经济衰退和2020年经济衰退时的情况。在这些情况下，整个社会的生产资源大量闲置，工厂产能不足，大量劳动者失业。此时额外的政府支出可能只会轻微地挤出私人消费和投资，因此它可以促进一些闲置产能的利用并减少失业。例如，在制定《2009年美国复苏与再投资法案》时，奥巴马政府假定的政府支出乘数为1.57。[7]这个数字虽然略高，但也很接近当时其他预测者的估计。

在2020年经济衰退期间，政府支出乘数可能要低得多，因为自愿保持社交距离和强制封锁抑制了人们的支出，尤其是在外出就餐、乘游轮或飞机旅行、参加体育赛事和其他需要与许多人进行密切接触的活动方面。2020年，美国国会预算办公室估计1美元的政府支出会产生约1美元的经济活动，这意味着政府支出乘数是1。[8]

大多数经济学家认为在经济严重衰退期间应增加部分政府支出，但在这个问题上各方存在着激烈分歧。扩张性政府支出的批评者认为，即便是在经济衰退时期，挤出效应也很严重。因此，逆周期政府支出的规模多大才算合适仍是一个见仁见智的政策问题。

现在我们介绍如何使用政府支出乘数来预测基于支出的逆周期政策的影响。我们假设经济处于严重衰退期且没有出现疫病大流行，所以此时的政府支出乘数为1.5。《2009年美国复苏与再投资法案》提出了大约 5 000 亿美元的新支出，但这是一个需要在多年中分摊的总额。其中 2009 年的新支出仅有 1 200 亿美元，这意味着由此产生的影响为：

$$1.5 \times 1\,200 \text{亿美元} = 1\,800 \text{亿美元}$$

由于 2009 年美国 GDP 约为 14 万亿美元，因此 1 800 亿美元的 GDP 增长相当于增长了：

$$1\,800 \text{亿美元} / 14 \text{万亿美元} \approx 1.3\%$$

这看起来似乎不算多，但对整个美国经济的增长率而言，1.3 个百分点的额外增长非同小可。例如，2009 年美国实际 GDP 就下降了 2.8%。政府支出乘数为 1.5 意味着，若没有《2009 年美国复苏与再投资法案》中新增政府支出的影响，2009 年美国经济将下滑 4.1%。

对基于税收的财政政策的分析

到目前为止，我们一直在讨论使用政府支出来部分抵消经济收缩。扩张性财政政策也可以通过减税和转移支付来实现，例如向所有家庭发放补助或者向失业者提供有针对性的福利。让我们换个角度，假设政府为每个家庭减了 1 美元的税（或者给予 1 美元的转移支付）。我们从一个极端情况入手展开讨论：假设消费者花光了通过减税所获得的每一分钱，从而将消费（C）提高了 1 美元，国民收入核算恒等式的右侧没有发生其他任何变化。于是 GDP 将增加 1 美元，**政府税收乘数**将是：1 美元 /1 美元 =1。

$$(Y+1) = (C+1) + I + G + X - M$$

但是减税 1 美元并不一定会使 GDP 增加 1 美元。如果减税 1 美元使 GDP 增加 m 美元，则政府税收乘数将是：m 美元 /1 美元 = m。

例如，有许多原因可以让减税 1 美元的效应大过 1 美元。消费的增长可能会产生乘数效应，从而出现消费增加、企业收入增加、企业招聘增加、家庭收入增加以及消费进一步增加的多米诺骨牌效应。此外，削减所得税可能会使劳动者提供更多的劳动，因为他们的税后工资将会上涨（尽管据估计这种影响很小）。考虑到这些机制，假设减税 1 美元使得家庭收入增加 2 美元，消费增加 2 美元，且国民收入核算恒等式的右边没有其他变化，那么 GDP（Y）将增加 2 美元，因此政府税收乘数将为：2 美元 /1 美元 =2。

$$(Y+2)=(C+2)+I+G+X-M$$

相比之下，减税也可能会产生我们之前描述的那种挤出效应。随着消费者试图增加支出，原本可用于投资的资源现在可能被重新用于消费。例如，一家汽车公司可能会从生产租赁汽车转向生产家庭购买的汽车。

$$(Y+1)=(C+2)+(I-1)+G+X-M$$

同样，随着消费者试图增加支出，额外的商品需求可能会导致进口增加，净出口则因此下降。如果进口增加 1 美元，那么净出口将减少 1 美元，因此国民收入核算恒等式变成：

$$(Y+1)=(C+2)+I+G+X-(M+1)$$

如果挤出效应很大，政府税收乘数就会大幅下降。在上面讨论的两个例子中，政府税收乘数将为：（2 美元 - 1 美元）/1 美元 =1。

利用税收来应对短期经济收缩这一政策的批评者指出，寻求优化的消费者实际上可能不会立即花掉他们的大部分税收减免。换句话说，批评者担心减税可能不会使消费大幅增长。为什么家庭可能会推迟对减免税收的支出？至少有两个原因。

（1）如果消费带来的回报递减（第五块比萨可能不如第四块好吃），那么消费者可能会试图通过长期分散这些"额外"支出来平滑消费，而不是一次性消费掉减税带来的收益。

（2）消费者可能会意识到，政府未来将不得不通过提高税收来为当前的减税买单。由于预期未来税款会增加，他们可能会决定将当前税收减免带来的收益存起来，以便将来能够支付更高的税款。

储蓄税收减免收益的倾向在富裕消费者中尤为明显，尤其是那些在当下拥有大量流动资产的消费者，他们没有立即消费税收减免收益的迫切理由。总而言之，如果一些消费者将部分甚至全部税收减免收益储蓄起来，减税就只会对消费产生很小的影响，政府税收乘数也会很小。

经济学家认为政府税收乘数在 0 ~ 2 之间。奥巴马政府在编制《2009 年美国复苏与再投资法案》时，假定政府税收乘数为 0.99。[9] 该法案的总减税额约为 3 000 亿美元，但其中只有 650 亿美元在 2009 年生效。假设政府税收乘数为 1，这些减税措施可将 2009 年 GDP 提高约 650 亿美元，相当于 2009 年 GDP 的 0.5%。

根据国会预算办公室的估算，2020年经济衰退期间的政府税收乘数可能远低于1。举个例子，由于保持社交距离和其他与新冠大流行相关的因素降低了消费者快速花掉政府补助的意愿，美国家庭近乎将其从政府所获得转移支付的一大半变成了存款。我们对此影响进行量化。依据2020年3月通过的《关怀法案》，大多数美国人都收到了政府所支付的1 200美元补助，联邦政府为此总共花费了3 010亿美元。在政府税收乘数为0.5的情况下，这笔3 010亿美元的转移支付会使2020年的GDP增加约1 500亿美元，约占2020年GDP的0.7%。

如此低的乘数（例如，2020年对家庭普遍进行转移支付的乘数为0.5）导致一些经济学家建议，未来的政府转移支付立法应更具针对性。根据国会预算办公室估算，2020年针对失业家庭的补助所产生的政府税收乘数为0.75。对失业家庭发放补助有两个好处：这些失业者是最需要钱的人，也是最有可能花钱的人。

我们可以使用政府支出和政府税收乘数来计算《2009年美国复苏与再投资法案》等主要立法的总影响。这项立法被认为使2009年GDP少下降了1.8个百分点。2009年美国实际GDP下降了2.8%。因此，如果没有《2009年美国复苏与再投资法案》，实际GDP将下降4.6%（1.8个百分点加2.8个百分点）。

类似计算也可以告诉我们《关怀法案》（2020年3月）对GDP的影响。据国会预算办公室估算，《关怀法案》使2020年GDP少下降了4.7个百分点。2020年实际GDP下降了3.5%。因此，如果没有《关怀法案》，实际GDP将下降8.2%（3.5个百分点加4.7个百分点）。

用数据说话

消费对减税的反应

- 我们已经讨论了许多影响减税作用的因素：或许减税会促进消费，又或许人们会把钱存起来，从而降低其对宏观经济的影响。我们如何测算这些影响？一般来说，从经验层面单独分析减税对消费的影响是极其困难的。减税也许是为了应对其他可能会影响消费的经济冲击，也可能是一揽子复杂经济政策的组成部分。无论哪种情况，我们都很难证明消费的变化仅仅是由减税引起的。
- 2001年美国的《经济增长与税收减免协调法案》中包含了退税政策，这些退税是在10周内随机邮寄给美国家庭的（从理论上来讲，这些退税单不可能一次性全部邮寄）。如第二章所述，我们可以把这种随机性作为一种帮我们识别因果关系的"自然实验"；经济学家戴维·约翰逊、乔纳森·帕克和尼古拉斯·索尔勒斯则利用这项法案来验证了退税对消费的影响。[10]
- 他们的研究结果表明，在收到退税后，家庭确实会增加支出，尤其是在收到支票后的头几个月。具体来说，他们发现这些家庭在前3个月消费了退税额的20%~40%。以退税总额为380亿美元计算，他们估算出，退税将2001年第三季度（退税单寄出时）的总消费提高了0.8%。在接下来的3个月里，退税的效应虽然有所降低，但仍然非常显著；根据其估算，退税将2001年第四季度的消费提升了0.6%。因此，退税政策确实提高了短期消费。一项针对2007—2009年经济衰退期退税作用的类似研究则得出了更为乐观的结论。[11]

直接针对劳动市场的财政政策

一些具体的财政政策会直接作用于劳动市场。例如，在经济衰退期间，当许多劳动者失去工作并处于失业状态时，政府会制定政策，以缓解失业给个人生活带来的严重困难。在美国，政府会延长失业保险金的领取时间，使之超出通常的26周。政府还会大幅增加失业保险的支付额度。例如，2020年的《关怀法案》提高了失业保险金的标准（通常为劳动者工资的一半，具体情况则取决于其所在的州），这使得失业者可以在原金额基础上每周再多领取600美元。

这些更为优厚的政策对劳动市场有着复杂的影响。延长失业保险金领取时间和增加对失业保险金的支付缓解了失业者所遭受的困苦，使他们有更多的时间找到一份适合他们的工作，但福利的提升也在一定程度上降低了失业者寻找新工作的动力。这使劳动供给曲线左移，在其他条件不变的情况下，这将减少就业量。[①]

然而，增加失业者的收入等福利的提升能够保障家庭支出，从而限制就业率下降所带来的负面乘数效应。因此，失业保险福利的提升增加了家庭消费，而这一效应使得劳动需求曲线右移。

总而言之，改善失业福利通常被视为一项具有社会价值的政策，这主要是因为当失业者能够支付房租、购买食品杂货、维持水电和天然气使用时，他们所遭受的失业之痛也会得到一定的缓解。失业救济对GDP一般都具有正面影响，因为失业救济会引发额外的消费。但是，如果这些优厚的失业救济持续时间过长并开始抑制劳动者找工作的积极性，那它就可能会对经济产生不利影响。

用数据说话

涉及财政和货币政策制定者合作的混合政策

- 并非所有的扩张性财政政策都与减税和增加政府支出类似。在2007—2009年金

---

① 按照前文所讲的劳动供给曲线，如果均衡在水平段，供给曲线左移不会导致劳动量下降；如果均衡在劳动供给曲线垂直段，这时就是充分就业，也不需要逆周期财政政策。——审校注

融危机最为严重的时期，美国国会通过了紧急立法，授权财政部动用 7 000 亿美元来稳定金融体系。财政部是隶属于行政部门的政府机构，因此不属于美联储。然而，这一众所周知的问题资产救助计划（TARP）是由美联储和财政部官员共同制订的，而且法律规定财政部在实施该计划期间必须咨询美联储主席。实际上，财政部部长（汉克·保尔森）和美联储主席（本·伯南克）一直在密切合作，共同制定和实施了这一政策。

- 在 7 000 亿美元的问题资产救助计划中，1 150 亿美元被用于增加美国八大银行的资本金，这八家银行均被强制参与其中。从本质上说，这是政府在强制要求银行对政府定向发行新股。一些银行不赞同这个计划，因为这会让政府成为银行的股东。此外，所有八家银行都必须限制高管的薪酬。另有 1 300 亿美元被用于增加向该计划申请援助的小型银行的资本金。

- 总计 2 450 亿美元的注资给这些银行带来了喘息空间，整个金融体系也因此稳定下来。金融体系从毁灭性的危机边缘被拉了回来，否则这些无法偿还彼此债务的银行会像多米诺骨牌一样一个接一个地倒下。问题资产救助计划的注资现在被视为一项成功的政策，尽管我们尚不确定它在拯救经济方面是真正发挥了作用，还是仅仅因为巧合而貌似取得成功。银行注资最终只花费了政府很少的钱，因为危机过后，政府得到了利息偿还。事实上，政府还从问题资产救助计划对银行的投资中获得了 240 亿美元的利润。[12]

- 你可能想知道问题资产救助计划的资金还被用到了哪些方面，因为除了用于银行注资的 2 450 亿美元，还有 1 980 亿美元被花了出去。实际上，问题资产救助计划还资助了其他数十个项目，包括对破产汽车公司通用汽车和克莱斯勒的投资（政府合计耗费了 120 亿美元）以及对濒临破产的保险公司美国国际集团的投资（150 亿美元）。政府的支持让这些重要企业在危机最严重时得以幸存。否则，这些企业的倒闭会加剧危机，导致更严重的衰退。另外，问题资产救助计划的资金也被用于帮助家庭偿还抵押贷款（320 亿美元）。

- 我们不知道，如果没有问题资产救助计划以及金融危机期间采取的其他逆周期财政和货币政策，事情会变成什么样。我们如果能够像实验室中的科学家那样，建立许多相同的经济体来研究宏观经济政策干预，那就能得到更明确的结论。我们可以在一个经济体中实行问题资产救助计划，在另一个完全相同的经济体中不实施这种计划，然后就能看到哪个经济体表现得更好。但经济学家无法进行这样的实验，所以我们只能根据不完善的数据和经济行为模型做出判断。虽然大多数经济学家认为问题资产救助计划是成功的，但这仍非定论。

- 2020 年经济衰退期间的《关怀法案》也规定美联储和财政部必须进行合作，共同实行融合的货币-财政政策。其中最为重要的一项政策，就是《关怀法案》提供了 4 540 亿美元的抵押品，这些抵押品由财政部控制，并由美联储系统用于支持新的贷款。这些特殊的财政部担保贷款的潜在接受者包括金融机构、其他企业，甚至州和地方政府。根据1913年《联邦储备法》第13（3）条的规定，美联储允许"在异常和紧急的情况下"提供此类紧急贷款。虽然4 540亿美元中最终实际借出的只有一小部分，但这一"支持"贷款计划增强了金融市场的信心，使许多在新冠大流行开始时陷入"冻结"的信贷市场恢复了正常运作。

政策浪费和政策时滞

==虽然政府通常会为具有社会价值的事项提供资助，并将其作为逆周期财政政策的一部分，但这有时候也会滋生政府浪费的问题。==政府会经常资助一些"政治分肥性支出"。政治分肥性支出是低效公共支出的（贬义）代名词，一些政客非常重视此类支出，因为它有助于提升他们在选民中的声望。例如，一个参议员有动机为其家乡所在州的基础设施项目争取联邦资金，即使这个项目昂贵且不必要，比如建造一座"绝路桥"。

这座"绝路桥"是一个预计耗资 3.98 亿美元的项目，目的是修建一条通往阿拉斯加格拉维纳岛（海峡另一侧）的公路。该岛上只有 50 名居民，由一艘渡轮提供服务。后来该建桥计划引发了全美对"政治分肥性支出"的抗议，被迫取消。

其家乡所在州的居民只需要支付项目成本的大约 1/50（通过他们的联邦税收），但会获得项目的大部分好处，比如为当地创造建筑业岗位，因此他们很乐见桥梁建成。另外，这种项目也会提高参议员在此州的人气。从这个意义上说，参议员在为州内项目争取联邦资金的同时也在进行个人优化，即使这些项目的社会总成本远超过其社会总收益。

当数千亿美元的政府新支出需要在短时间内花掉时，公共支出的效率就会进一步恶化。仓促之下，确定和有效实施对社会有益的项目就变成了一件更为困难的事。此外，许多具有最高社会回报的项目在早前就已经得到了资助，这使得新项目更可能不符合社会需求。最后，政治和特殊利益有时也会横插一脚，这也让那些具有负面社会效应的资源浪费项目更容易获得资金。

基于支出的政策的有效性还有另一个重要决定因素，那就是政策实施的迟滞问题。大多数支出项目都起步缓慢。建一座桥、一条公路或一所学校都需要很长时间，要制订计划，还要咨询当地社区；相关的分区委员会需要仔细考虑提案，提出更改意见，然后再评估修订后的方案；还要评估建设对环境的影响，然后进行承包商招标。只有这些都完成后才能正式开工。

例如，当 2007—2009 年经济衰退在 2009 年 6 月正式结束时，《2009 年美国复苏与再投资法案》中所规定的 2 300 亿美元的基础设施支出实际上一分都还没有花（该法案在 2 月就通过了）。到 2010 年 6 月，也就是经济衰退结束几乎整整一年后，也只有 1/4 的基础设施预算被花掉。许多规模最大的基础设施项目在经济衰退结束一年后都没有拿到一分钱。这样的滞后性不禁让人担心：等到这些项目动工时，或许早已经过了经济体最需要它们的时候。

相比之下，基于税收的财政政策有时可以更快地推进，比如财政部可以很快就给每个家庭寄出支票。因此，2020 年的《关怀法案》完全依赖基于税收的财政政策，直接对企业和家庭进行转移支付。基于税收的财政政策还有一个优势，那就是家庭会自己决定这些额外支出的用途，因此这些钱就会花在他们所看重的商品和服务上。（政府支出最终也会把钱装进各个家庭的口袋，但在这个过程中，这些支出可能会被用在一些不具有社会价值的项目上。）

尽管存在这些担忧，基于支出的政策仍是逆周期策略中非常有用的一部分。一些基于支出的政策并没有受到浪费和实施滞后的困扰。例如，大多数经济学家支持联邦转移支付，以使州和地方政府能够在经济衰退期间减少教师、消防员和警察等行业的裁员。从联邦政府到各州的这种逆周期转移支付尤其有用，因为许多州都有平衡预算的规定，禁止它们在经济衰退期间借贷。如果没有联邦政府的转移支付，那么各州将被迫裁减许多公职人员，而这将减少公共服务，加深经济衰退的程度。

同样，大多数经济学家支持基础设施建设项目，比如桥梁和高速公路的建设，这些项目已经通过了严格的成本-效益分析，而且基本上可以立即启动。我们往往称这些项目已"万事俱备"。精心谋划的基础设施支出还有一个额外的优势，即具有社会价值，即使它不能很快完成。基础设施支出不利的一面是，需要数年才能启动的项目无法在逆周期财政政策中发挥有意义的作用。等到这些项目开工的时候，经济衰退早就结束了。

循证经济学

政府支出对 GDP 的刺激作用有多大？

- 1941 年 12 月 7 日，从 6 艘日本航空母舰上起飞的轰炸机袭击了美国太平洋舰队。轰炸损毁了 8 艘美军战列舰、众多其他战舰和 188 架飞机。日本对珍珠港的袭击把美国卷入了第二次世界大战。
- 这次袭击还引发了战争相关开支的大幅增加，包括太平洋舰队的重建和扩张。在袭击发生的数月前，也就是美国还没有参战时，当时的分析人士预测，美国的备战支出大约为 1 000 亿美元（按 1941 年美元计算）。但在袭击发生后，估算的战争相关支出立即上升到了 2 000 亿美元。相比之下，1941 年美国的 GDP 只有 1 294 亿美元。

- 正如经济学家瓦莱丽·拉米的研究所示，战争及其军费支出虽然可怕，但我们也可以借其来检验政府支出对经济的影响。[13] 为找出导致美国政府支出变化的外国事件，拉米研究了 63 年间的新闻报道。拉米的数据中包括许多与战争有关的事件，比如日军偷袭珍珠港，也包括一些其他事件，例如 1957 年苏联第一颗绕地卫星"斯普特尼克 1 号"的发射。该卫星的发射震惊了美国，同时引发了美苏之间的太空竞赛。拉米估计，人造卫星的发射使美国政府的太空计划支出增加了 103 亿美元（按 1957 年美元计算）。

1941 年 12 月 7 日，日军偷袭珍珠港，美国被拖入二战，其政府开支的预期水平也因此大幅提高。

- 意料之外的国外事件往往会改变政府开支，这也给我们提供了一个自然实验的机会——我们可以再次回想一下第 2 章中关于自然实验的讨论。根据拉米的研究，外部冲击会导致政府出于非经济原因增加支出。随后她将经历这些大规模随机支出冲击后的 GDP 增长与未经历此类冲击的 GDP 增长进行了比较。

- 运用这类比较，拉米估算出政府支出乘数在 0.6 至 1.2 之间。换句话说，政府每增加 1 美元支出（由于不可预见的国外事件），所带来的 GDP 增量介于 0.6 美元到 1.2 美元之间。这一可能值的区间范围很大，因为我们没有足够的历史数据来确定一个更精确的答案。

- 拉米对历史事件的分析在今天仍然具有现实意义。当国会预算办公室的经济学家就 2020 年《关怀法案》的影响进行建模时，他们使用的是落在拉米区间后半部分的乘数值。[14] 大家可能觉得，在深度衰退期间，政府支出乘数可能会更高。然而，正如我们已经指出的那样，在这场由新冠大流行引发的衰退期间，保持社交距离和其他公共卫生措施降低了所有的乘数。

1957 年，第一颗绕地运行的人造地球卫星"斯普特尼克 1 号"发射升空，美苏之间的太空竞赛由此启动。

宏观经济学

问题	答案	数据	注意事项
政府支出对 GDP 的刺激作用有多大?	根据拉米的研究，政府支出乘数介于 0.6 到 1.2 之间。	美国国民收入和产品账户数据（1939—2008 年）；《商业周刊》《纽约时报》和《华盛顿邮报》所刊登的历史新闻报道。	拉米通过分析所测算的政府支出乘数大都与战争支出相关。该分析可能不适用于其他时期。

总结

- 逆周期政策旨在降低经济波动的强度，平滑就业、GDP 和物价的增长率。
- 逆周期货币政策由央行（在美国是美联储）实施，旨在通过调控银行准备金和利率来平滑经济波动。
- 公开市场操作是指美联储与私营银行之间的交易，其目的是增加或减少银行存放在美联储的准备金。公开市场操作和准备金利率会影响联邦基金利率。银行准备金供给的增加会降低联邦基金利率。准备金利率的下降也会导致联邦基金利率的下降。
- 扩张性货币政策会增加银行准备金的数量，降低利率，使劳动需求曲线右移，提高 GDP 增长率。
- 紧缩性货币政策会减缓银行准备金的增长，提高利率，使劳动需求曲线左移，降低 GDP 增长率。当通货膨胀率远超美联储 2% 的长期目标或经济增长过快时，美联储就会采取紧缩性货币政策。
- 逆周期财政政策经立法部门批准，并由行政部门签署成为法律，通过调控政府支出和税收来减缓经济波动。
- 逆周期财政政策可能是自动的，也可能是相机抉择的。自动稳定器是政府预算的组成部分，它就像所欠税款一样，可以自动调整以平滑经济波动。
- 扩张性财政政策通过提高政府支出和降低税收来提高 GDP，从而使劳动需求曲线右移。当增加的政府支出部分（甚至全部）取代了家庭和企业支出时，就会出现挤出效应。
- 紧缩性财政政策通过降低政府支出和提高税收来降低 GDP，从而使劳动需求曲线左移。

关键术语

逆周期政策
逆周期货币政策
逆周期财政政策
扩张性货币政策
量化宽松

最后贷款人
紧缩性货币政策
扩张性财政政策
紧缩性财政政策

自动稳定器
政府支出乘数
挤出效应
政府税收乘数

问题

1. 货币政策和财政政策有什么相似之处和不同之处？
2. 扩张性政策与紧缩性政策有何不同？
3. 提高准备金利率会如何影响联邦基金利率？
4. 简要解释扩张性货币政策如何使劳动需求曲线右移。
5. 什么是量化宽松？为什么央行要实施量化宽松计划？
6. 一场成功的量化宽松实施计划会提高债券价格，降低利率。利率下降会导致房地产、股票以及债券增值。鉴于富人拥有房地产、股票和债券，量化宽松将如何加剧收入不平等？
7. 除了准备金利率、公开市场操作和量化宽松政策，美联储还会运用哪些工具来操控经济中的利率？
8. 货币政策的有效性是否取决于通货膨胀预期？请解释。
9. 简要解释商业银行存放在美联储的准备金数量的增加为何会导致通货膨胀。
10. 零利率下限如何影响货币政策的运行？
11. 当名义利率触及零利率下限时，央行能否用利率刺激经济？请解释。
12. 泰勒规则的内容是什么？
13. 根据泰勒规则，美联储应该在什么时候降低或提高联邦基金利率？
14. 自动财政政策和相机抉择财政政策分别指的是什么？
15. 基于支出的财政政策是如何导致经济中的挤出效应的？
16. 为什么在新冠疫情期间，财政政策的支出乘数可能会很低？
17. 2020年《关怀法案》提出的资助主要是2020年间的政府支出和对企业及家庭的转移支付，《2009年美国复苏与再投资法案》提出的资助则是持续多年的财政支出。为什么《关怀法案》的快速支出比《2009年美国复苏与再投资法案》的缓慢支出更具优势？
18. 如何解释减税无法使产出实现1比1的增长？
19. 为什么问题资产救助计划被认为是一个融合了财政和货币影响的逆周期政策案例？
20. 《关怀法案》中的哪些部分体现了财政政策和货币政策的融合？

循证经济学习题

美国国会预算办公室使用了一系列政府乘数来估算2020年《关怀法案》的影响。让我们按步骤模拟他们的分析。

1. 假设向失业者提供救助的乘数是0.75。如果

《关怀法案》为这些项目提供了 2 500 亿美元的预算，那么相关的 GDP 增长是多少？
2. 假设向医院以及州和地方政府进行转移支付的乘数为 0.75。如果《关怀法案》为这些项目提供的预算为 3 000 亿美元，那么相关的 GDP 增长是多少？
3. 假设向所有成年人（无论其就业状况如何）普遍发放 1 200 美元的乘数为 0.5。如果《关怀法案》为这些支付所提供的预算为 3 000 亿美元，那么相关的 GDP 增长是多少？
4. 假设《关怀法案》其余部分（主要是面向企业的转移支付和用作建立联邦储备系统贷款的抵押）的乘数为 0.25。如果《关怀法案》为这些项目所提供的预算为 1.35 万亿美元，那么相关的 GDP 增长是多少？
5. 将以上四部分相加，并假设如果没有《关怀法案》，2020 年美国的 GDP 将为 19.1 万亿美元，那么《关怀法案》将 2020 年 GDP 提高了多少个百分点？
6. 请解释为什么向失业者提供救助的乘数大于向所有成年人发放救助的乘数。

习题

1. 美联储前主席艾伦·格林斯潘曾在 1996 年用"非理性繁荣"这一术语来形容当时股市投资者的高度乐观情绪。股票市场指数，如标准普尔综合价格指数，在当时创出了历史新高。此后股市继续快速上涨，最终引发了后来公认的科技泡沫。一些评论人士认为，美联储应该通过干预来减缓经济扩张。央行为什么想要在经济快速增长时采取紧缩性措施？政府和央行可以用什么政策来减缓经济增长？

2. 下表数据显示了美联储的资产负债表以及商业银行美国银行的资产负债表。2021 年 1 月，美联储发表声明称，将继续每月增持至少 800 亿美元的美国国债，以及每月增持至少 400 亿美元的机构抵押贷款支持债券。请注意，在下面的美联储资产负债表中，机构抵押贷款支持债券被标记为"其他债券"。假设美国银行是唯一一家将与美联储进行这些交易的银行，说明美联储和美国银行的资产负债表将如何变化。（在现实中，美联储会从许多银行购买债券，但出于练习目的，本题假设美联储仅从美国银行购买国债和机构抵押贷款支持债券，也就是其他债券。）

美联储

资产		负债和所有者权益	
国债	50 000 亿美元	准备金	40 000 亿美元
其他债券	10 000 亿美元	现金	20 000 亿美元
总资产	60 000 亿美元	总负债	60 000 亿美元

美国银行

资产		负债和所有者权益	
准备金	2 000 亿美元	存款和其他负债	25 000 亿美元
债券和其他投资	26 000 亿美元	股东权益	3 000 亿美元
总资产	28 000 亿美元	总负债+所有者权益	28 000 亿美元

3. 假设美国的通货膨胀率是 4%。快速上涨的物价和低利率促使企业雇用更多劳动者，并投资新设施。
a. 为什么美联储会担心这种事态的发展？
b. 在这种情况下，逆周期货币政策将寻求实现什么目标？解释美联储可以用来实施这一政策的不同机制。
c. 根据你对 a 和 b 的回答，解释为什么有必要存在一个独立的央行。你认为如果央行行长由普选产生，那么这种逆周期政策还能得以实施吗？如果这一职位是可以任由总统雇用和解雇的政治任命，那么结果又会怎样？请解释。

4. 你和一位朋友正在讨论严重衰退期间采取货币政策的益处。你的朋友认为，央行需要把利率一直降至零。他认为零利率将促进贷款和投资，当利率为零时，消费者和企业肯定会借贷和消费。你是否同意他的推理？通货膨胀水平会如何影响你的答案？请解释你的结论。

5. 假设花旗银行用其存放在美联储的 10 亿美元储备金来发放新贷款，所有的贷款收益也都存回了花旗银行。

   a. 基于表 13.1 中的"之前"部分，创建一个新的前后资产负债表，显示准备金、债券和其他投资（贷款为投资）、存款和其他负债的变化。

   b. M2 会因为贷款而发生什么变化？如有必要，可回顾第 11 章中关于 M2 的定义。

6. 根据泰勒规则，负产出缺口将如何影响联邦基金利率？

7. 根据泰勒规则，高于 2% 的通货膨胀率将如何影响联邦基金利率？

8. 两位经济学家对政府的税收乘数进行了估算，得出了不同的结果。一位经济学家估算乘数为 0.75，而另一位的估算值为 1.25。

   a. 这些不同的估算会对政府税收（或转移支付）产生怎样的影响？

   b. 如果目前的 GDP 是 20 万亿美元，而政府计划向人们转移支付 1 万亿美元，那么根据这两个乘数估算的 GDP 增长率是多少？假设这些支出全部发生在 1 年内。

9. 2005 年，联邦政府预算中有 3.2 亿美元被用于在阿拉斯加建造一座连接两个小镇的"绝路桥"。2006 年，50 万美元被拨给了北卡罗来纳州的一个茶壶博物馆，450 万美元被拨给位于缅因州一座废弃矿井的博物馆和公园。这些计划都是由一些希望借此来提高选区知名度的议员提出来的。

   a. 这一类型的开支被称为什么？

   b. 既然政府支出可以通过将劳动需求曲线右移来增加就业，那么政府增加支出是否总是一个好主意？请解释你的答案。

10. 著名货币经济学家米尔顿·弗里德曼对美联储做了如下的类比。

    假设你的房子是靠暖气机加热取暖，暖气机由一个恒温器控制，整个系统的工作原理是：当房子里变得过热时，恒温器会关掉暖气机；如果房子里太冷，恒温器就会重新打开暖气机。如果一切按计划进行，那么房子里的温度应该始终保持在目标温度。

    现在假设恒温器和暖气机不在同一个房间。事实上，恒温器安装在离暖气机最远的房间里，比方说在阁楼上。暖气机的送暖管道已经非常旧，至少需要 20 分钟才会有反应。因此，恒温器不仅没能让温度更恒定，反而使其产生了更剧烈的波动。例如，当房子里面很冷时，恒温器就会打开暖气机。但只有在阁楼也变得暖和的时候，它才会把暖气机关掉。但那时整个房子都已变得非常热。一旦它把暖气机关掉，那么除非阁楼再次变凉，否则它是不会再打开暖气机的。可那时房子里都冷得要结冰了。

    在这个类比中，恒温器就是美联储，房子就是指整个经济。

    a. 你认为米尔顿·弗里德曼在试图对货币政策发表什么看法？（提示：这个问题不需要画图）

    b. 按照上述关于恒温器的类比，货币政策可能会导致哪些意外后果？财政政策是否也会产生类似的效果？如果是，其效果与货币政策有何不同？

11. 欧洲央行负责管理欧元区的货币政策。2019

年时，欧洲央行的政策利率（欧洲央行版本的联邦基金利率）已经为零，之后发生了2020年经济衰退。

a. 利用零利率下限的概念，解释低利率（在衰退开始前）会如何约束逆周期货币政策。

b. 尽管欧元区各国政府控制着财政政策，但欧盟的《稳定与增长公约》对各国的赤字支出进行了严格限制。请解释零利率下限与财政赤字限制的共同作用会给逆周期宏观经济政策造成什么问题。

6

全球经济下的宏观经济学

第 14 章 宏观经济学和国际贸易

耐克等公司是否在伤害越南的劳动者？

消费者喜欢运动鞋，仅耐克公司就在 2019 年售出了价值约 240 亿美元的运动鞋。耐克的大部分生产都是在越南等地进行的，其分包商往往依赖没有受过多少教育的低工资劳动者。20 世纪 90 年代一份泄露的审计报告显示，此类工厂的工作条件极其危险恶劣：这些劳动者每周必须在空气中充满致癌物质的工厂里工作 65 个小时，而这仅仅能让他们赚到 10 美元。[1] 一些批评性新闻报道还指控这些工厂非法雇用童工。最终，在巨大的公众压力下，耐克时任 CEO 菲利普·奈特在 1998 年坦言："耐克品牌已经成为发放'奴隶'工资、强迫加班和肆意虐待工人的代名词。"[2] 在那次演讲之后，耐克发起了一场高调的整顿运动（至少是进行了声誉整顿）。即便如此，越南劳动者的工资仍然非常低。在相互联通的全球经济中，低工资和恶劣的工作条件只是冰山一角。美国消费者显然受益于这种贸易，因为他们可以获得低成本产品。他们是否应该因购买了血汗工厂生产的运动鞋而受到指责？

在本章中，我们将讨论国际贸易的机制及其宏观经济影响。我们将在循证经济学部分更详细地考察耐克在越南的运营。

重要概念

- 国际贸易使各国能够专注于其具有比较优势的活动。
- 经常账户包括来自出口、进口、要素支付和转移的国际资金流动。
- 如果一个国家存在经常账户逆差，它会通过向贸易伙伴开具金融借据来弥补。如果一个国家有经常账户顺差，它会收到贸易伙伴开具的金融借据。
- 在过去几十年里，世界已变得愈加全球化。

本章概览

14.1 为何贸易，如何贸易？

14.2 经常账户和金融账户

14.3 国际贸易、技术转移和经济增长

EBE 耐克等公司是否在伤害越南的劳动者？

14.1 为何贸易，如何贸易？

国家内部和国家之间的贸易提高了生产效率，进而提高了我们的生活质量。在现代经济中，商品和服务是由专门从事相关生产的个人所提供的。例如，你的教授经过多年的钻研才掌握了经济学。同样，为苹果公司工作的工程师在其特定工作领域接受了大量的培训。

苹果公司的工程师或许无法做出富有洞察力的经济学研究，也无法教授经济学课程。同样，经济学教授一般也不会设计小型电路板，更不可能设计出生产这种产品的高效能工厂。在市场体系中，人们试图选择一份与自己才能和兴趣相匹配的职业。在许多情况下，他们在自己选择的行业中发展专业技能，并与他人进行贸易。贸易促进了专业分工收益，而所谓**专业分工收益**，是指社会通过让一些劳动者专门从事特定生产活动而获得的经济收益。

没有贸易，分工的好处就无法实现。经济学教授不能将经济学知识作为食物，也不能把它当房子住。经济学家通过教书获得收入，然后用这些钱购买食物和居所。苹果的工程师热爱苹果手机，但他们不能把它当床睡觉或将它作为通勤工具。工程师可以用他们获得的收入买自己想要的东西。

没有贸易机会的生活黯淡无光。 如果你的经济学教授被困在一个岛上，那么他将没有学生可教，也没有政策制定者听取其建议。教授的经济学知识将失去用武之地。即便拥有这些知识，他也只能过着类似于石器时代狩猎采集者的日子。

绝对优势和比较优势

以下是苹果公司对其零售店销售人员的职责描述（苹果公司称这些员工为"专家"）：

> 你喜欢鼓励别人的感觉吗？作为专家，你需要提供合适的解决方案，将产品送到顾客手中，从而点燃顾客对我们产品的激情。你需要了解零售店致力于提供独一无二的顾客体验。一切从你发现顾客需求开始。在你的零售店团队成员的支持下，你要为顾客提供能够满足其需求的产品。对你来说，每一天都是将来访者转变成苹果忠实顾客的机会。[3]

让我们想想已故的史蒂夫·乔布斯，这位远见卓识的苹果CEO。乔布斯本人就以能够"点燃对苹果产品的激情"和"发现顾客需求"而闻名。上面这则关于苹果专家的职位招聘要求像极了对这位魅力四射的前CEO的描述。由于对苹果产品的了解和热爱，乔布斯比苹果的大多数员工都更擅长销售。为了说明这一点，让我们假设，在同一时间段，乔布斯能比普通的苹果销售人员多卖出1倍数量的电脑。从这个意义上说，乔布斯在电脑销售方面具有绝对优势。如果一个生产者的每小时产出高于其他生产者，则该生产者在生产该商品或服务方面具有**绝对优势**。

当然，销售电脑并不是乔布斯唯一的技能。作为CEO，他设计出了革命性的新产品。相对于一个普通销售，乔布斯更是一位超级明星设计师。让我们假设，如果乔布斯把他的时间用

对这位漂流者来说，没有贸易是一件很糟糕的事。

于设计，那么他每年会产生1 000个有效设计创意。如果一个普通销售从事设计工作，那么他每年只会产生一个有效设计创意。

让我们给普通苹果销售起个名字：恰克·乔尔斯。表14.1中第一列数据是乔布斯的估算生产率，第二列数据是恰克·乔尔斯的估算生产率。

通过观察表14.1的两行数据，我们发现乔布斯在两项任务中都具有绝对优势：乔布斯每年的销售量是乔尔斯的两倍，每年能够产生的有效设计创意是后者的1 000倍。苹果应该让乔布斯承担哪项任务？

表14.1 销售和设计生产率

	史蒂夫·乔布斯	恰克·乔尔斯
销售	2 000单位/年	1 000单位/年
设计	1 000个设计创意/年	1个设计创意/年

为了回答这个问题，让我们计算每单位产出的机会成本，或者更准确地说，我们用放弃的销售量来衡量一个设计创意的机会成本。这个计算将回答以下问题：产生一个设计创意需要放弃多少销售量？当一个劳动者的设计创意的机会成本低于其他劳动者的设计创意的机会成本时，这个劳动者就在设计上具有**比较优势**。推而广之，在一种商品（或服务）的生产中，当一个生产者每单位产出的机会成本低于其他生产者时，该生产者便具备比较优势。

表14.1表明，史蒂夫·乔布斯每产生1 000个设计创意就需要放弃2 000单位的销售量，或者说他需要为每个设计创意放弃2 000/1 000=2单位的销售量。相比之下，乔尔斯需要为其产生的一个设计创意放弃1 000单位的销售量。

基于上面的计算结果，我们就可以确定如何对生产进行组织优化。苹果可以将创意设计工作分配给乔布斯，其每个设计创意的机会成本是2单位销售量。或者，苹果可以让恰克·乔尔斯设计创意，每个设计创意的机会成本为1 000单位销售量。由于乔布斯产

生每个设计创意的机会成本更低（乔布斯放弃的是 2 单位销售量，而恰克·乔尔斯放弃的是 1 000 单位销售量），因此他在设计创意方面具有比较优势。因此，苹果公司应该把设计创意工作分配给乔布斯，把销售工作分配给恰克·乔尔斯（只要公司需要这两种类型的工作）。

我们根据放弃的设计创意去计算销售的机会成本，也会得到相同的结论。通过表 14.1，我们发现乔布斯为了实现 2 000 单位的销售量需要放弃 1 000 个设计创意。因为 1 000/2 000=1/2，所以乔布斯提高 1 单位销售量的机会成本为 1/2 个设计创意。而恰克·乔尔斯为实现 1 000 单位销售量需要放弃一个设计创意，所以恰克·乔尔斯提高 1 单位销售量的机会成本是 1/1 000 个设计创意。因为恰克·乔尔斯在销售上的机会成本更低，所以他应该做销售，而乔布斯应该去做设计。

与绝对优势不同，比较优势是使用机会成本来决定如何进行任务分配的。仅仅依靠绝对优势不足以让苹果确定应该让乔布斯从事设计工作还是销售工作，因为乔布斯在从事销售工作和设计工作方面均具有绝对优势。

到目前为止，我们一直假设工作分配决策是由苹果公司做出的。虽然这些决策有时确由公司做出，但实际上，它们更多是个人选择的结果。乔布斯自己决定创办苹果公司，当一名设计师，而许多像恰克·乔尔斯这样的人选择成为销售，而不是设计师。为什么会这样？

个人做出的职业选择是比较优势的结果，但在这种情况下，关键的经济信号是市场价格。事实上，比较优势的一个重要推论就是，市场价格往往会促使个人选择与其比较优势相符的职业和活动。

为了理解这一点，假设乔布斯和乔尔斯在竞争激烈的劳动市场上寻找工作机会，在该市场上，他们的工资等于其个人对增加值的贡献（如第 5 章所述，增加值是企业销售收入减去该企业从其他企业购买中间产品所花费的费用）。为了简化分析，假设经济体仅由乔布斯和乔尔斯这两类员工组成，并且需要同时完成设计和销售任务。我们会看到均衡价格一定是这样的：生产率与乔布斯类似的员工将选择从事设计工作，生产率与乔尔斯类似的员工将选择从事销售工作。

让我们先假设在这个经济体中，销售每台电脑所产生的增加值是 50 美元，一个设计创意所产生的增加值也是 50 美元。如果将表 14.1 中的产出乘以每个任务的增加值，将得到表 14.2（a）中的结果。这些数字表明，如果从事销售工作，无论是乔布斯还是乔尔斯，都会实现个人工资收入的最大化：乔布斯从事销售工作的工资为每年 10 万美元，而从事设计工作的工资为每年 5 万美元；乔尔斯从事销售工作的工资为每年 5 万美元，而从事设计工作的工资仅为每年 50 美元。因此，像乔布斯这样的员工和像乔尔斯这样的员工都会从事销售工作。但这不可能达到市场均衡，因为这个经济体既需要销售人员，又需要设计人员。如果每个人都从事销售工作，那么该经济体就不会产生任何设计创意，因此每个设计创意的增加值将被推升至远超 50 美元的水平（设计人员将出现短缺，从而推高了设计师的相对工资）。

如果设计工作的市场价格大幅上升，每个设计创意的增加值飙升至 10 万美元（每单位销售工作的增加值则保持 50 美元不变），结果会怎样？表 14.2（b）展示了相应的工资变化。现在的情况是，如果乔布斯和乔尔斯从事设计工作，他们都能获得更高的工资，因此这个经济体中的所有人都会转而选择设计工作。但这也不可能达到市场均衡。因为现在这个经济中将不会有销量，而只有一堆设计创意。经济体仍需要同时完成两种任务，而这将推高销售人员的相对工资。

史蒂夫·乔布斯，苹果公司最优秀销售员。

你可能已经猜到，均衡价格应当位于这两个极端值之间。均衡价格应该促使一些人从事设计，另一些人从事销售。我们现在取另外一种价值组合：每一单位销量可以带来 50 美元的增加值，每一个设计创意可以带来 5 000 美元的增加值。这种情况下的工资见表 14.2（c）。很显然，在这样的工资水平下，乔尔斯会选择销售工作，而乔布斯会专注于设计。事实上，以这样的工资水平，如果乔布斯去当一名销售，那么他将在时间分配上犯下严重错误。

表 14.2　销售和设计的工资

（a）销售和设计的单位增加值均为 50 美元。

	史蒂夫·乔布斯	恰克·乔尔斯
销售	10 万美元 / 年	5 万美元 / 年
设计	5 万美元 / 年	50 美元 / 年

（b）销售的单位增加值为 50 美元，设计的单位增加值为 10 万美元。

	史蒂夫·乔布斯	恰克·乔尔斯
销售	10 万美元 / 年	5 万美元 / 年
设计	1 亿美元 / 年	10 万美元 / 年

（c）销售的单位增加值为 50 美元，设计的单位增加值为 5 000 美元。

	史蒂夫·乔布斯	恰克·乔尔斯
销售	10 万美元 / 年	5 万美元 / 年
设计	500 万美元 / 年	5 000 美元 / 年

以上分析带给了我们一个重要的观察结论：市场价格会进行调整，以使个人选择与其比较优势相符的职业。这就是为什么说市场贸易会支持和强化比较优势。事实上，如果没有贸易，我们就无法实现比较优势的收益。例如，正是贸易让史蒂夫·乔布斯得以雇用其他人在苹果商店担任销售，而他也因此能够专注于自己的比较优势：设计出下一

款人人都想拥有的优雅产品。

此时你可能会好奇地问，我们是否可以为每单位销量和每个设计创意选择一个增加值，从而使乔布斯选择销售，使乔尔斯从事设计。比较优势告诉我们答案是否定的。只要是不同的机会成本使乔布斯和乔尔斯选择了不同的任务，那么比较优势总是意味着乔布斯在设计上所得的报酬比在销售上所得的报酬高，而乔尔斯在销售上所得的报酬比在设计上所得的报酬高。

比较优势和国际贸易

为了说明国际贸易如何像史蒂夫·乔布斯和恰克·乔尔斯之间的劳动分工一样利用了比较优势，我们可以考虑一下苹果公司的一款具体产品苹果手机。从某种意义上说，苹果手机是地道的美国货，因为它是一款由美国工程师设计出来的产品，苹果公司的总部也设在美国。然而，苹果手机又是由来自全世界的零部件组装而成的。每部苹果手机都包含了来自韩国、日本、新加坡、巴西、意大利以及美国等数十个国家和地区的数百个零部件。

这种地理上的分散正是专业分工的体现。例如，供应存储芯片的日本公司东芝是微型芯片的全球领军者之一，该公司生产的芯片故障率极低，且可以储存海量数据。同样，为苹果手机生产显示屏的韩国公司三星也是相关领域的全球领军者，该公司不仅为自己的手机生产显示屏，也为主要竞争对手苹果的手机生产显示屏！专业分工收益就是通过将这些关键部件的生产委托给美国以外的制造商来实现的。

最后，这些零部件在中国的一条装配线上完成最终组装。从这个意义上来说，苹果手机是"中国制造"；不过按照估算，每售出一部标价为 999 美元的苹果手机，中国从所提供的劳动和零部件中获取的收入仅为 8.46 美元。[4] 总部位于加利福尼亚州库比蒂诺的苹果公司则拿走了收入的大部分。

虽然一些国家的劳动者在各个方面可能都拥有绝对优势，但国际贸易中的比较优势解释了为什么国家间会如此分工。假设有 A、B 两国，让我们首先考虑在不同的任务中，A 国劳动者和 B 国劳动者的每小时生产率。我们假设在生产率方面，所有 A 国劳动者的生产率相同，所有 B 国劳动者的生产率也相同——这是一个简化的假设，我们将在本章后面再就此进行讨论。

表 14.3 的第一行显示，一个 A 国劳动者每年可以组装 20 000 部手机，比 B 国劳动者每年多组装 15 000 部。A 国和 B 国的劳动生产率差距源自多种因素。当前的 A 国劳动者接受了相对更多的教育，因此拥有更高的人力资本（人力资本是一个人创造产出或经济价值的技能储备，详见第 6 章）。这使得 A 国劳动者具有更高的生产率。此外，相比 B 国劳动者，每个 A 国劳动者都拥有更多的实物资本和更好的技术（例如机器人装配线）。

表 14.3　组装和研发的生产率

	A 国劳动者	B 国劳动者
组装	20 000 台手机/年	5 000 台手机/年
研发	10 项创新/年	1 项创新/年

考虑另一项我们称之为"研发"的任务。我们假设 A 国劳动者每年能产出 10 项研发创新，而 B 国劳动者因为受教育程度相对较低，因此在这方面的效率要低很多。我们假设他们在研发方面的生产率是每年只能产出 1 项创新。

观察表 14.3 中的各行，我们可以发现，A 国劳动者在组装和研发方面都具有绝对优势。仅仅考虑绝对优势，人们很容易觉得组装和研发都应该在 A 国进行。但这就像让史蒂夫·乔布斯去从事销售工作一样，是一个错误的结论。

为了确定产业之间的最优配置，我们需要再次运用机会成本和比较优势的概念。我们可以证明 A 国劳动者在研发方面具有比较优势。相对于研发，A 国劳动者在组装方面的生产率为 20 000/10=2 000/1。换句话说，A 国劳动者为 1 项研发创新需要放弃组装 2 000 部手机。相对于研发，B 国劳动者在组装方面的生产率为 5 000/1，即 B 国劳动者为 1 项研发创新需要放弃组装 5 000 部手机。因此，A 国劳动者每项研发创新的机会成本（放弃 2 000 部手机的组装）低于 B 国劳动者（放弃 5 000 部手机的组装）。这意味着 A 国劳动者在研发方面具有比较优势，应该专注于研发，而 B 国劳动者（目前）应该专注于组装。

为了进一步说明 A 国劳动者和 B 国劳动者之间的任务分配，我们假设两个经济体的劳动者都按照他们创造的增加值获取工资。组装一部手机的增加值是 1.5 美元，每项研发创新的增加值是 5 000 美元。我们将表 14.3 中的产出乘以每项任务的增加值，就得到了表 14.4 中的结果，即 A 国劳动者和 B 国劳动者从事组装和研发工作的年工资。

表 14.4　组装和研发的工资

	A 国劳动者	B 国劳动者
组装	30 000 美元/年	7 500 美元/年
研发	50 000 美元/年	5 000 美元/年

你从表 14.4 中可以看出，A 国劳动者将选择专门从事研发，而 B 国劳动者将专门从事组装。我们前面讨论了史蒂夫·乔布斯和恰克·乔尔斯的分工问题所基于的原因，出于相同的原因，增加值和市场价格不可能使 A 国劳动者和 B 国劳动者同时在组装或研发工作中都具有更大的增加值，否则全球经济要么就不会有手机的组装，要么就不会有研发创新。在目前的比较优势模式下（A 国劳动者在研发方面有比较优势、B 国劳动者在手机组装方

面有比较优势），如果让这些劳动者做出选择，那么A国劳动者一定是专门从事研发，B国劳动者则专门从事组装。

正如我们前面的例子，贸易在实现资源的有效分配方面发挥着至关重要的作用。如果没有国际贸易，乔布斯这样的劳动者就需要在组装上投入更多的时间，在研发上投入更少的时间，这会降低他们的总产出值。

手机装配线

效率和贸易中的赢家和输家

通过利用比较优势，国际贸易提高了整体经济效率。例如，如果苹果公司不能在国外组装手机，它就必须在美国组装，制造手机的成本就会上升。因此，苹果手机的价格可能会比现在高出10%或20%。由此可见，消费者从国际贸易和由此产生的国际劳动分工中受益。

这时候你可能会想，在外国生产苹果手机是否会妨碍美国从自己的创新中获益？来自苹果手机生产的增加值有多少流向了外国生产商，而不是苹果手机的美国发明者？当然，即使所有的增加值都流向了外国劳动者，美国消费者仍将因苹果手机的低成本而受益。但是，较低的零售价格是不是美国民众所获得的仅有好处？

经济学家格雷格·林登、肯尼思·克雷默和贾森·戴德里克的一项研究显示，苹果产品零售收入的大部分最终都流向了美国民众。[5] 在美国国内，那些经由苹果非官方零售商销售的苹果产品，其41%的增加值都流向了除苹果以外的美国公司，其中包括分销商、零售商和拥有国内生产设施的零部件制造商。另外45%的增加值流向了苹果公司。这些增加值并非都变成了公司的盈利，因为苹果公司拥有一个由内部工程师、设计师和高管组成的庞大团队，他们的工资都是用苹果产品的收入支付的。国际贸易既为美国消费者带来了低廉的价格，也为美国贡献了经济增加值。

苹果产品并非孤例。其他产品也遵循了这种广泛分享贸易利益的模式。例如，惠普的笔记本电脑是在巴西等人力成本较低的国家组装的。然而，生产这些笔记本电脑所创造的增加值中，有一半以上都流向了美国民众。

这并不意味着所有人都能从贸易中获益。尽管国际贸易实现了更有效的资源配置，为整个社会创造了潜在的收益，但在任何情况下，贸易都会制造出一部分赢家和一部分输家。我们可以再通过美中贸易的例子来认识这一点。当我们讨论利用比较优势所获得的收益时，所指的对象是一般的美国劳动者。当然，在现实中，居住在美国的并不都是"一般"的美国劳动者。他们有的是技术水平较高的美国劳动者，有的则是技术水平较低、在组装方面具有比较优势的美国劳动者。国际贸易导致常规的组装工作转移到发展中国家，

宏观经济学

因此，今天在美国可从事的组装工作明显少于30年前。如果那些在组装方面具有比较优势的美国劳动者再也找不到组装方面的工作，他们的生活状况就会因为组装工作被外包给其他国家而变得更糟。戴维·奥托尔、戴维·多恩和戈登·汉森的实证研究表明，随着与中国贸易的扩大，美国的一些生产地区遭受了中国同类进口商品的激烈竞争。[6]

当思考一个国家拥抱自由国际贸易的后果时，我们必须认识到，日益增长的国际贸易也会在这个国家的内部制造赢家和输家。经济学家通常支持自由国际贸易，因为通过比较优势和专业化分工所取得的效率远超输家所承担的成本。具体来说就是，赢家可以通过政府的税收和转移支付体系补偿输家，如此便可使得所有人都从自由贸易中受益。

然而在现实中，这种补偿实在是凤毛麟角。这有时是因为政客可能对那些有利于输家的复杂税收转移计划不感兴趣。而且，即使有进行这种再分配的政治意愿，政府也很难确定每个人在国际贸易中的具体收益或损失。由于政府没有进行补偿性的再分配（或者仅仅是有限补偿，缺乏针对性），一些家庭最终沦为财富分配中的输家。

鉴于输家很少得到补偿，我们必须认识到，虽然国际贸易为社会创造了巨大的利益，但也会有人因全球化进程而蒙受切实的苦难。

事实上，全球化的政治层面更加复杂。国际贸易对家庭所造成的损失有时候会以非常透明和直观的方式显现。例如，2016年2月，开利公司的一名经理告诉一群工厂雇员，公司将把一家空调生产工厂从美国迁往墨西哥。一段视频记录了这群即将失业的劳动者的沮丧反应，之后该视频在网上被疯传，观看量超过了400万次。[7]这家工厂的搬迁计划成为2016年美国总统大选的一个重大话题，并且在美国所有政党中激起了反贸易情绪。

相比之下，国际贸易的好处则不那么明显。我们很容易忽视这样一个事实：如果我们购买的商品和服务都需要在国内生产，那么它们的成本将会高得多。此外，我们也很难找到有关国际贸易创造就业的火爆视频或晚间新闻报道。失业在政治层面带来的影响比就业更为突出。

开利公司事件只是选民反对全球化的情绪日益强烈的一个例子。在本章稍后部分，我们将描述这种在政治层面反对全球化的后果。

我们如何进行贸易

为了实现比较优势和专业化分工带来的收益，美国和中国需要进行商品和服务贸易。贸易是以进口和出口的形式实现的。如第5章中所述，进口是指在国外生产并在国内销售商品和服务，出口是指在国内生产并在国外销售商品和服务。因此，美国对中国的出口就是中国从美国的进口。

从理论上讲，一个国家可以没有任何出口或进口。这样一个没有贸易（即没有任何进口或出口）的国家或地区就被称为封闭经济体。如今，没有一个国家的经济是完全封闭的。

开放经济体允许进行国际贸易，在大多数国家或地区，这种贸易占 GDP 的比重都很大。例如，2019 年，英国的进口额相当于其 GDP 的 32%，这一比例是美国的两倍。但在这方面，这两个经济体都无法与新加坡竞争。在 2019 年，新加坡的进口额相当于其 GDP 的 175%。新加坡的进口份额之所以如此之大，是因为它的许多进口产品之后都会被再出口，只会带来少量的内部增加值。例如，如果一个国家或地区进口 200 美元的电子部件并将其组装成价值 250 美元的智能手机，那么其增加值仅为 50 美元。在这个例子中，进口额是 GDP 的 4 倍（GDP 中只计算增加值）。如果组装好的手机用于出口，那么出口额（250 美元）将是增加值的 5 倍。

图 14.1 展示了 1929 年以来美国进出口额在 GDP 中所占比重的变化。1950 年，美国的进口总值相当于 GDP 的 4%。2019 年，进口占 GDP 的比重为 18%。从经济角度讲，美国现在与世界的联系比美国历史上任何时期都更加紧密。

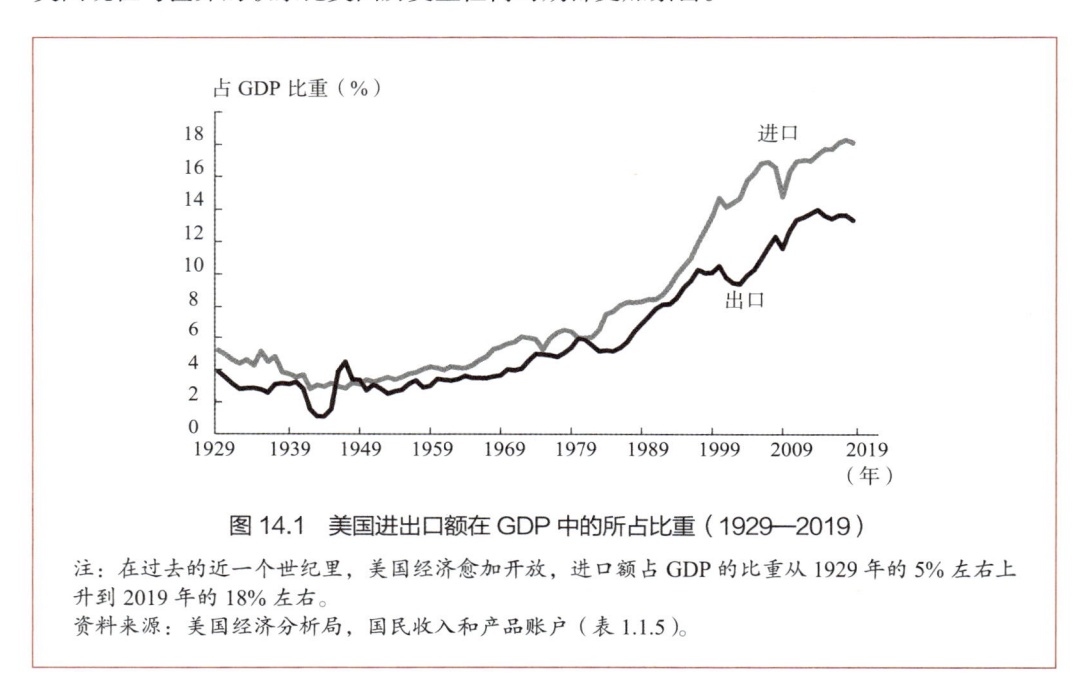

图 14.1 美国进出口额在 GDP 中的所占比重（1929—2019）

注：在过去的近一个世纪里，美国经济愈加开放，进口额占 GDP 的比重从 1929 年的 5% 左右上升到 2019 年的 18% 左右。
资料来源：美国经济分析局，国民收入和产品账户（表 1.1.5）。

进出口占 GDP 比重出现增长的情况并不只发生在美国。在过去 50 多年里，世界上大多数主要经济体的贸易额都有所增加。图 14.2 显示了德国、中国、印度和美国以及世界平均水平的进口额占 GDP 比重的变化。

用数据说话

生活在一个互联互通的世界之中

- 由于专业分工和比较优势的重要性，世界通过进口和出口实现了高度的相互联通。

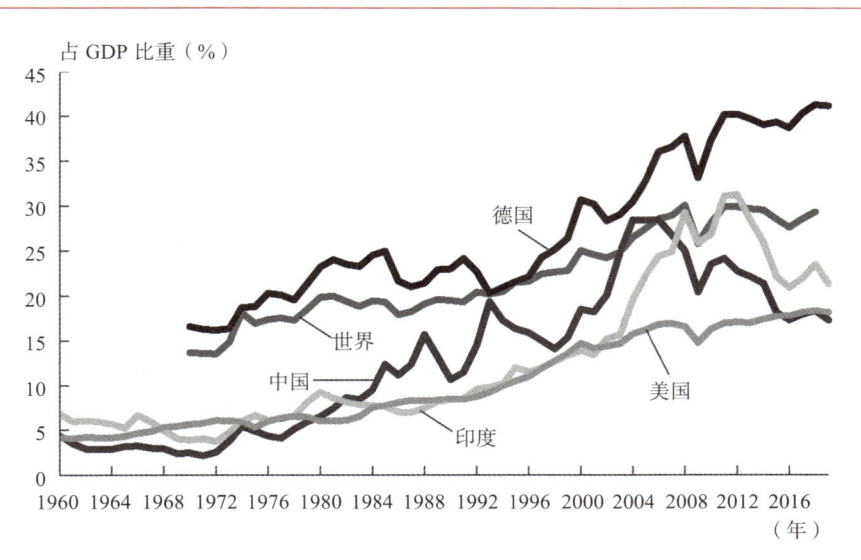

图14.2 进口在四大主要经济体和世界整体GDP中所占的比重（1960—2019）

注：在过去60多年中，包括美国在内的多数主要经济体的贸易额都出现了增长。这是对全球化进程的反映，得益于全球化进程，国际贸易额相对于GDP的价值呈现稳定增长趋势。
资料来源：美国经济分析局，国民收入和产品账户；世界银行数据库：世界发展指数。

这种相互联通的第一个方面也是最明显的方面，便体现在我们消费的一系列商品和服务上。看看美国当地沃尔玛的货架，你会发现2/3的商品都来自进口。

- 中国在美国零售业中扮演着越来越重要的角色。美国主要零售商的很多商品都是从中国进口的，中国进口商品在各大零售商所占的份额分别为：沃尔玛26%，塔吉特34%，迪克体育用品51%，3B家居（Bed Bath & Beyond）53%。[8]

（图中文字：弹性面料，XS，越南制造）

- 但中国并不是零售商品的唯一主要供应国。在购物的时候查看一下贸易地理情况，你会惊讶于所购买商品的生产国分布。巴基斯坦每年出口2 000万只足球，该国也是纺织品和服装的重要出口国。看看服装店上架的最新时装，你会发现这些服装大多产自印度、印度尼西亚、土耳其和越南。

- 许多人错误地认为国际贸易只是商品的流通，但服务也在其中。2019年，美国进口了价值6 000亿美元的服务，出口了价值8 780亿美元的服务。下次你打电话向电脑公司询问有关清除病毒或升级软件的建议时，可以问问技术人员所在的位置。你很有可能正和一个身在印度的人交谈，那里的客服会认真地操起美国口

- 音，并在工作时使用美国名字。卡罗尔·米勒实际上可能是普密卡·查图尔维迪。
- 现在的许多跨国服务流动都非常精密复杂。美国会出口娱乐服务（如音乐和电影）以及金融服务（例如，纽约一家投资银行向巴西一家石油勘探公司提供的金融建议）。
- 甚至医疗服务也可以进行国际贸易。一位印度放射科医生（即专门看 X 光片的医生）的收入是一位美国放射科医生的 1/8，所以印度放射科医生的机会成本比美国放射科医生要低。有一小群印度放射科医生远程为美国、英国和新加坡的医院读 X 光片。整个服务流程如下：一位居住在英国的病人在一家英国医院接受了 X 光检查；这些 X 光片被上传到印度班加罗尔的一位放射科医生那里；印度的放射科医生检查 X 光片所显示的情况是否存在异常，比如是否有肿瘤，之后撰写报告，并将其发回给患者的英国医生。

选择与结果

贸易政策和政治

- 2002 年 3 月，美国总统乔治·W. 布什宣布对进口钢材征收 8%~30% 的关税。外界普遍认为此举是一项政治决定，其目的是增强工业州对共和党的支持，防止其在 11 月的中期选举中支持民主党。即使你相信贸易的益处，但为了赢得竞选，你是不是也会这么做？
- 美国贸易代表罗伯特·B. 佐利克在巴西的一次演讲中承认，新的关税政策是出于政治考量。"我们致力于推动自由贸易，但就像巴西一样，我们必须在国内为自由贸易提供政治支持。我们必须建立联盟。"尽管世界各地的批评和威胁如潮水般涌来，许多国家威胁要以征收惩罚性关税作为回应，但美国政府在选举前还是维持了这一关税政策。选举结束的一个月后，政府改弦更张，取消了关税。[9]
- 在 2016 年美国总统竞选期间，候选人（后来的总统）唐纳德·特朗普将贸易作为他竞选纲领的核心内容。例如，特朗普在竞选时说，他将惩罚那些把生产设施从美国迁往其他国家的公司。他还承诺退出《跨太平洋伙伴关系协定》（TPP，环太平洋国家之间的一项自由贸易协定），并重启对《北美自由贸易协议》（加拿大、墨西哥和美国之间的自由贸易协定）的谈判。最后，他发誓要提高从美国两个最重要的贸易伙伴——中国和墨西哥进口商品的关税。[10]
- 与 2002 年赢得大选后降低关税的布什总统不同，特朗普总统坚持了他的反全球化政策立场。他在就职演说中明确表示："我们将遵循两条简单的规则：买美国货，雇美国人。"
- 特朗普在上任的第一周就退出了《跨太平洋伙伴关系协定》。之后他的政府重启

> 《北美自由贸易协议》谈判，并将其重命名为《美墨加协定》。这些措施，以及对中国、墨西哥和其他国家征收的关税降低了美国的贸易增长率。虽然这些政策使部分美国劳动者受益，但它们可能对美国经济产生了净负效应。许多其他国家对从美国进口的商品征收报复性关税。特朗普总统的措施促使美中不断升级关税报复措施。
>
> - 美国并不是唯一对全球化的不满达到沸点的国家。反贸易和反移民政策在欧洲越来越受欢迎。英国脱欧便是其中一个出乎意料的案例。2016 年 6 月，英国就是否退出欧盟举行公投（欧盟是一个拥有共同经济法规的欧洲国家联盟，该联盟允许成员国之间进行自由贸易并互相开放移民），并最终以 52% 的多数票获得通过。经过多年的漫长谈判，英国于 2020 年 1 月 31 日正式脱离欧盟，并确定于 2021 年 1 月 1 日起实行新的贸易规则。经济界普遍认为，由于放弃了与欧洲邻国自由贸易的一些益处，英国至少在短期内会遭受部分损失。
> - 放眼全球，全球化的前景突然变得阴云密布。

贸易壁垒：关税

因为国际贸易创造了赢家和输家，所以有一些人反对贸易。因此，包括美国在内的大多数国家都设置了一系列以减少进口为目的的贸易壁垒。最常见的限制形式是关税，这是一种仅对进口商品征收的特殊税种。2019 年，美国对所有进口产品的平均关税税率为 1.6%，低于 1990 年的近 4%。

2019 年 1.6% 的平均关税掩盖了各行业之间的巨大差异。近年来，美国对进口农产品征收的关税平均已经达到 62%，对烟草征收的关税已经达到约 90%，而对糖征收的关税更高，有时甚至超过 100%。这样的关税自然会阻碍国际贸易。由于关税等贸易壁垒，美国的糖进口量在过去 30 年里下降了 80%。

一些发展中国家利用关税来增加收入，因为它们没有完善的税收体系，所以相较于对地理上分布广泛的国内经济活动征税，对流经几个城市港口的进口商品征税更为容易。相比之下，绝大多数发达国家则利用关税来保护国内生产者。事实上，一些关税已经高到了完全阻断进口的水平，而由于根本没有可以征税的对象，它们也就无法获得税收。强大的国内生产商游说政府征收关税，以排挤外国竞争，提高国内产业的利润。当然，这种对国内产业的"利"也是对国内消费者的"害"，因为消费者最终需要支付更高的价格。

在某些情况下，贸易战会导致荒谬可笑的无效率。20 世纪 60 年代，德国和法国限制了对美国鸡肉的进口。作为报复，美国对从欧洲进口的轻型卡车征收惩罚性关税。如今，梅赛德斯-奔驰在德国杜塞尔多夫的一家工厂组装轻型卡车并对其进行安全行驶测试。之后梅赛德斯-奔驰会把发动机、保险杠、传动轴、油箱和排气系统等部分零部件拆卸下来。由于卡车还没有进行完全组装，所以在出口到美国时，梅赛德斯-奔驰无须为其缴纳关税。在南卡罗来纳州的一个库房里，这些被拆卸的零部件又被重新用螺栓固定起来。[11]

14.2 经常账户和金融账户

2019年，美国商品和服务进口总额为31 252亿美元。其中，从中国进口的商品和服务价值达4 516亿美元。近年来，美国大约1/7的进口商品来自中国。

2019年，美国出口商品和服务的价值为25 148亿美元。同年美国对中国的出口额为1 065亿美元，约占美国出口总额的1/20。

一些政界人士认为，美国从中国的进口远大于美国对中国的出口，这是一个严重的问题。然而，我们不应该期望美国对中国的出口等于美国从中国的进口，就像不应该期望你从杂货店买的东西与杂货店老板从你这里买的东西同样多一样。如果你是福特汽车的经销商，而杂货店老板喜欢凯迪拉克，那么你永远不可能从他那里赚到一分钱。但只要有其他人有兴趣购买你的福特车，这些就都不算问题。

这就是市场和交易的一般运作方式。我们没有必要把商品和服务卖给那些我们从其手中购买商品和服务的人。现在把这个理念应用到国民经济中。美国整体上对中国的出口相对较少而从中国进口较多，这不见得是个问题。美国向巴西等国家出售了大量商品，但从这些国家购买的商品也相对较少。这些事实使我们注意到，两个特定国家之间的贸易（也被称为"双边贸易"）很少是平衡的。这意味着双边贸易失衡也不一定是坏事。

贸易顺差和贸易逆差

贸易的不平衡还有另外一层重要意义。有时候一个国家的进口会多于或少于其对整个世界的出口。我们会发现，这种不平衡也可能是社会所期望的，这主要取决于贸易不平衡的原因。

当一个国家整体上从国外进口多于向国外出口时，这个国家就会出现贸易逆差。这种情况下，国家的进口支出超过出口收入。出口额减去进口额被定义为**净出口**或**贸易差额**。贸易差额为正即为**贸易顺差**，贸易差额为负即为**贸易逆差**。2019年，美国净出口为负，因此美国出现了贸易逆差：

$$净出口 = 出口额 - 进口额 = 25\ 148\ 亿美元 - 31\ 252\ 亿美元 = -6\ 104\ 亿美元$$

国际资金流动

表面看来，了解了贸易差额就足以了解资金如何从一个国家流向另一个国家。然而，要想全面了解国际资金流动，我们还需要研究更多的细节。我们要研究外国居民对国内居民支付的所有来源，以及国内居民对外国居民支付的所有来源。贸易流动只是这些资金支付的来源之一。

国际核算体系基于居民而非公民概念。以美国为例，在这个核算体系之下，国内居民就是指居住在美国的人，无论他们是否为美国公民。因此，在官方的国际贸易账户中，一个居住在美国的日本公民会被定义为美国的国内居民。外国居民（我们把他们称为"外国人"）是居住在美国境外的人（其中一些是居住在美国境外的美国公民）。

来自外国人的基于收入的支付

我们先讨论来自外国人的基于收入的支付。国内居民接受来自外国人的基于收入的支付有以下三种方式：

（1）通过向外国人销售商品和服务获得收入——出口。
（2）从国内居民在外国拥有的资产中获得收入——来自外国人的要素支付。
（3）从居住在国外的个人或者外国政府获得转账（汇款）——来自外国人的转移支付。

我们说过，出口是指由国内居民生产并在国外销售商品和服务。当一名外国居民接受这些商品和服务时，他会直接或者间接地向生产这些商品和服务的国内居民付款。

要素支付是指国内居民从其在国外拥有的资产中获得的支付。例如，如果一位美国居民持有印度最大企业之一塔塔钢铁的股票，那么塔塔钢铁支付的股息将被计入来自国外的要素支付。同样，如果一家美国公司在中国拥有一家工厂，而这家工厂创造了利润，那么这些利润将被计入来自国外的要素支付。再或者，如果一位居住在美国的美国工程师在意大利都灵工作一天，为菲亚特提供咨询服务，那么他从菲亚特那里获得的报酬也会被算作来自国外的要素支付。在最后这个例子中，相关的生产要素是人力资本。

来自外国人的转移支付是来自外国居民或外国政府的"赠予"。例如，2005年卡特里娜飓风过后，中国向新奥尔良运送了104吨紧急物资，其中包括价值500万美元的帐篷和发电机。外国政府和民众总计向受卡特里娜飓风影响的灾民提供了价值数亿美元的援助，这些捐赠都是来自国外的转移支付。

对外国人的基于收入的支付

相反的方向也有类似的资金流动。我们在这里列举对外国人基于收入的支付的三个来源：

（1）向外国人进行支付以换取他们的商品和服务——进口。
（2）为外国居民在国内经济中拥有的资产支付收入——对外国人的要素支付。

（3）向居住在国外的个人或外国政府进行转账——对外国人的转移支付。

进口是由外国人生产然后销售给本国居民的商品和服务。对外国人的要素支付是指对在本国经济中拥有资产的外国人的支付。对外国人的转移支付是一种"赠予"，比如美国政府提供给外国的援助、美国公民向外国慈善机构的捐款以及美国合法和非法居民的对外汇款等。例如，一个永久居住在美国的墨西哥公民定期把钱转给在墨西哥的家庭成员，就是在对外国人进行转移支付。在这种情况下，转移支付仅指汇给在墨西哥的家庭成员的钱，而不是那名墨西哥公民在美国工作的全部收入。

经常账户和金融账户的运作

经常账户是对一国不同来源的资金收支的加总。我们先来讨论净出口、净要素支付和净转移支付的定义：

净出口 = 因出口而从国外获得的支付 - 因进口而对外国人的支付

来自国外的净要素支付 = 来自国外的要素支付 - 对外国人的要素支付

来自国外的净转移支付 = 来自国外的转移支付 - 对外国人的转移支付

有了这些概念，我们现在可以定义经常账户，即外国居民支付给国内居民的净流量。换句话说，经常账户是净出口、来自国外的净要素支付和来自国外的净转移支付之和。

经常账户 = 净出口 + 来自国外的净要素支付 + 来自国外的净转移支付

需要记住的是，这些净流量中的任何一项都可能为负，这对应着对外国居民的一项支付净流出。事实上，2019年美国的经常账户逆差为5 030亿美元。换句话说，美国居民付给外国人的钱比外国人付给美国居民的钱多5 030亿美元。

表14.5将2019年美国的经常账户分为三个部分。商品和服务贸易一项中美国居民对

表14.5　2019年美国经常账户（以2019年的10亿美元为单位）

	来自外国人的支付	对外国人的支付	净支付
商品和服务贸易	2 514	3 125	-611
要素支付	1 170	900	+270
转移支付	147	309	-162
经常账户	3 831	4 334	-503

资料来源：美国经济分析局，国民收入和产品账户。

外国人净支付 6 110 亿美元。要素支付一项中，外国人向美国居民净支付 2 700 亿美元。最后，净转移支付一项中，美国居民对外国人净支付 1 620 亿美元。把这些加起来，用负数表示对外国人的净支付，我们得到的经常账户逆差总额为 5 030 亿美元。

经常账户逆差会带来什么后果？当美国居民向外国人净支付 5 030 亿美元时，这些款项都是用美元支付的。这些美元使外国居民能够购买美国资产，这些资产可以在未来的某个时候兑换成美国的商品和服务。

我们可以通过图 14.3 中的简易经常账户交易来理解其现实意义。假设一位美国消费者决定购买一台价值 1 000 美元的中国产笔记本电脑，这位美国消费者支付给了这家中国笔记本电脑制造商 1 000 美元。在美国的经常账户中，这笔钱就会被记为对外国人的 1 000 美元支付。图 14.3 描绘了由购买 1 000 美元的笔记本电脑所引起的经常账户交易。

图 14.3　美国国际交易账户的循环流转

注：一位美国消费者从一家中国制造商那里购买了一台价值 1 000 美元的笔记本电脑。之后中国制造商用这 1 000 美元购买了美国国债。在交易结束时，美国消费者拥有了一台新的笔记本电脑，中国则多持有了一笔美国国债。

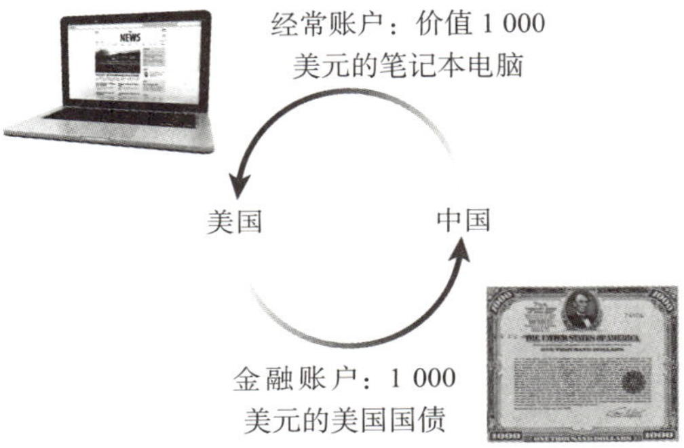

经常账户：价值 1 000 美元的笔记本电脑

美国　　中国

金融账户：1 000 美元的美国国债

现在，假设中国没有从美国购买商品和服务，因此没有发生抵销性交易，那么这 1 000 美元支付就会被美国视为一笔经常账户逆差。中国没有从美国进口价值 1 000 美元的商品和服务，而是节省了 1 000 美元，为未来购买商品和服务保留了购买力。例如，这家中国公司可以用 1 000 美元从美国居民手中购买某些特定的美国资产，比如美国国债。图 14.3 描述了这一循环流转。

让我们总结一下图 14.3 中的流动。当图中所描述的国际交易结束时，美国多了一台新的笔记本电脑，少了一份美国国债。在经常账户中，美国进口了价值 1 000 美元的商品。在金融账户上，美国向中国转移了价值 1 000 美元的美国国债。**金融账户**是外国人持有的国内资产的增加值与国内居民持有的外国资产的增加值的差值。（注意，金融账户只登记改变资产所有权的交易，而不测算资产价格的变化。）

金融账户只是记录国内居民和外国人资产购买情况的核算体系。之所以如此定义金融账户，是为了使金融账户中的净流动抵销经常账户中的净流动。（为了简化分析，我们省略了核算准则中的一些细节。）

下面两个方程给出了金融账户的定义，并描述了其与经常账户的关系：

金融账户 = 外国人持有的国内资产增加值 - 本国居民持有的外国资产增加值

经常账户 + 金融账户 = 0

第二个方程式有一个重要的推论：经常账户差额的变化对应着金融账户相反方向上的变化。这很直观。例如，当外国人在经常账户中收到净支付时，他们可以在金融账户中购买任何类型的美国资产。在刚刚讨论的例子中，他们购买了美国国债。但是，他们也可以将付款以美元的形式存在银行账户中，以作为对美国的债权。无论哪种情况，经常账户逆差都会被金融账户顺差完全抵销。

我们现在可以看看2019年美国的具体数据。表14.5显示，外国人从美国的经常账户收到了5 030亿美元的净支付，这也是美国的经常账户逆差。要填补这一经常账户逆差，美国居民必须对外国人进行5 030亿美元的净资产转移（包括以美元计价的存款）。根据核算恒等式，金融账户完全抵销了经常账户。

这对美国居民来说未必是坏消息。这是一种贸易。美国居民得到了索尼电视、阿根廷葡萄酒、宝马汽车以及成千上万的其他进口商品和服务。外国人从美国居民那里获得了5 030亿美元的银行存款和其他资产。

一个国家出现经常账户逆差的情况类似于一个家庭的支出大于收入。为了给这些额外的支出提供资金，家庭要么借贷，要么花掉之前积累的资产。例如，假设你的花销比你从所有收入来源（包括劳动收入、资产收入和转移支付）中获得的收入还多出1 000美元，如果你在银行里已经有了一些资产（比如，你的活期账户里有3 000美元），你就可以通过减少这些资产来为额外的1 000美元消费进行支付，这样到年底时你的活期账户里就只剩下2 000美元。如果你没有类似资产，你也可以借钱。如果你在没有任何资产和债务的情况下借入1 000美元，那么你的净资产状况会变成-1 000美元。你会发现，无论你一开始的资产状况如何，为了弥补1 000美元的缺口，你都要将你的原始资产减少1 000美元——要么从3 000美元减少到2 000美元，要么从0减少到-1 000美元。

对一个国家来说，情况同样如此，它必须通过出售部分资产或借款来为其净出口提供资金。这一事实突显了国际核算的一个核心概念：**一个国家和一个家庭一样，只有找到为额外支出提供资金支持的办法，才能令其支出超过收入。**该国要么将资产出售给外国人，要么向外国借款。因此，经常账户逆差必须与金融账户流动相匹配。换句话说，当一个国家向外国人净购买商品和服务时，该国必须通过向外国人净出售资产来支付账单。

我们也可以只关注净出口（经常账户的贸易组成部分，不包括来自国外的净要素支付和来自国外的净转移支付）和与净出口有关的资本净流出来进行分析。具体而言，从第5章的国民收入核算恒等式中，我们得到：

$$Y = C + I + G + NX$$

其中 Y 代表 GDP，C 代表国内居民消费，I 代表国内居民和企业投资，G 代表政府支出，NX 代表出口减去进口，也就是我们说的"净出口"。我们重新整理这个等式，得到：

$$Y - C - G - I = NX$$

另外请注意，储蓄（S）等于收入减去消费和政府支出：$S = Y - C - G$。把这个储蓄方程代入上一个表达式，我们发现：

$$S - I = NX$$

对国民收入核算恒等式的这种推导乍看起来有些奇怪。然而，这里的推理在概念上等同于将金融账户与经常账户挂钩的逻辑。为了让你有直观的感受，我们假设波音公司制造并向（日本）全日空航空公司出口了一架 787 梦想客机。假设美国从世界其他地方的进口以及美国的消费、政府支出和投资都保持不变，其国民账户需要进行何种调整？飞机的制造意味着 GDP 会增加一架飞机的价值。此外还有什么变化？可设想的最简单情况是，全日空向波音开出一张借据，这实际上表示该日本公司欠了波音一笔钱，但也可以认为是波音将这笔交易的收益记为自己的储蓄。这笔额外的美国储蓄是以全日空公司的借据的形式存在的。这也可以被视为从美国到日本的一笔资本"流出"。当一个国家（本例中为美国）在外国（日本）进行投资时，就会发生资本流出——实际上，日本已经给美国写了一张借据。

把这些洞察放在一起，我们可以看到，国民核算恒等式意味着：

$$S - I = NX = 资本净流出$$

本例中，**资本净流出**指的是美国对外国的投资与外国在美国的投资之间的差值。由于资本净流出与净出口（NX）有关，所以当美国企业出口更多时，资本净流出将增加，当美国公司和消费者进口更多时，资本净流出将下降。

资本净流出与净出口之间的关系有着重要的影响——它将净出口与实际利率关联在了一起。图 14.4 显示了资本净流出与母国实际利率之间的关系——本例中的母国为美国。当实际利率上升时，美国对全球投资者的吸引力增强；随着资本的涌入，资本净流出减少，净出口因此减少。当实际利率下降时，情况正好相反。由于资本净流出等于净出口，根据图 14.4，净出口与实际利率之间存在负相关关系。简而言之，实际利率上升会抑制资本净流出，减少净出口，而实际利率下降则会鼓励资本净流出，增加净出口。

图 14.4 资本净流出与实际利率的关系

注：随着实际利率的上升，母国对投资者的吸引力越来越大，这会减少资本净流出，从而减少净出口。相反，实际利率下降会增加资本净流出和净出口。

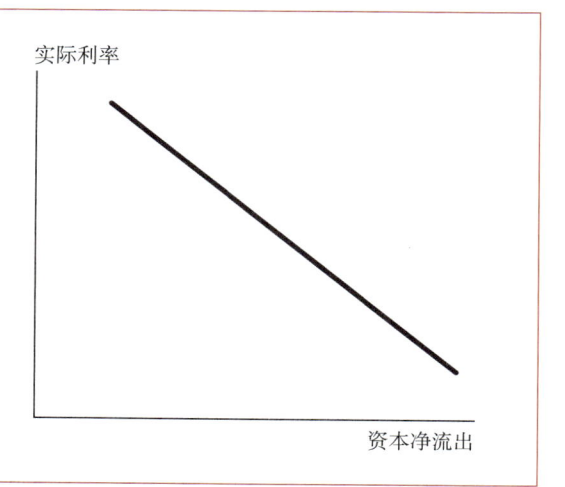

14.3 国际贸易、技术转移和经济增长

国际贸易不仅通过专业分工和比较优势使各国受益，也是将技术从较发达经济体转移到较不发达经济体的渠道，有助于提高技术引进国的生产能力（见第 6 章关于技术对生产率和生活水平的重要性的讨论）。

中国经济的发展就是国际贸易与技术转让之间相互作用的一个例证。1976 年中国的人均 GDP 为 263 美元，但到 2019 年时已增长至 8 255 美元（全部以 2010 年美元表示）。在 1976 年之前，中国实行计划经济，几乎所有的经济资源都是由国家负责分配。中国不实行市场经济，土地和企业都归国有，国际间旅行中断。此外，和其他国家相比，中国的国际贸易占比也非常低。中国各类重要的实物资本都掌握在国家手中。从经济角度来看，当时的人力资本也受到了政府限制，因为人们不能选择工作地点，也不能获得与其增加值相称的工资。

1978 年，中国开始改革开放，开放国门推进国际贸易。图 14.5 显示了 1970 年以来中国进出口占 GDP 比重的变化。20 世纪 70 年代初，出口只占中国 GDP 的不到 5%。而在过去的十几年，出口在中国经济中所占比重平均超过 30%。中国在过去 20 年的增长经常被描述为"出口导向型增长"。

1976—2019 年，中国的实际人均 GDP 年均增长 8.3%。依此计算，中国的实际人均 GDP 大约每 8.5 年就会翻一番，这意味着自 1976 年以来中国的经济规模翻了 5 番。因此，自 1976 年以来，中国实际人均 GDP 增长了 32 倍（即 2^5 倍，$2\times2\times2\times2\times2=32$）！相比之下，美国的实际人均 GDP 在同样的 43 年中只增长了 2 倍。

中国惊人的经济增长主要得益于计划经济向市场经济的转变。开放商品和服务贸易只是这一转变的一部分。农民和家族企业获得了决策自主权，他们也可以拥有私有财产，保留从经济活动中的获利。部分原先被国家垄断的行业实现了民营化，此前禁止各种外国资本流入的中国成了外国投资的主要目的地。在此过程中，中国大幅改进技术，提升了工厂的现代化程度，并把各种商品和服务出口到世界各地。

图 14.5 中国进出口在其 GDP 中所占的比重（1970—2019）

注：中国已从 20 世纪 70 年代的一个基本封闭的经济体转型为今天的开放经济体。
资料来源：世界银行数据库，世界发展指数。

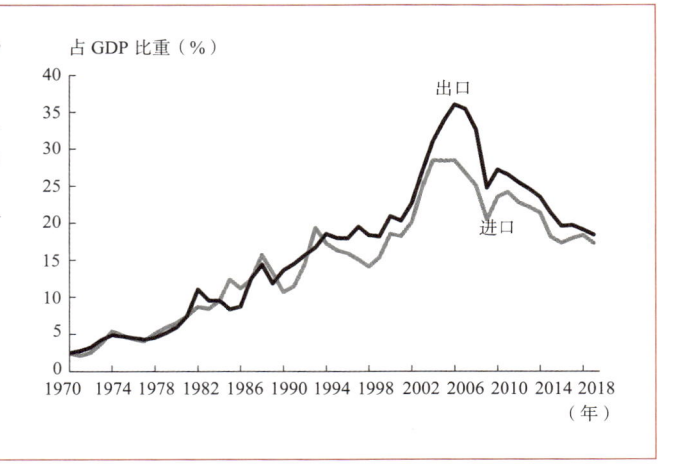

外商直接投资是指外国个人和企业对国内企业及业务的投资。为了符合外商直接投资的条件，这种资本流入必须让外国投资者成为本地企业的重要持股者。例如，外国企业在中国开设工厂就是外商直接投资的一种形式。外国企业与部分中国本土投资者或中国本土企业在中国合资建厂也被视为外商直接投资。中国是世界上接受外商直接投资最多的国家。

外商直接投资是技术转让的主要渠道，尽管在大多数情况下这种转让并非外商进行投资的本意。例如：一家英国公司无论是在中国进行合资建厂还是独资建厂，都会把自己的专业知识和技术带到中国。这种类型的技术转让能够提高技术引进国的生产率。

技术转让创造了另一种跨国的相互依存形式。各国不仅进行商品和服务贸易，它们的公司和银行会互相借贷，两国在技术上也会相互联系。一国的创新和技术进步最终将提高所有国家的生产率。此外，这些国家之间的互动越多（尤其是通过外商直接投资），技术进步就会越快地从一个国家向另一个国家转移。这种转移对那些经济起步时技术水平较低的国家（例如 20 世纪 70 年代末的中国）尤其有利。

用数据说话

从 IBM 到联想

- 1980 年，几乎没有家庭拥有电脑。虽然个人电脑确实已经问世，但它们价格昂贵，难以操作，其主要使用者还仅限于技术爱好者和科学极客。那时还没有互联网，人们只能在电脑上玩打乒乓球（Pong）这样的游戏。俄罗斯方块游戏也是直到 1984

年才诞生。

- 1980—1990 年，由于技术的不断进步和成功的市场营销，个人电脑进入主流消费者的视野。1981 年推出的 IBM（5150 型）个人电脑开启了新的时代。这款电脑非常成功，并很快成为行业标准。在 20 世纪 90 年代中期的发达国家，你已经几乎找不到还在用打字机写学期论文的大学生。
- 第一代 IBM 个人电脑主要使用美国制造的零部件并在美国工厂组装。然而它的显示器从一开始就是由日本制造的。后来使用外国零部件逐步成为行业主流。20 世纪 80 年代，日本和韩国开始大规模生产硬盘。最终，个人电脑的几乎所有关键部件都变成了非美国制造。多年之后，最后一条个人电脑组装线也被转移到了外国工厂。
- 今天，IBM 已经完全退出了个人电脑的制造和销售业务。2005 年，IBM 将其业绩不俗的笔记本电脑业务出售给了中国制造合作伙伴联想，正式退出了该行业。那么，在放弃旧有业务之后，IBM 去干什么了？IBM 准确认识到，其高技能的美国劳动者可以在提供咨询服务方面创造更高的增加值，也就是说，它的比较优势是提供咨询，而不是制造低工资劳动者就能组装的机器。时至今日，IBM 仍然是一家高利润的公司，它每年向世界各地的公司出售价值大约 750 亿美元的咨询和技术服务，年盈利约为 60 亿美元。它拥有 35 万名员工，公司市值约为 1 000 亿美元。

循证经济学

耐克等公司是否在伤害越南的劳动者？

- 在越南农场里的工作非常艰辛。工资水平非常低——非熟练工一天只能赚到 1~3 美元。[12] 越南农场的工作条件也非常差。体力劳动不仅非常辛苦，而且很容易导致劳动者受伤。农业劳动者不享有医疗保险或养老金计划等福利。你如果因工受伤，第二天不能工作，就领不到工资。还有些儿童也在农场工作，因为他们的家庭不但负担不起他们的学杂费，

宏观经济学

444

还需要靠他们微薄的收入来补贴家用。

- 在生产耐克产品的工厂里，非熟练工的工资略高于越南最低工资，根据工厂所在地的不同，其工资为每天 4~6 美元。[13] 但这也比他们在无监管的农业部门的工资要高。一些工厂的工人还可以免费获得基本的医疗，但是他们的工作环境仍非常糟糕——拥挤、嘈杂、炎热的房间里充满了危险的化学物质和空气污染物。与农业部门一样，这些工厂不提供就业保障。生病或受伤的雇员会失去工作，得不到任何失业救济。以发达国家劳动者的标准来看，在一家生产耐克鞋的工厂里工作简直是一场噩梦。最后，工厂的工作往往需要工人从多代同堂的农村搬出来，这可能会使那些留守的老年人无人照顾。

- 全球化的捍卫者强调国际贸易所带来的收益。目前，许多越南劳动者的人力资本水平不高，其获得现代技术的途径也非常有限，因此，他们只有在诸如运动鞋厂和服装厂的装配工作中才具有比较优势。阻止他们从事这些工作会降低他们的收入。自由贸易的捍卫者将矛头指向了农业部门，在他们看来，耐克为农业劳动者提供了一份工资更高的替代性工作，这是一件好事。工厂的工作为劳动者提供了一份稳定的收入，使他们的收入不再依赖季节性降雨的时间或收成好坏。在当地，长时间的恶劣天气通常会导致粮食产量下降，从而带来饥荒，但在工业城镇一般不会发生这种情况。最后，耐克的分包商利用外商直接投资建造新的运动鞋工厂，也有助于将新技术转移到越南。

- 然而，也有些人斥责越南工厂为血汗工厂。他们指出，这些工作的工资甚至无法与发达国家最贫困劳动者的工作相提并论。截至 2021 年 2 月，领取最低工资的美国劳动者的日收入为 58 美元。在越南，一名工厂非熟练工的日工资仅有这个数字的 1/10。越南工厂的条件甚至无法通过美国的安全检查。此外，越南许多工厂的工人都是未成年人（就像农业部门的劳动者一样）。这些工人不仅没有劳资谈判权，而且面临着随时会被解雇的风险。如果像耐克这样的美国零售商转向越南的原因是其越南分包商能够规避基本的安全预防措施和劳动者权利，那么他们从根本上就不可能认可给工人改善待遇的做法。

- 然而，在具体应该怎么做方面，大家存在着很大的分歧。耐克是否有可能继续从越南的供应商那里购买鞋子，但要求这些供应商支付更高的工资？假设耐克供应商的工作安排导致美国消费者抵制耐克的产品，美国消费者希望耐克的分包商向工人支付更高的工资，并改善这些工厂的工作条件，这种改进在无须大幅提高耐克运动鞋价格的情况下就基本可以实现。

- 但耐克分包商工作条件的改善，以及劳动者工资的提高，会不会造成意想不到的负面后果？一种可能性是，由于越南和其他低工资国家的劳动力成本如此之低，而耐克的利润如此之高，所以这些变化能够提高工人工资，而耐克也只是牺牲部分利润，除此之外并无多大变化。但更有可能的情况是，耐克会因为需要（适度）提高运动鞋价格而失去部分客户。如果耐克真的失去部分客户，它就可能会减少从越南分包商那里采购运动鞋，从而导致部分供应商倒闭。在这种情况下，越南劳动者实际上会成为受害者。耐克也可以改善越南现有工厂的条件，可一旦如此，分包商就有可能停止在越南建设新工厂，这就使得其他农业劳动者无法转向工资相对较高的制造业。美国的消费者希望看到越南家庭的生活条件改善，但如果最终耐克和其分包商被迫提高越南运动鞋工厂工人的工资，我们并不能准确预测会出现什么样的结果。最可能的一种情况是，耐克让渡部分利润以提高工人的工资，但这会导致其大幅削减在越南的劳动需求，结果越南的贫困不但没有改善，反而更加严重了。

- 虽然我们不清楚如果耐克被迫给越南劳动者加薪会发生什么，但很明显，在越南，全球化一直是一股巨大的力量。和中国启动了市场和贸易改革一样，阮文灵从1988年（上台两年后）开始在越南推行类似的政策。得益于一系列的改革政策，越南的贸易迅速发展，其出口占GDP的比重从1988年的10%上升到今天的75%。1988年，越南的人均实际GDP为401美元，到2019年时，这一数字上涨至2 082美元（按2010年不变美元计算）。[14] 自实行改革以来，越南实际人均GDP的年增速达到5.5%（1988—2013年），是改革前的两倍多。[15] 此外越南的贫困率也急剧下降。1992年，越南有近52%的人口每天生活费不足1.90美元，到2018年，这一比例已降至2%。[16]

- 经济学家认为，持续性增长是减少童工的关键因素之一。图14.6显示了童工比例与人均GDP之间存在强烈的负相关性：在人均GDP较高的国家，被迫或选择工作的儿童数量更少。与图14.6一致，在越南收入水平提高的同时，该国的童工数量也在急剧下降，而这在很大程度上要归功于越南的贸易开放。[17]

- 尽管如此，我们也不应臆想经济增长将自动惠及所有人。如果工人的权利持续受到压制，从增长中受益的可能只有资本所有者。更糟糕的是，某些群体，特别是少数民族群体，可能被系统地排除在增长的受益者之外。例如，越南有53个少数民族，人口占总人口的15%，但其中的贫困人口占总贫困人口的40%。越南政府似乎对威胁其权威的少数民族进行了"系统性的歧视和排斥"。[18] 在这方面，越南并不孤单。缅甸的罗兴亚人也遭受了持续的种族清洗，他们被迫在孟加拉国等南亚和东南亚国家寻求庇护。目前，世界上最大的难民营就位于孟加拉国的科克斯巴扎尔。

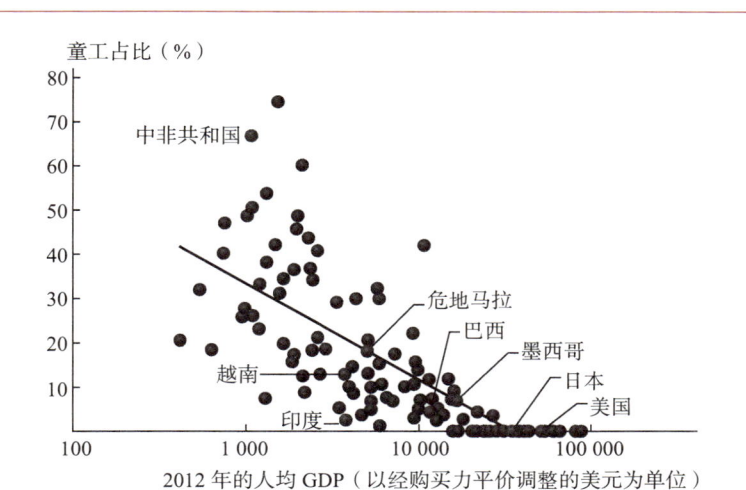

图 14.6 人均 GDP 与童工水平（7~14 岁童工占比）的关系

注：人均 GDP 与童工水平之间存在着强烈的负相关关系，童工水平是指 7~14 岁童工的占比。
资料来源：Jean Fares and Dhushyanth Raju (2007). "Child Labor Across the Developing World: Patterns and Correlations," World Development Report, World Bank。

问题	答案	数据	注意事项
耐克等公司是否在伤害越南的劳动者？	生产耐克运动鞋的越南劳动者工资极低，其工作环境也不符合发达国家的安全标准。然而，对许多在耐克工厂上班的劳动者来说，在农业部门工作似乎是一个更糟的选择。	越南的农业部门工资和工厂工资，以及贸易、增长、贫困和童工参与率数据。	如果耐克强迫其分包商提高劳动者工资，它就可以改善生产其产品的劳动者的生活质量。

总结

- 全球化进程造就了一个高度互联互通的世界。
- 国际贸易使我们能够充分利用专业分工和比较优势。当一个人或国家的生产机会成本低于另一个人或国家时，这个人或国家就具备了比较优势。
- 全球化和国际贸易改善了大多数人的福利，但也有许多人的境况变得更糟，尤其是发达国家的低技能劳动者，因为他们的工作被外国生产商取代。
- 当一个国家的净出口、来自国外的净要素支付和来自国外的净转移支付之和为负数时，这个国家就会出现经常账户逆差。当发生这种情况时，金融账户中需要有相应的资金流动来填补经常账户逆差。这意味着外国人持有国内资产的净增加和/或国内居民持有国外资产的净减少。

- 全球化的快速进程已持续了数十年，它扩大了国际贸易总额。因此，世界各地的消费者和劳动者现在可以更好地从国际贸易中获益。然而，全球化的持续发展并非理所当然。事实上，反全球化浪潮正在抬头，一些贸易协定已经遭到遗弃或被重新拟订。
- 全球化也使各国之间的严重不平等问题更加凸显。我们购买的很多商品和服务都是由低工资的劳动者（有时甚至是儿童）生产和组装的，他们的工资水平远远不及发达经济体的劳动者。发展中国家工厂的工作条件远远落后于发达国家。然而，全球化通常会提升外国大多数低薪工厂劳动者的福祉。他们的其他就业机会通常比在这些贸易工厂里上班更为糟糕。

关键术语

专业分工收益　　开放经济体　　经常账户
绝对优势　　　　净出口或贸易差额　金融账户
比较优势　　　　贸易顺差　　　　资本净流出
封闭经济体　　　贸易逆差　　　　外商直接投资

问题

1. 比较优势与绝对优势有何区别？
2. 贸易如何让买卖双方从专业分工中获益？
3. 贸易提升了整体经济效率。这是否意味着一个经济体中的每个人都能从贸易中平等获益？
4. 解释以下术语：
   a. 开放经济体
   b. 封闭经济体
   c. 进口
   d. 出口
   e. 关税
5. 从理论上看，墨西哥和美国之间的贸易与加州和得克萨斯州之间的贸易有何不同？在实际中，它们是否存在区别？
6. 在过去的几十年里，贸易占 GDP 的比重是增加了还是减少了？在 20 世纪 30 年代，美国进口占 GDP 的比重急剧下降，如何解释这一现象？
7. 什么是贸易差额？一个国家什么时候会出现贸易逆差或贸易顺差？
8. 国际核算体系对居民和公民有着明确的区分。
   a. 根据国际核算体系，哪些人会被视为美国国内居民？
   b. 假设一个美国公民在尼日利亚生活和工作。他在美国国际交易账户中会被视为"外国人"还是国内居民？
9. 列举国内居民对外国人基于收入的支付来源，

以及国内居民从外国人那里获得的基于收入的支付来源。
10. 经常账户包括哪些项目？请描述其组成。这些项目都包括在 GDP 中吗？请解释。
11. 一个国家的金融账户包括什么？经常账户与金融账户存在什么关系？
12. 什么是资本净流出？请举例解释其与净出口之间的关系。
13. 什么是外商直接投资？请举例解释外商直接投资如何使投资接受国受益。
14. 跨国公司以低工资雇用发展中国家的工厂劳动者，这是在伤害他们吗？

循证经济学习题

1. 请列举发展中经济体在从农业转向制造业的过程中所产生的经济收益和经济成本。
2. 如果工厂倾向于设在城镇，则经济发展对城市化程度有何影响？
3. 利用图 14.6 估算经济增长对童工水平的影响。比如估算一下人均 GDP 从 1 000 美元增长到 10 000 美元对童工的影响。
4. 许多工厂的童工都是女孩。由于在工厂的工资高于从事农业生产，她们往往会推迟结婚和第一胎生育。由此可见，全球化将如何改善女性的地位？

习题

1. 经济学家艾伦·布林德曾说过，凡是自己修剪草坪的经济学家或许都不理解比较优势的概念。你是否同意布林德教授的观点？
2. 你和你的室友选修了同样的课程：后现代解构主义的后现代解构。这门课要求写一篇学期论文。由于教授鼓励在论文上进行合作，所以你们决定一起完成论文，并对任务进行"贸易"。你可以在 8 小时内敲出 18 页内容，而你的室友只能敲出 10 页。如果你列提纲而非打字，在同样的 8 个小时内，你可以列出 6 篇课程阅读的提纲，而你的室友只能列出 2 篇。
    a. 谁在打字方面有绝对优势？在列提纲方面呢？请解释。
    b. 谁应该打字，谁应该列提纲？请解释。
3. 在印度，每英亩土地每季度可以生产 40 吨甘蔗或 65 蒲式耳玉米；在美国，每英亩土地每季度可以生产 20 吨甘蔗或 150 蒲式耳玉米。
    a. 哪个国家在甘蔗生产上有绝对优势？在玉米生产方面呢？请解释。
    b. 解释比较优势的概念。在这种情况下，印度的比较优势是什么？美国的比较优势是什么？
    c. 假设美国科学家研发了一项突破性的新技术，将美国的甘蔗产量提高到每英亩 75 吨（对美国的玉米产量和印度的甘蔗或玉米产量没有影响）。这将如何改变印度的比较优势？
4. 假设一名美国劳动者每年能生产 5 辆车或 10 吨粮食，而一名日本劳动者每年能生产 15 辆车或 5 吨粮食。在本题中，我们假设劳动是汽车和粮食生产中的唯一投入。
    a. 哪个国家在生产汽车方面有绝对优势？在生产粮食方面呢？
    b. 对美国来说，生产 1 辆汽车的机会成本是多少？生产 1 吨粮食的机会成本是多少？请写出求解过程。

c. 对日本来说，生产 1 辆汽车的机会成本是多少？生产 1 吨粮食的机会成本是多少？请写出求解过程。

d. 如果允许自由贸易，那么哪个国家将进口汽车？哪个国家将进口粮食？请解释。

5. 英国政治经济学家大卫·李嘉图以英国和葡萄牙生产的两种商品——葡萄酒和布匹为例来解释贸易。下表显示了英国和葡萄牙生产 1 单位葡萄酒和布匹所需的工时。

	葡萄牙	英国
葡萄酒	80	120
布匹	90	100

葡萄牙生产葡萄酒和布匹所需的工时都少于英国。重商主义者认为葡萄牙与英国的贸易没有任何好处（重商主义者认为国家积累财富的方法是让出口大于进口）。你是否同意此观点？请解释你的答案。

6. 无论是从绝对值还是从相对值看，美国的轮胎产量一直在下降。进口轮胎正在取代市场上大多数美国产轮胎。美国工会声称，由于从中国进口轮胎，美国已失去了 7 000 多个相关岗位。一篇博客文章借用这个例子鼓吹国家不应该参与自由贸易，因为这将使廉价进口商品涌入国内市场，增加国内的失业率。你认为此博主的结论是否完全正确？请解释。

7. 美国前总统特朗普认为中国正在"剥削"美国。他谴责了美国与中国的巨大贸易逆差，而且他总是说中国正在贸易问题上"扼杀"美国。与另一个国家存在贸易逆差就一定是坏事吗？解释为什么贸易逆差对美国来说可能不是一件坏事。在什么情况下，贸易逆差可能成为一个问题？

8. 假设下表是美国与世界其他地区之间的月度贸易数据。假设该清单已详尽无遗，请使用给出的信息完成本月的经常账户和金融账户表格。

交易	金额（美元）
美国对海地地震的援助	8 000 000
支付给印度软件公司的款项，用于支付印度劳动者向美国客户提供的服务	850 000
向美国生产商支付用于乙醇出口的款项	3 000 000
位于中国的沃尔玛向美国居民支付股息	10 500
来自英国的一组 IT 顾问在美国工作了几天所挣的工资	120 000
美国财政部向外国政府出售美国国债	15 000 000
美国居民给在墨西哥的其他家庭成员汇款	30 000
向中国生产商支付的钢材进口款项	8 000 000
美国政府购买外国资产	1 040 500
一位居住在迪拜的美国公民向美国的一家慈善机构捐款	30 000

经常账户和金融账户			
	来自外国人的支付	对外国的支付	净支付
商品和服务贸易			
要素支付			
净转移支付			
经常账户			
	由外国人持有的国内资产的增加值	由本国持有的外国资产的增加值	
对外国人的净销售			
金融账户			

9. 2019 年美国经常账户逆差为 4 800 亿美元，贸易逆差为 5 770 亿美元。

a. 为什么贸易逆差和经常账户逆差不同？

b. 根据本题的信息，2020 年第二季度美国的资本净流出是多少？请仔细写出解答过程，并用语言解释资本净流出的概念。

c. 假设苹果公司（总部位于美国）向西班牙的零售商额外销售了价值 5 亿美元的苹果手机。这笔交易将如何影响贸易逆差？又会怎样影响资本净流出？请解释。

d. 美国实际利率的上升将如何影响贸易逆差？又将如何影响资本净流出？请解释。

10. 在整个20世纪50—60年代，许多低人均收入国家奉行所谓的"进口替代工业化"（ISI）政策。为了促进国内工业的发展，印度以及非洲和拉丁美洲的许多国家都拒绝贸易。正如《经济学人》的文章《折磨穷人》（2001年9月27日）所指出的，"总的来说，进口替代工业化政策失败了；几乎在所有地方，贸易都有利于增长"。这篇文章指出，那些追求进口替代工业化政策的国家的增长都不尽如人意。那些支持开放贸易的国家（主要在亚洲）则增长得更快。基于本章的讨论，推测进口代替工业化政策为何最终失败，以及为什么说"全球经济一体化"促进了经济增长和发展。

11. 印度仍对数个行业的外商直接投资进行严格监管。经过激烈的辩论，印度政府最近放松了零售业的外商直接投资限制。据称，由于国家安全和可能造成失业等原因，该国许多经济领域（如国防、核能和炼油）仍没有完全对外商直接投资开放。假设你被聘为该国政府的外商直接投资工作组成员。你对该国政府有什么建议？请解释你的理由。

12. 咖啡市场是现存的全球化程度最高且最不稳定的商品市场之一。就贸易价值而言，它仅次于石油。世界上有70多个国家生产咖啡，其中的大多数都是拉丁美洲、非洲和亚洲的低收入国家。近年来，一场支持"咖啡公平贸易"的运动蔚然成风，该运动旨在改善贫困国家咖啡生产者的条件和增加他们的收入。思考支持和反对咖啡公平贸易运动的主要理由。对比咖啡公平贸易政策和本章循证经济学中所讨论的越南耐克案例，找出其相似之处并进行评论。

第 15 章 开放经济的宏观经济学

乔治·索罗斯是如何赚到 10 亿美元的？

1992 年夏，乔治·索罗斯向英国央行发起挑战。实质上，他把全部身家都押在了英镑相对于其他货币的贬值上。当年 9 月初，英镑价值暴跌。索罗斯为自己和投资者赚取了近 10 亿美元的利润。索罗斯是怎么知道英镑即将崩溃的呢？

在本章中，我们将探讨外汇市场及其与实体经济之间的关系。我们将在循证经济学部分分析索罗斯的策略。

重要概念

- 名义汇率是一个国家的货币可兑换成另一个国家的货币的比率。
- 在浮动汇率制中，名义汇率取决于外汇市场的供求状况。
- 固定汇率或管理汇率受政府控制。
- 实际汇率是两国一篮子商品和服务的价格之比（例如，全部换算成美元），因此会影响一国对另一国的净出口。
- 净出口的下降会降低劳动需求和 GDP，并可能导致失业。

15.1 汇率

如前一章中所述，贸易和投资把全世界的经济体连为一体。例如，2019 年，美国从中国进口了大约 4 520 亿美元的商品和服务。但这种交易是如何发生的？毕竟，美国几

本章概览

15.1	15.2	EBE	15.3	15.4
汇率	外汇市场	乔治·索罗斯是如何赚到 10 亿美元的？	实际汇率与出口	开放经济体的 GDP

乎所有的交易都使用美元，而中国的大多数交易都是使用自己的货币人民币进行的（单位为元）。

许多国家都拥有自己用于经济交易的货币：英国有英镑，日本有日元，墨西哥有比索，印度有卢比，等等。欧元是一个例外，它不是一国单独使用的货币，而是19个欧洲国家的共用货币（截至2021年）。欧元于1999年首次推出，目前是仅次于美元的第二大交易货币。

名义汇率

沃尔玛销售从中国进口的玩具。沃尔玛是如何决定从中国购买这些玩具，而不从美国的玩具制造商那里购买类似玩具的？

要回答这个问题，我们需要理解名义汇率的概念。**名义汇率**是一国货币以另一国货币为单位的价格。说得更具体一点，名义汇率就是1单位本币所能购买的外币单位数量。有时你会发现名义汇率也被简称为"汇率"（我们在第6章使用的"汇率"一词即名义汇率）。在本章中，我们通常会使用其全称，即名义汇率，以将其与本章稍后讨论的另一类型的汇率相区分。

在下式中，名义汇率用符号 e 表示：

$$e = \frac{\text{外币的单位数量}}{1 \text{ 单位本币}}$$

例如，如果人民币兑美元的汇率是6.46元/美元，那么持有1美元的人可以用这1美元兑换6.46元的人民币。

$$e = 6.46 \text{ 元} / \text{美元} = \frac{6.46 \text{ 元}}{1 \text{ 美元}}$$

e 的值越大，1美元可以买到的外币单位数量就越多。当名义汇率上升时，我们说本币对外币升值。当名义汇率下降时，我们说本币对外币贬值。

我们也可以用元/美元的汇率来计算1元人民币的美元价值。当元/美元汇率为 e 时，1元人民币可以购买的美元单位数为 $1/e$。换句话说，1元人民币相当于 $1/e = 1/6.46 ≈ 0.15$ 美元。

请注意，一种货币的升值，即 e 的上升，总是意味着相对应货币的贬值。美元对人民币升值意味着 e 在上升，此时人民币则相对美元贬值，即 $1/e$ 在下降。

表15.1显示了2021年1月4日一些主要货币的 e 和 $1/e$。上述讨论和表15.1都清楚地表明，e（例如：元/美元）和 $1/e$（例如：美元/元）所传达的信息是相同的。在报纸上，你会看到汇率有时用"元/美元"或"欧元/美元"来表示，有时用"美元/元"或"美

元/欧元"来表示。在这一章中，为避免混淆，我们把本币汇率 e 定义为 1 单位本币可以购买的外币单位数量，如 1 美元可兑换的人民币数量或 1 美元可兑换的欧元数量（在以美元为本币的情况下）。

表 15.1 名义汇率 e 和 1/e

	英镑/美元	欧元/美元	墨西哥比索/美元	瑞士法郎/美元	元/美元
e	0.74	1.23	19.94	0.88	6.46
	美元/英镑	美元/欧元	美元/墨西哥比索	美元/瑞士法郎	美元/元
1/e	1.36	0.81	0.05	1.14	0.15

注：2021 年 1 月 4 日几种主要货币的名义汇率 e 和 1/e。
资料来源：美国联邦储备委员会。

现在让我们回到沃尔玛的采购决策——沃尔玛应该从中国制造商还是美国制造商那里购买玩具？沃尔玛需要将中国制造商以 20 元人民币单价销售的玩具和其美国竞争对手以 5 美元单价销售的相同玩具进行对比，并决定到底哪个更便宜。（为了简化分析，我们忽略了运输成本。）为了实现这种对比，沃尔玛需要通过使用名义汇率来使人民币价格和美元价格具有可比性。例如，2021 年 1 月 4 日，元/美元汇率是 6.46，所以中国制造玩具的美元价格为：

$$美元成本 = 以元计价的成本 \times \frac{美元}{元}$$

$$= 以元计价的成本 \times \frac{1}{e} = 20 \times \frac{1}{6.46} \approx 3.10 \text{ 美元}$$

你可以发现，中国制造玩具的成本以美元计算只有 3 美元多一点，低于美国制造玩具的 5 美元。因此，从中国制造商那里购买这种玩具更划算。

浮动汇率、管理汇率和固定汇率

图 15.1 显示了元/美元和欧元/美元两种名义汇率的历史变动。这两种名义汇率都随时间而变化。

不过，元/美元汇率曾经在很长一段时间里没有发生任何变化。例如，从 1998 年末到 2005 年，元/美元的汇率一直是 1 美元兑 8.28 元。同样，2008 年中至 2010 年中，元/美元汇率几乎稳定在 1 美元兑 6.82 元。元/美元汇率既曾经历突然升值期，也经历过缓慢向一个方向浮动的时期。例如，从 2005 年到 2008 年中，美元相对于人民币缓慢而持续地贬值（元/美元汇率因此下降）。相比之下，2014—2017 年，美元相对于人民币有升值趋势（元/美元汇率因此上升）。

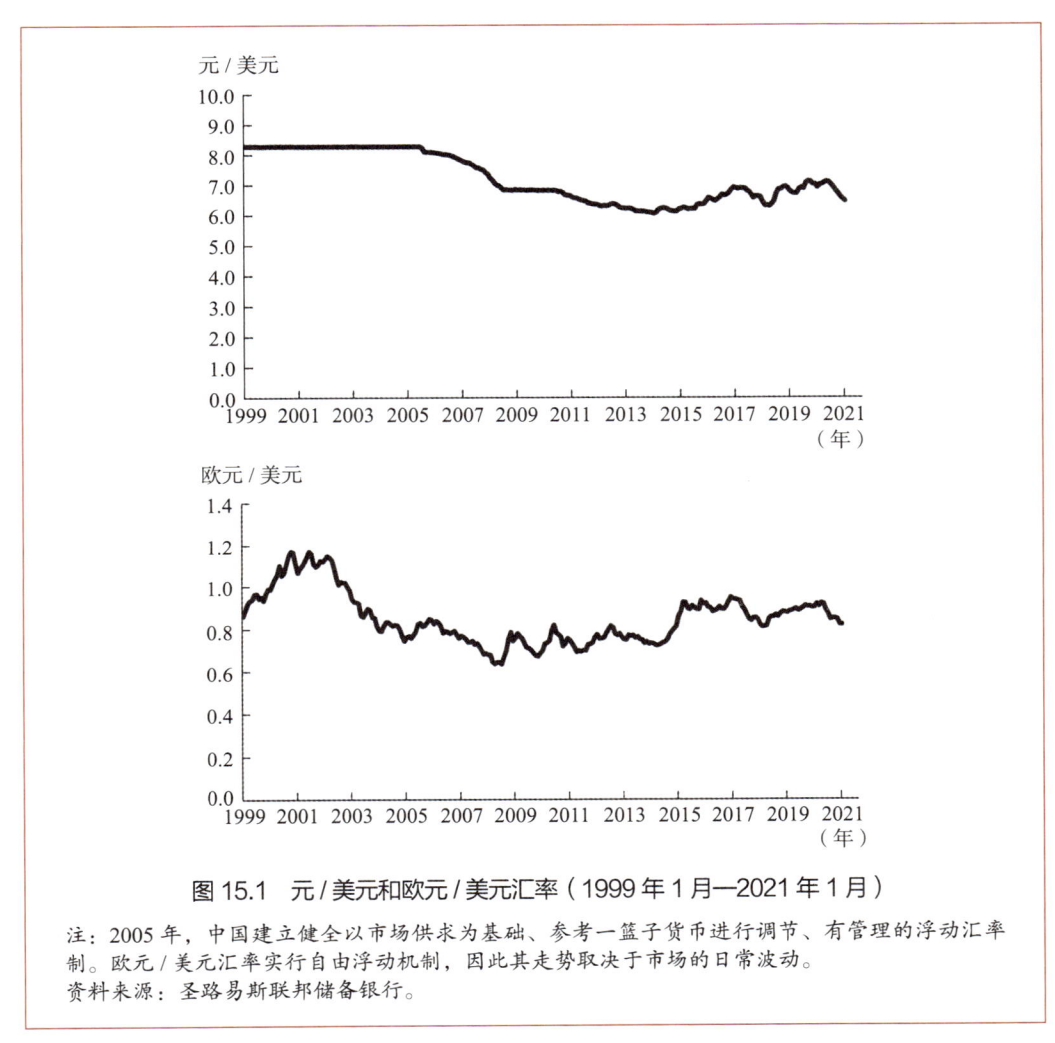

图 15.1　元/美元和欧元/美元汇率（1999 年 1 月—2021 年 1 月）

注：2005 年，中国建立健全以市场供求为基础、参考一篮子货币进行调节、有管理的浮动汇率制。欧元/美元汇率实行自由浮动机制，因此其走势取决于市场的日常波动。
资料来源：圣路易斯联邦储备银行。

相比之下，欧元/美元汇率的走势与元/美元汇率的走势并不相同。两者最重要的一个区别在于，欧元/美元汇率从未完全固定。此外，欧元/美元汇率既没有像 2005 年元/美元汇率那样直线下跌，也没有像 2005—2008 年的元/美元汇率那样连续多年平稳地朝着同一方向波动。

之所以会出现这些差异，是因为欧元/美元汇率完全或几乎不受政府干预。欧元/美元汇率每天都在随着市场力量的变化而上下波动。这种汇率被称为**弹性汇率**，或**浮动汇率**。

另外一种极端情况是，政府会为汇率设定一个固定值，并通过干预来维系该固定值。在这种情况下，我们说该国实行**固定汇率**。例如，自 1987 年至本书出版，1 美元一直能够兑换 3.75 沙特阿拉伯里亚尔。

还有一种中间情况。自 2005 年之后，元/美元的汇率既不属于浮动汇率，也不属于固定汇率。事实上，它是一种**管理汇率**：中国政府会影响其变动。管理汇率可以在一段时期内保持稳定，但不会永远保持稳定。在这种机制下的汇率变化通常是一种温和缓慢的双向波动。例如，中国政府在 2005—2008 年允许美元相对于人民币贬值（因此元/美元汇率在这一段时间内出现下跌）。相比之下，自 2014 年之后，中国大多时候都是在让美元相对于人民币升值。从 2017 年开始，中国政府对人民币的管理愈加宽松。如今人民币实行的是一种宽松管理式的汇率机制，这意味着中国政府会对人民币的日常汇率进行微调，但不会固定或竭力影响其长期价值。

我们将在本章后面解释为什么一个国家会实行管理汇率或固定汇率。就目前而言，我们只需要知道这么做的理由有很多，例如有的国家相信，管理汇率或固定汇率能够保证国内经济的稳定性，并可能促进国际贸易。

15.2　外汇市场

外汇市场是进行货币交易并决定名义汇率的全球金融市场。为了说明这一市场的作用，我们假设中国国航希望增加 5 架波音梦想客机，每架售价为 2 亿美元。为了完成交易，中国国航需要向波音公司支付美元（因为大多数全球贸易都是以美元进行的）。因此，中国国航需要进入外汇市场，以人民币购入所需要的 10 亿美元（5×2 亿美元）。由于元/美元汇率 e = 6.46，所以中国国航将以 64.6 亿元人民币换取 10 亿美元。

与其他市场一样，供需曲线决定均衡价格，即外汇市场的均衡汇率。图 15.2 展示了外汇市场的供需曲线。x 轴表示外汇市场上可用于交易的美元数量。我们用 y 轴上的元/美元汇率来表示以人民币兑换的 1 美元的价值或"价格"，即 1 美元能买多少元人民币。如前所述，我们用 1 美元可兑换的外币单位数量来表示名义汇率。

每架波音公司梦想客机售价 2 亿美元。如果一家中国航空公司想要购置一架此类型飞机，它就需要在外汇市场上以（e×2 亿美元）人民币兑换 2 亿美元。按照 e = 6.46 元/美元汇率，2 亿美元约相当于 12.9 亿元人民币。

图 15.2（a）中的美元需求曲线展现了美元需求量与汇率之间的关系。需求曲线代表了试图在外汇市场上用人民币购买美元的交易者。因此，中国国航对美元的需求就反映在这条需求曲线上。当然，数以百万计的其他经济主体也将试图通过出售人民币来获得美元。所有这些主体的行为构成了美元的需求曲线。

要理解为什么人民币兑美元的需求曲线是向下倾斜的，我们就需要考虑到美元的升值，也就是人民币的贬值。美元升值将使图15.2（a）中的汇率从 A 移动到 B。美元升值意味着，每 1 美元能买到的人民币变多，每 1 元人民币能买到的美元则变少。现在，以人民币计价的每架波音飞机的价格都比以前更高。中国国航的收入（大部分）是以人民币支付的，因此中国国航关心的是以人民币计价的波音梦想客机价格。以人民币计价的梦想客机价格走高，会导致中国国航减少对梦想客机的需求。这意味着美元需求量将下降——飞机需求量下降，美元的需求量就会随之下降。美元升值就是这样导致了美元需求量的减少。这样的例子解释了为什么图中的需求曲线会向下倾斜。

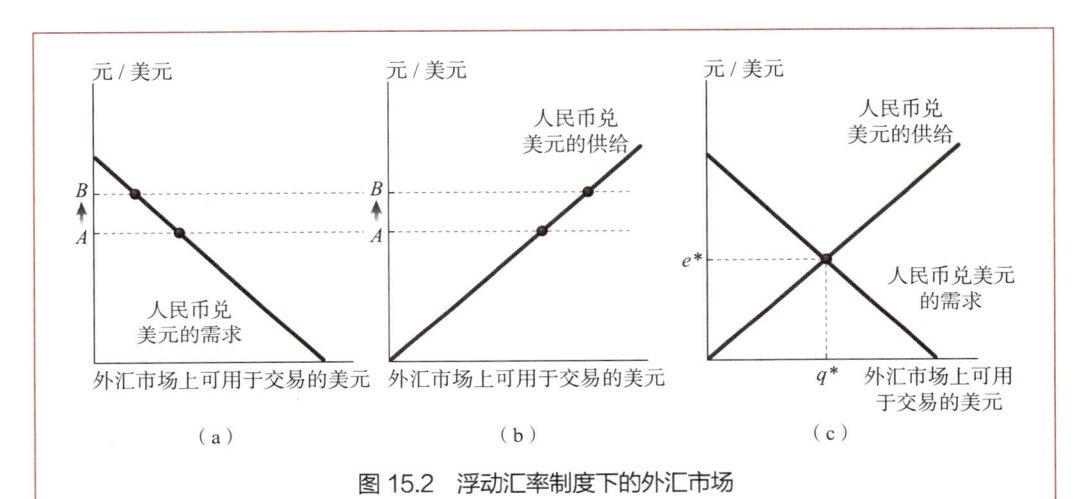

图15.2 浮动汇率制度下的外汇市场

注：图（a）中人民币兑换美元的需求曲线向下倾斜，因为美元升值（从 A 到 B 的移动）提高了中国企业和消费者所面临的美国商品的价格，从而减少了他们的商品需求数量，这导致他们所需的美元数量也出现下降。图（b）中人民币兑美元的供给曲线向上倾斜，因为美元升值（从 A 到 B 的移动）增加了美国买家从中国生产商那里购买的商品数量，从而提高了中国生产商的美元收入及其向外汇市场供给的美元数量。图（c）中需求曲线和供给曲线的交点给出了浮动汇率制度下的均衡汇率 e^*。

图15.2（b）中的美元供给曲线则展示了美元供给量与汇率之间的关系。这条美元供给曲线代表的是那些试图通过出售美元来获得人民币的交易。例如，中国的制造商向美国出口其产品后通常会得到美元，他们需要把这些美元兑换成人民币，这样他们才能支付劳动者工资，给供应商结款。数百万家庭和企业用美元兑换人民币的交易构成了美元供给曲线。

供给曲线（用人民币兑换美元）向上倾斜的原因与需求曲线（用人民币兑换美元）向下倾斜的原因有关。当美元升值（人民币贬值）时，汇率从 A 移动到 B，每 1 美元可以换得更多的人民币。这意味着所有中国产品的价格（例如中国制造商生产的玩具）以美元计会变得更加便宜——注意，当绘制美元供给（或需求）曲线时，我们保持其他价格不变，比如以人民币计价的中国制造的玩具的价格。由于美元升值使美国消费者可以用更少的美元从中国进口商品，因此美国消费者和企业会增加对中国商品的购买量。这意味着中国企业将获得更多的美元收入，因此它们会向外汇市场供给更多的美元。综上所述，元／美元汇率的上升会使美元供给量增加，因此供给曲线会向上倾斜。

在弹性汇率制度下，均衡汇率是由外汇市场均衡给出的，它对应的是使供给等于需求的汇率水平。在图 15.2（c）中，供给曲线和需求曲线的交点对应着数量 q^* 和价格（元／美元）e^*。如前所述，元／美元汇率并非完全浮动汇率，而是一种管理汇率，因此，图 15.2（c）显示的是在没有任何中国政府干预情况下的元／美元汇率。事实上，中国政府一直在逐步缩小对外汇市场的干预范围，这使得元／美元汇率市场越来越接近图 15.2（c）所示的浮动汇率制度下的情况。

如果中国国航发现中国民众乘坐飞机旅行的需求突然上升，均衡汇率会发生什么变化？国航将需要更多飞机，因此它对飞机的需求曲线将发生移动。比如，在价格不变的情况下，它对梦想客机的需求从 5 架上升到 10 架。于是，在包括汇率等价格不变的情况下，国航对美元的需求将增加 10 亿美元（5×2 亿美元）。根据图 15.2（c），这对应着美元需求曲线发生 10 亿美元的右移，如图 15.3 所示。

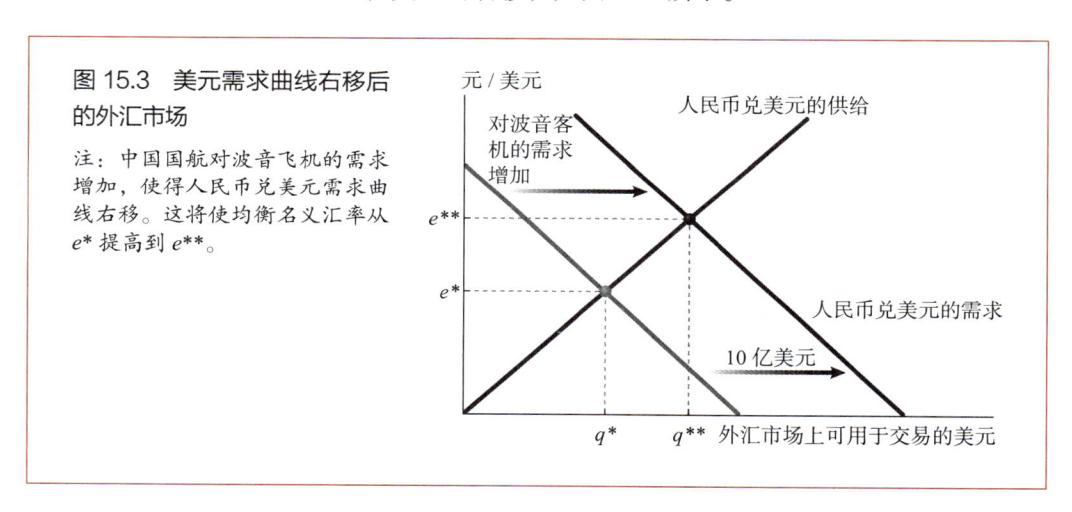

图 15.3 美元需求曲线右移后的外汇市场

注：中国国航对波音飞机的需求增加，使得人民币兑美元需求曲线右移。这将使均衡名义汇率从 e^* 提高到 e^{**}。

在浮动汇率下，美元需求曲线的右移将使元／美元的均衡汇率上升，这意味着 1 美元现在可以买到更多的人民币。套用之前介绍的术语，我们会发现，在浮动汇率下，对波音飞机需求的上升会使美元相对于人民币升值（或者说使人民币相对于美元贬值）。

政府如何干预外汇市场？

当汇率并非自由浮动时，均衡是如何发挥作用的？如果一国政府试图通过管理汇率制度或固定汇率制度来控制其汇率，我们就说该汇率是被政府"钉住"的。

在汇率方面，中国过去一直使人民币相对于美元被大幅低估，但后来情况已不再如此。换言之，相对于人民币，在中国实行人民币汇率并轨以前美元一直在某种程度上被高估。图15.4展示了元/美元汇率市场，并揭示了人民币被低估和美元被高估的影响。汇率被钉住在平行于 x 轴的实线所示的水平。美元被高估是因为用人民币表示的美元价格高于其在浮动汇率制度下的水平。浮动汇率下的均衡汇率仍然用 $e*$ 表示。被钉住的美元汇率高于位于供需曲线交点的市场出清价格。

图15.4 钉住汇率下，外汇市场上美元相对于人民币的价值被高估

注：为了维系美元被高估（或者说人民币被低估），中国政府需要通过用人民币购买美元的方式来吸收超额的美元供给，其必须购买的美元数量为钉住汇率下美元供给量与需求量的差值。

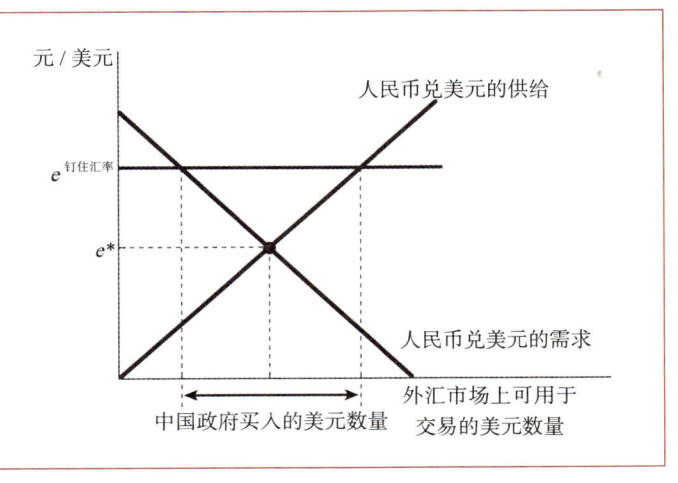

在钉住汇率水平上，美元供给量超过了需求量。如果政府只是宣布钉住汇率，而不采取任何措施，那么供求力量将使元/美元汇率低于钉住汇率。我们说过，供给曲线表示的是以特定元/美元汇率向人民币兑美元外汇市场供应的美元数量。如果在特定的元/美元汇率下，美元的供给量超过了需求量，市场就会出现美元的超额供给，而这会压低美元的价格。换句话说，美元的价格——汇率会下降，所以美元会相对于人民币贬值。这一过程将使元/美元汇率从钉住汇率向位于供求曲线交点的市场出清价格靠拢。

这一分析表明，简单宣布一个目标汇率的做法，几乎不会对外汇市场上的实际汇率产生任何影响。由于在钉住的元/美元汇率下美元供给量超过了其需求量，因此中国政府需要通过买进美元、卖出人民币来吸收超额的供给。图15.4表明，为了保持钉住汇率高于市场出清汇率，换句话说，为了保持美元被高估，中国政府不得不持续买入美元、卖出人民币。

中国政府实际上就是这么做的。1990—2014年，中国央行的外汇储备增加到近4万亿美元。这些储备大部分是美元，但中国央行也购买了其他货币。图15.4中的分析显示了在钉住汇率下，也就是当美元被高估从而人民币被低估时，中国政府为何有必要买入美元。

在关于中国汇率政策的"用数据说话"专栏中，我们将详细解释中国政府为何要采取这种策略：美元被高估（人民币被低估）会增加中国的净出口。我们也会介绍中国在2014年之后的政策变化：中国结束了高估美元的政策，并允许元/美元汇率向位于 $e*$ 的市场出清值靠拢。

维持被高估的汇率

图 15.4 使得维系固定汇率看起来很容易。中国政府通过购入美元建立了自己的美元储备，为此，中国只需要供给人民币。这看上去轻而易举，因为任何一个拥有自己货币的国家都有权以实体或电子方式发行其想要的任何数量的货币。因此，至少在短期内，维系本国货币被低估似乎是可行的。然而，如果你的本国货币不是被低估而是被高估，想要维系汇率就不是很容易了。

在许多情况下，各国都试图将其汇率设定在一个使本国货币被高估的水平上。让我们以墨西哥比索与美元之间的汇率为例，来看一下一个国家为什么会这样做。按照惯例，我们使用比索/美元来计算汇率。为什么墨西哥政府希望比索被高估，美元被低估？

大多数国家会经常向外国贷款机构借款。在墨西哥等发展中国家，这些贷款通常以美元计价。所以墨西哥的借款者借到的都是美元，而当贷款到期时，他们也要用美元而不是比索来偿还。以一个具体数据为例，假设包括墨西哥政府和墨西哥企业在内的墨西哥借款者从美国的银行那里借了 10 亿美元。如果比索/美元汇率为 20，也就是说 20 比索可以换得 1 美元，那么墨西哥借款者就需要 200 亿比索来偿还以美元计价的债务。

现在假设在 1 美元兑 20 比索的汇率下美元被低估，在浮动的汇率制度下，市场出清汇率是 1 美元兑 30 比索。如果墨西哥政府允许被低估的美元升值（这相当于允许被高估的比索贬值），结果会怎样？这种情况会导致多方面的结果，其中之一便是墨西哥借款者现在需要用 300 亿比索而不是以前的 200 亿比索来偿还他们 10 亿美元的债务。允许美元升值，从而让比索贬值，突然增加了墨西哥借款者偿还美元债务所需的比索数量。

比索被高估对墨西哥还有其他好处。美元被低估，也就是说比索被高估，降低了墨西哥消费者用比索从美国进口商品的成本。因此，墨西哥政府可以通过低估美元和高估比索来保持低物价和低通货膨胀。例如，假设一部苹果手机进口到墨西哥的价格为 500 美元。如果 1 美元兑换 20 比索，那么苹果手机的当地价格就是 10 000 比索。此时苹果手机的价格（以比索计算）要比把汇率升至 1 美元兑 30 比索时要低。按照 1 美元兑 30 比索的汇率，苹果手机在当地的售价将上升至 15 000 比索。这样的价格上涨会推高墨西哥的整体通货膨胀率。

各国保持本国货币被高估的另一个原因是，货币贬值往往被视为政府政策的失败。一种贬值的货币（有时被莫名其妙地称为"弱势货币"）时常被认为是一个弱势政府或一个弱势国家的标志。这种看法可能会给一些国家的当权者带来困扰。出于这个原因，美国财政部官员会经常重复一个口头禅，那就是他们支持"强势美元政策"。美国公众不喜欢听到政界人士将任何"弱势"的东西与美国相联系，包括其货币。

无论出于何种动机，许多国家政府都通过对外汇市场的干预来维系本国货币被高估。但我们下面会讨论，货币被高估的代价非常高昂。此外，货币被高估比货币被低估更难以维系。图15.5展示了比索被高估（即美元被低估）的情况。图15.5与图15.4非常相似，但代表钉住汇率的水平线现在低于由供需曲线交点给出的市场出清价格 e^*。所以，美元兑比索的汇率处在浮动汇率制度下均衡汇率的下方，也就是说，与在市场出清价格下相比，现在1美元兑换的比索数减少了。因此，美元被低估了，比索被高估了。

图15.5 钉住汇率下，外汇市场上美元相对于比索的价值被低估

注：为了维持美元被低估，也就是比索被高估，墨西哥政府需要供给美元以购买比索。在钉住汇率下，墨西哥政府必须供给的美元数量为美元需求量与供给量的差值。

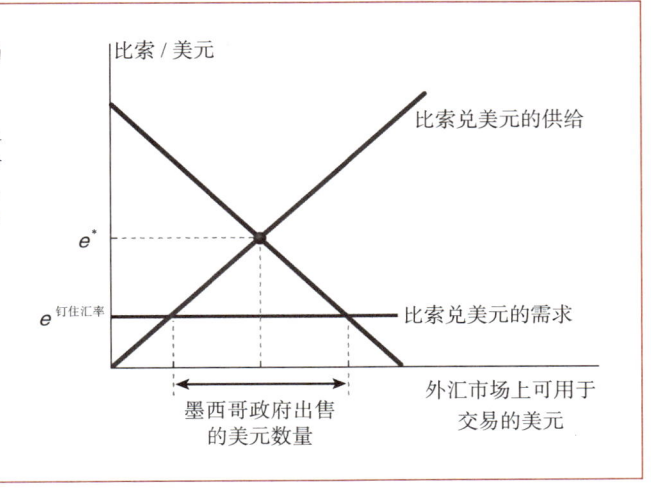

图15.5展示了墨西哥政府大体上会如何维系比索被高估（从而维系美元被低估）。不同于图15.4中的美元供给量超过其需求量，在图15.5中，美元供给量低于其需求量。为了将比索/美元汇率维系在钉住汇率水平，墨西哥政府不得不卖出美元，买进比索。如果墨西哥政府拥有大量美元储备，那么这当然不是个问题。但这种政策他们能维系多久呢？

在图15.4所述情况中，中国政府可以不断地通过卖出人民币来买入美元。虽然墨西哥政府可以随心所欲地发行任意数量的比索，但维系比索相对于美元被高估的汇率并不依赖于创造更多的比索。相反，墨西哥政府需要通过不断地抛售美元来支撑被高估的比索。因为不能创造新的美元，墨西哥政府不得不动用其有限的美元储备。一旦需要供给的美元数量超过了储备，比索被高估的情况就无法维系。此时墨西哥的美元储备即将耗尽，比索被高估的情况不可能长久维系下去。不管墨西哥政府如何公开表态，它都将被迫放弃钉住汇率，允许比索贬值和美元升值，而这意味着每1美元所兑换的比索数量将上升。

以上的讨论显示出，只要一个国家拥有足够的美元储备，它就可以在一段时间内维系被高估的汇率。但是这种情况不能无限期地持续下去。如果比索/美元汇率过分低于供需均衡水平（意味着美元被低估而比索被高估），那么对美元的超额需求就会持续，而这种超额需求将使试图维系比索被高估的墨西哥政府的美元储备消耗殆尽。因此，虽然墨西哥曾经试图采取高估本国货币的政策，但自1995年以后，墨西哥比索兑美元汇率已基本上实现了位于供需曲线交点处的均衡汇率浮动。

无论各国政府采取何种措施，市场压力往往会将包括汇率在内的金融市场价格推至其市场出清水平。在有些情况下，这种压力是逐渐起作用的。但在其他情况下，这种压力会导致极其严重的后果，比如我们将在"循证经济学"专栏中讨论的这个例子。

选择与结果

固定汇率和腐败

- 一些实行固定汇率制的发展中国家会公布一个高估本国货币的官方汇率，然后再规定谁有权以高估的汇率将本国货币兑换成美元。这与图15.5所描述的美元被低估，也就是本国货币被高估的情况颇为类似。如图15.5所示，在官方的钉住汇率下，美元的供给低于美元的需求，而在实行定量配给的情况下，政府将无法满足部分对美元的需求。政府会选择谁可以用美元被低估而当地货币被高估的价格出售当地货币。在这种情况下，一个地下美元交易市场就诞生了。地下经济是指所有对政府隐藏的交易，地下美元交易只是其中的一部分。地下市场的汇率是由供求关系决定的，与官方的固定汇率相比，这里的汇率对本国货币的卖家更为不利。

- 例如，2016年11月，委内瑞拉官方汇率为1美元兑10玻利瓦尔，但在地下市场，这一汇率为1美元兑1 500多玻利瓦尔。[1] 因此，如果一个委内瑞拉人想卖出1 000玻利瓦尔来换取美元，按官方汇率，他可以得到100（1 000/10）美元，但按地下市场汇率，他只能得到0.67（1 000/1 500）美元。显而易见，在这种情况下，每个拥有玻利瓦尔的人都希望以更有利的官方汇率购买美元。但委内瑞拉政府不允许这样做，它拒绝以官方汇率向所有要求用玻利瓦尔购买美元的委内瑞拉人出售美元。那些被拒绝的人要么得不到美元，要么就必须在地下市场为美元支付更高的价格——要知道，地下市场的汇率是前者的150多倍。

- 一些按官方汇率兑换美元的人可能会转而以高得多的地下市场汇率出售美元，这就让情况变得更为复杂。这种地下交易是非法的，但在大多数情况下，只有政府的反对者从事这类交易才会遭到起诉。估计你能猜出谁会从这个系统中受益。

- 毫不意外，许多政府官员以被高估的汇率为他们的朋友、亲信和他们自己谋利。他们通过从官方渠道获得的被人为压低价格的美元而直接获利。然而，这样的系统最终会走向崩溃，因为它毫无效率。但是，在它存续期间，那些政客和他们的同党借此攫取了数十亿美元的利润。

循证经济学

乔治·索罗斯是如何赚到10亿美元的？

- 1990—1992年，英镑实行钉住德国马克的汇率制度，后者是德国在改用欧元之前使用的币种。马克与英镑之间的汇率最初被固定在一个基本不需要政府干预的水平上。然而，在1992年，不断变化的市场力量给英镑带来了贬值的压力。1992年夏，英国政府动用了大约240亿美元的外汇储备来维系英镑的钉住汇率。1992年9月16日，当新一轮英镑抛售浪潮冲击市场时，英国政府的外汇储备已所剩无几。当天结束时，英国政府放弃了支撑英镑汇率的努力，允许英镑大幅贬值，其具体情况如图15.6所示。这一天后来被称为"黑色星期三"。

图15.6 马克/英镑汇率（1991年1月—1992年12月）

注：1992年经济状况的变化意味着英镑被高估。英国政府试图用其外汇储备维持其货币被高估的情况，导致其外汇储备在8月，特别是在1992年9月初急剧下降。9月16日，英国政府放弃了支撑英镑汇率的努力，允许英镑大幅贬值。

资料来源：美国联邦储备委员会。

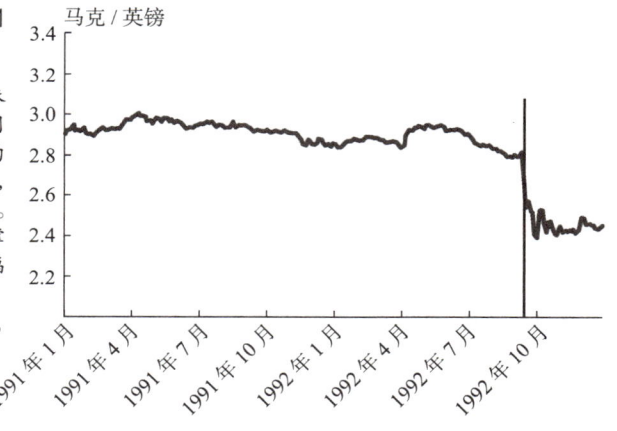

- 导致"黑色星期三"的事件造就了市场上的赢家和输家。其中的赢家便是外汇交易者，尤其是乔治·索罗斯。为了做空英镑，他借入价值约100亿美元的英镑，然后用这些英镑购买了德国马克。在"黑色星期三"之后，德国马克相对于英镑升值，因此，索罗斯欠下的英镑债务用升值的马克偿还会更便宜。据说，索罗斯从这些交易中获利超过10亿美元。这些交易利润使索罗斯和他的对冲基金的投资者大获其利。

- 在进行这些投资时，索罗斯运用的不过是基本的经济推理。他明白英国政府在1992年夏天时就已经

记者们把乔治·索罗斯称作"打垮英格兰银行的人"。他在1992年做空英镑，并凭借随后的英镑贬值赚取了10亿美元。

第15章 开放经济的宏观经济学

耗尽了德国马克等外汇储备。索罗斯成功让英国政府额外消耗了价值数十亿美元的外汇储备（他用英镑在外汇市场上购买了价值100亿美元的马克），而这最终迫使英国政府出手。索罗斯抛售英镑和买进马克的举动加速了英国政府外汇储备的流失，并最终让英国政府相信它已经无法抵挡英镑的抛售潮。

- "黑色星期三"的输家包括英国政府，英国政府因为花费了数十亿美元的外汇储备来支撑英镑而遭受了巨大的损失。英国政府出售的外汇储备后来对英镑升值，这使其最终蒙受了约60亿美元的交易损失。

问题	答案	数据	注意事项
乔治·索罗斯是如何赚到10亿美元的？	乔治·索罗斯在英镑贬值前做空了被高估的英镑。索罗斯借入英镑，然后用这些英镑购买德国马克。1992年9月16日，英国政府臣服于市场压力并使英镑贬值。这一天后来被称为"黑色星期三"。在那一刻，索罗斯对德国马克的投资价值超过了他以英镑计价的债务的价值。	汇率和外汇储备数据。	乔治·索罗斯和其他投机者曾多次做空他们认为被高估的货币，但这些押注并不总能让他们获利，因为政府有时能成功维系被高估的汇率。

15.3 实际汇率与出口

到目前为止，我们关注的一直是名义汇率。这是金融网站每天在报道的汇率，也是外汇市场上使供求均衡的汇率。然而，实际上对宏观经济和贸易至关重要的是另一种汇率，即所谓的实际汇率。我们现在来定义实际汇率，并解释为什么它在影响贸易流动方面发挥着如此重要的作用。

从名义汇率到实际汇率

如前文所述，为做出采购决策，沃尔玛会比较国内制造商和国外制造商的成本，并根据汇率进行调整。例如，在保证质量相同的情况下，沃尔玛会将中国造的玩具的隐含美元价格与美国造的类似玩具的美元价格进行比较。沃尔玛实质上感兴趣的是以下比率：

$$\frac{美国玩具的美元价格}{中国玩具的美元价格}$$

如果这个比率大于1，美国玩具就比中国玩具贵，沃尔玛就会从中国供应商那里采购。然而，如果这个比率小于1，美国玩具就比中国玩具便宜，沃尔玛就会从美国供应商那里采购。

这个比率包含了两种不同的信息：以两国各自本币计算的玩具价格，以及使沃尔玛能够将人民币价格转换成美元价格的元/美元汇率。分子是美国供应商报给沃尔玛的价格。如果美国制造商以每件 5 美元的价格向沃尔玛供应玩具，那么 5 美元就是分子。

要计算中国玩具的美元价格，我们需要用中国玩具的人民币价格（元）乘每 1 元人民币可兑换的美元数量。我们知道，e 是元/美元的名义汇率。每 1 元人民币可兑换的美元数量为 $1/e$。因此，中国玩具的美元价格可以计算为：

$$中国玩具的美元价格 = 中国玩具的人民币价格 \times \frac{美元}{元}$$

$$= 中国玩具的人民币价格 \times \frac{1}{e}$$

例如，如果一个中国玩具的价格是 20 元人民币，而名义汇率是 1 美元兑 6.46 元人民币，那么中国玩具的美元价格为：

$$20 \times \frac{1}{6.46} = \frac{20}{6.46} \approx 3.10 \text{ 美元}$$

把以上各部分结合起来，我们可以将最初的比率重写为：

$$\frac{美国玩具的美元价格}{中国玩具的美元价格} = \frac{美国玩具的美元价格}{中国玩具的人民币价格 \times \frac{1}{e}}$$

$$= \frac{美国玩具的美元价格 \times e}{中国玩具的人民币价格}$$

这个比率代表的是经汇率调整的美国玩具和中国玩具的相对价格。所有企业在采购产品时都会做这些计算。

这一比率是每家公司采购决策的核心，经济学家为它起了一个特殊的名字。我们将这个比率定义为一般的一篮子商品和服务，并将其称为实际汇率。用美国一篮子商品和服务的美元价格除以外国（比如中国）同一篮子商品和服务的美元价格，我们便可以得到美元的**实际汇率**。与之前玩具例子的推导类似，美元和人民币的总体实际汇率可写成：

$$\frac{美国篮子的美元价格}{中国篮子的美元价格} = \frac{美国篮子的美元价格 \times e}{中国篮子的人民币价格}$$

其中，"美国篮子的美元价格"指的是美国一篮子商品和服务的价格。"中国篮子的人民币价格"是同一篮子商品和服务在中国的价格。通过使用名义汇率，我们使美国篮子（以美元计价）和中国篮子（以人民币计价）具有了可比性。

名义汇率和实际汇率的联动

上述公式表明，实际汇率部分取决于名义汇率，部分取决于美元价格水平与人民币价格水平的比率。如果美元和人民币价格不随名义汇率变化，那么实际汇率与名义汇率应该成比例地变动。短期情况的确如此，但长期却未必。

首先，让我们思考一下名义汇率变动的短期结果。图 15.7 绘制了英镑和美元之间的名义汇率（英镑/美元，将 1950 年的值标准化为基数 100）以及实际汇率（美国一篮子商品和服务的美元价格除以英国同一篮子商品和服务的美元价格，同样将 1950 年的值标准化为基数 100）。该图显示，在短期内，英镑/美元的名义汇率几乎与实际汇率走势一致。换句话说，在大多数情况下，名义汇率和实际汇率会同时升值和贬值。

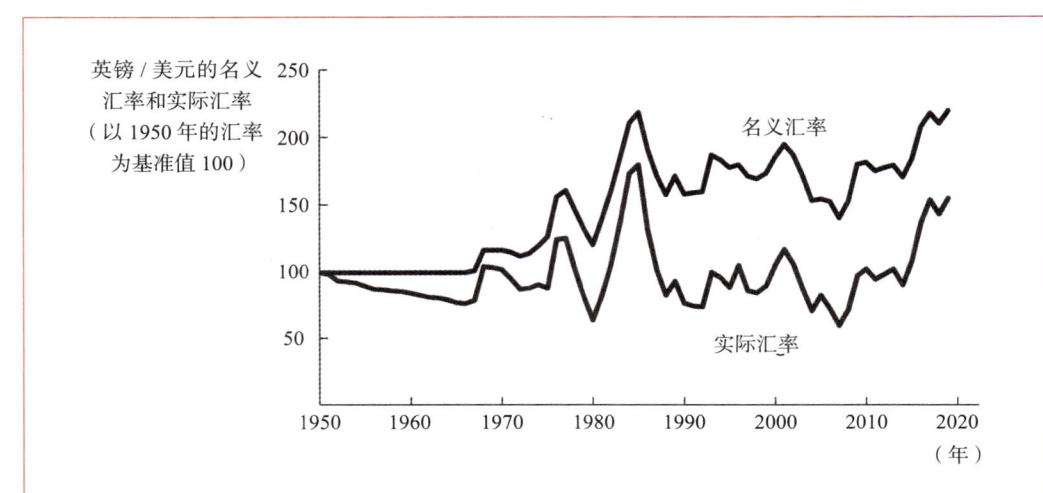

图 15.7 英镑/美元的名义汇率和实际汇率（1950—2019）

注：图中显示的是英镑与美元之间的名义汇率（英镑/美元）和两种货币之间的实际汇率（美国一篮子商品和服务的美元价格除以英国同一篮子商品和服务的美元价格）。英镑和美元在 1966 年之前互相钉住，所以 1950—1966 年的名义汇率基本是不变的。然而 1950—1966 年的实际汇率却出现了下降，这是因为美国物价上涨的速度慢于英国。1967 年后，名义汇率和实际汇率似乎同时上下波动：当英镑/美元的名义汇率上升因此美元升值时，英镑/美元的实际汇率也随之上升。直到 1990 年，实际汇率才进一步低于名义汇率，这是因为在此之前，英国的通货膨胀率平均而言高于美国。请注意，这两种汇率都将 1950 年的值标准化为基数 100（换句话说，本图绘制的是相对于 1950 年的比例值。为了简化比较，1950 年的值被设置为 100。）。
资料来源：Robert C. Feenstra, Robert Inklaar, and Marcel P. Timmer, "The Next Generation of the Penn World Table," *American Economic Review* 105(10): 2015, 3150–3182, available for download at http://www.ggdc.net/pwt; Penn World Table version 10.0。

然而，图 15.7 也表明，实际汇率与名义汇率的变动存在某些不同步的情况。这一现象在两国名义汇率相互钉住的 1950—1966 年较为突出。在名义汇率暂时固定的情况下，实际汇率的变动完全取决于美国和英国不同程度的通货膨胀水平。请注意，实际汇率是美国的物价指数乘英镑/美元的名义汇率，再除以英国的物价指数。1950—1966年，美国的通货膨胀率低于英国，这导致以美元表示的价格与以英镑表示的价格的比率下降。在名义汇率固定的情况下，美国相对于英国的较低通货膨胀率意味着实际汇率在1950—1966年出现了下降。

由美国和英国的通货膨胀率差异引起的实际汇率变动同样也发生在1966年后（当时两种货币之间开始实行浮动汇率），但在观察该图时，你很难察觉这些通货膨胀的影响。在通货膨胀水平适度的情况下，对采用浮动汇率的货币来说，实际汇率的大部分逐年变动都源自名义汇率的变动，而不是源于跨国的通货膨胀率差异。

实际汇率和净出口

实际汇率是决定沃尔玛在其美国商店的货架上摆放美国产品还是中国产品的关键因素，也是决定上海百联（一家类似于沃尔玛的中国大型零售商）在货架上摆放美国产品还是中国产品的关键因素。当元/美元的实际汇率升值时，美国产品相对于中国产品而言变得更加昂贵，因此更多的美国商店会更倾向于从中国进口，而像上海百联这种中国商店，则更愿意采购本地产品而不是从美国进口。表15.2对这些优化策略进行了概括。

表 15.2 汇率和贸易流动的关系

元/美元的实际汇率	中国	美国
上升（美元升值，人民币贬值）	减少从美国的进口，增加对美国的出口	减少对中国的出口，增加从中国的进口
下降（美元贬值，人民币升值）	增加从美国的进口，减少对美国的出口	增加对中国的出口，减少从中国的进口

如前所述，净出口即出口减去进口：

$$净出口 = 出口 - 进口$$

图15.8是表示为 $NX(E)$ 的净出口曲线，该曲线显示了净出口 NX 与实际汇率 E 之间的关系。这种曲线是向下倾斜的，因为当元/美元的实际汇率上升（意味着 E 值更高），美国对中国的出口会趋于下降，美国从中国的进口会趋于增长。

还需要注意的是，图15.8中还有一个被标记为 E^* 的实际汇率特定值，在这一点上的净出口等于零。当实际汇率高于 E^* 时，净出口为负（贸易逆差），当实际汇率低于 E^* 时，净出口为正（贸易顺差）。实际汇率通常不会维持在远高于 E^* 的水平，因为巨额永久性贸易逆差往往不可持续。巨额的永久性贸易逆差导致对外国的债务不断增加。

在某个时候，外国会担心这些债务无法得到偿还。当这种情况发生时，外国将开始出售其美元资产，压低美元的名义汇率，这将导致 E 跌向 E^*。

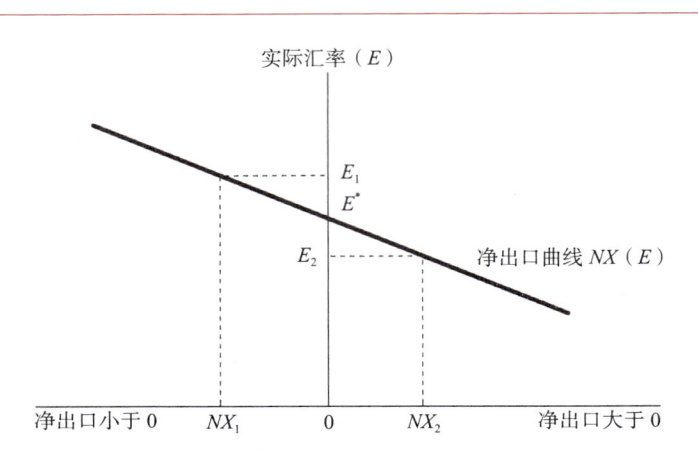

图 15.8　实际汇率（E）与净出口

注：当一个国家的实际汇率上升时，该国家会加大从其他国家的进口，减少向其他国家的出口，净出口因此下降。这种关系表示为一条向下倾斜的净出口曲线 $NX(E)$。例如，当实际汇率从 E^* 上升到 E_1 时，净出口从 0 下降到小于 0 的 NX_1。相反，当实际汇率从 E^* 下降到 E_2 时，净出口从 0 上升到大于 0 的 NX_2。

用数据说话

人民币汇率机制的发展历程？

- 如图 15.4 所示，我们从关于元/美元名义汇率的讨论中得知，过往人民币的价值一直遭到低估（相对而言，美元价值则一直在被高估）。这对两国的贸易会产生什么影响？
- 图 15.8 为此提供了答案：被高估的实际美元汇率意味着中国可以增加对美国的净出口。元/美元实际汇率被高估（即实际汇率高于图 15.8 中的 E^*）的结果之一就是导致了美国对中国的巨大贸易逆差。图 15.9 显示，在过去的 20 年中，美国对中国的年均贸易逆差一直维持在 3 000 亿美元左右。自 20 世纪 80 年代以来，出口增长一直是中国经济增长的战略支柱之一。
- 这一战略固然提升了中国的经济增长率，但也给中国和世界其他地区带来了一定的影响。被低估的人民币使得从世界其他地区进口的商品变得更为昂贵，压低了人民币的购买力。此外，被低估的人民币也带来了中国和贸易伙伴之间的外交问题。这种情况在美国和中国之间造成了相当严重的摩擦。
- 这些问题导致中国官方务实地放弃了弱势人民币政策。近年来，包括国际货币基金组织在内的大多数分析者都认为，中国已对汇率进行了更市场化的改革。事实上，这一点也可以从中国的外汇储备上得到印证。中国的美元外汇储备在2014年达到近4万亿美元的峰值。截至2021年，中国的外汇储备已从近4万亿美元下降到3.2万亿美元。[2] 也正是因此，自2014年之后，美国对中国的贸易逆差不仅不再扩大，甚至还开始出现收缩。

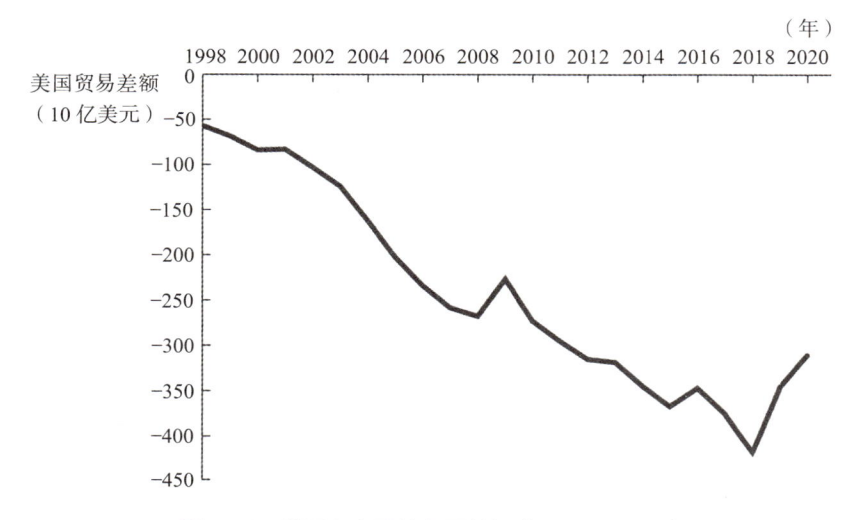

图 15.9 美国和中国的贸易差额（1998—2020）

资料来源：美国人口普查局。

15.4 开放经济体的 GDP

我们现在来分析实际汇率变化对宏观经济的影响。让我们关注实际汇率升值的情况。为了理解这种变化的后果，让我们回到第5章介绍过的国民收入核算恒等式：

$$Y = C + I + G + X - M$$

这里 Y 代表 GDP，C 代表消费，I 代表投资（在工厂、设备和住宅建设方面），G 代表政府支出，$X-M$ 代表净出口（全部为美国经济）。

实际汇率的上升会减少净出口，并导致 GDP 下降——在保持其他要素不变的情况下，国民收入核算恒等式右边的 $X-M$ 下降会使 Y（即 GDP）减少。我们可以使用劳动供给和劳动需求曲线图来追踪这些宏观经济影响。我们在第9章中介绍了劳动供给曲线和劳动需求曲线，并在第12章和第13章中将其用于分析宏观经济的波动。图 15.10 给出了具有工资下降刚性的模型。

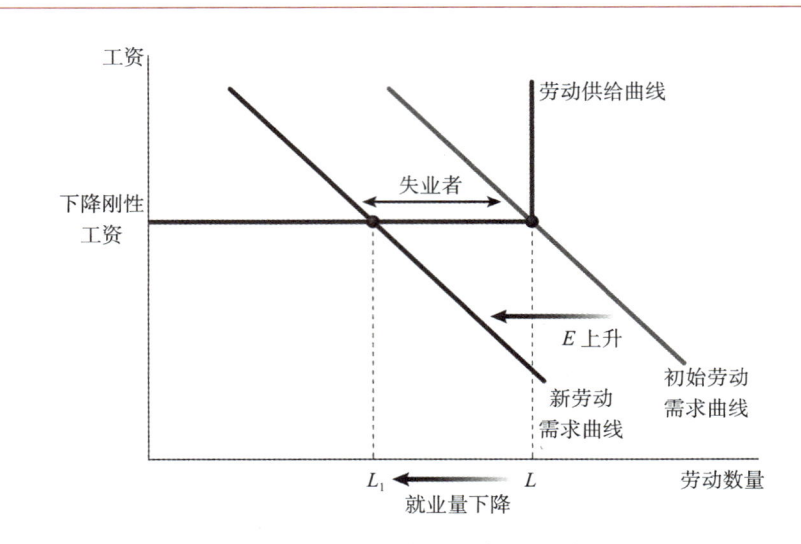

图 15.10 当实际汇率上升时，就业率下降

注：实际汇率 E 的上升会导致净出口下降（例如在图 15.8 中的贸易差额移至 NX_1），从而减少了对某些国内生产者提供的商品和服务的需求。这些力量共同使劳动需求曲线左移。由于存在下降刚性工资，劳动需求下降转化为失业。就业从 L 降至 L_1，所有减少的岗位都将导致劳动者失业。

为了说明 GDP 如何随着净出口的变化而变化，我们假设美元升值，净出口下降。具体地说，我们假设外国对某些美国产品的需求——比如对机床的需求下降，因为美元升值使这些产品对外国人变得更加昂贵。机床需求的下降意味着机床制造商的劳动需求曲线将左移。如图 15.10 所示，美元升值引起的劳动需求曲线左移将导致就业率下降并产生一批新的失业者。

我们还需要考虑我们在第 12 章中介绍过的乘数效应。例如，出口行业的工作岗位减少会导致失业，新失业的劳动者则会减少消费，进而影响其他行业。如此一来，净出口下降可能产生溢出效应，导致出现比净出口下降的直接影响更为严重的总体经济收缩。

对"黑色星期三"的再讨论

借助上述讨论，我们可以重新审视英国在 20 世纪 90 年代初的经济状况。正如我们在"循证经济学"专栏中讨论的，当时英镑相对于德国马克被高估，而这种高估最终导致了英镑在"黑色星期三"的大幅贬值。

图 15.8 和图 15.10（其中 E_1 为实际汇率，NX_1 为净出口水平，L_1 为均衡就业数量）正是英国 1991—1992 年"黑色星期三"之前的经济形势写照。被高估的英镑降低了英国的 GDP。英国经济实际上处于图 15.8 中的实际汇率 E_1 处，图 15.10 中的 L_1 则是其对应的就业数量。

你可能想知道为什么英国政府认为自己可以维持已经被高估的英镑汇率。因为他们以为这种高估是暂时的。英国政府的乐观信念并非完全没有根据。我们此前已解释过，名义汇率贬值可以消除对货币的高估。但是，无论一个国家是否实行浮动汇率制度，它都还有另一种解决办法。由于图 15.8 所示的净出口减少，国内企业可能会降低价格以提高竞争力，从而降低本国价格与外国价格的比率。如前所述，实际汇率的公式为：

$$E = \frac{本国价格 \times e}{外国价格}$$

本国价格与外国价格比率的下降（保持 e 不变的情况下）会导致实际汇率的下降，从而提升净出口，提振劳动需求，增加 GDP。

英国政府的盘算是，在 1992 年，英国的价格相对于其贸易伙伴的价格将有所下降，而这将消除英镑被高估的情况，因为更多的国家会选择从英国进口商品（并使英镑的需求曲线右移）。但是，这种国内价格调整需要很长时间才能完成，而英国政府起初并未认识到这一点。当他们有所觉悟时，被高估的英镑已经抑制了英国的净出口，并导致了严重的衰退。实际汇率几乎没有改善的迹象，并且英国的外汇储备也消耗殆尽，这都为"黑色星期三"和英镑名义汇率的急剧下跌埋下了伏笔。

与本章讨论的模型一致，发生在"黑色星期三"的英镑贬值使得英镑实际汇率下降；随后，英国净出口扩大，经济活动总量相应增加。事实上，英国经济在"黑色星期三"之后表现得非常好，在接下来的 3 年里实现了年均 3.6% 的增长。"黑色星期三"甚至因此被认为是英国经济的一次健康转向。使英镑钉住德国马克的机制一直在伤害英国经济。结果证明，让市场力量决定英镑的价格才是最好的政策。

利率、汇率和净出口

我们刚刚讨论到，（1992 年）英国钉住汇率的下降刺激了其 GDP 的增长。现在我们研究在浮动汇率下的情况。实际上，在浮动汇率下，金融主管当局同样可以影响汇率，从而对 GDP 造成影响。如果金融主管当局降低利率，浮动汇率将下降，净出口将增加，GDP 也将增加。为了理解这一过程，我们将以下三个概念结合起来进行分析：（a）第 10 章中的信贷市场均衡（见图 10.5）；（b）第 14 章中所发现的资本净流出和净出口的关系（见图 14.4）；（c）实际汇率与净出口之间的关系（见图 15.8）。

我们将这三个市场相互结合，并据此绘制出图 15.11 的三张图。图 15.11（a）描绘了信贷市场均衡。在货币政策发生变化之前，信贷供求的交点决定了实际汇率 r_1。现在考虑一下扩张性货币政策：如图所示，增加信贷供给将带来一个新的、更低的均衡实际利率（r^*）。图 15.11（b）显示了第 14 章所推导出的实际利率与资本净流出之间的关系（见图 14.5）。如第 14 章所述，较低的实际利率会增加资本净流出和净出口——基于国民收入核算恒等式 $S - I = NX = $ 资本净流出，资本净流出和净出口这两者是等同的。

将图 15.11（b）与图 15.11（a）对齐，图 15.11（a）y 轴上的实际利率也为我们提供了适合图 15.11（b）的实际利率。因此，当实际利率下降时，沿着图 15.11（b）中向下倾斜的曲线向下移动，便会出现资本净流出和净出口的增加。这体现了我们在第 14 章所强调的机制：较低的实际利率会导致更多的资本外流，因为投资者会前往国外寻求更高的回报，而且由于国民核算恒等式，更多的资本外流意味着更大的净出口。

图 15.11（c）更为完整地展示了图 15.8 所描绘的实际汇率和净出口之间的关系。将图 15.11（c）与图 15.11（b）表示净出口的 x 轴对齐。在金融主管当局降低利率之前，实际汇率为 E_1，净出口等于 NX_1。当我们沿着图 15.11（b）中向下倾斜的曲线下移时，我们同时也在沿着图 15.11（c）中向下倾斜的曲线下移。不同之处在于图 15.11（c）中的 y 轴和图 15.8 一样，显示的是实际汇率。因此，经济正在转向更低的实际汇率 E^* 和更大的净出口 NX^*。

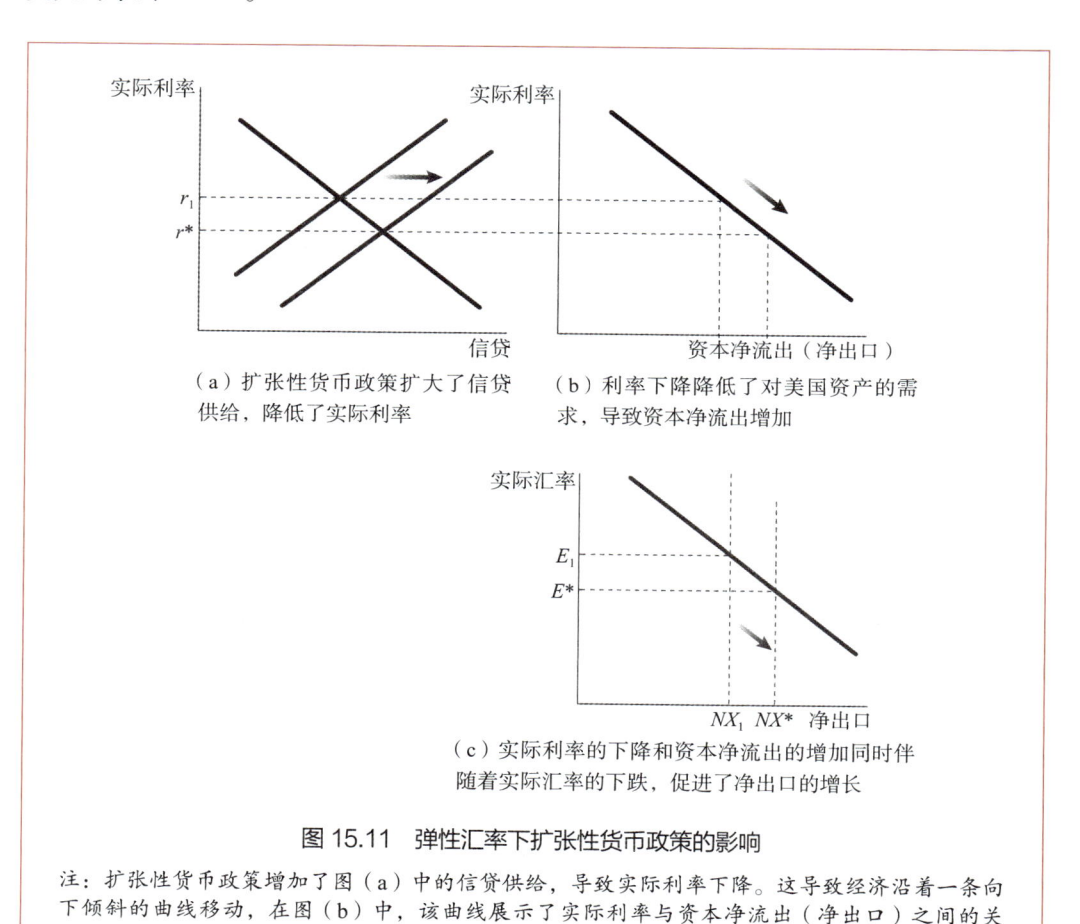

（a）扩张性货币政策扩大了信贷供给，降低了实际利率

（b）利率下降降低了对美国资产的需求，导致资本净流出增加

（c）实际利率的下降和资本净流出的增加同时伴随着实际汇率的下跌，促进了净出口的增长

图 15.11　弹性汇率下扩张性货币政策的影响

注：扩张性货币政策增加了图（a）中的信贷供给，导致实际利率下降。这导致经济沿着一条向下倾斜的曲线移动，在图（b）中，该曲线展示了实际利率与资本净流出（净出口）之间的关系。实际利率的下降和资本净流出的增加会带来实际汇率的下降。在均衡状态下，净出口会如图（b）和图（c）所示出现增长。净出口增加既是因为实际汇率下降，也是因为资本流出增加必然伴随着净出口的增长。

图 15.11（b）和图 15.11（c）的变动都源自图 15.11（a）的实际利率下降。利率下降同时导致实际汇率下跌 [图 15.11（c）]，资本净流出增加 [图 15.11（b）] 和净出口增加 [图 15.11（b）和图 15.11（c）]。这三张图显示了这些市场的均衡联动。这说明了扩张性货币政策可以通过降低实际利率、增加资本净流出、降低实际汇率并最终增加净出口来刺激 GDP 增长。

相比之下，紧缩性货币政策则会产生相反的影响。当美联储提高国内利率时，资本净流出将下降，实际汇率将上升，净出口将下降。因此，依据其政策需要，==美联储既可以通过降低国内利率来增加净出口，也可以通过提高国内利率来降低净出口。==

用数据说话

固定汇率的代价

- 欧洲和美国在 2007—2009 年金融危机期间都陷入了衰退。如图 15.12 所示，欧洲的经济萎缩及其后果更为严重。2019 年，美国的实际 GDP 比 2007 年危机前高出了 22%。同一年，欧元区的实际 GDP 仅比 2007 年危机前高出 10%。

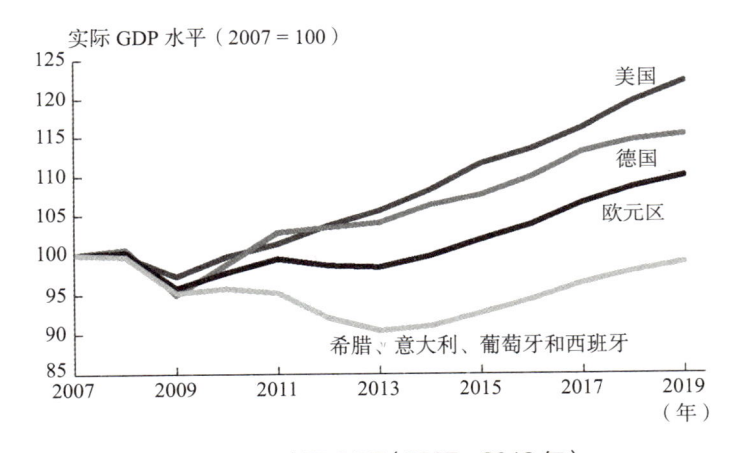

图 15.12 实际 GDP（2007—2019 年）

注：本图描绘了以下四个经济区的实际 GDP 变化：美国、德国、整个欧元区，以及受金融危机打击尤为严重的部分欧元区经济体（希腊、意大利、葡萄牙和西班牙）。为了简化比较，我们将 2007 年的数据标准化为 100。换言之，本图描绘了各国 GDP 相对于 2007 年的比例值，其中 2007 年的数据被随机设置为 100。
资料来源：经合组织年度国民账户。

- 许多经济学家认为，欧洲的经济危机之所以更为严重、持续时间更长，部分原因在于欧洲的汇率缺乏弹性。1999 年 1 月 1 日之后，欧洲的主要经济体（不包括英国）都加入了欧元区，这意味着它们的货币都变成了欧元。这一所谓的货币联盟其实实行的是一种固定汇率，通过使用同一种货币，这些经济体的汇率都相互钉住。

- 如前所述，当汇率可自由浮动时，国家可以通过使其货币贬值的方式增加其净出口，刺激经济。但是，一个加入了货币联盟的国家却无法进行这样的操作（除非共同货币本身贬值）。
- 欧洲不同经济体之间的需求不匹配加剧了这一问题。与欧洲其他地区相比，德国的表现一直相对较好。2019 年，德国实际 GDP 比 2007 年危机前高出了 15%。其他欧元区经济体，例如希腊、意大利、葡萄牙和西班牙等国的 GDP 则大幅下降。2019 年，希腊、意大利、葡萄牙和西班牙四国的实际 GDP 总额仍旧比 2007 年低 1%。
- 如果这些经济困难的国家有独立的央行，那么它们可能会采取高度扩张性的货币政策来刺激经济并降低实际汇率，这将增加其净出口并增进劳动需求。然而，欧元区货币联盟需要执行"一刀切"的货币政策，而这种政策最终导致部分欧元区国家的货币政策扩张性不足。

总结

- 名义汇率是一单位本币所能购买的外币单位数量。相比之下，美元的实际汇率是在美国购买一篮子商品和服务的美元价格与在外国购买同一篮子商品和服务的美元价格的比率。
- 名义汇率取决于一种货币在外汇市场上的供求状况。例如，当中国生产商向美国企业出售商品并收取美元时，中国企业会在外汇市场上将美元兑换成人民币（元）。这相当于在外汇市场上需求人民币、供给美元。相比之下，一家从美国进口产品的中国企业在外汇市场上的做法正好相反：供给人民币，需求用于支付其美国贸易伙伴的美元。
- 当一个国家实行浮动汇率时，货币供求状况的变化会导致名义汇率的波动。然而，许多国家实行管理汇率或固定汇率，因此它们会将本国货币钉住另一国货币，如美元。在管理汇率或固定汇率下，货币供求的波动不一定会导致相应的汇率波动。
- 虽然管理汇率或固定汇率制度初看上去比较稳定，但当这一制度下的汇率与市场力量不一致时，这些制度可能会导致汇率的突然变化。这一过程会带来巨大的获利机会，例如，金融家乔治·索罗斯在 1992 年通过押注英镑将被迫贬值，抓住了一次通过汇率变动而获利的良机。
- 实际汇率是经济中的一个关键价格，部分原因是它决定了净出口。实际汇率大于 1 意味着美国的商品和服务比外国的商品和服务更贵。因此，实际汇率大于1会抑制出口、鼓励进口，从而减少净出口。
- 净出口减少会使GDP下降，使劳动需求曲线左移。
- 国内利率会影响实际汇率。国内利率的下降会降低国内资产对外国投资者的吸引力，从而降低名义汇率和实际汇率。由此产生的净出口增长将使劳动需求曲线右移，促进GDP增长。

关键术语

名义汇率　　　　　　　固定汇率　　　　　　　外汇市场
弹性汇率或浮动汇率　　管理汇率　　　　　　　实际汇率

问题

1. 何为两种货币之间的名义汇率？
2. 何为货币升值，何为货币贬值？
3. 请区分浮动汇率、固定汇率和管理汇率。
4. 低估或高估货币的价值对经济有什么好处？又有什么坏处？
5. 美元的需求曲线显示了什么？为什么美元的需求曲线向下倾斜？
6. 美元的供给曲线显示了什么？为什么美元的供给曲线向上倾斜？
7. "在1美元 = 70印度卢比的汇率下，美元被高估，印度卢比被低估"，这一说法意味着什么？
8. 为什么一个国家会将其汇率钉在一个本国货币被高估的水平？
9. 如何计算美国的实际汇率？
10. 一国实际汇率的变化会如何影响其净出口？
11. 请解释在其他要素保持不变的情况下，实际利率的上升会如何影响一个国家的净出口、劳动需求和就业水平。
12. 假设弗雷多尼亚国目前面临失业率居高不下的问题。请解释该国央行如何能增加净出口和降低失业率。

循证经济学习题

1. 假设某国金融主管当局为将本国货币的汇率保持在均衡汇率以下，每月都会通过发行本国货币（例如印度尼西亚盾）的方式买入100亿美元。
   a. 假设该国有1 000亿美元的外汇储备，这种情况能持续多久？
   b. （财力雄厚的）投资者是否有办法从中获利？

2. 假设某国金融主管当局为将本国货币（例如印度尼西亚盾）的汇率保持在均衡汇率以上，每月都会使用100亿的外汇储备（例如美元）来买入本国货币。
   a. 假设该国有1 000亿美元的外汇储备，这种情况能持续多久？

b. 投资者是否有办法从中获利？

3. 基于你对汇率低估和汇率高估可持续性的了解，你认为大多数的管理汇率是被高估了还是被低估了？

4. 在本章的"循证经济学"专栏中，我们了解到乔治·索罗斯的对冲基金通过押注英镑贬值而赚得盆满钵满。有意思的是，索罗斯也曾成功做空泰铢。1997 年，泰铢兑美元汇率持续下跌。泰国央行试图以 25 泰铢兑换 1 美元的钉住汇率维系被高估的泰铢。请解释以下每个因素是如何使泰国当局难以继续维系其汇率，并最终导致泰铢急剧贬值的。

a. 泰国政府的美元储备在 1997 年跌至两年来的低点。

b. 泰国的大量企业债务都以美元计价。换句话说，背负这些债务的企业需要获得美元以支付到期的利息和本金。

习题

1. 假设阿古尼亚国实行浮动汇率制度。阿古尼亚元和美元之间的汇率目前是 3 美元 = 1 阿古尼亚元。

   a. 画图展示外汇市场上的均衡汇率，以 y 轴表示美元 / 阿古尼亚元的汇率，以 x 轴表示阿古尼亚元的数量。

   b. 假设全球对阿古尼亚国杏子的需求急剧增加。其他条件保持不变，这将如何影响阿古尼亚元的价值？请用图解释。

2. 第 6 章中提到，麦当劳的巨无霸汉堡指数可用来粗略测算各国的购买力平价。2021 年 1 月，《经济学人》杂志报道称："一个巨无霸汉堡在越南的售价为 6.6 万越南盾，在美国的售价为 5.66 美元。越南盾 / 美元的隐含汇率为 11 660.78，而现实中的汇率为 23 064.00。两者之间的差距表明越南盾被低估了 49.4%。"《经济学人》所说的隐含汇率是指使实际汇率为 1 的假设汇率。现实的越南盾 / 美元汇率为 23 064.00。请解释为什么《经济学人》会认为"越南盾被低估了 49.4%"。

3. 2011 年，为了防止阿根廷人将当地货币阿根廷比索兑换成美元，阿根廷政府制定了一项被某些人称为"美元钳"的新政策。政府针对货币兑换设定了一些限制性措施，例如，购买美元需要国家税务机关的事先批准。

   a. 阿根廷历史上曾有一段经济动荡期，出现过严重通货膨胀和剧烈的经济波动。事实上，在这些限制性措施实施之前，（持有阿根廷资产的）外国投资者就已经开始躁动不安。在这种环境下，为什么政府要设置这些外汇交易限制呢？

   b. 即使有了这些限制，阿根廷人仍然可以在繁荣的地下市场兑换美元（推特上有相关账号会发布阿根廷比索的每日地下市场汇率）。在这种情况下，你认为地下市场汇率（阿根廷比索 / 美元）会高于还是低于官方汇率？请解释。

   c. 2015 年底，阿根廷新总统毛里西奥·马克里取消了这些限制。在马克里实施了他的无限制外汇交易政策后，官方汇率发生了什么变化？请解释。

4. 利用净出口曲线、劳动需求曲线和劳动供给曲线，解释实际汇率下降如何能增加一国的就业。

5. 艾克尼亚与它的邻国格文门塔尼亚和苏沙奥洛基亚进行贸易。艾克尼亚的货币为 econ，格文门塔尼亚的货币为 gov，而苏沙奥洛基亚的货币为 soc。它们之间的名义汇率如下：

200 econs = 1 gov
4 socs = 1 gov
100 econs = 1 soc

这三个国家都生产和消费的一种商品是麦客汉堡。麦客汉堡在这三个国家的价格如下：一个麦客汉堡在格文门塔尼亚的售价为 2 govs，在苏沙奥洛基亚的售价为 16 socs，在艾克尼亚的售价为 600 econs。

a. 使用名义汇率（1 gov = 4 socs）和上面列出的价格，从格文门塔尼亚的角度计算格文门塔尼亚和苏沙奥洛基亚之间的麦克汉堡的实际汇率。用文字解释你计算出的数字的含义。

b. 如果这三种货币可以自由交易，即三国之间实行弹性汇率或浮动汇率，上面所列出的名义汇率能否长期维系？为什么？（小提示：如果外汇交易员能够持续以这样的汇率交易，他们就可以获得无限的利润。）

6. 挑战题：美丽而神秘的国家卡拉瑞迪奥使用 teo 作为其货币，而勇毅的后工业化国家俄亥欧使用 eren 作为货币。一年前，你可以在外汇市场上用 5 erens 兑换 100 teos。但从那以后，卡拉瑞迪奥的实际利率上升，而俄亥欧的利率保持不变。

a. 在其他条件相同的情况下，你认为 eren 相对于 teo 将升值还是贬值？换句话说，你觉得 eren/teo 的汇率会发生什么变化？请解释你的推理。

b. 假设 eren 相对于 teo（升值或贬值，取决于你之前的回答）的价值变化为 50%。当前 eren/teo 的名义汇率是多少？

c. 一年前，你从卡拉瑞迪奥的一家银行以 3% 的年利率借了 10 万 teos。然后，你以当时的名义汇率（100 teos = 5 erens）将 10 万 teos 换成了 erens，并将这些 erens 以 5% 的利率投资于俄亥欧。一年过后，你打算用 erens 换回 teos 以偿还卡拉瑞迪奥那家银行的贷款，并借此大赚一笔。（这种策略被称为"套利交易"，经常为外汇交易者所使用。）

i. 如果利率不变且汇率仍保持 100 teos = 5 erens 不变，你会通过这个策略赚到多少钱？

ii. 若考虑到 a 和 b 中的汇率变化，你这笔交易的利润（或损失）会是多少？（假设根据协议你从卡拉瑞迪奥银行所获得的是固定利率贷款，因此该利率不会发生变动。）

7. 下面两张图显示了 2008—2017 年日元／美元汇率和日美两国实际利率的变化情况：

为什么说实际利率能解释 2008—2017 年美元对日元先贬值然后又升值的现象？

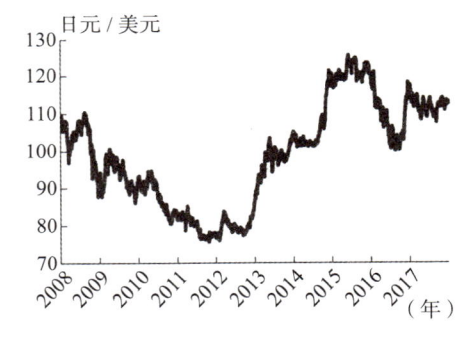

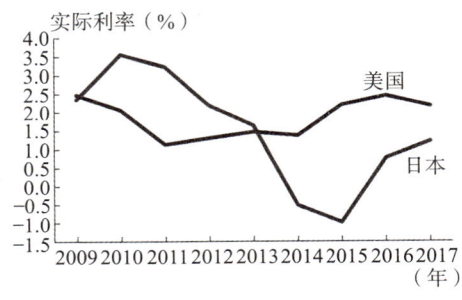

8. 自 2008 年以来，美元对欧元总体处于升值状态。

a. 假设美联储在短期内想要削弱美元（即阻止其升值和／或使其贬值），同时想要刺激投资。根据你在本章和第 13 章所学的内容，讨论美联储是否可以通过货币政策同时实现这两个目标。

b. 假设欧洲央行实施了紧缩性货币政策。这种政策对欧元与美元的名义汇率和欧元与美元的实际汇率会产生什么短期影响（如果有的话）？在回答有关实际汇率的问题时，请说明你所做的任何假设。

9. A国和B国是两个经济快速增长的亚洲经济体，它们与其他国家及地区积极开展贸易往来。

a. 假设计算机电路板是A国和B国的唯一商品。这种电路板在A国售价100A元，在B国售价200B元。名义汇率为1A元兑2B元。从A国的角度计算实际汇率（即视A国为国内经济，因此B元/A元的名义汇率为2）。请写出计算过程。从直观上说，这个数字代表了什么？

b. B国与世界其他地区的经常账户最初是平衡的，换句话说，它既不存在逆差，也不存在顺差。只有B国在同一时期经历了经济繁荣和实际利率上升。详细解释B国经济繁荣及实际利率上升会如何影响其经常账户。

c. 假定B元/A元的汇率变化了50%，至于是升值还是贬值则取决于你对b题的回答。当前B元/A元的名义汇率是多少？请写出计算过程。

10. 你可能在有关发展中国家的新闻报道中看到过"资本外逃"这个词。当外国投资者受到政治不稳定的惊吓，对一个国家的资产失去信心并决定出售资产时，就会发生资本外逃。这一现象经常会出现在许多依赖外商直接投资的发展中国家，我们在第14章讨论过这一点。

a. 使用图15.11说明资本外逃（在任何利率下对一国资产的需求减少）将如何影响实际汇率。假设国内信贷市场［图15.11（a）］没有变化，因此实际利率保持固定（例如，资本外逃是由政治动荡引起的）。说明为什么资本外逃会引起图15.11（b）中的曲线右移。然后解释图15.11（b）中的曲线右移是如何伴随着图15.11（c）中沿着曲线的变动，并导致实际汇率下降的。

b. 假设当地政府通过改变国内利率来维系固定汇率。面对资本外逃，政府需要如何调整利率以维持汇率？请使用本题a中的图表来进行解释。

11. 假设世界上有两个经济体：波士顿尼亚和纽约兰。波士顿尼亚的货币为sock，纽约兰的货币为yank。尽管两国民众之间长期存在竞争关系，但波士顿尼亚和纽约兰仍然是贸易伙伴。

a. 纽约兰的央行决定实施紧缩性货币政策。请解释该货币政策对以下各项的短期影响（如果有的话）：

i. sock/yank的名义汇率

ii. 纽约兰的净出口

iii. 波士顿尼亚的净出口

b. 纽约兰的GDP最近直线下降。起初，波士顿尼亚人民欢呼雀跃，很高兴看到他们的对手降级。但随后一位经济学家（这种人总喜欢煞风景）却断言，纽约兰的GDP下降可能会在短期内损害波士顿尼亚的GDP。这位经济学家的观点是否正确？为什么？

12. 一些国家有时候会采用另一国家的货币。例如，厄瓜多尔、萨尔瓦多、利比里亚、巴拿马和津巴布韦都曾暂时或永久地允许以美元进行国内交易。这种策略被称为"美元化"。请在本章和前几章讨论的基础上，对"美元化"政策进行评价。为什么政府可以从采用美元中获利？而在应对国内出现的经济衰退时，美元又会怎样困住一个国家的手脚？

致谢

作为写作这本教材的三位共同作者，我们之间相互学习，无论是在经济学知识，还是教学以及写作方面，都彼此受益良多。在本书的整个写作过程中，我们也得到了数以百计人士的帮助，他们更是我们的良师益友。对于他们的指导，我们不胜感激且虚心受教。他们对本书的影响之深，可谓完全超出了我们当初的预想，而我们对经济学的理解，也因为他们的深入洞察和有益建议而得到了极大的提升。

得益于我们的审稿人、焦点小组参与者以及课堂测试人员，我们得以更好地表达我们的理念，我们的写作水平也得到了提升。他们高频次高质量的反馈，纠正了我们在经济上的误解，提升了我们的概念视野，也让我们了解到如何才能更为清晰地写作。他们的贡献贯穿于本书的每一个段落之中。我们会在本文末尾列出他们所有人的姓名。

感谢我们聪敏而充满创造力的研究助理艾丽西亚·张，从识别和批评我们隐含的分析假设，到分析数据，再到编辑文字以及审查贯穿全书的循证经济学问题，她在本项目的每一个阶段都扮演了非常关键的角色。在我们共同探索和完善本书所提出之教学原则的过程中，艾丽西亚一直启迪和指导着我们。这一新版的每一页都有她的杰出贡献。我们也非常感激在前几版中做出过重要贡献的研究助理：亚历克·布兰登、贾斯汀·霍尔兹、泽维尔·贾拉维尔、安吉丽娜·梁、丹尼尔·诺里斯、亚纳·佩萨霍维奇和简·齐林斯基。我们还要特别感谢对前几版做出过巨大贡献的乔什·赫维茨和玛吉·耶伦。

我们也非常感谢威尔逊·鲍威尔，他对本版教科书有着至深的影响。他不但帮助开发了哈佛大学这一版本课程的教学体系，一些实证的更新也是出自他手。我们也要感谢许多与我们一起教授这门课程的联合导师，包括托马斯·巴兰加、杰森·弗曼、安妮·勒布伦、戴维·马丁和布鲁斯·沃森等人，他们持续的指导使我们在教学法和经济学方面都得到精进。

众多充满见地的经济学家协助完成了本书的重点配套内容，我们也要对他们表示深深的敬意。麦克伦南社区学院的布鲁克斯·威尔逊对各章节末尾的问题和思考题进行了大范围的更新，这些问题都可作为启发式教学的范例。内华达大学里诺分校的托德·索伦森更新了教师手册，充满创新性和直观的教师手册能够提供有用的教学技巧，促进同步和异步的在线学习。哈佛大学的基尚·沙阿使试题库的内容对所有学习者更容易获取和更具相关性。基尚就问题的准确性进行了彻底的评估，并确保这些问题包含了中性代词以及包容性的示例。来自科林学院的妮可·鲍尔对试题库进行了准确性审查。得克萨斯理工大学的拉希德·阿哈穆德更新了幻灯片，这些优质的幻灯片对本书核心内容进行了解释和提炼。

最为关键的是，我们要感谢我们的编辑以及培生公司所有杰出同人的无尽付出。他们一直和我们并肩前行。他们在这个项目上投入了太多，甚至为此牺牲了晚上和周末的时间。他们的付出、他们的远见以及他们的编辑建议，影响了本书的每一句文字。关于这个项目的大多数关键决策，都是在我们编辑的帮助下做出的，这种合作精神对我们的写作是绝对必要的。在本书的出版过程中，有数十位培生员工发挥了关键作用，其中贡献最大者包括内容策略经理克里斯托弗·德约翰、高级内容分析师托马斯·海沃德、产品经理萨曼莎·刘易斯、高级内容制作人伊莱恩·佩奇、项目经理海蒂·奥尔盖尔、内容项目管理克里斯汀·乔伯（Integra公司）、数字内容团队负责人诺埃尔·洛茨，以及数字工作室制作人梅丽莎·霍尼格。

我们还要感谢最早推动我们写作本书的丹尼斯·克林顿，以及一直在支持这个项目的唐娜·巴蒂斯塔和阿德里安娜·丹布罗西亚。这些出版界的专业人士把我们变成了作家、教师和传播者。这本书体现了他们的坚持、他们的奉献精神，以及他们对好文笔（和糟糕文笔）的敏锐察觉能力。他们对这个项目的投入既令人钦佩，亦发人深省。我们对他们所给予的指导和合作表示诚挚谢意。

最后，我们也要对其他的师友亲人表达谢意。我们之所以成为经济学家，最早也是因为受到了自己老师的启迪，他们通过言传身教，让我们领悟到了教育的力量以及经济学的乐趣。我们的父母在各个方面教育培养我们，是他们给了我们最初的人力资本，我们也因此得以实现各种职业规划。当我们因为写作此书而无暇顾及家庭生活时，我们的孩子其实也是在做出某种牺牲。当然，我们也要对我们的另一半表达最为诚挚的谢意，感谢她们在整个过程中所给予的支持、理解以及鼓励。

正如溪流汇聚方成江河，本书也是众多人共同努力的结晶，有许多人为这个项目贡献了自己的洞见和热情。我们对他们的持续配合深表感谢。

以下审稿人、课堂测试人员和焦点小组参与者都为本书提供了宝贵的见解。

Adel Abadeer, Calvin College

Ahmed Abou-Zaid, Eastern Illinois University

Temisan Agbeyegbe, City University of New York

Carlos Aguilar, El Paso Community College

Rashid Al-Hmoud, Texas Tech University

Frank Albritton, Seminole Community College

Sam Allgood, University of Nebraska, Lincoln

Neil Alper, Northeastern University

Farhad Ameen, Westchester Community College

Catalina Amuedo-Dorantes, San Diego State University

Lian An, University of North Florida

Samuel Andoh, Southern Connecticut State University

Brad Andrew, Juniata College

Len Anyanwu, Union County College

Robert Archibald, College of William and Mary

Ali Arshad, New Mexico Highlands University

Robert Baden, University of California, Santa Cruz

Mohsen Bahmani-Oskooee, University of Wisconsin, Milwaukee

Scott L. Baier, Clemson University

Rita Balaban, University of North Carolina

Mihajlo Balic, Harrisburg Area Community College

Sheryl Ball, Virginia Polytechnic Institute and State University

Spencer Banzhaf, Georgia State University

Jim Barbour, Elon University

Scott Barkowski, Clemson University

Hamid Bastin, Shippensburg University

Clare Battista, California State Polytechnic University, San Luis Obispo

Jodi Beggs, Northeastern University

Eric Belasco, Montana State University

Susan Bell, Seminole State University

Valerie Bencivenga, University of Texas, Austin

Pedro Bento, West Virginia University

Derek Berry, Calhoun Community College

Prasun Bhattacharjee, East Tennessee State University

Benjamin Blair, Columbus State University

Douglas Blair, Rutgers University

John Bockino, Suffolk County Community College

Andrea Borchard, Hillsborough Community College

Luca Bossi, University of Pennsylvania

Gregory Brock, Georgia Southern University

Bruce Brown, California State Polytechnic University, Pomona

David Brown, Pennsylvania State University

Jaime Brown, Pennsylvania State University

Laura Bucila, Texas Christian University

Don Bumpass, Sam Houston State University

Chris Burkart, University of West Florida

Julianna Butler, University of Delaware Colleen

Callahan, American University

Fred Campano, Fordham University

Douglas Campbell, University of Memphis

Cheryl Carleton, Villanova University

Scott Carrell, University of California, Davis

Kathleen Carroll, University of Maryland, Baltimore

Regina Cassady, Valencia College, East Campus

Shirley Cassing, University of Pittsburgh

Suparna Chakraborty, University of San Francisco

Catherine Chambers, University of Central Missouri

Chiuping Chen, American River College

Susan Christoffersen, Philadelphia University

Benjamin Andrew Chupp, Illinois State University

David L. Cleeton, Illinois State University

Cynthia Clement, University

of Maryland

Marcelo Clerici-Arias, Stanford University

Bently Coffey, University of South Carolina, Columbia

Rachel Connelly, Bowdoin College

William Conner, Tidewater Community College

Kathleen Conway, Carnegie Mellon University

Patrick Conway, University of North Carolina

Jay Corrigan, Kenyon College

Antoinette Criss, University of South Florida

Sean Crockett, City University of New York

Patrick Crowley, Texas A&M University, Corpus Christi

Kelley Cullen, Eastern Washington University

Scott Cunningham, Baylor University

Muhammed Dalgin, Kutztown University

David Davenport, McLennan Community College

Stephen Davis, Southwest Minnesota State University

John W. Dawson, Appalachian State University

Pierangelo De Pace, California State University, Pomona

David Denslow, University of Florida

Arthur Diamond, University of Nebraska, Omaha

Timothy Diette, Washington and Lee University

Isaac Dilanni, University of Illinois, Urbana-Champaign

Oguzhan Dincer, Illinois State University

Ethan Doetsch, Ohio State University

Murat Doral, Kennesaw State University

Kirk Doran, University of Notre Dame

Tanya Downing, Cuesta College

Mitchell Dudley, University of Michigan, Ann Arbor

Gary Dymski, University of California, Riverside

Kevin Egan, University of Toledo

Eric Eide, Brigham Young University, Provo

Harold Elder, University of Alabama, Tuscaloosa

Michael Ellerbrock, Virginia Tech

Harry Ellis, University of North Texas

Noha Emara, Columbia University

Lucas Engelhardt, Kent State University, Stark

Erwin Erhardt, University of Cincinnati

Hadi Esfahani, University of Illinois, Urbana-Champaign

Molly Espey, Clemson University

Jose Esteban, Palomar College

Hugo Eyzaguirre, Northern Michigan University

Jamie Falcon, University of Maryland, Baltimore

Liliana Fargo, DePaul University

Leila Farivar, Ohio State University

Sasan Fayazmanesh, California State University, Fresno

Bichaka Fayissa, Middle Tennessee State University

Virginia Fierro-Renoy, Keiser University

Donna Fisher, Georgia Southern University

Paul Fisher, Henry Ford Community College

Todd Fitch, University of California, Berkeley

Mary Flannery, University of Notre Dame

Hisham Foad, San Diego State University

Mathew Forstater, University of Missouri, Kansas City

Irene Foster, George Mason University

Hamilton Fout, Kansas State University

Shelby Frost, Georgia State University

Timothy Fuerst, University of Notre Dame

Ken Gaines, East-West University

John Gallup, Portland State University

William Galose, Lamar University

Karen Gebhardt, Colorado State University

Gerbremeskel Gebremariam, Virginia Polytechnic Institute and State University

Lisa George, City University of New York

Gregory Gilpin, Montana State University

Seth Gitter, Towson University

Brian Goegan, Arizona State University, Tempe

Rajeev Goel, Illinois State University

Bill Goffe, State University of New York, Oswego

Julie Gonzalez, University of California, Santa Cruz

Paul Graf, Indiana University, Bloomington

Philip Graves, University of Colorado, Boulder

Lisa Grobar, California State University, Long Beach

Fatma Gunay Bendas, Washington and Lee University

Michael Hammock, Middle Tennessee State University

Michele Hampton, Cuyahoga Community College

Moonsu Han, North Shore Community College

F. Andrew Hanssen, Clemson University

David Harris, Benedictine College

Robert Harris, Indiana University-Purdue University Indianapolis

Julia Heath, University of Cincinnati

Jolien Helsel, Youngstown State University

Matthew Henry, Cleveland State University

Thomas Henry, Mississippi State University

David Hewitt, Whittier College

Wayne Hickenbottom, University of Texas, Austin

Jannett Highfill, Bradley University

Michael Hilmer, San Diego State University

John Hilston, Brevard College

Naphtali Hoffman, Elmira College and Binghamton University

Kim Holder, University of West Georgia

Robert Holland, Purdue University

Don Holley, Boise State University

Paul Holmes, Ashland University

James A. Hornsten, Northwestern University

Gail Hoyt, University of Kentucky

Jim Hubert, Seattle Central Community College

Scott Hunt, Columbus State Community College

Kyle Hurst, University of Colorado, Denver

Ruben Jacob-Rubio, University of Georgia

Joyce Jacobsen, Wesleyan University

Kenneth Jameson, University of Utah

Kevin Jasek-Rysdahl, California State University, Stanislaus

Andres Jauregui, Columbus State University

Brian Jenkins, University of California, Irvine

Sarah Jenyk, Youngstown State University

Robert Jerome, James Madison University

Deepak Joglekar, University of Connecticut

Paul Johnson, Columbus State University

Ted Joyce, City University of New York

David Kalist, Shippensburg University

Lilian Kamal, University of Hartford*

Leonie Karkoviata, University of Houston, Downtown

Kathy Kelly, University of Texas, Arlington

Nathan Kemper, University Arkansas

Colin Knapp, University of Florida

Yilmaz Kocer, University of Southern California

Ebenezer Kolajo, University of West Georgia

Janet Koscianski, Shippensburg University

Robert Krol, California State University, Northridge

Daniel Kuester, Kansas State University

Patricia Kuzyk, Washington State University

Sumner La Croix, University of Hawaii

Rose LaMont, Modesto Community College

Carsten Lange, California State University, Pomona

Vicky Langston, Columbus State University

Susan Laury, Georgia State University

Myoung Lee, University of Missouri, Columbia

Sang Lee, Southeastern Louisiana University

Phillip K. Letting, Harrisburg Area Community College

John Levendis, Loyola University

Steven Levkoff, University of California, San Diego

Dennis P. Leyden, University of North Carolina, Green=sboro

Gregory Lindeblom, Brevard College

Alan Lockard, Binghamton University

Joshua Long, Ivy Technical College

Linda Loubert, Morgan State University

Heather Luea, Kansas State University

Rotua Lumbantobing, Western Connecticut State University

Rita Madarassy, Santa Clara University

James Makokha, Collin County Community College

Liam C. Malloy, University of Rhode Island

Christopher Mann, University of Nebraska, Lincoln

Paula Manns, Atlantic Cape Community College

Vlad Manole, Rutgers University

Hardik Marfatia, Northeastern Illinois University

Lawrence Martin, Michigan State University

Norman Maynard, University of Oklahoma

Katherine McClain, University of Georgia

Scott McGann, Grossmont College

Kim Marie McGoldrick, University of Richmond

Shah Mehrabi, Montgomery Community College

Aaron Meininger, University of California, Santa Cruz
Saul Mekies, Kirkwood Community College
Kimberly Mencken, Baylor University
Diego Mendez-Carbajo, Illinois Wesleyan University
Thomas Menn, United States Military Academy at West Point
Catherine Middleton, University of Tennessee, Chattanooga
Nara Mijid, Central Connecticut State University
Laurie A. Miller, University of Nebraska, Lincoln
Edward Millner, Virginia Commonwealth University
Ida Mirzaie, Ohio State University
David Mitchell, Missouri State University, Springfield
Michael Mogavero, University of Notre Dame
Robert Mohr, University of New Hampshire
Barbara Moore, University of Central Florida
Thaddeaus Mounkurai, Daytona State College
Usha Nair-Reichert, Emory University
Camille Nelson, Oregon State University
Michael Nelson, Oregon State University John Neri, University of Maryland
Andre Neveu, James Madison University
Jinlan Ni, University of Nebraska, Omaha
Eric Nielsen, St. Louis Community College
Jaminka Ninkovic, Emory University
Chali Nondo, Albany State University
Richard P. Numrich, College of Southern Nevada
Andrew Nutting, Hamilton College
Grace O, Georgia State University
Norman Obst, Michigan State University
Scott Ogawa, Northwestern University
Lee Ohanian, University of California, Los Angeles
Paul Okello, Tarrant County College
Ifeakandu Okoye, Florida A&M University
Alan Osman, Ohio State University
Tomi Ovaska, Youngstown State University
Caroline Padgett, Francis Marion University
Zuohong Pan, Western Connecticut State University
Peter Parcells, Whitman College
Cynthia Parker, Chaffey College
Mohammed Partapurwala, Monroe Community College
Robert Pennington, University of Central Florida
David Perkis, Purdue University, West Lafayette
Colin Phillipps, Illinois State University
Kerk Phillips, Brigham Young University
Goncalo Pina, Santa Clara University
Michael Podgursky, University of Missouri
Greg Pratt, Mesa Community College
Guangjun Qu, Birmingham-Southern College
Fernando Quijano, Dickinson State University
Joseph Quinn, Boston College
Reza Ramazani, Saint Michael's College
Ranajoy Ray-Chaudhuri, Ohio State University

Mitchell Redlo, Monroe Community College

Javier Reyes, University of Arkansas

Teresa Riley, Youngstown State University

Nancy Roberts, Arizona State University

Malcolm Robinson, Thomas More College

Randall Rojas, University of California, Los Angeles

Sudipta Roy, Kankakee Community College

Jared Rubin, Chapman University

Jason C. Rudbeck, University of Georgia

Melissa Rueterbusch, Mott Community College

Mariano Runco, Auburn University at Montgomery

Nicholas G. Rupp, East Carolina University

Steven Russell, Indiana University-Purdue University-Indianapolis

Michael Ryan, Western Michigan University

Ravi Samitamana, Daytona State College

David Sanders, University of Missouri, St. Louis

Michael Sattinger, State University of New York, Albany

Anya Savikhin Samek, University of Wisconsin, Madison

Peter Schuhmann, University of North Carolina, Wilmington

Robert M. Schwab, University of Maryland

Jesse Schwartz, Kennesaw State University

James K. Self, Indiana University, Bloomington

Katie Shester, Washington and Lee University

Mark Showalter, Brigham Young University, Provo

Dorothy Siden, Salem State University

Mark V. Siegler, California State University, Sacramento

Carlos Silva, New Mexico State University

Timothy Simpson, Central New Mexico Community College

Michael Sinkey, University of West Georgia

John Z. Smith, Jr., United States Military Academy, West Point

Thomas Snyder, University of Central Arkansas

Joe Sobieralski, Southwestern Illinois College

Sara Solnick, University of Vermont

Martha Starr, American University

Rebecca Stein, University of Pennsylvania

Liliana Stern, Auburn University

Adam Stevenson, University of Michigan

Cliff Stone, Ball State University

Mark C. Strazicich, Appalachian State University

Chetan Subramanian, State University of New York, Buffalo

AJ Sumell, Youngstown State University

Charles Swanson, Temple University

Tom Sweeney, Des Moines Area Community College

James Swofford, University of South Alabama

Kevin Sylwester, Southern Illinois University

Vera Tabakova, East Carolina University

Emily Tang, University of California, San Diego

Mark Tendall, Stanford

University

Jennifer Thacher, University of New Mexico

Charles Thomas, Clemson University

Rebecca Thornton, University of Houston

Jill Trask, Tarrant County College, Southeast

Steve Trost, Virginia Polytechnic Institute and State University

Ty Turley, Brigham Young University

Nora Underwood, University of Central Florida

Mike Urbancic, University of Oregon

Don Uy-Barreta, De Anza College

John Vahaly, University of Louisville

Ross Van Wassenhove, University of Houston

Don Vandegrift, College of New Jersey

Nancy Virts, California State University, Northridge

Cheryl Wachenheim, North Dakota State College

Jeffrey Waddoups, University of Nevada, Las Vegas

Parag Waknis, University of Massachusetts, Dartmouth

Donald Wargo, Temple University

Charles Wassell, Jr., Central Washington University

Matthew Weinberg, Drexel University

Robert Whaples, Wake Forest University

Elizabeth Wheaton, Southern Methodist University

Mark Wheeler, Western Michigan University

Anne Williams, Gateway Community College

Brock Williams, Metropolitan Community College of Omaha

DeEdgra Williams, Florida A&M University

Brooks Wilson, McLennan Community College

Mark Witte, Northwestern University

Katherine Wolfe, University of Pittsburgh

William Wood, James Madison University

Jadrian Wooten, Pennsylvania State University

Steven Yamarik, California State University, Long Beach

Guy Yamashiro, California State University, Long Beach

Bill Yang, Georgia Southern University

Young-Ro Yoon, Wayne State University

Madelyn Young, Converse College

Michael Youngblood, Rock Valley College

Jeffrey Zax, University of Colorado, Boulder

Martin Zelder, Northwestern University

Erik Zemljic, Kent State University

Kevin Zhang, Illinois State University

注释

第 1 章

1. Bureau of Labor Statistics, *Employment Situation Summary*, May 8, 2020, https://www.bls.gov/news.release/empsit.nr0.htm.

2. IEA (2019), Renewables 2019, IEA, Paris, https://www.iea.org/reports/renewables-2019.

3. Bureau of Labor Statistics, United States Department of Labor, Median Weekly Earnings for Full-Time Workers Ages 16–24, divided by 40 hours per week (first quarter 2020), https://www.bls.gov/news.release/wkyeng.t03.htm.

4. See www.eMarketer.com, "Social Media Effectiveness Roundup," January 2018, https://sysomos.com/wp-content/uploads/2018/06/eMarketer_Roundup_Social_Media_Effectiveness_2018.pdf.

5. Emma G. Fitzsimmons and Edgar Sandoval, "Caught in Act, Evaders of Fare 'Don't Feel Bad,'" *New York Times*, December 25, 2018. See the original report here: http://web.mta.info/mta/news/books/docs/special-finance-committee/Fare-evasion-board-doc_181130.pdf.

6. See http://gothamist.com/2018/12/05/subway_turnstile_jumping_nyc.php.

7. Adam Nagourney, "California Imposes First Mandatory Water Restrictions to Deal with Drought," *New York Times*, April 1, 2015, http://www.nytimes.com/2015/04/02/us/california-imposes-first-ever-water-restrictions-to-deal-with-drought.html?_r=0.

8. Ian Lovett, "In California, Stingy Water Users Are Fined, While the Rich Soak," *New York Times*, November 21, 2015, http://www.nytimes.com/2015/11/22/us/stingy-water-users-in-fined-in-drought-while-the-rich-soak.html.

第 2 章

1. These data for 2019–2020 are from the College Board: https://research.collegeboard.org/pdf/trends-college-pricing-2019-full-report.pdf.

2. Ferguson, Neil et al. "Impact of Non-Pharmaceutical Interventions (NPIs) to Reduce COVID-19 Mortality and Healthcare Demand." *Imperial College London*, March 16, 2020.

3. Landler, Mark, and Steven Castle. "Behind the Virus Report That Jarred the U.S. and the U.K. to Action." The New York Times, March 17, 2020. https://www.nytimes.com./2020/03/17/world/europe/coronavirus-imperial-

college-johnson.html.

4. Source: U.S. Census Bureau, Current Population Survey, 2019 Annual Social and Economic Supplement.

5. "World's Billionaire List: The Richest in 2020," *Forbes*, March 18, 2020. https://www.forbes.com/billionaires/#636fcc4e251c.

6. Samuel A. Mehr, Adena Schachner, Rachel C. Katz, and Elizabeth S. Spelke, "Two Randomized Trials Provide No Consistent Evidence for Nonmusical Cognitive Benefits of Brief Preschool Music Enrichment," PloS ONE 8(12): 2013, e82007. https://www.ncbi.nlm.nih.gov/pubmed/24349171

7. Andrew Francis-Tan and Hugo M. Mialon, "'A Diamond Is Forever' and Other Fairy Tales: The Relationship between Wedding Expenses and Marriage Duration," *Economic Inquiry* 53(4): 2015, 1919–1930. http://ssrn.com/abstract=2501480.

8. Dell, Melissa, and Pablo Querubin. "Nation Building through Foreign Intervention: Evidence from Discontinuities in Military Strategies." *The Quarterly Journal of Economics* 133(2): 2018, 701–764.

9. Philip Oreopoulos, "Estimating Average and Local Treatment Effects of Education When Compulsory Schooling Laws Really Matter," *American Economic Review* 96(1): 2006, 152–175.

10. Steven D. Levitt, John A. List, and Sally Sadoff, "The Effect of Performance-Based Incentives on Educational Achievement: Evidence from a Randomized Experiment," NBER Working Paper 22107, Cambridge, MA: National Bureau of Economic Research, 2016.

第 3 章

1. John Y. Campbell, Tarun Ramadorai, and Benjamin Ranish, "Getting Better or Feeling Better? How Equity Investors Respond to Investment Experience," NBER Working Paper 20000, Cambridge, MA: National Bureau of Economic Research, 2014, http://www.nber.org/papers/w20000.

2. James Frew and Beth Wilson, "Apartment Rents and Locations in Portland, Oregon: 1992–2002," *Journal of Real Estate Research* 29(2): 2007, 201–217.

第 4 章

1. Chico Harlan, "The Hummer Is Back. Thank Falling Oil Prices," *Washington Post*, November 10, 2014. https://www.washingtonpost.com/news/wonk/wp/2014/11/10/the-hummer-is-back-thank-falling-oil-prices/.

2. Source: U.S. Energy Information Administration.

3. Source: International Energy Agency.

4. Source: International Energy Agency.

5. Ryan Dezember, "U.S. Oil Costs Less Than Zero After a Sharp Monday Selloff," *The Wall Street Journal*, April 21, 2020.

6. Fred Ferretti, "The Way We Were: A Look Back at the Late Great Gas Shortage," *New York Times*, April 15, 1974, p. 386. Subsequent quotes are from the same

article.

7. Stephanie McCrummen and Aymar Jean, "17 Hurt as Computer Sale Turns into Stampede," *Washington Post*, August 17, 2005. http://www.washingtonpost.com/wp-dyn/content/article/2005/08/16/AR2005081600738.htm.

8. https://www.bloomberg.com/graphics/gas-prices/#20201:United-States:USD:g.

第 5 章

1. This is based on a population of 328.2 million in 2019 as reported by the U.S. Census Bureau: https://www.census.gov/quickfacts/fact/table/US/PST045219.

2. Bureau of Labor Statistics, https://www.bls.gov/news.release/archives/empsit_02072020.pdf.

3. Kenneth Rogoff, *The Curse of Cash*, Princeton, NJ: Princeton University Press, 2016.

4. Bureau of Economic Analysis: https://www.bea.gov/data/gdp/gross-domestic-product. (NIPA table 1.7.5).

5. David H. Autor, "Skills, Education, and the Rise of Earnings Inequality Among the 'Other 99 Percent,'" Science 344: 2014, 843–851.

6. Daniel Kahneman and Alan B. Krueger, "Developments in the Measurement of Subjective Well-Being," *Journal of Economic Perspectives* 20(1): 2006, 3–24.

7. Betsey Stevenson and Justin Wolfers, "Economic Growth and Subjective Well-Being: Reassessing the Easterlin Paradox," *Brookings Papers on Economic Activity* 1: 2008.

8. Remarks at the University of Kansas, March 18, 1968. https://www.jfklibrary.org/learn/about-jfk/the-kennedy-family/robert-f-kennedy/robert-f-kennedy-speeches/remarks-at-the-university-of-kansas-march-18-1968.

第 6 章

1. World Inequality Database. https://wid.world/.

2. Sebastián Sandoval Olascoaga, "The Distribution of Top Incomes in Mexico: How Rich Are the Richest?" Public Policy and Development master's dissertation, Paris School of Economics, 2017.

3. World Inequality Database. https://wid.world/.

4. Charles H. Feinstein, *An Economic History of South Africa: Conquest, Discrimination, and Development*, London: Cambridge University Press, 2005.

5. Gordon Moore, "Cramming More Components onto Integrated Circuits," *Electronics Magazine* 38(8): 1965.

6. See the 2017 *Electronics Weekly* article: https://www.electronicsweekly.com/news/moores-law-still-law-2017-09/.

7. Fabian Waldinger, "Quality Matters: The Expulsion of Professors and the Consequences for PhD Student Outcomes in Nazi Germany," *Journal of Political Economy* 118(4): 2010, 787–831.

8. James A. Schmitz, "What Determines Productivity? Lessons from the Dramatic Recovery

of the U.S. and Canadian Iron Ore Industries Following Their Early 1980s Crisis," *Journal of Political Economy* 113(3): 2005, 582–625.

9. Dambisa Moyo, *Dead Aid*, New York City: Farrar, Straus, and Giroux, 2009.

第 7 章

1. James Roy Newman, *The World of Mathematics*, vol. 3, North Chelmsford, MA: Courier Corporation, 2000.

2. William D. Nordhaus, "Do Real-Output and Real-Wage Measures Capture Reality? The History of Light Suggests Not," Cowles Foundation Discussion Paper 1078, New Haven, CT: Cowles Foundation for Research in Economics, 1994.

3. Daron Acemoglu and Simon Johnson, "Disease and Development: The Effect of Life Expectancy on Economic Growth," *Journal of Political Economy* 115(6): 2007, 925–985.

4. David E. Bloom and Jeffrey D. Sachs. "Geography, Demography and Economic Growth in Africa," *Brookings Papers on Economic Activity* 2:1998, 207–295.

5. Daron Acemoglu and Simon Johnson. "Disease and Development: The Effect of Life Expectancy on Economic Growth," *Journal of Political Economy* 115(6): 2007, 925–985.

6. Robert Gordon, *The Rise and Fall of American Growth: The U.S. Standard of Living Since the Civil War*, Princeton, NJ: Princeton University Press, 2016.

7. Organisation for Economic Co-operation and Development, "OECD Compendium of Productivity Indicators 2016," Paris: OECD Publishing, 2006, http://dx.doi.org/10.1787/pdtvy-2016-en.

8. Ryan Decker, John Haltiwanger, Ron Jarmin, and Javier Miranda, "The Role of Entrepreneurship in U.S. Job Creation and Economic Dynamism," *Journal of Economic Perspectives* 28(3): 2014, 3–24.

9. For example, Martin Baily, James Manyika, and Shalabh Gupta, "U.S. Productivity Growth: An Optimistic Perspective," *International Productivity Monitor* 25: 2013, 3–12.

10. Anonymous [Thomas R. Malthus], *An Essay on the Principle of Population*, London: J. Johnson, 1798.

11. Emmanuel Saez and Thomas Piketty, "Income Inequality in the United States, 1913–1998," *Quarterly Journal of Economics* 118(1): 2003, 1–39.

12. Claire Pénicaud, "State of the Industry: Results from the 2012 Global Mobile Money Adoption Survey," GSM Association, 2012.

13. Robert Jensen, "The Digital Provide: Information (Technology), Market Performance, and Welfare in the South Indian Fisheries Sector," *Quarterly Journal of Economics* 122(3): 2007, 879–924.

14. Robert M. Solow, "A Contribution to the Theory of Economic Growth," *Quarterly Journal of Economics* 70(1): 1956, 65–94; Trevor W. Swan, "Economic Growth and

Capital Accumulation," *Economic Record* 32(2): 1956, 334–361.

第 8 章

1. Charles-Louis de Secondat Montesquieu, *The Spirit of the Laws, Book XIV*, Chapter 2, 230–235, [1748] 1989.
2. Alfred Marshall, *Principles of Economics, Book IV: The Agents of Production*, Chapter 5, London: Macmillan, 1890.
3. Jeffrey Sachs, "Tropical Underdevelopment," *NBER Working Paper* 8119, Cambridge, MA: National Bureau of Economic Research, 2001.
4. Max Weber, *The Protestant Ethic and the Spirit of Capitalism*, New York: Routledge, [1905] 2001.
5. Samuel P. Huntington, "The Clash of Civilizations?" *Foreign Affairs* 72: 1993, 22–49.
6. Lawrence E. Harrison and Samuel P. Huntington, *Culture Matters: How Values Shape Human Progress*, New York: Basic Books, 2000.
7. Douglass North, *Institutions, Institutional Change and Economic Performance*, Cambridge: Cambridge University Press, 1990.
8. Tim Culpan, "Taiwan's iPads Are Free. The Cases Cost $1,000," *Bloomberg Businessweek*, October 7, 2010.
9. Adam Smith, *An Inquiry into the Nature and Causes of the Wealth of Nations*, London: W. Strahan, 1776.
10. Daron Acemoglu and James A. Robinson, *Why Nations Fail: The Origins of Power, Prosperity and Poverty*, New York: Crown Publishers, 2012.
11. Joseph A. Schumpeter, *Capitalism, Socialism and Democracy*, New York: Harper & Row, 1942.
12. Daron Acemoglu and James A. Robinson, *Why Nations Fail: The Origins of Power, Prosperity and Poverty*, New York: Crown Publishers, 2012, p. 225.
13. Joel Mokyr, *The Enlightened Economy: An Economic History of Britain 1700–1850*, New Haven, CT: Yale University Press, 2010.
14. Ritva Reinikka and Jakob Svensson, "Local Capture: Evidence from a Central Government Transfer Program in Uganda," *Quarterly Journal of Economics* 119(2): 2004, 679–705.

第 9 章

1. Anna Richey-Allen, "The Pain of Unemployment," *New York Times*, October 31, 2010.
2. 被暂时解雇的劳动者是另一种特殊类别的失业者，即使此类劳动者没有在寻找新工作，美国劳工统计局也会将其算作正式失业者。被暂时解雇的劳动者（通常）处于无薪停职状态。他们仍可保留其健康福利，并有望在未来恢复在原雇主处的工作，但雇主并没有必须重新雇用他们的义务。
3. Marianne Bertrand and Sendhil Mullainathan, "Are Emily and Greg More Employable Than Lakisha and Jamal? A Field Experiment on Labor Market Discrimination," *American Economic Review* 94(4):

2004, 991–1013.

4. Alan Krueger and Andreas Mueller, "Job Search and Job Finding in a Period of Mass Unemployment: Evidence from High-Frequency Longitudinal Data," Industrial Relations Section Working Paper 562, Princeton, NJ: Princeton University, 2011.

5. John Maynard Keynes, "Economic Possibilities for Our Grandchildren," in *Essays in Persuasion*. London: Macmillan, 1931.

6. https://eh.net/encyclopedia/hours-of-work-in-u-s-history/.

7. Daron Acemoglu and Pascual Restrepo, "Robots and Jobs," forthcoming *Journal of Political Economy* 2020.

8. Daron Acemoglu and David Autor, "Skills, Tasks and Technologies: Implications for Employment and Earnings," *Handbook of Labor Economics* 4: 2011, 1043–1171.

9. Daron Acemoglu and Pascual Restrepo, "Automation and New Tasks: How Technology Displaces and Reinstates Labor," *Journal of Economic Perspectives* 33(2): 2019, 3–30.

10. David E. Card and Alan Krueger, *Myth and Measurement: The New Economics of the Minimum Wage*. Princeton, NJ: Princeton University Press, 1995.

11. David Card and Alan B. Krueger, "Minimum Wages and Employment: A Case Study of the Fast-Food Industry in New Jersey and Pennsylvania," *American Economic Review* 90(5): 2000, 1397–1420.

12. Alan Krueger, "The Minimum Wage: How Much Is Too Much?" *New York Times*, October 9, 2015.

13. Nathan Hipsman, "Downward Nominal Wage Rigidity: A Double-Density Model," Harvard University Working Paper, Cambridge, MA: Harvard University, 2012.

14. Based on Mark Aguiar, Mark Bils, Kerwin Charles, and Erik Hurst, "Leisure Luxuries and the Labor Supply of Young Men," Working paper, September 15, 2016. http://www.ssc.wisc.edu/~nwilliam/Econ702_files/abch.pdf.

15. Based on Marcus Hagedorn, Fatih Karahan, Iourii Manovskii, and Kurt Mitman, "Unemployment Benefits and Unemployment in the Great Recession: The Role of Macro Effects," NBER Working Paper 19499, Cambridge, MA: National Bureau of Economic Research, 2013.

16. Stefan Kühn, Santo Milasi, Richard Horne, and Sheena Yoon, "World Employment and Social Outlook 2016: Trends for Youth," International Labour Organization report, Geneva, Switzerland, 2016.

第 10 章

1. Irving Fisher, "Appreciation and Interest: A Study of the Influence of Monetary Appreciation and Depreciation on the Rate of Interest with Applications to the Bimetallic Controversy and the Theory of Interest," *Publications of the American Economic Association* 11(4): 1896, 331–442.

2. Investment Company Institute, https://

www.icifactbook.org/.

3. Division of Investment Management Analytics Office, "Private Funds Statistics: Fourth Calendar Quarter 2018." https://www.sec.gov/divisions/investment/private-funds-statistics/private-funds-statistics-2018-q4.pdf.

4. McKinsey's Private Markets Annual Review, February 19, 2020.

5. PWC Money Tree Report, q4, 2019. https://www.pwc.com/us/en/industries/technology/assets/pwc-moneytree-2019-q4-final.pdf.

6. Eugene F. Fama, "Efficient Capital Markets: A Review of Theory and Empirical Work," *Journal of Finance* 25(2): 1970, 383–417.

7. Robert J. Shiller, *Irrational Exuberance*, Princeton, N.J.: Princeton University Press, 2005.

第 11 章

1. World Economic Report, 2019. *International Monetary Fund*. Annex Table 1.1.3.

2. W. H. Furness, "The Stone Money of Yap, Western Caroline Islands," *Transactions of the Department of Archaeology*, University of Pennsylvania 1(1): 1904, 51.

3. Board of Governors of the Federal Reserve.

4. Khaleda Rahman, "Empty Shelves Across Venezuela Due to Tumbling Oil Prices Create a New Industry: People Queuing Up for Goods That Have Probably Run Out Earn More Than Professors," *Daily Mail*, January 15, 2015.

5. Ulrike Malmendier, Stefan Nagel, and Zhen Yan (forthcoming), "The Making of Hawks and Doves," *Journal of Monetary Economics*.

第 12 章

1. 1947年之前的美国GDP仅保留有年度数据。由于1945年的经济衰退发生在一年之内，所以我们无法确切获知实际GDP的下降程度，但我们可以通过年度数据进行估算。从1944年到1946年，实际GDP下降了12.7%。

2. Kathryn M. Dominguez, Ray C. Fair, and Matthew D. Shapiro, "Forecasting the Depression: Harvard Versus Yale," *American Economic* Review 78(4): 1988, 595–612. The Fisher remarks quoted later in the paragraph are from this paper.

3. Dominguez, Fair, and Shapiro, "Forecasting the Depression."

4. Arthur M. Okun, "Potential GNP: Its Measurement and Significance," 1963, reprinted as Cowles Foundation Paper 190, New Haven, CT: Cowles Foundation, 2016.

5. Arthur C. Pigou, *Industrial Fluctuations*, New York: Macmillan, 1929.

6. Finn E. Kydland and Edward C. Prescott, "Time to Build and Aggregate Fluctuations," *Econometrica* 50(6): 1982, 1345–1370.

7. John M. Keynes, *The General Theory of Employment, Interest and Money*, London: Palgrave Macmillan, 1936.

8. Milton Friedman and Anna J. Schwartz, *A Monetary History of the United States, 1867—1960*, Princeton, NJ: Princeton University Press, 1963.

9. Jacob E. Lemieux, "Phylogenetic Analysis of SARS-CoV-2 in Boston Highlights the Impact of Superspreading Events," *Science* 10: December 2020.
10. Raj Chetty, John N. Friedman, Nathaniel Hendren, Michael Stepner, and the Opportunity Insights Team, "The Economic Impacts of COVID-19: Evidence from a New Public Database Built Using Private Sector Data," Opportunity Insights, November 2020.

第13章

1. Federal Open Market Committee, December 2012. https://www.federalreserve.gov/newsevents/pressreleases/monetary20121212a.htm.
2. Federal Open Market Committee, January 2021. https://www.federalreserve.gov/newsevents/pressreleases/monetary20210127a.htm.
3. William L. Silber, *Volcker: The Triumph of Persistence*, New York: Bloomsbury Press, 2012.
4. Bank of England, "Financial Stability Report," June 2014, Issue 35.
5. John B. Taylor, "Discretion Versus Policy Rules in Practice," *Carnegie-Rochester Conference Series on Public Policy 39*: 1993, 195–214.
6. Lawrence Summers, "The Biden Stimulus Is Admirably Ambitious. But It Brings Some Big Risks, Too," *Washington Post*, February 4, 2021.
7. Christina Romer and Jared Bernstein, "The Job Impact of the American Recovery and Reinvestment Act," January 9, 2009, online at http://otrans.3cdn.net/ee40602f9a7d8172b8_ozm6bt5oi.pdf.
8. John Seliski et al., "Key Methods That CBO Used to Estimate the Effects of Pandemic-Related Legislation on Output," Congressional Budget Office, October 2020. https://www.cbo.gov/system/files/2020-10/56612-Key-Methods.pdf.
9. Romer and Bernstein, "The Job Impact of the American Recovery and Reinvestment Act."
10. David S. Johnson, Jonathan A. Parker, and Nicholas S. Souleles. "Household Expenditure and the Income Tax Rebates of 2001," *American Economic Review* 96(5): 2006, 1589–1610.
11. Christian Broda and Jonathan A. Parker. "The Economic Stimulus Payments of 2008 and the Aggregate Demand for Consumption," *Journal of Monetary Economics 68:* 2014, S20–S36.
12. Congressional Budget Office, "Report on the Troubled Asset Relief Program," March 2020.
13. Valerie A. Ramey, "Identifying Government Spending Shocks: It's All in the Timing," *Quarterly Journal of Economics* 126(1): 2011, 1–50.
14. Seliski et al., "Key Methods That CBO Used to Estimate the Effects of Pandemic-Related Legislation on Output."

第 14 章

1. Steven Greenhouse, "Nike Shoe Plant in Vietnam Is Called Unsafe for Workers," *New York Times*, November 8, 1997. See http://www.nytimes.com/1997/11/08/business/nike-shoe-plant-in-vietnam-is-called-unsafe-for-workers.html?pagewanted=all.

2. John Cushman, "Nike Pledges to End Child Labor and Apply U.S. Rules Abroad," *New York Times*, May 13, 1998. See http://www.nytimes.com/1998/05/13/business/international-business-nike-pledges-to-end-child-labor-and-apply-us-rules-abroad.html.

3. "Jobs at Apple," February 13, 2021, https://jobs.apple.com/en-us/details/114438158/us-specialist-full-time-part-time-and-part-time-temporary.

4. Fred P. Hochberg, "The iPhone Isn't Made in China—It's Made Everywhere" *The Wall Street Journal*, January 31, 2020.

5. Greg Linden, Kenneth Kraemer, and Jason Dedrick, "Who Captures Value in a Global Innovation Network? The Case of Apple's iPod," *Communications of the ACM* 52(3): 2009, 140–144.

6. David H. Autor, David Dorn, and Gordon H. Hanson, "The China Syndrome: Local Labor Market Effects of Import Competition in the United States," *American Economic Review* 103(6): 2013, 2121–2168.

7. The video can be viewed on YouTube: https://www.youtube.com/watch?v=Y3ttxGMQOrY.

8. Nathaniel Meyersohn, "The Trade War Comes to Walmart, Target and Macy's," *CNN Business*, May 23, 2019. https://www.cnn.com/2019/05/23/business/china-tariffs-trump-trade-walmart-retail/index.html.

9. Jack Ewing, "The Disassembly Line," *New York Times*, July 15, 2014, B1.

10. Jennifer L. Rich, "U.S. Admits That Politics Was Behind Steel Tariffs," *New York Times*, March 14, 2002. See http://www.nytimes.com/2002/03/14/business/us-admits-that-politics-was-behind-steel-tariffs.html.

11. Here is a typical stump speech from the campaign, as transcribed *by Time* magazine (June 28, 2016): http://time.com/4386335/donald-trump-trade-speech-transcript/.

12. Dalila Cervantes-Godoy and Joe Dewbre, "Economic Importance of Agriculture for Sustainable Development and Poverty Reduction: The Case Study of Vietnam," OECD Food, Agriculture and Fisheries Working Paper 23, Paris: Organisation for Economic Co-operation and Development, 2010.

13. Ben Bland, "Vietnam's Factories Grapple with Growing Unrest," *Financial Times*, January 19, 2012. For the 2014 minimum wage data, see http://www.amchamvietnam.com/30442612/vietnams-2014-minimum-wage-adjustment-shows-moderation-15-

14. World Bank and OECD national accounts data.
15. Penn World Tables. Alan Heston, Robert Summers, and Bettina Aten, Penn World Table Version 7.1, Center for International Comparisons of Production, Income, and Prices at the University of Pennsylvania, November 2012.
16. World Bank, Development Research Group.
17. Eric V. Edmonds and Nina Pavcnik, "International Trade and Child Labor: Cross-Country Evidence," *Journal of International Economics* 68(1): 2006, 115–140.
18. "Out of Sight," *The Economist*, April 4, 2015.

第 15 章

1. "Venezuela's Currency Is Collapsing on the Black Market Again," *Bloomberg News*, November 1, 2016, available at https://www.bloomberg.com/news/articles/2016-11-01/venezuela-s-currency-is-collapsing-on-the-black-market-again.
2. https://tradingeconomics.com/china/foreign-exchange-reserves.
3. "The Big Mac Index," *The Economist*, January 12, 2021. https://www.economist.com/big-mac-index.

术语表

Absolute advantage（绝对优势）：绝对优势是个人、企业或国家在拥有相同资源的情况下比其他竞争对手生产更多某种产品的能力。

Aggregate demand（总需求）：总需求即经济对企业所生产商品和服务的总体需求。总需求会影响企业的雇用决策，并因此决定着劳动需求曲线。

Aggregate production function（总生产函数）：总生产函数描述了一个国家总的 GDP 与其生产要素之间的关系。

Aggregation（加总）：将个体行为进行累加的过程被称为加总。

Animal spirits（动物精神）：动物精神是导致消费者或企业情绪变化的心理因素，会对消费、投资和 GDP 产生影响。

Automatic stabilizers（自动稳定器）：自动稳定器是政府预算的组成部分，可以自动调整以平滑经济波动。

Bank reserves（银行准备金）：银行准备金包括银行库存现金以及银行存放在美国联邦储备银行的准备金。

Bank run（银行挤兑）：银行挤兑是指由于担心银行即将耗尽用于支付提款的流动资产而导致银行出现了异常大规模的提款。

Bar chart（柱状图）：柱状图使用不同高度或长度的柱子来表示不同组别的特性。

Behavioral economics（行为经济学）：行为经济学综合分析解释人类行为的经济和心理因素，并帮助经济主体理解在哪些情况下能够做出（或接近做出）最优选择，在哪些情况下无法做出最优选择。

Budget constraint（预算约束）：预算约束显示了消费者在预算有限情况下可选择的商品或服务组合。

Capital income（资本收入）：资本收入是因拥有实体或金融资本而获得的任何形式的支付。

Catch-up growth（追赶性增长）：追赶性增长是指相对贫穷国家利用其他技术更先进国家业已发明的知识和技术来增加收入的过程。

Causation（因果关系）：当一件事直接影响另一件事时，就会产生因果关系。

Central bank（中央银行）：中央银行是监督金融机构、调控某些关键利率和间接控制货币供给的政府机构。这些活动共同构成了货币政策。

Closed economy（封闭经济体）：封闭经济体不与世界其他地区进行贸易。

Collective bargaining（劳资谈判）：劳资谈判即企业与工会之间的合同协商。

Comparative advantage（比较优势）：比较优势是个人、企业或国家以比其他生产者更低的机会成本生产某种商品的能力。

Competitive equilibrium price（竞争均衡价格）：竞争均衡价格是供给量和需求量相等时的价格。

Competitive equilibrium quantity（竞争均衡数量）：竞争均衡数量是与竞争均衡价格相对应的数量。

Competitive equilibrium（竞争均衡）：竞争均衡是供给曲线与需求曲线的交点。

Complements（互补品）：当一种商品的价格下降使得另一种商品的需求曲线右移时，这两种商品被称为互补品。

Consumer Price Index，CPI（消费价格指数）：消费价格指数（CPI）是以目标年价格购买一篮子消费品的成本与以基年价格购买同一篮子消费品的成本的比率乘以100。

Consumption（消费）：消费是国内家庭所购买消费品和所消费服务的市场价值。

Contractionary fiscal policy（紧缩性财政政策）：紧缩性财政政策通过降低政府支出和提高税收来降低实际GDP（的增长率）。

Contractionary monetary policy（紧缩性货币政策）：紧缩性货币政策用于减缓银行准备金的增长，提高利率，减少借贷，减缓货币供给的增长，抑制通货膨胀。

Correlation（相关关系）：相关关系意味着两个变量趋向于同时改变。

Cost-benefit analysis（成本-收益分析）：成本-收益分析是一种计算，它将收益和成本以一个通用计量单位（比如美元）表示，且通过收益相加并减去成本来确定最佳替代选项。

Countercyclical fiscal policy（逆周期财政政策）：逆周期财政政策经立法部门批准，并由行政部门签署成为法律，旨在通过调控政府支出和税收来降低经济波动。

Countercyclical monetary policy（逆周期货币政策）：逆周期货币政策由央行（在美国是美联储）负责实施，旨在通过调控银行准备金和利率来降低经济波动。

Countercyclical policies（逆周期政策）：逆周期政策旨在降低经济波动的严重程度，实现就业、GDP以及物价的平稳增长。

Creative destruction（创造性破坏）：创造性破坏是指新技术取代旧技术、新企业取代老企业、新技能淘汰旧技能的过程。

Credit（信贷）：信贷是指债务人收到的贷款。

Credit demand curve（信贷需求曲线）：信贷需求曲线描述了信贷需求量与实际利率之间的关系。

Credit market（信贷市场）：信贷市场是借款者从储蓄者那里获取资金的市场。

Credit supply curve（信贷供给曲线）：信贷供给曲线描述了信贷供给量与实际利率之间的关系。

Crowding out（挤出效应）：挤出效应是指增加的政府支出部分甚至完全取代了家庭和企业的支出。

Culture hypothesis（文化假说）：文化假说宣称，不同的价值观和文化信仰从根本上导致了世界各地繁荣程度的差异。

Current account（经常账户）：经常账户是净出口、来自国外的净要素支付和来自国外的净转移支付之和。

Cyclical unemployment（周期性失业）：周期性失业是指实际失业率与长期失业率的偏离。

Debtors（债务人）：债务人，或称借款者，是指借入资金的市场主体。

Deflation（通货紧缩）：通货紧缩率是指物价指数的下降比率。

Demand curve shifts（需求曲线的移动）：只有当给定价格下的需求量改变时，需求曲线才会发生移动。

Demand curve（需求曲线）：需求曲线描绘了不同价格下的需求量。需求曲线是对需求表的图形化呈现。

Demand deposits（活期存款）：活期存款是指储户可以通过从银行取款、开支票或使用借记卡随时获得的资金。

Demand schedule（需求表）：需求表以表格形式展现了不同价格下的需求量（在其他条件不变时）。

Demographic transition（人口转变）：人口转变是指许多社会从农业向工业过渡时所经历的生育率以及单个家庭子女数量的下降。

Dependent variable（因变量）：因变量的值取决于其他变量。

Depression（萧条）：尽管在定义上还有争论，但"萧条"一词通常用来描述失业率达到20%或更高的长期衰退。

Diminishing marginal benefit（边际收益递减）：随着你对某种商品消费数量的增加，你对额外1单位该商品的支付意愿下降。

Downward wage rigidity（工资下降刚性）：当工人抵制工资削减，而公司通过保持名义工资不变来应对这种抵制时，便会出现工资下降刚性。

Dynamic equilibrium（动态均衡）：动态均衡描述了随时间变化的经济行为。

Economic agent（经济主体）：经济主体是指做出选择的个人或群体。

Economic expansions（经济扩张）：经济扩张是指处于两次经济衰退之间的时期。因此，经济扩张开始于一次衰退的结束，并且持续到下一次衰退的开始。

Economic fluctuations or business cycles（经济波动或商业周期）：GDP增长率的短期变化被称为经济波动或商业周期。

Economic growth（经济增长）：经济增长，或者简称增长，是指一个经济体实际人均GDP的增长。

Economic institutions（经济制度）：经济制度指的是那些与经济交易有关的社会规则。

Economics（经济学）：经济学研究的是经济主体如何选择分配稀缺资源，以及这些选择会给社会带来何种影响。

Efficiency of production（生产效率）：生产效率是指一个经济体从给定数量的生产要素和知识中实现最大数量产出的能力。

Efficiency wages（效率工资）：效率工资是指高于劳动者可接受的最低工资的工资。雇主利用效率工资来增进劳动者的积极性和生产率。

Empirical evidence（实证证据）：实证证据是指通过观察和测算得到的事实。我们也把实证证据称为数据。

Empiricism（实证）：实证是指使用数据进行分析，即循证分析。经济学家利用数据来发展理论，检验理论，评估不同政府政策的效果，并确定世界上各种事情发生的原因。

Employed（就业）：拥有全职或兼职带薪工作的人被归类为就业者。

Equilibrium（均衡）：均衡是一种特殊状态，在这种状态下每个人都同时在进行优化，因此，考虑到他人的选择，没有人认为他们能通过改变自身行为而使其个人受益。

Excess demand（超额需求）：当市场价格低于竞争均衡价格时，需求量超过供给量，造成超额需求。

Excess supply（超额供给）：当市场价格高于竞争均衡价格时，供给量超过需求量，造成超额供给。

Expansionary fiscal policy（扩张性财政政策）：扩张性财政政策通过提高政府支出和降低税收来提高实际GDP的增长率。

Expansionary monetary policy（扩张性货币政策）：扩张性货币政策会增加银行准备金的数量并降低利率。

Expected real interest rate（预期实际利率）：预期实际利率即名义利率减去预期通货膨胀率。

Experiment（实验）：实验是一种调查变量之间因果关系的受控方法。

Exponential growth（指数增长）：指数增长指的是增长过程可以用某个变量（例如实际GDP或实际人均GDP）的近似恒定增长率来描述的情况。

Exports（出口）：出口是销售给国外家庭、企业和政府的所有国内生产的商品和服务的市场价值。

Extractive economic institutions（攫取性经济制度）：攫取性经济制度不保护私有产权，不维护合同，干扰市场运作。此类制度还设置了显著的行业和职业进入壁垒。

Factors of production（生产要素）：生产要素是针对生产过程的投入。

Federal funds market equilibrium（联邦基金市场均衡）：联邦基金市场供给曲线和需求曲线的交点即联邦基金市场的均衡。

Federal funds market（联邦基金市场）：联邦基金市场是指银行间相互取得准备金隔夜贷款的市场。

Federal funds rate（联邦基金利率）：联邦基金利率是指银行在联邦基金市场上就隔夜贷款相互收取的利率。出借的资金是存放在联邦储备银行的准备金。

Federal Reserve Bank（联邦储备银行）：美国的中央银行被称为联邦储备银行，简称美联储。

Fertility（生育率）：生育率是指每个成年人或每个育龄女性生育子女的数量。

Fiat money（法定货币）：法定货币是指那些依政府法令用作法偿货币且没有黄金或白银等实物商品作为支撑的东西。

Financial account（金融账户）：金融账户是外国人持有的国内资产的增加值与国内居民持有的外国资产的增加值的差值。

Financial intermediaries（金融中介机构）：金融中介机构将资金从金融资本的供给方引向金融资本的使用方。

Fixed exchange rate（固定汇率）：如果政府会为汇率设定一个固定值，并通过干预来维系该固定值，则该国实行的是固定汇率。

Flexible exchange rate（浮动汇率）：如果政府不干预外汇市场，则这个国家实行的就是弹性汇率，或称浮动汇率。

Foreign direct investment（外商直接投资）：外商直接投资是指外国个人和企业对国内企业及业务的投资。为了符合外商直接投资的条件，这种资本流入必须让外国投资者成为本地企业的重要持股者。

Foreign exchange market（外汇市场）：外汇市场是进行货币交易并决定名义汇率的全球金融市场。

Frictional unemployment（摩擦性失业）：摩擦性失业指的是关于现有工作的信息不完善和耗时的求职过程而造成的失业。

Fundamental causes of prosperity（繁荣的根本原因）：繁荣的根本原因是指导致繁荣的直接原因存在差异的实质性因素。

Gains from specialization（专业分工收益）：专

业分工收益，是指社会通过让一些个人、地区或国家专门从事特定商品和服务的生产活动而获得的经济收益。

GDP deflator（GDP 平减指数）：GDP 平减指数等于名义 GDP 除以同年的实际 GDP，并将所得比率乘以 100。它是一个测算一国商品和服务价格自基年以来上涨了多少的指标。

GDP per capita（人均 GDP）：人均 GDP 等于 GDP 除以总人口。

GDP per worker（劳动者人均 GDP）：劳动者人均 GDP，就是用 GDP 除以就业人数。

Geography hypothesis（地理假说）：地理假说宣称，是地理、气候和生态的差异最终导致了世界各地繁荣程度的巨大差异。

Government expenditure（政府支出）：政府支出是政府所购买商品和服务的市场价值。

Government expenditure multiplier（政府支出乘数）：如果政府支出增加 1 美元使 GDP 增加 m 美元，那么政府支出乘数为 m。

Government taxation multiplier（政府税收乘数）：如果减税 1 美元使 GDP 增加 m 美元，则政府税收乘数为 m。

Great Depression（大萧条）：大萧条是一场始于 1929 年的严重经济收缩，至 1933 年时美国的实际 GDP 方才触底。在 20 世纪 30 年代末二战爆发之前，美国的实际 GDP 增长一直低于其增长趋势线。

Gross domestic product, GDP(国内生产总值)：国内生产总值（GDP）是在一定时期内一国境内生产的最终商品和服务的市场价值。

Gross national product, GNP(国民生产总值)：国民生产总值（GNP）是由某一特定国家居民占有或拥有的资本和劳动生产要素所产生的生产市场价值。

Growth rate（增长率）：增长率是指两个日期之间的数量（例如实际人均 GDP）相对于基线数量（即期初数量）的变化。

Holding all else equal（在其他条件不变时）："在其他条件不变时"意味着经济中的其他因素都保持不变。英语的经济学写作中有时也用拉丁语 ceteris paribus（意为其他条件相同）来表达同样的意思。

Human capital（人力资本）：人力资本是一个人创造产出或经济价值的技能储备。

Hypotheses（假说）：假说是可以用数据进行检验的预测（通常由模型生成）。

Identity（恒等式）：当两个变量的定义方式使其在数学上等同时，这两个变量的关系就是一个恒等式。

Imports（进口）：进口是销售给国内家庭、企业和政府的所有外国生产的商品和服务的市场价值。

Inclusive economic institutions（包容性经济制度）：包容性经济制度保护私有财产，维护法律和秩序，允许签订私人合同并保障其执行，允许自由进入新的行业和职业。

Income per capita（人均收入）：人均收入即每个人的平均收入，其计算方法是用一国的总收入除以该国的总人数。人均收入通常被称为人均 GDP。

Independent variable（自变量）：自变量的值不取决于其他变量；在实验中，自变量受实验者控制。

Industrial Revolution（工业革命）：工业革命是指始于十八世纪末英国的一系列创新及其在生产过程中的应用。

Inferior good（劣质商品）：对于一种劣质商品，收入的增长会导致需求曲线左移，或者换句话说，会导致消费者减少购买此类商品。

Inflation expectations（通货膨胀预期）：经济主体的通货膨胀预期即他们对未来通货膨胀率的信念。

Inflation rate（通货膨胀率）：价格的增长率就是通货膨胀率。它是价格指数的同比增长百分比。

Input（投入品）：投入品是用于生产该商品或服务的另一种商品或服务。

Insolvent（失去偿付能力）：当一家银行的资产价值低于其负债价值时，这家银行便失去偿付能力。

Institutions hypothesis（制度假说）：制度假说宣称，制度差异，即社会在自我组织和塑造个人与企业激励机制方式上的差异，是造成全球繁荣程度不均的根源。

Institutions（制度）：制度是管理一个社会组织的正式和非正式规则，包括其法律和规章。

Interest on reserves（准备金利息）：在美联储存放有准备金（包括它们借入的准备金）的私营银行，会因为存放有这些准备金而获得利息。这一利息叫作准备金利息，其利率由美联储设定。

Interest rate（利率）：利率（也称为名义利率）用 i 表示，是一笔 1 美元贷款的年度成本，所以 $i \times L$ 是一笔 L 美元贷款的年度成本。

Investment（投资）：投资是由国内家庭和国内企业购买的新实物资本的市场价值。

Job search（工作搜寻）：工作搜寻指的是劳动者为找到合适工作而进行的活动。

Labor demand curve（劳动需求曲线）：劳动需求曲线描绘了劳动需求量与工资之间的关系。劳动边际产值也就是劳动需求曲线，因为它们都显示了劳动需求量随工资变化的情况。

Labor force participation rate（劳动参与率）：劳动参与率是劳动力在潜在劳动者中的占比。

Labor force（劳动力）：劳动力是所有就业人口和失业人口的总和。

Labor income（劳动收入）：劳动收入是人们因工作而获得的任何形式的报酬性支付。

Labor supply curve（劳动供给曲线）：劳动供给曲线体现了劳动供给量与工资之间的关系。

Law of demand（需求定律）：需求定律指的是，在几乎所有情况下，当价格下降时，需求量会增加（其他条件不变时）。

Law of Diminishing Marginal Product（边际产量递减定律）：边际产量递减定律指的是，当我们增加某种生产要素的使用数量（保持所有其他生产要素不变）时，该生产要素对GDP的边际贡献会减少。

Law of Supply（供给定律）：供给定律指的是，在几乎所有情况下，当价格上升时，供给量会增加（其他条件不变时）。

Lender of last resort（最后贷款人）：美联储会在危机时期充当最后贷款人，在标准融资渠道不可用时向银行和其他企业提供贷款。

Liquidity（流动性）：流动性是指可立即用于支付的资金。换句话说，如果资金可立即用于支付，那它就具有流动性。

Long-run rate of unemployment（长期失业率）：长期失业率是历史平均失业率。

Long-term real interest rate（长期实际利率）：长期实际利率即长期名义利率减去长期通货膨胀率。

Macroeconomics（宏观经济学）：宏观经济学是对经济整体的研究。宏观经济学家研究各种整体经济现象，例如一个国家的经济总产出的增长率、通货膨胀率或失业率。

Malthusian cycle（马尔萨斯循环）：马尔萨斯循环是指总收入增加导致人口增长，而人口增长又反过来降低人均收入，并最终给人口带来下降压力的前工业化模式。

Managed exchange rate（管理汇率）：如果政府通过积极干预来影响汇率，则该国实行的是管理汇率。

Marginal analysis（边际分析）：边际分析是研究一个可行选项与另一个可行选项之间差异的成本－收益计算。

Marginal cost（边际成本）：边际成本是从一个可行选项转移到另一个可行选项所产生的额外成本。

Market（市场）：市场是指一群从事商品和服务交易的经济主体以及进行交易的规则和协议。

Market demand curve（市场需求曲线）：市场需求曲线是所有潜在买方的个体需求曲线之和。它描绘了在其他条件不变时总需求量和市场价格之间的关系。

Market price（市场价格）：如果所有的卖方和买方都面临一个相同的价格，那么这个价格就是市场价格。

Market supply curve（市场供给曲线）：市场供给曲线是所有潜在卖方的个体供给曲线之和，它描绘了在其他条件不变时，总供给量和市场价格之间的关系。

Market-clearing wage（市场出清工资）：竞争均衡工资即市场出清工资。在这一工资水平下，每个想要工作的劳动者都会找到工作；劳动需求量会与劳动供给量相匹配。

Maturity（期限）：期限是指必须偿还债务的时间。

Maturity transformation（期限转换）：期限转换是指银行将短期限负债投资于长期限资产（长期投资）的过程。

Mean（均值）：均值（或平均数）是用所有数值的总和除以数值的个数所得出的结果。

Median（中位数）：中位数的计算方法是将数字从最小到最大排序，然后在列表的中间找到该值。

Medium of exchange（交换媒介）：交换媒介是一种可用于交易商品和服务的资产。

Microeconomics（微观经济学）：微观经济学研究的是个人、家庭、企业和政府如何做出选择，以及这些选择如何影响定价、资源配置和其他经济主体的福利水平。

Model（模型）：模型是对现实的简化描述。有时经济学家会把模型称为理论。这些术语通常可互换使用。

Money（货币）：货币是人们在买卖商品和服务时用以支付和接收款项的资产。

Money supply（货币供给）：货币供给包括流通中的现金以及活期账户、储蓄账户、旅行支票和货币市场账户中的货币。货币供给有时被称为 M2。

Movement along the demand curve（沿着需求曲线的变动）：如果一件商品自身的价格改变，且它的需求曲线没有移动，那么它自身的价格变化就会导致沿着需求曲线的变动。

Movement along the supply curve（沿着供给曲线的变动）：如果一件商品自身的价格改变，且它的供给曲线没有移动，那么它自身价格的改变就会导致沿着供给曲线的变动。

Multipliers（乘数效应）：乘数效应是指那些会放大冲击初始影响的经济机制。

National income accounting identity（国民收入核算恒等式）：国民收入核算恒等式（$Y = C + I + G + X - M$）将 GDP 分解为消费＋投资＋政

府支出＋出口−进口。

National income accounts（国民收入账户）：国民收入账户用于测算一个国家经济总体活动的水平。

National income and product accounts（国民收入和产品账户）：国民收入和产品账户是美国政府使用的国民收入账户体系。

Natural experiment（自然实验）：自然实验是一种实证研究，在这种研究中，一些不受实验者控制的过程会以随机或近乎随机的方式将受试者分配到对照组和实验组。

Natural rate of unemployment（自然失业率）：自然失业率是一个健康经济体所具有的上下波动失业率。

Negative correlation（负相关关系）：负相关关系意味着两个变量倾向于朝着相反的方向变动。

Negatively related（负相关）：如果两个变量向相反的方向移动，则这两个变量呈负相关。

Net benefit（净收益）：净收益等于选择一个替代的总收益减去选择这一替代的总成本。

Net capital outflows（资本净流出）：资本净流出指的是母国在外国的投资与在母国的外国投资之间的差值。

Net exports（净出口）：净出口等于一个国家的出口额减去其进口额。净出口又被称为贸易差额。

Nominal exchange rate（名义汇率）：名义汇率是一国货币以另一国货币为单位的价格。

Nominal GDP（名义）GDP：名义 GDP 是生产（即最终商品和服务）的总市场价值，它使用当前市场价格来确定每单位生产的价值。

Nominal wages（名义工资）：现行工资也被称为名义工资，它不同于经通货膨胀调整后的工资或实际工资。我们用名义工资除以总体价格水平（例如 CPI）来计算实际工资。

Normal good（正常商品）：对于一种正常商品，收入的增长会使需求曲线右移，或者换句话说，导致消费者购买更多此类商品。

Normative economics（规范经济学）：规范经济学分析旨在为个人或社会提供行动建议。

Okun's Law（奥肯定律）：奥肯定律指出，失业率的年度变化等于 $-½ \times (g-2\%)$，其中 g 表示实际 GDP 的年增长率。

Omitted variable（遗漏变量）：遗漏变量是指那些研究中被忽略，但如果将其纳入便能够解释两个变量为何相关的因素。

One dollar a day per person poverty line（每人每天一美元贫困线）：每人每天一美元贫困线是经济学家和其他社会科学家用来比较各国贫困程度的一个绝对贫困测算标准。

Open economy（开放经济体）：开放经济体与世界其他地区进行自由贸易。

Open market operations（公开市场操作）：如果美联储希望提高私营银行的准备金水平，它就会从私营银行购买政府债券，并相应地给私营银行提供更多的电子准备金。如果美联储希望降低准备金水平，它就会向私营银行出售政府债券，私营银行则相应地返还部分准备金。通过购买或出售政府债券，美联储改变了联邦基金市场的垂直供给曲线，并借此控制了准备金的水平。这些交易被称为公开市场操作。

Opportunity cost（机会成本）：机会成本是对一项资源的最佳替代用途。

Optimization（优化）：优化是指基于经济主体既有的有限信息、知识、经验和训练，试图找出最佳可行选项。

Optimum（最优）：经济学家将最佳可行选项称为最优选择或最优。

Perfectly competitive market（完全竞争市场）：在完全竞争市场上：（1）所有的卖方都销售相同的产品或服务；（2）任何单个买方或单个卖方都不足以仅凭自身力量影响该商品或服务的市场价格。

Phillips curve（菲利普斯曲线）：菲利普斯曲线描述了就业增长和通货膨胀之间的实证关系，它表明就业增长往往会造成更高的通货膨胀，特别是当经济接近充分就业时。

Physical capital（实物资本）：实物资本是用于生产的所有机器和结构物的储存。

Physical capital stock（实物资本存量）：一个经济体的实物资本存量是生产中使用设备、结构物和其他非劳动投入的价值。

Pie chart（饼状图）：饼状图是一个被分为不同大小扇形的圆。每个扇形的面积体现着各非重叠部分的相对重要性，这些部分加总起来便是整个饼状图。

Political creative destruction（政治创造性破坏）：政治创造性破坏是指经济增长破坏现有政权稳定并削弱统治者政治权力的过程。

Political institutions（政治制度）：政治制度是指那些与政治权力分配和政治权力行使约束有关的社会规则。

Positive correlation（正相关关系）：正相关关系意味着两个变量倾向于朝着相同的方向变动。

Positive economics（实证经济学）：实证经济学分析旨在进行可用数据验证的客观描述或预测。

Positively related（正相关）：如果两个变量向同一方向移动，则这两个变量呈正相关。

Potential workers（潜在劳动者）：潜在劳动者包括除以下三类群体之外的全部人口：16岁以下儿童、现役军人、居住于某些机构（如提供长期医护服务的机构或者监狱）中的行动受限居民。

Price-taker（价格接受者）：价格接受者是指接受了市场价格的买方或者卖方——买方不能通过讨价还价得到更低的价格，卖方也不能通过讨价还价得到更高的价格。

Principle of optimization at the margin（边际优化原理）：边际优化原理指明了一个最优可行选项所具有的特质：移至该选项会使你的境况变好，而偏离该选项会使你的境况变差。

Private property rights（私有财产权）：私有财产权意味着个人可以拥有企业和资产，而且其所有权受到保护。

Productivity（生产率）：生产率是指劳动者每小时工作所创造的商品和服务的价值。

Proximate causes of prosperity（繁荣的直接原因）：繁荣的直接原因是指导致高水平实际人均GDP的高水平因素，如人力资本、实物资本和技术。

Purchasing power parity, PPP（购买力平价）：购买力平价（PPP）构建了每个国家一篮子代表性商品的成本，并使用这些相对成本来比较各国的收入。

Quantitative easing（量化宽松）：量化宽松是指央行创造大量的银行准备金来购买长期债券，同时增加银行准备金数量并压低长期债券利率。

Quantity demanded（需求量）：需求量是指在给定价格下，买方愿意购买的商品或服务的数量。

Quantity supplied（供给量）：供给量是在给定价格下，卖方愿意供给的商品或服务的数量。

Quantity theory of money（货币的数量理论）：货币的数量理论假设，从长期看，货币供给增长率等于名义 GDP 增长率。

Randomization（随机化）：随机化是指以随机方式而非人为选择的方式将受试者分配到实验组或对照组。

Real business cycle theory（真实商业周期理论）：真实商业周期理论是一种强调技术在引发经济波动中所起作用的思想流派。

Real exchange rate（实际汇率）：用美国一篮子商品和服务的美元价格除以外国同一篮子商品和服务的美元价格，我们便可以得到美国的实际汇率。

Real GDP growth（实际 GDP 增长率）：实际 GDP 增长率是指实际 GDP 的增长速度。

Real GDP（实际 GDP）：实际 GDP 也是生产（即最终商品和服务）的总市场价值，只不过它是使用特定基年的市场价格来确定每单位生产的价值。

Real interest rate（实际利率）：用名义利率减去通货膨胀率，即为实际利率。

Real wage（实际工资）：实际工资是名义工资除以一个物价指数，如居民消费价格指数。

Realized real interest rate（已实现实际利率）：已实现实际利率即名义利率减去已实现通货膨胀率。

Recession（衰退）：衰退是指总经济产出下降的一段时期（至少持续两个季度）。

Research and development，R&D（研究和开发）：研究和开发（简称研发）指为提高企业或经济体的技术水平而进行的旨在改进科学知识、产生新的创新或将现有知识应用于生产的活动。

Reverse causality（反向因果关系）：当我们混淆了原因和结果的方向时，就会产生反向因果关系。

Saving rate（储蓄率）：储蓄率表示的是储蓄占收入的比例。

Scarce resources（稀缺资源）：稀缺资源是指人们欲求且欲求数量超过了其可用数量的东西。

Scarcity（稀缺性）：稀缺指的是在一个资源有限的世界中拥有无限的欲求。

Scientific method（科学方法）：科学方法是一个持续的过程，经济学家和其他科学家利用其（1）建立关于世界运转方式的模型并（2）通过数据检验来评估这些模型。

Securities（证券）：证券即金融合约。例如，证券可用于分配公司的所有权（股票），或承诺向出借人付款（债券）。

Seigniorage（铸币税）：从印钞中获得的政府收入被称为铸币税。

Self-fulfilling prophecy（自我实现预言）：自我实现预言是指对某一事件的预期（例如未来劳动力需求曲线会左移）会导致该事件变成现实。

Sentiments（情绪）：情绪包括对未来经济活动的预期的变化，公司和家庭所面临不确定性的变化，以及动物精神的波动。情绪变化会导致家庭消费和企业投资发生变化。

Slope（斜率）：斜率等于 y 轴所示变量的数值变化除以 x 轴所示变量的数值变化。

Solvent（具备偿付能力）：当一家银行的资产价值高于其负债价值时，这家银行便具备偿付能力。

Steady-state equilibrium（稳态均衡）：稳态均衡是指实物资本存量不随时间变化的一种经济均衡。

Stockholders' equity（所有者权益）：所有者权益是银行总资产与总负债之间的差值。

Store of value（价值储藏）：价值储藏是一种使人们能够将购买力转移到未来的资产。

Structural unemployment（结构性失业）：当劳动供应量持续超过劳动需求时，就会出现结构性失业。

Subsistence level（生存水平）：生存水平是指一个人为获得足够热量、住所和衣物以维持生存所必需的最低人均收入水平。

Substitutes（替代品）：当一种商品的价格上升使得另一种商品的需求曲线右移时，这两种商品被称为替代品。

Supply curve shifts（供给曲线的移动）：只有当给定价格下的供给量改变时，供给曲线才会发生移动。

Supply curve（供给曲线）：供给曲线描绘了不同价格下的供给量。供给曲线是对供给表的图形化呈现。

Supply schedule（供给表）：供给表是一个表格，其所展现的是在其他条件不变时，不同价格下的供给量。

Sustained growth（持续性增长）：持续性增长是指实际人均 GDP 长期保持相对稳定正增长的过程。

Technological change（技术变革）：技术变革是指在经济中发明、引进和应用新技术、新产品、新服务的过程，它使经济体在给定水平的生产要素、实物资本存量和劳动总效率单位下实现更高水平的实际 GDP。

Technology（技术）：技术指的是决定一个经济体如何有效利用其劳动和资本的一套设备和实践。

The value of the marginal product of labor（劳动边际产值）：劳动边际产值是额外一名劳动者对企业收入的贡献。

Time series graph（时间序列图）：时间序列图展示的是在不同时间点的数据。

Total efficiency units of labor（劳动总效率单位）：劳动总效率单位是经济中劳动者总数与劳动者平均人力资本的乘积。

Trade deficit（贸易逆差）：贸易逆差即进口超过出口，因此是贸易差额为负的情况。

Trade surplus（贸易顺差）：贸易顺差即出口超过进口，因此是贸易差额为正的情况。

Trade-off（权衡）：当一个经济主体需要放弃一样东西以获取其他东西时，这个经济主体就会面临权衡。

Unemployed（失业者）：如果潜在劳动者没有带薪工作，但在过去 4 周内积极寻找工作且现时具备工作的意愿及能力，他们就被归类为失业者。

Unemployment rate（失业率）：失业率是指失业人口在劳动力中的占比。

Unit of account（记账单位）：记账单位是一种用来表示不同商品和服务价值（价格）的通用尺度。

Value added（增加值）：用企业的销售收入减去该企业从其他企业所购买中间产品的费用，便得到一家企业的增加值。

Variable（变量）：变量是指变化的因素或特征。

Wage rigidity（工资刚性）：工资刚性是指工资水平固定在使劳动市场出清的竞争均衡水平之上的情况。

Willingness to accept（接受意愿）：接受意愿是指卖方愿意出售额外一个单位商品所需要的最低价格。在某一特定供给量下，接受意愿等于供应曲线的高度。接受意愿等同于边际生产成本。

Willingness to pay（支付意愿）：支付意愿是买方愿意为额外 1 单位商品支付的最高价格。

Zero correlation（零相关）：当变量不存在有关联的变动时，我们说这些变量零相关。